Abstrakte Gefährdung im Wirtschaftsstrafrecht

Frankfurter kriminalwissenschaftliche Studien

Bd./Vol. 173

Zu Qualitätssicherung und Peer Review der vorliegenden Publikation

Die Qualität der in dieser Reihe erscheinenden Arbeiten wird vor der Publikation durch Herausgeber der Reihe geprüft.

Notes on the quality assurance and peer review of this publication

Prior to publication, the quality of the work published in this series is reviewed by editors of the series.

Philipp Dubiel

Abstrakte Gefährdung im Wirtschaftsstrafrecht

Zugleich eine Analyse des Risikostrafrechts

PETER LANG
Berlin - Bruxelles - Chennai - Lausanne - New York - Oxford

Bibliografische Information der Deutschen Nationalbibliothek
Die Deutsche Nationalbibliothek verzeichnet diese Publikation in der Deutschen Nationalbibliografie; detaillierte bibliografische Daten sind im Internet über http://dnb.d-nb.de abrufbar.

Zugl.: Frankfurt (Main), Univ., Diss., 2024

D 30
ISSN 0170-6918
ISBN 978-3-631-92097-8 (Print)
E-ISBN 978-3-631-92102-9 (E-Book)
E-ISBN 978-3-631-92103-6 (E-PUB)
DOI 10.3726/b21951

Verlegt durch:
Peter Lang GmbH, Berlin, Deutschland

info@peterlang.com www.peterlang.com

Diese Publikation wurde begutachtet.

Vorwort

Diese Arbeit wurde im Januar 2024 vom Fachbereich Rechtswissenschaft der Johann Wolfgang Goethe-Universität Frankfurt am Main als Dissertation angenommen. Rechtsprechung und Literatur sind auf dem Stand der Einreichung im Juli 2023.

Zuvorderst möchte ich meiner Doktormutter, Frau Professorin Dr. Beatrice Brunhöber, für ihre hervorragende Betreuung herzlich danken. Sowohl bei der Themenfindung als auch während der Erstellung der Arbeit stand sie mir stets mit offenem Ohr und hilfreichen Impulsen zur Seite. Der wissenschaftliche Austausch mit ihr hat meine juristische Ausbildung weit über diese Arbeit hinaus bereichert. Insgesamt ermöglichte sie mir eine freie wissenschaftliche Arbeitsweise, die ich sehr zu schätzen wusste.

Mein Dank gilt weiterhin Herrn Professor Dr. Tobias Singelnstein für die zügige Erstellung des Zweitgutachtens sowie Herrn Professor Dr. Cornelius Prittwitz für die Übernahme des Vorsitzes bei der Disputation.

Bedanken möchte ich mich zudem bei dem Kreis der Herausgeber der Frankfurter Kriminalwissenschaftlichen Studien für die freundliche Aufnahme in diese Schriftenreihe.

In Dank verbunden fühle ich mich darüber hinaus mit meiner Partnerin, Nataly Lipp, ohne deren Unterstützung das Gelingen dieser Arbeit undenkbar gewesen wäre. Mit unvergleichbarer Empathie ist sie meinen Zweifeln begegnet und hat damit den Weg für diese Arbeit geebnet.

Widmen möchte ich die vorliegende Arbeit schließlich meinen Eltern, Katharina und Adam Dubiel. Ihr Zuspruch und Rückhalt haben mir den Mut gegeben, diese Seiten zu verfassen. Ihre bedingungslose Liebe und Fürsorge haben mir das nötige Selbstvertrauen geschenkt, um diese Herausforderung zu meistern. Ihr unermüdlicher Fleiß und ihre Willenskraft bilden seit jeher richtungsweisende Leitmarken für meine Orientierung, auch in der juristischen Ausbildung. Euer gemeinsamer Lebensentwurf formt einen Grundstein meines Glücks von unschätzbarem Wert.

Dr. Philipp Dubiel
Berlin, Juni 2024

Inhaltsverzeichnis

A. Einleitende Bemerkungen zur Untersuchung

I. Problemaufriss, Gang und Aufbau der Untersuchung

Unter den Geltungsbedingungen gegenwärtiger Risiko- bzw. Sicherheitsgesellschaften[1] hat sich das Strafrecht, so konstatiert die deutsche Strafrechtswissenschaft,[2] gewandelt. Im Kontrast zu der Einigkeit hinsichtlich des „Ob" steht der Diskurs über das „Wie" des Funktionswandels. Ein Konsens lässt sich weitestgehend noch für eine Ausdehnungstendenz des Strafrechts, d. h. sein Vordringen in gesellschaftliche Bereiche, die in vergangenen Zeiten der strafrechtlichen Regulierung entzogen waren, erzielen. Ebenfalls erhält die Analyse, wonach diese Ausdehnungstendenz im Wege von Vorfeldkriminalisierungen und Vorverlagerungstechniken vollzogen wird, Zustimmung von weiten Teilen der Strafrechtswissenschaft.[3] In den Worten *Hassemers* hat das sog. abstrakte Gefährdungsdelikt als Fluchtpunkt des analytischen und kritischen Zugangs der Strafrechtswissenschaft[4] das Erfolgsdelikt als „*Normalform deliktischen Handelns*"[5] abgelöst. Neben dem Umwelt- und Betäubungsmittelstrafrecht[6] und in neuerer Zeit auch dem

---

1 Zur Risiko- bzw. Sicherheitsgesellschaft s. u. D. II ff.

2 Überblick bei *Brunhöber*, in: Sicherheitsgesellschaft, S. 194; *Frehsee*, in: Rechtsstaat, S. 275 ff.; *Wohlers*, Deliktstypen, S. 21 ff.; *Zabel*, Ordnung, S. 1 ff. m. w. N.; für die sog. Frankfurter Richtung v. a. *Albrecht*, in: Einheitliches Recht?, S. 261 ff.; *Albrecht*, KritV 1993 (76), 163; *Albrecht*, in: Unmöglicher Zustand, S. 429 ff.; *Albrecht*, KritV 1988, 189; *Hassemer*, Produktverantwortung; *Hassemer*, ZRP 1992 (25), 378; *Hassemer*, Strafen; *Naucke*, KritV 1993, 135; *Naucke*, KritV 1999, 336; *Prittwitz*, Strafrecht und Risiko; *Prittwitz*, StV 1991, 435; grundlegend auch *Jakobs*, ZStW 97 (1985), 751; *Jakobs*, ZStW 107 (1995), 843; *Jakobs*, HRRS 2004, 88; *Jakobs*, in: Jahrtausendwende, S. 47 ff.; *Jakobs*, ZStW 117 (2005), 839; *Jakobs*, HRRS 2006, 289; s. a. *Sieber*, in: GS Vogel, S. 349 ff.; *Singelnstein*, in: Gefahr, S. 95 ff.; *Singelnstein*, in: Präventionsstaat, S. 41 ff.; *Singelnstein/Stolle*, Sicherheitsgesellschaft; zum parallel laufenden Diskurs im spanischsprachigen Raum s. *Silva Sánchez*, Expansion; *Garcia Martín*, GA 2010, 323.

3 Eingehend hierzu s. u. D. I ff.

4 *Hassemer*, Selbstverständnis, S. 226 f.; dazu *Reus*, Recht, S. 73 f.; s. a. *Frehsee*, in: Rechtsstaat, S. 277 ff.

5 *Hassemer*, ZRP 1992 (25), 378 (379); *Hassemer*, Produktverantwortung, S. 3.

6 Statt vieler *Wohlers*, Deliktstypen, S. 110 ff.

Terrorismusstrafrecht[7] gilt schließlich das Wirtschaftsstrafrecht als Beispiel für den strafrechtlichen Funktionswandel.[8] Den Tatbeständen des Wirtschaftsstrafrechts wird weitestgehend attestiert, sog. abstrakte Gefährdungsdelikte zu sein.[9] Darüber hinaus bietet die strafrechtswissenschaftliche Rezeption des Funktionswandels ein breites Spektrum an Analysezugängen und Befunden an, die, je nach Zugang, unterschiedliche Aspekte des strafrechtlichen Funktionswandels unterstreichen.[10]

Vor diesem Hintergrund sucht die Untersuchung den Funktionswandel des Strafrechts anhand des Wirtschaftsstrafrechts strafrechtsdogmatisch und funktional zu ergründen. Hierfür wird der These nachgegangen, beim geltenden Wirtschaftsstrafrecht handele es sich um ein Risikowirtschaftsstrafrecht. Der strafrechtsdogmatische Teil der Untersuchung nimmt seinen Ausgang bei dem Befund, das geltende Wirtschaftsstrafrecht sei in weiten Teilen von den sog. abstrakten Gefährdungsdelikten durchzogen (B. II. 1). Daher rückt die Untersuchung in diesem Teil die sog. abstrakte Gefährdung ins Zentrum der Betrachtung. Zu klären sein wird der Inhalt der abstrakten Gefährdung. Daran anschließend sind die sog. abstrakten Gefährdungsdelikte ausdifferenzierend zu typologisieren (B. II. 2). Damit zusammenhängend interessiert auch die Verortung der sog. abstrakten Gefährdungsdelikte, d. h. ihre Unterscheidung von angrenzenden Deliktsstrukturen. Aus der Zusammenschau der Befunde zu den sog. abstrakten Gefährdungsdelikten wird mit *Zieschang* und *Hirsch* die Kategorie der Gefahrdelikte als Gegenvorschlag zu den sog. abstrakten Gefährdungsdelikten eingeführt (B. II. 3 ff.). Die aufgefundenen Deliktsstrukturen werden einerseits „nach oben hin" von den Verletzungsdelikten, wichtiger noch aber „nach unten hin" von den Vorbereitungsdelikten abzugrenzen sein (B. III). Nachdem die strafrechtsdogmatischen Grundlagen der Gefahrdelikte ergründet wurden, lenkt die Untersuchung ihren Blick auf einzelne Delikte des

---

7 So z. B. *Albrecht*, ZStW 117 (2005), 852; *Aliabasi*, Staatsgefährende Gewalttat; *Bützler*, Staatsschutz; *Gierhake*, ZIS 2008, 397; *Mayk*, Tatbestandsprobleme; *Rackow*, in: FS Maiwald, S. 9 ff.; *Radtke/Steinsiek*, JR 2010, 107; *Sieber*, NStZ 2009, 353; *Sinn*, in: Neujustierung, S. 147 ff.; *Steinsiek*, Terrorabwehr; *Zöller*, Terrorismusstrafrecht; *Zweigle*, Gesetzgeber im Konflikt.

8 *Prittwitz*, Strafrecht und Risiko, S. 175; *Wohlers*, Deliktstypen, S. 146 ff.; s. a. *Başar*, Modernes Strafrecht, S. 180 ff.; *Brunhöber*, in: Sicherheitsgesellschaft, S. 197; *Herzog*, Gesellschaftliche Unsicherheit, S. 109 ff.; *Hilgendorf*, Produzentenhaftung, S. 58 ff.; vertiefend s. u. B. II. 1 sowie D. ff.

9 S. u. B. II. 1.

10 S. u. D. III ff.

geltenden Risikowirtschaftsstrafrechts. Hier verfolgt sie eine systematisierende Aufarbeitung der Gefahrdelikte wirtschaftsstrafrechtlicher Natur. Neben den einschlägigen Delikten des Kernstrafrechts werden Straftatbestände im finanzrechtlichen, kapitalmarktrechtlichen und gesellschaftsrechtlichen Kontext ins Zentrum der Betrachtung gestellt. Ziel ist es, die Bedeutung der Gefahrdelikte für das Wirtschaftsstrafrecht herauszuarbeiten und hervorzuheben. Neben dem Kernstrafrecht soll auf diesem Wege auch dem vielfach nur peripher[11] wahrgenommenen Nebenstrafrecht Visibilität verschafft werden. Es gilt, Leitlinien für die Bestimmung gefahrdeliktischer Strukturen zu entwickeln sowie die Grundlage zu schaffen, auf Basis derer das Wirtschaftsstrafrecht als Risikowirtschaftsstrafrecht klassifiziert werden soll (C).

Anknüpfend und in Rückkopplung an die strafrechtsdogmatische Durchleuchtung der risikowirtschaftsstrafrechtlichen Tatbestände (C. I ff.) sowie im Lichte der gesellschaftlichen Rahmenbedingungen der strafrechtlichen Expansion mittels Vorverlagerungstechniken (D. II) unternimmt der weitere Gang der Untersuchung den Versuch, den Funktionswandel des Wirtschafts- hin zu einem Risikowirtschaftsstrafrecht stärker zu konturieren. Dazu werden funktionale Aspekte ins Zentrum gerückt. Es wird zu prüfen sein, inwiefern der strafrechtliche Funktionswandel als Wandel hin zu einem Risikostrafrecht bezeichnet werden kann (D. I. 2). Unter Rückgriff auf den Bestand der Analysen, die die Strafrechtswissenschaft zum strafrechtlichen Funktionswandel anbietet,[12] soll die Funktionserweiterung des Strafrechts beleuchtet werden. Es sollen mithin die Bausteine des strafrechtlichen Funktionswandels erschlossen werden (D. III. 1). Im Anschluss wendet die Untersuchung ihren Blick auf die Frage, inwiefern die vorgefundenen Bausteine des Funktionswandels auf das Wirtschaftsstrafrecht angewendet werden können (D. III. 2). Auf Grundlage der konturierten Funktionserweiterung des Strafrechts wird die Tauglichkeit dieser Analyse für die Beschreibung des Zustands des geltenden Wirtschaftsstrafrechts auf den Prüfstand gestellt. Auf diesem Wege sollen die Mosaiksteine des Risikowirtschaftsstrafrechts gebildet werden (D. IV). Vorangestellt gilt es, die Gefahrdelikte in das System der Vorverlagerung sowie in die strafrechtliche Ausdehnungstendenz einzugliedern (D. I. 1 ff.).

Abschließend beschäftigt sich die Untersuchung mit den vor dem Hintergrund der strafrechtlichen Funktionserweiterung formulierten, sog. Trennungsthesen. Unter dem Schlagwort der Trennungsthese zusammengefasst,

11 *Hirsch*, in: FS Tiedemann, S. 146.

12 Zu den Spannungsverhältnissen zwischen den Analysezugängen s. u. D. III. 2. b) cc).

fordern Stimmen in der Literatur die Aussonderung des Risiko(-wirtschafts-)strafrechts bzw., je nach Spielart, von Teilen davon. Anstelle von Harmonisierungsversuchen schlagen Autoren wie *Jakobs* oder *Hassemer*, aber auch *Zieschang* und *Rotsch* daher vor, das Risiko(-wirtschafts-)strafrecht in eine gesonderte, z. T. neu zu schaffende Rechtsmaterie zu verbringen. Es wird der Frage nachzugehen sein, inwieweit der Problemlösungsansatz sog. Trennungsthesen der Wahrung eines an Rechtsstaatlichkeit und Liberalität ausgerichteten Strafrechts zuträglich ist. In dieser Hinsicht mündet die Untersuchung daher in ein Plädoyer wider eine Aussonderung des Risikowirtschaftsstrafrechts (E. II). Um das Bedürfnis nach der Bildung sog. Trennungsthesen zu begreifen, bedarf es eines Blickes auf zentrale Spannungsfelder, die die Funktionserweiterung des Strafrechts mit sich bringt. Vorangestellt wirft die Untersuchung daher, wiederum in Rückkopplung an die untersuchten Straftatbestände, Schlaglichter auf zentrale Spannungsfelder, die der Funktionswandel mit hergebrachten strafrechtsdogmatischen Grundsätzen produziert. Zwar liegt der Fokus der Untersuchung auf Fragen des materiellen Strafrechts. Daher sind die den Gefährlichkeitsdelikten immanenten Entgrenzungstendenzen einerseits (E. I. 1. b) ff.) sowie die kriminalpolitisch getriebene Kritik ineffizienter Strafgesetzgebung andererseits (E. I. 3) herauszuarbeiten. Dennoch kommt eine Kritik des Risikowirtschaftsstrafrechts aufgrund der Wechselwirkungen zwischen materiellem und prozessualem Strafrecht[13] nicht ohne Bezüge zu Letzterem aus. Vereinzelt rücken daher auch strafprozessuale Spannungsfelder, die mit dem Risikowirtschaftsstrafrecht einhergehen, in den Vordergrund (E. I. 2).

Zusammengefasst versteht sich die vorliegende Untersuchung als eine Analyse der sog. abstrakten Gefährdungsdelikte bzw. der Gefahrdelikte im Wirtschaftsstrafrecht. Hierbei soll zum einen ein Beitrag zur Systematik und Bedeutung der Gefahrdelikte im Allgemeinen sowie der Gefahrdelikte des Risikowirtschaftsstrafrechts im Speziellen geleistet werden. Zum anderen versteht sich die Untersuchung als Versuch, zum Verständnis von Begriff und Inhalt des strafrechtlichen Funktionswandels, hier verstanden als Wandel hin zu einem Risiko(-wirtschafts-)strafrecht, beizutragen. Hinsichtlich des strafrechtsdogmatischen Teils der Arbeit beschränkt sich die Untersuchung auf das Kriminalstrafrecht. Aus der Natur des Risikowirtschaftsstrafrechts heraus folgt, wie noch zu zeigen sein wird,[14] dass die Analyse und Bewertung des Risikowirtschaftsstrafrechts angrenzende Rechtsgebiete wie etwa das Ordnungswidrigkeiten-,

13 Dazu s. u. D. III. 2.a) bb), D. III. 2. b) aa), D. III. 2. c) sowie E. I. 1. b) ee).

14 S. u. D. III. 1. c), D. III. 2. b) sowie E. II. 3.

Aufsichts- oder sonstige Verwaltungsrecht nicht vollständig ausblenden kann. Querbezüge werden insoweit hergestellt, als es notwendig erscheint, um das Risikowirtschaftsstrafrecht zu konturieren.

II. Begriffliche Eingrenzung des Wirtschaftsstrafrechts

Einleitend seien noch einige Hinweise zur Eingrenzung des Untersuchungsgegenstandes gegeben. Die Geschichte des Begriffs „Wirtschaftsstrafrecht" in Deutschland prägt sein Definitionsmangel. Schon sein Regelungsgegenstand, die „Wirtschaft", wartet mit einer Vielfalt von Erscheinungsmöglichkeiten auf.[15] Entsprechend vielfältig gestalten sich auch die möglichen Bezugspunkte bei der Bewertung, inwieweit die Begehung einer Straftat wirtschaftskriminell konnotiert ist. Neben genuin marktwirtschaftlich eingefärbten Straftatbeständen, die gegen die Marktwirtschaft bzw. ihre Institutionen verübt werden,[16] können wirtschaftsneutrale Deliktsbegehungen durch Gelegenheit im Kontext marktwirtschaftlicher Zusammenhänge stattfinden,[17] so etwa Urkundsdelikte. Zudem ist zu denken an Strafnormen, die ausschließlich nichtökonomische Schutzzwecke verfolgen, allerdings aufgrund ihrer Beschaffenheit prinzipiell oder zumindest mit einer statistischen Häufigkeit in der Marktwirtschaft bzw. aus ihr heraus verwirklicht werden.[18] Exemplarisch sei hierbei auf die Strafbestimmungen des sog. Verbraucherschutzstrafrechts[19] bzw. auf die Umweltdelikte der §§ 324 ff. StGB[20] verwiesen. Bisherige gesetzgeberische Definitionsansätze für diese Querschnittsmaterie[21] scheiterten entweder oder entbehren aufgrund ihres unbestimmten Gehalts eines materiell-definitorischen Inhalts.[22] Die skizzierte Weitläufigkeit und Eklektik möglicher Deliktstypen und -erscheinungen machen es schwierig, eine umfassende Definition zu bilden.[23] Hinzu kommt die Akzessorietät des Wirtschaftsstrafrechts, d. h. der unmittelbare Bezug vieler wirtschaftsstrafrechtlicher Verbotsnormen zu zivil- bzw. öffentlich-rechtlichen Normen. Die akzessorischen Verbotsnormen werden innerhalb der

15 *Heinrich*, in: AWHH-StrafR BT, § 19 Rn. 11; *Schlüchter*, Zweites Gesetz, S. 4.
16 *Bottke*, JuS 2002, 320 (321); *Spindler*, Regel- und Institutionenschutz, S. 34.
17 *Mansdörfer*, Theorie, Rn. 20.
18 *Bottke*, JuS 2002, 320 (321).
19 *Vergho*, Verbraucherschutzstrafrecht, S. 31 ff.
20 *Dannecker/Bülte*, in: WJS-WiStR, Rn. 1.10a.
21 *Hilgendorf*, Produzentenhaftung, S. 58.
22 *Müller-Gugenberger*, in: MGH-WiStR, Rn. 1.86.
23 *Karami*, Unrechtsbewusstsein, S. 85 ff.

Hauptmaterie platziert, was wiederum das Gefüge des Wirtschaftsstrafrechts fragmentiert.[24] Es überrascht daher nicht, wenn *Mansdörfer*[25] angesichts der Klaviatur möglicher Blickwinkel und Begriffsmodellierungen des Wirtschaftsstrafrechts konstatiert, das Feld möglicher Wirtschaftsdelikte erstrecke sich auf das Gros des Kernstrafrechts sowie auf eine unüberschaubare Fülle an nebenstrafrechtlichen Normen.[26]

Im Schrifttum haben sich derweil mit dem strafprozessualen, dem kriminologischen sowie dem strafrechtsdogmatischen Ansatz drei prominente Deutungsansätze zur methodischen Bestimmung des Untersuchungsgegenstandes „Wirtschaftsstrafecht" herauskristallisiert.[27] Kriminologische Begriffsmodellierungen betrachten delinquentes Verhalten entweder aus einer Täter-, einer Opfer- oder einer tatbezogenen Perspektive.[28] Auf Grundlage kriminologischer Erkenntnisse zum Sozialprofil des Täters, zu den wirtschaftsschädigenden Auswirkungen seiner Tat oder zum Unternehmen als Brutkasten wirtschaftskriminellen Verhaltens beschreibt der kriminologische Begriff das Wirtschaftsstrafrecht vornehmlich eher als soziale Tatsache denn als normatives Konstrukt.[29] Strafprozessuale Deutungsansätze nähern sich demgegenüber via Zuständigkeitenkatalog des § 74c GVG der Begriffsbestimmung des Wirtschaftsstrafrechts.[30] Strafrechtsdogmatische Begriffsmodellierungen beschreiben das Phänomen Wirtschaftsstrafrecht ausgehend vom geschützten

---

24 *Kudlich/Oğlakcıoğlu*, WiStR, § 1 Rn. 1.

25 *Mansdörfer*, Theorie, Rn. 20.

26 Überblick über die einzelnen Definitionsansätze bei *Mansdörfer*, Theorie, Rn. 4 ff.

27 *Wagner*, Akzessorietät, Rn. 247.

28 *Dannecker/Bülte*, in: WJS-WiStR, Rn. 1.6 ff.; *Kraatz*, WiStR, Rn. 3; *Kudlich/Oğlakcıoğlu*, WiStR, § 1 Rn. 4; *Rotsch*, in: *Momsen/Grützner*-WiStR, § 2 Rn. 2 ff.; *Wittig*, WiStR, § 2 Rn. 6 ff.

29 *Wittig*, WiStR, § 2 Rn. 6; zu den täterbezogenen Begriffsbestimmungen grundlegend s. *Sutherland*, White collar crime; außerdem im deutschsprachigen Raum *Schneider*, in: *Göppinger*-Kriminologie, § 25 Rn. 9; zur Kritik an täterbezogenen Begriffsbestimmungen s. *Rotsch*, in: *Momsen/Grützner*-WiStR, § 2 Rn. 2; *Tiedemann/Engelhart*, Wirtschaftsstrafrecht, Rn. 79; *Kudlich/Oğlakcıoğlu*, WiStR, § 1 Rn. 4; *Wittig*, WiStR, § 2 Rn. 11; die Idee einer sog. „kriminellen Verbandsattitüde" vertretend *Schünemann*, in: FS Tiedemann, S. 439; krit. dazu *Kölbel*, in: FS Schünemann, S. 778 ff.

30 Darstellung und Kritik der strafprozessualen Begriffsbestimmung unter anderem bei *Achenbach*, in: FS Schwind, S. 178; *Brettel/Schneider*, WiStR, § 1 Rn. 5 ff.; *Dannecker/Bülte*, in: WJS-WiStR, Rn. 1.8b; *Heinz*, in: Wirtschaftskriminalität und Wirtschaftsstrafrecht, S. 18 ff.; *Rotsch*, in: *Momsen/Grützner*-WiStR, § 2 Rn. 6.

Rechtsgut und konzentrieren sich regelmäßig[31] auf ein Wirtschaftsstrafrecht zum Schutz überindividueller Rechtsgüter.[32] Insgesamt bemängelt die strafrechtswissenschaftliche Literatur bei jeder einzelnen Begriffsmodellierung mangelnde Randschärfe.[33] Kernbereiche wirtschaftskriminellen Verhaltens subsumieren unter Zuhilfenahme jeder der präsentierten Begriffsmodellierungen unter den *Topos* Wirtschaftsstrafrecht. Gleichzeitig hängt die Einstufung als Wirtschaftsdelikt bei einer Reihe weiterer Straftatbestände entscheidend vom Auge des Betrachters und seinem jeweiligen Bewertungsmaßstab ab.[34] Eine Lösung dieses Dilemmas versprechen indessen moderne Kombinationsansätze[35] wie auch neuere Entwürfe *Wagners*[36] und *Mansdörfers*[37], die eine Einstufung von dem einzelnen Straftatbestand weg hin zu einer sachverhaltsbezogenen Betrachtung der jeweiligen Tatbegehung vornehmen.[38] Mit *Rotsch* fällt unter eine Wirtschaftsstraftat jede Straftat, die aus der Wirtschaft heraus und gegen die Wirtschaft verübt wird.[39]

Aus der Zusammenschau des Gesagten lässt sich eine Tendenz ableiten, wonach Wirtschaftsstrafrecht wohl nicht delikts-, sondern sachverhaltsbezogen bestimmt wird. Im Umkehrschluss bedeutet dies zugleich, dass ein und dieselbe Verbotsvorschrift zugleich Wirtschaftsstrafrecht darstellen kann oder

31 *Achenbach*, KritV 2009, 296 (299); *Baumann*, JZ 1983, 935 (937); *Kindhäuser*, in: Bausteine, S. 134; *Krüger*, Entmaterialisierungstendenz, S. 142; *Lampe*, in: FS Tiedemann, S. 79 f.

32 *Bottke*, wistra 1991, 1 (7); *Dannecker/Bülte*, in: WJS-WiStR, Rn. 1.10 ff.; *Geerds*, Wirtschaftsstrafrecht und Vermögensschutz, S. 29, 64; *Heinrich*, in: AWHH-StrafR BT, § 19 Rn. 3, 12; *Hilgendorf*, Produzentenhaftung, S. 58 f.; *Otto*, ZStW 96 (1984), 339 (342); *Rengier*, StrafR BT I, § 17 Rn. 2 ff.; *Schlüchter*, Zweites Gesetz, S. 6 f.; *Schneider*, JZ 1972, 461 (463); *Tiedemann/Engelhart*, Wirtschaftsstrafrecht, Rn. 81; krit. dazu *Hassemer*, JuS 1990, 850; *Heinz*, in: Wirtschaftskriminalität und Wirtschaftsstrafrecht, S. 20; *Spindler*, Regel- und Institutionenschutz, S. 37; *Rönnau*, ZStW 119 (2007), 887 (897 ff.); *Tiedemann*, JuS 1989, 689 (691).

33 Statt vieler: *Brettel/Schneider*, WiStR, § 1 Rn. 20, die treffend von Kernprägnanz bei gleichzeitiger mangelnder Randschärfe sprechen.

34 Siehe die unterschiedlichen Einordnungen unter anderem bei ARR-WiStR, WJS-WiStR, MGH-WiStR, und GJW-WiStR.

35 *Achenbach*, in: FS Schwind, S. 189; *Rotsch*, in: *Momsen/Grützner*-WiStR, § 2 Rn. 8; *Alwart*, JZ 2006, 546 (546 ff.); *Kudlich/Oğlakcıoğlu*, WiStR, § 1 Rn. 12; krit. *Rönnau*, ZStW 119 (2007), 887 (688).

36 *Wagner*, Akzessorietät, Rn. 261 ff.

37 *Mansdörfer*, Theorie, Rn. 23 ff.

38 *Rotsch*, in: *Momsen/Grützner*-WiStR, § 2 Rn. 7 ff.; *Kraatz*, WiStR, Rn. 6.

39 *Rotsch*, in: FS Samson, S. 146.

auch nicht.[40] Diese - am eindringlichsten von *Brettel/Schneider*[41] hervorgehobene - Randunschärfe stellt eine Befassung mit dem Wirtschaftsstrafrecht gleich zu Beginn vor die Aufgabe, eine eigenständige Grenzziehung vorzunehmen. Aus dieser Einsicht folgt für die Zwecke der Arbeit, dass sie sich auf die Untersuchung eindeutig wirtschaftsstrafrechtlicher Tatbestände konzentriert. Die Randunschärfen des Wirtschaftsstrafrechts werden bewusst ausgeblendet, da es für die Zwecke der Arbeit genügt, mit Exemplifizierungen den normativen Gehalt des Wirtschaftsstrafrechts als von Gefahrdelikten durchzogen zu beschreiben. Eine Beschränkung auf eine Auswahl genuin wirtschaftsstrafrechtlicher Strafbestimmungen reicht hierfür aus. Der weitere Gang der Untersuchung widmet sich somit dem Kernbereich, dessen Bezug zu marktwirtschaftlichen Zusammenhängen feststeht und nicht von einem spezifischen Blickwinkel oder einer Gelegenheit abhängt, sondern sich dezidiert gegen marktwirtschaftliche Funktionszusammenhänge oder ökonomische Interessen anderer in ihrer Eigenschaft als Marktteilnehmer richtet. Die Bewertung der Strafbarkeit derartiger Tatbegehungen muss nicht situativ bedingt, sondern kraft Natur der Sache auf die Spielregeln der Marktwirtschaft zurückgreifen.[42] Hierunter fallen neben den einschlägigen Normen des StGB - namentlich der §§ 264 ff. StGB, der §§ 298 ff. StGB sowie der §§ 283 ff. StGB - auch zahlreiche Strafbestimmungen des Nebenstrafrechts, etwa die strafrechtlichen Normen des Gesellschaftsrechts in §§ 399 ff. AktG, §§ 82 ff. GmbHG, §§ 313 ff. UmwG, §§ 147 ff. GenG, §§ 16 ff. PublG, die Strafnormen des HGB in §§ 331 ff. HGB sowie ausgewählte Straftatbestände aus dem finanzrechtlichen Kontext.[43]

---

40 Eingehend dazu s. u. E. II. 2. b).

41 *Brettel/Schneider*, WiStR, § 1 Rn. 20.

42 *Wagner*, Akzessorietät, Rn. 272.

43 Zur weiteren Präzisierung s. u. C.

B. Abstrakte Gefährdung im Wirtschaftsstrafrecht

Nachdem der Untersuchungsgegenstand einer ersten Präzisierung zugeführt wurde, kann nun das weitere Prüfungsprogramm der Untersuchung durchlaufen werden. Gegenstand des zweiten Kapitels ist die Erarbeitung der dogmatischen Grundlagen im Bereich der abstrakten Gefährdung. Diese scheinen seit dem Vortrag Jakobs'[44] auf der Strafrechtslehrertagung 1985 im strafrechtswissenschaftlichen Diskurs allgegenwärtig. Das 1975 von Schünemann[45] noch als „Stiefkind der Strafrechtsdogmatik" bezeichnete Forschungsfeld war seither Gegenstand einer Fülle strafrechtswissenschaftlicher Abhandlungen. Zahlreiche Untersuchungen trieben die Dogmatik der sog. abstrakten Gefährdungsdelikte mit Blick auf Umwelt-[46] und Brandstiftungsdelikte[47] sowie auch im Terrorismusstrafrecht[48], allerdings auch auf einer grundlegenden Basis,[49] im Verlauf der letzten fünfzig Jahre voran. Das 1967 von Lackner[50] konstatierte

---

44 *Jakobs*, ZStW 97 (1985), 751.

45 *Schünemann*, JA 1975, 787.

46 Siehe exemplarisch *Daxenberger*, Kumulationseffekte; *Hohmann*, Umweltdelikte; *Kasper*, Erheblichkeitsschwelle; *Kim*, Umweltstrafrecht; *Martin*, Umweltbeeinträchtigungen; *Rotsch*, Individuelle Haftung.

47 *Bender*, Normzweck und Deliktstypus; *Liesching*, Brandstiftungsdelikte; *Lindenberg*, Brandstiftungsdelikte; *Pils*, Rechtsgeschichtliche Entwicklung; *Radtke*, Brandstiftungsdelikte; *Rex*, Strafgrund.

48 So z. B. *Albrecht*, ZStW 117 (2005), 852; *Aliabasi*, Staatsgefährende Gewalttat; *Bützler*, Staatsschutz; *Gierhake*, ZIS 2008, 397; *Mayk*, Tatbestandsprobleme; *Rackow*, in: FS Maiwald, S. 9 ff.; *Radtke/Steinsiek*, JR 2010, 107; *Sieber*, NStZ 2009, 353; *Sinn*, in: Neujustierung, S. 147 ff.; *Steinsiek*, Terrorabwehr; *Zöller*, Terrorismusstrafrecht; *Zweigle*, Gesetzgeber im Konflikt.

49 So z. B. *Anastasopoulou*, Deliktstypen; *Berz*, Tatbestandsverwirklichung; *Graul*, Präsumtionen; *Hefendehl*, Kollektive Rechtsgüter; *Herzog*, Gesellschaftliche Unsicherheit; *Hilgendorf*, Produzentenhaftung; *Kaspar*, Präventionsstrafrecht; *Kindhäuser*, Gefährdung als Straftat; *Kubiciel*, Wissenschaft; *Prittwitz*, Strafrecht und Risiko; *Puschke*, Vorbereitungstatbestände; *Schmidt*, Untersuchung; *Wohlers*, Deliktstypen; *Zieschang*, Gefährdungsdelikte; *Ahn*, Dogmatik abstrakter Gefährdungsdelikte; *Lagodny*, Schranken; *Marxen*, Strafbarkeitseinschränkung; *Wolter*, Zurechnung; *Meyer*, Gefährlichkeitsdelikte; *Schmidt*, Untersuchung; *Triantafyllou*, Gefährliche Körperverletzung.

50 *Lackner*, Verkehrsstrafrecht, S. 2.

und von Herzog[51] 1991 erneut aufgegriffene beharrliche Schweigen des Schrifttums zum dogmatischen Gehalt dieser Gesetzgebungstechnik hat sich also gewandelt, man möchte sagen ins Gegenteil verkehrt.

Um die Deliktstypen zu beschreiben, kennt die Strafrechtswissenschaft nach der Leitidee der Deliktsstrukturtrias[52] neben den Verletzungsdelikten die konkreten und abstrakten Gefährdungsdelikte. Ihnen ist gemein, dass sie auf den Eintritt einer manifesten Schädigung verzichten. Darüber hinaus unterscheiden sich konkrete von abstrakten Gefährdungsdelikten fundamental. Während abstrakte Gefährdungsdelikte aufgrund des hinter ihnen stehenden Motivbündels[53] darauf ausgerichtet sind, die Zufallskomponente auszuschalten,[54] tragen konkrete Gefährdungsdelikte das den Verletzungsdelikten anhaftende Zufallsmoment aufgrund des Erfordernisses eines Gefährdungserfolgs in sich.[55] Daher kommen auch praktische Beweisschwierigkeiten, wie sie mit Verletzungsdelikten einhergehen, im Bereich der konkreten Gefährdungsdelikte vor. Es überrascht daher nicht, dass das konkrete Gefährdungsdelikt nicht das Mittel der Wahl eines an Präventionszwecken[56] ausgerichteten Gesetzgebers ist.[57] Grundlage der einschlägigen Analysen zum Risikostrafrecht[58] bildet die erstmals von Jakobs[59] in eine greifbare Beschreibung gefasste Annahme, das

51 *Herzog*, Gesellschaftliche Unsicherheit, S. 2.

52 Dazu unter B. II. 3. a).

53 Dazu unter B. II. 2. a) cc).

54 *Berz*, Tatbestandsverwirklichung, S. 62 ff.; *Hohmann*, Umweltdelikte, S. 174; *Kratzsch*, Verhaltenssteuerung, S. 286 ff.; *Lackner*, Verkehrsstrafrecht, S. 7; *Saal*, Vortäuschen, S. 71 ff.; *Schroeder*, Beiheft ZStW 94 (1982), 1 (14 ff.).

55 *Anastasopoulou*, Deliktstypen, S. 64 f.

56 Dazu unter B. II. 3. b).

57 *Berz*, Tatbestandsverwirklichung, S. 60 ff.; *Bohnert*, JuS 1984, 182 (185); *Hirsch*, in: Strafrechliche Probleme, S. 635 ff.; *Horn*, Konkrete Gefährdungsdelikte, S. 212 ff.; *Saal*, Vortäuschen, S. 74 ff.; *Schneider*, Jura 1988, 460 (461); *Volk*, GA 1976, 161 (172).

58 So insb. *Brunhöber*, in: Sicherheitsgesellschaft, S. 200; s. a. *Prittwitz*, Strafrecht und Risiko, S. 30 f.; *Seelmann*, KritV 1992, 452. Die unter dem hier favorisierten Begriff des Risikostrafrechts diskutierten Phänomene werden in wesentlichen Punkten andernorts unter den Schlagworten Präventions-, Feind- oder auch modernes Strafrecht gefasst; s. zum Begriff des Präventionsstrafrechts *Kaspar*, Präventionsstrafrecht, S. 27 ff.; *Naucke*, KritV 1990, 135 (250 f.); zum Begriff des Feindstrafrechts *Jakobs*, ZStW 97 (1985), 751; zum Begriff des modernen Strafrechts *Hassemer*, ZRP 1992 (25), 378; eingehend zum Risikostrafrecht s. u. D. III. 1 sowie zur Anwendbarkeit auf das Wirtschaftsstrafrecht s. u. D. III. 2.

59 *Jakobs*, ZStW 97 (1985), 751.

Strafrecht verlagere sich immer extensiver in das Vorfeld einer Schädigung. Als Prototyp dieses Funktionswandels wird unter anderem auf das Wirtschaftsstrafrecht verwiesen. Wie noch zu zeigen sein wird, wird jenseits der Kernnormen des Vermögensstrafrechts – § 263 I StGB, § 266 I StGB – der Großteil aller Strafnormen des Wirtschaftsstrafrechts als abstrakte Gefährdungsdelikte betitelt (B. II. 1).[60] Die Dogmatik der sog. abstrakten Gefährdungsdelikte zu ergründen, verspricht demnach den Grundstein zu legen sowohl für die Erschließung der Dogmatik des Wirtschaftsstrafrechts als auch für die Ergründung des (wirtschafts-)strafrechtlichen Funktionswandels.[61]

Das unter dem Topos der sog. abstrakten Gefährdungsdelikte diskutierte Phänomen der Bestrafung auch konkret ungefährlichen Verhaltens dient im strafrechtswissenschaftlichen Diskurs als Anknüpfungspunkt zur vertieften Auseinandersetzung mit Struktur, Beschaffenheit, Grund und Grenzen eines folgenorientierten Wirtschaftsstrafrechts. Der zugrunde liegende Sachverhalt dieses Dilemmas gefährdungsdeliktischer Strukturen ist so zeitlos wie – analytisch (!) – simpel. Als mittlerweile klassisches Lehrbuchbeispiel mag die Trunkenheitsfahrt unter Verwirklichung des § 316 StGB dienen. Obwohl der Täter durch Einleitung von Sicherheitsvorkehrungen – Abgrenzung des Fahrbereichs, Fahren auf einem entlegenen Feldweg – die konkrete Gefährlichkeit seiner Verhaltensweise im Theoriefall ausklammert, bedroht das Strafgesetz dieses Verhalten gleichermaßen wie etwa die Trunkenheitsfahrt im großstädtischen Berufsverkehr. Ein anderes Beispiel ist das Inbrandsetzen von überprüft menschenleeren Wohnungen.[62] Um Friktionen mit dem Schuldgrundsatz zu vermeiden, wird mit unterschiedlichen Begründungen die teleologische Reduktion der fraglichen Strafnormen diskutiert.[63] Für die tiefere Ergründung der Struktur und Beschaffenheit abstrakter Gefährdungsdelikte als Modelldeliktstypus des Risikostrafrechts bietet es sich daher an, bei dem Streitstand um dessen teleologischer Reduktion zu beginnen. Zuvorderst ist auf das Verhältnis von Deliktsstruktur und Rechtsgut sowie damit verbundene Sonderprobleme einzugehen (B. I). Anschließend soll dieser Streitstand kursorisch unter dem Gesichtspunkt aufgerollt werden, zur Aufklärung der Deliktsstruktur hinter den abstrakten Gefährdungsdelikten bzw. zur Klärung des Begriffs

---

60 Für die Ergründung der Deliktsstruktur einer Auswahl dieser Straftatbestände s. u. C.

61 Zur Dogmatik der konkreten Gefährdungsdelikte s. u. B. II. 3. b).

62 *Rengier*, StrafR BT II, § 40 Rn. 47 ff.

63 *Rengier*, StrafR AT, § 10 Rn. 11 ff.

der abstrakten Gefährdung beizutragen. Hierbei werden zur Auflösung der mit dem Begriff der abstrakten Gefährdung aufgeworfenen Spannungsfelder die Arbeiten Zieschangs und Hirschs zurate gezogen, um unter Einführung der Kategorie der Gefahrdelikte die abstrakte Gefährdung inhaltlich zu klären (B. II). Indem Zieschang bei der Systematisierung der Deliktsstrukturen einen Schwerpunkt auf die Entwicklung allgemeiner Kriterien zur Beschreibung gefährlicher und gefährdender Verhaltensweisen setzt, schafft er die Rahmenbedingungen für die hier vertretene These, wonach die Strafrechtswissenschaft bei der Bestimmung von Deliktsstrukturen eine Neigung aufweist, den Blick ausschließlich auf das Rechtsgut der Strafnorm zu legen. Demgegenüber plädiert die Untersuchung für eine Akzentverschiebung hin zur Tathandlung (B. I. 1). Daneben werden weitere typische Problemfelder behandelt, die im Zusammenhang mit der Bestimmung von Deliktsstrukturen auftreten: das Zusammenfallen mehrerer Rechtsgüter in einer Strafnorm (B. I. 2) sowie die Frage, ob die Bestimmung von Deliktsstrukturen, wie sie anhand von individualschützenden Strafnormen entwickelt wurde, auf den Bereich kollektiver Rechtsgüter übertragbar ist (B. I. 3).

Einschränkend sei an dieser Stelle folgender Hinweis gegeben: Sowohl die Behandlung des Problems der Strafbarkeit bei konkret ungefährlichem Verhalten nach den sog. abstrakten Gefährdungsdelikten als auch die einzuführenden Gefahrdelikte wurden jeweils auf Grundlage eines systemkritischen Rechtsgutsdenkens[64] entwickelt. Zieschang selbst rechtfertigt die seinerseits geforderte Auslagerung der abstrakten Gefährlichkeitsdelikte in das Ordnungswidrigkeitenrecht de lege ferenda mit dem Verweis auf einen mangelnden Beeinträchtigungszusammenhang zwischen dem tatbestandlich verübten Verhalten und dem geschützten Rechtsgut der Norm.[65] Auch die Frage nach dem Zusammenhang zwischen Rechtsgut und Deliktsstrukturen kommt notgedrungen nicht aus, ohne Überlegungen aus der Tradition systemkritischen Rechtsgutsdenkens zu streifen. Dies betrifft Fragen nach dem Verhältnis von Deliktsstruktur und Rechtsgut (B. I. 1) ebenso wie Überlegungen zu Verfahrensweisen beim Zusammenfallen mehrerer Rechtsgüter einer Norm (B. I. 2) oder die Frage nach der Übertragbarkeit der Deliktstypologien auf den Bereich

64 Grundlegend zum systemimmanenten und systemkritischen Rechtsgutsverständnis *Hassemer*, Theorie und Soziologie, S. 19 ff.; *Müssig*, Schutz abstrakter Rechtsgüter, S. 9; *Baratta*, in: FS Kaufmann, S. 393 ff.

65 *Zieschang*, Gefährdungsdelikte, S. 349 ff., 380 ff.; eingehend dazu s. u. B. I. 1, B. I. 2 u. B. I. 3.

kollektiver Rechtsgüter (B. I. 3). In allen drei Fällen fanden grundlegende Überlegungen auf dem Boden systemkritischen Rechtsgutsdenkens statt,[66] die für die Zwecke der Untersuchung nicht ausgeklammert werden können, ohne ein unzureichendes Bild vom jeweiligen Problemfeld zu zeichnen. Dennoch dienen die nachfolgenden Überlegungen nicht der Frage nach dem Zusammenhang von Rechtsgut, Deliktsstruktur und Legitimität einer Strafnorm. Mehr noch kann der Wert einer Deliktstypologie per se nicht darin liegen, auf abstrakter Ebene und isoliert verbindliche Kriterien für die verfassungsrechtliche Legitimität von Straftatbeständen zu leisten. Hierzu kann sie nur Hilfestellung geben. Der Gegenstand der Untersuchung ist demnach von vornherein nicht der Frage nach der Legitimität sog. abstrakter Gefährdungsdelikte bzw. der Gefahrdelikte gewidmet. Vielmehr interessieren im Folgenden die Erfassung und Ausdifferenzierung gefahrdeliktischer Strukturen, d. h. die strukturelle Kategorisierung und Einordnung möglicher Angriffswege auf einen Normzweck jenseits seiner Verletzung. Dies legt den strafrechtsdogmatischen Grundstein für die anschließende Untersuchung einer Auswahl an Gefahrdelikten des Wirtschaftsstrafrechts (C), auf Grundlage derer wiederum das Wirtschaftsstrafrecht mit dem Phänomen des Risikostrafrechts zusammengeführt werden soll (D). Dafür werden auch die Überlegungen Zieschangs (nur) insoweit einbezogen, als unter ihrer Einbindung die Erscheinungsformen gefahrdeliktischer Strukturen erschöpfend beschrieben werden können. Umgekehrt ist damit keine Aussage zu Fragen der Legitimität von Tatbestandsstrukturen getroffen.[67]

I. Bezugspunkte zur Bestimmung von Deliktsstrukturen

1. Das Verhältnis von Deliktsstruktur und Rechtsgut

a) Herkömmliche Ansätze

Auf der Suche nach den deliktischen Strukturen, die den Strafbestimmungen zugrunde liegen, richten herkömmliche Ansätze zuvorderst einen Blick auf die Auswirkungen, die die Bestimmung des jeweils geschützten Etwas auf die Einschätzung des Deliktstyps hat. Ohne ins Auge zu fassen, welchem Rechtsgut der jeweilige Straftatbestand zu dienen verpflichtet ist, lässt sich keine Unterscheidung zwischen tatbestandlichen Strukturen treffen, da das Gesetz von

---

66 Dazu jeweils s. u. B. I. 1, B. I. 2 u. B. I. 3.

67 Eingehend zu *Zieschangs* Rechtsgutsdenken s. u. E. II. 3. b) bb).

sich aus dazu schweigt.[68] Die strafrechtswissenschaftliche Literatur vertritt daher die These, die Bestimmung des Rechtsguts präge wesentlich die Feststellung des Deliktstyps.[69] Erst wenn das Rechtsgut bestimmt ist, kann die Frage, auf welche Art und Weise, d. h. gegenüber welcher Art von Beeinträchtigung, strafrechtlich Schutz gewährleistet werden soll, sinnvoll beantwortet werden.[70] Besondere Bedeutung kommt der Herausarbeitung des Rechtsguts schließlich noch dahin gehend zu, dass für die Beurteilung einer deliktischen Struktur zwischen der Beeinträchtigung des Rechtsguts und ggf. weiteren bzw. anderen Beeinträchtigungsvorgängen, die das tatbestandliche Verhalten mit sich bringt, zu unterscheiden ist.[71] Dass diese zusammen-, jedoch auch auseinanderfallen können,[72] lässt sich am besten anhand des § 306a I StGB erläutern.

Nach § 306a I Nr. 1, 3 StGB wird bestraft, wer eine dem Aufenthalt bzw. dem Wohnen von Menschen gewidmete Räumlichkeit in Brand setzt bzw. infolge einer Brandlegung zerstört. Der Tatbestand verweist unmissverständlich auf den Eintritt einer Veränderung der Außenwelt, mithin inkorporiert der Tatbestand in Form der Brandsetzung bzw. teilweisen Zerstörung den vermeintlich klassischen Beispielsfall eines Beeinträchtigungserfolgs.[73] Indessen herrscht Einigkeit hinsichtlich des Rechtsguts hinter § 306a I StGB: Die Strafbestimmung

---

68 *Bohnert*, JuS 1984, 182 (183 f.); *von Hirsch/Wohlers*, in: Die Rechtsgutstheorie, S. 198; *Wohlers*, Deliktstypen, S. 279 ff.; s. a. *Mitsch*, KriPoZ 2019, 214 (216).

69 *Amelung*, Rechtsgüterschutz, S. 211 f.; *Brunhöber*, in: FS Schünemann, S. 12; *Duttge*, in: FS Weber, S. 294 f.; *Graul*, Präsumtionen, S. 36; *Hefendehl*, GA 2002, 21; *Kindhäuser*, Gefährdung als Straftat, S. 273, 287 Fn. 233; *Krüger*, Entmaterialisierungstendenz, S. 108; *Neumann/Saliger*, in: NK-StGB, Vor § 1 Rn. 119, 146 ff.; *Puschke*, Vorbereitungstatbestände, S. 297 ff.; *Sieber*, NStZ 2009, 353 (357); *Schünemann*, in: Mediating Principles, S. 27; *Volk*, JZ 1982, 85 (89); *Wohlers*, Deliktstypen, S. 310; *Zieschang*, Gefährdungsdelikte, S. 355.

70 *Duttge*, in: FS Weber, S. 294; *Wohlers*, GA 2002, 15 (17 f.).

71 *Schulenberg*, in: Die Rechtsgutstheorie, S. 246 ff.

72 Hier ist das – im Anschluss noch zu behandelnde – Folgeproblem angedeutet, dass ein und derselben Strafvorschrift bei mehreren ins Auge gefassten Rechtsgütern in Abhängigkeit von dem jeweils als Angelpunkt gewählten Rechtsgut unterschiedliche Deliktsstrukturen parallel zugeordnet werden können, s. *Kuhlen*, in: Mediating Principles, S. 156; *Schulenberg*, in: Die Rechtsgutstheorie, S. 251; *Wohlers*, Deliktstypen, S. 310.

73 So hält *Binding*, Normen I, S. 381 Brandstifungs- aufgrund ihres Sachbeschädigungscharakters für Verletzungsdelikte; krit. zur Sachbeschädigungslösung *Bender*, Normzweck und Deliktstypus, S. 204 ff.; auch *Wolters*, in: SK-StGB, § 306a Rn. 4; *Heine/Bosch*, in: SS-StGB, § 306a Rn. 1 sprechen in diesem Zusammenhang auch von einem Erfolgsdelikt.

soll dem Schutz von Leib und Leben dienen.[74] Am Beispiel des § 306a I StGB wird deutlich, dass ein tatbestandlich vorausgesetzter Erfolg, auf den das tatbestandsmäßige Verhalten des Täters hinarbeitet, und das zu schützende Rechtsgut auseinanderfallen können. Während es bei der Tatbestandsverwirklichung also zur (teilweisen) Aufhebung der bestimmungsgemäßen Brauchbarkeit der angezündeten Räumlichkeit kommt, fragt die Strafnorm nicht nach einer Gefahr oder Gefährlichkeit für Leib oder Leben eines Menschen (Rechtsgut).[75] Die Rechtsgüter werden gegen die generelle, vom Täter nicht kontrollierbare Gefahr eines Gebäudebrandes abgesichert.[76]

Da sich aber die Erarbeitung von Deliktsstrukturen der Beschreibung der Art und Weise des Angriffs auf die Rechtsgüter einer Norm verschrieben hat, interessiert für eine Klassifizierung auch nur der Wirkungszusammenhang mit dem Rechtsgut. Weitere Beeinträchtigungszusammenhänge spielen – wenn überhaupt – eine untergeordnete Rolle.[77] Das Rechtsgut zu bestimmen, sortiert bzw. priorisiert mithin tatbestandlich erfasste Beeinträchtigungszusammenhänge. Mehren sich Beeinträchtigungszusammenhänge in einer Strafnorm, wie am Beispiel des § 306a I StGB der abstrakt-generelle Beeinträchtigungszusammenhang zwischen Gebäudebrand und Leib und Leben eines Menschen einerseits und der konkrete Beeinträchtigungszusammenhang zwischen Gebäudebrand und Aufhebung der bestimmungsgemäßen Brauchbarkeit andererseits, öffnet die Festlegung des Rechtsguts den Blick auf denjenigen Beeinträchtigungszusammenhang, der den Normzweck betrifft. Prominenz erfuhr diese Einsicht im Zuge der Erforschung der sog. Gefährdungsdelikte einschließlich ihrer Abgrenzung zum Verletzungsdelikt.[78] Während der Eintritt eines Schadens am Rechtsgut für Verletzungsdelikte konstitutiv ist,[79] blenden übrige Deliktsstrukturen klassischerweise die Manifestierung des Schadens zur Tatbestandsverwirklichung aus.[80]

---

74 *Radtke*, Brandstiftungsdelikte, S. 161 ff.

75 *Schulenberg*, in: Die Rechtsgutstheorie, S. 250 ff.

76 *Bender*, in: Interdisziplinäres Strafrecht, S. 132 ff.

77 *Schulenberg*, in: Die Rechtsgutstheorie, S. 251.

78 *von Hirsch*, GA 2002, 2 (10); *Wohlers*, GA 2002, 15 (17 ff.).

79 *Rengier*, StrafR AT, § 10 Rn. 9; *Wessels u. a.*, StrafR AT, § 1 Rn. 41; s. a. *Frister*, StrafR AT, § 3 Rn. 24.

80 BGH NJW 1982, 775; *Maurach u. a.*, StrafR AT I, § 17 Rn. 26; *Roxin/Greco*, StrafR AT I, § 10 Rn. 123; s. a. *Gallas*, in: FS Heinitz, S. 176; *Geppert*, Jura 1989, 417 (418); *Graul*, Präsumtionen, S. 37 f.

b) Akzentverschiebung hin zur Tathandlung

Die sog. Gefährdungsdelikte verzichten in ihrem Tatbestand auf die rechtsgutsspezifische Schadensverwirklichung und geben sich demgegenüber mit einer unterschiedlich ausgeprägten und graduell abgestuften Risikoprognose einer solchen Schadensverwirklichung zufrieden.[81] Ohne auf die Beschaffenheit der einzelnen Risikoprognosen an dieser Stelle vertieft einzugehen,[82] lässt sich festhalten, dass sie durchweg die Berechnung eines Schadenspotenzials für das betreffende Rechtsgut zum Inhalt haben und sich daher nur vom Rechtsgut her bestimmen lassen. Die Deliktsstruktur beschreibt folglich, wie sich der Tatbestand zum geschützten Gut verhält.[83] Hieran anknüpfend, soll die These entspannt werden, wonach herkömmliche Ansätze die Frage nach der Deliktsstruktur auf die Suche nach dem geschützten Rechtsgut verengen und die Tathandlung vernachlässigen.

Wie noch zu zeigen sein wird, geht die Strafrechtswissenschaft üblicherweise bei der Einordnung als sog. abstraktes Gefährdungsdelikt mit einer gewissen Stiefmütterlichkeit vor.[84] Dazu passt, bei der Frage nach der Deliktsstruktur dem geschützten Rechtsgut überproportional viel Beachtung zu schenken.[85] Anstatt eine dogmatische Erschließung des Täterverhaltens und dessen Auswirkungen auf das geschützte Rechtsgut zu bemühen, konzentrieren sich einschlägige Auseinandersetzungen darauf, das geschützte Rechtsgut herzuleiten, um im zweiten Schritt mit knappem Verweis auf die (Nicht-)Beeinträchtigung des geschützten Rechtsguts als Ergebnis der Tatbestandsverwirklichung die Deliktsstruktur zu bestimmen.[86] *Heine/Eisele* bspw. ziehen sich für die Einstufung des § 298 StGB als abstraktes Gefährdungsdelikt auf die Bemerkung zurück, dieser setze weder einen Verletzungs- noch einen Gefährdungserfolg voraus.[87] Ähnlich liest man bei *Heger* zur Deliktsstruktur des § 265b StGB, dieser *„ist abstraktes Gefährdungsdelikt […] im Vorfeld des Betruges. Dem steht das mitgeschützte Allgemeininteresse nicht entgegen, weil es sich insoweit nur um ein*

---

81 *Hirsch*, in: FS Tiedemann, S. 146 ff.

82 Dazu B. II.

83 *Wohlers*, GA 2002, 15 (18 f.).

84 S. u. B. II. 1.

85 Nach *Hörnle*, Verhalten, S. 11 f. entspricht es einer starken Tradition, für die Analyse von Strafnormen beim Rechtsgutsbegriff anzusetzen; dazu *Mitsch*, KriPoZ 2019, 29; *Kubiciel*, in: FS Uni Augsburg, S. 200 ff.; *Kubiciel/Weigend*, KriPoZ 2019, 35 (36 ff.).

86 In diese Richtung auch *Brunhöber*, in: FS Prittwitz, S. 63 ff.; *Frisch*, NStZ 2016, 16 (22 ff.); *Wohlers*, in: Strafrecht und Gesellschaft, S. 310 ff.

87 *Heine/Eisele*, in: SS-StGB, § 298 Rn. 2.

relativ selbständiges Rechtsgut handelt, nämlich nur um Folgeerscheinungen der Gefahren, die der Gesamtheit der jeweils betroffenen Einzelnen aus dem Phänomen des Kreditbetruges erwachsen".[88] Auch hier soll der knappe Verweis auf die Beschaffenheit des (mit-)geschützten Rechtsguts ausreichen, um die Einordnung der Deliktsstruktur zu rechtfertigen. Die Verengung auf die Suche nach dem geschützten Rechtsgut spitzt sich in den Arbeiten *Hassemers* zu, der so weit geht, das Täterverhalten und damit die Deliktsstruktur aufgrund des Rechtsguts der Strafnorm umzudeuten. Auf Grundlage der von ihm stark gemachten sog. personalen Rechtsgutslehre können Rechtsgüter nur „*vom Menschen her*"[89] konzipiert werden. In der Konsequenz sind *Hassemer* zufolge die Umweltdelikte keine Verletzungsdelikte, sondern Gefährdungsdelikte, weil sie die Gesundheit und das Leben und nicht die Umwelt als solche schützen. Umweltschädigungen werden danach als Gefährdungshandlungen für Leben und Gesundheit gelesen.[90] Vergleichbar geht auch sein Schüler *Hohmann* vor, wie ein Blick auf dessen Kommentierung zu § 298 StGB verrät. Er konstruiert das Rechtsgut des immer wieder bestätigten Vertrauens des Einzelnen in die Funktionsfähigkeit des freien und fairen Wettbewerbs unter Verweis auf eine Notwendigkeit, Rechtsgüter auf personale Entfaltungsbedingungen des Einzelnen rückführen zu können. Ausgehend von diesem Verständnis eines Vertrauensschutzgutes, beschreibt die Tatbestandsverwirklichung des § 298 StGB *Hohmann* zufolge eine Verletzung ebenjenes Vertrauens.[91] Durch die Abgabe eines auf einer rechtswidrigen Absprache beruhenden Angebots, so schlussfolgert *Hohmann*, sei das Wettbewerbsverfahren beeinträchtigt und das auf die Regelhaftigkeit des Wettbewerbsverfahrens gerichtete Vertrauen des einzelnen Verfahrensteilnehmers erschüttert.[92] An dieser Stelle wird das Täterverhalten in eine Vertrauensverletzungshandlung ausgehend von der dahinter stehenden Rechtsgutskonzeption umgedeutet. In der Konsequenz stuft *Hohmann*[93] den § 298 StGB als Verletzungsdelikt ein.[94]

Im Unterschied zum üblichen Vorgehen bei der Zuordnung von Tatbestands- und Deliktsstruktur hebt die Untersuchung die Tathandlung als bestimmendes Moment bei der Einstufung einer Deliktsstruktur hervor. Diese

---

88 *Heger*, in: LKH-StGB, § 265b Rn. 1.
89 *Hassemer/Neumann*, in: NK-StGB, Vor § 1 Rn. 137 (5. Aufl.).
90 *Hassemer/Neumann*, in: NK-StGB, Vor § 1 Rn. 137 (5. Aufl.).
91 *Hohmann*, in: MüKo StGB, § 298 Rn. 1 ff., 6.
92 *Hohmann*, in: MüKo StGB, § 298 Rn. 6.
93 *Hohmann*, in: MüKo StGB, § 298 Rn. 6.
94 Eingehend zur Tatbestands- und Deliktsstruktur des § 298 StGB s. u. C. II. 2.

Akzentverschiebung hin zum Täterverhalten bzw. der Tathandlung ist bereits bei *Wohlers* zu finden. Auf der Suche nach Kriterien zur Legitimation sog. abstrakter Gefährdungsdelikte wendet sich dieser von der Herstellung eines Begründungsansatzes über das Vor- bzw. Nichtvorliegen eines Rechtsgutsbeeinträchtigungszusammenhangs ab und stützt seine Überlegungen auf eine systematisierende Aufarbeitung möglicher Tathandlungsvarianten. Im Kern ist zur Bestimmung der Deliktsstruktur für *Wohlers* entscheidend, welches Risikopotenzial dem tatbestandlich vorausgesetzten Täterverhalten innewohnt. Er systematisiert und unterscheidet Deliktsstrukturen nach dem Verhalten des Täters.[95] Hieran schließt unter anderem *Brunhöber* an, die Deliktsstrukturen danach unterteilen möchte, wie bzw. auf welche Art und Weise das tatbestandlich umschriebene Verhalten schädigend wirkt.[96] Ohne auf die legitimatorische Dimension zu blicken, in deren Kontext die Diskussion um das Verhältnis von Rechtsgut und Deliktsstruktur stattfindet, sensibilisieren die Ansätze *Wohlers'* und *Brunhöbers* für die angedeutete Frage, wie sich der Straftatbestand zum geschützten Gut verhält, mithin für das Täterverhalten und seine Schädlichkeit. Nicht das Gut, sondern der Tatbestand rückt dadurch in den Mittelpunkt. Den Versuch, deliktische Strukturen zu typisieren, beschreibt *Wohlers* folgerichtig als das Bestreben, die verschiedenen Angriffswege, vor denen das Gesetz seine Rechtsgüter zu schützen beabsichtigt, zu erfassen und zu systematisieren.[97] Schließlich geht mit der Entscheidung des Gesetzgebers, ein Rechtsgut mit strafrechtlichen Mitteln verteidigen zu wollen, weder notwendiger- noch typischerweise ein vollumfassender Schutz gegen jedwede Form von Beeinträchtigung einher.[98] Strafrechtlicher Schutz wird vielmehr punktuell, also gegen bestimmte Angriffsformen, gewährt.[99] Für den weiteren Verlauf der Untersuchung bleibt festzuhalten, dass sie zur Bestimmung der Deliktsstruktur die Tathandlung fokussiert. Mit der exakten Analyse des Täterverhaltens kann die tatbestandlich umschriebene Angriffsform, gegen die die jeweilige Strafnorm das Rechtsgut abzusichern verspricht, offengelegt werden. Erst indem das Täterverhalten in Bezug zum geschützten Rechtsgut gesetzt wird, wird der Grad, zu dem der Täter bei Tatbestandsverwirklichung das Rechtsgut beeinträchtigt, genau bestimmbar.

---

95 *Wohlers*, Deliktstypen, S. 305 ff.

96 *Brunhöber*, in: FS Schünemann, S. 12 ff.

97 *Wohlers*, GA 2002, 15 (18 f.).

98 *von Hirsch*, GA 2002, 2 (9 f.).

99 *von Hirsch*, in: Harm and Culpability, S. 261 ff.

2. Zusammenfallen mehrerer Zwecke in einer Strafbestimmung

Aus der Einsicht, der Gesetzgeber sei frei in der Bestimmung der Zwecke, derentwegen er Strafgesetze schafft,[100] folgt unweigerlich die Erkenntnis, dass er befugt ist, im Rahmen eines Strafgesetzes ein Zweckbündel zu verfolgen. Dementsprechend nahe liegt die Möglichkeit, bei der Suche nach dem mit dem Straftatbestand korrespondierenden Rechtsgut auf mehr als eine Antwort zu stoßen. Für die Zwecke der Untersuchung stellt sich somit die Frage, welche Auswirkungen das Zusammenfallen mehrerer Rechtsgüter in einer Strafnorm für die Bestimmung der Deliktsstruktur hat und wie in einem solchen Fall zu verfahren ist.

Das Phänomen mehrerer, nebeneinanderstehender Rechtsgüter ist bislang, soweit ersichtlich, primär auf dem Boden der systemkritischen Rechtsgutstheorie diskutiert worden. Ihr besonderes Interesse an der Abhandlung des Zusammenfallens mehrerer verfolgter Zwecke folgt aus der zentralen Bedeutung, die sie dem einzelnen Rechtsgut zuschreibt. Nach der Basisdoktrin systemkritischen Rechtsgutsdenkens bildet das Rechtsgut den zentralen Angel- und Fixpunkt der Bewertung der Legitimität einzelner Strafbestimmungen.[101] Daher fällt das Bedürfnis, auf die Frage nach ihrer Legitimationsgrundlage eine eindeutige Antwort geben zu können, entsprechend groß aus. Auf dieser Grundlage hat *Schulenberg*[102] das Zusammenfallen mehrerer Rechtsgüter analytisch erarbeitet. So seien zunächst Strafbestimmungen denkbar, die in den Diensten mehrerer, unterschiedlicher Rechtsgüter stünden. Als weiter unkritisch könne der Fall betrachtet werden, in dem zwei oder mehrere Rechtsgüter sich in demselben Substrat manifestierten, etwa das Eigentum und der Gewahrsam an einer Sache in der Sachherrschaft im Rahmen des § 242 I StGB. Daneben könne eine Strafnorm zwei oder mehrere Substrate unterschiedlicher Rechtsgüter tangieren, wie die Wegnahme mittels Gewalt bei § 249 I StGB einmal das in der Sachherrschaft zum Ausdruck kommende Eigentum und die Sachherrschaft sowie einmal die mittels Gewalt beeinträchtigte Willensfreiheit tangiere. Auf der Suche nach dem Strafgrund einer Norm unterscheiden systemkritische Rechtsgutstheorien verschiedene Verhältnisse, in denen in einem Straftatbestand zusammenfallende Rechtsgüter sich zueinander verhalten können.

---

100 *Brunhöber*, in: Strafverfassungsrecht, S. 64 m. w. N. in Fn. 63; *Kaspar*, Präventionsstrafrecht, S. 212.

101 Statt vieler *Neumann/Saliger*, in: NK-StGB, Vor § 1 Rn. 110 ff.; *Roxin/Greco*, StrafR AT I, § 2 Rn. 7 ff.

102 Dazu und im Folgenden *Schulenberg*, in: Die Rechtsgutstheorie, S. 251 f.

Neben der Koexistenz als gleichberechtigter Strafgründe tauchten Rechtsgüter auch als über einen Schutzreflex mit der Strafnorm verbunden auf. Wenn das tatbestandlich umschriebene Verhalten zur unmittelbaren Beeinträchtigung des einen Rechtsguts führe, während es die Verletzung des anderen nur vorbereite bzw. es lediglich gefährdet werde, mangele es an einer unmittelbaren Verbindung des nicht direkt beeinträchtigten Rechtsgutes zur Strafnorm. In diesen Fällen sei nur das unmittelbar beeinträchtigte Rechtsgut als Strafgrund heranzuziehen.[103]

Besondere Aufmerksamkeit widmen die einschlägigen Arbeiten zum systemkritischen Rechtsgutsverständnis den Konstellationen, in denen ein Tatbestand – ihrer Auffassung zufolge – die Vorbereitung bzw. abstrakte Gefährdung eines Individualrechtsguts bei gleichzeitiger Beeinträchtigung eines Kollektivrechtsguts zum Gegenstand hat.[104] Ob und wonach beim Zusammenfallen mehrerer Schutzfunktionen zu priorisieren ist, beurteilen die verschiedenen Verästelungen der Rechtsgutsdoktrin jeweils anhand ihres theoretischen Unterbaus.

Die auf *Tiedemann* zurückgehende dualistische Rechtsgutskonzeption erkennt Individual- und Kollektivrechtsgüter als gleichberechtigt an.[105] Die veränderte Stellung des Individuums als Produkt seines gesellschaftlichen Umfelds sowie das daraus resultierende Abhängigkeitsverhältnis rechtfertigen *Tiedemann* zufolge die Begründung einer vom Individuum abgekoppelten Wertigkeit gemeinschaftlicher Belange.[106] Erst die staatliche Gewährleistung institutionalisierter Funktionszusammenhänge sichere die persönliche Entfaltung des Einzelnen ab.[107] Gemeinschaftsbezogene Rechtsgutskonzeptionen wollen den Schutz von Gemeinschaftsbelangen bzw. des Staates als primäre Aufgabe von Strafbestimmungen verstanden wissen, weshalb sich Individualrechtsgüter akzessorisch aus dem Interesse der Gesamtheit an der Erhaltung

---

103 *Puschke*, Vorbereitungstatbestände, S. 96 ff.

104 Eine Übersicht zu den Verfahrensweisen der verschiedenen Rechtsgutstheorien beim Zusammenfallen mehrerer Rechtsgüter liefert *Puschke*, Vorbereitungstatbestände, S. 99 ff.

105 *Tiedemann*, Tatbestandsfunktionen, S. 113 ff.; *Anastasopoulou*, Deliktstypen, S. 42 ff.

106 *Tiedemann*, Tatbestandsfunktionen, S. 119.

107 *Tiedemann/Engelhart*, Wirtschaftsstrafrecht, Rn. 167 ff.; ähnlich *Hefendehl*, Kollektive Rechtsgüter, S. 77 f.

dieses Gutes begründen würden.[108] Beide Begründungsstränge sehen sich innerhalb des systemkritischen Rechtsgutsdiskurses dem Einwand ausgesetzt, dem Individuum keine ausreichend hohe Stellung einzuräumen[109] und sich daher konturlosigkeitsbedingt ihrer legitimierenden und limitierenden Leistungsfähigkeit zu berauben.[110] Mit dieser Einsicht vor Augen, versuchen personale Rechtsgutskonzeptionen den Einzelnen bzw. seine Schutzbelange zum Ausgangspunkt ihrer Legitimationsüberlegungen zu nehmen.[111] Um den herausgehobenen Wert des Einzelnen zu untermalen, müssten Rechtsgüter an dem Schutz des Menschen ausgerichtet sein.[112] Sie priorisieren Individualrechtsgüter und sehen Kollektivrechtsgüter als dem Menschen dienende und daher auf Individualinteressen rückführbare,[113] diesen untergeordnete Rechtsgutskategorie an.[114] Diese kursorische Zusammenschau der systemkritischen Rechtsgutsdoktrinen offenbart, dass Priorisierungsfragen innerhalb der Theorie umstritten sind. Systemkritische Rechtsgutstheorien geben uneinheitliche Antworten auf die Frage, wie bei Zusammenfallen[115] mehrerer möglicher

---

108 *Hefendehl*, Kollektive Rechtsgüter, S. 67 ff.; in diese Richtung auch *Jescheck/Weigend*, StrafR AT, § 26 I; *Oetker*, ZStW 17 (1897), 493 (508); *Schmidhäuser*, Strafrecht AT, S. 38.

109 *Marx*, Zur Definition, S. 79 ff.

110 *Neumann/Saliger*, in: NK-StGB, Vor § 1 Rn. 137; a. A. *Hefendehl*, Kollektive Rechtsgüter, S. 75 ff.

111 *Marx*, Zur Definition, S. 62; *Neumann/Saliger*, in: NK-StGB, Vor § 1 Rn. 131 ff.

112 Jüngst *Neumann*, in: FS Prittwitz, S. 157 ff.; s. a. *Hohmann*, GA 1992, 76 (77); *Marx*, Zur Definition, S. 31 ff.

113 *Hassemer*, Produktverantwortung, S. 21; *Stächelin*, Strafgesetzgebung, S. 73; *Wolter*, NStZ 1993, 1 (5).

114 *Hassemer*, in: Jenseits, S. 92; *Neumann/Saliger*, in: NK-StGB, Vor § 1 Rn. 131 ff.

115 Gesonderter Erörterung bedürfen an dieser Stelle noch die Konstruktionen der sog. „Scheinrechtsgüter" und „vergeistigten Zwischenrechtsgüter". Unter Ersteren werden diejenigen kollektiven Schutzbelange gefasst, die die Summe einer Reihe von Individualbelangen zusammenfassen und darüber hinaus keine eigenständige Qualität aufwiesen. Vergeistigte Zwischenrechtsgüter können demgegenüber besser als eine Art analytisches Handwerkszeug zur Präzisierung des Angriffsweges auf das dahinterstehende Rechtsgut aufgefasst werden. Per Verweis auf das vergeistigte Zwischenrechtsgut könne der drohende Beeinträchtigungszusammenhang deutlicher gekennzeichnet und damit schärfer umrissen werden. In beiden Fällen liege kein wirkliches, zum Strafgrund taugendes Rechtsgut und daher auch kein Kollisionsfall vor, weshalb sich Auslegungs- und Legitimationsfragen immer nach dem Rechtsgut zu richten hätten, dazu *Anastasopoulou*, Deliktstypen, S. 43 ff.; *Hefendehl*, Kollektive Rechtsgüter, S. 144 ff., 178; *Hefendehl*, GA 1997, 119 (122);

Rechtsgüter abzuschichten sei. Obschon sowohl personale wie auch gemeinschaftsbezogene Rechtsgutskonzeptionen eine hierarchische Unterscheidung treffen, erkennen sie überdies auch die eigenständige Wertigkeit der jeweils anderen Rechtsgutskategorie an.[116]

Auch im Lager der Rechtsgutsskeptiker wurde in dieser Sache Stellung bezogen. *Wohlers* reduziert in seiner Analyse des modernen Präventionsstrafrechts das systemkritische Potenzial der Rechtsgutstheorie auf die Feststellung, ob die Motive des Gesetzgebers zur Schaffung der Norm einen legitimen Zweck darstellten.[117] Anstatt die Strafwürdigkeit aus der Wertigkeit eines Rechtsguts ableiten zu wollen, schlägt *Wohlers* vor, sich auf das „Wie" des Schutzumfangs zu konzentrieren. Für ihn rückt damit die tatbestandlich umschriebene Verhaltensweise ins Zentrum seiner Strafwürdigkeitsüberlegungen. In einem Abwägungsvorgang, der Straftatbestände als legitim zu rechtfertigen oder als illegitim zu disqualifizieren sucht, müsse eine rationale Strafrechtsdogmatik unweigerlich auch die einzelnen Beeinträchtigungszusammenhänge ausdifferenzieren, um sie in die Waagschale legen zu können.[118] Suche man bspw. die Legitimität der Strafbarkeit wettbewerbsbeschränkender Absprachen bei Ausschreibungen gem. § 298 StGB mithilfe der Deliktsstruktur zu begründen, sei theoretisch denkbar, dass eine Untersuchung der Deliktsstruktur zu unterschiedlichen Beeinträchtigungszusammenhängen gelange je nachdem, ob man die Wirkungszusammenhänge zu den geschützten Vermögensinteressen oder zum freien Wettbewerb betrachte.[119] Obschon auf die Möglichkeit von Mischformen vereinzelt hingewiesen wird,[120] bieten die einschlägigen Arbeiten keine Hinweise zur Handhabung dieser Einordnungsprobleme.

Systemkritische Rechtsgutstheorien priorisieren für den Kollisionsfall mehrerer Rechtsgüter in einer Strafbestimmung je nach Denkschule kollektive

---

Kuhlen, ZStW 105 (1993), 697 (704); *Puschke*, Vorbereitungstatbestände, S. 103 ff.; *Schünemann*, in: Alte Strukturen, S. 27; s. a. *Krause*, Ordnungsgemäßes Wirtschaften, S. 177; *Roxin/Greco*, StrafR AT I, § 2 Rn. 10 ff.; *Schünemann*, JA 1975, 787 (798); *Wolter*, Zurechnung, S. 238 f.; krit. *Martin*, Umweltbeeinträchtigungen, S. 94 f.; *Zieschang*, Gefährdungsdelikte, S. 162 ff.

116 *Hefendehl*, Kollektive Rechtsgüter, S. 67; *Puschke*, Vorbereitungstatbestände, S. 100 ff.

117 *Wohlers*, Deliktstypen, S. 279.

118 *Wohlers*, Deliktstypen, S. 278 ff.

119 Vertiefte Analyse bei C. II. 2. b).

120 *Erb*, Parteiverrat, S. 196; *von Hirsch/Wohlers*, in: Die Rechtsgutstheorie, S. 197 ff.; *Wohlers*, Deliktstypen, S. 342; s. a. *Kuhlen*, in: Mediating Principles, S. 155 f.

oder individuelle Belange. Eine eindeutige Antwort darauf, wie danach mit dem Zusammenfallen mehrerer Rechtsgüter zu verfahren sei, bedürfte daher vorangestellt einer umfassenden Aufarbeitung und Bewertung der verschiedenen Positionen zum personalen, gemeinschaftsbezogenen und dualistischen Rechtsgutsdenken, die hier schon aus Platzgründen nicht geleistet werden können, ohne dass der Schwerpunkt der Untersuchung ins Hintertreffen geriete.[121] Demgegenüber begnügen sich rechtsgutskritische Ansätze mit dem Verweis auf mögliche Mischformen, ohne einen Weg zur Auflösung dieser Konstellationen zu bieten. In Zusammenschau der vorgefundenen Ergebnisse bleibt festzuhalten, dass für den weiteren Gang der Untersuchung für die Bestimmung des geschützten Rechtsgutes hilfsweise auf die jeweils geltende herrschende Meinung abgestellt wird. Für eine Untersuchung, die sich die Klärung der Deliktsstruktur vornimmt, sei zudem angemerkt, dass eine mehrdeutige Klassifizierung nicht von sich aus ein Problem darstellt. Wer – mit *Wohlers* – akzeptiert, dass die Strafwürdigkeit eines Verhaltens nicht ausschließlich aus der Wertigkeit des verfolgten Zwecks resultiert, und sich demnach mehr der Beleuchtung der deliktischen Strukturen zuwendet, kann guten Gewissens mehrere, nebeneinander bestehende Legitimationszugänge für ein und dieselbe Strafbestimmung tolerieren. Umgekehrt ist denkbar, bei einer Verhältnismäßigkeitsprüfung mehr als einen entgegenstehenden Freiheitsbelang mit dem oder den Rechtsgütern in Anschlag zu bringen. Schließlich sei an dieser Stelle noch darauf hingewiesen, dass die praktische Bedeutung dieses theoretisch angelegten Problems für die hiesige Untersuchung hiermit noch nicht geklärt ist. Erst die Untersuchung der einzelnen Strafnormen[122] kann zeigen, ob eine solche Gemengelage besteht und ob daraus mehrdeutige Antworten auf die Frage nach der Deliktsstruktur folgen.

3. Deliktstypologie im Bereich kollektiver Rechtsgüter

Vor dem Hintergrund, dass Strafnormen zum Schutz der Wirtschaft vermehrt dem Schutz kollektiver Belange zu dienen verpflichtet sind, bedarf es an dieser Stelle noch der gesonderten Erörterung des sog. Kumulationsgedankens. Hintergrund dieser Konstruktion ist die vermeintliche Robustheit[123]

---

121 Einen Überblick zu den verschiedenen Rechtsgutskonzepten geben *Anastasopoulou*, Deliktstypen, S. 5 ff.; *Puschke*, Vorbereitungstatbestände, S. 100 ff.; sowie krit. *Spindler*, Regel- und Institutionenschutz, S. 125 ff.

122 S. u. C. ff.

123 *Spindler*, Regel- und Institutionenschutz, S. 179 ff.

kollektiver Rechtsgüter, bei denen selbst die unmittelbare Beeinträchtigung nicht zu Verletzungssymptomen führen könne. Das jeweilige Rechtsgut könne nicht zu einem konkreten Substrat kondensieren, da der Schutzauftrag des Tatbestandes den gesamten Bereich adressiere.[124] Ihre Verletzung sei wenigen und praktisch unwahrscheinlichen Megaverstößen[125] vorbehalten. Daraus zieht das Schrifttum teilweise die Konsequenz, Delikte zum Schutz kollektiver Rechtsgüter könnten von vornherein nur sog. abstrakte Gefährdungsdelikte sein.[126] Dagegen wiederum wird eingewendet, in diesen Fällen stünden Verhaltensweisen unter Strafe, die im Regelfall ungefährlich seien.[127] Insofern lasse sich das verursachte Unrecht auch nicht mit der damit typischerweise einhergehenden Gefährlichkeit des Verhaltens beschreiben. Bei Delikten, die auf dem Kumulationsgedanken beruhten, handele es sich vielmehr um einen dem sog. abstrakten Gefährdungsdelikt noch vorgelagerten Deliktstypus.[128] Andere Stimmen gehen daher noch weiter und wollen die herkömmlichen Deliktsstrukturen als prinzipiell unanwendbar verwerfen.[129] Abhilfe wird über die Gleichstellung der Verletzungskausalität mit dem materiellen Äquivalent des Kumulationsgedankens[130] geschaffen. Teilweise wird der erstmals von *Kuhlen* entwickelte Kumulationsgedanke dergestalt verstanden, dass aufgrund der Erschütterungsfestigkeit des Rechtsguts der einzelne Beeinträchtigungsbeitrag deswegen strafwürdig erscheine, weil er als Teil massenhafter Tatbegehungen in Summe eine Beeinträchtigung bewirke.[131] Die durch die – realistischerweise zu erwartende – massenhafte Begehung[132] drohenden Schädigungseffekte bildeten den

---

124 *Kuhlen*, GA 1986, 389 (399 ff.); *Kuhlen*, ZStW 105 (1993), 697 (698); *Wohlers*, Deliktstypen, S. 318 ff.; dazu *Puschke*, Vorbereitungstatbestände, S. 94 f.

125 So *von Hirsch/Wohlers*, in: Die Rechtsgutstheorie, S. 199.

126 Insb. für das Wirtschaftsstrafrecht treffen diese Diagnose *Tiedemann*, in: FS Dünnebier, S. 521; *Bottke*, in: Bausteine, S. 112; *Otto*, ZStW 96 (1984), 339 (362); *Wohlers*, Deliktstypen, S. 318 ff.

127 *Kuhlen*, GA 1986, 389 (399 f.).

128 *Kuhlen*, GA 1986, 389 (398).

129 *Kuhlen*, GA 1986, 389 (399 Fn. 356).

130 *Kuhlen*, GA 1986, 389 (399 ff.); so auch *von Hirsch/Wohlers*, in: Die Rechtsgutstheorie, S. 198; dazu *Hefendehl*, Kollektive Rechtsgüter, S. 183 ff.

131 So *Hefendehl*, Kollektive Rechtsgüter, S. 183 ff. in Rekurs auf *Kuhlen*, GA 1986, 389 (399 ff.).

132 Hiergegen wurden drohende Friktionen mit dem Strafzweck der positiven Generalprävention angemahnt; der Normstabilisierung sei ein Bärendienst erwiesen, wenn ein Verhalten aufgrund seines erwarteten massenhaften Auftretens mit Strafe belegt werde; bei massenhaftem Auftreten dieses Verhaltens normalisiere sich auch die daran anknüpfende Sanktionierung, wodurch sie ihren ausnahmebedingte

Anknüpfungspunkt für Überlegungen zum Unrechtsgehalt[133] der Tat.[134] Er liege in dem Teilbeitrag des einzelnen Täters, der im Gesamtzusammenhang mit den gleichförmig verwirklichten Deliktbegehungen anderer Täter die Schwelle zu einer relevanten Beeinträchtigung des fraglichen Rechtsguts zu überschreiten drohe.[135] *Wohlers* wiederum konstruiert den Kumulationsgedanken dergestalt, dass der Täter einen Beitrag zur (Gesamt-)Schädigung leiste, wobei sich die übrigen Kumulationsbeiträge aus Sicht des Täters als zufällig darstellten und der Täter durch sein Verhalten einen für ihn nicht steuerbaren Beitrag zur Schädigung erbringe.[136] Sofern ein Straftatbestand dem Schutz kollektiver Güter verpflichtet sei, könne eine einzelne Tatbegehung keine Beeinträchtigung des rechtlich geschützten Interesses verursachen. Erst eine Vielzahl von Tatbegehungen könne ein Schadenspotenzial bergen. Kumulationsdelikte seien danach nicht bloß eine typische Gesetzgebungstechnik modernen Strafrechts, sondern die Beschaffenheit kollektiver Rechtsgüter bedinge diesen Deliktstyp aus der Natur der Sache.[137]

Unabhängig von Fragen zum Legitimationsansatz wirft die dem Kumulationsgedanken zugrunde liegende Diagnose der Robustheit kollektiver Rechtsgüter in jedem Fall die Frage auf, ob sie das weitere Austarieren deliktischer Strukturen aufgrund ihrer Erschütterungsfestigkeit obsolet macht.

Ächtungscharakter verliere, s. *Daxenberger*, Kumulationseffekte, S. 65; *Herzog*, Gesellschaftliche Unsicherheit, S. 155; *Samson*, ZStW 99 (1987), 617 (636).

133 An *Kuhlens* Konzeption eines Kumulationsdelikts wurde in der strafrechtswissenschaftlichen Rezeption kritisiert, ein solcher Legitimationszugang öffne der Kriminalisierung von Bagatellfällen Tür und Tor; unter Aspekten des Verhältnismäßigkeitsgrundsatzes unter Beachtung des *Ultima-ratio*-Gedankens sei dies besorgniserregend, s. *Daxenberger*, Kumulationseffekte, S. 65; *Kasper*, Erheblichkeitsschwelle, S. 104 ff.; *Sternberg-Lieben*, Einwilligung im Strafrecht; *Silva Sánchez*, Expansion, S. 76 ff.

134 *Kuhlen*, ZStW 105 (1993), 697 (698).

135 *Von Hirsch/Wohlers*, in: Die Rechtsgutstheorie, S. 207; krit. dazu *Seelmann*, NJW 1990, 1257 (1259); *Zieschang*, Gefährdungsdelikte, S. 244; *Rengier*, in: Ökologie, S. 53; *Rotsch*, Individuelle Haftung, S. 114; *Sternberg-Lieben*, Einwilligung im Strafrecht, S. 435; *Müller-Tuckfeld*, in: Unmöglicher Zustand, S. 466, die hierin einen Bruch mit dem Schuldgrundsatz erkennen. Eine Unrechtsbegründung, die das Unrecht der Einzelhandlung abseits eines individuellen Fehlverhaltens aus der Bedrohungslage eines massenhaft auftretenden Phänomens ableiten möchte, laufe im Ergebnis auf eine Begründung *ex iniuria tertii* hinaus.

136 *Wohlers*, Deliktstypen, S. 328.

137 *Wohlers*, Deliktstypen, S. 318 ff.

Straftatbestände zum Schutz von Kollektivrechtsgütern könnten somit von vornherein nur Kumulationsdelikte sein. Die anhand von Tatbeständen zum Schutz von Individualrechtsgütern entwickelte Deliktstypologie fände im Bereich der Kollektivrechtsgüter keine Anwendung. Kollektive Rechtsgüter bergen aufgrund des höheren Abstraktionsniveaus gegenüber Individualrechtsgütern eine höhere Gefahr, als ideeller Wert interpretiert zu werden.[138] Aus der mangelnden Körperlichkeit folgt indessen nicht auch die fehlende Verletz- bzw. Beeinträchtigbarkeit. Immaterielle Güter sind wie materielle Güter Realitäten, auf die kausal eingewirkt werden kann und welche dementsprechend veränderbar sind.[139] Obschon auch die Stimmen hinter dem Kumulationsgedanken reale Rechtsgutskonzeptionen vertreten, proklamieren sie im gleichen Atemzug die Unantastbarkeit kollektiver Rechtsgüter durch eine einzelne Tatbegehung.[140] Insofern besteht eine Ähnlichkeit in der argumentativen Struktur zu den ihnen fremden ideellen Rechtsgutskonzeptionen.[141] Ideelle Rechtsgutskonzeptionen erblicken in Rechtsgütern eine metaphysische Idee, die in ihrem Wesen und Bestand außerhalb und unbeeinflusst von der physisch-realen Welt existiert. Mit der Auslöschung eines Menschenlebens könne nicht das Rechtsgut Menschenleben an sich vernichtet oder auch nur tangiert werden, da mit der Auslöschung eines Lebens nicht die Gesamtheit aller Menschenleben ausgelöscht werde.[142] Analog hierzu argumentieren Vertreter des Kumulationsgedankens, ein kollektives Rechtsgut sei durch eine Einzeltat nicht merklich zu beeinträchtigen. Es handele sich bei Rechtsgütern um real fassbare Phänomene, allerdings folge aus ihrer Robustheit ihre Unempfindlichkeit gegenüber einzelnen Verstößen.[143] Eine einzelne Falschaussage nach § 153 StGB bringe noch nicht die Rechtspflege als solche ins Wanken. Ebenso könnte das Argument bemüht werden, die Auslöschung eines einzelnen Menschenlebens sei nicht imstande, die Gesamtheit der Menschenleben merklich in Gefahr zu bringen oder gar

---

138 *Hefendehl*, Kollektive Rechtsgüter, S. 27 ff.; s. a. *Anastasopoulou*, Deliktstypen, S. 192.

139 *Anastasopoulou*, Deliktstypen, S. 193; *Roxin/Greco*, StrafR AT I, § 2 Rn. 80 ff.

140 Krit. dazu *Anastasopoulou*, Deliktstypen, S. 193 m. w. N.

141 *Anastasopoulou*, Deliktstypen, S. 194.

142 Ideelle Rechtsgutskonzeptionen vertreten unter anderem *Jescheck/Weigend*, StrafR AT, S. 259 ff.; *Schmidhäuser*, in: FS Engisch, S. 444 ff.; *Berz*, Tatbestandsverwirklichung, S. 34 ff.; krit. dazu *Anastasopoulou*, Deliktstypen, S. 194.

143 *Bottke*, in: Bausteine, S. 111; *Hilgendorf*, in: AWHH-StrafR BT, § 35 Rn. 27 ff.; *Otto*, ZStW 96 (1984), 339 (32 f.); *Tiedemann*, Tatbestandsfunktionen, S. 123; *Wohlers*, Deliktstypen, S. 224.

zu vernichten.[144] Aus dieser Vogelperspektive gleichen sich die Auswirkungen beider Tatvorgänge für das jeweilige Gut. Wie aber die Gesamtheit aller Menschenleben keinen von der Realität losgelösten, ideellen Wert, sondern vielmehr die Summe aller Menschenleben darstellt, bildet die Rechtspflege keine metaphysische Idee, sondern die Gesamtheit aller ihrer Verfahrens- und Interaktionsprozesse ab. Für die Verletzung der Rechtspflege ebenso wie für die Verletzung eines Menschenlebens reicht aus, wenn ein einzelner Verfahrens- oder Interaktionsprozess verletzt wird, ohne dass es auf die Zerstörung der gesamten Rechtspflege ankäme.[145] Der Trugschluss des Kumulationsgedankens im Zusammenhang mit kollektiven Rechtsgütern liegt in der Gleichsetzung von Rechtsgutsverletzung und -vernichtung.[146] Wie der Einzelne Anspruch auf die vollkommene Unversehrtheit seines Körpers hat, hat die Gesellschaft Anspruch auf die vollkommene Funktionsfähigkeit der strafrechtlich geschützten Interaktionszusammenhänge.[147]

Ein weiteres Argument gegen die Übertragbarkeit der anhand von Individualrechtsgütern entwickelten Deliktsstrukturen lautet, die Beeinträchtigung bzw. Nichtbeeinträchtigung kollektiver Rechtsgüter sei mangels körperlich-gegenständlicher Beschaffenheit nicht nachprüfbar.[148] Schwierigkeiten bei der empirischen Nachweisbarkeit rechtsgutsspezifischer Beeinträchtigungen finden sich indes auch im Bereich individueller Rechtsgüter. Einzelne Fälle der Körperverletzung nach § 223 I StGB belegen, dass eine Substanzverletzung zur Feststellung einer Rechtsgutsverletzung nicht zwingend vonnöten ist.[149] Andere Delikte, etwa der Diebstahl nach § 242 I StGB, schützen körperliche Gegenstände, jedoch nicht in ihrer Beschaffenheit, sondern hinsichtlich ihrer Verfügungsmöglichkeit.[150] Als völlig losgelöst von substanzhaften Substraten stellen sich schließlich individuelle Rechtsgüter wie die Freiheit der Willensbildung, die von § 240 StGB geschützt wird, oder die Ehre, Rechtsgut der §§ 185 ff. StGB, dar.[151] Dass Individualrechtsgüter also stets ein körperlich-gegenständliches

---

144 Krit. zu diesen Beispielen *Roxin/Greco*, StrafR AT I, § 2 Rn. 80 ff.

145 *Roxin*, in: FS Hassemer, S. 588; *Anastasopoulou*, Deliktstypen, S. 194.

146 *Anastasopoulou*, Deliktstypen, S. 203; analog hierzu gegenüber ideellen Rechtsgutstheorien jüngst auch *Neumann*, in: FS Prittwitz, S. 173, wonach „*die Verletzung eines Interesses […] etwas anderes als die Beseitigung dieses Interesses*" sei.

147 *Walter*, GA 2001, 131 (137 ff.).

148 *Wohlers*, GA 2002, 15 (16); *Hefendehl*, Kollektive Rechtsgüter, S. 26; dazu *Zaczyk*, Unrecht, S. 203 ff.

149 *Sternberg-Lieben*, in: SS-StGB, § 223 Rn. 4.

150 *Walter*, GA 2001, 131 (134 ff.).

151 *Stratenwerth*, in: FS Lenckner, S. 380.

Etwas schützen würden, bleibt bei näherer Begutachtung eine haltlose These.[152] Rechtsgutsbeeinträchtigungen bestimmen sich demgemäß kraft normativer Zuschreibung. Sowohl die Beeinträchtigung individueller als auch kollektiver Rechtsgüter kann in aller Regel nicht auf Basis äußerlicher Beobachtungen festgestellt werden, sondern muss darüber hinaus im Kontext des aktuellen gesellschaftlichen Interaktionsverhältnisses begriffen werden.[153]

Abschließend bleibt festzuhalten, dass der Übertragung der anhand von Individualrechtsgütern entwickelten Deliktsstrukturen in den Bereich kollektiver Rechtsgüter nichts im Wege steht. Es widerspricht der rechtswirklichen Vielfalt deliktischer Strukturen zum Schutz kollektiver Rechtsgüter,[154] sie unter dem *Topos* Kumulationsdelikt und bei Verwischung ihrer Unterschiede zu vermengen. Es macht einen theoretisch abgrenzbaren und empirisch nachweisbaren Unterschied, ob etwa die Eintragung der falschen Tatsachen in das Handelsregister erfolgt oder, wie von § 399 I AktG gefordert, diese gegenüber dem Handelsgericht geäußert, d. h. ihm zugänglich gemacht werden.[155] Beide Fälle mit derselben Deliktsstruktur beschreiben respektive sie derselben Deliktskategorie zuordnen zu wollen, würde grundlegende Unterschiede verwischen. So entfielen aller Voraussicht nach auch Bedenken hinsichtlich der Legitimität des § 264 I StGB, deutete man die Strafnorm in ein Verletzungsdelikt um und ergänzte den Tatbestand um das Erfordernis der Ausreichung einer rechtswidrigen Subvention.[156] Ein Begründungsansatz über den Kumulationsgedanken wäre damit obsolet. Den Kumulationsgedanken als deliktsstrukturverleihende Eigenschaft zu begreifen, vernebelt die Sicht auf eine ausdifferenzierte und kohärente Deliktstypologie.[157] Hinter der Idee des Kumulationsdelikts scheint

---

152 So aber *Wohlers*, GA 2002, 15 (16).

153 *Anastasopoulou*, Deliktstypen, S. 201; *Puschke*, Vorbereitungstatbestände, S. 313 f.; *Zaczyk*, Unrecht, S. 199 ff.

154 S. u. C. ff.

155 Eingehend s. u. C. I. 1. b).

156 Ob einem solchen Straftatbestand neben § 263 I StGB eigenständige Bedeutung zukäme, bleibt offen.

157 Vor diesem Hintergrund überraschen die Überlegungen *Wohlers*, Deliktstypen, S. 335 ff., der einerseits die Wichtigkeit der genauen dogmatischen Analyse der einzelnen Deliktsstrukturen und ihrer Unterschiede diagnostiziert, andererseits jedoch unter Übergehung der Bandbreite möglicher deliktischer Strukturen das Sammelbecken der Kumulationsdelikte vorschlägt; interessanterweise eröffnet er selbst kurze Zeit später die theoretische Möglichkeit, den Schutz kollektiver Güter auch über andere Deliktsstrukturen als derjenigen des Kumulationsdelikts zu verfolgen, s. *Wohlers*, Deliktstypen, S. 326 ff.

sich das Bedürfnis zu verbergen, die strukturell wiederkehrende Motivationslage des Gesetzgebers hinter den modernen „Bekämpfungsgesetzen“ in ein dogmatisches Legitimationskonzept zu pressen. Als er § 264a StGB schuf, bewegte den Gesetzgeber nicht, den einzelnen Kapitalanlagebetrug vermeiden zu wollen, genauso wenig, wie der einzelne Kreditbetrug ihm Anlass gab, § 265b StGB ins Leben zu rufen. Motiviert wurde er, neben strafprozessualen Bedürfnissen der Praxis, von der Besorgnis um systemische Schäden bei grassierendem Auftreten dieser spezifischen Betrugshandlungen.[158] Diese kriminalpolitische Analyse unterscheidet Straftatbestände zum Schutz von Kollektivrechtsgütern von denjenigen zum Schutz von Individualrechtsgütern. Bei ihrer Schaffung hatte der Gesetzgeber primär nicht den einzelnen Fall, sondern die gesamtgesellschaftliche Perspektive im Blick. Hinter Straftatbeständen wie dem Subventionsbetrug gem. § 264 StGB, dem Kapitalanlagebetrug gem. § 264a StGB oder dem Kreditbetrug nach § 265b StGB kann indessen der kriminalpolitische Wille stecken, die Funktionsfähigkeit der jeweils geschützten Institution vor ihrer systemischen Implosion zu bewahren, die sich aufgrund massenhafter Begehung der tatbestandlich umschriebenen Verhaltensweisen ergäbe. Daraus lässt sich nicht ableiten, in der einzelnen Tatbegehung stecke nicht auch für sich genommen ein suffizientes Maß an Unrecht. Im Bereich der genannten Betrugsderivate könnte das auf der besonderen Informationssensibilität beruhen, die in diesen Regelungszusammenhängen vorherrscht.[159] Der Kumulationsgedanke kann daher als Abbreviatur des Problems verstanden werden, ob die strafrechtliche Sonderbehandlung eines einzelnen Kapitalanlage-, Subventions-, Kreditbetrugs etc. zur Verfolgung der damit verbundenen gesamtgesellschaftlichen Lenkungswirkung geeignet, erforderlich und angemessen ist. Er eignet sich nicht dafür, alternativ zur Deliktstypologie aus dem Bereich individualschützender Strafnormen eine Deliktstypenzuschreibung vorzunehmen. Beide Konzepte sind nicht alternativ zueinander, sondern nebeneinander zu betrachten. Der einzelne Kumulationsbeitrag kann in einem abstrakt oder konkret gefährlichen Verhalten oder in der Verletzung des geschützten Etwas liegen.

158 *Kuhlen*, GA 1986, 389 (401); *Saal*, Vortäuschen, S. 96; *Bottke*, in: Bausteine, S. 116; *Brehm*, JuS 1976, 22 (24).

159 *Hefendehl*, wistra 2019, 1; s. a. *Kasiske*, in: FS Uni Augsburg, S. 282 ff., wonach Betrugstatbestände unlautere Vorteilnahmen aus der Informationsasymmetrie zwischen Teilnehmern am Rechtsverkehr strafrechtlich absichern.

II. Typisierung der Gefahrdelikte

1. Abstrakte Gefährdungsdelikte im Wirtschaftsstrafrecht

Dass das Wirtschaftsstrafrecht in seiner geltenden Fassung in der Strafrechtswissenschaft als ein Prototyp des strafrechtlichen Funktionswandels rezipiert wird, fand einleitend Erwähnung.[160] Lag der Fokus der kritischen Rezeption des Funktionswandels zu Beginn noch auf dem Umweltstrafrecht,[161] verlagerte er sich spätestens seit der Finanzmarktkrise[162] auf das Wirtschaftsstrafrecht.[163] Im Gegensatz zum Umweltstrafrecht, dessen Straftatbestände den sog. abstrakten Gefährdungsdelikten zugeordnet wurden,[164] stand im Mittelpunkt der strafrechtlichen Aufarbeitung der Finanzmarktkrise in Praxis und Wissenschaft mit dem Untreuetatbestand gem. § 266 StGB ein Verletzungsdelikt.[165] Die Prominenz des § 266 StGB im wissenschaftlichen Diskurs des Wirtschaftsstrafrechts sollte nicht über die Verfassung des geltenden Wirtschaftsstrafrechts insgesamt hinwegtäuschen. Der kursorische (und im Folgenden zu vertiefende) Blick auf die Wirtschaftsstraftatbestände des StGB sowie der Nebengesetze legt die Vermutung nahe, dass das Verletzungsdelikt in der Unterzahl ist. Im Einklang mit

---

160 S. A. I. sowie B.

161 So z. B. *Albrecht u. a.*, ZStW 96 (1984), 943; *Hohmann*, Umweltdelikte; *Kim*, Umweltstrafrecht; *Martin*, Umweltbeeinträchtigungen; *Müller-Tuckfeld*, in: Unmöglicher Zustand; *Kareklas*, Rechtsgut und das Umweltstrafrecht; *Daxenberger*, Kumulationseffekte; *Hassemer*, NK 1989, 46.

162 Eine rege Kontroverse herrscht um die Bedeutung und die Leistungsfähigkeit des Strafrechts bei der Steuerung und Bewältigung systemischer Krisen wie der Finanzkrise; einerseits wird vertreten, das Strafrecht stoße bei Systemversagen an seine Grenzen, so *Jahn*, JZ 2011, 340 (345 ff.); *Jahn*, wistra 2013, 41 (43); *Lüderssen*, StV 2009, 486; *Rönnau*, in: Finanzkrise, S. 62; a. A. *Hefendehl*, in: FS Schünemann, S. 756 ff.; *Kasiske*, ZRP 2011, 137; *Krey*, in: FS Roxin 2011, S. 1073; *Schünemann*, in: Finanzkrise, S. 90 ff., wonach das Strafrecht auch als Mittel zur Aufarbeitung komplexer (makro-)ökonomischer Zusammenhänge herangezogen werden könne und solle; Überblick bei *Kubiciel*, ZIS 2013, 53; *Roxin/Greco*, StrafR AT I, § Rn. 74a, 119d ff.

163 *Roxin/Greco*, StrafR AT I, § 2 Rn. 74a.

164 Dazu *Hohmann*, Umweltdelikte, S. 179 ff.; *Kim*, Umweltstrafrecht, S. 145 ff.; *Kubiciel*, Wissenschaft, S. 262 ff.; *Martin*, Umweltbeeinträchtigungen, S. 153 ff.; *Wohlers*, Deliktstypen, S. 111 ff.; *Zieschang*, Gefährdungsdelikte, S. 206 ff.

165 Die Kontroverse um § 266 StGB kreist um die Behauptung, hierbei handele es sich um eine kontur- und uferlose Generalklausel; zugespitzt bei *Albrecht*, in: FS Hamm, S. 7, der den Untreuetatbestand als „Ruine des Rechtsstaats" betitelt; a. A. *Schünemann*, in: FS Frisch, S. 837; *Schünemann*, ZIS 2012, 183.

den Analysen des Risikostrafrechts[166] dominieren Deliktsstrukturen, die auf den Eintritt eines rechtsgutsspezifischen Verletzungs- oder konkreten Gefährdungserfolgs verzichten, die Landschaft des Wirtschaftsstrafrechts.[167]

Der Niederschlag des strafrechtlichen Funktionswandels bei der Gestaltung des Wirtschaftsstrafrechts[168] findet in seinem Regulierungsgegenstand den typischen Nährboden risiko- bzw. sicherheitsgesellschaftlicher Lebensbedingungen.[169] Die Konstitution der modernen Wirtschaftsordnung produziert Sachverhaltskonstellationen, die so komplex sind, dass einzelne Kausalstränge nicht selten unnachweisbar bleiben.[170] Wirtschaftskriminalität spielt sich im Umfeld moderner Wirtschaftsorganisationen ab, die sich durch unübersichtliche betriebliche Abläufe und einen über mehrere Hierarchieebenen verzweigten Organisationsaufbau auszeichnen. Schwierigkeiten bei der Zuschreibung individueller (strafrechtlicher) Verantwortung entstehen hier aus der Natur der Sache.[171] Daneben fällt auch die Abgrenzung von legaler und illegaler Wirtschaftsbetätigung im Vergleich zur „Allgemeindelinquenz" schwer, da unternehmerisches Handeln aus sich heraus mit Risiken bzw. Ungewissheiten verbunden ist. Die Gefahr des Fehlschlags wohnt ihm so gut wie immer inne.[172] Schließlich, so zeigen nicht zuletzt Beobachtungen der strafrechtlichen Aufarbeitung der Finanzkrise anhand des § 266 I StGB, bereitet auch der den Anforderungen des Bundesverfassungsgerichts genügende Nachweis eines Vermögensschadens[173] innerhalb moderner Wirtschaftsprozesse erhebliche Schwierigkeiten. So begründete die drohende Inanspruchnahme der Banken mangels gebildeter Rücklagen[174] zwar eine der tradierten Dogmatik des

166 Eingehend zum Risikostrafrecht s. u. D. III. 1.

167 Zum Verhältnis von quantitativer und qualitativer Dominanz gefahrdeliktischer Strukturen im Wirtschaftsstrafrecht s. u. C. V. 2; zu einem Interpretationsversuch s. u. D. III. 2. a) bb).

168 Zur wirtschaftsstrafrechtlichen Erschließung des StGBs s. u. D. I. 1. d) bb).

169 Zu den Konzepten der Risiko- bzw. Sicherheitsgesellschaft s. u. D. II.

170 *Schünemann*, in: Unbestimmtes Wirtschaftsstrafrecht, S. 69.

171 *Böse*, wistra 2005, 41; *Jung*, Prüfstein, S. 4; *Lindemann*, Voraussetzungen und Grenzen, S. 12; *Ransiek*, ZGR 1999, 613 (613 f.).

172 *Lindemann*, Voraussetzungen und Grenzen, S. 7 ff.; s. a. *Matt/Saliger*, in: Irrwege, S. 224; *Waßmer*, Untreue bei Risikogeschäften, S. 5.

173 BVerfG NJW 2010, 3209; *Jahn*, JZ 2011, 340 (346); *Saliger*, NJW 2010, 3195 (3197 f.).

174 Im Zentrum der strafrechtlichen Aufarbeitung steht der Vorwurf, Banken seien unüberschaubare Risiken eingegangen, die sie weder in der Bilanz aufgeführt noch hinreichend abgesichert hätten; Im Kern stellten sie Liquiditätslinien für Zweckgesellschaften zur Verfügung, die ihrerseits Finanztransaktionen im

Vermögensschadens genügende Vermögensgefährdung.[175] Unter prozessökonomischen Aspekten undurchführbar erschien indes, die Höhe der Verbindlichkeiten nachzuweisen, für die die Banken einstehen zu müssen riskierten.[176]

Die beschriebenen Schwierigkeiten bei der Erfassung wirtschaftsstrafrechtlicher Sachverhalte, gepaart mit den Schwierigkeiten, die sich im Zusammenhang mit Verletzungs- und konkreten Gefährdungsdelikten stellen – nämlich Kausalität und Vorsatz nachzuweisen –, lenken angesichts der unbestritten gravierenden Sozialschädlichkeit der Wirtschaftskriminalität als solcher die Aufmerksamkeit auf alternative Deliktsstrukturen, die unter reduzierten Tatbestandsvoraussetzungen Beweisschwierigkeiten zu überwinden versprechen.[177] Dies führt zum Einsatz der sog. abstrakten Gefährdungsdelikte.[178] Es überrascht daher nicht, dass das Gros der wirtschaftsstrafrechtlichen Tatbestände des StGB auf einen rechtsgutsspezifischen Verletzungs- oder konkreten Gefährdungserfolgs verzichtet und von weiten Teilen der Strafrechtswissenschaft als sog. abstraktes Gefährdungsdelikt eingeordnet wird.[179] Dieser Befund ist derart evident, dass, ohne auf den weiteren Gang der Untersuchung vorzugreifen, wenige Beispiele aus der Strafrechtsliteratur an dieser Stelle *pars pro toto* genügen sollen. So beschreibt *Hellmann*,[180] in Einklang mit dem weit überwiegenden Teil der Strafrechtswissenschaft, den Subventionsbetrug gem.

Zusammenhang mit gebündelten und verbrieften Immobilienkreditforderungen unter Finanzierung durch Umwandlung von langfristig verbrieften Forderungen in kurzfristige Schuldverschreibungen durchführten, s. *Kubiciel*, ZIS 2013, 53 (54); vertiefend *Bittmann*, NStZ 2011, 361 (362 ff.); *Brüning/Samson*, ZIP 2009, 1089 (1090); *Otto*, in: FS Krey, S. 379 ff.

175 *Schröder*, HdB-KapMarktStrafR, Rn. 1190 ff.; *Waßmer*, Untreue bei Risikogeschäften, S. 131 f.

176 *Anders*, ZStW 130 (2018), 374 (413 f.); *Lüderssen*, in: Moral, S. 214 f.; *Rönnau*, in: Finanzkrise, S. 62; s. a. hierzu sowie zur Aufarbeitung der Finanzkrise daher die Ersetzung wirtschaftlicher Feststellungen durch Wertungen und Schätzungen fordernd *Kubiciel*, ZIS 2013, 53 (55).

177 *Schünemann*, in: Unbestimmtes Wirtschaftsstrafrecht, S. 71, der die Einführung von Gefährdungsdelikten unter diesen Voraussetzungen als rechtsstaatliches Gebot ansieht; ferner *Schünemann*, GA 1995, 201 (210 ff.).

178 Eingehend zur Konzeption von Gefahrdelikten zur Überwindung von Beweisschwierigkeiten s. u. D. III. 2. a).

179 *Kudlich/Oğlakcıoğlu*, WiStR, Rn. 39 f.; *Rotsch*, in: *Momsen/Grützner*-WiStR, § 2 Rn. 12 ff.; *Tiedemann/Engelhart*, Wirtschaftsstrafrecht, Rn. 220 ff.; *Wittig*, WiStR, § 6 Rn. 39.

180 *Hellmann*, in: NK-StGB, § 264 Rn. 11.

§ 264 StGB als sog. abstraktes Gefährdungsdelikt.[181] Gleiches stellt *Ceffinato*[182] für § 264a StGB fest.[183] Auch *Waßmer*[184] konstatiert für die §§ 331 ff. HGB insgesamt, es handele sich um sog. abstrakte Gefährdungsdelikte.[185] Auch jenseits der in der Untersuchung erörterten Straftatbestände des Wirtschaftsstrafrechts finden sich Delikte, die regelmäßig als sog. abstraktes Gefährdungsdelikt etikettiert werden. Prominent ist das Insiderhandelsverbot gem. § 119 III WpHG zu nennen. Hier attestieren etwa *Hilgendorf/Kusche* den Deliktstyp des sog. abstrakten Gefährdungsdelikts.[186]

So verbreitet die Einstufung als sog. abstraktes Gefährdungsdelikt einerseits ist, so stiefmütterlich gehen andererseits Einordnungen bei der Vergabe des Prädikats „abstraktes Gefährdungsdelikt" vor. Selten bieten solche Kategorisierungen substanzielle Begründungen an, worin die abstrakte Gefährdungslage, die die Verwirklichung des jeweiligen Delikts verursache, bestehe. Bei *Waßmer* liest man zu § 331 HGB: „*Weiter handelt es sich um abstrakte Gefährdungsdelikte, die Verhaltensweisen erfassen, von denen generell erhebliche Gefährdungen ausgehen. Hierdurch ist die Strafbarkeit vorverlagert, d. h. es muss keine konkrete Gefährdung oder Verletzung des geschützten Vertrauens bzw. eine Vermögensgefährdung oder gar ein Schaden eintreten.*"[187] Angaben dazu, wodurch Gefährdungen sich als erheblich auszeichnen würden oder inwiefern es sich um generelle Gefährdungen handelt, finden sich nicht. Ähnlich zieht sich *Hellmann* darauf zurück, es handele sich bei § 264 StGB um ein sog. abstraktes Gefährdungsdelikt, „*da § 264 – anders als der allg. Betrugstatbestand – auf den Eintritt eines Schadens verzichtet und nicht einmal einen ‚Zwischenerfolg' i. S. eines Irrtums des Subventionsgebers fordert*"[188]. Hier scheint die Feststellung zu genügen, es handele sich bei § 264 StGB nicht um ein Verletzungsdelikt, um den Charakter des sog. abstrakten Gefährdungsdelikts zu begründen. Zu § 119 III WpHG schließlich schreiben *Hilgendorf/Kusche*: „*Vielmehr stellt § 119 Abs. 3 WpHG ein abstraktes Gefährdungsdelikt dar, das die Strafbarkeit bereits in das Vorfeld einer Rechtsgutsverletzung verlagert.*"[189] Auch hier reicht

181 Eingehend zur Deliktsstruktur des § 264 StGB s. u. C. I. 1. a) aa) (c).
182 *Ceffinato*, in: MüKo StGB, § 264a Rn. 12.
183 Eingehend zur Deliktsstruktur des § 264a StGB s. u. C. I. 1. a) bb) (c).
184 *Waßmer*, in: BeckOGK HGB, § 331 Rn. 120 ff.
185 Eingehend zur Deliktsstruktur der §§ 331 ff. StGB s. u. C. I. 2 ff.
186 *Hilgendorf/Kusche*, in: HK-KapMarktStrafR, § 119 WpHG Rn. 11.
187 *Waßmer*, in: BeckOGK HGB, § 331 Rn. 120.
188 *Hellmann*, in: NK-StGB, § 264 Rn. 11.
189 *Hilgendorf/Kusche*, in: HK-KapMarktStrafR, § 119 WpHG Rn. 11.

zur Begründung des sog. abstrakten Gefährdungsdelikts aus, dass ein rechtsgutsspezifischer Taterfolg nicht zu verzeichnen ist. Die weite Verbreitung sog. abstrakter Gefährdungsdelikte steht, so kann in einem ersten Schritt festgehalten werden, in einem auffälligen Missverhältnis zur Ergründung des begrifflichen Inhalts der abstrakten Gefährdung. Vor diesem Hintergrund ergibt sich die Notwendigkeit, nach einem konturverleihenden Begriff der abstrakten Gefährdung zu suchen. Dieses Erfordernis leitet unmittelbar zum Phänomen der Bestrafung auch konkret ungefährlichen Verhaltens über.

2. Die Kontroverse um Begriff und Inhalt der abstrakten Gefährdung

Sog. abstrakte Gefährdungsdelikte dienen nach allgemeiner Auffassung der Zufallsbeherrschung, indem Verhaltensweisen, denen ein Potenzial für eine konkrete Gefährdung oder Verletzung zugesprochen wird, unter Strafe gestellt werden.[190] Wie gesehen, wird häufig darauf verwiesen, dass sog. abstrakte Gefährdungsdelikte auf den Eintritt eines rechtsgutsspezifischen Gefährdungs- oder Verletzungserfolgs verzichten würden.[191] Sog. abstrakte Gefährdungsdelikte werden herkömmlicherweise vornehmlich negativ definiert. Was kein Verletzungs- oder konkretes Gefährdungsdelikt ist, muss demzufolge ein sog. abstraktes Gefährdungsdelikt sein.[192] Eine so geformte Definition bleibt inhaltsleer. Dem Rechtsanwender kann auf diese Weise kein handhabbares Kriterium zur Auslegung und Subsumtion zur Hand gereicht werden.[193] Es wird vertreten, der Begriff der abstrakten Gefährdung sei fehlleitend[194] oder sogar paradox[195], da er keine wirkliche Gefahrensituation zugrunde lege, sondern Verhaltensweisen aufgrund ihrer Zugehörigkeit zu einer vertypten Klasse an Verhaltensweisen als generell gefährliche Verhaltensweisen beschreibe.[196]

---

190 *Hefendehl*, Kollektive Rechtsgüter, S. 157; *Jakobs*, ZStW 97 (1985), 751 (767 Fn. 720); *Jescheck/Weigend*, StrafR AT, S. 264; *Kratzsch*, Verhaltenssteuerung, S. 119.

191 Ergänzend zu *Waßmer* und *Hellmann* etwa *Heine/Bosch*, in: SS-StGB, Vor §§ 306 ff. Rn. 4.

192 *Berz*, Tatbestandsverwirklichung, S. 57; *Graul*, Präsumtionen, S. 108; *Kindhäuser*, Gefährdung als Straftat, S. 225; *von Dewitz*, NS-Gedankengut, S. 138; *von Hirsch/Wohlers*, in: Die Rechtsgutstheorie, S. 198.

193 *Wolters*, in: SK-StGB, Vor §§ 306 ff. Rn. 16.

194 *Hirsch*, in: FS Kaufmann, S. 550; *Radtke*, Brandstiftungsdelikte, S. 115 f.

195 *Bohnert*, JuS 1984, 182; *Hilgendorf*, ZStW 113 (2001), 650 (662, 672); *Pütz*, Gefahrbegriff, S. 36.

196 *Radtke*, in: MüKo-StGB, Vor § 306 Rn. 6.

In der Konsequenz verwenden jüngere Arbeiten, wenn auch nicht einheitlich, den Terminus des sog. abstrakten Gefährdungsdelikts als Überbegriff für eine Vielzahl von Deliktstypen. So schlägt etwa *Brunhöber* vor, die sog. abstrakten Gefährdungsdelikte in Kumulations-[197] und Eignungsdelikte[198] zu unterteilen.[199] Noch weiter fasst *Puschke* den Begriff der sog. abstrakten Gefährdungsdelikte. Er geht davon aus, auch Vorbereitungsdelikte[200] fielen infolge ihres subjektiv-objektiv abstrakten Gefährdungsgehalts in den Bereich der sog. abstrakten Gefährdungsdelikte.[201] Entlang der Ideengeschichte des sog. abstrakten Gefährdungsdelikts soll im Folgenden die These erarbeitet werden, dass das Strafrecht der Bundesrepublik Deutschland die abstrakte Gefährdung als einheitlichen *Topos* nicht vorsieht. Klarstellend sei hier nochmals der Hinweis gegeben, dass die vorliegende Arbeit sich vornehmlich nicht als Beitrag zur weiteren Vertiefung der Frage um die Legitimität sog. abstrakter Gefährdungsdelikte versteht. Gegenstand und Ziel des zweiten Kapitels sind auf die Fragen zugeschnitten, inwieweit gefahrdeliktische Strukturen die Landschaft des Wirtschaftsstrafrechts prägen. Hierzu sollen die erprobte Klassifizierung als sog. abstrakte Gefährdungsdelikte überwunden und die gefahrdeliktischen Strukturen des geltenden Strafrechts ausdifferenziert werden.

a) Ideengeschichtlicher Abriss zur abstrakten Gefährdung

Die Suche nach einer positiven, konturverleihenden Antwort auf die Frage nach dem Inhalt hinter der abstrakten Gefährdung führt unweigerlich zu dem seit langer Zeit herrschenden Streit um die Beschränkung der sog. abstrakten Gefährdungsdelikte auf die Fälle, in denen die Gefährlichkeit der Tatbegehung nicht mit Sicherheit ausgeschlossen werden kann.[202] Im Zusammenhang mit dem für das sog. abstrakte Gefährdungsdelikt als paradigmatisch geltenden und mit äußerster Prominenz diskutierten Problem der Strafbarkeit auch konkret ungefährlicher Verhaltensweisen wurden von

---

197 Zum Verhältnis von Kumulationsgedanken und Deliktstypologie s. o. B. I. 3.

198 Zu den Auswirkungen von Erheblichkeitsvorbehalten auf die Deliktsstruktur s. u. B. II. 4.

199 *Brunhöber*, in: FS Schünemann, S. 13; *Brunhöber*, in: Sicherheitsgesellschaft, S. 208; die Idee der Einführung von Subkategorien abstrakter Gefährdungsdelikte geht zurück auf *Schünemann*, JA 1975, 787 (798 ff.); zustimmend v. a. *Wolter*, Zurechnung, S. 319 ff.

200 Zur Abgrenzung zwischen Vorbereitungs- und Gefahrdelikten s. u. B. III. 2.

201 *Puschke*, Vorbereitungstatbestände, S. 323 ff.

202 Siehe zum analytischen Ausgangspunkt schon B ff.

einer Reihe von Autoren Vorschläge unterbreitet, wie die abstrakte Gefährdung auch positiv einer Definition zugeführt werden könne. Auch wenn die Abhandlungen Fragen der Legitimation sowie – damit einhergehend – der Kürzung des materiellen Anwendungsbereichs der jeweiligen Strafnorm ins Zentrum der Betrachtung stellen, geschieht dies nicht ohne präzisierende Vorschläge zum Inhalt der abstrakten Gefährdung. Von vereinzelten Ausnahmen abgesehen, konzentrieren sich die Autoren entweder darauf, die abstrakte Gefährdung als Erfolgssachverhalt zu umschreiben,[203] oder legen den Fokus darauf, den Handlungsunwert hinter der abstrakten Gefährdung unter Hinzuziehung dogmatischer Grundsätze der Fahrlässigkeitsdogmatik näher zu bestimmen.[204] Im Folgenden werden die einschlägigen Untersuchungen unter dem Aspekt beleuchtet, ob sich aus ihnen ein Erkenntnisgewinn für inhaltliche Klarstellungen zum Begriff der abstrakten Gefährdung gewinnen lässt.

aa) Abstrakte Gefährdung als rechtsgutsspezifischer Erfolg

Eine im älteren Schrifttum vertretene Strömung konstruiert das Unrecht sog. abstrakter Gefährdungsdelikte anhand der Ausgangsüberlegung, nur im Einzelfall nachweisbare Verletzungs- bzw. Gefährdungserfolge an dem geschützten Gut könnten legitimerweise eine strafrechtliche Ahndung nach sich ziehen. Im Umkehrschluss genüge der Verweis auf eine typischerweise auftretende Gefährdung unter Verzicht auf eine am Einzelfall nachweisbare Gefährdung nicht, um strafrechtlich relevantes Verhalten zu begründen.[205] Demgemäß konzipieren die Autoren hinter dieser an der Erfolgsherbeiführung orientierten Auffassung die abstrakte Gefährdung als eine bloße Normübertretung[206], die Vermutung der Gefährdung,[207] oder den Eintritt eines Zustands, in dem die konkrete Rechtsgutsgefährdung wahrscheinlich ist.[208] Obschon *Cramers* Entwurf als der letzte Versuch, das sog. abstrakte Gefährdungsdelikt als Erfolgsdelikt auszugestalten, rezipiert worden ist,[209] finden sich auch in nachfolgenden

203 Dazu B. II. 2. a).

204 Dazu B. II. 2. a) bb).

205 *Berz*, Tatbestandsverwirklichung, S. 101 ff.

206 *Binding*, Normen I, S. 408 ff.

207 *Schröder*, ZStW 81 (1969), 5 (16 f.); s. a. *Rabl*, Gefährdungsvorsatz, S. 19 ff.

208 *Cramer*, Vollrauschtatbestand, S. 68 f.

209 So die Diagnose bei *Brehm*, Abstraktes Gefährdungsdelikt, S. 83; *Horn*, Konkrete Gefährdungsdelikte, S. 24; *Kaufmann*, JZ 1963, 425 (433).

Konzeptionen Ansätze, die an seine Idee eines Erfolgsunrechts erinnern[210] oder den Eintritt eines Schadens eigener Art[211] proklamieren.

Grundlegende Überlegungen für die sog. abstrakten Gefährdungsdelikte gehen auf *Bindings* Untersuchungen zur Deliktstypologie zurück. Hierin hat der Autor diejenigen Deliktsstrukturen, deren Wortlaut auf den Eintritt eines rechtsgutsspezifischen Verletzungserfolgs verzichtet,[212] in drei[213] Subkategorien unterteilt, von denen die nach *Binding* sog. Ungehorsamsdelikte[214] dem herkömmlichen Verständnis von sog. abstrakten Gefährdungsdelikten am nächsten kommen. Charakteristisch für diese Delikte ist *Binding* zufolge, dass die mit ihnen bestraften Handlungen grundsätzlich ein Schadenspotenzial aufwiesen, das sich nicht bei jeder Ausführung einer solchen Handlung manifestieren müsse. Wenn schädliche und unschädliche Verhaltensweisen nicht trennscharf ausdifferenziert werden könnten, müssten entweder alle Verhaltensweisen unter Strafe oder straffrei gestellt werden.[215] Das Unter-Strafe-Stellen einer solchen Verhaltensweise könne nicht mit der generellen Gefährlichkeit der Handlung begründet werden, sondern müsse sich auf den Widerspruch zum Normbefehl[216] stützen. Eine (Un-)Gefährlichkeit im Einzelfall könne im

210 *Wolter*, Zurechnung, S. 281; dazu *Schmidt*, Untersuchung, S. 76; *Berz*, Tatbestandsverwirklichung, S. 111 ff.

211 *Kindhäuser*, Gefährdung als Straftat; *Kindhäuser*, in: Bausteine, S. 131.

212 *Binding*, Normen I, S. 384 ff., 393 ff.; dazu *Schmidt*, Untersuchung, S. 82.

213 *Binding* versteht die ersten zwei Kategorien als Straftatbestände, die die Verwirklichung einer konkreten Gefahr, verstanden als vollendete Anwendung des tatbestandlich festgelegten Angriffsmittels gegen das geschützte Gut, voraussetzen, als konkrete Gefährdungsdelikte. Darunter fallen ihm zufolge alle Straftatbestände, die eine Geeignetheitsklausel enthalten, sowie all diejenigen, in denen das geschützte Rechtsgut ein hinter dem Handlungsobjekt befindliches, weiter gefasstes Gut sei, s. *Binding*, Normen I, S. 384 ff., 393 ff.; krit. *Hack*, Probleme des Subventionsbetrugs, S. 92; *Kindhäuser*, Gefährdung als Straftat, S. 275; *Meyer*, Gefährlichkeitsdelikte, S. 157; *Schmidt*, Untersuchung, S. 83.

214 *Binding*, Normen I, S. 397 ff.

215 *Binding*, Normen I, S. 399.

216 So auch *Hassemer*, Theorie und Soziologie, S. 45 ff. *Binding* darf an dieser Stelle nicht dahin gehend verstanden werden, er wollte nur um des Normwiderspruchs selbst willen Strafe aussprechen; tatsächlich sprach er sich für die Verortung der Ungehorsamsdelikte in einem „Polizeistrafrecht“ aus, s. *Binding*, Normen II, S. 1204; dazu: *Berz*, Tatbestandsverwirklichung, S. 102; *Brehm*, Abstraktes Gefährdungsdelikt, S. 62 f.; *Herzog*, Gesellschaftliche Unsicherheit, S. 11; so aber *Sina*, Dogmengeschichte. S. 47.

Rahmen der Strafzumessung Beachtung finden.[217] Auch unter Heranziehung der Präsumtionstheorien enthält das sog. abstrakte Gefährdungsdelikt den Charakter eines Erfolgsdelikts. Autoren, die sog. abstrakte Gefährdungsdelikte mit Präsumtionen begründeten, unterstellen abstrakten Gefährdungen den Eintritt eines Gefährdungs- bzw. Verletzungserfolgs.[218] Bei sog. abstrakten Gefährdungsdelikten handele es sich folglich um Erfolgsdelikte, bei denen der Gefahrerfolg nicht tatbestandlich abgeprüft, sondern von Gesetzes wegen her widerleglich[219] vermutet werde. Die abstrakte Gefährdung ließe sich vor diesem Hintergrund als der vermutete Eintritt einer konkreten Gefährdung umschreiben.[220]

Einen weiteren Konstruktionsvorschlag von sog. abstrakten Gefährdungsdelikten als Erfolgsdelikte hat *Cramer* vorgelegt. Seinen Ausführungen zufolge besteht zwischen den möglichen Einwirkungsgraden des vollendeten Verbrechens ein dreigeteiltes Stufenverhältnis aus Verletzungs-, konkretem und abstraktem Gefährdungsdelikt. Graduell abgestuft nach Unwertgehalt, bedeute die Verletzung den Eintritt eines Schadens, während die konkrete Gefährdung die Wahrscheinlichkeit eines Schadens sowie die abstrakte Gefährdung die Wahrscheinlichkeit einer konkreten Gefährdung beinhalte.[221] Er entspannt ein aufeinander bezogenes dreiteiliges Modell, in dem er die Gefährdungsdelikte jeweils akzessorisch zu dem nächstintensiveren Deliktstyp definiert. *Cramer* leitet die Prämisse an, strafrechtlich relevantes Verhalten könne nur sein, was mindestens eine Rechtsgutsgefährdung bewirke. In der Folge begreift er die abstrakte Gefährdung als die naheliegende Möglichkeit des Eintritts einer Gefahr für ein Rechtsgut, während die konkrete Gefahr mit der naheliegenden Möglichkeit der Verletzung zu beschreiben sei. Des Weiteren bemüht

---

217 *Binding*, Normen I, S. 399, 408.

218 *Rabl*, Gefährdungsvorsatz, S. 3, 15 ff.; s. a. *Pütz*, Gefahrbegriff, S. 36 f.; *Schröder*, ZStW 81 (1969), 5 (16 f.); krit. dazu *Graul*, Präsumtionen, S. 151 f.

219 Während *Rabl* und *Pütz* die Beweislast der Gefahrvermutung beim Angeklagten sehen, überträgt *Schröder* die Pflicht zum Führen des Gegenbeweises dem Gericht, s. *Rabl*, Gefährdungsvorsatz, S. 3, 15 ff.; s. a. *Pütz*, Gefahrbegriff, S. 36 f.; *Schröder*, ZStW 81 (1969), 5 (17).

220 So würdigt auch *Anastasopoulou*, Deliktstypen, S. 88 Fn. 622 die Präsumtionstheorien; krit. zu Begründungsansätzen auf Grundlage der Präsumtionstheorien *Brehm*, Abstraktes Gefährdungsdelikt, S. 40 f.; *Graul*, Präsumtionen, S. 355; *Kindhäuser*, Gefährdung als Straftat, S. 243; *Schmidt*, Untersuchung, S. 36 ff.; *Schünemann*, JA 1975, 787 (787).

221 *Cramer*, Vollrauschtatbestand, S. 68 f.

sich *Cramer* um die Präzisierung der abstrakten Gefahr. Von einem abstrakt gefährlichen Verhalten könne nur ausgegangen werden, wenn die vorausgesetzte Wahrscheinlichkeit einer Rechtsgutsgefährdung eingetreten sei. Sog. abstrakte Gefährdungsdelikte seien wegen der potenziellen Gefährlichkeit des Täterverhaltens unter dem Gesichtspunkt fremder Interessensbeeinträchtigung als strafwürdiges Unrecht zu bewerten.[222] Die potenzielle Gefährlichkeit, d. h. die konkrete Eignung zur Rechtsgutsgefährdung, müsse tatbestandseinschränkend am Einzelfall überprüft werden.[223] Dementsprechend interpretiert er in die sog. abstrakten Gefährdungsdelikte auch dort Geeignetheitsklauseln hinein, wo der Wortlaut der Norm diese nicht hergibt.[224]

Darüber hinaus haben auch *Wolter* und *Berz* dem sog. abstrakten Gefährdungsdelikt im Ergebnis einen erfolgsdeliktischen Charakter verliehen. *Wolter* reichert die von ihm sog. uneigentlichen[225] abstrakten Gefährdungsdelikte mit ungeschriebenen Tatbestandsmerkmalen an und interpretiert sie auf diese Weise als Erfolgsdelikte. Er vertritt die Auffassung, dass mindestens das Risiko einer Verletzung der geschützten Rechtsgüter bewirkt sein müsse, um von legitimem Strafrecht sprechen zu können. *Wolter* stellt den Rechtsgutsbezug über die Einführung eines adäquaten Verletzungsrisikos als Mindestmaß an Beeinträchtigungserfolg her, dessen Eintritt via nachträgliche Prognose festzustellen sei.[226] So postuliert er am Beispiel des § 306 Nr. 2 StGB a. F. das Merkmal der vorsätzlichen oder fahrlässigen Schaffung eines adäquaten Lebensgefährdungsrisikos.[227] § 306 Nr. 2 StGB a. F. sei vollendet, wenn der Täter zusätzlich zu der vorsätzlichen Brandstiftungshandlung entweder

222 *Cramer*, Vollrauschtatbestand, S. 65.

223 *Cramer*, Vollrauschtatbestand, S. 74 f.

224 *Cramer*, Vollrauschtatbestand, S. 69 f.

225 In Anlehnung an *Schünemann* zählt *Wolter* zu den eigentlichen abstrakten Gefährdungsdelikten Massenhandlungen, wie etwa § 316 StGB, bei denen lerntheoretische Überlegungen die Knüpfung der Strafbarkeit an einen Regelverstoß rechtfertigen. Eine Einschränkung der Strafbarkeit komme nicht in Betracht. Zusätzlich zu den lerntheoretischen Erwägungen *Schünemanns* fügt *Wolter* noch Beweisschwierigkeiten sowie verbesserte strafrechtliche Kontroll- und Überwachungsmöglichkeiten als Gründe zur Pönalisierung dieser eigentlichen abstrakten Gefährdungsdelikte an. Der Rechtsgüterschutzgedanke sei zwar auch hier Triebfeder der Gesetzgebung, jedoch friste das Rechtsgut bei den eigentlichen abstrakten Gefährdungsdelikten ein Dasein als Motiv des Gesetzgebers, s. *Wolter*, Zurechnung, S. 277, 319 ff.; krit. *Herzog*, Gesellschaftliche Unsicherheit, S. 37.

226 *Wolter*, Zurechnung, S. 281.

227 *Wolter*, Zurechnung, S. 279.

fahrlässig ein adäquates Verletzungsrisiko als primären Erfolgsunwert herbeiführe oder, vorsätzlich und irrtümlich, ein adäquates Verletzungsrisiko zu schaffen meine.[228] Die fahrlässige Herbeiführung eines Verletzungsrisikos wie die vorsätzliche, aber irrtümliche Schaffung eines solchen Risikos stellten haftungseinschränkende Merkmale dar. Auf diese Weise finde eine Umdeutung sog. abstrakter Gefährdungsdelikte in eine Art versuchsqualifizierte Delikte statt, da entweder der reale Einritt einer Gefährlichkeit, verbunden mit einem Fahrlässigkeitsverstoß, oder die irrtümliche Annahme einer vorsätzlich herbeigeführten Gefährlichkeit zur Tatbestandsverwirklichung vonnöten sei.[229] Für *Berz* wiederum liegt der Unwert der sog. abstrakten Gefährdungsdelikte, anknüpfend an die Arbeiten *Schmidhäusers*,[230] in der Missachtung allgemeiner Sorgfaltsregeln zum Rechtsgüterschutz. Des Weiteren geht er davon aus, den Verhaltensweisen, die sog. abstrakte Gefährdungsdelikte unter Strafe stellen, liege eine andere Beschaffenheit zugrunde als denjenigen bei Erfolgsdelikten. Während Letztere wertneutral seien und erst durch den Willen des Täters, andere Rechtsinteressen zu missachten, missbilligenswert würden, komme bei sog. abstrakten Gefährdungsdelikten aufgrund der generellen Schadensgeneigtheit *per se* eine strafrechtliche Wertneutralität nicht Betracht. Auf eine am Rechtsgutsverletzungserfolg ausgerichtete Willensbetätigung des Täters sei daher zur Feststellung der Rechtsgutsbeeinträchtigung nicht abzustellen.[231] Begehe der Täter ein sog. abstraktes Gefährdungsdelikt, erschüttere er durch den Normbruch die für ein gedeihliches gesellschaftliches Zusammenleben unabdingbare Vertrauensbasis und verletze auf diesem Wege den Geltungs- und Achtungsanspruch

---

228 *Wolter*, Zurechnung, S. 296.

229 *Wolter*, Zurechnung, S. 296 ff.; krit. hierzu *Martin*, Umweltbeeinträchtigungen, S. 76 f.; *Meyer*, Gefährlichkeitsdelikte, S. 165 f.; *Kindhäuser*, Gefährdung als Straftat, S. 264 ff.; *Schmidt*, Untersuchung, S. 76 f.

230 *Schmidhäuser* geht von einem ideellen Rechtsgutsbegriff aus, wonach der strafrechtliche Schutz nicht dem körperlich-realen Substrat (Rechtsgutsobjekt), sondern einem diesen übergeordneten abstrakten Achtungsanspruch (Rechtsgut) gewidmet sei, s. *Schmidhäuser*, in: FS Engisch, S. 444 ff.; dazu *Berz*, Tatbestandsverwirklichung, S. 34 ff. Daraus leitet *Berz* die These ab, eine Rechtsgutsbeeinträchtigung entstehe nicht mit Verletzung oder Gefährdung der tatbestandlichen Angriffsobjekte, sondern in deren Vorfeld aus der Missachtung des in diesem Rechtsgutsobjekten verkörperten Achtungsanspruchs, s. *Berz*, Tatbestandsverwirklichung, S. 111 ff.

231 *Berz*, Tatbestandsverwirklichung, S. 111 f.

der Rechtsgüter.[232] Sog. abstrakte Gefährdungsdelikte bestraften demnach die Verletzung des Vertrauens der übrigen Rechtsgenossen.[233]

Schließlich hat auch *Kindhäuser* die sog. abstrakten Gefährdungsdelikte als Erfolgsdelikte *sui generis* konzipiert, indem er ihren Unwert in der Beeinträchtigung normativ garantierter Sicherheit erkennen möchte. *Kindhäuser* wendet sich zur Begründung sog. abstrakter Gefährdungsdelikte vom Angriffsparadigma[234] ab und sucht nach Begründungsansätzen jenseits eines Entwurfs, der die Rechtsgutsverletzung als Ankerpunkt wählt.[235] Sein Entwurf stellt die „Sicherheit als Normzweck"[236] ins Zentrum der Betrachtung,[237] da Verletzungs- und Gefährdungsverbote bei divergierender Struktur nicht demselben Zweck verpflichtet sein können.[238] Der Zweck der Normen hinter sog. abstrakten Gefährdungsdelikten sei wie derjenige hinter Verletzungsdelikten aus sich selbst heraus zu begründen, d. h. ohne außertatbestandliche Verletzungserfolge zu berücksichtigen.[239] Es handele sich folglich um Selbstzwecknormen.[240]

---

232 *Berz*, Tatbestandsverwirklichung, S. 113 f.

233 *Berz*, Tatbestandsverwirklichung, S. 111 ff.; krit. dazu *Anastasopoulou*, Deliktstypen, S. 104; *Martin*, Umweltbeeinträchtigungen, S. 71; *Radtke*, Brandstiftungsdelikte, S. 235 Fn. 273.

234 Für *Kindhäuser* liegt die entscheidende Schwäche des Angriffsparadigmas in der Prämisse, die Rechtsgutsverletzung sei der Ankerpunkt für die Bemessung der Strafwürdigkeit eines Verhaltens. Infolgedessen könne die Strafbarkeit einer Gefährdung nur auf Grundlage einer fehlerhaften Prognose über den Schadenseintritt erklärt werden, weil ein allwissender Dritter das Bestehen bzw. Nichtbestehen einer Gefahr nur vom Eintritt eines Schadens aus bewerten könne. Nur bei Schadenseintritt könne daher auch sinnvoll von einer Gefährlichkeit bzw. Gefahr gesprochen werden, s. *Kindhäuser*, in: FS Krey, S. 253 ff.

235 *Kindhäuser*, in: FS Krey, S. 249 ff.

236 Krit. hierzu *Stächelin*, Strafgesetzgebung, S. 94 Fn. 362; krit. auch *Ahn*, Dogmatik abstrakter Gefährdungsdelikte, S. 80; *Herzog*, Gesellschaftliche Unsicherheit, S. 44 ff.; *Kratzsch*, JuS 1994, 372 (376 ff.); *Kuhlen*, GA 1990, 477 (480); *Martin*, Umweltbeeinträchtigungen, S. 74; *Meyer*, Gefährlichkeitsdelikte, S. 151; *Saal*, Vortäuschen, S. 87; *Schmidt*, Untersuchung, S. 97 ff.; *Zieschang*, Gefährdungsdelikte, S. 354, wonach die Befreiung der abstrakten Gefähdungsdelikte vom Rechtsgutsdogma auf Kosten verfassungsrechtlicher Grundsätze ginge, da die Pönalisierung der Beeinträchtigung vager Sicherheitsbedürfnisse der Umdeutung in Polizeirecht gefährlich nahekomme.

237 *Kindhäuser*, Gefährdung als Straftat, S. 277 ff.

238 *Kindhäuser*, Gefährdung als Straftat, S. 270 ff.

239 *Kindhäuser*, Gefährdung als Straftat, S. 287 ff.

240 *Kindhäuser*, Gefährdung als Straftat, S. 279.

Zentrales Anliegen sog. abstrakter Gefährdungsdelikte sei die Absicherung normativ garantierter Sicherheit.[241] Normen der sog. abstrakten Gefährdungsdelikte konstatierten demnach Verbote, die sorglose Verfügungsmöglichkeit über die eigenen Güter zu beeinträchtigen. Hiernach sei verboten, die Sicherheitsbedingungen infrage zu stellen, die dazu erforderlich seien.[242] Ihre Übertretung beschränke die für eine rationale Verfügung über Güter erforderliche Sicherheit.[243] Dahinter steckt die Überlegung, Rechtsgüter dienten der Freiheitsermöglichung. In der Folge bewirke nicht erst die Substanzverletzung eine Beeinträchtigung von Rechtsgütern, es reiche jede substanzielle Einschränkung ihrer Funktion, Freiheit zu ermöglichen, aus.[244] Konsequent zu Ende gedacht, bedeute dies auch den Schutz vor Verhaltensweisen, deren Unschädlichkeit nicht ausgeschlossen werden könne.[245] Denn zum Rechtsgüterschutz gehöre die Gewissheit der gefahrlosen Verfügungsmöglichkeit über die eigenen Güter. Dies sei eine Bedingung persönlicher Entfaltung.[246] Dass ein Verhalten im Einzelfall nicht konkret gefährlich werde, sei aus Opferperspektive reiner Zufall und als solcher kein in eine rationale Verfügung einzustellender Aspekt.[247] Sicherheit sei demnach eine unabdingbare *conditio* des Rechtsgüterschutzes.[248] Dieses normative Konstrukt will der Autor als die Expektanz der ungestörten

---

241 *Kindhäuser*, Gefährdung als Straftat, S. 287 ff.; s. a. *Tiedemann/Kindhäuser*, NStZ 1988, 337 (340).

242 *Kindhäuser*, Gefährdung als Straftat, S. 280; *Kindhäuser*, in: Bausteine, S. 131; *Kindhäuser*, StV 1990, 161 (163); *Kindhäuser*, GA 1994, 197 (199 f.); in diese Richtung auch *Pfeiffer*, Verunreinigung, S. 180 ff.; *Kleine-Cosack*, Kausalitätsprobleme, S. 162.

243 *Kindhäuser*, Gefährdung als Straftat, S. 281 f.

244 *Kindhäuser*, in: FS Krey, S. 257; dazu s. a. *Hörnle*, in: Die Rechtsgutstheorie, S. 275.

245 *Kindhäuser*, Gefährdung als Straftat, S. 283.

246 *Kindhäuser*, Gefährdung als Straftat, S. 287.

247 *Kindhäuser*, Gefährdung als Straftat, S. 293.

248 Die Entkoppelung von Gefahr bzw. Gefährlichkeit birgt indes die Gefahr, Sicherheit zum Selbstzweck aufzuwerten. Es handelt sich bei der Sicherheit um die Kehrseite faktischer Normgeltung, die der generalpräventiven Wirkweise, die die Grundrechtsausübung potenzieller Opfer einer Straftat bekräftigt, entspricht; die Vermittlung von Sicherheit ist demnach eine grundsätzliche, jedoch zur Legitimation von Straftatbeständen untaugliche Funktion des Strafrechts, s. *Puschke*, Vorbereitungstatbestände, S. 111; s. a. *Chou*, Vorbereitungsdelikte, S. 151; *Krüger*, Entmaterialisierungstendenz, S. 98; *Roxin/Greco*, StrafR AT I, § 11 Rn. 157.; *Bloy*, in: Fragmentarisches Strafrecht, S. 13 ff.; *Hefendehl*, Kollektive Rechtsgüter, S. 287 ff.; *Krüger*, Entmaterialisierungstendenz, S. 165 ff.; *Müssig*, Schutz abstrakter Rechtsgüter, S. 202 ff.; *Zieschang*, Gefährdungsdelikte, S. 356.

Verfügung über Güter, m. a. W. der Gewährleistung der Sicherheit im Umgang mit Gütern verstanden wissen.[249] Gefahr und Gefährlichkeit bilden nach *Kindhäuser* keine Vorstufen der Verletzung, sondern Beeinträchtigungszusammenhänge eigener Art, indem die bewusste Unsicherheit den selbstbestimmten und vollumfänglichen Umgang mit den eigenen Gütern einschränke.[250]

bb) Verhaltensorientierte Auffassungen

Neuere Stimmen aus dem Schrifttum lehnen bei sog. abstrakten Gefährdungsdelikten den Eintritt eines (Verletzungs-)Erfolgs ab und wenden sich folglich der Konkretisierung des in ihnen verbürgten Handlungsunwerts zu. Das verbindende Motiv zwischen den einzelnen Unterströmungen dieses Theorieansatzes ist die Entlehnung von Grundsätzen der Fahrlässigkeitsdogmatik, derer sich zur Ausdifferenzierung der abstrakten Gefährdung bedient wird. *Volz* und, ihm folgend, *Rudolphi*[251] setzen für die begriffliche Konturierung des sog. abstrakten Gefährdungsdelikts bei der typischerweise und offensichtlichen Schadensträchtigkeit an.[252] Sie entlehnen der Fahrlässigkeitsdogmatik den Begriff des erlaubten Risikos, um die abstrakte Gefährdung zu ergründen.[253] Indem er die Schwelle des erlaubten Risikos überschreite, begehe der Täter eine Pflichtverletzung gegenüber den geschützten Rechtsgütern.[254] Mit Tatbestandsverwirklichung verletze er die ihm gegenüber der Sozialordnung obliegende Pflicht, das Eingehen unnötiger Risiken für Rechtsgüter sowie – damit verbunden – die Vornahme generell gefährlicher Verhaltensweisen zu unterbinden.[255] Mit *Volz* und *Rudolphi* kann das sog. abstrakte Gefährdungsdelikt also als ein Risikoeingehungsdelikt zulasten von Rechtsgütern, ohne Verhaltensfolgen zu prognostizieren bzw. ohne von der Risikolosigkeit des Verhaltens überzeugt zu sein, verstanden werden.[256] Hieran anknüpfend, stattet *Horn* die sog. abstrakten Gefährdungsdelikte mit materiellem Gehalt aus, indem er sie um das Merkmal

---

249 *Kindhäuser*, Gefährdung als Straftat, S. 279.

250 *Kindhäuser*, in: FS Krey, S. 258 ff.

251 *Rudolphi*, in: FS Maurach, S. 60; dazu: *Schmidt*, Untersuchung, S. 59.

252 *Volz*, Unrecht und Schuld, S. 29 ff., 37 ff.

253 *Volz*, Unrecht und Schuld, S. 103 ff.

254 *Volz*, Unrecht und Schuld, S. 147.

255 *Volz*, Unrecht und Schuld, S. 143 ff.

256 Krit. hierzu *Brehm*, Abstraktes Gefährdungsdelikt, S. 88; *Kindhäuser*, Gefährdung als Straftat, S. 250 ff.; *Martin*, Umweltbeeinträchtigungen, S. 67 f.; *Marxen*, Strafbarkeitseinschränkung, S. 55; *Meyer*, Gefährlichkeitsdelikte, S. 171 f.; *Schmidt*, Untersuchung, S. 56 ff.; *Wolter*, Zurechnung, S. 286 f.

der objektiven Sorgfaltswidrigkeit anreichert.[257] *Horn* vertritt die Auffassung, bei sog. abstrakten Gefährdungsdelikten handele es sich um sorgfaltswidrige Verhaltensweisen, gerichtet auf eine Rechtsgutsverletzung, wobei zur Tatbestandsverwirklichung auf den Eintritt eines Erfolgs verzichtet werde.[258] Den mit sog. abstrakten Gefährdungsdelikten unter Strafe gestellten Verhaltensweisen sei eine Tendenz zur Rechtsgutsverletzung immanent, daher widerspreche eine solche objektiven Sorgfaltspflichten.[259] Einen vergleichbaren Weg wählt *Brehm*, der auf die folgenlose Fahrlässigkeit hinweist.[260] Er schlussfolgert, sog. abstrakte Gefährdungsdelikte erwiesen sich als legitim, wenn mit der regelwidrigen Handlung das Rechtsgutsverletzungsverbot übertreten werde, wenn also der Täter die erforderlichen Sorgfaltspflichten außer Acht lasse und sich dadurch die typischerweise gefährliche Handlung zur Rechtsgutsschädigung konkret eigne.[261] Nach *Brehm* handelt der Täter also pflichtwidrig, wenn die Handlung geeignet ist, das geschützte Rechtsgut zu beeinträchtigen.[262] *Horn* und *Brehm* verstehen die abstrakte Gefährdung als eine sorgfaltswidrig begangene Handlung mit immanenter Rechtsgutsverletzungstendenz, für deren Bestrafung es – im Unterschied zum Fahrlässigkeitsdelikt – nicht auf den Eintritt der Rechtsgutsverletzung ankommt, im Ergebnis also als eine Art erfolgskupiertes Fahrlässigkeitsdelikt.[263] Von dieser Konzeption möchte sich *Schünemann*[264] abheben, indem er auf die subjektive Sorgfaltswidrigkeit als entscheidendes Kriterium abstellt. Zur Strafbarkeit sei maßgeblich, ob der Täter aus seiner Sicht und gemäß seinen Fähigkeiten das Erforderliche geleistet

---

257 *Horn*, Konkrete Gefährdungsdelikte, S. 22 ff.

258 *Horn*, Konkrete Gefährdungsdelikte, S. 28.

259 *Horn*, Konkrete Gefährdungsdelikte, S. 94 f.

260 *Brehm*, Abstraktes Gefährdungsdelikt, S. 127 ff.

261 *Brehm*, Abstraktes Gefährdungsdelikt, S. 120 ff.

262 *Brehm*, Abstraktes Gefährdungsdelikt, S. 131 ff.

263 *Horn*, Konkrete Gefährdungsdelikte, S. 22 ff.; *Brehm*, Abstraktes Gefährdungsdelikt, S. 120 ff.; krit. *Berz*, Tatbestandsverwirklichung, S. 108 ff.; *Meyer*, Gefährlichkeitsdelikte, S. 174; *Hack*, Probleme des Subventionsbetrugs, S. 98 ff.; *Hoyer*, Eignungsdelikte, S. 42 ff.; *Schmidt*, Untersuchung, S. 60 ff.; *Wolter*, Zurechnung, S. 287.

264 Darüber hinaus erkennt *Schünemann* noch zwei weitere Erscheinungsformen abstrakter Gefährdungsdelikte an; zum einen die sog. Delikte mit vergeistigtem Zwischenrechtsgut, deren Unrechtsgehalt in der Verletzung des vorgeschalteten vergeistigten Zwischenrechtsguts liegt, sowie Massenhandlungen, bei denen der Strafgrund in der lerntheoretisch unterfütterten Notwendigkeit der Automatisierung bestimmter Handlungsweisen gründe, s. *Schünemann*, JA 1975, 787 (798).

habe, um jegliche Gefährdung abzuwenden. Strafbar sei demnach, wer subjektiv nicht alle Möglichkeiten zur Ausschaltung des Schadenseintritts ausgeschöpft habe, unabhängig von konkreter Gefährlichkeit bzw. Ungefährlichkeit der Tat. In der Sache bemüht *Schünemann* die Einführung der Strafbarkeit eines fahrlässigen Versuchs.[265]

Meyer schließlich möchte die sog. abstrakten Gefährdungsdelikte vornehmlich aus einer verfassungsrechtlichen Perspektive bewerten. Seiner Auffassung nach müssten die Tatbestände der sog. abstrakten Gefährdungsdelikte einer verfassungskonformen Auslegung zugeführt werden. So sei ihnen ein objektives Tatbestandsmerkmal der typischen Gefährlichkeit der Tathandlung für das konkret geschützte Rechtsgut zu eigen. Der notwendige objektive Rechtsgutsbezug sog. abstrakter Gefährdungsdelikte könne nicht erreicht werden, indem man ein Erfolgsmerkmal einführe. Der Rechtsgutsbezug müsse sich vielmehr aus der Tathandlung selbst ergeben, weswegen Elemente der Fahrlässigkeitsdogmatik in die sog. abstrakten Gefährdungsdelikte einzufügen seien.[266] Der Autor legt Wert darauf, die Begrifflichkeiten „Gefährlichkeit“ und „Gefährdung“ voneinander zu unterscheiden.[267] Im Unterschied zu rechtsgutsspezifischen Erfolgen, die als Handlungsergebnisse erst *ex post* feststellbar seien, beinhalte das Gefährlichkeitsurteil eine Schadensprognose *ex ante*.[268] Die so festzustellende Gefährlichkeit des Täterverhaltens müsse als objektives Tatbestandsmerkmal positiv festgestellt und im Anschluss daran entgegen § 15 StGB fahrlässig zugerechnet werden.[269]

cc) Resümee

Nach kursorischer Sichtung des Schrifttums zu Begriff und Grenzen des sog. abstrakten Gefährdungsdelikts kann festgehalten werden, dass trotz reger Bemühungen um dogmatische Konstruktionen zur Unrechtsbegründung sowie zum Ausschluss konkret ungefährlichen Verhaltens ein Konsens über den Begriffsinhalt hinter der abstrakten Gefährdung nicht gefunden werden konnte.[270] Der Begriff des sog. abstrakten Gefährdungsdelikts und, dem folgend, die abstrakte

---

265 *Schünemann*, JA 1975, 787 (798); krit. *Hassemer*, Einführung, S. 188; *Hirsch*, in: Strafrechliche Probleme, S. 634; *Jakobs*, Strafrecht AT, 25/28; *Kratzsch*, Verhaltenssteuerung, S. 112 ff.; *Marxen*, Strafbarkeitseinschränkung, S. 60 f.; *Meyer*, Gefährlichkeitsdelikte, S. 110; *Schmidt*, Untersuchung, S. 68 ff.

266 *Meyer*, Gefährlichkeitsdelikte, S. 179 ff.; 213 ff.

267 So auch *Hirsch*, in: FS Kaufmann, S. 545 ff.; *Zieschang*, Gefährdungsdelikte, S. 52 ff.

268 *Meyer*, Gefährlichkeitsdelikte, S. 191.

269 *Meyer*, Gefährlichkeitsdelikte, S. 191 ff.

270 So auch *Zieschang*, Gefährdungsdelikte, S. 15 ff.

Gefährdung als solche schillern. Zwar reihen sich vielzählige Vorschläge aneinander, die die abstrakte Gefährdung mit Umdeutungen zu konkretisieren versuchen. Sie sind jedoch so eng an das damit verbundene Legitimationskonzept gebunden, dass die Ablehnung des Legitimationsansatzes automatisch auch zur Ablehnung der Begriffsbestimmung der abstrakten Gefährdung führt. Anders gewendet, hängt die Tragbarkeit der begrifflichen Konturierung der abstrakten Gefährdung unmittelbar von der Tragbarkeit des jeweiligen Legitimationskonzepts ab. Die skizzierten Lösungsansätze waren ihrerseits jeweils einzeln und insgesamt Gegenstand zahlreicher und umfassender Stellungnahmen, in deren Mittelpunkt die dogmatische Tragfähigkeit ihres wirklichen Anliegens – der Ausschluss konkret ungefährlicher Verhaltensweisen – stand;[271] diese Inhalte stehen für die hier in den Vordergrund gerückten Konturierungs- und Kategorisierungsbemühungen nicht im Zentrum des Interesses. Für die hiesigen Zwecke mag das Resümee *Wohlers* ausreichen, wonach bislang eine befriedigende dogmatische Bewältigung der sog. abstrakten Gefährdungsdelikte nicht gelungen ist.[272]

Die rein kursorische Darstellung hat sich nicht zur Aufgabe genommen, umfassend Stellung zum strafrechtsdogmatischen Für und Wider der jeweiligen Standpunkte sowie, vorangestellt, der Strafwürdigkeit konkret ungefährlichen Verhaltens zu beziehen. Der vorangegangene ideengeschichtliche Abriss steht vielmehr stellvertretend dafür, dass über den Begriff der abstrakten Gefährdung nach wie vor kein Konsens erzielt werden konnte. Inhaltlich rangieren die Vorstellungen davon, was eine abstrakte Gefährdung darstellen soll, zwischen Konstruktionen eines Erfolgsunrechts, dass an Verletzungs- bzw. konkreten Gefährdungsdelikte erinnert, einerseits sowie der Fahrlässigkeitsdogmatik entlehnten Konstruktionen eines Verhaltensunrechts andererseits. Die an den Erfolgsdelikten ausgerichtete Betrachtungsweise der abstrakten Gefährdung geht mindestens implizit davon aus, strafrechtliches Unrecht bedürfe eines rechtsgutsspezifischen Erfolgs, der notfalls auch im Wege der Präsumtion Eingang in den Tatbestand finde. Andernfalls liege der Erfolg wahlweise in der

---

271 Aus jüngerer Zeit *Anastasopoulou*, Deliktstypen, S. 79 ff.; *Reus*, Recht, S. 116 ff.; s. a. *Graul*, Präsumtionen, S. 232 ff.; *Kim*, Umweltstrafrecht, S. 167 ff.; *Martin*, Umweltbeeinträchtigungen, S. 48 ff.; *Kindhäuser*, Gefährdung als Straftat, S. 225 ff.; *Schmidt*, Untersuchung, S. 21 ff.; *Zieschang*, Gefährdungsdelikte, S. 22 ff., 349 ff.; im Ganzen *Ahn*, Dogmatik abstrakter Gefährdungsdelikte; *Berz*, Tatbestandsverwirklichung; *Brehm*, Abstraktes Gefährdungsdelikt; *Marxen*, Strafbarkeitseinschränkung; *Meyer*, Gefährlichkeitsdelikte; *Müssig*, Schutz abstrakter Rechtsgüter.

272 *Wohlers*, Deliktstypen, S. 291.

Normübertretung, im Eintritt eines Zustands, in dem eine konkrete Rechtsgutsgefährdung wahrscheinlich ist, in der Verwirklichung eines Erfolgsunrechts bzw. in der Beschränkung der sorgelosen Verfügungsmöglichkeit als Schaden *sui generis*.[273] Abgesehen von konstruktionsspezifischer Kritik, bleibt es mit dem idealtypischen Wortlaut des sog. abstrakten Gefährdungsdelikts unvereinbar, einen rechtsgutsspezifischen Erfolg zum Tatbestandsmerkmal zu erheben.[274] Anders deuten die verhaltensorientierten Auffassungen die abstrakte Gefährdung. Ihnen zufolge ist das Unrecht einer abstrakten Gefährdung im vom Täter an den Tag gelegten Verhalten angelegt, sodass es auf einen Gefährdungserfolg nicht ankomme. Mittels Entlehnung von Fahrlässigkeits- und/oder Versuchselementen konstruieren sie Pflichtverletzungen als Anknüpfungspunkt für das Unrecht einer abstrakten Gefährdung.[275] Hier bleibt weitestgehend im Dunkeln, wie und warum sog. abstrakte Gefährdungsdelikte mit Konzepten der Fahrlässigkeitsdogmatik angereichert werden sollen. An den Versuchen, sog. abstrakte Gefährdungsdelikte über die Implementierung dogmatischer Grundsätze zu den Fahrlässigkeitsdelikten zu bestimmen bzw. zu beschränken, wird grundlegend bemängelt, hier würden verschiedene Phänomene vermischt werden. Zum einen ist der Erfolgseintritt für das Fahrlässigkeitsdelikt von konstitutiver Bedeutung. Somit bestrafen Fahrlässigkeitsdelikte sozialadäquate Verhaltensweisen, wenn und weil sie ein strafrechtlich zu missbilligendes Ergebnis produzieren, namentlich den Eintritt des jeweils umschriebenen rechtsgutsspezifischen Erfolgs. Mangels vorsätzlicher Begehung kann die Zurechnung des Erfolgs nur daraus abgeleitet werden, dass der Täter diesen durch pflichtwidriges, d. h. sorgfaltswidriges Verhalten verursacht hat. Diese Pflicht- bzw. Sorgfaltswidrigkeit ist nicht für sich genommen in der Lage, Unrecht zu begründen, sondern entfaltet erst in Kombination mit dem Erfolg strafrechtliche Relevanz.[276] Sog. abstrakte Gefährdungsdelikte bestrafen demgegenüber typischerweise bzw. generell gefährliche und damit nicht sozialadäquate Verhaltensweisen.

Im Umkehrschluss bleibt es bei dem einführend präsentierten Minimalkonsens negativer Begriffsbestimmung: Alles, was nicht Verletzungs- oder konkretes Gefährdungsdelikt darstelle, sei den sog. abstrakten Gefährdungsdelikten zuzuordnen.[277] Wie mit *Zieschang* im Folgenden näher ergründet werden soll,

---

273 S. o. B. II. 2. a) aa).

274 *Graul*, Präsumtionen, S. 355 f.; näher dazu sogleich B. II. 2. b).

275 S. o. B. II. 2. a) bb).

276 So etwa *Hirsch*, in: FS Tiedemann, S. 159 Fn. 139; *Schmidt*, Untersuchung, S. 69.

277 S. o. B. II. 2 ff.; zur Haltlosigkeit dieser Auffassung sogleich B. II. 3. a).

unterliegen die vorgestellten Lösungen dem Trugschluss, bei den herkömmlicherweise in der Kategorie des sog. abstrakten Gefährdungsdelikts verorteten Straftatbeständen handele es sich um einen einheitlichen Deliktstypus. Stattdessen soll das Phänomen des sog. abstrakten Gefährdungsdelikts unter der Prämisse, das Spektrum der Gefährdungsdelikte sei mit den sog. abstrakten und konkreten Gefährdungsdelikten nicht erschöpfend beschrieben, näher beleuchtet werden.

b) Abstrakte Gefährlichkeitsdelikte nach Zieschang

Zieschang setzt bei seinen Überlegungen ebenfalls bei dem Bedürfnis an, die Strafbarkeit konkret ungefährlichen Verhaltens auszuschließen. Er wählt jedoch einen neuartigen Zugang. Sein Verständnis von der abstrakten Gefährdung entwickelt er in Auseinandersetzung mit den Schriften *Cramers*. Er nimmt dessen Vorschlag, die sog. abstrakten Gefährdungsdelikte bei mangelnder Angriffsstärke im Einzelfall einschränkend auszulegen,[278] zum Ausgangspunkt. Anhand eines Vergleichs zu § 316 StGB, der nach unbestrittener Auffassung ein sog. abstraktes Gefährdungsdelikt darstelle, möchte *Zieschang* die *Cramer'sche* These, die abstrakte Gefährdung sei mit der Wahrscheinlichkeit einer konkreten Gefahr zu präzisieren, widerlegen. § 316 StGB bestrafe das Fahren im Verkehr trotz Fahruntauglichkeit. Der Tatbestand gebe weder Anlass noch Möglichkeit, die Wahrscheinlichkeit eines Schädigungs- bzw. Gefährdungserfolgs zu prognostizieren bzw. diese zum Tatbestandsmerkmal zu erheben.[279] Des Weiteren bemängelt *Zieschang* an dem Vorschlag *Cramers* die Gleichsetzung der Wahrscheinlichkeit einer konkreten Gefährdung mit der typischerweisen Gefährlichkeit, wie sie Strafgrund der sog. abstrakten Gefährdungsdelikte sei. *Cramer* setze damit das Motiv des Gesetzgebers zur Schaffung eines Straftatbestands mit seiner eigenen Konstruktion gleich, obwohl Letztere die typischerweise Gefährlichkeit aus dem außertatbestandlichen in den tatbestandlichen Bereich ziehe. Unter Verweis auf die grundlegende Differenzierung zwischen der Gefährlichkeit eines Verhaltens und der Gefahr, in der sich ein Gut befinden kann, merkt *Zieschang* an, die Überprüfung des typischerweise gefährlichen Verhaltens frage nicht nach einem Gefährdungszusammenhang, in dem ein Gut stehe. Sie erübrige sich vielmehr in der Feststellung, dass ein solches Verhalten typischerweise, d. h. auf Basis von Erfahrungswerten, zu Schäden führe, ohne dass dies im Einzelfall Eingang in den tatbestandlichen

---

278 *Cramer*, Vollrauschtatbestand, S. 70 ff.

279 *Zieschang*, Gefährdungsdelikte, S. 23 f.

Prüfungskanon fände.[280] Schließlich deckt *Zieschang* auch den Trugschluss *Cramers* auf, aus der Bezeichnung als sog. abstraktes Gefährdungsdelikt leite sich das Erfordernis eines Rechtsgutsgefährdungszusammenhangs ab. Insofern stimme die Prämisse, wonach der Begriff Gefährdungsdelikt auf einen erforderlichen Beeinträchtigungszusammenhang hinweist. Indessen gehe die Schlussfolgerung *Cramers* in die falsche Richtung. Aus der Prämisse folge vielmehr, dass die Bezeichnung von Delikten wie § 316 StGB oder § 306a I Nr. 2 StGB als sog. abstraktes Gefährdungsdelikt unpräzise sei.[281] Näher liege die Bezeichnung als abstraktes Gefährlichkeitsdelikt, da die gesetzgeberische Umschreibung sich ausschließlich auf die typischerweise Gefährlichkeit des Verhaltens beziehe. Strenggenommen, kenne das Gesetz folglich keine sog. abstrakten Gefährdungsdelikte, sondern ausschließlich die Pönalisierung abstrakt gefährlichen Verhaltens.[282]

Zieschangs Verständnis von der abstrakten Gefährdung lässt sich also in einem ersten Schritt dahin gehend präzisieren, dass er mit der Theorie der generellen Gefahr die Deliktskategorie der abstrakten Gefährlichkeitsdelikte definiert, bei denen die typischerweise auftretende Gefährlichkeit Motiv des Gesetzgebers gewesen sei, jedoch keinen Eingang in den Tatbestand gefunden habe.[283] Bestraft werde die Vornahme einer Handlung. Nach der Theorie der generellen Gefahr fußt das Verbot abstrakter Gefährlichkeitsdelikte auf dem gesetzgeberischen Willen, typischerweise bzw. generell gefährliche Verhaltensweisen – d. h. Verhaltensweisen, die erfahrungsgemäß und relativ leicht in Verletzungen des geschützten Guts umschlagen – zu untersagen. Die Gefährlichkeit der Handlung für das zu schützende Gut wird aus dem Straftatbestand ausgeklammert und dient als Motiv zur Schaffung der Strafnorm.[284] Es sollen

280 *Zieschang*, Gefährdungsdelikte, S. 24 ff.

281 *Zieschang*, Gefährdungsdelikte, S. 26 ff.

282 *Zieschang*, Gefährdungsdelikte, S. 172.

283 Dieses Verständnis ist zu unterscheiden von *Meyer*, Gefährlichkeitsdelikte. S. 179 ff.; 213 ff., der die generelle Gefährlichkeit zu einem objektiven Tatbestandsmerkmal erheben möchte. Während *Zieschang* im Einklang mit der herrschenden Auffassung der Gefährlichkeit des Täterverhaltens die Stellung einräumt, Motiv zur Strafgesetzgebung gewesen zu sein, schlägt *Meyer* vor, die generelle Gefährlichkeit einer konkreten Tatbegehung im Rahmen des objektiven Tatbestands am Einzelfall zu überprüfen.

284 *Brehm*, Abstraktes Gefährdungsdelikt, S. 9; *Fischer*, GA 1989, 445 (445); *Hannich*, in: FS Nehm, S. 140 f.; *Jescheck/Weigend*, StrafR AT, S. 264; *Kaufmann*, JZ 1963, 425 (425); *Ostendorf*, JuS 1982, 426 (428 f.); *Schünemann*, JA 1975, 787; *Schneider*, Jura 1988, 460 (461).

damit Handlungen unter Strafe gestellt werden, die erfahrungsgemäß in Verletzungen umschlagen und daher *per se* ein unerträglich hohes Risiko in sich bergen.[285] Für die generelle Gefährlichkeit kommt es nicht auf eine statistisch nachweisbare oder gar nachgewiesene Häufigkeit von Gefährdungs- oder Verletzungserfolgen an. Aus empirischer Sicht kann die Folgenlosigkeit der fraglichen Verhaltensweise der überwiegende Ausgang sein.[286] Umgekehrt umfasst die generelle Gefährlichkeit auch Verhaltensweisen, die in der Mehrzahl der vorkommenden Fälle konkret gefährlich sein werden.[287] Ob ein Verhalten als abstrakt gefährlich eingestuft wird, obliegt also überwiegend der normativen Wertentscheidung des Gesetzgebers und ist nur lose an statistische Evidenzen gebunden. Vielmehr steht hinter der Entscheidung, eine Verhaltensweise für typischerweise gefährlich zu erklären, ein Abwägungsprozess. Gegenstand dieses Abwägungsprozesses ist auf der einen Seite das Maß der Unbeherrschbarkeit des Geschehensablaufs sowie die normativ getroffene Einschätzung, dass der Schadenseintritt als wahrscheinlich gilt. Auf der anderen Seite steht die Verhaltensfreiheit des Bürgers.[288] Für die einzelne Deliktsbegehung ist es folglich völlig unerheblich, in welche Nähe es das geschützte Rechtsgut zu einer möglichen Beeinträchtigung gebracht hat. Entscheidend ist vielmehr die Zugehörigkeit zu einer Gruppe von Verhaltensweisen, die oft zu Rechtsgutsbeeinträchtigungen führen. Die Strafwürdigkeit begründet sich in erster Linie aus der Typik der Verhaltensweise und nicht aus dem Einzelfall.[289] Für abstrakte Gefährlichkeitsdelikte ist typisch, dass der Gesetzgeber die strafrechtlich relevante Verhaltensweise so weit präzisiert hat, dass dem Täter kein Spielraum für Individualisierung des Verhaltens bleibt.[290]

---

285 *Baroke*, in: Grenzen, S. 251; *Zieschang*, Gefährdungsdelikte, S. 15 ff.; s. a. *Brehm*, JuS 1976, 22 (22); *Gallas*, in: FS Heinitz, S. 183; *Hauck*, ZIS 2011, 919; *Hettinger/Wielant*, in: FS Herzberg, S. 648; *Ostendorf*, JuS 1982, 426; *Rotsch*, in: FS Samson, S. 155; *Schneider*, Jura 1988, 460 (461); *Schröder*, ZStW 81 (1969), 5 (7); *Schünemann*, JA 1975, 787 (793).

286 *Graul*, Präsumtionen, S. 150 f.

287 *Hirsch*, in: Strafrechtliche Probleme II, S. 11.

288 *Beck*, Unrechtsbegründung, S. 22; *Hoyer*, JA 1990, 183 (185 ff.); *Kindhäuser*, Gefährdung als Straftat, S. 178; *Lagodny*, Schranken, S. 194 ff.; *Müssig*, Schutz abstrakter Rechtsgüter, S. 200; *Wohlers*, Deliktstypen, S. 24.

289 *Binding*, Normen I, S. 379 ff.; *Brehm*, Abstraktes Gefährdungsdelikt, S. 10; *Kindhäuser*, Gefährdung als Straftat, S. 230 ff.; *Anastasopoulou*, Deliktstypen, S. 80.

290 *Jakobs*, ZStW 97 (1985), 751.

Der Tatbestand eines abstrakten Gefährlichkeitsdelikts setzt ein Verhalten voraus, dass aufgrund allgemeinen Erfahrungswissens für generell gefährlich erachtet und daher mit Strafe bedroht wird. Unbeachtlich soll bleiben, ob das Verhalten auch konkret rechtsgutsrelevant wurde, d. h., ob es ursächlich für eine Rechtsgutsverletzung oder -gefährdung wurde.[291] Bezeichnend für abstrakte Gefährlichkeitsdelikte ist, dass der Tatbestand weder objektiv noch subjektiv ein Merkmal aufweist, das einen Beeinträchtigungszusammenhang zum Rechtsgut herstellt.[292] Aus der wiederholten Analyse von Sachverhaltskonstellationen, die zu Rechtsgutsverletzungen führen, kann mit der Zeit ein Erfahrungswissen darüber abgeleitet werden, welche Faktoren typischerweise zu einem Schadenseintritt führen.[293] Diese Gefahrenanalyse wurde vom Gesetzgeber bei Schaffung des Straftatbestandes vorgenommen und hat daher weder als objektives Tatbestandsmerkmal noch im Rahmen des Tätervorsatzes Eingang gefunden.[294] Hier werden abstrakt-generelle Gefährlichkeitsprognosen vorgenommen, auf deren Grundlage alle Merkmale, die zum Verdikt der generellen Gefährlichkeit zusammenkommen müssen, in einem Straftatbestand vertypt werden.[295] Die Gesetzgebungstechnik hinter den abstrakten Gefährlichkeitsdelikten funktioniert über eine Zusammenstellung von Indikatoren für das Vorliegen einer Gefahr, die der Gesetzgeber im Rahmen einer abstrakt-generellen Gefährlichkeitsprognose vornimmt und knüpft die Strafwürdigkeit an das Vorliegen dieser Indikatoren unter Nichtbeachtung ihres Wesens und ihrer Erscheinung im Einzelfall an.[296] Danach ist eine Handlung also abstrakt gefährlich, wenn sie entindividualisiert, d. h. losgelöst von konkreten Betrachtungen, aufgrund allgemeiner Erfahrungswerte eine über das übliche

---

291 *Anastasopoulou*, Deliktstypen, S. 63 Fn. 473.

292 *Anastasopoulou*, Deliktstypen, S. 68 ff.; *Zieschang*, Gefährdungsdelikte, S. 381; s. a. *Fischer*, StGB, § 306a Rn. 1 ff.; *Heine/Bosch*, in: SS-StGB, § 306a Rn. 14.

293 *Mitsch*, JuS 2018, 1161 (1163).

294 *Geppert*, Jura 1989, 417 (424).

295 *Anastasopoulou*, Deliktstypen, S. 68 ff.; *Zieschang*, Gefährdungsdelikte, S. 382; s. a. *Berz*, Tatbestandsverwirklichung, S. 7; *Bohnert*, JuS 1984, 182 (183); *Hassemer*, ZRP 1992 (25), 378 (381); *Hoyer*, JA 1990, 183 (186 ff.); *Lagodny*, Schranken, S. 187; *Lüderssen*, StV 1997, 318 (320); *Stächelin*, Strafgesetzgebung, S. 94.

296 *Anastasopoulou*, Deliktstypen, S. 68 ff.; *Zieschang*, Gefährdungsdelikte, S. 382; s. a. *Berz*, Tatbestandsverwirklichung, S. 57 ff.; *Hassemer*, ZRP 1992 (25), 378 (381); *Stächelin*, Strafgesetzgebung, S. 94; *Schmidt*, Untersuchung, S. 21.

Lebensrisiko hinausgehende Gefährlichkeit bergen soll.[297] Verglichen mit Verletzungsdelikten, haftet der Verbotsnorm abstrakter Gefährlichkeitsdelikte eine präventivsteuernde Wirkung an, indem nicht an einen vergangenen Schaden angeknüpft, sondern zukünftige Schäden vereitelt werden sollen.[298] Hinter der Strafwürdigkeit eines typischerweise bzw. generell gefährlichen Verhaltens steht der Wunsch nach Zufallsbeherrschung. Die tatbestandlich umschriebenen Verhaltensweisen sind typischerweise eingebettet in derart komplexe und potenziell schadensträchtige Kausalverflechtungen, dass es sich der menschlichen Leistungsfähigkeit entzieht, das durch die Risikosetzung eingegangene Gefährdungspotenzial in angemessener Weise beherrschen zu können. Abstrakte Gefährlichkeitstatbestände sollen dort zur Anwendung kommen, wo das Maß an Unbeherrschbarkeit angesichts der Wahrscheinlichkeit des Schadens als nicht mehr hinnehmbar erscheint.[299]

Mit *Zieschang* und der herrschenden Auffassung ist die abstrakte Gefährdung bzw. die abstrakte Gefährlichkeit also nicht als Tatbestandsmerkmal, das strafnormübergreifend vorhanden ist und daher als Verbindungslinie fungiert, zu verstehen. Mit der abstrakten Gefährlichkeit wird vielmehr die Motivationslage beschrieben, die den Gesetzgeber zur strafrechtlichen Kodifizierung einer bestimmten Klasse von Verhaltensweisen bewegt hat. Mit abstrakten Gefährlichkeitsdelikten bestraft der Gesetzgeber daher im Ergebnis Verhaltensweisen, weil sie in das Muster passen, das er deswegen unter strafrechtlichen Schutz gestellt hat, weil von der Verwirklichung dieses Verhaltensmusters erfahrungsgemäß ein Schadensrisiko für das fragliche Rechtsgut ausgeht. Zur Strafbarkeit der einzelnen Tatbegehung ist indes notwendig und hinreichend, das tatbestandlich konkretisierte Verhalten an den Tag zu legen, ohne dass Gefährdungs- oder Verletzungserfolge – sowohl hinsichtlich ihres Eintretens als auch ihres Ausbleibens – Beachtung fänden.

---

297 *Ceffinato*, Vollendungsumkehr, S. 66; *Hirsch*, in: FS Tiedemann, S. 149; *Kim*, Umweltstrafrecht, S. 183; *Schmidt*, Untersuchung, S. 79 f.; *Wohlers*, Deliktstypen, S. 305 f.

298 *Anastasopoulou*, Deliktstypen, S. 68 ff.; *Beck*, Unrechtsbegründung, S. 87; *Berz*, Tatbestandsverwirklichung, S. 57 ff.; *Ostendorf*, JuS 1982, 426 (462 ff.); *Park*, Vermögensstrafe, S. 139 ff.; *Schmidt*, Untersuchung, S. 21.

299 *Beck*, Unrechtsbegründung, S. 87; *Geerds*, Wirtschaftsstrafrecht und Vermögensschutz, S. 41; *Geppert*, Jura 1989, 417 (419); *Hefendehl*, Kollektive Rechtsgüter, S. 157; *Jakobs*, Strafrecht AT, VI Rn. 86a; *Sieber*, NStZ 2009, 353 (358); *Voß*, Symbolische Gesetzgebung, S. 145; *Wohlers*, Deliktstypen, S. 315.

3. Die weitere Einteilung nach Zieschang

Mit *Zieschang* ist die abstrakte Gefährdung mit der Einführung des abstrakten Gefährlichkeitsdelikts in einem ersten Schritt auf Strafnormen, denen im Sinne der Theorie von der generellen Gefahr typischerweise, d. h. losgelöst vom Einzelfall, eine Schadenswahrscheinlichkeit zu eigen ist, reduziert. Für Tatbestandsreduktionen ist kein Platz. Damit sind die Deliktstypen, die den sog. abstrakten Gefährdungsdelikten zugeordnet werden, jedoch nicht erschöpfend beschrieben. Eine zentrale Weichenstellung, um deren Betonung sich *Zieschang* verdient gemacht hat, ist die Rubrizierung der sog. Gefährdungsdelikte nach der Gefährlichkeit eines Verhaltens sowie der Gefahr als Zustand, in dem sich ein Rechtsgut befindet.[300] Dazu greift er auf die Überlegungen *Hirschs* zurück. Demnach sei grundlegend zwischen der Gefährdung eines Gutes sowie der Gefährlichkeit einer Handlung zu unterscheiden.[301] Die sog. Gefährdungsdelikte unterteilen sich folglich in Gefährdungs- und Gefährlichkeitsdelikte. Gefährdungsdelikte zeichnen sich dadurch aus, dass ein konkretes rechtsgutsspezifisches Angriffsobjekt in eine konkrete Gefahrenlage gebracht, d. h. der Möglichkeit einer Verletzung ausgesetzt wurde. Demgegenüber beschreiben Gefährlichkeitsdelikte Verhaltensweisen, denen ein Risiko anhaftet, sie könnten zu einer Rechtsgutsgefährdung oder -verletzung führen. Während sich die Gefährdung vom Standpunkt des gefährdeten Objekts aus bestimmt, bestimmt sich die Gefährlichkeit stets aus der Position des Handelnden, sprich des Täters. Bei der Gefährlichkeit reicht die Möglichkeit einer Gefahrenlage aus, während von einer Gefährdung erst bei Eintritt einer Gefahrensituation gesprochen werden kann. Die paradigmatische Einteilung in sog. abstrakte und konkrete Gefährdungsdelikte sollte zutreffend für die Unterteilung in Gefährdungs- und Gefährlichkeitsdelikte aufgegeben werden.[302] Als Oberbegriff, so kann nach *Hirsch* gefolgert werden, bietet sich die Bezeichnung als Gefahrdelikte an, da die Bezeichnung der Obergruppe als Gefährdungsdelikte insoweit unzutreffend und fehlleitend ist, als es für die Gefährlichkeitsdelikte nicht auf eine Gefährdungssituation ankommt.[303]

300 *Zieschang*, Gefährdungsdelikte, S. 25 m. w. N.; s. a. *Baroke*, in: Grenzen, S. 250 f.

301 *Hirsch*, in: FS Tiedemann, S. 147 f.; *Hirsch*, in: FS Kaufmann, S. 545 ff.; *Hirsch*, in: Strafrechliche Probleme, S. 626 ff.

302 *Hirsch*, in: FS Tiedemann, S. 147 f.; *Hirsch*, in: FS Kaufmann, S. 545 ff.; *Hirsch*, in: Strafrechliche Probleme, S. 626 ff.

303 *Hirsch*, in: FS Tiedemann, S. 150 f.

a) Defizite der herkömmlichen Deliktsstrukturtrias

Herkömmlicherweise werden die im Strafrecht vorzufindenden Deliktstrukturen dreigeteilt. Neben dem Verletzungsdelikt als dem archimedischen Punkt der Deliktstypologie[304] beschreiben sich konkrete und sog. abstrakte Gefährdungsdelikte, indem entweder von einem „Beinahe-Unfall“[305] zur Typisierung des konkreten Gefährdungsdelikts die Rede ist oder unter Verzicht auf einen rechtsgutsbezogenen (Verletzungs-)Erfolg ein Verhalten aufgrund seines erfahrungsgemäß gefahrträchtigen Potenzials unter Strafe gestellt wird.[306] Maßgeblich geprägt hat diese Idee einer Dreiteilung *Cramer*, der in seiner Dissertationsschrift zum Vollrauschtatbestand den Vorschlag einer im geltenden deutschen Strafrecht verwendeten Deliktsstrukturtrias dadurch konkretisierte, dass er die Deliktstypen in einem akzessorischen Stufenverhältnis beschrieb.[307] Mit dieser Dreiteilung, so die gebräuchliche Meinung, sei das Spektrum möglicher Straftatbestände erschöpfend abgedeckt, da erstens keine legitimationsfähigen Straftatbestände jenseits des sog. abstrakten Gefährdungsdelikts vollstellbar wären und zweitens, als logische Folge, sich alle legitimationsfähigen Straftatbestände in das bekannte Raster einfügen ließen.[308]

1975 wies *Schünemann* auf die Möglichkeit hin, zur Erfassung der sog. abstrakten Gefährdungsdelikte nicht einem einheitlichen Begründungstopos zu folgen, sondern je nach Beschaffenheit und Ausgestaltung des konkreten Straftatbestandes einen differenzierten Zugang zu wählen.[309] Mittlerweile haben, abseits dieser tradierten Dreiteilung, eine Reihe an strafrechtswissenschaftlichen Beiträgen weitere Deliktsstrukturen wie Gefahr-,[310] Kumulations-;[311]

---

304 *Anastasopoulou*, Deliktstypen, S. 325 f.

305 BGH BeckRS 2013, 18828; *Sternberg-Lieben*, in: SS-StGB, § 315c Rn. 33.

306 *Anastasopoulou*, Deliktstypen, S. 3 f.; *Frister*, StrafR AT, § 3 Rn. 24 ff.; *Hefendehl*, Kollektive Rechtsgüter, S. 3; *Kuhlen*, GA 1986, 389 (399 ff.); *Loos*, in: FS Welzel, S. 891; *Puschke*, Vorbereitungstatbestände, S. 300 ff.; *Stratenwerth/Kuhlen*, StrafR AT, § 8 Rn. 14.

307 *Cramer*, Vollrauschtatbestand, S. 67; zur Einordnung der Überlegungen *Cramers* s. o. B. II. 2. b) ff.; zu früheren Definitionsversuchen z. B. *Henckel*, Gefahrbegriff, S. 46 ff.

308 *Kuhlen*, in: Mediating Principles, S. 148.

309 *Schünemann*, JA 1975, 787 (797).

310 *Hirsch*, in: FS Tiedemann, S. 549.

311 *Hefendehl*, Kollektive Rechtsgüter, S. 183 ff.; *Kuhlen*, GA 1986, 389 (399 ff.); *von Hirsch/Wohlers*, in: Die Rechtsgutstheorie, S. 207 ff.; *Wohlers*, Deliktstypen, S. 318 ff.

Organisations-,[312] Kooperations-,[313] Anschluss-,[314] Vorbereitungs-,[315] Eignungs-,[316] Gefährlichkeits-,[317] Unternehmens-,[318] abstrakt-konkrete[319] oder potenzielle[320] Gefährdungsdelikte zutage gefördert.[321] Ob sie die jeweiligen Deliktsstrukturen in die bestehende Deliktsstrukturtrias eingepflegt wissen wollen oder sie ergänzend oder auch ersetzend zur Diskussion stellen, beurteilen die jeweiligen Ideengeber unterschiedlich.[322] Schon vor diesem Hintergrund mutet die These, alle Deliktsstrukturen des geltenden deutschen Strafrechts könnten mit den drei benannten Kategorien beschrieben werden, befremdlich an.

Im Übrigen lenkt die Frage nach Haltbarkeit der These von der Deliktsstrukturtrias zurück auf die eingangs erwähnte – hauptsächlich negative – Definition sog. abstrakter Gefährdungsdelikte. Danach wäre das verbindende Element sog. abstrakter Gefährdungsdelikte trotz im Einzelnen unterschiedlicher Tatbestandsstrukturen der Verzicht auf einen tatbestandsspezifischen Erfolg im engeren Sinne.[323] Indem die Gruppe der sog. abstrakten Gefährdungsdelikte dergestalt (negativ) definiert wird, dass sie auf den Eintritt eines Erfolgs verzichtet, wird im Ergebnis ein dualistisches Deliktsstrukturkonzept propagiert. Wenn das verbindende Element zwischen den sog. abstrakten Gefährdungsdelikten der Verzicht auf einen tatbestandsspezifischen Erfolg wäre, müsste im Umkehrschluss daneben eine zweite Obergruppierung von Deliktsstrukturen stehen, die einen Erfolg voraussetzte. Diese wiederum ließe sich, analog zu den im Einzelnen unterschiedlich gestrickten sog. abstrakten Gefährdungsdelikten, weiter unterteilen in Verletzungs- und konkrete Gefährdungsdelikte. Eine solche Ansicht unterscheidet, bei Lichte betrachtet, Deliktsstrukturen, die einen rechtsgutsspezifischen Erfolg einfordern, von denjenigen,

312 *Schünemann*, in: LK-StGB, § 14 Rn. 20 ff.

313 *Sieber*, NStZ 2009, 353 (361).

314 *Sieber*, NStZ 2009, 353 (359).

315 *Puschke*, Vorbereitungstatbestände, S. 9 ff.

316 *Hoyer*, Eignungsdelikte, S. 16 ff.; *Schünemann*, in: GS Meurer, S. 57 f.; s. a. *Fischer*, GA 1989, 445 (445 ff.); *Gallas*, in: FS Heinitz, S. 171 ff.

317 *Hirsch*, in: Strafrechliche Probleme, S. 628.

318 *Wolters*, Unternehmensdelikt, S. 42 ff.; s. a. *Schröder*, in: FS Kern, S. 464 f.

319 *Schröder*, JZ 1967, 522.

320 *Zieschang*, Gefährdungsdelikte, S. 162 ff.

321 *Heger*, in: LKH-StGB, Vor § 13 Rn. 32; *Graul*, Präsumtionen, S. 116 ff.; *Kindhäuser*, in: FS Krey, S. 249 f.; *Sieber*, NStZ 2009, 353 (357 ff.).

322 *Puschke*, Vorbereitungstatbestände, S. 318.

323 Dazu s. o. B. II. 1.

die darauf verzichten. Letztere werden abstrakte Gefährdungsdelikte genannt. Mit Bezugnahme auf die sog. Deliktsstrukturtrias versperrt sich der Blick auf die Vielzahl möglicher Wirkungs- bzw. Beeinträchtigungszusammenhänge, vor denen der Gesetzgeber geschützte Rechtsgüter bewahren möchte. Die schiere Vielfalt möglicher Deliktsstrukturformen macht die Unzulänglichkeit einer reinen Dreiteilung offensichtlich. Ebenfalls als wenig überzeugend erscheint der Vorschlag, neben den Verletzungs- und konkreten Gefährdungsdelikten die sog. abstrakten Gefährdungsdelikte als das Sammelbecken zu verstehen, in dem alle Straftatbestände, die auf einen rechtsgutsspezifischen Erfolg verzichten, zusammenkommen. Erstens beschreiben, wie mit *Zieschang* noch zu zeigen sein wird, Verletzungs- und konkrete Gefährdungsdelikte nicht das gesamte Spektrum möglicher Erfolgsdelikte.[324] Zweitens, wollte man die Idee einer Obergruppierung der sog. abstrakten Gefährdungsdelikte akzeptieren, wäre die denklogische Konsequenz daraus eine dualistische Strukturierung nach Delikten mit und Delikten ohne rechtsgutsspezifischen Erfolg – eine Einteilung, die in der Sache auf die strittige Unterteilung in Erfolgs- und Tätigkeitsdelikte hinausläuft.[325]

Auch *Zieschangs* Überlegungen zu den im Strafrecht vorfindlichen Gefahrdeliktsstrukturen nehmen ihren Ausgang bei der Diagnose der Unzulänglichkeit einer Zweiteilung in sog. abstrakte und konkrete Gefährdungsdelikte. Nach einer eingehenden Erörterung der Spezifika der jeweiligen Deliktstypen verbleiben seinen Ausführungen zufolge zwei Gefährlichkeits- bzw. Gefährdungselemente, namentlich die konkrete Gefährlichkeit einer Handlung sowie die Wahrscheinlichkeit einer konkreten Gefahr, deren eigenständige Bedeutung herauszuarbeiten Gegenstand seiner weiteren Überlegungen darstellt.[326] Seiner Auffassung zufolge unterteilen sich die sog. abstrakten Gefährdungsdelikte in drei verschiedene Deliktskategorien, von denen nur eine, die abstrakten Gefährlichkeitsdelikte, mit der typischerweisen Gefährlichkeit eines Verhaltens treffend umschrieben sei. Er versucht also, das Dilemma der Bestrafung auch konkret ungefährlicher Verhaltensweisen durch eine weitere Ausdifferenzierung der gesetzgeberisch gewählten Deliktsstrukturen zu entschärfen.[327]

324 Dazu sogleich B. II. 3. d).

325 *Walter*, JZ 2002, 254 (254 ff.); so auch *Schulenberg*, in: Die Rechtsgutstheorie, S. 246.

326 *Zieschang*, Gefährdungsdelikte, S. 51.

327 *Zieschang*, Gefährdungsdelikte. S. 380.

b) *Das konkrete Gefährdungsdelikt*

Konkrete Gefährdungsdelikte[328] haben nach *Zieschang* das Vorliegen eines konkret gefährlichen Verhaltens sowie eine – kausal darauf beruhende – konkrete Gefährdung eines rechtlich geschützten Interesses, mithin einen Gefahrenerfolg, als Voraussetzungen. Beides, das konkret gefährliche Verhalten wie auch der Gefahrenerfolg, müssten kumulativ vorliegen, damit von einem konkreten Gefährdungsdelikt gesprochen werden könne. Daraus folge *e contrario*, dass ein konkret gefährliches Verhalten etwas anderes sei als ein konkreter Gefahrenerfolg, diese beiden Erscheinungen somit auch unterschiedlichen Voraussetzungen unterlägen. Der konkrete Gefahrenerfolg verstehe sich als die Wahrscheinlichkeit eines Schadenseintritts dergestalt, dass der Eintritt eines Schadens naheliege, das Eintreten des Erfolges nur noch vom Zufall abhänge und das Opfer in den Einwirkungsbereich des Täters gelangt sei.[329]

c) *Das konkrete Gefährlichkeitsdelikt*

Im Anschluss an die Arbeiten seines akademischen Lehrers greift *Zieschang* für mögliche Deliktsstrukturen jenseits der abstrakten Gefährlichkeitsdelikte auf *Hirschs*[330] Konstruktion des konkreten Gefährlichkeitsdelikts zurück. Ihren Ausgang finden seine Überlegungen bei der Analyse des konkreten Gefährdungsdelikts. Bei dessen Erörterung kristallisiert *Zieschang* das konkret gefährliche Verhalten als eine der notwendigen Charakteristika dieses Deliktstyps heraus.[331] Er konstatiert, das konkret gefährliche Verhalten sei eine notwendige, jedoch keine hinreichende Bedingung für das konkrete Gefährdungsdelikt. Gleichzeitig spiele die konkrete Gefährlichkeit des Verhaltens für abstrakte Gefährlichkeitsdelikte keine Rolle.[332] Mit *Hirsch* erkennt *Zieschang*

---

328 Wie oben (B. II ff.) aufgezeigt, spielt das konkrete Gefährdungsdelikt für ein an Präventionszwecken ausgerichtetes (Wirtschafts-)Strafrecht keine nennenswerte Rolle. Die Darstellungen zum konkreten Gefährdungsdelikt beschränken sich daher auf rudimentäre Hinweise.

329 *Zieschang*, Gefährdungsdelikte, S. 28 ff.; s. a. *Hilgendorf*, in: AWHH-StrafR BT, § 35 Rn. 74; *Horn*, Konkrete Gefährdungsdelikte, S. 11 ff.; *Kindhäuser/Zimmermann*, StrafR AT, § 8 Rn. 21; *Küper*, NJW 1976, 543 (543); *Radtke*, in: FS Geppert, S. 461; *Rönnau*, JuS 2010, 961 (962); *Satzger*, NStZ 1998, 112 (114); *Wessels u. a.*, StrafR AT, Rn. 40; *Wolters*, in: SK-StGB, Vor §§ 306 ff. Rn. 5 ff.

330 *Hirsch*, in: Strafrechliche Probleme, S. 151 ff.; *Hirsch*, in: FS Kaufmann, S. 545 ff.

331 *Zieschang*, Gefährdungsdelikte, S. 50 f.

332 *Zieschang*, Gefährdungsdelikte, S. 51.

daher in dem konkret gefährlichen Verhalten einen eigenständigen Deliktstyp, das konkrete Gefährlichkeitsdelikt. Mit konkreten Gefährlichkeitsdelikten beschreibt er diejenigen Verhaltensweisen, deren strafrechtliche Relevanz von der nach *ex ante* zu beurteilenden konkreten Gefährlichkeit des Täterverhaltens abhänge.[333] Derartige Straftatbestände stellten Verhalten unter Strafe, bei denen aus der *Ex-ante*-Perspektive eines sich in der Situation des konkreten Täters befindenden objektiven Betrachters unter Heranziehung aller Umstände des Einzelfalls der Schadenseintritt nicht ausgeschlossen werden könne. Es reiche hinsichtlich der Prognosestringenz aus, dass die Situation im konkreten Einzelfall *ex ante* undurchschaubar sei. Sei dies der Fall, stelle die Vornahme der Tathandlung ein konkret gefährliches Verhalten dar. Das Unwerturteil liege im Handeln trotz ungewisser Situation. Beurteilt werde die Gefährlichkeit vom Standort eines besonnenen und verständigen *Ex-ante*-Beobachters aus dem Verkehrskreis des Täters unter Berücksichtigung von Sonderwissen.[334] Systematisch seien die konkreten Gefährlichkeitsdelikte zwischen den konkreten Gefährdungsdelikten, die einen Gefahrenerfolg im Einzelfall erfordern, und den abstrakten Gefährlichkeitsdelikten, die die typischerweise Gefährlichkeit eines Verhaltens unter Strafe stellen, anzusiedeln. Einerseits forderten sie, anders als das konkrete Gefährdungsdelikt, keinen Gefahrenerfolg, andererseits, anders als das abstrakte Gefährlichkeitsdelikt, eine Prüfung des Täterverhaltens im Einzelfall.[335]

Insgesamt ist die Idee eines konkreten Gefährlichkeitsdelikts auf viel Zustimmung gestoßen.[336] Vereinzelter Kritik soll hier in gebotener Kürze begegnet werden. *Anastasopoulou* moniert an der Konzeption des konkret gefährlichen Verhaltens, das Beigeben konkreter Betrachtungen der Gefährlichkeit führe zu untragbaren Privilegierungen des Täters.[337] Bei der Kritik wird nicht deutlich, worin der „*unverdiente Zufall*“[338] liegt. Jedenfalls kann die aufgegriffene Fallkonstellation nach *Zieschang*[339] dahingehend nicht zufällig für den Täter sein, als er von der Evakuierung nichts wusste.[340] Die Evakuierung eines Dorfes kann

333 *Zieschang*, Gefährdungsdelikte, S. 53.

334 *Zieschang*, Gefährdungsdelikte, S. 56 ff.

335 *Zieschang*, Gefährdungsdelikte, S. 52 ff.

336 So z. B. die Rezeption bei *Wohlers*, Deliktstypen, S. 309 ff.; *Kaspar*, Präventionsstrafrecht, S. 573 ff.; *Schünemann*, in: Die Rechtsgutstheorie, S. 152.

337 *Anastasopoulou*, Deliktstypen, S. 111.

338 *Anastasopoulou*, Deliktstypen, S. 111.

339 *Zieschang*, Gefährdungsdelikte, S. 33 f.

340 So aber ihr Verständnis, s. *Anastasopoulou*, Deliktstypen, S. 111.

das Rasen des Täters in einem Dorf nur straflos stellen, wenn dies aus Sicht des Täters *ex ante* zu Beginn der Tatbestandsausführung unter Berücksichtigung von Sonderwissen erkennbar war. Wusste der Täter nichts von der bombenbedingten Evakuierung, so muss seine Gefährlichkeitsprognose *ex ante* notwendigerweise zu dem Ergebnis kommen, in dem Dorf befänden sich potenzielle Träger von Rechtsgütern, die durch sein Verhalten Schaden nehmen könnten. Erst sein Sonderwissen um die Evakuierung könnte eine *Ex-ante*-Prognose aus seiner Sicht bzw. aus der Sicht eines Beobachters aus dem Verkehrskreis des Täters mit dessen Sonderwissen und -fähigkeiten anders ausfallen lassen. Dies zugrunde gelegt, stellt sich eine Straffreiheit nicht mehr als zufällige – und damit unverdiente – Privilegierung dar. *Koriath* hat in seiner Stellungnahme die empirische Irrelevanz der von *Zieschang* herausgearbeiteten Zwischenstufen der Gefahrdelikte kritisiert. Sein Fokus liegt auf *Zieschangs* Definition des konkret gefährlichen Verhaltens. *Koriaths* Interpretation zufolge entwickelt *Zieschang* eine Kausalkette aus konkret gefährlichem Verhalten, kausal darauf beruhendem konkret gefährlichem Zustand sowie wieder darauf beruhender konkreter Gefahr. Schließlich soll die Verletzung kausal auf der konkreten Gefahr beruhen.[341] Dieses Modell fehlinterpretiert nicht bloß *Zieschangs* Ausführungen, es stellt auch eigentümliche Kausalverhältnisse her. In Wirklichkeit verhält es sich so, dass der konkret gefährliche Zustand wie auch die konkrete Gefahr und der Erfolg auf einem konkret gefährlichen Verhalten beruhen, nicht jedoch der konkret gefährliche Zustand kausal Ursache für die konkrete Gefahr ist. *Zieschang* betont bei seinem Vorschlag zur Systematik der Gefahrdelikte den Unterschied zwischen der Gefährdungssituation als einem Zustand, in dem sich ein Rechtsgut befinden kann, und der Gefährlichkeit, die von einem Verhalten ausgehen kann. Die Gefährdung bzw. Schädigung ist stets kausale und objektiv zurechenbare Folge eines konkret gefährlichen Handelns.

d) Das potenzielle Gefährdungsdelikt

Neben den konkreten Gefährlichkeitsdelikten meint *Zieschang*, noch einen weiteren Deliktstyp im geltenden Strafrecht ausfindig gemacht zu haben. Er greift die durch *Cramer* eingeführte[342] und seinerseits als für die abstrakten Gefährlichkeitsdelikte unzutreffend verworfene[343] Umschreibung der „Wahrscheinlichkeit einer konkreten Gefahr“ auf und sieht darin einen kausal auf

341 *Koriath*, GA 2001, 51 (61).

342 *Cramer*, Vollrauschtatbestand, S. 100 f.

343 *Zieschang*, Gefährdungsdelikte, S. 23 ff.

einem konkret gefährlichen Verhalten beruhenden Erfolg, der seines Zeichens (noch) kein konkreter Gefahrerfolg sei.[344] Eine solche Deliktsstruktur stelle weder ein abstraktes Gefährlichkeitsdelikt dar, noch sei sie mit dem konkret gefährlichen Verhalten erschöpfend umschrieben.[345] Mit dem von ihm sog. potenziellen Gefährdungsdelikt beschreibt *Zieschang* diejenigen Deliktsstrukturen, die die Herbeiführung eines konkret gefährlichen Zustands für das betroffene Rechtsgut zur Tatbestandsvoraussetzung nehmen. Einen konkret gefährlichen Zustand versteht der Autor als „Wahrscheinlichkeit einer konkreten Gefahr", d. h. als Minus zur konkreten Gefahr dergestalt, dass bei ungestörtem Fortgang des konkret gefährlichen Zustandes der Schadenseintritt überwiegend wahrscheinlich wäre. Gemeinsam mit dem konkreten Gefährdungsdelikt habe das potenzielle Gefährdungsdelikt die Voraussetzung eines kausal auf dem konkret gefährlichen Verhalten beruhenden tatbestandsspezifischen Erfolgs. Unterschiede ergäben sich erst aus der Beschaffenheit des jeweils vorausgesetzten Erfolgs. Während die konkrete Gefahr eine Bedrohungslage voraussetze, in der der Eintritt des Schadens nur noch vom Zufall abhänge und das Rechtsgut in den Wirkungsbereich des Täters eingedrungen sein müsse, könne beim potenziellen Gefährdungsdelikt noch mit einem gezielten, berechenbaren Eingreifen das Schadensmoment abgewendet werden. Auch müsse das Rechtsgut noch nicht in den Wirkungsbereich des Täters eingedrungen sein.[346] Abweichungen zum konkreten Gefährlichkeitsdelikt ergäben sich hier hinsichtlich des Beurteilungszeitpunktes, der Maßstabsfigur sowie der Berücksichtigung nachträglich feststellbarer, den Täter privilegierender Tatsachen. Zwar werde auch hier eine Prognoseentscheidung hinsichtlich der Gefahrenlage *ex ante* angestellt. Diese stelle sich jedoch als auf den Zeitpunkt des Abschlusses der Tathandlung bezogen dar und müsse daher als eine Art nachträgliche Beurteilung *ex ante* begriffen werden.[347] Maßstabsfigur sei ein sachverständiger Dritter ohne Bezugnahme auf die Eigenschaften des Täters.[348] Das von *Kaufmann* seinerzeit gegen die Konzeption *Cramers* vorgebrachte Argument, der „Wahrscheinlichkeit einer konkreten Gefährdung" liege ein logischer Fehler zugrunde,[349] entkräftet *Zieschang* mit der Gleichsetzung der

344 *Zieschang*, Gefährdungsdelikte, S. 64 f.

345 *Zieschang*, Gefährdungsdelikte, S. 65 f.

346 *Zieschang*, Gefährdungsdelikte, S. 66 ff.

347 *Zieschang*, Gefährdungsdelikte, S. 74, 100.

348 *Zieschang*, Gefährdungsdelikte, S. 98 ff.

349 *Kaufmann*, JZ 1963, 425 (433); so auch *Altenhain*, GA 1996, 19 (25); *Herzog*, Gesellschaftliche Unsicherheit, S. 27; *Kindhäuser*, Gefährdung als Straftat, S. 249 f.;

Wahrscheinlichkeit einer konkreten Gefährdung mit der Wahrscheinlichkeit eines Schadens aufgrund ihrer – praktisch betrachteten – Nähe zueinander. Die Abgrenzung beider Gefahrdeliktsstrukturen erreicht er vielmehr über die Einbeziehung der vorhandenen Steuerungsmöglichkeiten. Gegenüber dem konkreten Gefährdungsdelikt muss das Bedrohungsmoment bei einem potenziellen Gefährdungsdelikt deutlich weniger akut sein.[350]

Hirsch[351] hat der Konstruktion des potenziellen Gefährdungsdelikts entgegengehalten, ein Unterfall der Gefährlichkeitsdelikte zu sein. Da diese Deliktsstruktur die Herbeiführung eines gefährlichen Zustands zum Gegenstand habe, handele es sich, bei Lichte betrachtet, insgesamt um eine gefährliche Handlung. Diese These versucht *Hirsch* zu untermauern, indem er einen Vergleich zwischen § 325 I StGB, von *Zieschang* als potenzielles Gefährdungsdelikt identifiziert, und § 316 I StGB anstellt. Auch bei § 316 I StGB bewirke der Täter einen gefährlichen Zustand, indem durch das Führen eines Fahrzeugs im fahruntüchtigen Zustand vom Fahrzeug eine Gefahr ausgehe. Daher gehe es bei der Differenzierung zwischen potenziellem Gefährdungsdelikt und Gefährlichkeitsdelikt nur „*um eine Formulierungsfrage.*“[352] § 316 I StGB könne auch lauten: „*Wer nach dem Genuß alkoholischer Getränke oder anderer berauschender Mittel ein Kraftfahrzeug führt und dadurch einen Zustand bewirkt, der geeignet ist, die Sicherheit von Leben, Gesundheit und Eigentum zu beeinträchtigen …*“.[353] *Hirsch* verkennt, dass die von ihm vorgeschlagene Reformulierung des § 316 I StGB gegenüber der *de lege lata* geltenden Form grundlegende Unterschiede aufweist. Indem der zur Beeinträchtigung geeignete Zustand zum Tatbestandsmerkmal erhoben würde, fände der Beeinträchtigungszusammenhang zwischen Tathandlung und Rechtsgut Eingang in das tatbestandlich verbürgte Prüfungsprogramm. Wo § 316 I StGB *de lege lata* die Ausführung der vertypten Tathandlung pönalisiert, würde nach der von *Hirsch* vorgeschlagenen Konzeption Strafe drohen, wenn das Rechtsgut in einen konkreten Sachzusammenhang geraten wäre, bei dessen Fortgang die konkrete Schädigung als wahrscheinlich zu beurteilen wäre. Es würden sich folglich zwei Dinge ändern. Erstens würde eine konkrete Betrachtung des Gefahrzusammenhangs vorgenommen werden. Zweitens müsste im Rahmen des Tatbestandes positiv festgestellt werden, dass die Handlung des Täters

---

Kleine-Cosack, Kausalitätsprobleme, S. 155; *Marxen*, Strafbarkeitseinschränkung, S. 6; *Puppe*, GA 1974, 98 (105).

350 *Zieschang*, Gefährdungsdelikte, S. 73.

351 *Hirsch*, in: FS Tiedemann, S. 149.

352 *Hirsch*, in: FS Tiedemann, S. 149.

353 *Hirsch*, in: FS Tiedemann, S. 150.

einen rechtsgutsspezifischen Erfolg, namentlich die Verbringung des Rechtsguts in einen Sachzusammenhang, in dem der Eintritt des Schadens überwiegend wahrscheinlich ist, bewirkt. Der objektive Tatbestand würde die Herbeiführung eines rechtsgutsspezifischen Erfolges erfordern. Dementsprechend müsste es dem Täter auch auf den Eintritt der Gefährdung, auf eine Rechtsgutsbeeinträchtigung ankommen. *Hirschs* Umformulierung des § 316 I StGB führt also zu einer grundlegend anderen Deliktsstruktur. Es kann ihm dahin gehend also nicht zugestimmt werden. Mit dem potenziellen Gefährdungsdelikt hat *Zieschang* eine Deliktsstruktur aufgezeigt, die einen rechtsgutsspezifischen Erfolg voraussetzt, ohne dass es sich um ein konkretes Gefährdungsdelikt handeln würde. Sie beruht nicht zuletzt auch auf den Überlegungen *Hirschs* selbst, der zwischen der Gefährlichkeit einer Handlung und der Gefährdung eines Rechtsguts unterscheidet.[354] Während Erstere sich aus einer reinen *Ex-ante*-Perspektive bewertet, spielen für die Gefährdungssituation *ex post* gewonnene Erkenntnisse eine entscheidende Rolle. *Zieschang* begreift das potenzielle Gefährdungsdelikt als einen Deliktstyp, der die Gefahrensituation unter Einbeziehung von *ex post* erlangten Einsichten bewertet.

4. Tatbestandlich verankerte Erheblichkeitsvorbehalte

Abschließend muss noch eine strafrechtsdogmatische Sonderkonstruktion beachtet werden. Bei einem kursorischen Blick auf die wirtschaftsstrafrechtlichen Gefahrdelikte fällt die Häufung einer Regelungstechnik auf. Kernnormen des Wirtschaftsstrafrechts enthalten in ihrem Tatbestand *expressis verbis* Erheblichkeitsvorbehalte. So kann sich nach § 264 I Nr. 1 StGB nur strafbar machen, wer über subventionserhebliche Tatsachen täuscht, die für ihn oder einen Dritten vorteilhaft sind. Auch einen Kapitalanlagebetrug nach § 264a I Nr. 1 StGB kann nur verwirklichen, wer über erwerbserhebliche Umstände falsche Angaben macht. Darüber hinaus enthalten auch Normen des Nebenstrafrechts ebensolche Erheblichkeitsvorbehalte. § 331 I Nr. 1 HGB ist nach ganz herrschender Auffassung auf erhebliche Verletzungen von Rechnungslegungsvorschriften begrenzt.[355] § 399 I AktG wiederum verlangt in allen

354 *Hirsch*, in: Strafrechliche Probleme, S. 626 ff.

355 BGH NStZ 2018, 540 (542); eingehend dazu *Waßmer*, in: BeckOGK HGB, § 331 HGB Rn. 185 ff.; ferner *Altenhain*, in: HKMS-Bilanzrecht, § 331 HGB Rn. 61; *Eidam*, in: HK-KapMarktStrafR, § 331 HGB Rn. 18; *Lauterwein/Xylander*, in: ERST-WiStR, § 331 HGB Rn. 87 ff.; *Olbermann*, in: GJW-WiStR, § 331 HGB Rn. 22; ähnlich positionieren sich auch *Bachmann*, ZIP 2010, 1517 (1526); *Klose*, NZWiSt 2020, 59 (59); *Krause*, NStZ 2011, 57 (63); *Schneider*, ZIP 2020, 400 (402 f.).

seinen Tatbestandsvarianten das Verschweigen erheblicher Umstände.[356] Es fragt sich, wie eine solche Regelungstechnik zu bewerten ist, d. h., welchen Einfluss sie auf die Bestimmung der Deliktsstruktur hat.

Erst solche Verstöße, die das Gesamtbild der Darstellung wesentlich beeinträchtigen, ziehen eine Strafbarkeit gem. § 331 I Nr. 1 HGB nach sich.[357] Die Unrichtigkeit der Darstellung muss dazu geeignet sein, die Verhältnisse der Gesellschaft in einem falschen Lichte erscheinen zu lassen. Die Geeignetheitsprüfung bezieht sich hier auf das Täterverhalten im Ganzen. Nur wenn dieses zur Verzerrung der Gesellschaftsverhältnisse imstande ist, soll § 331 I Nr. 1 HGB Anwendung finden. Ähnlich verhält es sich mit der Subventionserheblichkeit im Rahmen des § 264 StGB. Als subventionserheblich im Sinne des § 264 StGB werden solche Tatsachen verstanden, die für die jeweilige Subventionsausreichung von entscheidender Bedeutung sind. Ihnen muss nach hoheitlicher Entscheidung unmittelbare Bedeutung für die Subventionierung zukommen. Ihre Erheblichkeit bemisst sich folglich maßgeblich anhand der objektiven Steigerung der Wahrscheinlichkeit einer Bewilligung gegenüber der wahrhaftigen Faktenlage.[358] Sie müssen geeignet sein, den Subventionsgeber zur Gewährung zu bewegen. Hier bezieht sich die Geeignetheitsprüfung auf den Tatgegenstand, namentlich die Tatsachen, über die der Täter täuscht.

Eine Auslegung der Erheblichkeitsvorbehalte ergibt also, dass es sich bei diesen um Geeignetheitsklauseln handelt. Diese zunächst mit *Schröder*[359] als „abstrakt-konkrete" Gefährdungsdelikte bekannt gewordene Gesetzgebungstechnik war Gegenstand zahlreicher Stellungnahmen. Im Laufe ihrer wissenschaftlichen Rezeption haben sich die Bezeichnungen als „potentielles"

356 *Eidam*, in: HK-KapMarktStrafR, § 399 AktG Rn. 28.

357 *Waßmer*, in: BeckOGK HGB, § 331 HGB Rn. 185 ff.

358 Eingehend dazu s. u. C. I. 1. a) aa).

359 *Schröder*, JZ 1967, 522 (523 ff.); *Schröder*, ZStW 81 (1969), 5 (22); *Schröder* zufolge sind Delikte mit Eignungsklausel grundsätzlich konkrete Gefährdungsdelikte. Daneben meint er, auch Mischformen abstrakter und konkreter Gefährdungsdelikte zu erkennen. In manchen Situationen entziehe es sich der Möglichkeit des Gesetzgebers, die gefahrbegründenden Merkmale abschließend zu typisieren, sodass er die Letztentscheidung dem Richter überlasse (konkretes Element). Gleichzeitig solle der Richter bei seinen Feststellungen zum Gefährdungsurteil ausschließlich generelle Maßstäbe anlegen (abstraktes Element). Eine solche Deliktsstruktur bringe der Gesetzgeber zum Ausdruck, indem er auf die Festlegung der Angriffsrichtung verzichte.

Gefährdungsdelikt[360] bzw., nach *Hoyer*,[361] als „Eignungsdelikt"[362] etabliert. Das verbindende Element aller Straftatbestände mit Eignungsprüfung ist ihre tatbestandlich verbürgte Geeignetheitsklausel. Tathandlung bzw. Tatgegenstand müssen in der Lage sein, bestimmte Folgen nach sich zu ziehen, was im Wege der (richterlichen) Auslegung zu ermitteln ist.[363] Die Besonderheit der Geeignetheitsklausel liegt darin, dass bei Erfüllung ihrer Voraussetzungen ansonsten sozialadäquate oder tolerable Verhaltensweisen über die Schwelle der Strafwürdigkeit gehoben werden.[364] So stellen bspw. Trunkenheitsfahrten generell sozialinadäquate und daher nach § 316 I StGB strafbare Verhaltensweisen dar, während etwa die Aufstellung von Behauptungen über einen Dritten wider besseres Wissen dem Gesetzgeber nicht generell als strafwürdig erscheint, sondern erst eine Strafbarkeit nach § 164 II StGB mit sich bringt, wenn die Behauptungen zur Einleitung oder Aufrechterhaltung behördlicher Maßnahmen gegen den Dritten taugen.[365] Hierzu hat *Zieschang* überzeugend herausgearbeitet,

---

360 BGH NJW 1994, 2161; *Fischer*, StGB, Vor § 13 Rn. 19; *Heger*, in: LKH-StGB, § 13 Rn. 32.

361 *Hoyer*, Eignungsdelikte, S. 95 ff.; danach sollen die von *Hoyer* sog. „Eignungsdelikte" zwischen abstrakten Gefährlichkeits- und konkreten Gefährdungsdelikten verortet sein; Geeignetheit liege vor, wenn ein verletzungsursachentauglicher Sachverhalt hervorgebracht werde, wobei zuverlässig verletzungshindernde Negationsfaktoren weder existent noch präsent sein dürften.

362 *Hoyer*, JA 1990, 183 (183); so auch *Brunhöber*, in: Sicherheitsgesellschaft, S. 208; *Fischer*, GA 1989, 445 (446); *Graul*, Präsumtionen, S. 116 ff.; *Radtke*, Brandstiftungsdelikte, S. 27; *Roxin/Greco*, StrafR AT I, § 11 Rn. 135; *Wohlers*, Deliktstypen, S. 297 ff.

363 So die auf *Gallas*, in: FS Heinitz, S. 171 ff. zurückgehende allgemeine Auffassung; Delikte mit Eignungsklauseln sollen danach besondere Erscheinungsformen der abstrakten Gefährlichkeitsdelikte sein. Die Verbringung der Gefährlichkeitsprüfung in die richterliche Entscheidungskompetenz führe nicht zu einer Umdeutung der Deliktsstruktur. Zwar müsse in solchen Fällen die Gefahr als wertausfüllungsbedürftiges Tatbestandsmerkal im Einzelfall betimmt werden, jedoch anhand genereller Betrachtungen; dazu auch *Anastasopoulou*, Deliktstypen, S. 76; *Roxin/Greco*, StrafR AT I, § 11 Rn. 135 ff.; *Fischer*, StGB, Vor § 13 Rn. 19; *Wolters*, in: SK-StGB, Vor § 306 Rn. 319.

364 *Hefendehl*, Kollektive Rechtsgüter, S. 160; *Martin*, Umweltbeeinträchtigungen, S. 99 f.

365 *Roxin/Greco*, StrafR AT I, § 11 Rn. 135 ff.; *Fischer*, StGB, Vor § 13 Rn. 19; *Wolters*, in: SK-StGB, Vor § 306 Rn. 319; s. a. *Beck*, Unrechtsbegründung, S. 87; *Berz*, Tatbestandsverwirklichung, S. 60; *Graul*, Präsumtionen, S. 116 ff.; *Martin*, Umweltbeeinträchtigungen, S. 98 ff.; *Saal*, Vortäuschen, S. 65; *Satzger*, NStZ 1998, 112 (114); *Schmidt*, Untersuchung, S. 9; *Ostendorf*, JuS 1982, 426 (433).

aus dem Vorhandensein einer Geeignetheitsklausel seien keine unmittelbaren Rückschlüsse auf die Deliktsstruktur zu ziehen.[366] So könne mit dem Merkmal der Geeignetheit die Prüfung verbunden sein, ob ein Verhalten bzw. ein Tatgegenstand gewöhnlicherweise zum Schadenseintritt führe.[367] Zudem sei denkbar, dass mit einer Eignungsprüfung die konkrete Gefährlichkeit im Sinne der *ex ante* bestehenden Möglichkeit einer Schädigung verbunden sei.[368] Schließlich könne sich die Geeignetheitsprüfung auch auf einen vom Täter herbeigeführten Zustand beziehen. Sofern nicht die Geeignetheit des Täterverhaltens bzw. des Tatgegenstandes zur Prüfung stehe, sondern die Schadenseignung der vom Täter herbeigeführten Situation Inhalt der Eignungsklausel sei, könne die Geeignetheitsklausel auch im Zusammenhang mit einem potenziellen bzw. konkreten Gefährdungsdelikt auftauchen.[369] Damit stellt sich *Zieschang* gegen die von *Hoyer*[370] stark gemachte These, im Sinne der Begriffsökonomie sei im Zweifel bei einheitlicher Begriffsverwendung von einheitlicher Bedeutung auszugehen.[371] Im Laufe der Untersuchung einzelner Strafnormen wird zu zeigen sein, ob das Merkmal des Erheblichkeitsvorbehalts einen bestimmenden Einfluss auf die Zuordnung zu einem Deliktstyp hat und inwieweit verschiedene Anknüpfungspunkte sich auf diesen Einfluss auswirken.[372]

III. Abgrenzung der Gefahrdelikte von angrenzenden Deliktsformen

Im Anschluss an die Herausarbeitung der dem StGB zu entnehmenden Gefährdungs- und Gefährlichkeitsstrukturen sind diese noch innerhalb der Skala möglicher Deliktsstrukturen zu verorten, d. h., es ist eine Abgrenzung am „unteren" sowie am „oberen" Ende der geforderten Beeinträchtigungsintensität

366 *Zieschang*, Gefährdungsdelikte, S. 197 ff.; in diese Richtung auch *Hirsch*, in: FS Tiedemann, S. 150; dazu *Anastasopoulou*, Deliktstypen, S. 78; *Roxin/Greco*, StrafR AT I, § 11 Rn. 163; *Wolters*, in: SK-StGB, Vor §§ 306 ff. Rn. 19; in diese Richtung auch: *Radtke*, in: MüKo-StGB, Vor §§ 306 ff. Rn. 2 ff.; *Heger*, in: LKH-StGB, Vor § 13 Rn. 32.

367 *Zieschang*, Gefährdungsdelikte, S. 200 ff.

368 *Zieschang*, Gefährdungsdelikte, S. 203.

369 *Zieschang*, Gefährdungsdelikte, S. 203 ff.

370 *Hoyer*, JA 1990, 183 (184).

371 *Zieschang*, Gefährdungsdelikte, S. 347 f.

372 Auch für die Bedeutung von Geeignetheitsklauseln für die Deliktsstruktur folgt die Untersuchung insofern den Überlegungen *Zieschangs*, s. *Zieschang*, Gefährdungsdelikte, S. 200 ff.

der Gefahrdelikte angezeigt. Konkret ist daher einerseits eine Unterscheidung von den Verletzungsdelikten als der intensivsten Möglichkeit einer Beeinträchtigung sowie andererseits von den Vorbereitungsdelikten als Deliktsstruktur von nächstniedriger Beeinträchtigungsintensität durchzuführen. Während die Vorbereitungsdelikte für das geltende Wirtschaftsstrafrecht, soweit ersichtlich, keine Rollen spielen,[373] nehmen Verletzungsdelikte wie die §§ 263, 266 StGB weiterhin eine zentrale Rolle in der strafrechtlichen Verfolgungspraxis ein. Ihr Verhältnis zu den Gefahrdelikten bildet den Gegenstand des weiteren Gangs der Untersuchung.[374]

1. Abgrenzung zu den Verletzungsdelikten

Auf Grundlage der oben ausgebreiteten Prämisse,[375] wonach das Rechtsgut den Angel- und Fixpunkt zur Systematisierung deliktischer Strukturen konstituiert,[376] bereitet die Abgrenzung zwischen verletzungsdeliktischen einerseits und gefahrdeliktischen Strukturen andererseits keine größeren Schwierigkeiten. Das Verletzungsdelikt als Grundtypus der Strafrechtsdogmatik[377] hat einen manifesten Erfolg zum Gegenstand, der in der Schädigung des Rechtsguts zum Ausdruck kommt.[378] In ihm tritt der repressive Charakter des Strafrechts am deutlichsten in Erscheinung. Strafrecht interveniert hier nicht, um eine Schädigung abzuwenden, sondern reagiert erst auf die eingetretene Verletzung.[379] Plakative Beispiele für diesen Grundtypus finden sich unter den prominentesten Straftatbeständen im StGB. So pönalisieren §§ 212 I, 211 StGB Verhaltensweisen, die den Verletzungserfolg des Todes eines Menschen herbeiführen, § 223 I StGB bestraft die kausal verursachte Gesundheitsschädigung bzw. Beeinträchtigung der körperlichen Unversehrtheit, zentrale Normen des Wirtschaftsstrafrecht wie § 263 I StGB und § 266 I StGB ahnden Vermögensschädigungen bzw. die

---

373 Vorbereitungsdelikte werden demgegenüber primär im Zusammenhang mit den Staatsschutzdelikten und dem Terrorismusstrafrecht virulent, s. *Puschke*, Vorbereitungstatbestände, S. 416 ff.

374 S. u. D. III. 2. a) bb).

375 S. o. B. I. 1.

376 *Puschke*, Vorbereitungstatbestände, S. 312; *Schulenberg*, in: Die Rechtsgutstheorie, S. 250 ff.

377 Statt vieler *Baroke*, in: Grenzen, S. 247; *Kuhlen*, GA 1986, 389 (395); *Schröder*, ZStW 81 (1969), 5 (7); *Weber*, in: AWHH-StrafR BT, § 35 Rn. 6; *Wohlers*, Deliktstypen, S. 282.

378 *Heinrich*, StrafR AT, Rn. 161; *Mitsch*, in: BWME-StrafR AT, § 6 Rn. 49.

379 *Mitsch*, in: BWME-StrafR AT, § 6 Rn. 49.

Nachteilszufügung. Besonderheiten ergeben sich im Bereich kollektiver Rechtsgüter, deren Verletzungen im Regelfall weniger sinnlich wahrnehmbar sind und daher einer aufwendigeren normativen Bestimmung bedürfen, wobei dies kein genuines Problem kollektiver Rechtsgüter darstellt.[380] Abgrenzungsschwierigkeiten verbleiben indessen infolge des Zusammenfallens mehrerer möglicher Rechtsgüter in einer Strafnorm. Es bleibt eine realistische Möglichkeit, dass ein Straftatbestand, der zum Schutze mehrerer Güter konzipiert ist, sich je nach Blickwinkel als Verletzungs- oder Gefahrdelikt qualifizieren kann.[381]

In Abgrenzung dazu bleibt es schlechthin konstitutives Merkmal für jedwede gefahrdeliktische Struktur, dass der Verletzungserfolg im Sinne einer unmittelbaren Schädigung des Rechtsguts für die Tatbestandsverwirklichung außer Betracht bleibt. Verletzungs- und Gefahrdelikte unterscheiden sich demnach nach der Intensität der Beeinträchtigung.[382] Für Verletzungsdelikte ist kennzeichnend, dass das im Rahmen der objektiven Zurechnung *ex ante* festgestellte Verletzungspotenzial des Täterverhaltens sich auch in einer Schädigung manifestiert hat.[383] Unabhängig davon, welchen Grad an Prognosestringenz die jeweilige Deliktsstruktur einfordert oder, umgekehrt formuliert, wie viel Spielraum sie der Ungewissheit hinsichtlich des Schadenseintritts einräumt, weder konkrete noch potenzielle Gefährdungsdelikte bzw. konkrete oder abstrakte Gefährlichkeitsdelikte setzen den Eintritt einer Verletzung als Tatbestandsmerkmal voraus. Notwendig und hinreichend bleibt für Gefahrdelikte der Eintritt einer, im Einzelnen unterschiedlich gelagerten, Gefahrenprognose.[384] Während das für das potenzielle bzw. konkrete Gefährdungsdelikt sowie für das konkrete Gefährlichkeitsdelikt bedeutet, dass der Schadenseintritt infolge des Täterverhaltens nahegerückt sein muss, begnügt sich das abstrakte Gefährlichkeitsdelikt mit dem Erfahrungswert, der von einem eintretenden Näherrücken ausgeht.[385] Daraus folgt im Umkehrschluss keineswegs die Stellung des Nichteintritts eines Verletzungserfolgs als eine Art negatives

---

380 *Anastasopoulou*, Deliktstypen, S. 201; *Puschke*, Vorbereitungstatbestände, S. 313 f.; ferner s. o. B. I. 3.

381 S. o. B. I. 2.

382 Eine Übersicht geben *Roxin/Greco*, StrafR AT I, § 10 Rn. 123 ff.; *Wessels u. a.*, StrafR AT, § 1 Rn. 40 ff.; ferner *Baur*, ZJS 2017, 655 (662 f.); *Mitsch*, JuS 2018, 1161 (1162 f.).

383 *Mitsch*, JuS 2018, 1161 (1163).

384 *Heinrich*, StrafR AT, Rn. 162.

385 *Baroke*, in: Grenzen, S. 248.

Tatbestandsmerkmal. Sowohl der Nicht- als auch der Eintritt eines Schadens entfalten keine Auswirkungen auf die Beurteilung der Tatbestandsverwirklichung.

2. Abgrenzung zu den Vorbereitungsdelikten

Als weitaus problematischer erscheint die Abgrenzung von Vorbereitungsdelikten und Gefahrdelikten. Diese liegen nah beieinander und sind in der praktischen Handhabe nur bei präziser Betrachtung auseinanderzuhalten. Um die dogmatische Ausarbeitung der Vorbereitungsdelikte haben sich *Puschke*[386], *Wohlers*[387] und *Sieber*[388] verdient gemacht. Vorbereitungsdelikte weisen einen Planungszusammenhang im Tatgeschehen auch hinsichtlich des avisierten, zukünftigen Erfolgs auf. Sie richten sich also nicht gegen zufällige Schadenseintritte. Vielmehr soll die endgültige Verletzung durch ein planerisches, auf die Tathandlung aufbauendes Kausalgeschehen erreicht werden. Für Vorbereitungstatbestände ist die intendierte Beherrschung einer späteren Beeinträchtigung durch den Vorbereitenden oder einen Dritten typisch. Die Grundlage zu dieser späteren Beeinträchtigung wird durch die Tathandlung geschaffen, wobei die Tathandlung hinsichtlich der avisierten Beeinträchtigung noch nicht abgeschlossen ist. Die pönalisierte Tathandlung ist, für sich genommen, folglich nicht in der Lage, das Rechtsgut zu beeinträchtigen. Der Gefährlichkeitszusammenhang wird subjektiviert, sodass zur unmittelbaren Rechtsgutsbeeinträchtigung ein willentlicher Zwischenschritt notwendig ist.[389] Die Abgrenzung zu konkreten und potenziellen Gefährdungsdelikten fällt noch verhältnismäßig leicht. Wie auch das Verletzungsdelikt bedürfen die konkreten und potenziellen Gefährdungsdelikte eines Beeinträchtigungserfolgs, auf dessen Eintritt es im Rahmen eines Vorbereitungsdelikts nicht ankommt. Vorbereitungsdelikte nehmen die schädigende Anschlusstat im subjektiven Tatbestand in den Blick, verzichten dafür auf Ebene des objektiven Tatbestandes auf den Eintritt

---

386 *Puschke*, Vorbereitungstatbestände.

387 *Wohlers*, Deliktstypen, S. 328 ff.

388 *Sieber*, NStZ 2009, 353 (359 f.).

389 *Puschke*, Vorbereitungstatbestände, S. 319 f.; *Sieber*, NStZ 2009, 353 (359 f.); *Wohlers*, Deliktstypen, S. 328 ff.; daran anknüpfend auch *Hefendehl*, Kollektive Rechtsgüter, S. 36; *Pintaske*, in: Grenzen, S. 277; i. Ü. auch *Aliabasi*, Staatsgefährende Gewalttat, S. 124 ff.; *Gierhake*, ZIS 2008, 397 (397); *Meinecke*, Versuchsstrafbarkeit, S. 151; *Mitsch*, Provokation, S. 190 ff.; *Pawlik*, Terrorist, S. 35 ff.; *Schiemann*, KriPoZ 2018, 134; *Weinert*, Vorbereitungsdelikte, S. 30 ff.; *Wohlers*, GA 2018, 650; *Zweigle*, Gesetzgeber im Konflikt, S. 403 ff.

eines rechtsgutsspezifischen Erfolgs.[390] Diffiziler gestaltet sich die Abgrenzung zu den Gefährlichkeitsdelikten. Beide Kategorien, Gefährlichkeits- wie auch Vorbereitungsdelikte, verzichten auf den Eintritt eines rechtsgutsspezifischen Erfolgs.[391] Im Unterschied zu den (abstrakten) Gefährlichkeitsdelikten, denen es auf die Zufallsbeherrschung ankommt,[392] setzt der Gesetzgeber Vorbereitungstatbestände nicht dafür ein, die Herbeiführung einer unbeherrschbaren Gefährdungssituation zu vermeiden. Vorbereitungsdelikte sind das Mittel der Wahl, um der Schaffung einer für eine anschließende Deliktsbegehung fruchtbaren Ausgangssituation entgegenzuwirken. Das avisierte Gefährdungselement liegt nicht in einem Zufallsmoment, sondern in der gezielten Schaffung eines Sachverhalts, der wiederum gezielt vom Täter selbst oder einem Dritten zur Schädigung des Rechtsguts genutzt werden kann.[393] Ein Sonderproblem nimmt schließlich die Abgrenzung zu Gefährlichkeitsdelikten mit überschießender Innentendenz ein.[394] Theoretisch wie praktisch lässt sich diese Abgrenzung vornehmen, indem ein Blick auf das von dem besonderen subjektiven Merkmal umfasste Anschlussverhalten geworfen wird. Dieses muss, damit es sich bei dem fraglichen Delikt um ein Vorbereitungsdelikt handelt, ein selbstständiges, volldeliktisches Geschehen darstellen, d. h., seinerseits isoliert betrachtet, eine Strafbarkeit nach sich ziehen. Andernfalls, also wenn das vom subjektiven Tatbestand umfasste Anschlussverhalten kein selbstständig volldeliktisches Verhalten beinhaltet, handelt es sich um ein (abstraktes) Gefährlichkeitsdelikt.[395]

IV. Zwischenergebnis

Der bisherige Gang der Untersuchung hat die notwendigen strafrechtsdogmatischen Grundlagen zur Untersuchung und Kategorisierung der Gefahrdelikte im Wirtschaftsstrafrecht offenlegen können. Auf diesem Weg wurde das Prüfungsprogramm für den weiteren Gang der Untersuchung entwickelt.

---

390 *Puschke*, Vorbereitungstatbestände, S. 315 f.

391 Nach *Puschke*, Vorbereitungstatbestände, S. 316 ff.; sowie *Yang*, Vorbereitungshandlung, S. 139 sollen die Vorbereitungsdelikte daher auch der Kategorie der abstrakten Gefährdungsdelikte angehören.

392 *Geerds*, Wirtschaftsstrafrecht und Vermögensschutz, S. 41; *Geppert*, Jura 1989, 417 (419); *Hefendehl*, Kollektive Rechtsgüter, S. 157; *Jakobs*, Strafrecht AT, VI Rn. 86a; *Sieber*, NStZ 2009, 353 (358); *Wohlers*, Deliktstypen, S. 315.

393 *Chou*, Vorbereitungsdelikte, S. 18; *Puschke*, in: Grenzenlose Vorverlagerung, S. 13.

394 So insb. § 265 I StGB, aber auch etwa § 399 AktG, §§ 332 I, II, 333 I, II HGB, s. u. C. I. 3. c) ff.

395 *Puschke*, Vorbereitungstatbestände, S. 302 f.

Ausgangspunkt der Untersuchung von Deliktsstrukturen einzelner Strafbestimmungen muss die Bestimmung des Rechtsguts bleiben. Nur wenn ein Rechtsgut als Angriffsobjekt identifiziert wird, kann sinnvoll zwischen den verschiedenen skizzierten Angriffswegen differenziert werden. Ob es sich um Kollektiv- oder Individualrechtsgüter handelt, macht für die Bestimmung der Deliktsstruktur im hier verstandenen Sinne keinen Unterschied (B. I. 3). Ungeachtet dessen kommt eine ausdifferenzierte und nuancierte Deliktstypologie im Bereich der Gefahrdelikte nicht aus, ohne das Täterverhalten und die von ihm ausgehende Schädigungswirkung in den Blick zu nehmen. Mehr noch zeigen die Untersuchungen *Zieschangs*: Die Bestimmung und Abgrenzung der Gefährlichkeits- bzw. Gefährdungsgrade, die mit tatbestandlich umschriebenen Verhaltensweisen einhergehen, eröffnen den Zugang zu einer kohärenten Systematik im Bereich der Gefahrdelikte. Hier nimmt die Untersuchung bei der Bestimmung der Deliktsstruktur eine Akzentverschiebung hin zur Tathandlung vor (B. I. 1). Ein mögliches Problemfeld liegt in dem Zusammenfallen mehrerer Rechtsgüter in ein und derselben Strafnorm, hilfsweise stellt die Untersuchung daher im Grundsatz auf die jeweils geltende herrschende Meinung ab (B. I. 2). Folgenorientierte Strafgesetzgebung ist um die Ausschaltung der Zufallskomponente, wie sie Verletzungs- und auch konkreten Gefährdungsdelikten anhaftet, bemüht. Daher geraten Gefährlichkeitsdelikte, also solche, die auf eine rechtsgutsspezifische Erfolgskomponente verzichten, in den Fokus des (Wirtschafts-)Strafgesetzgebers. Gefährlichkeitsdelikte wurden in der Strafrechtswissenschaft traditionell mit den sog. abstrakten Gefährdungsdelikten gleichgesetzt. Bei Lichte besehen, verbirgt sich hinter dieser Begrifflichkeit eine Sammelbezeichnung für alle Deliktsstrukturen des geltenden Strafrechts, die nicht den Verletzungs- oder konkreten Gefährdungsdelikten zugeordnet werden können (B. II. 2. b) ff.). Als irreführend hat sich zudem die Bezeichnung der Gefährdungsdelikte als Oberbegriff gefahrdeliktischer Strukturen herausgestellt. Da gefahrdeliktische Strukturen zwischen erfolgsspezifischen Deliktsstrukturen einerseits und verhaltensbezogenen Deliktsstrukturen andererseits unterscheiden, also einmal das Unrecht der Tat aus der Gefährdung als Zustand und zum anderen aus der Gefährlichkeit eines Verhaltens speisen, bietet sich mit *Hirsch* der Begriff der Gefahrdelikte als Oberbegriff an (B. II. 3. a). Darunter fallen mit *Zieschang* abstrakte Gefährlichkeitsdelikte, konkrete Gefährlichkeitsdelikte, potenzielle Gefährdungsdelikte und konkrete Gefährdungsdelikte (B. II. 2. b) ff.). Der weitere Gang der Untersuchung stellt Wirtschaftsstrafnormen in den Fokus der Betrachtung, die sich den drei erstgenannten Deliktsstrukturen zuordnen lassen. Konkrete Gefährdungsdelikte spielen für die Untersuchung insoweit eine Rolle, als der These ihrer

Abwesenheit im Wirtschaftsstrafrecht nachgegangen werden soll (B. II. 3. b). Strafrechtsdogmatisch müssen Gefahrdelikte zudem von der vollendeten Schädigung sowie der reinen Vorbereitung abgegrenzt werden (B. III). Schließlich wird die Auswirkung der regelmäßig verwendeten Erheblichkeitsvorbehalte auf die Deliktsstruktur anhand des Einzelfalls zu bewerten sein. Im Gegensatz zu einer verbreiteten Ansicht bilden Straftatbestände mit einer Geeignetheits- bzw. Erheblichkeitsklausel folglich keinen eigenen Deliktstypus ab (B. II. 4).

C. Einzelne Gefahrdelikte des Wirtschaftsstrafrechts

Dieses Kapitel durchleuchtet eine Reihe wirtschaftsstrafrechtlicher Tatbestandsstrukturen mit dem Ziel, die dahinterstehende Deliktsstruktur zu ergründen. Mit einer vertieften Analyse von Tatbestand und Deliktsstruktur einer ausgewählten Reihe an Delikten aus dem Bereich des Wirtschaftsstrafrechts soll erstens ein Beitrag zum Verständnis der Dogmatik des Wirtschaftsstrafrechts geleistet werden. Zweitens soll der Behauptung nachgegangen werden, Gefahrdelikte stellten eine, wenn nicht die beliebteste Strafgesetzgebungstechnik zur Regulierung der Wirtschaft[396] dar. Hierfür werden „klassische" Straftatbestände wie die §§ 264 ff. StGB genauso unter die Lupe genommen wie einschlägige Delikte aus dem Nebenstrafrecht, so etwa §§ 331 ff. HGB oder §§ 400 ff. AktG. Neben der isolierten Betrachtung der Straftatbestände soll ein Fokus auf Verbindungslinien zwischen den einzelnen Strafnormen liegen. Obschon die Arbeit einen möglichst umfassenden Eindruck von den Gefahrdelikten des Wirtschaftsstrafrechts zu vermitteln sucht, gebietet eine adäquate Schwerpunktsetzung im Lichte der mangelnden Randschärfe[397] des Wirtschaftsstrafrechts eine weitere Eingrenzung. Die Untersuchung beschränkt sich daher auf ausgewählte Delikte und Deliktsgruppen, wobei abseits der Betrugsdelikte sowie der Wettbewerbs- und Insolvenzdelikte des Kernstrafrechts ein Schwerpunkt auf Straftatbestände im gesellschaftsrechtlichen sowie bilanz-, kapitalmarkt- und finanzrechtlichen Kontext gesetzt wird. Bereiche des Medizin-, Produktsicherheits-, Lebensmittel- und Arbeitsstrafrechts wurden bewusst ausgespart, da ihr Schutz an den Gütern Gesundheit, Leib und Leben ausgerichtet ist. Ökonomische Interessen werden von diesen Rechtsbereichen tangiert, jedoch nur reflexartig. Demgemäß entspricht der Schutz wirtschaftlicher Interessen also nicht der Kernaufgabe dieser Straftatbestände, es handelt sich vielmehr um eine Art Verbraucherschutzstrafrecht.[398] Auch das Umweltstrafrecht wird ausgeklammert, da sein Normzweck nicht in der Verteidigung ökonomischer Interessen, sondern im Schutz der ökologischen Lebensgrundlagen

---

396 *Başar*, Modernes Strafrecht, S. 180.

397 *Brettel/Schneider*, WiStR, § 1 Rn. 20.

398 Zum Begriff *Vergho*, Verbraucherschutzstrafrecht, S. 31 ff.

des Menschen liegt.[399] Obgleich von herausgehobener praktischer Relevanz für Teilnehmer am Wirtschaftsverkehr,[400] scheidet unter Zugrundelegung der geltenden herrschenden Meinung auch der Geldwäschetatbestand gem. § 261 StGB aus. Zwar dürften ökonomische Interessen auch hier in der weit überwiegenden Anzahl der Fälle mitgeschützt sein, soll damit doch das Einschleusen inkriminierten Vermögens in den legalen Finanz- und Wirtschaftskreislauf verhindert werden.[401] Diese werden, bei Lichte besehen, jedoch ausschließlich reflexartig mitgeschützt. Im Einklang mit dem Willen des Gesetzgebers[402] erkennt die herrschende Meinung die Rechtspflege als Rechtsgut des § 261 StGB.[403] Allen untersuchten Straftatbeständen ist gemein, dass die Strafrechtswissenschaft sie als sog. abstrakte (Vermögens-)Gefährdungsdelikte rezipiert. Wie erwähnt wurde[404] und im Verlauf der Untersuchung noch zu vertiefen sein wird, gibt die Tathandlung bzw. ihr Bezug zum Rechtsgut regelmäßig den entscheidenden Hinweis auf die fragliche Deliktsstruktur. Die Tathandlung samt ihren Konsequenzen stellt, soweit tatbestandlich umfasst, den entscheidenden Wegweiser bei der Klassifizierung einer Deliktsstruktur dar. Wo es zu Zwecken der Übersichtlichkeit und Verständlichkeit als dienlich erscheint, konzentriert sich die Untersuchung der Tatbestandsstruktur daher auf die Tathandlung als Fluchtpunkt der zugrunde liegenden Deliktsstruktur.

In Verbindung mit der Rechtsgutsdebatte, einer, wenn nicht der schillerndsten Kontroverse in der Strafrechtswissenschaft,[405] lauert in dem Zusammenfallen mehrerer möglicher Rechtsgüter ein weiterer Problemherd bei der Bestimmung der Deliktsstruktur. Einerseits unverzichtbar für eine trennscharfe

---

399 *Hohmann*, Umweltdelikte, S. 179 ff.; *Kim*, Umweltstrafrecht, S. 145 ff.; *Kubiciel*, Wissenschaft, S. 262 ff.; *Martin*, Umweltbeeinträchtigungen, S. 153 ff.; *Wohlers*, Deliktstypen, S. 111 ff.; *Zieschang*, Gefährdungsdelikte, S. 206 ff.

400 Exemplarisch dazu die Ausführungen bei *Auerbach*, in: Bankenaufsicht, 2. Kap Rn. 738 ff.; *Boerger*, in: *Momsen/Grützner*-WiStR, § 38.

401 *Altenhain*, in: NK-StGB, § 261 Rn. 6; *Hecker*, in: SS-StGB, § 261 Rn. 2.

402 BT-DrS. 19/24180, S. 16.

403 *Altenhain*, in: NK-StGB, § 261 Rn. 6; *Hecker*, in: SS-StGB, § 261 Rn. 2; *Heinrich*, in: AWHH-StrafR BT, § 28 Rn. 8; *Neuheuser*, in: MüKo StGB, § 261 Rn. 8 ff.; *Rengier*, StrafR BT I, § 23 Rn. 8, jeweils m. w. N.; insgesamt zur Rechtsgutsdiskussion bei § 261 StGB *Bergmann/Pfaff*, in: Lösungsvorschläge, S. 35 ff.

404 S. o. B. I. 1.

405 Zum gesetzgebungskritischen Rechtsgutsbegriff etwa *Neumann/Saliger*, in: NK-StGB, Vor § 1 Rn. 110 ff.; *Roxin*, in: FS Hassemer, S. 573 ff.; krit. zu Rechtsgutstheorien *Wohlers*, in: Binding, S. 143 ff.; *Engländer*, ZStW 127 (2015), 616; *Stuckenberg*, ZStW 129 (2017), 349; zur verfassungrechtlichen Einordnung s. u. E. II. 3. b) bb).

Klassifizierung, bereitet die verbindliche Suche nach dem jeweiligen Rechtsgut ihrerseits erhebliche Probleme und böte Anlass, für jedes der hier untersuchten Delikte eigens eine separate Untersuchung durchzuführen. Verschiedentlich akzentuiert, umspannt das Meinungsspektrum jeweils zwei Enden, bei denen auf der einen Seite stets der ausschließliche Individualschutz von Vermögensinteressen steht, während Vertreter der Gegenpositionen auch oder ausschließlich abstraktere Funktionszusammenhänge bzw. wirtschaftliche Subsysteme geschützt wissen wollen. Eine umfassende Erörterung der jeweiligen Rechtsgüter kann folglich nicht geleistet werden, ohne dass der Schwerpunkt der hiesigen Arbeit ins Hintertreffen geriete. Daher stellt die Untersuchung in diesem Punkt grundsätzlich auf die herrschende Auffassung im Strafrechtsdiskurs ab.[406]

I. Betrugsderivate

Verschiedentlich umschrieben, im Kern jeweils den gleichen Voraussetzungen unterliegend, bildet das Machen falscher Angaben neben der unrichtigen Darstellung eine paradigmatische Tathandlung der strafrechtlichen Erfassung wirtschaftsdelinquenten Verhaltens. Zahlreiche Straftatbestände sowohl des Kern- wie auch des Nebenstrafrechts erfassen die im Kern beständigen Falschangabedelikte, bei denen die Tatsituation bzw. die Bezugsobjekte der Täuschung den jeweiligen (wirtschaftssektorspezifischen) Besonderheiten angepasst werden.[407] Im Wesentlichen behandeln sowohl die Tatbestände der „klassischen" Betrugsderivate der §§ 264, 264a, 265b StGB als auch der nebenstrafrechtlichen Falschangabedelikte Strukturen, die mehr oder minder stark an (erfolgs-)kupierte Betrugsformen erinnern.[408] Gegenüber dem Betrug nach § 263 I StGB warten sie mit qualifizierten bzw. detaillierten Anforderungen an Tatgegenstand, Adressat und/oder Tatsituation auf, verzichten im Gegenzug auf die betrugstypische Kausalkette aus täuschungsbedingtem Irrtum, irrtumsbedingter Verfügung und schließlich verfügungsbedingtem Vermögensschaden einerseits sowie der Bereicherungsabsicht andererseits.[409] Sei es das Nichtmitteilen verschlechterter wirtschaftlicher Umstände oder das Vorlegen unrichtiger bzw. unvollständiger Unterlagen,[410] sei es das Verschweigen nachteiliger

406 Dazu s. o. B. I. 2.

407 So z. B. *Hüls*, in: ARR-WiStrafR, 10/1 Rn. 4; *Park*, in: HK-KapMarktStrafR, § 264a StGB Rn. 5 für § 264a StGB.

408 *Krack*, NStZ 2001, 505 (505 ff.).

409 *Heinrich*, in: AWHH-StrafR BT, § 21 Rn. 4.

410 So § 265b I Nr. 1a, 2 StGB.

Tatsachen,[411] das In-Unkenntnis-Lassen über subventionserhebliche Tatsachen oder das Gebrauchen täuschungsbedingt erlangter Bescheinigungen,[412] inhaltlich werden damit das allen Falschangabedelikten gemeine Machen unrichtiger bzw. falscher Angaben[413] bzw. Verschweigen erheblicher Umstände[414] paraphrasiert. Auch im Bereich gesellschafts- und handelsstrafrechtlicher Tatbestandsstrukturen spielt das Tätigen falscher Angaben als Tathandlung also eine übergeordnete Rolle. Innerhalb dieser Falschangabedelikte können in einem ersten Schritt diejenigen Tatbestände[415], deren Adressat i. d. R. ein Registergericht[416] ist und die in erster Linie die Aufbringung des Grund- bzw. Stammkapitals gewährleisten[417] sollen, von denjenigen Tatbeständen[418] unterschieden werden, deren Adressat ein Prüfer[419] ist und die ihrer Schutzrichtung nach der Richtigkeit, Vollständigkeit, Transparenz sowie Redlichkeit bilanzrechtlich[420] geschützter Unternehmensdaten,[421] die bei der Beurteilung der Unternehmensbonität von integraler Bedeutung sind, zu dienen verpflichtet sind. Obschon die Falschangaben gegenüber Prüfern systematisch wie auch hinsichtlich ihres Schutzzwecks bei der Strafbarkeit der unrichtigen Darstellung zu verorten sind,[422] besteht inhaltlicher Gleichlauf zwischen den Tathandlungen der Falschangabedelikte gegenüber Registergerichten und Prüfern. Einzig aus der Stellung des Prüfers als Adressat folgen Spezifizierungen hinsichtlich der Inhalte, die Gegenstand der Falschangabe[423] sein können.[424]

---

411 So § 264a I StGB.

412 So § 264 I Nr. 3, 4 StGB.

413 So §§ 264 I Nr. 1, § 264a I, § 265b I Nr. 1b StGB, §§ 399 I, 400 I Nr. 2 AktG.

414 So § 399 I AktG.

415 § 399 I Nr. 1–6 AktG, § 399 II AktG, § 82 I Nr. 1–5 GmbHG, § 82 II Nr. 1 GmbHG, § 147 I GenG, § 313 II UmwG, § 35 DepotG.

416 *Wittig*, WiStR, § 28 Rn. 21 ff.

417 *Raum*, in: HS-GesR, § 399 AktG Rn. 1; *Ransiek*, in: ARR-WiStrafR, 8/3 Rn. 17 unter Verweis auf BGH BGHZ 105, 121 (124).

418 So insb. § 331 I Nr. 4 Var. 1 HGB, § 400 I Nr. 2 Var. 1 HGB, § 400 II AktG, § 147 II Nr. 2 Var. 1 GenG, § 17 Nr. 4 Var. 1 PublG, § 313 I Nr. 2 Var. 1 UmwG.

419 *Eidam*, in: HK-KapMarktStrafR, § 331 HGB Rn. 100.

420 *Krämer*, NZWiSt 2013 (8), 286 (291).

421 BGH NStZ 2018, 540 (542).

422 *Waßmer*, in: BeckOGK HGB, § 331 Rn. 273 ff.

423 *Eidam*, in: HK-KapMarktStrafR, § 331 HGB Rn. 101 ff.

424 S. u. C. I. 1. c).

1. Falschangabedelikte

a) Die „klassischen“ erfolgskupierten Betrugsderivate

Allen Lippenbekenntnissen[425] zum Trotz verursachten hauptsächlich praktische Bedürfnisse der Überwindung prozessualer Beweisschwierigkeiten die Einführung der §§ 264 ff. StGB.[426] In Wirklichkeit erhoffte sich der Gesetzgeber von einer entschlackten Konzeption der Strafnormen eine effektivere Ahndung betrügerischer Handlungen im Bereich des Subventions-, Kapitalmarkt- und Kreditwesens.[427] Da sie dennoch dem § 263 I StGB entlehnt bleiben, weisen sie einen Doppelcharakter auf. Sie bleiben dem Vermögensschutz verpflichtet, sind gleichzeitig sachlich in einem institutionalisierten Umfeld verortet und stellen daher typisierend Verhaltensweisen unter Strafe, die auf den jeweiligen Funktionszusammenhang schädlich wirken können. Dadurch schützen sie der Idee nach auch die jeweiligen Funktionszusammenhänge.[428]

aa) Subventionsbetrug

Mit § 264 StGB möchte der Gesetzgeber daher der ungerechtfertigten Inanspruchnahme von Finanzhilfen staatlicher Stellen entgegenwirken.[429] Aus Sicht des Betrugstatbestandes nach § 263 I StGB und seinem vermögensschützenden Zweck umschreibt der Subventionsbetrug gem. § 264 StGB somit Verhaltensweisen, die vor dem Eintritt eines vermögensschädigenden Vorfalls und also vor einer manifesten Verletzung abgeschlossen sind.[430]

(a) Rechtsgut

Mit § 264 StGB wird die Funktionsfähigkeit des Subventionswesens und der dafür maßgeblichen Funktionszusammenhänge vor Verletzungen und sonstigen Beeinträchtigungen bewahrt.[431] Dem strafrechtlich begleiteten Schutz

---

425 BT-DrS. 10/318. S. 22.

426 *Ceffinato*, in: MüKo StGB, § 264 Rn. 3; *Hellmann*, in: NK-StGB, § 264a Rn. 3.

427 BT-DrS. 10/318. S. 21 ff.; BT-DrS. 7/3441. S. 15 ff.

428 *Wohlers*, Deliktstypen, S. 177.

429 *Heinrich*, in: AWHH-StrafR BT, § 21 Rn. 62.

430 *Albrecht*, KritV 1993 (76), 163 (168 ff.); *Hassemer*, ZRP 1992 (25), 378 (381); *Wohlers*, Deliktstypen, S. 155 ff.

431 Für das Vermögen als einziges Rechtsgut *Benthin*, KritV 2010 (93), 288 (296); *Ceffinato*, in: MüKo StGB, § 264 Rn. 10; *Fischer*, StGB, § 264 Rn. 2b; *Hack*, Probleme des Subventionsbetrugs, S. 73 f.; *Hellmann*, in: NK-StGB, § 264 Rn. 10; *Hoyer*, in: SK-StGB, § 264 Rn. 10; *Kindhäuser/Hilgendorf*, LPK-StGB, § 264 Rn. 1; *Kindhäuser/Böse*, StrafR BT II, § 29 Rn. 1; *Krack*, NStZ 2001, 505 (506); *Maurach u. a.*,

der ordnungsgemäßen Subventionsvergabe kommt die Funktion zu, bei missbräuchlicher Inanspruchnahme und Verwendung von Subventionen zu intervenieren. Ins Auge gefasst werden mögliche Vermögenseinbußen bei unzulässiger Vergabe sowie das Konterkarieren der erhofften allgemeinwirtschaftlichen Effekte. Insofern ihr Schutz sich auf die Verhinderung von Vermögenseinbußen richtet, gibt die Strafbestimmung ihre Verwandtschaft mit dem Betrug zu erkennen.[432] Sie hebt sich von der Rolle als reines Betrugsderivat ab, wenn sie darüber hinaus auch den Schutz des Subventionswesens als solches bezweckt. Damit sollen die mit der Ausreichung von Subventionen verfolgte staatliche Lenkungswirkung vor Fehlleitungen bewahrt und das Erreichen der (wirtschaftspolitischen) Zielsetzungen abgesichert werden.[433] Die einzelnen Tatbestandsvarianten umschreiben folglich jeweils konkrete Verhaltensweisen, von denen nach gesetzgeberischer Konzeption Schädigungspotenziale für ein intaktes Subventionswesen ausgehen.

(b) Tatbestandsstruktur

§ 264 I StGB bildet den Grundtatbestand innerhalb des Subventionsbetrugs und enthält in seinen vier Tatbestandsvarianten die Begehung durch das Tätigen unrichtiger Angaben (§ 264 I Nr. 1 StGB), durch die zweckwidrige Verwendung eines subventionierten Gegenstands oder einer Geldleistung (§ 264 I Nr. 2 StGB), durch das Unterlassen der Mitteilung über subventionserhebliche Tatsachen (§ 264 I Nr. 3 StGB) sowie durch den Gebrauch unrechtmäßig erworbener Bescheinigungen (§ 264 I Nr. 4 StGB).[434] Tatbestandsübergreifend haben die einzelnen Varianten das in § 264 VIII StGB normierte Merkmal der

---

StrafR BT I, § 41 Rn. 21; *Sannwald*, § 264 StGB, S. 65; *Schultze*, Betrugsnatur, S. 179; *Wassmann*, Strafrechtliche Risiken, S. 18; *Wattenberg*, in: ARR-WiStR, 4/2 Rn. 11.

Ausschließlich die Planungs- und Dispositionsfreiheit bzw. die Funktionsfähgkeit des Subventionswesens betonen OLG Karlsruhe NJW 1981, 1383; OLG Hamburg NStZ 1984, 218; *Tiedemann*, in: LK-StGB, § 264 Rn. 26; *Voigt*, in: *Hoffmann-Holland*-StGB, Rn. 1080; *Wohlers*, Deliktstypen, S. 173.

In verschiedenen Aktzentuierungen beides anerkennend schließlich *Heger*, in: LKH-StGB, § 283 Rn. 1; *Perron*, in: SS-StGB, § 264 Rn. 4; *Rengier*, StrafR BT I, § 17 Rn. 7; *Retemeyer*, in: MGH-WiStR, Rn. 52.55a; *Saliger*, in: ERST-WiStR, § 264 StGB Rn. 1; *Wittig*, WiStR, § 17 Rn. 4.

432 *Mitsch*, StrafR BT 2, S. S. 403 ff.; *Ranft*, NJW 1986, 3163 (3172).

433 *Bottke*, wistra 1991, 1 (7); *Perron*, in: SS-StGB, § 264 Rn. 4.

434 *Hellmann*, in: NK-StGB, § 264 Rn. 73 ff.

Subvention[435] sowie, vorbehaltlich des § 264 I Nr. 3 StGB, dasjenige der Subventionserheblichkeit[436] gemein.

---

435 Nach der Legaldefinition des § 264 VIII StGB sind Subventionen Leistungen aus öffentlichen Mitteln nach Bundes- oder Landesrecht an Betriebe oder Unternehmen, die ohne marktmäßige Gegenleistung gewährt werden und jedenfalls teilweise der Förderung der Wirtschaft dienen sollen, s. § 264 VIII 1 Nr. 1 StGB. § 264 VIII 1 Nr. 2 StGB erweitert den Subventionsbegriff auf Leistungen nach EU-Recht, verzichtet in diesem Zusammenhang darauf, den Zweck auf die Wirtschaftsförderung zu begrenzen, und weicht den Adressatenkreis über Betriebe und Unternehmen hinaus auf, s. *Gaede/Leydecker*, NJW 2009, 3542 (3545); *Koenig/Müller*, NStZ 2005, 607 (607 f.); *Rau/Sleiman*, NZWiSt 2020, 373 (374). Die Marktmäßigkeit einer Leistung bewertet sich nach der Wertrelation aus Leistung und Gegenleistung. Sofern die Leistung nicht ohne Gegenleistung erbracht wird, sog. verlorener Zuschuss, wird maßgeblich auf den Vergleich zur Marktüblichkeit abgestellt. Die Gegenleistung gilt danach als marktüblich und daher -mäßig, wenn sie nach ihrem objektiven Wert auch im freien Wettbewerb als äquivalente Gegenleistung akzeptiert werden würde, wenn also das Geschäft zu den gleichen Konditionen auch im Markt hätte zustande kommen können, s. *Koenig/Müller*, NStZ 2005, 607 (611 f.); *Wattenberg*, in: ARR-WiStR, 4/2 Rn. 19 f.; *Ceffinato*, in: MüKo StGB, § 264 Rn. 36 ff.; *Retemeyer*, in: MGH-WiStR, Rn. 52.57; *Gercke/Hembach*, in: LTZ-StGB, § 264 Rn. 8.

436 Gem. § 264 IX StGB sind Tatsachen subventionserheblich, wenn die Tatsache durch oder aufgrund eines Gesetzes – insb. des SubvG – als erheblich bezeichnet wird oder wenn die Bewilligung, Gewährung, Rückforderung, Weitergewährung oder das Belassen der Subvention bzw. des Subventionsvorteils von Gesetzes wegen von ihr abhängt. Die Subventionserheblichkeit nach § 264 IX Nr. 1 StGB unterliegt mithin einem formalen Zuschnitt. Ihre Bedeutsamkeit für den Anwendungsbereich der Strafnorm ergibt sich durch einen Rechtssetzungsakt bzw. eine exekutive Entscheidung und dient dem Bestreben nach möglichst großer Rechtsklarheit für alle am Vergabeverfahren beteiligten Parteien, s. BayObLG NJW 1982, 2202; *Fischer*, StGB, § 264 Rn. 13; sowie *Hellmann*, in: NK-StGB, § 264 Rn. 51; *Saliger*, in: ERST-WiStR, § 264 StGB Rn. 17; *Wittig*, WiStR, § 17 Rn. 27 ff. *Heger*, in: LKH-StGB, § 264 Rn. 8; *Müller-Emmert/Maier*, NJW 1976, 1657 (1659). Diese rein formelle Definition wird ergänzt durch eine materielle Betrachtung in § 264 IX Nr. 2 StGB. Auch hier muss das Gesetz die Subventionserheblichkeit mit hinreichender Deutlichkeit zum Ausdruck bringen, s. OLG München NJW 1982, 457 (458); *Ceffinato*, in: MüKo StGB, § 264 Rn. 56 ff.; sowie zur Ermittlung der Subventionserheblichkeit im Wege der Auslegung BGH NStZ-RR 2019, 157; *Achenbach*, NStZ 2017, 689 (691 f.); regelmäßig abzulehnen, wenn die gesetzliche Vorschrift Ermessensspielraum einräumt, s. BGH NStZ-RR 2011, 81.

Nach § 264 I Nr. 1 StGB macht sich strafbar, wer gegenüber dem Subventionsgeber[437] für sich oder einen anderen unrichtige[438] oder unvollständige[439] Angaben[440] über subventionserhebliche Tatsachen macht, die für den Subventionsnehmer oder den Erklärenden von Vorteil sind. Schließlich haben die Tatsachen neben ihrer Subventionserheblichkeit auch vorteilhaft zu sein, müssen also die Wahrscheinlichkeit der Subventionsbewilligung erhöhen. Davon kann ausgegangen werden, wenn die Bewilligung von diesen Tatsachen abhing.[441] Während die Rechtsprechung[442] es in früheren Entscheidungen für unschädlich befunden hatte, wenn Subventionen aus anderen als den fälschlicherweise vorgebrachten Tatsachen hätten ausgereicht werden müssen, stellen weite Teile im Schrifttum[443] die Vorteilhaftigkeit in einer solchen Fallkonstellation in Abrede. Diesem Verdikt schließt sich der BGH[444] im Ergebnis an, wenn er ausführt, eine strafqualifizierende Falschangabe liege vor, wenn die durch sie verdeckten Tatsachen zum Versagen der Subventionsgewährung hätten führen müssen. Vertreter dieser Auffassung bemühen zwei Argumentationslinien: Zum einen sei im Falle einer Subventionsberechtigung eine Gefährdung

437 Zum Merkmal des Subventionsgebers *Ceffinato*, in: MüKo StGB, § 264 Rn. 54; *Hellmann*, in: NK-StGB, § 264 Rn. 65 ff.; *Saliger*, in: ERST-WiStR, § 264 StGB Rn. 5.

438 Unrichtig sind Angaben, wenn sie mit der Wirklichkeit nicht übereinstimmen, also jedenfalls auf ein mit der Wirklichkeit nicht vereinbares Gesamtbild hinwirken, s. BGH NStZ 2010, 327.

439 Unvollständig sind Angaben, wenn subventionserhebliche Tatsachen verschwiegen werden, s. BGH NStZ 2006, 625.

440 Angaben macht, wer Erklärungen über das (Nicht-)Vorliegen subventionserheblicher Tatsachen bekundet, wobei Schriftlichkeit nicht vonnöten ist. Ein Mindestmaß an Erklärungswert ist insofern ausreichend, als der Antragsteller die Richtigkeit bzw. Vollständigkeit der gemachten Angaben (konkludent) vorspiegelt, s. *Lührs*, wistra 1999, 89 (97); *Momsen/Laudien*, in: BeckOK StGB, § 264 Rn. 31.

441 *Ceffinato*, in: MüKo StGB, § 264 Rn. 74 ff.

442 BGH NJW 1987, 2093 (2094); BGH NJW 1990, 1921.

443 *Hoyer*, in: SK-StGB, § 264 Rn. 57 f.; *Gaede*, in: Die Rechtsgutstheorie, S. 175 ff.; *Halla-Heißen*, Subventionsbetrug bei Agrarexporten, S. 211 f.; *Heger*, in: LKH-StGB, § 264 Rn. 18; *Heinrich*, in: AWHH-StrafR BT, § 21 Rn. 72; *Hellmann*, in: NK-StGB, § 264 Rn. 87; *Kindhäuser*, JZ 1991, 492 (494 f.); *Perron*, in: SS-StGB, § 264 Rn. 47; *Ranft*, NJW 1986, 3163 (3166 f.); *Rengier*, StrafR BT I, § 17 Rn. 12; *Saliger*, in: ERST-WiStR, § 264 StGB Rn. 26; *Schmidt-Hieber*, NJW 1980, 322 (325); *Tiedemann*, in: LK-StGB, § 264 Rn. 102; *Wattenberg*, in: ARR-WiStR, 4/2 Rn. 52 f.

444 BGH wistra 2011, 67 (68); *Adick*, HRRS 2011, 408 (409 f.).

des staatlichen Vermögens *a priori* ausgeschlossen.[445] Zum anderen sei durch die Bekundung keine materielle Besserstellung zu erreichen, wenn die Sachlage ohnehin eine Bewilligung nach sich ziehen müsse.[446] Beide Linien verfangen insoweit nicht, als der § 264 StGB in seiner Gesetz gewordenen Fassung neben dem Vermögensschutz auch das Subventionswesen als solches schützen will.[447] Konkret soll das einzelne Subventionsverfahren von jedweder Unwahrhaftigkeit[448] freigehalten werden, unbeachtlich ihrer konkreten Konsequenzen für die materielle Richtigkeit einer Vergabeentscheidung.[449] Strafbar ist auch gem. § 264 I Nr. 3 StGB der Verstoß gegen eine bestehende Aufklärungspflicht,[450] die dem Täter für subventionserhebliche Tatsachen, deren Verschweigen ihm im Rahmen des Subventionsverfahrens zum Vorteil gereicht, gegenüber dem Subventionsgeber auferlegt ist.[451] Unter teleologischen Aspekten beschränkt sich die Aufklärungspflicht auf vorteilhafte Tatsachen.[452] Wegen des Gebrauchs[453] einer Bescheinigung[454] über subventionserhebliche Tatsachen oder eine

---

445 *Heger*, in: LKH-StGB, § 264 Rn. 18; *Hellmann*, in: NK-StGB, § 264 Rn. 87; *Gercke/Hembach*, in: LTZ-StGB, § 264 Rn. 19; *Perron*, in: SS-StGB, § 264 Rn. 47.

446 *Saliger*, in: ERST-WiStR, § 264 StGB Rn. 26.

447 BGH NJW 1987, 2093 (2093 f.); BGH NJW 1990, 1921 (1922).

448 Krit. *Gaede*, in: Die Rechtsgutstheorie, S. 178; *Lüderssen*, wistra 1988, 43 (45 f.); *Tiedemann*, in: LK-StGB, § 264 Rn. 102.

449 *Achenbach*, JR 1988, 251; *Ceffinato*, in: MüKo StGB, § 264 Rn. 80 ff.; *Meine*, wistra 1988, 13.

450 Als echtes Unterlassungsdelikt und Sonderdelikt knüpft § 264 I Nr. 3 StGB die Strafbarkeit an eine nach Vergabevorschriften bestehende Offenbarungspflicht. Täter kann nur sein, wen diese Pflicht trifft und wer ihr darüber hinaus nicht nachkommt, s. *Mitsch*, StrafR BT 2, S. 412 ff.

451 *Tiedemann*, in: LK-StGB, § 264 Rn. 109 ff.; s. a. *Halla-Heißen*, Subventionsbetrug bei Agrarexporten, S. 214 f.; *Hellmann*, WiStR, Rn. 901; *Heinrich*, in: AWHH-StrafR BT, § 21 Rn. 70; *Wittig*, WiStR, § 17 Rn. 54 ff.

452 *Ceffinato*, in: MüKo StGB, § 264 Rn. 101 ff.

453 Gebrauch macht der Täter von der Bescheinigung, wenn er dem Subventionsgeber die Möglichkeit zur Kenntnisnahme vom Inhalt der Bescheinigung verschafft. Gleichzeitig markiert die Möglichkeit der Kenntnisnahme auch den Zeitpunkt der Vollendung, s. *Ceffinato*, in: MüKo StGB, § 264 Rn. 110 ff.; *Hellmann*, in: NK-StGB, § 264 Rn. 111 ff.; *Wittig*, WiStR, § 17 Rn. 60.

454 Zum Begriff der Bescheinigung *Wattenberg*, in: ARR-WiStR, 4/2 Rn. 64; zum Erfordernis der Vorteilhaftigkeit *Hellmann*, in: NK-StGB, § 264 Rn. 112.

Subventionsberechtigung gem. § 264 I Nr. 4 StGB[455] macht sich ein Täter strafbar, wenn diese zuvor durch falsche Angaben vom Täter selbst oder einem Dritten erwirkt wurden.[456] Tatvollendung tritt mit Zugang bei dem zuständigen Adressaten ein. Demzufolge bildet auch nicht die Kenntnisnahme, sondern vielmehr die Möglichkeit der Kenntnisnahme das maßgebliche Kriterium.[457] In Anlehnung an § 3 I SubvG kommt bei § 264 I Nr. 3 StGB der Tatbestand zur Vollendung, sobald dem Täter bezüglich seiner Pflichterfüllung schuldhaftes Zögern vorgeworfen werden kann.[458]

Die durch das EGFinSchG[459] eingeführte Tathandlungsvariante des § 264 I Nr. 2 StGB schließlich hat die Verwendung einer Subvention, die einer Verwendungsbeschränkung[460] unterliegt, entgegen ebenjener Verwendungsbeschränkung zum Inhalt. Die vorübergehende Verletzung des Subventionszwecks reicht aus.[461] Vollendung tritt ein mit der erstmaligen zweckwidrigen Verwendung.[462]

(c) Deliktsstruktur

Auf Grundlage der skizzierten Tatbestandsstruktur kann in einem abschließenden Schritt die dahinterliegende Deliktsstruktur erarbeitet werden. Zentrales Werkzeug für eine trennscharfe Kategorisierung bildet die Beziehung des

---

455 Die Begehungsmodalität unterteilt sich in zwei Teilakte: das Erlangen einer fehlerhaften Bescheinigung sowie den Gebrauch dieser Bescheinigung, s. *Mitsch*, StrafR BT 2, S. 414.

456 *Heger*, in: LKH-StGB, § 264 Rn. 22; *Perron*, in: SS-StGB, § 264 Rn. 57 f.

457 *Ceffinato*, in: MüKo StGB, § 264 Rn. 125 ff.; *Hellmann*, in: NK-StGB, § 264 Rn. 77; *Saliger*, in: ERST-WiStR, § 264 StGB Rn. 23.

458 *Perron*, in: SS-StGB, § 266 Rn. 66.

459 EGFinSchG, in Kraft getreten am 22. September 1998, BGBl. II, 2322, BStBL vom 1998 Teil I Nr. 20, S. 1203 ff.

460 Die Verwendungsbeschränkung kann sich aus einer Rechtsvorschrift ergeben oder vom Subventionsgeber erteilt worden sein, s. *Ceffinato*, in: MüKo StGB, § 264 Rn. 96 ff.; *Hellmann*, in: NK-StGB, § 264 Rn. 92 ff.

461 *Ceffinato*, in: MüKo StGB, § 264 Rn. 96 ff.; *Hellmann*, in: NK-StGB, § 264 Rn. 92 ff.; *Momsen/Laudien*, in: BeckOK StGB, § 264 Rn. 34; *Saliger*, in: ERST-WiStR, § 264 StGB Rn. 28 f.; *Wattenberg*, in: ARR-WiStR, 4/2 Rn. 56 ff.; *Wegner*, GWR 2013, 377; i. Ü. auch *Halla-Heißen*, Subventionsbetrug bei Agrarexporten, S. 212 f.; denkbar ist bereits eine Strafbarkeit wegen Verstoßes gegen Auflagen bei gleichzeitiger Erfüllung des Subventionszwecks, s. *Retemeyer*, in: MGH-WiStR, Rn. 52.13a; unter Hinweis auf BGH wistra 2006, 228 (229).

462 *Perron*, in: SS-StGB, § 264 Rn. 49c.

deliktischen Geschehens – insb. des Täterverhaltens – zu dem in Bezug genommenen Rechtsgut. Der Deliktstyp des § 264 I StGB bemisst sich nach dem Grad der Beeinträchtigung des Subventionswesens und daran hängender Vermögensinteressen, zu dem das Tatgeschehen bei seinem Abschluss gediehen sein muss. Im Verhältnis der einzelnen Tatbestandsvarianten zueinander destillieren sich zwei Gruppierungen heraus. 264 I Nr. 1, 3 und 4 StGB bestrafen unterschiedliche Spielarten täuschenden Verhaltens im Sinne des Machens falscher Angaben.[463] Demgemäß entfalten die Tatmodalitäten des § 264 I Nr. 3, 4 StGB einen geringen[464] bis gar keinen eigenständigen[465] Anwendungsbereich, da der überwiegende Anteil an Sachverhaltskonstellationen unter § 264 I Nr. 1 StGB subsumierbar ist.[466] Eine Anomalie verkörpert hingegen, wie oben angeklungen, die zweckwidrige Verwendung nach § 264 I Nr. 2 StGB. Sie verzichtet auf jegliches Täuschungsmoment und sanktioniert stattdessen das Übergehen auferlegter Beschränkungen ohne Heimlichkeits- oder Kaschierungsversuche.[467] Im Lichte dieser Dichotomie erscheint eine zweitgeteilte Erörterung als sachgerecht.

Angefangen bei seinen Täuschungsvarianten, spart § 264 I StGB sowohl einen Täuschungs- bzw. Schädigungserfolg als auch ein sonstiges transitives Element aus.[468] Mangels Erfolgskomponente kann es sich daher nur um ein Gefährlichkeitsdelikt handeln. Für die Annahme eines abstrakten Gefährlichkeitsdelikts könnte zunächst sprechen, dass es unerheblich bleibt, ob die Subvention aufgrund dieser Angaben gewährt wurde oder ob die Falschangaben in den Entscheidungsprozess Eingang gefunden haben.[469] Die Frage nach der Qualität der Gefährlichkeit des tatbestandlichen Verhaltens stellt sich aus der *Ex-ante*-Perspektive des Täters zu Beginn der Ausführungshandlung. Es kommt nicht darauf an, ob in der Rückschau – aus der Perspektive des allwissenden Dritten – die Verhaltensweisen des Täters nach den faktischen Gegebenheiten den entscheidenden Ausschlag gaben oder unerheblich waren, bspw. weil der Subventionsgeber einen Wissensvorsprung hatte. Entscheidend für die Differenzierung nach konkretem oder abstraktem Gefährlichkeitsdelikt ist vielmehr,

463 *Ceffinato*, Vollendungsumkehr, S. 62; *Tiedemann*, NJW 1990, 2226 (2227 f.).

464 Zum eigenständigen Anwendungsbereich des § 264 I Nr. 3 StGB *Gercke/Hembach*, in: LTZ-StGB, § 264 Rn. 21.

465 So zu § 264 I Nr. 4 StGB *Retemeyer*, in: MGH-WiStR, Rn. 52.17.

466 *Hellmann*, WiStR, Rn. 901 f.

467 *Mitsch*, StrafR BT 2, S. 412.

468 *Perron*, in: SS-StGB, § 264 Rn. 5; *Heger*, in: LKH-StGB, § 264 Rn. 2.

469 *Ceffinato*, Vollendungsumkehr, S. 62 f.

ob aus prospektiver Sicht des Täters seinem Verhalten im konkreten Einzelfall die Möglichkeit innewohnt, eine schädigende Wirkung für das jeweilige Subventionsverfahren zu entfalten. Anknüpfungspunkte für eine solche konkrete Betrachtung könnten die Tatbestandsmerkmale der – implizit[470] oder explizit im Tatbestand verankerten – Vorteilhaftigkeit der Angaben sowie der Subventionserheblichkeit der Tatsachen sein. Die Subventionserheblichkeit konstatiert die Prüfung, ob die Ausreichung der Subvention von den fraglichen Tatsachen nach legislativem und/oder exekutivem Dafürhalten abhängen soll. Der Täter bezieht seine Falschangaben folglich auf Tatsachen, an die die Subventionierung nach hoheitlicher Entscheidung unmittelbar geknüpft ist. Obschon diese Festlegung die Möglichkeit birgt, zu einer Formalie zu verkommen,[471] bleiben die fraglichen Tatsachen für die Subventionierung bzw. das Subventionsverfahren erheblich bzw. wesentlich. Über das Einfallstor der Subventionserheblichkeit wird folglich die Gewichtigkeit der Tatsachen für den konkreten Akt der Ausreichung in Rechnung gestellt, auch wenn die Gefährlichkeit ggf. nur auf Ebene des Verfahrens bzw. der Form verortet sein kann. Des Weiteren beleuchtet die Vorteilhaftigkeit der Angaben die objektive Steigerung der Wahrscheinlichkeit der Subventionsbewilligung gegenüber der wahrhaftigen Faktenlage,[472] die von nicht unwesentlichem Ausmaß sein muss.[473] In der Sache muss die vorgespiegelte Faktenlage also eine substanzielle Besserstellung vorgeben und spiegelbildlich die Rechtsgutsverletzung in Form einer fehlerbehafteten Subventionsausreichung begünstigen. Dieser Prüfungsvorgang findet jedoch auf Ebene abstrakter, d. h. von den Einzelfallumständen losgelöster Erwägungen zur generellen Schadensgeneigtheit statt.[474] An diesem Befund ändert auch

---

470 Zu § 264 I Nr. 4 StGB *Hellmann*, in: NK-StGB, § 264 Rn. 112; sowie zu § 264 I Nr. 3 StGB *Ceffinato*, in: MüKo StGB, § 264 Rn. 101 ff.

471 Zwar kann der Subventionsgeber die Subventionserheblichkeit nicht willkürlich festlegen, vgl. *Saliger*, in: ERST-WiStR, § 264 StGB Rn. 2, jedoch birgt dieser Prüfungsschritt auch nicht zwingend einen materiellen Prüfungsgehalt, dessen Gegenstand die (Un-)Tauglichkeit des Täters für den Subventionszweck wäre. Das Tatbetandsmerkmal wahrt in allererster Linie die Form des Subventionsverfahrens.

472 *Gercke/Hembach*, in: LTZ-StGB, § 264 Rn. 19.

473 BGH wistra 1985, 150; *Ceffinato*, in: MüKo StGB, § 264 Rn. 80 ff.; *Fischer*, StGB, § 264 Rn. 24; *Heger*, in: LKH-StGB, § 264 Rn. 18; *Hellmann*, in: NK-StGB, § 264 Rn. 86; *Perron*, in: SS-StGB, § 264 Rn. 47; *Tiedemann*, in: LK-StGB, § 264 Rn. 83.

474 So im Wesentlichen auch *Saliger*, in: ERST-WiStR, § 264 StGB Rn. 2, der zwar auf ein generelles Kausalitätsurteil abstellt, gleichsam jedoch das Bestehen einer unwiderlegbaren gesetzlichen Vermutung der Gefährlichkeit ausschließt.

die viel diskutierte Fragestellung nichts,[475] wie bei einem Anspruch auf Bewilligung aus anderen als den vorgetragenen Tatsachen zu verfahren sei. Denn auch hier steigern die vorgebrachten Argumente die Wahrscheinlichkeit der Subventionsausreichung unter Zugrundelegung der konkreten Umstände des Einzelfalls, soweit die den Anspruch begründenden Umstände nicht dargelegt wurden und also nicht in den Entscheidungsprozess einfließen konnten.[476] In solchen Fallkonstellationen käme die Subvention dem materiell Berechtigten, jedoch auf eine formell ordnungswidrige Weise und damit unter Verletzung des Subventionswesen fehlgeleitet zu. Beide Tatbestandsmerkmale eröffnen Raum für konkrete Überlegungen zur Beschaffenheit der Informationen, auf die sich die Tathandlung bezieht, und könnten in einem ersten Zugang als Anknüpfungspunkte für eine konkrete Bewertung der dem Täterverhalten immanenten Gefährlichkeit gedeutet werden. So verstehen denn auch einige Stimmen in der Literatur den § 264 I StGB als ein sog. „abstrakt-konkretes Gefährdungsdelikt“, bei dem die Möglichkeit der Vermögensgefährdung im Einzelfall nicht ausgeschlossen sein dürfe. Ansonsten käme dem Tatbestandsmerkmal „vorteilhaft“ keine eigenständige Bedeutung zu.[477] Den entscheidenden Ausschlag gibt indes ein Blick auf die Anforderungen, die im Rahmen des § 264 I StGB an die qualitative Beschaffenheit der Täuschungshandlungen zu stellen sind. Es fällt auf, dass derartige Anforderungen nicht existieren. Selbst Täuschungsversuche, die von vornherein aufgrund ihrer Offensichtlichkeit zum Scheitern verurteilt sind, fallen in den Anwendungsbereich der Strafbestimmung, weil es ihr an einem Korrektiv mangelt.[478] Wenn also der Täter einen Täuschungsversuch unternimmt über Tatsachen, die subventionserheblich und darüber hinaus auch vorteilhaft für ihn sind, ihm der Versuch jedoch derart misslingt, dass das Fehlgehen bei Ausführung des Versuches nicht verkannt werden kann, bestand aus *Ex-ante*-Sicht des Täters zu keinem Zeitpunkt im deliktischen Geschehensablauf die ernst zu nehmende Gefahr, der Subventionsgeber könnte einem Irrtum erliegen und die Subvention fälschlicherweise bewilligen. Trotz alledem wäre diese Sachverhaltskonstellation unter den § 264 I Nr. 1, 3 und/oder 4 StGB subsumierbar und würde eine Strafbarkeit nach sich ziehen. Daraus lässt sich ableiten, dass die Vorteilhaftigkeit und die Subventionserheblichkeit

---

475 S. o. C. I. 1. a) aa) (b).

476 *Achenbach*, in: 50 Jahre BGH, S. 613 f.; *Ceffinato*, in: MüKo StGB, § 264 Rn. 80 ff.; *Tiedemann*, in: LK-StGB, § 264 Rn. 102.

477 *Hoyer*, in: SK-StGB, § 264 Rn. 19; *Gaede*, in: Die Rechtsgutstheorie, S. 194; *Gaede*, in: *Matt/Renzikowski*-StGB, § 264 Rn. 5.

478 *Hellmann*, in: NK-StGB, § 264 Rn. 11; *Perron*, in: SS-StGB, § 264 Rn. 5.

keine Aussage über die Gefahr der Herbeiführung eines dysfunktionalen Subventionsverfahrens anhand des konkreten Tatgeschehens treffen, auch wenn sie den Tatbestand am Einzelfall auf seine generelle Geeignetheit, gefährlich sein zu können, hin überprüfen. An die konkrete Gefahr einer erfolgreichen Irrtumserregung stellen beide Tatbestandsmerkmale keinerlei Anforderungen. Weder Subventionserheblichkeit noch Vorteilhaftigkeit beziehen sich daher auf die Qualität der Täuschung. Sie stellen sicher, dass der Tatbestand nur solche Verhaltensweisen erfasst, die eine gewisse Intensitätsschwelle übersteigen und daher einen Beispielsfall der gesetzgeberisch typisierten Verhaltensweisen abbilden. Täuscht jemand über subventionserhebliche Tatsachen, kann regelmäßig bzw. typischerweise mit der Gefahr einer fehlerhaften Subventionsausreichung gerechnet werden, ohne dass diese im Einzelfall vorhanden sein müsste. Umgekehrt kann typischerweise nicht von der Gefahr einer fehlerhaften Subventionsausreichung gesprochen werden, wenn die Täuschung beliebige, für die Subvention unwesentliche Informationen zum Gegenstand hat. Während der Tatbestand hinsichtlich der Beschaffenheit seiner tatgegenständlichen Informationen also mit hohen und im Einzelnen ausdifferenzierten Kriterien aufwarten kann, zeigt er sich, bezogen auf das Täterverhalten, indifferent. Mithin hängt die Strafbarkeit nicht von einer konkreten Gefährlichkeitsprüfung für das Rechtsgut im Einzelfall ab. Hier steht vielmehr abstrakt gefährliches Verhalten unter Strafe.

Anders gelagert verhält es sich im Zusammenhang mit der zweckwidrigen Verwendung eines subventionierten Gegenstandes oder einer Geldleistung nach § 264 I Nr. 2 StGB. Im Kontrast zu den übrigen Begehungsweisen lehnt sich die Tatbestandsstruktur der zweckwidrigen Verwendung von Subventionen weniger an das Leitbild der betrügerischen Täuschungshandlung an. Angefangen vom Ausgangspunkt der Tatsituation, die der Ausreichung der Subvention nachgelagert ist, liegt das Unrechtsmoment bei dieser Tatmodalität auch nicht in einer Täuschung, sondern vielmehr in der Übergehung einer festgelegten Beschränkung. Dem Subventionsgeber muss nicht vorgespiegelt werden, die Subventionen würden ordnungsgemäß verwendet werden.[479] Hintergrund dieser Konzeption dürfte ihre kriminalpolitische Bedeutung sein. § 264 I Nr. 2 StGB wurde aus Angst vor Strafbarkeitslücken für die Fälle eingeführt, in denen mangels Mitteilungspflicht § 264 I Nr. 3 StGB nicht angewandt wird. Dementsprechend setzt die Verwendungsvariante später an und knüpft das Tatgeschehen an die Verletzungshandlung.[480] Hat der Subventionsgeber im

479 *Heinrich*, in: AWHH-StrafR BT, § 21 Rn. 70; *Mitsch*, StrafR BT 2, S. 411 f.
480 *Saliger*, in: ERST-WiStR, § 264 StGB Rn. 28.

Rahmen des Subventionsverfahrens die Zuwendung von Leistungen an eine bestimmte Art der Verwendung gekoppelt, wirkt diese Kopplung als Manifestation der Funktionsfähigkeit des Subventionswesens. In der Verwendung der Leistungen im Bruch mit der Verwendungsbeschränkung liegt demnach eine Verletzung eines Substrats des staatlichen Subventionswesens. Im Zeitpunkt der Vollendung der Tat, dem Einsatz der Subvention entgegen der Verwendungsbeschränkung, hat sich der Täter über die Beschränkung hinweggesetzt und dadurch die Fehlleitung der Subvention herbeigeführt. Er handelt im Widerspruch zum konkreten Regelungsrahmen und produziert auf diese Weise ein dysfunktionales Subventionsverfahren.[481] Nach Auffassung der Rechtsprechung verzeichnet der Subventionsgeber in diesem Fall – in Anwendung der Zweckverfehlungslehre[482] – auch einen Vermögensschaden.[483] Bei § 264 I Nr. 2 StGB handelt es sich, unabhängig von dem zugrunde gelegten Rechtsgut, um ein Verletzungsdelikt. Insgesamt dient § 264 I StGB daher auch als ein Beispiel dafür, dass die Zuschreibung der Deliktsstruktur losgelöst vom Kumulationsgedanken vorzunehmen ist. Obwohl § 264 I StGB von den Vertretern eines sog. Kumulationsdelikts als solches eingeordnet wird,[484] weist § 264 I Nr. 1, 3, 4 StGB die Struktur eines abstrakten Gefährlichkeitsdelikts auf, während § 264 I Nr. 2 StGB die Schädigung des Rechtsguts verlangt und daher ein Verletzungsdelikt darstellt.[485]

bb) Kapitalanlagebetrug

Kriminalpolitisch betrachtet, bot der Anstieg an missbräuchlichen Kapitalanlagemodellen Anlass zur strafgesetzlichen Ausweitung kapitalmarktnaher Delinquenz. Anleger erlitten oftmals infolge unseriöser und unzureichender Aufklärung über die wirtschaftlichen Risiken von Investitionsentscheidungen empfindliche wirtschaftliche Einbußen. Gleichzeitig scheiterte eine effektive strafrechtliche Aufarbeitung[486] regelmäßig an den hohen Hürden des § 263 StGB, d. h. an Vorsatz-, Kausalitäts- und Schadensfragen.[487] Der

---

481 *Perron*, in: SS-StGB, § 264 Rn. 66; *Saliger*, in: ERST-WiStR, § 264 StGB Rn. 28.

482 Eingehend dazu *Idler*, JuS 2007, 904; *Kindhäuser/Nikolaus*, JuS 2006, 293.

483 BGH NZG 2014, 835 (837).

484 *Kuhlen*, ZStW 105 (1993), 697 (716 ff.); *Sieber*, NStZ 2009, 353 (358); *Wohlers*, Deliktstypen, S. 176 f., 240.

485 Dazu schon o. B. I. 3.

486 Krit. zum kriminalpolitischen Nutzen des § 264a StGB *Zieschang*, GA 2012, 607.

487 *Achenbach*, NJW 1986, 1835 (1839); *Hüls*, in: ARR-WiStrafR, 10/1 Rn. 11 ff.; *Schröder*, NStZ 1998, 552 (552 f.); *Weber*, NStZ 1986, 481 (485 f.).

Kapitalanlagebetrug wurde als entschlackter Betrug konzipiert und erinnert seiner Ausgestaltung nach nur noch durch das tatbestandlich vorausgesetzte täuschende Verhalten an seinen strafgesetzlichen Archetypen.[488]

(a) Rechtsgut

Wie sich aus den Materialien zur Gesetzesbegründung ergibt, hatte der Gesetzgeber bei Einführung des § 264a StGB den Schutz des funktionsfähigen Kapitalmarktes vor Augen.[489] Gleichwohl wurde § 264a StGB nach erkennbarem gesetzgeberischem Willen zusätzlich dem Vermögensschutz unterworfen.[490] Funktional betrachtet, steht hinter der Strafnorm die Überlegung, der auf dem Kapitalmarkt herrschenden Informationsasymmetrie bzw. einer betrügerischen Ausnutzung derselben entgegenzuwirken. Damit wird zum einen bezweckt, dass der (unerfahrene) Anleger nicht Vermögenseinbußen, die außerhalb des allgemeinen Risikos der Betätigung am Kapitalmarkt auftreten, erleidet. Zum anderen möchte der Schutzzweck Schäden an der Lauterkeit des Kapitalmarktes und daher seiner Funktionsfähigkeit verhindern.[491] Auf diese Weise strebt § 264a StGB analog zum § 264 StGB hinsichtlich seines Schutzauftrags einen doppelten Charakter an.[492]

---

488 *Park*, JuS 2007, 621 (622).

489 BT-DrS. 10/318. S. 22.

490 BT-DrS. 10/318. S. 12, 22 f.

491 *Ceffinato*, in: MüKo StGB, § 264a Rn. 3; *Hefendehl*, wistra 2019, 1 (2 ff.); *Hellmann*, in: NK-StGB, § 264a Rn. 2 ff.; *Saliger*, in: ERST-WiStR, § 264 StGB Rn. 3.

492 Analog zu § 264 StGB bestehen Uneinigkeiten über das geschützte Rechtsgut; jedenfalls weitgehende Einigkeit herrscht über die Rechtsgutseigenschaft des individuellen Vermögens, s. *Hüls*, in: ARR-WiStrafR, 10/1 Rn. 18; *Park*, in: HK-KapMarktStrafR, § 264a StGB Rn. 3; anders nur: *Bottke*, wistra 1991, 1 (8); *Knauth*, NJW 1987, 28; *Wohlers*, Deliktstypen, S. 175 f.

Darüber hinaus wollen einige Vertreter im Schrifttum, verschiedentlich akzentuiert, die Funktionsfähigkeit des Kapitalmarkts geschützt sehen, s. *Ceffinato*, in: MüKo StGB, § 264a Rn. 5 ff.; *Geerds*, Wirtschaftsstrafrecht und Vermögensschutz, S. 204; *Gercke/Hembach*, in: LTZ-StGB, § 264a Rn. 3; *Heger*, in: LKH-StGB, § 264a Rn. 1; *Heinrich*, in: AWHH-StrafR BT, § 21 Rn. 80; *Park*, in: HK-KapMarktStrafR, § 264a Rn. 3; *Perron*, in: SS-StGB, § 264a Rn. 1; *Momsen/Laudien*, in: BeckOK StGB, § 264a Rn. 3; *Park*, BB 2001, 2069 (2074); *Saliger*, in: ERST-WiStR, § 264a StGB Rn. 1 f.; *Rengier*, StrafR BT I, § 17 Rn. 18; *Theile*, wistra 2004, 121 (121 f.); *Tiedemann/Vogel*, in: LK-StGB, § 264a Rn. 22 ff.; *Waßmer*, in: Bank- und Kapitalmarktrecht, § 85 Rn. 5; *Wittig*, WiStR, § 18 Rn. 5. Diese Auffassung deckt sich mit dem Verständnis der Rechtsprechung, s. BGH NJW 1992, 241 (242 f.).

(b) Tatbestandsstruktur

§ 264a StGB bestraft kapitalmarktspezifisch täuschende Verhaltensweisen unabhängig vom Eintritt eines Vermögensschadens. Gegenüber den Täuschungshandlungen im Rahmen von § 263 I StGB stellt er qualifizierte Anforderungen, da die strafbaren Täuschungsweisen das Machen unrichtiger vorteilhafter Angaben und das Verschweigen nachteilhafter Tatsachen umfassen. Darüber hinaus muss sich die Täuschung spezieller Werbeträger bedienen und sich im Zusammenhang mit dem Vertrieb bzw. dem Absatz von bestimmten Anlageprodukten innerhalb dieser Werbeträger und gegenüber einem größeren Personenkreis[493] vollziehen.[494]

In den Schutzbereich des § 264a StGB fallen ausschließlich bestimmte Anlageobjekte, namentlich Wertpapiere, Bezugsrechte und Unternehmensbeteiligungen[495] nach § 264a I StGB einerseits sowie echte Treuhandsbeteiligungen[496] nach § 264a II StGB andererseits.[497] Strafrechtlicher Schutz besteht

---

Eine weitere Strömung schließlich betont die Stellung des Vermögens als alleiniges Rechtsgut, s. *Beckemper*, ZIS 2011, 318 (318 ff.); *Hellmann*, in: NK-StGB, § 264a Rn. 8 ff.; *Hoyer*, in: SK-StGB, § 264a Rn. 2 ff.; *Hüls*, in: ARR-WiStrafR, 10/1 Rn. 7 ff.; *Jacobi*, Kapitalanlagebetrug, S. 51; *Joecks*, wistra 1986, 142 (143 f.); *Kindhäuser/Schumann*, in: HdB-StrafR, § 34 Rn. 100; *Maurach u. a.*, StrafR BT I, § 41 Rn. 166; *Schubarth*, ZStW 92 (1980), 80 (91 f.); *Wendrich*, ZJS 2013, 238 (238 ff.); *Worms*, in: HdB-KapAnR, § 11 Rn. 22.

493 Dieses Tatbestandsmerkmal dient primär der Ausklammerung von Individualtäuschungen. Einen größeren Kreis von Personen spricht demnach an, wer sich an einen Kreis von Anlegern dergestalt wendet, dass ihre Individualität gegenüber dem gleichgerichteten Interesse an der Kapitalanlage zurücktritt und das sie verbindende Element ebenjenes Interesse darstellt, so etwa bei öffentlichen Angeboten gegenüber einem zahlenmäßig unbestimmten Anlegerpublikum, s. BGH NZG 2015, 1432 (1434); BGH NZG 2014, 949 (951); BGH; s. a. *Worms*, wistra 1987, 242 (274).

494 *Hoyer*, in: SK-StGB, § 264a Rn. 13; *Park*, in: HK-KapMarktStrafR, § 264a StGB Rn. 5 ff.

495 Dazu eingehend *Hüls*, in: ARR-WiStrafR, 10/1 Rn. 13 ff.; s. a. *Borchard*, Gehalt und Nutzen, S. 40 ff.; *Gercke/Hembach*, in: LTZ-StGB, § 264a Rn. 7 ff.; *Momsen/Laudien*, in: BeckOK StGB, § 264a Rn. 9 ff.

496 Dazu eingehend *Wagenpfeil*, in: MGH-WiStR, Rn. 27.115; s. a. *Hellmann*, in: NK-StGB, § 264a Rn. 23 f.

497 Die einzelnen Anlageobjekte verbindet eine besondere Täuschungsanfälligkeit aufgrund hoher Anonymität der Beteiligten sowie eine darauf beruhende erschwerte Risikoeinschätzung für den potenziellen Anleger, s. *Fischer*, StGB, § 264a Rn. 4; *Worms*, in: HdB-KapAnR, § 11 Rn. 24; *Waßmer*, in: Bank- und Kapitalmarktrecht, § 86 Rn. 24.

für diese Anlageobjekte indessen nicht vollumfänglich, sondern nur in den in § 264a I Nr. 1 und 2 StGB vorgesehenen sachlichen und zeitlichen Zusammenhängen, also bei ihrem Vertrieb[498] bzw. dem Angebot auf Erhöhung der Einlage[499] auf solche Anteile. Als tatgegenständliche Werbeträger bzw. Werbemittel kommen Prospekte[500] sowie Darstellungen und Übersichten über den Vermögensstand[501] in Betracht.[502]

§ 264a I StGB benennt zwei mögliche Täuschungshandlungen, das Machen unrichtiger vorteilhafter Angaben und zudem das Verschweigen nachteiliger Tatsachen. Beide Tathandlungsmodalitäten müssen sich darüber hinaus auf Umstände beziehen, die für die Investitionsentscheidung erheblich sind, und gegenüber einem größeren Kreis von Personen geäußert werden.[503] Um dem

---

498 Unter Vertrieb versteht die Strafbestimmung nach gesetzgeberischem Willen in Anlehnung an das frühere AuslInvestmG alle auf Absatz einer Vielzahl von Anteilen gerichteten Tätigkeiten, die sich an den Markt wenden und zu einer Täuschung führen können. Explizit ausgenommen wurden individuell zugeschnittene bzw. im Wege der Beratung maßgeschneiderte Einzelangebote, s. BT-DrS. 10/318. S. 24.

499 Gegenüber dem Vertrieb schmälert das Angebot auf Erhöhung der Anteile den geschützten Personenkreis, da nur diejenigen Opfer sein können, die Anteile im Sinne des § 264a I Nr. 1 StGB erworben haben. Dahinter steht die Überlegung einer erhöhten Schutzbedürftigkeit dieser Personen angesichts des Drucks, Nachschuss zu leisten, s. *Ceffinato*, in: MüKo StGB, § 264a Rn. 74 f.; *Hellmann*, in: NK-StGB, § 264a Rn. 47 ff.; *Hüls*, in: ARR-WiStrafR, 10/1 Rn. 30 ff.; *Waßmer*, in: Bank- und Kapitalmarktrecht, § 11 Rn. 34.

500 Im Rahmen des § 264a StGB hat der Gesetzgeber Prospekte weit verstanden und nicht auf den Begriff des § 32 III Nr. 2 BörsG beschränken wollen. Prospekte im Sinne des § 264a I StGB meinen daher jegliche Werbe- und Informationsschriften, die ihrer Konzeption nach den Eindruck vermitteln sollen, alle für die Investitionsentscheidung erheblichen Angaben zu enthalten – daher vollständig zu sein – und demgemäß die diesbezügliche Entscheidungsgrundlage zu bilden bestimmt sind, s. *Heger*, in: LKH-StGB, § 264a Rn. 10; *Perron*, in: SS-StGB, § 264a Rn. 18 f.

501 Nach dem gesetzgeberischen Willen erfassen Darstellungen und Übersichten jegliche Form von mündlichen oder in irgendeiner Form fixierten Darstellungen bzw. Zusammenstellungen von Daten über Kennzahlen oder sonstige Informationen, die für die Beurteilung der Ertragslage sowie für die künftige wirtschaftliche Entwicklung der Gesellschaft von Gewicht sein können und die insgesamt den Eindruck einer gewissen Vollständigkeit erwecken, s. BT-DrS. 318/10. S. 23; dazu *Ceffinato*, in: MüKo StGB, § 264a Rn. 63 ff.; *Waßmer*, in: Bank- und Kapitalmarktrecht, § 86 Rn. 44 ff.; *Wagenpfeil*, in: MGH-WiStR, Rn. 27.120 ff.; s. a. *Hüls*, in: ARR-WiStrafR, 10/1 Rn. 29 ff.; *Worms*, in: HdB-KapAnR, § 11 Rn. 51 ff.

502 *Saliger*, in: ERST-WiStR, § 264a StGB Rn. 16 ff.

503 *Hellmann*, in: NK-StGB, § 264a Rn. 30.

zukunftsgerichteten Wesen kapitalmarktorientierter Investitionsentscheidungen gerecht zu werden, bezieht § 264a StGB auch prospektive Angaben wie Prognosen, Wertungen, Liquiditätsberechnungen etc. ein sowie Aussagen „ins Blaue hinein", sofern sie sich einer tatsachenbasierten Grundlage bedienen.[504] Im Fall prospektiv getroffener Angaben verifiziert sich ihr Wahrhaftigkeitsgehalt anhand der Prognosestringenz, mit der die jeweilige Angabe getroffen wird. So kommt es letzten Endes nicht darauf an, dass die prognostizierte Entwicklung eintritt, sondern vielmehr auf die Sorgfältigkeit und Ordnungsgemäßheit der ihr zugrunde liegenden Analyse der Prämissen.[505] Als vorteilhaft schließlich werden Angaben bezeichnet, wenn sie im Falle ihrer Wahrhaftigkeit nach Auffassung eines durchschnittlichen und verständigen Anlegers die Erwartung einer positiven Rendite der konkreten Investitionsentscheidung verbessern könnten. Sie müssen unter dem Anschein der Objektivität die Werthaltigkeit der Anlage günstiger erscheinen lassen, als diese sich *de facto* darstellt.[506] Grundsätzlich[507] spiegelbildlich dazu verhält sich das Verschweigen nachteiliger Tatsachen.[508] Analog zur Vorteilhaftigkeit qualifizieren sich Tatsachen als nachteilig, wenn sie die Wahrscheinlichkeit der Investitionsentscheidung zuungunsten des Täters verschieben, weil sie aus Sicht eines verständigen und durchschnittlichen Anlegers die Bewertung des Anlageobjekts negativ beeinflussen.[509] Eng verwoben mit der Vor- bzw. Nachteilhaftigkeit der tatgegenständlichen Angaben bzw. Tatsachen ist das Tatbestandsmerkmal der Erheblichkeit.[510] Nach Auffassung der – ausdrücklich[511] auf § 264a StGB

---

504 *Cerny*, MDR 1987, 271 (276); *Otto*, WM 1988, 729 (737); *Schmidt-Lademann*, WM 1986, 1241 (1242); *Waßmer*, in: Bank- und Kapitalmarktrecht, § 86 Rn. 49 f.

505 *Ceffinato*, in: MüKo StGB, § 264a Rn. 46; *Park*, in: HK-KapMarktStrafR, § 264a StGB Rn. 10.

506 *Hüls*, in: ARR-WiStrafR, 10/1 Rn. 43; *Saliger*, in: ERST-WiStR, § 264a StGB Rn. 12; *Worms*, in: HdB-KapAnR, § 11 Rn. 37.

507 Aus dem Wortlaut der Norm ergibt sich im systematischen Vergleich zum Begriff der Angabe indes ein engerer Tatsachenbegriff, der die prospektiven Angaben ausklammert. Täter der Verschweigensalternative kann folglich nur sein, wer Tatsachen im engen Sinne verschweigt, und nicht, wer Prognoseentscheidungen bzw. sonstige auf die Zukunft gerichtete Aussagen ausspart, s. *Heger*, in: LKH-StGB, § 264a Rn. 12; *Perron*, in: SS-StGB, § 264a Rn. 27 f.

508 *Heger*, in: LKH-StGB, § 264a Rn. 12; *Perron*, in: SS-StGB, § 264a Rn. 27 f.

509 *Hellmann*, in: NK-StGB, § 264a Rn. 46; *Gercke/Hembach*, in: LTZ-StGB, § 264a Rn. 23; *Momsen/Laudien*, in: BeckOK StGB, § 264a Rn. 25.

510 *Park*, BB 2001, 2069 (2075).

511 BGH NJW 2005, 2242.

übertragbaren – Rechtsprechung kann für § 265b I Nr. 1a) StGB von Erheblichkeit ausgegangen werden, wenn die Information für einen verständigen, durchschnittlich umsichtigen Dritten maßgebliche Bedeutung gewinnt.[512] Für die Konstituierung eines justiziablen Maßstabs ist damit noch nicht viel gewonnen,[513] da das Ausbilden eines allgemein verbindlichen durchschnittlichen Kundeninteresses an der Diversität möglicher Anlagegeschäfte und damit verbundener Interessen zum Scheitern verurteilt ist.[514] Für die praktische Rechtswendung heißt das, sich an den jeweiligen Anlageprodukten zu orientieren und ein Durchschnittsprofil am Einzelfall zu entwickeln. Je nach Produkt sind diejenigen Umstände herauszufiltern, die für die Investition von erheblichem Belang sind, da sie Einfluss auf Wert, Chancen und/oder Risiken der Anlage haben.[515] In der Sache kann es sich daher nur um materielle Kriterien handeln, formale Fehler wirken nicht strafbarkeitsbegründend.[516] Im Zeitpunkt der Äußerung im Sinne des Zugänglichmachens gegenüber dem tauglichen Adressatenkreis findet die Tatbestandsverwirklichung ihre Vollendung.[517]

(c) Deliktsstruktur

§ 264a StGB bestraft das Tätigwerden des Täters hinsichtlich der tatbestandlich umschriebenen Täuschungsweisen. Daher ist die Tat vollendet, wenn die fehlerhaften Äußerungen jeweils einem größeren Publikum zugänglich gemacht wurden. Praktisch betrachtet, wird das mit dem Zugang bzw. der Veröffentlichung des Werbemittels erfüllt sein. Auf die Wahrnehmung im Sinne einer geistig-kognitiven Verarbeitung des Informationsgehalts kommt

512 BGH NJW 1982, 775 (776).

513 *Ceffinato*, in: MüKo StGB, § 264a Rn. 53 ff.; *Heger*, in: LKH-StGB, § 264a Rn. 13; *Hellmann*, in: NK-StGB, § 264a Rn. 57 ff.

514 *Momsen/Laudien*, in: BeckOK StGB, § 264a Rn. 26.

515 *Ceffinato*, in: MüKo StGB, § 264a Rn. 51 ff.; *Heger*, in: LKH-StGB, § 264a Rn. 13; *Hellmann*, in: NK-StGB, § 264a Rn. 57 ff.; *Perron*, in: SS-StGB, § 264a Rn. 30 ff.; *Saliger*, in: ERST-WiStR, § 264a StGB Rn. 14; *Waßmer*, in: Bank- und Kapitalmarktrecht, § 11 Rn. 60 ff.; Kriterienkatalog bei *Hüls*, in: ARR-WiStrafR, 10/1 Rn. 65 ff.; *Hoyer*, in: SK-StGB, § 264a Rn. 38 ff. vertritt die Auffassung, es müsse die Gefahr eines Vermögensschadens im Sinne des § 263 StGB bestehen; bemerkenswert auch: *Worms*, in: HdB-KapAnR, § 11 Rn. 41, der auf eine hypothetische Kausalitätsprüfung abstellt.

516 *Worms*, in: HdB-KapAnR, § 11 Rn. 42.

517 So die herrschende Meinung, s. *Park*, in: HK-KapMarktStrafR, § 264a StGB Rn. 10; a. A., wonach der Eingang des Anlagebetrags als erstrebter Vermögensvorteil entscheidend ist, OLG München NZG 2004, 230.

es demgegenüber nicht an.[518] § 264a StGB pönalisiert daher Verhaltensweisen, ohne deren konkrete Folgen für die in Rede stehenden Rechtsgüter im Sinne von Täuschungs-, Schädigungs- oder Gefährdungserfolgen der Tatbestandsstruktur in den Blick zu nehmen.[519] Somit wird gefährliches Verhalten bestraft. Fraglich ist indes, ob § 264a StGB, wie verbreitet[520] angenommen, abstrakt gefährliches Verhalten unter Strafe stellt. Dagegen könnten mögliche Einfallstore für eine konkrete Betrachtung der Umstände des Einzelfalls sprechen, die in der Erheblichkeitsprüfung sowie der Vor- (§ 264a I Nr. 1 StGB) bzw. der Nachteilhaftigkeit (§ 264a I Nr. 2 StGB) der Angaben bzw. Tatsachen enthalten sein könnten. Für die Vor- und Nachteilhaftigkeit gilt das zur Vorteilhaftigkeit im Rahmen von § 264 I Nr. 1 StGB Gesagte.[521] Nichts anderes gilt darüber hinaus auch für den Erheblichkeitsvorbehalt. Zwar fordern alle drei Tatbestandsmerkmale im Ergebnis eine einzelfallbezogene Prüfung der Bedeutung einzelner Informationen für die Anlageentscheidung. Die Betrachtung wird anhand der Umstände der konkreten Sachverhaltskonstellation durchgeführt. Allerdings wird die Gefährlichkeit des einzelnen Täterverhaltens nicht untersucht. Im Fokus dieser Prüfungsschritte stehen die Angaben, auf die sich das täuschende Verhalten bezieht.[522] Es mangelt dem § 264a StGB an einem einzelfallbezogenen Kriterium zum Ausschluss konkret ungefährlicher Tathandlungen. Hiergegen könnte eingewandt werden, Täuschungen auf einem der tatgegenständlichen Darstellungsmedien würden aufgrund der Bedeutung, die diesen im Wirtschaftsverkehr zukommen, immer die Gefahr einer erfolgreichen Irreführung mit dem Ergebnis bergen, eine Falschangabe im Rahmen des § 264a I StGB stelle konkret gefährliches Verhalten dar. Diese Aussage ist indes in ihren Prämissen korrekt, verfehlt jedoch, die richtigen Schlüsse zu ziehen. Eben weil Falschangaben hinsichtlich der entscheidungserheblichen Umstände in den tatgegenständlichen Werbemitteln eine so hohe Irreführungschance innewohnt, verzichtet der Straftatbestand auf eine einzelfallbezogene Begutachtung der Gefährlichkeit des Täuschungsversuchs. Es mag richtig sein, dass die Rechtswirklichkeit realistischerweise ausschließlich Täuschungsversuche produziert, denen auch eine konkrete Gefährlichkeit anhaftet. Die dogmatische Konzeption den § 264a StGB stellt jedoch die qualitative Beschaffenheit des

518 BGH NZG 2014, 949.

519 *Saliger*, in: ERST-WiStR, § 264a StGB Rn. 1.

520 *Ceffinato*, Vollendungsumkehr, S. 64 ff.

521 S. o. C. I. 1. a) aa) (c).

522 S. o. C. I. 1. a) aa) (c) für die parallele Argumentation bei § 264 I StGB.

Täuschungsmanövers nicht auf Prüfstand, sondern beschränkt sich auf abstrakt-generelle[523] Anforderungen, die sie an die Angaben stellt.[524] § 264a StGB bestraft mithin abstrakt gefährliches Verhalten.[525]

cc) Kreditbetrug

§ 265b StGB komplettiert die Reihe branchenspezifischer Betrugsderivate und reiht sich nahtlos neben die §§ 264, 264a StGB ein. Seine Intention[526] liegt in der wirksamen Bekämpfung von Kreditbetrügereien unter Aushebelung der Nachweisprobleme, unter denen der Nachweis eines § 263 I StGB im Kontext der Kreditvergabe regelmäßig zu misslingen pflegte.[527] Analog zu den vorgenannten Tatbeständen verzichtet er daher auf eine Reihe betrugstypischer Tatbestandsmerkmale, sodass am Ende eine mit gesteigerten Anforderungen verknüpfte Täuschungshandlung verbleibt.[528]

(a) Rechtsgut

Nach gesetzgeberischer Intention gab es vornehmlich zwei Motivationen hinter der Schaffung des § 265b StGB. Zum einen ging der Gesetzgeber davon aus, der Unrechtsgehalt von Kreditbetrügereien würde mit § 263 I StGB nicht vollumfänglich abgegolten werden, da er sich nicht in Beeinträchtigungen am Individualvermögen erschöpfe. Zusätzlich gingen damit Bedrohungen für die Kredit- und damit Volkswirtschaft einher. Außerdem bewegte ihn die gewünschte Überwindung von Beweisschwierigkeiten wie bei den übrigen Betrugsderivaten.[529] Konkret schützt der Straftatbestand Kreditgeber vor dem betrügerischen Erschleichen von Darlehen, indem die Vorspiegelung falscher Vermögensverhältnisse, die Suggestion zukünftiger Zahlungskraft oder Täuschungen über die Verwertbarkeit angebotener Sicherheiten strafrechtlich verfolgt werden.[530] Neben seinem individual ausgerichteten vermögensschützenden

523 Nach *Hoyer*, in: SK-StGB, § 264a Rn. 11 handelt es sich um ein sog. abstrakt-konkretes Vermögensgefährdungsdelikt.

524 Vgl. auch den Unterschied zu § 331 I HGB, der den Erheblichkeitsvorbehalt an den Verstoß, d. h. an das Täterverhalten knüpft, s o. C. I. 2. c).

525 *Eicker*, Prozeduralisierung, S. 44 f.; *Hüls*, Grenzen, S. 179.

526 *Hellmann*, in: NK-StGB, § 265b Rn. 4.

527 *Hellmann*, in: ARR-WiStR, 9/1 Rn. 11 ff.; *Kasiske*, in: MüKo StGB, § 265b Rn. 1 f.; *Saliger*, in: ERST-WiStR, § 265b StGB Rn. 1 f.

528 *Arconada Valbuena/Rennar*, PStR 2021, 136 (137 ff.); *Hadamitzky*, in: MGH-WiStR, Rn. 50.150 ff.

529 BT-DrS. 7/5291. S. 14.

530 *Knierim*, in: WJS-WiStR, Rn. 10.106.

Charakter sichert der Tatbestand demnach auch die Funktionsfähigkeit des Kreditwesens ab.[531]

(b) Tatbestandsstruktur

Nach § 265b StGB wird bestraft, wer bei Antrag[532] auf Gewährung oder Belassung eines Kredits falsche Angaben über die wirtschaftlichen Verhältnisse von erheblichem Ausmaß macht oder eingetretene wesentliche Verschlechterungen in den Unterlagen nicht mitteilt.[533] Die tatbestandlich umschriebenen Täuschungsweisen entfalten strafrechtliche Relevanz, wenn sie im Zusammenhang mit einem Antrag auf Gewährung, Belassung oder Veränderung der Bedingungen eines Betriebskredits[534] auftreten. Davon kann ausgegangen

---

531 Analog zu §§ 264, 264a StGB herrscht Streit um das Rechtsgut der Norm, wobei – relativ betrachtet – eine stärkere Tendenz hin zum reinen Vermögensschutz herrscht, s. *Fischer*, StGB, § 265b Rn. 3; *Hellmann*, in: NK-StGB, § 265b Rn. 9; *Hoyer*, in: SK-StGB, § 265b Rn. 7 f.; *Kasiske*, in: MüKo StGB, § 265b Rn. 1 f.; *Kindhäuser/Hilgendorf*, LPK-StGB, § 265b Rn. 1; *Krack*, NStZ 2001, 505 (506); *Kuhn*, EWiR 2015, 145 (146); *Maurach u. a.*, StrafR BT I, § 41 Rn. 166; *Park*, in: HK-KapMarktStrafR, § 265b StGB Rn. 2; *Schubarth*, ZStW 92 (1980), 80 (91).

Nichtsdestotrotz erkennt die wohl herrschende Meinung den doppelten Rechtgutsbezug der Norm an *Tiedemann*, in: LK-StGB, § 265b Rn. 9 ff.; s. a. *Cordes*, in: KapMarkt-Compliance, Rn. 21.141; *Gercke/Hembach*, in: LTZ-StGB, § 265b Rn. 2; *Hadamitzky*, in: MGH-WiStR, Rn. 50.154; *Heger*, in: LKH-StGB, § 265b Rn. 1; *Heinrich*, in: AWHH-StrafR BT, § 21 Rn. 55; *Kunkel*, jurisPR-StrafR 1/2015 Anm. 2; *Perron*, in: SS-StGB, § 265b Rn. 3; *Saliger*, in: ERST-WiStR, § 265b StGB Rn. 1; *Saliger/Grüner-Blatt*, WM 2015, 131; *Warneke/Thienhaus*, WM 2015, 1929 (1931); *Waßmer*, in: Bank- und Kapitalmarktrecht, § 86 Rn. 6; zweifelnd *Mitsch*, StrafR BT 2, S. 455 f.; a. A. *Wohlers*, Deliktstypen, S. 159 ff., wonach nur die Kreditwirtschaft als Ganzes in ihren Funktionsbedingungen geschützt wird.

Mit der herrschenden Meinung resoniert auch das Gros der Rechtsprechung BGH NStZ 2015, 342; BGH NJW 2015, 423; anders noch BGH NJW 1989, 1868.

532 Der Antrag wird zwar nicht zivilrechtsakzessorisch gem. § 145 ff. BGB definiert, s. *Fischer*, StGB, § 265b Rn. 18; *Park*, in: HK-KapMarktStrafR, § 265b StGB Rn. 36, meint jedoch jede schriftliche, mündliche oder elektronische Erklärung, durch die ein Kreditgeber zu einer rechtlich bindenden Erklärung veranlasst werden soll, s. a. *Waßmer*, in: Bank- und Kapitalmarktrecht, § 86 Rn. 124 f.; *Gercke/Hembach*, in: LTZ-StGB, § 265b Rn. 14; *Heger*, in: LKH-StGB, § 265b Rn. 4; *Perron*, in: SS-StGB, § 265b Rn. 25.

533 *Uhlenbruck*, ZIP 1996, 1641 (1642 f.).

534 Maßgebliches Kriterium im Zusammenhang mit diesem Tatbestandsmerkmal stellt seine Zweckbestimmung dar. Der tatgegenständliche Kredit muss unter wirtschaftlicher Betrachtung für geschäftliche Zwecke aufgenommen werden,

werden, wenn sich das Täterverhalten insgesamt auf ein konkret vorhandenes Kreditverfahren bezieht, die in Rede stehenden Informationen also bei der Entscheidung Berücksichtigung finden sollen und die Entscheidung über die Ausreichung noch nicht final getroffen wurde.[535] Über die Tatsituation hinaus verläuft der Tatbestand des § 265b I StGB in seinem weiteren Aufbau bis zur Vollendung[536] der Tat mit Zugang der fraglichen Informationen strukturell weitestgehend synchron zu den §§ 264 I, 264a I StGB. Genau[537] wie die vorgenannten Straftatbestände hat der Täter falsche Angaben über seine wirtschaftlichen Verhältnisse[538] zu machen, die, ihre Wahrhaftigkeit unterstellt, für seine Chancen auf die Ausreichung des Kredits bzw. die Konditionen der Kreditgewährung zu seinen Gunsten wirken würden. Spiegelbildlich sieht die zweite Tatalternative das Verschweigen von Verschlechterungen vor, die umgekehrt die Chancen auf Kreditgewährung substanziell verschlechtern.[539] In der Sache müssen die Angaben also für sich genommen vor- bzw. nachteilhaft und für das konkrete Kreditverfahren von erheblicher Bedeutung sein. Der Täter muss davon ausgehen dürfen, dass die tatgegenständlichen Angaben aufgrund ihrer Gewichtigkeit und Bedeutung für das Erkenntnisinteresse des Kreditgebers von einflussreicher Bedeutung sind.[540]

---

s. BGH NStZ 2003, 539 (540); BGH NStZ 2011, 279; eingehend zu den einzelnen Kreditarten *Waßmer*, in: Bank- und Kapitalmarktrecht, § 86 Rn. 113 ff.

535 *Cordes*, in: KapMarkt-Compliance, Rn. 21.145; *Hadamitzky*, in: MGH-WiStR, Rn. 50.166 ff.; *Hellmann*, in: ARR-WiStR, 9/1 Rn. 19 ff.; *Kasiske*, in: MüKo StGB, § 265b Rn. 25 ff.

536 *Gercke/Hembach*, in: LTZ-StGB, § 265b Rn. 26; *Perron*, in: SS-StGB, § 265b Rn. 49.

537 Gleichwohl erfasst § 265b I StGB nur schriftliche Täuschungen, s. *Heger*, in: LKH-StGB, § 265b Rn. 5.

538 Näher zu den wirtschaftlichen Verhältnissen: *Waßmer*, in: Bank- und Kapitalmarktrecht, § 86 Rn. 141.

539 Vertiefend *Momsen/Laudien*, in: BeckOK StGB, § 265b Rn. 18 ff.; *Knierim*, in: WJS-WiStR, Rn. 10.110 ff.; *Saliger*, in: ERST-WiStR, § 265b StGB Rn. 12 ff.; s. a. *Gercke/Hembach*, in: LTZ-StGB, § 265b Rn. 17 ff.; *Mitsch*, StrafR BT 2, S. 457 ff.; *Park*, in: HK-KapMarktStrafR, § 265b StGB Rn. 23 ff.

540 *Tiedemann*, in: LK-StGB, § 265b Rn. 80 ff.; s. a. *Hadamitzky*, in: MGH-WiStR, Rn. 50.177 ff.; *Hoyer*, in: SK-StGB, § 265b Rn. 40 ff.; *Hellmann*, in: NK-StGB, § 265b Rn. 30 ff.; *Kasiske*, in: MüKo StGB, § 265b Rn. 33 f.

(c) Deliktsstruktur

Die strukturelle Vergleichbarkeit schlägt sich schließlich auch in der dem § 265b I StGB zugrunde liegenden Deliktsstruktur nieder.[541] Erfolgskomponenten sind dem Tatbestand fremd,[542] daher qualifiziert er sich von vornherein als Gefährlichkeitsdelikt. Auch hinsichtlich der Kategorisierung in abstrakt oder konkret gefährliches Verhalten kommt eine Beleuchtung der deliktischen Struktur zu einem gleichlaufenden Ergebnis. Eine Strafbarkeit wegen Kreditbetrugs knüpft nicht an Intensitätshürden, die die Täuschungshandlung zu überwinden hätte, an. Ob sie im Einzelfall geeignet war, in einem vollstellbaren Szenario zur Gefahrenquelle für Vermögen oder Kreditwirtschaft zu avancieren, bleibt ohne Belang. Wenn also bspw. der Täter den Wert einer Sicherheit einerseits überhöht darstellt, andererseits andere Sicherheiten in dem Maß bestellt wurden, dass der Kredit im Ergebnis als ordnungsgemäß abgesichert erscheint, droht dem Täter dennoch eine Strafbarkeit nach § 265b I StGB.[543] Die Strafnorm erfasst auch Fälle, in denen ein Vermögensschaden von vornherein ausgeschlossen werden kann.[544] Vorteilhaft ist eine Angabe, wenn irgendein wirtschaftlicher Umstand des Kreditnehmers günstiger dargestellt wird, als er sich in Wirklichkeit verhält, unabhängig davon, ob der Täter damit eine Gefahr zu begründen imstande ist.[545] Mit Blick auf die Vorteilhaftigkeit und Erheblichkeit der Angaben verfestigt sich das Verwandtschaftsverhältnis weiter. Die Erheblichkeitsvorbehalte beziehen sich ausschließlich auf den Bezugsgegenstand der Tathandlung, nicht auf diese selbst. Dementsprechend fungieren sie weniger als Einfallstore für Überlegungen zur konkreten Gefährlichkeit der Tathandlung im Rahmen des Tatbestands denn als Schwellenwerte, die erreicht werden müssen, damit das gesetzliche Leitbild des typischerweise gefährlichen Verhaltens vorliegt.[546] Auch der

---

541 *Perron*, in: SS-StGB, § 265b Rn. 4.

542 *Saliger*, in: ERST-WiStR, § 265b StGB Rn. 1 f.

543 *Perron*, in: SS-StGB, § 265b Rn. 41.

544 BGH NStZ 2015, 342 (344); *Saliger*, in: ERST-WiStR, § 265b StGB Rn. 2; *Wiedner*, in: GJW-WiStR, § 265b StGB Rn. 4 mit dem Hinweis, dass infolge der Unwägbarkeiten des Wirtschaftslebens eine Gefährlichkeit praktisch nie ausgeschlossen werden könne.

545 *Hoyer*, in: SK-StGB, § 265b Rn. 9; *Park*, in: HK-KapMarktStrafR, § 265b StGB Rn. 3, die freilich dennoch für ein sog. „abstrakt-konkretes Gefährdungsdelikt" plädieren, bei dem die konkrete Gefahr eines Vermögensschadens jedenfalls nicht persönlich ausgeschlossen werden dürfe.

546 Dazu s. o. C. I.1. a) aa) (a).

Kreditbetrug nach § 265b I StGB stellt somit ein abstraktes Gefährlichkeitsdelikt dar.[547]

b) Falsche Angaben gegenüber einem Registergericht

Die Strafbarkeit falscher Angaben gegenüber dem Registergericht bzw. in öffentlichen Ankündigungen ist in den § 399 I Nr. 1–6, II AktG, § 82 I Nr. 1–5 GmbHG, § 82 II Nr. 1 GmbHG, § 147 I GenG, § 313 II UmwG sowie § 35 DepotG geregelt. Prominenteste Vertreter dieser Tatbestandsstruktur sind die aktienrechtliche Strafnorm des § 399 AktG sowie die GmbH-spezifischen Tatbestände des § 82 I Nr. 1–5, II GmbHG.[548] Zwischen den einzelnen spezialgesetzlichen Ausprägungen der Falschangabedelikte gegenüber einem Registergericht herrscht weitgehend strukturelle Vergleichbarkeit.[549] Für die Zwecke dieser Arbeit ist es damit sowohl notwendig als auch hinreichend, die Untersuchung der zugrunde liegenden Deliktsstrukturen auf ein Exempel zu beschränken. Im Unterschied zu den übrigen handels- und gesellschaftsrechtlichen Straftatbeständen fehlt den Falschangabedelikten gegenüber einem Registergericht das Primat im Handelsgesetzbuch.[550] Stellvertretend für die hiesige Deliktsgruppe wird im Folgenden auf den § 399 AktG abgestellt, der sich infolge der ebengenannten Prominenz als Exempel anbietet.

aa) Rechtsgut

§ 399 AktG bestraft das Tätigen falscher Angaben sowie das Verschweigen wesentlicher Umstände gegenüber dem Registergericht oder in öffentlichen Ankündigungen. Gegenstand dieser Angaben sind Inhalte und Auskünfte,

---

547 *Cordes*, in: KapMarkt-Compliance, Rn. 21.138; *Fischer*, StGB, § 265b Rn. 2; *Gercke/Hembach*, in: LTZ-StGB, § 265b Rn. 2; *Hadamitzky*, in: MGH-WiStR, Rn. 50.153; *Heger*, in: LKH-StGB, § 265b Rn. 1; *Hellmann*,in: NK-StGB, § 265b Rn. 10; *Kasiske*, in: MüKo StGB, § 265b Rn. 3; *Mitsch*, StrafR BT 2, S. 454; *Momsen/Laudien*, in: BeckOK StGB, § 265b Rn. 1; *Nestler*, Bank- und Kapitalmarktstrafrecht, Rn. 228; *Saliger*, in: ERST-WiStR, § 265b StGB Rn. 2; *Wiedner*, in: GJW-WiStR, § 265b StGB Rn. 2; a. A. *Hoyer*, in: SK-StGB, § 265b Rn. 10; *Park*, in: HK-KapMarkt-StrafR, § 265b StGB Rn. 3, die von einem sog. abstrakt-konkreten Gefährdungsdelikt ausgehen; a. A. *Tiedemann*, in: LK-StGB, § 265b StGB Rn. 13 f., demzufolge es sich um ein Vertrauensverletzungsdelikt handelt.

548 *Ransiek*, in: ARR-WiStrafR, 8/1 Rn. 1.

549 S. siehe zur Vergleichbarkeit *Eidam*, in: HK-KapMarktStrafR, § 399 AktG Rn. 1; *Raum*, in: WJS-WiStrafR, Kap. 12 Rn. 4; *Wittig*, WiStR, § 28 Rn. 27 ff.

550 *Tiedemann/Engelhart*, Wirtschaftsstrafrecht, 479 ff.

auf die sich Publizitätspflichten hinsichtlich Unternehmensdaten, die der Aktiengesellschaft zugrunde liegen, beziehen.[551] In erster Linie handelt es sich um Erklärungspflichten im Zuge von Kapitalaufbringung oder -verwendung bei Gründungsvorgängen oder Kapitalerhöhungen.[552] Vergleichbar mit den §§ 153 ff. StGB, dient die Strafnorm folglich der Rechtspflege.[553] Geschützt werden neben dem Vermögen die sich aus der Publizitätswirkung ergebende besondere Gewichtigkeit der Integrität und Funktionsfähigkeit des Handelsregisters sowie die Wahrhaftigkeit bestimmter öffentlicher Informationen.[554]

bb) Tatbestandsstruktur

Im Einzelnen umfassen die Tatbestandsvarianten die Verletzung von Erklärungspflichten im Rahmen des Gründungsschwindels durch unrichtige Anmeldung (§ 399 I Nr. 1 AktG) bzw. unrichtige Berichte (§ 399 I Nr. 2 AktG), des Schwindels bei öffentlichen Ankündigungen von Aktien (§ 399 I Nr. 3 AktG), des Kapitalerhöhungsschwindels (§ 399 I Nr. 4 AktG), des Abwicklungsschwindels (§ 399 I Nr. 5 AktG), des Eignungsschwindels (§ 399 I Nr. 6 AktG) und bei wahrheitswidrigen Erklärungen bei der Erhöhung des Grundkapitals (§ 399 II AktG).[555] Der Täter einer Tatbestandsvariante muss falsche Angaben tätigen oder erhebliche Umstände verschweigen. Erfasst ist hiervon auch das teilweise Verschweigen von Umständen, woraus sich Abgrenzungsschwierigkeiten gegenüber der Tathandlungsvariante des Verschweigens erheblicher Umstände ergeben.[556] Verschwiegen werden können Umstände, indem entweder in einer Erklärung Angaben pflichtwidrig nicht gegeben werden oder eine Erklärung im Ganzen pflichtwidrig nicht gemacht wird. Im ersteren Fall liegen zugleich falsche, da unvollständige Angaben vor. Im letzteren Fall macht der Täter falsche Angaben durch Unterlassen nach § 399 AktG i. V. m. § 13 I StGB. Soweit im erstgenannten Fall die Tathandlungsalternative des Tätigens falscher Angaben im Wege des *Lex-specialis*-Grundsatzes vorgeht, verdrängt das Verschweigen erheblicher Umstände die Begehung durch Unterlassen aufgrund der fakultativen Minderung nach §§ 13 II, 49 I StGB.[557] Ob die verschwiegenen

551 *Wittig*, WiStR, § 28 Rn. 21 ff.; *Wittig*, in: MüKo AktG, § 399 Rn. 3.

552 *Hefendehl*, wistra 2019, 1 (6); *Raum*, in: WJS-WiStrafR, Kap. 12 Rn. 4.

553 *Weiß*, in: MüKo StGB, § 399 AktG Rn. 2.

554 *Eidam*, in: HK-KapMarktStrafR, § 399 AktG Rn. 8; *Hefendehl*, in: BeckOGK AktG, § 399 Rn. 2 ff.; *Raum*, in: HS-GesR, § 399 AktG Rn. 1.

555 *Eidam*, in: HK-KapMarktStrafR, § 399 AktG Rn. 3.

556 *Eidam*, in: HK-KapMarktStrafR, § 399 AktG Rn. 26 ff.

557 *Weiß*, in: MüKo StGB, § 399 AktG Rn 57.

Umstände erheblich sind, bewertet sich unter Beachtung der positiv zu tätigenden Angaben im Rahmen der tatbestandlich geschützten Erklärungspflichten. Ausschlaggebend ist ihre abstrakte Eintragungsfähigkeit.[558] Schließlich müssen die falschen Angaben bzw. verschwiegenen erheblichen Umstände in einigen Tatbestandsvarianten[559] zum Zweck der Eintragung gemacht werden, d. h., sie müssen gründungsrelevant sein. Umstritten ist hierbei, ob sich die Zwecksetzung rein subjektiv bestimmt oder objektiv zu begrenzen ist. Damit wird die Frage, ob die Falschangabe den Eintragungserfolg herbeiführen kann, zum Tatbestandsmerkmal erhoben. Hier fordert eine überwiegende Meinung[560] zutreffend sowohl eine objektive als auch eine subjektive Komponente. Ansonsten erfasse eine Strafbewehrung nicht mehr den Schutzzweck und greife also zu weit. In der Sache wird also die Möglichkeit einer einzelfallgerechten Strafbarkeitsreduktion zu erreichen versucht.[561] Auf subjektiver Ebene muss der Täter Vorsatz bzgl. aller objektiven Tatbestandsmerkmale aufweisen.[562] Überdies folgt bei § 399 I Nr. 1, 3, 4, 5, II AktG aus den Merkmalen „zum Zweck der Eintragung" bzw. „um sie in den Verkehr einzuführen"[563] das Erfordernis der besonderen Absicht, die Eintragung in das Handelsregister bzw. die Einführung der Aktien in den Verkehr zu bewirken. Nach dieser überschießenden Innentendenz muss der Wille des Täters also im Sinne eines *dolus directus* 1. Grades zielgerichtet auf den Verletzungserfolg ausgerichtet sein.[564]

Für die Bewertung der Richtigkeit einer in Rede stehenden Angabe ist in zeitlicher Hinsicht der Eingang der Anmeldung beim Registergericht entscheidend.[565] Daraus folgt, dass die Tat auch in diesem Zeitpunkt vollendet ist. Als Äußerungsdelikt ist § 399 AktG also vollendet, sobald die gemachten Angaben

---

558 *Eidam*, in: HK-KapMarktStrafR, § 399 AktG Rn. 28.

559 Das sind § 399 I Nr. 1, 4, 5, II AktG sowie § 399 I Nr. 3 AktG, bezogen auf den Einführungszweck; in der Sache stellt der Einführungszweck die gleichen Anforderungen an die objektive Geeignetheit, vgl. *Schaal*, in: StrafR Nebengesetze, § 399 AktG Rn. 64.

560 *Eidam*, in: HK-KapMarktStrafR, § 399 AktG Rn. 28; *Hefendehl*, in: BeckOGK AktG, § 399 AktG Rn. 118 ff. m. w. N.; *Müllers-Michaels*, in: *Hölters*-AktG, § 399 Rn. 36; *Raum*, in: HS-GesR, § 399 AktG Rn. 7; *Schaal*, in: StrafR Nebengesetze, § 399 AktG Rn. 31 ff.; *Weiß*, in: MüKo StGB, § 399 AktG Rn. 37.

561 *Hefendehl*, in: BeckOGK AktG, § 399 AktG Rn. 118 ff.

562 *Temming*, in: GJW-WiStR, § 399 AktG Rn. 57 ff.

563 *Raum*, in: HS-GesR, § 399 AktG Rn. 9.

564 *Wagenpfeil*, in: MGH-WiStR, Rn. 27.150.

565 BGH wistra 2005, 68 (69).

dem Adressaten zugegangen sind.[566] Maßgeblich ist nicht die Kenntnisnahme[567] des Adressaten, geschweige denn ein Täuschungs-[568] oder Schädigungserfolg[569], sondern vielmehr das ordnungsgemäße Zugänglichmachen dergestalt, dass mit der Kenntnisnahme unter normalen Umständen zu rechnen ist. Die fraglichen Informationen müssen in den Bereich des amtlichen Gewahrsams gelangt sein.[570] Demgemäß ist es auch konsequent, dem Täter die Möglichkeit der strafbefreienden nachträglichen Berichtigung zu verwehren, sofern die Angaben eingegangen sind.[571]

cc) Deliktsstruktur

Als Äußerungsdelikt bestraft § 399 AktG die Gefährlichkeit eines Verhaltens ohne Blick auf manifeste Erfolgskomponenten.[572] Sofern der Täter etwa die Fortentwicklung *de lege artes* prognostiziert, spielt es für die Bewertung des deliktischen Geschehens keine Rolle, ob sich die Prognose im Nachhinein als wahr oder falsch erweist.[573] Es handelt sich hierbei demnach um ein Gefährlichkeitsdelikt, wofür auch spricht, dass die strafbefreiende Berichtigung nach Eingang der Angaben nicht mehr möglich ist.[574] In einem abschließenden zweiten Schritt bleibt die Frage zu klären, ob es sich bei § 399 AktG um ein abstraktes oder ein konkretes Gefährlichkeitsdelikt handelt. Entscheidendes Differenzierungsmerkmal unter den Delikten, die das Tätigen falscher Angaben gegenüber einem Registergericht pönalisieren, ist das Tatbestandsmerkmal „zum Zweck der Eintragung". Bei Auslegung der Strafnorm zeigt sich, dass das Merkmal begrifflich-grammatikalisch an das Äußern bzw. Verschweigen anknüpft, also der Art und Weise der Tatbegehung Kontur verleiht.

566 *Schaal*, in: StrafR Nebengesetze, § 399 AktG Rn. 33, 110 ff.

567 Statt vieler *Hefendehl*, in: BeckOGK AktG, § 399 AktG Rn. 344; entgegen der Formulierung des Bundesgerichtshofs kommt es infolge des Charakters als Äußerungsdelikt nur auf den Eingang an, s. BGH NStZ-RR 2016, 205.

568 Vielmehr ist ein kollusives Zusammenwirken von Täter und Registergericht unschädlich, vgl. *Otto*, in: GroßKomm AktG, § 399 Rn. 103; dazu *Eidam*, in: HK-KapMarktStrafR, § 399 AktG Rn. 52 Fn. 167.

569 Die Eintragung markiert vielmehr den Zeitpunkt der Tatbeendigung, vgl. BGH wistra 1987, 212 (212).

570 OLG München NZG 2004, 230 (231).

571 *Schaal*, in: StrafR Nebengesetze, § 399 AktG Rn. 110 ff.

572 Siehe dazu schon C. I. 2. c).

573 *Hefendehl*, in: BeckOGK AktG, § 399 AktG Rn. 70 ff.

574 *Hefendehl*, in: BeckOGK AktG, § 399 AktG Rn. 72 ff.

Der Streit um die objektive Komponente des besonderen Zweckerfordernisses lenkt die Aufmerksamkeit auf die Frage nach dem dogmatischen Charakter der Strafnorm, indem er ein Mindestmaß an qualitativen Anforderungen an die Beschaffenheit des Äußerungsvorgangs zur Debatte stellt. Wenn die Tathandlung objektiv geeignet sein muss, eine Eintragung zu bewirken, wird sie einer einzelfall- und rechtsgutsbezogenen Wahrscheinlichkeitsprüfung unterzogen; Inhalt der Prüfung der Eintragungserheblichkeit ist die Frage, ob das konkrete Verhalten des Täters aus seiner Sicht *ex ante* die realistische Gefahr in sich trägt, eine Eintragung herbeizuführen. Die Befähigung des konkreten Verhaltens, zum Erfolg der Rechtsgutsverletzung zu führen, wird auf den Prüfstand gestellt. Wird die konkrete Geeignetheit des Täterverhaltens für eine Rechtsgutsverletzung in das Prüfungsprogramm aufgenommen, bestraft die korrespondierende Norm nicht typischerweise gefährliches Verhalten. In einem solchen Fall wird die Frage nach der Strafbewehrung anhand einer konkreten Beziehung der Tathandlung zum Rechtsgut, hier die Integrität und Funktionsfähigkeit des Handelsregisters sowie die Vollständigkeit und Wahrhaftigkeit öffentlicher Informationen, bewertet. Über das Merkmal „zum Zweck der Eintragung“ wird das Rechtsgut in das tatbestandlich vorausgesetzte Prüfungsprogramm integriert und fristet nicht nur ein Dasein als Motiv zur Schaffung der Strafnorm. Die § 399 I Nr. 1, 3, 4, 5, II AktG sind konkrete Gefährlichkeitsdelikte. Außerdem fordert der Tatbestand subjektiv die finale Verknüpfung zur manifesten Rechtsgutsbeeinträchtigung,[575] sodass sich die zugrunde liegende Tatbestandsstruktur mit der Pönalisierung eines gefährlichen Verhaltens nicht erschöpfend umschreiben lässt. Da die Eintragung in das Handelsregister als solche nicht rechtswidrig zu sein braucht, handelt es sich hierbei nicht um ein Vorbereitungsdelikt.

§ 399 I Nr. 2 und 6 AktG sehen eine besondere Zwecksetzung indessen nicht vor. Fraglich ist, wie es sich mit denjenigen Tatbestandsvarianten verhält, die auf das Merkmal „zum Zweck der Eintragung“ verzichten. Diese Tatbestandsvarianten verzichten auf das Vorliegen einer besonderen Absicht in der Person des Täters. Nach hier vertretener Auffassung bietet der Passus ein Einfallstor für konkrete Betrachtungen im Einzelfall. Umgekehrt würde sein Wegfall bedeuten, dass keine konkrete Gefährlichkeitsprognose angestellt und daher abstrakt gefährliches Verhalten sanktioniert werden würde. Etwas anderes könnte sich daraus ergeben, dass auch im Rahmen des Tatbestandmerkmals des „Verschweigens erheblicher Umstände“ eine Erheblichkeitsprüfung

575 *Altenhain*, in: KK-AktG, § 399 Rn. 100.

enthalten ist. *Hefendehl* setzt dieses Erfordernis inhaltlich mit der objektiven Komponente des Merkmals „zum Zweck der Eintragung“ gleich.[576] Richtig merkt er an dieser Stelle an, die beiden Tathandlungsalternativen des „Machens falscher Angaben“ und des „Verschweigens erheblicher Umstände“ sollten inhaltlich sachgerecht synchronisiert werden. Eine Erheblichkeitsprüfung ist demnach also – jedenfalls implizit – auch in der Tathandlungsalternative des „Machens falscher Angaben“ enthalten. Auch wird im Folgenden korrekt herausgearbeitet, dass mit dem Erheblichkeitserfordernis der verschwiegenen Umstände zunächst nur eine abstrakte Prüfung gemeint sein kann, in Rahmen derer die Eignung der fraglichen Informationen zur Irreführung – isoliert von den Umständen des Einzelfalls – überprüft wird.[577] Hier steht also die Eintragungsfähigkeit zur Debatte. Erst im zweiten Prüfungsschritt, der objektiv vorliegenden Eintragungserheblichkeit, findet – sofern vorhanden – eine Bewertung der Gesamtumstände des Einzelfalls statt, wie eben gezeigt. Diese vermeintlich zu vernachlässigende Unterscheidung ist für die Klassifizierung der jeweiligen Deliktsstrukturen von maßgeblicher Bedeutung. Eintragungsfähigkeit und Eintragungserheblichkeit unterscheiden sich in zwei Punkten. Zunächst einmal divergieren die jeweiligen Bezugsobjekte. Der Passus „zum Zweck der Eintragung“ nimmt sowohl grammatikalisch als auch teleologisch Bezug zur Tathandlung als Ganzes. Hier wird also die konkrete Gefährlichkeit des gesamten Äußerungsvorgangs in den Blick genommen.[578] Die Eintragungsfähigkeit umschreibt die Umstände näher, die verschwiegen oder über die falsche Angaben geäußert werden. Bezugsobjekt sind hierbei – isoliert betrachtet – ausschließlich einzelne Inhalte, auf die sich der Äußerungsvorgang bezieht, und nicht die Tathandlung. Gegenstand der Fragestellung sind Überlegungen zur generellen Geeignetheit der Angaben, eingetragen zu werden. Über die qualitative Beschaffenheit des Täuschungsvorgangs wird kein Urteil gesprochen. Fällt das Merkmal „zum Zweck der Eintragung“ weg, werden auch solche Falschangaben, die für die konkrete Eintragung ohne Belang sind, erfasst.[579] In verschiedenen Akzentuierungen wird auch hier eine restriktive Auslegung vorgeschlagen. Einige Stimmen in der Literatur stellen ab auf eine Wesentlichkeit der Falschangaben dergestalt, dass Informationen ohne

---

576 *Hefendehl*, in: BeckOGK AktG, § 399 AktG Rn. 119 verweist auf Rn. 88 und suggeriert damit den inhaltlichen Gleichlauf beider Tatbestandsmerkmale.

577 *Hefendehl*, in: BeckOGK AktG, § 399 AktG Rn. 85 f.

578 *Schaal*, in: StrafR Nebengesetze, § 399 AktG Rn. 32 verweist zutreffend auf die objektive Eignung des Tuns.

579 *Wittig*, in: MüKo AktG, § 399 Rn. 120.

signifikante Auswirkung auf die Wahrscheinlichkeit einer erfolgreichen Eintragung im Wege der teleologischen Reduktion aus dem Anwendungsbereich des Tatbestands herausgenommen werden sollten.[580] Eine andere Auffassung erkennt den qualitativen Unterschied zwischen den beiden Gruppierungen der Tatbestandsvarianten stärker an. Folglich nimmt sie eine Restriktion dergestalt vor, dass die tatgegenständlichen Umstände für die Eintragungserheblichkeit unerheblich sein können, jedoch in (irgendeinem) Zusammenhang mit dem einzutragenden Bezugsgegenstand stehen müssen.[581] Während die erstgenannte Auffassung mit dem Erfordernis der Eintragungsfähigkeit das Merkmal der objektiven Eignung zur Herbeiführung der Eintragung auch in diese Tatbestandsvarianten hineinliest, nimmt die zweite Auffassung eine gemäßigte Reduktion des Tatbestands vor. Hinreichend ist ein Mindestmaß an Sachbezug. In die Frage nach der Deliktsstruktur übersetzt, pönalisieren diese Tatbestandsvarianten nach erstgenannter Ansicht konkret gefährliches Verhalten, während nach zweitgenannter Ansicht abstrakt gefährliches Verhalten unter Strafe gestellt würde. Strafbarkeiten abstrakt gefährlichen Verhaltens fordern nicht eine Auseinandersetzung mit der Frage, wie es um die Eignung des Verhaltens im Einzelfall, die Herbeiführung des Erfolges – hier die Eintragung in das Handelsregister – bestellt war. Nach zweitgenannter Auffassung lassen sich auch im Einzelfall konkret ungefährliche, da eintragungsunerhebliche Inhalte, die das erforderliche Mindestmaß an Sachbezug aufweisen, unter die Tatbestandsvarianten ohne das Merkmal „zum Zweck der Eintragung fassen". Würde, mit *Hefendehl*, inhaltlich kein Unterschied zwischen der Eintragungsfähigkeit und der Eintragungserheblichkeit bestehen, wäre die objektive Komponente des Merkmals „zum Zweck der Eintragung" *per se* redundant. Sie könnte keinerlei strafbarkeitsbegrenzende Wirkung entfalten, da sie im Vergleich zur Eintragungsfähigkeit qualitativ keine eigenständige Funktion erfüllen würde. Indem im Rahmen der Eintragungsfähigkeit ein abstrakt vorhandener Sachzusammenhang zwischen Umstand und Eintragungsgegenstand überprüft wird und erst im Rahmen der objektiven Komponente des Zweckerfordernisses eine konkrete Betrachtung angestellt wird, ist eine sachgerechte Differenzierung zwischen den einzelnen Tatbestandsvarianten möglich. Auch ein Vergleich zu der Systematik innerhalb des § 331 I HGB unterstreicht diese Unterscheidung. Hier wird die Erheblichkeit an den Verstoß, d. h. die unrichtige Darstellung,

580 *Hefendehl*, in: BeckOGK AktG, Rn. 216 f.; *Wittig*, in: MüKo AktG, Rn. 121 ff.

581 *Eidam*, in: HK-KapMarktStrafR, § 399 AktG Rn. 67; *Müllers-Michaels*, in: *Hölters*-AktG, § 399 Rn. 64 f.; *Schaal*, in: StrafR Nebengesetze, § 399 Rn. 56 ff.

geknüpft. Dagegen knüpft bei der hiesigen Verschweigensalternative die Erheblichkeit nicht an das Verschweigen, sondern an die Umstände an. Auch in den Fällen des § 331 I Nr. 1a, 3 HGB entsteht beim Merkmal „zum Zweck der Befreiung" nicht das Bedürfnis einer einzelfallgerechten Beschränkung.[582] Sofern also im Rahmen von § 399 AktG die Eintragungserheblichkeit an das Merkmal „zum Zweck der Eintragung" geknüpft wird, muss dies auch auf die anderen Varianten Ausstrahlungswirkung haben.

Im Ergebnis stellt § 399 I Nr. 1, 3, 4, 5, II AktG in seinen Tatbestandsvarianten ein konkretes Gefährlichkeitsdelikt mit der besonderen subjektiven Komponente der Absicht, eine Handelsregistereintragung bzw. eine Aktieneinführung zu erreichen, dar. Demgegenüber wird in § 399 I Nr. 2, 6 AktG abstrakt gefährliches Verhalten unter Strafe gestellt.

c) Falsche Angaben gegenüber einem Prüfer

In § 331 I Nr. 4 Var. 1 HGB, § 400 I Nr. 1 Var. 1 und II HGB, § 147 II Nr. 2 Var. 1 GenG, § 17 Nr. 4 Var. 1 PublG sowie § 313 I Nr. 2 Var. 1 UmwG wird jeweils die Einhaltung von Prüfungen sichergestellt. Daher bedrohen die Tatbestände das Tätigen falscher Angaben gegenüber einem Prüfer bzw. einer Prüfungsgesellschaft mit Strafe. Unter den Falschangabedelikten gegenüber einem Prüfer stellt der § 331 I Nr. 4 Var. 1 HGB das Primat dar. Andere spezialgesetzliche Ausgestaltungen enthalten Subsidiaritätsklauseln, sodass der handelsrechtliche Straftatbestand bei Einschlägigkeit Vorrang genießt.[583] Infolge der strukturellen und konzeptionellen Vergleichbarkeit der einzelnen Erscheinungsformen[584] dieses Delikts kann im Wege der Beleuchtung des § 331 I Nr. 4 Var. 1 HGB die zugrunde liegende Deliktsstruktur einschließlich derjenigen seiner spezialgesetzlichen Ableger erschöpfend erörtert werden.

aa) Rechtsgut

Die Vorschrift schützt vor gefährlichen Falschinformationen gegenüber Abschlussprüfern.[585] Im Rahmen der Ausführungen zur unrichtigen Darstellung angestellte Überlegungen[586] zum Rechtsgut beanspruchen auch hier Geltung. Auch hier bilden die Richtigkeit und Vollständigkeit der Informationen

582 Zu § 331 HGB s. u. C. I. 1. c) u. C. I. 2.
583 *Leplow*, in: MüKo StGB, § 331 HGB Rn. 156.
584 *Raum*, in: WJS-WiStrafR, Rn. 12.69 ff.
585 *Eidam*, in: HK-KapMarktStrafR, § 331 HGB Rn. 100.
586 Eingehend dazu C. I. 2. a).

über die Verhältnisse der Kapitalgesellschaft oder des Konzerns den zentralen Schutzzweck der Norm. Geschützt wird vor Falschinformationen über die Verhältnisse der Kapitalgesellschaft, indem sie vor einer unrichtigen Darstellung, d. h. der unrichtigen Wiedergabe oder Verschleierung, bewahrt werden sollen.[587]

bb) Tatbestandsstruktur

Tathandlung des § 331 I Nr. 4 Var. 1 HGB ist das Äußern falscher Angaben[588] in Aufklärungen und Nachweisen[589] gegenüber Abschlussprüfern. Im Regelungszusammenhang mit den übrigen Tatbestandsvarianten des § 331 I Nr. 4 HGB stellt sich die Frage, ob die Falschangabe gegenüber einem Prüfer wie die Tathandlungen der unrichtigen Wiedergabe oder Verschleierung einen Erheblichkeitsvorbehalt[590] unterliegt. In systematischer Sicht wird hiergegen eingewendet, § 331 I Nr. 4 Var. 1 HGB müsse nicht gegenüber einem korrespondierenden Bußgeldtatbestand abgegrenzt werden. Zudem sei der Erheblichkeitsvorbehalt an das Merkmal der „Wiedergabe" geknüpft.[591] Eine grammatikalische Untersuchung des § 331 I Nr. 4 HGB stützt diese Auffassung. Der gewählte Satzbau unterscheidet dezidiert zwischen den unrichtigen Angaben einerseits und der

587 *Lauterwein/Xylander*, in: ERST-WiStR, § 331 HGB Rn. 5 ff.

588 Obwohl die Vorschrift das Verschweigen erheblicher Umstände nicht explizit erfasst, kann die Abgabe unvollständiger Angaben ein unrichtiges Bild erzeugen, wenn relevante Umstände verschwiegen werden; durch das Verschweigen relevanter – besser gesagt: erheblicher – Umstände werden Angaben gewöhnlich unrichtig. In letzter Konsequenz erfasst § 331 I Nr. 4 Var. 1 HGB darum auch einen weiten Anwendungsbereich des Verschweigens erheblicher Umstände, s. *Waßmer*, in: BeckOGK HGB, § 331 HGB Rn. 248 ff.; *Eidam*, in: HK-KapMarktStrafR, § 331 HGB Rn. 101.

589 Eine nähere Konkretisierung der Aufklärungen und Nachweise, die tauglicher Gegenstand dieser Tatbestandsvariante sein können, ergibt sich aus dem Regelungszusammenhang mit § 320 HGB. § 320 II 1 HGB befugt den Abschlussprüfer alle Aufklärungen und Nachweise zu verlangen, die für eine sorgfältige Prüfung vonnöten sind. Strafrechtlich relevant sind nur solche Aufklärungen und Nachweise, die auf von dem Auskunftsrecht nach § 320 HGB gedeckte Inhalte bezogen sind und die der Prüfer verlangt hat, s. *Waßmer*, in: BeckOGK HGB, § 331 Rn. 242 ff.; *Klinger*, in: MüKo HGB, § 331 Rn. 83. *Eidam*, in: HK-KapMarktStrafR, § 331 HGB Rn. 101.

590 Zur Erheblichkeitsprüfung im Rahmen der unrichtigen Darstellung s. u. C. I. 2. b).

591 *Altenhain*, in: HKMS-Bilanzrecht, § 331 HGB Rn. 140; *Schuster*, in: Rechnungslegung Kommentar, Rn. 21.66.

unrichtigen Wiedergabe bzw. Verschleierung der Unternehmensverhältnisse andererseits.

Bisweilen wird zusätzlich gefordert, dass die Aufklärungen und Nachweise aus Sicht des Täters Auswirkungen auf das Prüfungsergebnis haben können.[592] Fraglich ist, ob die Prüfungspunkte „Erheblichkeit des Verstoßes“ und „Möglichkeit der Auswirkungen von Nachweisen und Aufklärungen auf das Prüfungsergebnis“ inhaltlich deckungsgleich sind. In der Sache könnte es sich bei beiden Prüfungspunkten um eine Beurteilung der drohenden Folgen für das Rechtsgut der Richtigkeit, Klarheit und Vollständigkeit der Auskunft handeln. Denn Aufklärungen und Nachweise, die aus Sicht des Täters für das Prüfungsergebnis keine Rolle spielen, könnten für das Gesamtbild der Gesellschafterverhältnisse kaum von erheblicher Bedeutung sein. Eine solche Auffassung verkennt die Bezugspunkte der beiden Wesentlichkeitsvorbehalte. Die Erheblichkeit des Verstoßes fragt, inwiefern bei dem Prüfer ein falscher Eindruck über die Verhältnisse der Gesellschaft entstehen kann. Im Zentrum stehen hier Überlegungen zur Gefährlichkeit der jeweiligen Tathandlung für Richtigkeit, Klarheit und Vollständigkeit der Auskunft. Ob Nachweise oder Aufklärungen aus Sicht der Täters Auswirkungen auf das Prüfungsergebnis haben könnten, sagt noch nichts darüber aus, wie der Täter mit diesen Inhalten weiterverfahren möchte. Anders gesagt, wird – technisch betrachtet – in diesem Prüfungspunkt noch keine Aussage über die Tathandlung und ihre Beschaffenheit getroffen. Es handelt sich vielmehr um die ihr vorgelagerte Frage nach der Beschaffenheit des Bezugsobjekts der Tathandlung. In diesem Schritt wird noch nicht beantwortet, ob der Täter auch in deliktischer Weise mit diesen Informationen umgeht, sondern, ob sie irgendeine Relevanz haben. Ob der Täter sich dazu hinreißen lässt, falsche Angaben über die tatgegenständlichen Aufklärungen und Nachweise zu tätigen, wird in diesem Prüfungsschritt nicht näher beleuchtet. Der Prüfungspunkt weist – isoliert betrachtet – noch keinen Unwertgehalt auf. Da taugliche Tatgegenstände gem. § 320 II 1 HGB von vornherein nur solche Aufklärungen und Nachweise sein können, die für eine sorgfältige Prüfung notwendig sind,[593] müssen sie aus Sicht des Täters auch Auswirkungen aufs Prüfungsergebnis haben können. Aus dem zusätzlichen Erfordernis der „Möglichkeit der Auswirkungen von Nachweisen und Aufklärungen auf das

592 *Leplow*, in: MüKo StGB, § 331 HGB Rn. 117; *Klinger*, in: MüKo HGB, § 331 Rn. 84; a. A. *Altenhain*, in: HKMS-Bilanzrecht, § 331 HGB Rn. 137; *Waßmer*, in: BeckOGK HGB, § 331 Rn. 248 ff.

593 *Langseder*, in: HdB-GmbH, § 9 Rn. 277.

Prüfungsergebnis“ lassen sich keine zusätzlichen materiellen Anforderungen ableiten. Inhaltlich betrachtet, entpuppt sich dieses Erfordernis also als redundant, da es entweder – wie hier vertreten – nicht an die Tathandlung als solche als Bezugsobjekt anknüpft und daher in den Anforderungen des § 320 II 1 HGB aufgeht oder der Sache nach das Prüfungsprogramm des Erheblichkeitsvorbehalts iteriert. Da § 331 I Nr. 4 Var. 1 HGB die Richtigkeit, Klarheit und Vollständigkeit der Auskunft, nicht aber die Erfüllung der Auskunftspflicht als solche[594] schützt, erfasst die Strafvorschrift nicht das vollständige Verweigern einer Auskunft.[595]

Die unrichtigen Angaben gelten als gemacht, wenn sie in die Sphäre des Adressaten gelangt sind.[596] Für den Zeitpunkt der Vollendung kommt es also auf den Zugang bzw. das Zugänglichmachen an. Während die Kenntnisnahme des Abschlussprüfers Taten nach § 331 I Nr. 4 Var. 1 HGB beendet, markiert der Zeitpunkt der Möglichkeit seiner Kenntnisnahme die Vollendung der Tat.[597] Für mündliche Erklärungen muss dies zumindest durch eine Unterscheidung im Rahmen einer juristischen Sekunde gelten, diese müssen wahrgenommen, nicht jedoch kognitiv verarbeitet werden.[598] Unerheblich für Fragen der Vollendung sind Täuschungs- oder Schädigungserfolge.[599]

cc) Deliktsstruktur

Infolge des strukturellen Gleichlaufs der Tathandlungen der Falschangabedelikte gegenüber dem Registergericht einerseits und dem Prüfer andererseits beanspruchen Ausführungen zur Deliktsstruktur[600] der Falschangabedelikte gegenüber einem Registergericht auch hier Geltung. Wie sich anhand des Vollendungszeitpunkts aufzeigen lässt, ist eine Erfolgskomponente in Form

594 Diese wird von § 334 I Nr. 5 HGB geschützt.

595 *Grottel/Hoffmann*, in: BeBiKo, § 331 HGB Rn. 45.

596 *Eidam*, in: HK-KapMarktStrafR, § 331 HGB Rn. 104.

597 *Waßmer*, in: BeckOGK HGB, § 331 HGB Rn. 271 ff.; *Weiß*, in: MüKo StGB, § 400 AktG Rn. 67 f.; *Hefendehl*, in: BeckOGK AktG, § 400 AktG Rn. 187; a. A. *Schaal*, in: StrafR Nebengesetze, § 400 AktG Rn. 69, wonach Beendigung keine Kenntnisnahme voraussetzt.

598 So allgemein *Schaal*, in: StrafR Nebengesetze, § 400 AktG Rn. 68; nicht differenzierend nach mündlicher oder schriftlicher Erklärung *Hefendehl*, in: BeckOGK AktG, § 400 Rn. 184 ff.; *Leplow*, in: MüKo StGB, § 331 HGB Rn. 145; a. A. *Waßmer*, in: BeckOGK HGB, § 331 Rn. 271 ff.

599 *Ransiek*, in: ARR-WiStrafR, 8/1 Rn. 29.

600 S. o. C. I. 1. b) cc).

eines Verletzungs- oder Gefährdungserfolgs den hier untersuchten Falschangabedelikten insgesamt fremd. Bestraft wird das Verhalten des Täters ohne Bezugnahme auf eingetretene Konsequenzen. Zu fragen bleibt demnach, ob § 331 I Nr. 4 Var. 1 HGB konkret oder abstrakt gefährliches Verhalten unter Strafe stellt. Die Untersuchung der Falschangabedelikte gegenüber dem Registergericht hat ergeben, dass das Äußern falscher Angaben per se abstrakt gefährliches Verhalten darstellt, das unabhängig von seiner konkreten Beziehung zum Rechtsgut strafbewehrt ist. Erst durch das zusätzliche Tatbestandsmerkmal der Eintragungserheblichkeit gewinnen die Tatbestandsvarianten eine konkrete Dimension. Übertragen auf die hiesige Lage dürfte daher die systematische Verortung des Erheblichkeitsvorbehalts den entscheidenden Ausschlag für die Klassifizierung der Deliktsstruktur geben. Nach hier dargelegter Auffassung sprechen die überzeugenderen Argumente für die Verknüpfung des Erheblichkeitsvorbehalts mit dem Tatbestandsmerkmal der „unrichtigen Wiedergabe oder Verschleierung der Verhältnisse der Gesellschaft oder des Konzerns". § 331 I Nr. 4 Var. 1 HGB bestraft daher als abstraktes Gefährlichkeitsdelikt abstrakt gefährliches Verhalten.

2. Unrichtige Darstellung

Die unrichtige Darstellung der Verhältnisse der Gesellschaft stellt die zentrale Tathandlung im Rahmen des Rechnungslegungs- und Bilanzstrafrechts dar.[601] Zahlreiche Nebengesetze, teils rechtsformspezifisch,[602] teils berichtsspezifisch,[603] belegen das unrichtige Wiedergeben oder Verschleiern der Verhältnisse der Gesellschaft mit Strafe.[604] Neben den spezialgesetzlichen Ausgestaltungen in § 400 I Nr. 1, 2 Var. 2 und 3 AktG, § 82 II Nr. 2 GmbHG, § 147 II Nr. 1, II Nr. 2 Var. 2 und 3 GenG, § 17 Nr. 1, 2, 4 Var. 2 und 3 PublG sowie § 313 I Nr. 1, 2 Var. 2 und 3 UmwG und der Erweiterung des Personen- und Unternehmenskreises in §§ 335b, 340m, 341p HGB, § 53 SEAG bildet § 331 I 1, 2, 4 Var. 2 und 3 HGB den Kerntatbestand der unrichtigen Darstellung.[605] Andere Erscheinungsformen der unrichtigen Darstellung unterfallen entweder einer Subsidiaritätsklausel[606] oder fungieren als Verweisnorm[607]. Im

601 *Waßmer*, ZIS 2011, 648 (648 f.).
602 *Ransiek*, in: ARR-WiStrafR, 8/1 Rn. 1.
603 *Grottel/Hoffmann*, in: BeBiKo, § 331 HGB Rn. 55 ff.
604 *Stackmann*, NJW 2013, 1985 (1987).
605 *Wagenpfeil*, in: MGH-WiStR, Rn. 40.50 ff.
606 So etwa § 400 I AktG, § 82 II Nr. 2 GmbHG und § 313 I UmwG.
607 So etwa §§ 335b, 340m HGB.

Ganzen betrachtet, stehen die übrigen Tatbestände der unrichtigen Darstellung – verschiedentlich abgestuft – in einem akzessorischen Verhältnis zu dem Primat des § 331 I HGB. Soweit es also die grundlegende Deliktsstruktur der Strafbarkeit der unrichtigen Darstellung zu klären gilt, genügt eine vertiefte Auseinandersetzung mit der Tatbestandsstruktur des § 331 I HGB. Strukturell betrachtet, differenziert der § 331 I HGB zwischen der unrichtigen Darstellung in Abschlüssen und Berichten gem. § 331 I Nr. 1, 2 HGB, der Offenlegung solcher Abschlüsse und Berichte gem. § 331 I Nr. 1a, 3 HGB sowie der unrichtigen Darstellung in Aufklärungen und Nachweisen gem. § 331 I Nr. 4 HGB.[608] Diese unterschiedlichen Tatbestandsstrukturen spielen indes für die darunterliegende Deliktsstruktur, wie zu zeigen sein wird, keine signifikante Rolle.

a) Rechtsgut

§ 331 HGB schützt vor der unrichtigen Darstellung der wertbildenden Verhältnisse der Gesellschaft. Dahinter steht der Gedanke, durch ein transparentes Verfahren der Rechnungslegung könnte der bestehenden Gefahr des unerwarteten Haftungsausfalls einer Kapitalgesellschaft entgegengewirkt werden.[609] In jüngerer Zeit haben spektakuläre Fälle von Bilanzmanipulationen nicht zuletzt wegen ihrer erheblichen gesellschaftlichen Folgen enorme mediale Aufmerksamkeit auf sich gezogen.[610] Im Anschluss daran ist die Vorschrift auch in den Fokus der Strafrechtswissenschaft geraten.[611] Die Frage nach der Schutzrichtung des Bilanzstrafrechts nach §§ 331 ff. HGB blickt unmittelbar auf kaufmännische Normen der Rechnungslegung, die infolge der Akzessorietät der jeweiligen Straftatbestände deren Ausgestaltung maßgeblich bestimmen.[612] Handelsrechtliche Straftatbestände können demzufolge nur im Kontext ihres Schutzauftrags betrachtet werden. Kraft ihres blankettartigen Charakters füllen außerstrafrechtliche Normen des Bilanzrechts den inhaltlichen Gehalt ihres Schutzzwecks aus.[613] Da sie die Einhaltung zivilrechtlicher Bilanznormen[614] zusätzlich strafrechtlich absichern sollen, kann ihr Schutzzweck in der Absicherung der Bilanzierungszwecke gesehen werden. In der Sache handelt es sich also um die

608 *Waßmer*, in: BeckOGK HGB, § 331 HGB Rn. 1.

609 *Becker/Endert*, ZGR 2012, 699 (612 f.); *Kiethe*, NStZ 2004, 73 (73 f.).

610 *Hefendehl*, ZStW 119 (2007), 816 (816 f.); *Waßmer*, ZIS 2011, 648 (648).

611 *Peemöller u. a.*, Bilanzskandale, S. 29 ff., 39 ff.

612 *Hagedorn*, Bilanzstrafrecht, S. 23 f.; in Rekurs auf *Hohmann*, ZIS 2007, 38.

613 *Ransiek/Hüls*, ZGR 2009, 157 (162 f.).

614 *Niewerth*, Strafrechtliche Verantwortlichkeit, S. 49, 64.

Dokumentation bzw. Rechenschaftslegung sowie die Informationsvermittlung der Verhältnisse der Kapitalgesellschaft.[615] Zutreffend stellen also die Richtigkeit und Vollständigkeit der Informationen über die Verhältnisse der Kapitalgesellschaft oder des Konzerns den primären Schutzzweck der Norm dar.[616] Zunehmende Anonymität im (internationalen) Wirtschaftsverkehr schafft das Bedürfnis nach einem extensiveren Informationsaustausch zwischen potenziellen Handelspartnern zwecks Risikominimierung.[617] Da Informationsaustausch im Wirtschaftsleben niemals vollumfänglich[618] vonstatten geht und also Informationsasymmetrie[619] herrscht, muss der Informationsempfänger sich auf die in Jahresabschlüssen vermittelten Informationen verlassen können. Jahresabschlüsse leisten auf diese Weise einen unverzichtbaren Beitrag zur Herstellung von Informationsparität. Die Verlässlichkeit bestimmter Informationen gleicht vorhandene Intransparenzen bzw. Wissenslücken bei der Entscheidungsfindung aus.[620] Die richtige, vollständige und wahrhaftige Informationsvermittlung in Eröffnungsbilanzen, Jahres- oder Konzernabschlüssen, Lageberichten oder Zwischenabschlüssen soll dem Adressatenkreis folglich eine ausgewogene und rationale Entscheidungsgrundlage für sein Verhalten auf dem Kapitalmarkt vermitteln.[621] Überlegungen zur Deliktsstruktur des § 331 HGB sind demnach an diesem Rechtsgut auszurichten.

b) Tatbestandsstruktur

Unabhängig von dem tatbestandsspezifischen Darstellungsmedium – Eröffnungsbilanz, Abschluss, Bericht, Aufklärung oder Nachweis – stellen die Verhältnisse der Gesellschaft[622] den materiellen Kern des Tatgegenstands dar.

---

615 *Hagedorn*, Bilanzstrafrecht, S. 29 ff.; *Pfitzer/Oser*, in: HdB-Bilanzrecht, Kap. 2 Rn. 1 ff.; *Schüppen*, Bilanzstrafrecht, S. 97 f.

616 *Krämer*, NZWiSt 2013 (8), 286 (291).

617 *Krämer*, NZWiSt 2013 (8), 286 (294).

618 *Hefendehl*, Kollektive Rechtsgüter, S. 255.

619 *Klein*, Internationale Rechnungslegung, S. 66; *Schredelseker*, in: FS v. Wysocki, S. 140 f.

620 *Krämer*, NZWiSt 2013 (8), 286 (289 f.); auch schon *Tiedemann*, JZ 1986, 865 (867).

621 *Krämer*, NZWiSt 2013 (8), 286 (292 ff.).

622 Zweifel an der Verfassungskonformität infolge bestehender Spannungen zum Bestimmtheitsgebot nach Art. 103 II GG konnten nach dem Dafürhalten des Bundesverfassungsgerichts beseitigt werden, s. BVerfG NJW-RR 2006, 1627 (1628); für § 400 I Nr. 1 AktG BVerfG BKR 2007, 38; a. A. *Bücklers*, Bilanzfälschung, S. 119 f.

Dem Begriff der Verhältnisse der Gesellschaft liegt ein weites[623] Verständnis zugrunde, das im Grundsatz alle Tatsachen, Umstände, Daten, Vorgänge oder Schlussfolgerungen, die von signifikanter Bedeutung für die vergangene oder gegenwärtige Lage der Gesellschaft sein können oder eine Prognose auf die zukünftige Entwicklung zulassen, einschließt.[624] Der Tatbestand der unrichtigen Darstellung kennt als Tathandlungen die unrichtige Wiedergabe und Verschleierung der Verhältnisse der Gesellschaft sowie die Offenlegung von Berichten oder Abschlüssen, die solche Wiedergaben oder Verschleierungen zum Inhalt haben. Um eine unrichtige Darstellung festzustellen, dienen die objektiven Gegebenheiten der Verhältnisse innerhalb der Gesellschaft nach Maßgabe von Rechnungslegungsnormen und Grundsätzen ordnungsgemäßer Buchführung als Orientierung.[625] Insgesamt muss in den Darstellungen also ein adäquates Bild von den wahrhaftigen Verhältnissen skizziert werden, um den Vorwurf der Unrichtigkeit abzuwenden.[626] Davon ist auszugehen, wenn die Grundsätze der ordentlichen Buchführung sowie die internationalen

---

623 Einer rechtsgutsbezogenen Restriktion auf wirtschaftliche Indikatoren bedarf es nicht, da zum einen auch nichtfinanzielle Implikationen erhebliche Auswirkungen auf die wirtschaftliche Lage und Entwicklung eines Unternehmens haben können und zudem die extensive Definition der Verhältnisse der Gesellschaft dadurch entschärft wird, dass der Verstoß, d. h. die Tathandlung, einem Evidenz- und Erheblichkeitsvorbehalt unterliegt, s. BVerfG NJW-RR 2006, 1627 (1628); BGH NStZ 2018, 105 (110); BGH NJW 2017, 578 (581); BGH NStZ 2018, 540 (541); LG Hamburg AG 2015, 368; für § 400 I Nr. 1 AktG der Idee nach schon OLG Frankfurt a. M. wistra 2003, 196; dazu *Eidam*, in: HK-KapMarktStrafR, § 331 HGB Rn. 18 f.; *Köllner/Cyrus*, NZI 2017, 521 (522); *Leplow*, in: MüKo StGB, § 331 HGB Rn. 45 ff.; *Schorse*, in: BeckOK HGB, § 331 Rn. 5; *Waßmer*, in: BeckOGK HGB, § 331 Rn. 158 f.; s. a. *Böcking u. a.*, in: EBJS-HGB, § 331 HGB Rn. 6 f.; *Olbermann*, in: GJW-WiStR, § 331 HGB Rn. 22; zur Beschränkung auf wirtschaftliche Indikatoren s. *Dannecker*, in: *Staub*-HGB, § 331 Rn. 49; s. a. *Bücklers*, Bilanzfälschung, S. 111 f.; *Gratopp*, Bilanzdelikte, S. 225 ff.; *Klinger*, in: MüKo HGB, § 331 Rn. 50 ff.; *Müller-Jacobson*, in: FS Müller, S. 513; *Otto*, in: *Heymann*-HGB, § 331 Rn. 22; *Wolf*, StuB 2009, 909 (912).

624 *Arnhold*, Auslegungshilfen, S. 19 ff.; *Becker/Endert*, ZGR 2012, 699 (714); *Grottel/Hoffmann*, in: BeBiKo, § 331 HGB Rn. 17; *Leplow*, in: MüKo StGB, § 331 HGB Rn. 46 ff.; *Spatscheck/Wulf*, DStR 2003, 173 (174); *Wagenpfeil*, in: MGH-WiStR, Rn. 40.57; *Waßmer*, in: BeckOGK HGB, § 331 Rn. 158 f.

625 BGH NStZ 2018, 540 (541).

626 *Waßmer*, in: BeckOGK HGB, § 331 Rn. 159.

Rechnungslegungsvorschriften eingehalten sind.[627] Unrichtig wiedergegeben sind die Verhältnisse der Gesellschaft, wenn die geschilderte wirtschaftliche Lage der Gesellschaft im Tatzeitpunkt nicht mit der objektiven Sachlage übereinstimmt. Neben Tatsachen können auch Bewertungen, Schätzungen, Prognosen und Schlussfolgerungen, soweit sie auf einem Tatsachenkern fußen, erfasst sein. Die Unrichtigkeit kann sowohl auf falschen Tatsachen(-grundlagen) als auch auf falschen Interpretationen bzw. Bewertungen[628] beruhen. Ausschlaggebend für die Unrichtigkeit der Wiedergabe ist die subjektiv-normative Sicht[629] eines ordentlichen und gewissenhaften, bilanzkundigen Kaufmanns. Es kommt entscheidend auf die Erkenntnismöglichkeiten im Zeitpunkt der Tatbegehung an. Durfte der Handelnde hiernach davon ausgehen, dass die Bilanzierung bzw. Bewertung richtig sei, liegt keine Unrichtigkeit vor. Sofern er diese Prognosestringenz einhält, sind nachträglich abweichende Entwicklungen irrelevant.[630] Als weitere Tathandlungsvariante führt § 331 HGB das Verschleiern ein. Hier leidet die Darstellung nicht unter objektiven Fehlern. Gleichwohl leidet ihre Erkennbarkeit in diesen Fällen dergestalt, dass *in toto* ein unzutreffendes Bild kommuniziert wird. Diese Handlungsalternative fristet nicht zuletzt auch infolge ihres vagen Begriffsinhalts[631] ein Dasein als Auffangtatbestand für Sachverhaltskonstellationen[632], in denen ohne konkrete Fehler

---

627 *Ransiek*, in: ARR-WiStrafR, 8/1 Rn. 50 ff.; während sich die unrichtige Darstellung auf die Bilanzwahrheit, also die objektive Richtigkeit, bezieht, zielt die Verschleierung auf die Bilanzklarheit, also die Übersichtlichkeit und damit Form der Darstellung ab. In der Praxis greifen Bilanzklarheit und -wahrheit jedoch ineinander, die Übergänge sind mithin fließend. Diese theoretische Distinktion ist folglich in der praktischen Handhabung von untergeordneter Bedeutung, s. *Raum*, in: WJS-WiStrafR, Rn. 12.43.

628 Unrichtig sind Interpretationen bzw. Bewertungen erst, wenn auf Grundlage einer zutreffenden Faktenbasis eine schlichtweg unvertretbare Wertung angestrengt wird. Wissenschaftlich fundierte Mindermeinungen müssen im Rahmen des Vertretbaren akzeptiert werden. Das Verfechten unkonventioneller, aber tragfähiger Rechtsauffassungen darf nicht mit Strafe bedroht werden, um eine Fortentwicklung des Rechts nicht unzulässig zu vereiteln, s. *Wegner*, GWR 2010, 149.

629 *Schneider*, ZIP 2020, 400; *Schulze-Osterloh*, ZHR 2015, 9 (39).

630 Im Ganzen *Ransiek*, in: ARR-WiStrafR, 8/1 Rn. 50 ff.; s. a. *Eidam*, in: HK-KapMarktStrafR, § 331 HGB Rn. 21; *Raum*, in: WJS-WiStrafR, Rn. 12.45; *Wagenpfeil*, in: MGH-WiStR, Fn. 40.58 ff.; *Waßmer*, in: BeckOGK HGB, § 331 Rn. 161 ff.

631 *Raum*, in: WJS-WiStrafR, Rn. 12.46.

632 Denkbare Sachverhaltskonstellation etwa bei *Olbrich/Furhmann*, AG 2011, 326.

dennoch insgesamt ein verzerrtes Bild gezeichnet wurde.[633] Drittens kommt die Offenlegung[634] bestimmter Berichte oder Abschlüsse, in denen Verhältnisse der Kapitalgesellschaft unrichtig wiedergegeben oder verschleiert werden, als Tathandlung infrage. Die Tatbestände des § 331 I HGB sind mit Zugang bzw. Zugänglichmachen (§ 331 I Nr. 1, 2, 4 Var. 2 und 3 HGB) respektive mit Einreichung samt Bekanntmachungsauftrag vollendet.[635] In beiden Varianten kommt es nicht auf die Kenntnisnahme durch einen Adressaten an. Ein Täuschungs- oder gar Schädigungserfolg muss sich nicht manifestieren;[636] in den Fällen der Offenlegung muss auch keine Befreiung[637] erreicht werden. Die unrichtige Darstellung nach § 331 I Nr. 1, 2, 4 Var. 2 und 3 HGB bedarf mindestens *dolus eventualis* hinsichtlich aller objektiver Tatbestandsmerkmale.[638] Bei der Offenlegung einer solchen unrichtigen Darstellung gem. § 331 I Nr. 1a, 3 HGB genügt indes nach § 331 II HGB eine leichtfertige Offenlegung. Gleichzeitig muss der Täter in der Offenlegungsvariante den besonderen Zweck der Befreiung nach § 325 IIa 1 HGB (§ 331 I Nr. 2 HGB) bzw. §§ 291 I, II, 292 HGB erreichen wollen, d. h., er muss Befreiungsabsicht aufweisen.[639]

Aufgrund des systematischen Regelungszusammenhangs mit den Ordnungswidrigkeitentatbeständen in § 334 I HGB unterliegt die unrichtige Darstellung im Sinne von § 331 HGB schließlich noch einem ungeschriebenen Erheblichkeitsvorbehalt. Es muss das Gesamtbild der Verhältnisse der Gesellschaft beeinträchtigt werden – eine Frage, die sich unstrittig erst aufgrund einer Einzelfallbetrachtung beantworten lässt. Sowohl quantitative

---

633 *Eidam*, in: HK-KapMarktStrafR, § 331 HGB Rn. 322; *Eschenfelder*, BB 2014, 685 (687); *Ransiek*, in: ARR-WiStrafR, 8/1 Rn. 54; *Reck*, StuB 2000, 234 (237); *Spatscheck/Wulf*, DStR 2003, 173 (175); *Stahlschmidt*, StuB 2003, 107 (109); *Wagenpfeil*, in: MGH-WiStR, Rn. 40.60; *Waßmer*, in: BeckOGK HGB, § 331 Rn. 181 ff.; *Wittig*, WiStR, Rn. 29.22.

634 § 325 HGB enthält eine Legaldefinition für die Offenlegung, wonach damit der Prozess der Einreichung in elektronischer Form beim Betreiber des Bundesanzeigers und die Bekanntmachung im Bundesanzeiger gemeint ist, s. *Böcking u. a.*, in: EBJS-HGB, § 325 Rn. 1; tatbestandsmäßig verhält sich der Täter also, indem er den jeweiligen Konzernabschluss oder -bericht bzw. den Einzelabschluss einreicht und die Bekanntmachung in Auftrag gibt, s. *Grottel/Hoffmann*, in: BeBiKo, § 331 HGB Rn. 26.

635 *Lauterwein/Xylander*, in: ERST-WiStR, § 331 HGB Rn. 183 ff.

636 *Waßmer*, in: BeckOGK HGB, § 331 Rn. 271 ff.

637 *Eidam*, in: HK-KapMarktStrafR, § 331 HGB Rn. 68.

638 *Klinger*, in: MüKo HGB, § 331 Rn. 91 ff.

639 *Leplow*, in: MüKo StGB, § 331 HGB Rn. 127.

als auch qualitative Faktoren sind in Rechnung zu stellen. Den entscheidenden Ausschlag, ob eine Unrichtigkeit eine Bagatelle darstellt, können sowohl eine Vielzahl von Faktoren in der Gesamtschau als auch einzelne gravierende Unrichtigkeiten geben. Starre Grenzen, wie etwa prozentual quantifizierte Abweichungen, sind abzulehnen. In der Sache soll damit die Abgrenzung von den Bußgeldtatbeständen des § 334 I HGB dadurch erreicht werden, dass im Wege einer konkreten Betrachtung diejenigen Tatbegehungen, von denen eine realistische Gefährlichkeit für das Rechtsgut ausgeht, von marginalen deliktischen Handlungen abgegrenzt werden.[640]

c) Deliktsstruktur

Fraglich ist, welche Deliktsstruktur die Grundlage der unrichtigen Darstellung bzw. des Offenlegens einer unrichtigen Darstellung bildet. In einem ersten Schritt ist zu fragen, ob § 331 I HGB ein Erfolgscharakter im Sinne eines Verletzungs- bzw. konkreten oder potenziellen Gefährdungsdelikts aufweist. Tatbestandliche Vollendung wird indes von einer durch die Tathandlung bedingten und von ihr abgrenzbaren transitiven Wirkung erreicht. Dass der Eingang der unrichtigen Darstellung in die Sphäre des Adressaten und nicht die Zur-Kenntnisnahme der Informationen den relevanten Ausschlag für die Vollendung gibt, führt diesen Mangel eines transitiven Elements in der Tatbestandsstruktur am deutlichsten vor Augen. Trifft bspw. eine ordnungsgemäß angestellte Prognose, im Nachhinein betrachtet, nicht zu, lässt sich dadurch nicht *per se* ein strafbares Tatgeschehen begründen.[641] Bestraft wird hier also vielmehr die Gefährlichkeit einer Tathandlung, und zwar, ohne dass es im Rahmen des Straftatbestandes darauf ankäme, ob die Tathandlung im Rahmen einer *Ex-post*-Betrachtung nachteilige Konsequenzen mit sich brachte. Auf die Spitze getrieben, würde bspw. die Sachverhaltskonstellation, in der der Täter die unrichtige Darstellung abgegeben hat, die relevante Dokumentation

640 BVerfG NJW-RR 2006, 1627 (1628); BGH NStZ 2018, 105 (110); *Waßmer*, in: BeckOGK HGB, § 331 Rn. 185 ff.; *Eidam*, in: HK-KapMarktStrafR, § 331 HGB Rn. 18 f.; *Leplow*, in: MüKo StGB, § 331 HGB Rn. 47 f.; s. a. *Böcking u. a.*, in: EBJS-HGB, § 331 Rn. 6 f.; *Klose*, NZWiSt 2020, 59 (59); *Olbermann*, in: GJW-WiStR, § 331 HGB Rn. 22; *Schorse*, in: BeckOK HGB, § 331 HGB Rn. 5; *Wagenpfeil*, in: MGH-WiStR, Rn. 40.59; *Wittig*, WiStR, § 29 Rn. 28; für § 400 AktG LG Hamburg AG 2015, 368; BGH NJW 2017, 578 (581); *Köllner/Cyrus*, NZI 2017, 521 (522); der Idee nach auch schon OLG Frankfurt a. M. wistra 2003, 196.

641 *Eidam*, in: HK-KapMarktStrafR, § 331 HGB Rn. 21; *Raum*, in: WJS-WiStrafR, Rn. 12.45; *Schröder*, Aktienhandel und Strafrecht, S. 8.

jedoch im Gewahrsamsbereich des Adressaten abhandengekommen ist und daher Kenntnisnahme nie eintreten könnte, eine vollendete Strafbarkeit nach § 331 I HGB mit sich bringen. Wenn das Zugänglichmachen respektive die Einreichung samt Bekanntmachungsauftrag den Zeitpunkt der Vollendung markieren, mangelt es dem § 331 I HGB an einem Erfolgscharakter.[642] Mit dem Bekanntmachungsauftrag bzw. dem Zugang hat der Täter die Informationen dergestalt aus seinem Machtbereich entlassen, dass er die Möglichkeit der Kenntnisnahme nicht mehr steuernd in der Hand hält. Gleichzeitig ist das weitere Schicksal der Informationen – dogmatisch betrachtet – unerheblich. Ob die Informationen wahrgenommen werden, liegt außerhalb des tatbestandlich umschriebenen Sachverhalts. Bei § 331 I HGB kann es sich nur um ein Gefährlichkeitsdelikt handeln. Offen ist somit schließlich noch, ob § 331 I HGB die konkrete Gefährlichkeit eines Verhaltens oder abstrakt gefährliches Verhalten pönalisiert. Die entscheidenden Wegweiser für diese Fragestellung finden sich in der Funktion und Bedeutung des Erheblichkeitsvorbehalts, dem die Tathandlungen unterliegen. Danach muss die Unrichtigkeit oder Verschleierung die Verhältnisse der Gesellschaft insgesamt in ein täuschendes Licht rücken. Ein formaler Bruch mit Rechnungslegungsvorschriften führt nicht aus sich selbst heraus zu einer Strafbarkeit. Die ordnungswidrige Darstellung muss ein falsches Abbild von den Gesellschaftsverhältnissen in einem für die Bewertung der wirtschaftlichen Lage der Gesellschaft maßgeblichen Ausmaß produzieren.[643] Es genügt also nicht irgendeine oder jedwede Verzerrung der Verhältnisse, sondern erst eine von einem wesentlichen materiellen Gewicht. Diese Betrachtung ist ergebnisbezogen,[644] also der Einzelfallbetrachtung vorbehalten. Bemühungen der Rechtsprechung,[645] die Betrachtung auf abstrakter Ebene zu verankern, entpuppen sich als Feigenblatt. Schon begrifflich-logisch wirkt eine abstrakte Gesamtbetrachtung aller Umstände des Einzelfalls, wie sie der BGH vorschlägt,[646] oxymonorisch. Es leuchtet nicht ein, wie man das konkrete Schädigungspotenzial einer konkreten Tathandlung, im Ergebnis abstrakt – also isoliert von den konkreten Umständen des Einzelfalls – bewerten soll. Würde man die Erheblichkeit des Verstoßes abstrakt, also generalisierend, bestimmen können, spräche nichts dagegen, generelle und starre Rechengrößen als

642 *Waßmer*, in: BeckOGK HGB, § 331 Rn. 191 ff.
643 BGH NZWiStR 2018, 106 (113) m. Anm. *Gehm*.
644 *Raum*, in: WJS-WiStrafR, Rn. 12.49.
645 BGH NJW 2017, 578 (581); OLG Frankfurt a. M. wistra 2003, 196.
646 BGH NJW 2017, 578 (581).

Maßstab zu nehmen. Dies verbietet sich jedoch.[647] Indem die unrichtige Darstellung erst bei materieller Gewichtigkeit eine Strafbarkeit nach sich zieht, setzt sie die konkrete Gefährlichkeit der Tathandlung voraus. Die Erheblichkeit wird nicht primär an die Informationen gekoppelt, auf die sich die Tathandlung bezieht, sondern an die Tathandlung an solche.[648] Offensichtliche Täuschungsversuche fallen somit aus dem Anwendungsbereich der Norm, selbst wenn sie gewichtige Informationen zum Gegenstand haben. Nichts anderes ergibt sich mit Blick auf die Offenlegungsvariante. Der technische Unterschied zwischen den Tathandlungsmodalitäten in § 331 I Nr. 1, 2, 4 Var. 2 und 3 HGB einerseits und § 331 I Nr. 1a, 3 HGB andererseits mag in einem ersten Zugang bedeutsam wirken, spielt jedoch für die Deliktsstruktur eine zu vernachlässigende Rolle. Da der Täter eine Darstellung offenlegt, die den Voraussetzungen des § 331 I Nr. 1, 2, 4 Var. 2 und 3 HGB gerecht werden muss, sind an den Äußerungsvorgang im Rahmen der Offenlegung in der Sache die gleichen Anforderungen zu stellen. Etwas verkürzt gesprochen, liegt der Unterschied der Tathandlungen in der unrichtigen Wiedergabe bzw. Verschleierung der Verhältnisse der Gesellschaft einerseits und der unrichtigen bzw. verschleiernden Offenlegung der Verhältnisse der Gesellschaft andererseits. Unabhängig von der Tathandlung – unrichtige Darstellung oder unrichtige Offenlegung – greifen die gleichen Evidenz- und Erheblichkeitsschwellen. § 331 I Nr. 1, 1a, 2, 3, 4 Var. 2 und 3 HGB stellen konkrete Gefährlichkeitsdelikte dar.

3. Versicherungsmissbrauch

Im Zuge des 6. StrRG[649] umfassend neu geregelt, wirkt § 265 StGB nach gesetzgeberischem Willen der unbefugten Inanspruchnahme von Versicherungsleistungen entgegen. Wurden mit § 265 StGB a. F. noch vornehmlich gemeingefährliche Verhaltensweisen[650] sanktioniert, erfasst der § 265 StGB n. F. nach dem erklärten Willen des Gesetzgebers[651] auch *per se* nicht gemeingefährliche Tathandlungen. Infolgedessen kann sich die Schutzwirkung nicht

---

647 BGH NJW 2017, 578 (581).

648 LG Hamburg AG 2015, 368 (370 f.).

649 BGBl 1998 I, Art. 1 Nr. 61.

650 BGH wistra 1993, 224 (225); *Schröder*, JR 1975, 71 (74); krit. schon zur Vorgängerregelung *Krets*, Strafrechtliche Erfassung, S. 15 ff.; *von Rintelen*, Überindividuelle Rechtsgüter?, S. 14.

651 BT-DrS. 13/9064, S. 19 f.

mehr auf die Vereitelung gemeingefährlicher Verhaltensweisen beschränken.[652] § 265 StGB setzt im Vorfeld des Betruges an und bestraft Vorbereitungshandlungen zu einem Versicherungsbetrug nach § 263 I StGB. Bis dahin gleicht die Strafnorm der Idee nach den untersuchten §§ 264 ff. StGB[653] als kupiertes Betrugsderivat.[654] Indessen kann keine Rede von einem betrugsvorbereitenden Verhalten sein, wenn § 265 I StGB auch Verhaltensweisen umfasst, bei denen der Versicherungsnehmer einen Versicherungsanspruch erlangt.[655] Außerdem liegt – isoliert betrachtet – in der Manipulation der versicherten Sache selbst noch kein täuschendes Verhalten. Bis zur Meldung des Schadensfalls kann schlechterdings nicht von einer Täuschung gesprochen werden.[656] Andererseits qualifizieren sich die §§ 264 ff. StGB eben deswegen als Betrugsderivate, weil sie als sektorspezifisch typisierte Täuschungshandlungen auf die für den Betrugstatbestand konstitutive Kausalkette aus täuschungsbedingtem Irrtum, irrtumsbedingter Vermögensverfügung sowie verfügungsbedingtem Vermögensschaden einerseits sowie die besondere subjektive Komponente der Bereicherungsabsicht andererseits verzichten. In den Tatbestandsstrukturen der §§ 264 ff. StGB erinnert nur noch das Erfordernis der Täuschung an den § 263 I StGB.[657] Verglichen mit den übrigen untersuchten Betrugsderivaten des 22. Abschnitts hat sich der Versicherungsmissbrauch folglich noch stärker von seinem Ursprung emanzipiert. Indem auf ein Täuschungsmoment verzichtet wird, kappt die Verbindung zum Betrug auf Ebene der Tatbestandsstruktur.[658]

---

652 *Engemann*, Regelung des Versicherungsmißbrauchs, S. 48 ff.; *Krets*, Strafrechtliche Erfassung, S. 21; *Kudlich*, JuS 1998, 468 (469); *Mitsch*, ZStW 111 (1999), 65 (116 ff.); *Papamoschou/Bung*, in: Irrwege, S. 246; *Rönnau*, JR 1998, 441 (443); *Schröder*, Versicherungsmißbrauch, S. 103; *Wirth*, Schutz des Privatversicherungswesens, S. 166; *Wolff*, Neuregelung des Versicherungsmißbrauchs, S. 46; *Zopfs*, VersR 1999, 265 (268).

653 S. o. C. I. 1. a).

654 *Kindhäuser/Hilgendorf*, LPK-StGB, § 265 Rn. 1; *Sackreuther*, in: GJW-WiStR, § 265 StGB Rn. 2.

655 *Hellmann*, in: NK-StGB, § 265 Rn. 7 ff.

656 *Heinrich*, in: AWHH-StrafR BT, § 21 Rn. 119; *Mitsch*, StrafR BT 2, S. 426; in diese Richtung auch schon *Hörnle*, Jura 1998, 169 (176); *Mitsch*, ZStW 111 (1999), 65 (118).

657 S. o. C. I. 1. a).

658 *Heinrich*, in: AWHH-StrafR BT, § 21 Rn. 131; *Hellmann*, in: NK-StGB, § 265 Rn. 5; *Wessels u. a.*, StrafR BT II, Rn. 656; *Zopfs*, VersR 1999, 265.

a) Rechtsgut

Mit § 265 I StGB intendierte der Gesetzgeber die Schaffung eines gegenüber dem § 263 I StGB partiell entkoppelten Delikts.[659] Die Strafbestimmung pönalisiert infolgedessen nicht nur das Vortäuschen eines Versicherungsfalls, sondern erfasst vielmehr auch Fälle, in denen die Beeinträchtigung des Versicherungsgegenstandes einen rechtmäßigen Anspruch auslöst.[660] Funktional betrachtet, schützt § 265 I StGB Vermögensinteressen der am Versicherungswesen partizipierenden Parteien vor Vermögenseinbußen, die infolge der manipulativen Inanspruchnahme von Versicherungsleistungen eintreten können.[661]

b) Tatbestandsstruktur

Nach § 265 I StGB macht sich strafbar, wer eine gegen Untergang, Beschädigung, Beeinträchtigung der Brauchbarkeit, Verlust oder Diebstahl versicherte Sache[662] in einer Weise manipuliert, die geeignet ist, einen Versicherungsfall

---

659 Nach BT-DrS. 13/9064. S. 19 f. sollte dies nicht zuletzt auch durch die Überleitung der Überschrift von „Versicherungsbetrug“ in „Versicherungsmißbrauch“ zum Ausdruck kommen.

660 *Gercke/Hembach*, in: LTZ-StGB, § 265 Rn. 10.

661 *Engemann*, Regelung des Versicherungsmißbrauchs, S. 68 f.; *Fischer*, StGB, § 265 Rn. 2 ff.; *Geppert*, Jura 1998, 382 (383); *Hellmann*, in: NK-StGB, § 265 Rn. 15; *Hoyer*, in: SK-StGB, § 265 Rn. 6 f.; *Kasiske*, in: MüKo StGB, § 265 Rn. 4; *Kindhäuser/Hilgendorf*, LPK-StGB, § 265 Rn. 1; *Maurach u. a.*, StrafR BT I, § 41 Rn. 197; *Rengier*, StrafR BT I, § 15 Rn. 2; *Saliger*, in: ERST-WiStR, § 265 StGB Rn. 1; *Schröder*, Versicherungsmißbrauch, S. 110 f.; *Wirth*, Schutz des Privatversicherungswesens, S. 167; *Wolters*, JZ 1998, 397 (399); neben dem Schutz des Versicherungsgebers auch die Vermögensinteressen der übrigen Versicherungsnehmer an einer möglichst kleinen Prämie untermalend: *Mitsch*, ZStW 111 (1999), 65 (116); *Klipstein*, in: Bochumer Erläuterungen, § 265 Rn. 5.

Heger, in: LKH-StGB, § 265 Rn. 1; *Perron*, in: SS-StGB, § 265 Rn. 2; *Rönnau*, JR 1998, 441 (445); *Sackreuther*, in: GJW-WiStR, § 265 StGB Rn. 3; *Tiedemann*, in: LK-StGB, § 265 Rn. 4; *Wessels u. a.*, StrafR BT II, Rn. 725 ff. wollen daneben noch die „Leistungsfähigkeit der Sachversicherungswirtschaft“ geschützt sehen; krit. *Schünemann*, in: Die Rechtsgutstheorie, S. 151; *Roxin/Greco*, StrafR AT I, § 2 Rn. 10, 77 ff.; *Roxin*, in: FS Hassemer, S. 589, wonach schutzgutswürdige Kollektivinteressen gegenüber den in ihr aufgehenden Partikularinteressen einen selbständigen, emergistischen Charakter aufzuweisen haben; s. a. *Anastasopoulou*, Deliktstypen, S. 43 f.; *Greco*, in: FS Roxin 2011, S. 208 ff.; *Hefendehl*, Kollektive Rechtsgüter, S. 82.

662 Die Sache muss gegen Abhandenkommen und/oder Beschädigung durch Abschluss eines formalen Vertrages, der bei Tatbegehen rechtsgeschäftlich jedenfalls noch fortwirkt, versichert sein, s. *Perron*, in: SS-StGB, § 265 Rn. 3 ff.

auszulösen, um damit sich oder einem Dritten Versicherungsleistungen zu verschaffen.[663] Die Tathandlung hat auf den Eintritt des versicherten Risikos ausgelegt zu sein. Denklogisch folgt daraus eine Deckungsgleichheit[664] zwischen dem versicherten Risiko und dem eingetretenen Schaden. Ausschließlich eine Manipulationshandlung, auf die sich die Versicherung der tatgegenständlichen Sache erstreckt, qualifiziert sich daher als tatbestandsgemäß.[665] Neben dem Vorsatz bezüglich aller objektiven Tatbestandsmerkmale fordert die subjektive Tatseite das Vorliegen einer Leistungsverschaffungsabsicht.[666] Das Auslösen des Versicherungsfalls sowie, daran anschließend, der Erhalt der Versicherungssumme bilden die impulsgebenden Treiber des Täters im Sinne eines *dolus directus* 1. Grades. Analog zum objektiven Tatbestand muss zwischen dem Versicherungsschutz und der erstrebten Vermögensleistung Deckungsgleichheit bestehen. Dem Täter hat es folglich auf die Ausreichung derjenigen Vermögenszuwendung anzukommen, die das versicherte Risiko der manipulierten Sache betrifft.[667] Vollendung tritt ein bei abgeschlossener Manipulationshandlung, also bei Abhandenkommen oder Beschädigung der Sache. Darüber hinaus erzielte Schädigungen, bspw. die Vermögensschädigung des Versicherers, bleiben außer Betracht.[668]

c) Deliktsstruktur

Sofern der Konnex zwischen Versicherungsmissbrauch und Betrug erhalten werden soll, bestraft § 265 I StGB Verhaltensweisen, die regelmäßig, wenn auch nicht zwingend, den Grundstein für eine betrügerische Täuschungshandlung legen. Ohne dass sie ihrerseits im Rahmen des tatbestandlichen Prüfungsprogramms auf eine Täuschungsqualität hin untersucht werden würden, nimmt der Täter mit Tatbestandsverwirklichung des § 265 I StGB Vorbereitungshandlungen für einen daran anschließenden Versicherungsbetrug nach

---

663 *Hellmann*, in: NK-StGB, § 265 Rn. 17.

664 *Duttge*, in: HK-GS, § 265 StGB Rn. 5.

665 *Heger*, in: LKH-StGB, § 265 Rn. 3; *Hellmann*, in: NK-StGB, § 265 Rn. 23; *Kasiske*, in: MüKo StGB, § 265 Rn. 15; *Wittig*, in: BeckOK StGB, § 265 Rn. 5; eine a. A. fordert darüber hinaus die objektive Manifestation der fehlenden Sozialadäquanz, vgl. *Saliger*, in: ERST-WiStR, § 265 StGB Rn. 7; *Engemann*, Regelung des Versicherungsmißbrauchs, S. 11; *Schröder*, Versicherungsmißbrauch, S. 201 ff.

666 *Gercke/Hembach*, in: LTZ-StGB, § 265 Rn. 10.

667 *Hoyer*, in: SK-StGB, § 265 Rn. 22; *Sackreuther*, in: GJW-WiStR, § 265 StGB Rn. 22; *Tiedemann*, in: LK-StGB, § 265 Rn. 22.

668 *Perron*, in: SS-StGB, § 265 Rn. 15.

§ 263 I StGB oder – sofern die Sachverhaltskonstellation kein betrügerisches Motiv oder Element aufweist und/oder auf ein solches abzielt – die rechtmäßige Verschaffung der Versicherungsleistung vor.[669] Es ließe sich vermuten, bei § 265 I StGB handele es sich um ein Vorbereitungsdelikt.[670] Eine solche Deliktsstruktur erfordert im Unterschied zu dem hier untersuchten Straftatbestand einen inneren planerischen Zusammenhang mit einem zukünftigen, qualitativ eigenständigen, neuen und volldeliktischen Impuls durch den Täter selbst oder einen Dritten. In der Tatbestandsstruktur eines Vorbereitungsdelikts muss – nur so lässt sich eine trennscharfe Abgrenzung zu Gefährlichkeitsdelikten mit überschießender Innentendenz durchhalten – die besondere Absicht des Täters enthalten sein, im Anschluss und anknüpfend an seine Vorbereitungshandlung ein weiteres volldeliktisches Verhalten zu begehen. Daran fehlt es dem Tatbestand des § 265 I StGB. Die Leistungsverschaffungsabsicht umfasst auch die betrügerische Absicht im Sinne des § 265 I StGB a. F.,[671] geht jedoch über diese hinaus und lässt auch die Leistungsverschaffung durch rechtmäßiges Anschlussverhalten ausreichen. Auch die Absicht des Täters, einem Dritten rechtmäßige Versicherungsleistungen zu verschaffen, erfüllt die besondere subjektive Komponente des § 265 StGB.[672] Umgekehrt manifestiert sich das tatbestandsspezifische Unrecht also nicht in dem inneren Zusammenhang zwischen Tathandlung und (Anschluss-)Betrug, auch wenn hinter dem Versicherungsmissbrauch nach § 265 I StGB in Teilen eine Vorbereitungshandlung zu der Anschlusstat des Versicherungsbetrugs nach § 263 I StGB als rechtswirkliches Leitbild stehen mag.[673] Kontraintuitiv erscheint die Absage an die Einstufung als Vorbereitungsdelikt nur, wenn die Stellung des Versicherungsmissbrauchs weiterhin einzig als Vorbote eines sich anbahnenden Versicherungsbetruges aufgefasst wird. Auch wenn Teile der Strafrechtswissenschaft die Dogmatik hinter dem Versicherungsmissbrauch in Anlehnung an die §§ 264, 264a, 265b StGB ergründen möchten,[674] hat die Untersuchung

---

669 *Bröckers*, § 265 StGB, S. 156; *Bussmann*, StV 1999, 613 (617); *Kasiske*, in: MüKo StGB, § 265 Rn. 5.

670 So *Chou*, Vorbereitungsdelikte, S. 210 ff.; wohl auch *Sieber*, NStZ 2009, 353 (359).

671 *Heinrich*, in: AWHH-StrafR BT, § 21 Rn. 130; *Hellmann*, in: NK-StGB, § 265 Rn. 35.

672 So auch *Puschke*, Vorbereitungstatbestände, S. 303, der jedoch zwischen den Fällen einer betrügerischen Absicht und denjenigen einer reinen Leistungsverschaffungsabsicht differenziert.

673 *Bröckers*, § 265 StGB, S. 59 ff.; *Hellmann*, in: NK-StGB, § 265 Rn. 12; *Tiedemann*, in: LK-StGB, § 265 Rn. 2.

674 *Perron*, in: SS-StGB, § 265 Rn. 2.

den paradigmatischen Unterschied zwischen den Tatbestandsstrukturen dieser beiden Gruppierungen ergeben. Während §§ 264, 264a, 265b StGB „echte", d. h. auf die Täuschungshandlung reduzierte Betrugsderivate sind, geht § 265 I StGB zum einen auf der Achse eines Deliktsgeschehens, an dessen Ende ein vollendeter Betrug nach § 263 I StGB steht, noch einen Schritt weiter zurück in das Vorbereitungsstadium. Zum anderen aber emanzipiert sich die Strafnorm seit ihrer Neufassung durch das 6. StrRG von § 263 I StGB, weil sie nicht länger planerisch auf die Begehung eines Anschlussbetruges abzielt. Obschon eine Tatbegehung nach § 265 I StGB unbeachtlich der Begehungsvarianten einen manifesten Beeinträchtigungs- bzw. Manipulationserfolg an der Sache selbst voraussetzt, befindet sich die vollendete Vermögens- und also Rechtsgutsverletzung *„jenseits des von § 265 StGB geregelten Bereichs"*.[675] Eine solche läge in der Auszahlung der Versicherungsleistung, wie sie im Rahmen der besonderen subjektiven Komponente beabsichtigt, gleichzeitig jedoch nicht im objektiven Tatbestand vorausgesetzt wird.[676] Der Tatbestand hat weder die Verletzung noch die Gefährdung der geschützten Vermögensinteressen zum Gegenstand, umfasst folglich bezüglich seines Rechtsguts keinerlei Erfolgskomponente.[677] Weil der zwingende innere planerische Zusammenhang zum Betrug aufgelöst wurde, kann es sich mangels Erfolgsmoment nur um ein Gefährlichkeitsdelikt handeln. Ob § 265 I StGB abstrakt oder konkret gefährliches Verhalten unter Strafe stellt, richtet sich maßgeblich nach den Kriterien, die an das Täterverhalten gestellt werden. Wie oben herausgestellt, unterliegen sämtliche Tatbegehungsmodalitäten der Strafnorm einem Erheblichkeitsvorbehalt dergestalt, dass von der einzelnen Handlung eine Gefährlichkeit für die daran anknüpfende missbräuchliche Inanspruchnahme von Versicherungsleistungen ausgeht. Erst wenn der Täter bei Beginn der Einwirkung auf die versicherte Sache diese Inanspruchnahme für möglich hält, kann von einer solchen Geeignetheit die Rede sein.[678] Andernfalls scheidet eine Strafbarkeit nach § 265 I StGB aus. Eine solche Deliktsstruktur zieht sich nicht auf den Verweis der typischerweisen Gefährlichkeit ihrer Tathandlung zurück. Indem die Möglichkeit, besser gesagt, die Wahrscheinlichkeit der missbräuchlichen Inanspruchnahme

675 *Mitsch*, ZStW 111 (1999), 65 (117).

676 *Kasiske*, in: MüKo StGB, § 265 Rn. 28.

677 *Hellmann*, in: NK-StGB, § 265 Rn. 16; *Tiedemann*, in: LK-StGB, § 265 Rn. 7.

678 Folgerichtig klammern die Beschädigungsvarianten Bagatellschäden, die eine Eintrittspflichtigkeit des Versicherers nicht begründen können, aus, vgl. *Gercke/Hembach*, in: LTZ-StGB, § 265 Rn. 4; *Engemann*, Regelung des Versicherungsmißbrauchs, S. 114 f.; *Krets*, Strafrechtliche Erfassung, S. 66.

verlangt wird, nimmt der Tatbestand die einzelne Tathandlung in eine konkrete Beziehung zu dem Rechtsgut der Norm. Auf diesem Wege stellt der Versicherungsmissbrauch eine einzelfallbezogene Wahrscheinlichkeit der Rechtsgutsverletzung her, auch wenn zu dieser noch mindestens ein weiterer wesentlicher Zwischenschritt benötigt wird. § 265 I StGB stellt ein konkretes Gefährlichkeitsdelikt dar.

II. Wettbewerbsdelikte

Nationale wie auch internationale Gesetzgebungsbestrebungen haben in jüngerer Zeit Bekämpfungsmaßnahmen gegen korrupte Strukturen im Staatswesen, aber auch der Privatwirtschaft auf den Weg gebracht.[679] Der noch junge § 299 StGB erfuhr im Laufe seines knapp über zwanzigjährigen Bestehens einige Erweiterungen seines Anwendungsbereichs: zum einen die explizite Ausdehnung der Anwendbarkeit auch auf ausländischen Wettbewerb[680] und in jüngerer Zeit die Implementierung des sog. Geschäftsherrenmodells[681]. Parallel zu dieser Ausweitungstendenz entwickelten sich mit den §§ 265c, 265d StGB[682] und den §§ 299a, 299b StGB[683] sektorspezifische Abkömmlinge des § 299 StGB. Zentrales und verbindendes Element zwischen § 299 StGB und seinen Abkömmlingen stellt die Unrechtsvereinbarung dar.[684] Dementsprechend findet das Tatgeschehen stets seinen Abschluss mit dem Anbahnen oder dem Abschluss einer solchen Unrechtsvereinbarung.[685] Stellvertretend für diese Tatbestandskonstruktion beschränkt sich die Untersuchung daher im Folgenden auf § 299 StGB. Neben der Bestechlichkeit bzw. Bestechung bestraft der 26. Abschnitt des StGB dazu noch gem. § 298 StGB wettbewerbsbeschränkende Absprachen bei

679 *Tiedemann/Engelhart*, Wirtschaftsstrafrecht, Rn. 819; ferner *Walther*, Bestechlichkeit und Bestechung, S. 23 ff.

680 Eingeführt durch EU-Rechtsinstrumente-Ausführungsgesetz vom 22. August 2002, BGBl. I S. 3387.

681 Eingeführt durch Gesetz zur Bekämpfung der Korruption vom 20. November 2015, BGBl. S. 2025.

682 Eingeführt durch 51. Gesetz zur Änderung des Strafgesetzbuches vom 11. April 2017, BGBl. I S. 815.

683 Eingeführt durch Gesetz zur Bekämpfung der Korruption im Gesundheitswesen vom 30. Mai 2016, BGBl. I S. 1254.

684 *Bittmann u. a.*, in: BeckOK StGB, § 265c Rn. 2; *Hilgendorf*, in: WJS-WiStR, Rn. 14.115e f.

685 *Bittmann u. a.*, in: BeckOK StGB, § 265c Rn. 85 ff.; *Dannecker/Schröder*, in: NK-StGB, § 299a Rn. 257 ff.; *Eisele*, in: SS-StGB, § 299 Rn. 51.

Ausschreibungen. Im Unterschied zu § 299 StGB konstruiert § 298 StGB seine Tatbestandsstruktur nicht um den Abschluss einer Unrechtsvereinbarung bzw. der rechtswidrigen Submissionsabsprache herum. Vielmehr stellt die Abgabe eines auf einer abgeschlossenen kartellrechtswidrigen Absprache beruhenden Angebots die Tathandlung und dessen Zugang den Abschluss der Tatbestandsverwirklichung dar.[686] Gegenüber § 299 StGB bedarf es zur Verwirklichung des § 298 StGB eines Tätigwerdens auf Grundlage der Absprache.

1. Rechtsgut der Wettbewerbsdelikte

Der 26. Abschnitt des StGB steht in den Diensten des Wettbewerbsschutzes. Als tragendes Grundprinzip einer sozialen Marktwirtschaft gilt der Wettbewerb als Triebfeder ökonomischer Leistungsfähigkeit bei größtmöglicher Freiheitssicherung.[687] In dieser Form übernimmt der Wettbewerb sowohl wirtschaftspolitische als auch gesellschaftspolitische Funktionen. Wirtschaftspolitisch betrachtet, steuert freier Wettbewerb die marktorientierte Ressourcenallokation, d. h., er sorgt für eine Ausgestaltung des Angebots anhand von Käuferpräferenzen sowie für Einkommensverteilung nach Marktleistung.[688] Gesellschaftspolitisch gesehen, gibt der freie Wettbewerb den Rahmen zur Ausübung von Marktmacht vor und soll damit gleichzeitig die Verfestigung endgültiger Machtpositionen verhindern. Im Mittelpunkt steht, individuelle Chancengleichheit und Handlungsfreiheit zu gewährleisten.[689] Dementsprechend richten sich sowohl § 298 StGB[690] als auch § 299

---

686 *Heger*, in: LKH-StGB, § 298 Rn. 7.

687 BT-DrS. 13/5584. S. 9; *Dannecker/Schröder*, in: NK-StGB, Vor §§ 298 ff. Rn. 23 ff.; *Fischer*, StGB, § 298 Rn. 6; *Korte*, NStZ 1997, 513 (516); *Otto*, wistra 1999, 41 (42); *Rotsch*, ZIS 2014, 579 (580); *Tiedemann*, in: FS Müller-Dietz, S. 905; a. A. *Hefendehl*, Kollektive Rechtsgüter, S. 279 f.; *Hohmann*, in: MüKo StGB, § 298 Rn. 1; *Pragal*, § 299 StGB, S. 155, wonach vornehmlich Vertrauensschutz betrieben wird; pointiert gegen Konzeptionen der Vertrauensschutzlehre *Zimmermann*, Unrecht, S. 715; nach *Maurach u. a.*, StrafR BT II, § 68 Rn. 2 sind ausschließlich Vermögensinteressen geschützt; krit. zu den §§ 298 ff. *Lüderssen*, BB 1996, 2525.

688 Statt vieler *Heine/Eisele*, in: SS-StGB, Vor §§ 298 ff. Rn. 4.

689 Statt vieler *Momsen/Laudien*, in: BeckOK StGB, § 298 Rn. 7.

690 BGH NStZ 2014, 400; *Achenbach*, WuW 1997, 958 (959); *Bartmann*, Submissionsbetrug, S. 194; *Bosch*, in: SSW-StGB, § 298 Rn. 1; *Böse*, in: GJW-WiStR, § 298 StGB Rn. 1; *Dannecker/Schröder*, in: NK-StGB, § 298 Rn. 15 ff.; *Dölling*, ZStW 112 (2000), 334 (348); *Fischer*, StGB, § 298 Rn. 2; *Girkens/Moosmayer*, ZfBR 1998, 223 (223); *Greeve*, ZVgR 1998, 463 (465); *Grützner*, Submissionsabsprachen, S. 457 ff.; *Heger*, in: LKH-StGB, § 298 Rn. 1; *Heine/Eisele*, in: SS-StGB,

StGB[691] jeweils mit nuanciert anderen Schwerpunkten[692] am Rechtsgut des freien Wettbewerbs und den damit verbundenen Vermögensinteressen der Marktteilnehmer[693] aus.

2. Wettbewerbsbeschränkende Absprachen bei Ausschreibungen

a) *Tatbestandsstruktur*

Bei § 298 StGB werden Submissionsabsprachen als Sonderfall korrupten Vorgehens mit Strafe bedroht. Tatbestandlich vorausgesetzt wird, dass im Rahmen

---

§ 298 Rn. 1; *Heinrich*, in: AWHH-StrafR BT, § 21 Rn. 109; *Kindhäuser/Hilgendorf*, LPK-StGB, § 298 Rn. 1; *Kuhlen*, in: FS Lampe, S. 744 f.; *Momsen/Laudien*, in: BeckOK StGB, § 298 Rn. 7; *Rogall*, in: SK-StGB, § 298 Rn. 4; *Schaller*, VR 2005, 118 (119); *Theile/Mundt*, NZBau 2011, 715 (718); *Tiedemann/Engelhart*, Wirtschaftsstrafrecht, Rn. 822; *Wiesmann*, Vergabe von Bauleistungen, S. 35 ff.; *Wollschläger*, in: LTZ-StGB, § 298 Rn. 3; *Wunderlich*, Akzessorietät, S. 73.

691 *Androulakis*, Globalisierung, S. 429; *Brand/Wostry*, WRP 2008, 637 (638); *Bürger*, wistra 2003, 130 (133); *Dannecker/Schröder*, in: NK-StGB, § 299 Rn. 9; *Eisele*, in: SS-StGB, § 299 Rn. 3; *Fischer*, StGB, § 299 Rn. 2; *Haft/Schwoerer*, in: FS Weber, S. 372 ff.; *Heger*, in: LKH-StGB, § 299 Rn. 1; *Höltkemeier*, Sponsoring, S. 163 f.; *Kindhäuser/Hilgendorf*, LPK-StGB, § 299 Rn. 1; *Ludwig*, in: MGH-WiStR, Rn. 53.88; *Mölders*, Bestechung und Bestechlichkeit, S. 94 ff.; *Momsen/Laudien*, in: BeckOK StGB, § 299 Rn. 5 ff.; *Nestoruk*, Strafrechtliche Aspekte, S. 112; *Rogall*, in: SK-StGB, § 299 Rn. 7; *Rönnau/Golombek*, ZRP 2007, 193 (194); *Vasilikou*, in: FS Roxin 2012, S. 362 ff.; *Vogel*, in: FS Weber, S. 404 f.; *Vormbaum*, in: FS Schroeder, S. 652; *Walter*, wistra 2001, 321 (321 ff.); *Wollschläger*, Täterkreis, S. 21 ff.; a. A. *Heinrich*, Der Amtsträgerbegriff, S. 602; *Jaques*, Bestechungstatbestände, S. 107; *Koepsel*, § 299 StGB, S. 99; *Szebrowski*, Kick-Back, S. 167 ff., wonach im Allgemeininteresse liegende Kooperationschancen beeinträchtigt werden; *von Tippelskirch*, GA 2012, 574 (581 ff.).

692 Ausgehend von den rechtsgutsspezifischen Verwandtschaftsverhältnissen zwischen § 298 StGB und dem GWB einerseits sowie zwischen § 299 StGB und dem UWG andererseits, betonen erstere stärker die Funktionsfähigkeit des Wettbewerbs schlechthin, während letztere die Gewährleistung der Lauterkeit im Wettbewerb untermalen, s. *Heine/Eisele*, in: SS-StGB, Vor §§ 298 ff. Rn. 4.

693 Für das Geschäftsherrenmodell nach § 299 I Nr. 2, II Nr. 2 StGB wird vertreten, es schütze ausschließlich die Vermögensinteressen des Geschäftsherrn: *Krick*, in: MüKo StGB, § 299 Rn. 25; s. a. *Dannecker/Schröder*, in: NK-StGB, § 299 Rn. 17 ff.; krit. zum Geschäftsherrenmodell: *Grützner u. a.*, ZIS 2018, 299 (302 ff.); s. a. *Gaede*, NZWiSt 2014, 281 (289 ff.); *Heuking/von Coelln*, BB 2016, 332 (325 ff.).

einer Ausschreibung[694] über Waren oder Dienstleistungen[695] ein Angebot abgegeben wird, das auf einer rechtswidrigen Absprache beruht, die ihrerseits darauf abzielt, den Veranstalter einer Ausschreibung zur Annahme eines Angebots zu veranlassen.[696] Keinen Eingang in das tatbestandliche Prüfungsprogramm gefunden hat das Erfordernis eines kausalen Vermögensschadens sowie einer Täuschung.[697] Tathandlung stellt die Abgabe eines auf einer rechtswidrigen Absprache beruhenden Angebots im Rahmen der Ausschreibung dar. In einem Ausschreibungsverfahren abgegebene Erklärungen qualifizieren sich als Angebot im Sinne des § 298 StGB, wenn der Ausschreibungsveranstalter ohne Weiteres[698] den Zuschlag erteilen kann. Dazu muss das Angebot ausreichend bestimmt sein, d. h. alle inhaltlichen und wesentlichen förmlichen Anforderungen enthalten und unter Bezugnahme auf die Ausschreibung formell eingereicht werden.[699] Die Abgabe des Angebots muss kausal beruhen auf einer rechtswidrigen[700] Absprache, also auf einer Verständigung über das Verhalten im Ausschreibungsverfahren zwischen seinen potenziellen Teilnehmern[701.702]

---

694 Näher zu dem Tatbestandsmerkmal der „Ausschreibung" *Dannecker/Schröder*, in: NK-StGB, § 298 Rn. 27 ff.; *Gruhl*, in: MGH-WiStR, Rn. 58.10 ff.; *Hohmann*, in: MüKo StGB, § 298 Rn. 30 ff.

695 Zum weiten, kartellrechtsakzessorischen Verständnis *Dannecker/Schröder*, in: NK-StGB, § 298 Rn. 61 ff.; *Momsen/Laudien*, in: BeckOK StGB, § 298 Rn. 27 ff.; *Tsambikakis*, in: ERST-WiStR, § 298 StGB Rn. 14 ff.

696 *Heine/Eisele*, in: SS-StGB, § 298 Rn. 3; *Hohmann*, in: MüKo StGB, § 298 Rn. 29.

697 *Dannecker/Müller*, in: WJS-WiStR, Rn. 19.33.

698 Ausführlich zu Verfahrens- und inhaltlichen Fehlern: *Jansen*, wistra 2017, 214; s. a. *Conrad*, ZfBR 2015, 132.

699 *Dannecker/Müller*, in: WJS-WiStR, Rn. 19.37; *Heger*, in: LKH-StGB, § 298 Rn. 3; *Hohmann*, in: MüKo StGB, § 298 Rn. 55 ff.; *Momsen/Laudien*, in: BeckOK StGB, § 298 Rn. 32 f.; *Tsambikakis*, in: ERST-WiStR, § 298 StGB Rn. 10.

700 Die Rechtswidrigkeit bestimmt sich kartellrechtsakzessorisch, d. h. unter Anwendung des § 1 GWB, s. BGH NJW 2004, 2761 (2763).

701 Für die Einbeziehung vertikaler Absprachen BGH NJW 2012, 3318; *Bosch*, in: SSW-StGB, § 298 Rn. 18; *Fischer*, StGB, § 298 Rn. 10; *Hohmann*, in: MüKo StGB, § 298 Rn. 71; *Hotz*, JuS 2017, 922 (927); *Nepomuck*, NZWiSt 2016, 409 (414); *Rogall*, in: SK-StGB, § 298 Rn. 22; *Simonis*, 2016, CCZ 70 (71); *Tsambikakis*, in: ERST-WiStR, § 298 StGB Rn. 27; *Wiesmann*, Vergabe von Bauleistungen, S. 132; *Wunderlich*, Akzessorietät, S. 227; sowie umfassend zum Streitstand *Müller*, NZWiSt 2014, 218; ablehnend *Böse*, in: GJW-WiStR, § 298 StGB Rn. 24; *Dannecker/Müller*, in: WJS-WiStR, Rn. 19.41; *Greeve*, NZWiSt 2013, 139 (142); *Wollschläger*, in: LTZ-StGB, § 298 Rn. 13; für eine teleologische Reduktion auf Grundlage des Einzelfalls *Heuking*, BB 2013, 1155 (1158).

702 Eine solche Absprache hat mindestens einen Bieter sowie eine weitere am Ausschreibungsverfahren beteiligte Person zur Partei, wird von diesen als faktisch

Schließlich muss der rechtswidrigen Absprache das finale Element der intendierten Entscheidungsbeeinflussung innewohnen. Erst eine Absprache, die den Veranstalter zur Annahme eines Angebots bestimmten Inhalts bewegen, also dessen Auswahlentscheidung lenken soll, reicht daher aus.[703] Als Äußerungsdelikt führt die Einreichung des Submissionsangebots beim Veranstalter zur Strafbarkeit nach § 298 I StGB, auch wenn der Auftrag noch nicht vergeben oder keine konkrete Gefährdung der Ausschreibungszwecke eingetreten ist.[704] Vollendung tritt mit Abgabe des auf der rechtswidrigen Absprache beruhenden Angebots, also im Zeitpunkt des Zugangs beim Veranstalter, nicht bereits bei Entäußerung ein.[705]

b) *Deliktsstruktur*

Reger Streit herrscht um die Deliktsstruktur des § 298 StGB. In einem Lager plädiert die herrschende Meinung im Schrifttum für den Charakter eines sog. abstrakten Gefährdungsdelikts,[706] während, davon abweichend, einzelne Stimmen in der Strafnorm ein konkretes Gefährdungsdelikt[707] erblicken. Beide Strömungen reklamieren jeweils für sich, dem erkennbaren Willen des Gesetzgebers zu folgen, der den § 298 I StGB als Gefahrdelikt verstanden haben wollte.[708] Zunehmender Prominenz erfreut sich überdies die Auffassung, wegen

---

bindend empfunden und ist auf die Abgabe eines oder mehrerer bestimmter Angebote gerichtet, s. *Achenbach*, in: ARR-WiStR, 3/5 Rn. 15; *Gruhl*, in: MGH-WiStR, Rn. 58.11 ff.; *Hohmann*, in: MüKo StGB, § 298 Rn. 66 ff.; s. a. *Heinrich*, in: AWHH-StrafR BT, § 21 Rn. 111; auf rechtsgeschäftliche Bindungswirkung oder -willen kommt es hingegen nicht an, s. *Lindemann*, in: LK-StGB, § 298 Rn. 28 ff.

703 *Achenbach*, in: ARR-WiStR, 3/5 Rn. 17; *Tsambikakis*, in: ERST-WiStR, § 298 StGB Rn. 30 f.; *Wollschläger*, in: LTZ-StGB, § 298 Rn. 16.

704 *Otto*, wistra 1999, 41 (42); a. A. *Wolters*, JuS 1998, 1100 (1102).

705 *Heine/Eisele*, in: SS-StGB, § 298 Rn. 27.

706 *Banneberg*, in: HK-GS, § 298 StGB Rn. 2; *Bosch*, in: SSW-StGB, § 298 Rn. 2; *Fischer*, StGB, § 298 Rn. 3; *Heger*, in: LKH-StGB, § 298 Rn. 1; *Heine/Eisele*, in: SS-StGB, § 298 Rn. 2; *Heinrich*, in: AWHH-StrafR BT, § 21 Rn. 58; *Kindhäuser/Hilgendorf*, LPK-StGB, § 298 Rn. 2; *König*, JR 1998, 397 (402); *Otto*, wistra 1999, 41 (41); *Rogall*, in: SK-StGB, § 298 Rn. 5.

707 *Bartmann*, Submissionsbetrug, S. 197; *Pasewaldt*, ZIS 2008, 84 (85).

708 BT-DrS. 13/5584. S. 12 f.

des Preisbildungsvorgangs der einzelnen Ausschreibung[709] oder des „*Vertrauen[s] des Einzelnen in die Funktionsfähigkeit des freien und fairen Wettbewerbs*“[710] handele es sich bei § 298 StGB um ein Verletzungsdelikt. Angesichts ihrer Konstruktionsfehler vermag die Vertrauensschutzlehre *per se* nicht zu überzeugen.[711] Hinter der Konzeption des § 298 I StGB als Verletzungsdelikt steckt darüber hinaus die Vorstellung, das auf der rechtswidrigen Absprache beruhende Angebot beeinträchtige den Preisbildungsvorgang.[712] Eine solche Auffassung muss denklogisch von der Kenntnisnahme des Veranstalters im Rahmen der Tatbestandsverwirklichung ausgehen. Dagegen spricht, dass nicht die rechtswidrige Absprache das Rechtsgut tangiert, da erstmals in der Abgabe des Angebots die in der Absprache angelegte Wettbewerbsverzerrung nach außen tritt.[713] Auf normativer Ebene endet das Prüfungsprogramm des § 298 I StGB mit Zugang des Angebots. Aus dogmatischer Perspektive bleibt es für die Erfüllung des Tatbestandes unbeachtlich, ob der Veranstalter (oder irgendjemand) Kenntnis von dem Angebot nimmt.[714] Mit dem Zugang dergestalt, dass bei ordnungsgemäßem Ablauf des Ausschreibungsverfahrens das Angebot üblicherweise berücksichtigt wird, findet die Tatbestandsverwirklichung ihren Abschluss, was auch von Befürwortern eines Verletzungsdelikts nicht bestritten wird.[715] Wenn der Tatbestand die sinnliche Wahrnehmung und kognitive Verarbeitung des Angebots ausklammert, können die Folgen dieser Wahrnehmung und Verarbeitung, d. h. die wettbewerbsverzerrende Beeinflussung auf die Preisbildung im konkreten Ausschreibungsverfahren, erst recht nicht tatbestandlich umfasst sein. Ohne Kenntnis von den Inhalten des wettbewerbsverzerrenden Angebots lässt sich schwerlich argumentieren, dass diese Einfluss nehmen könnten auf das Ausschreibungsverfahren. Daher geht auch *Lindemanns* Vorschlag fehl, § 298 StGB könne auch „*Wer sich an einer (nach*

---

709 *Bender*, Sonderstraftatbestände, S. 58; *Böse*, in: GJW-WiStR, § 298 StGB Rn. 2; *Grützner*, Submissionsabsprachen, S. 512; *Hellmann*, WiStR, Rn. 560; *Hohmann*, in: MüKo StGB, § 298 Rn. 6 ff.; *Lindemann*, in: LK-StGB, § 298 Rn. 9; *Walter*, GA 2001, 131 (140).

710 *Hohmann*, in: MüKo StGB, § 298 Rn. 6.

711 *Beckemper*, ZIS 2011, 318; *Zimmermann*, Unrecht, S. 715.

712 *Grützner*, Submissionsabsprachen, S. 512; *Walter*, GA 2001, 131 (140).

713 *Böse*, in: GJW-WiStR, § 298 Rn. 2.

714 *Dannecker/Schröder*, in: NK-StGB, § 298 Rn. 118; *Hohmann*, in: MüKo StGB, § 298 Rn. 65.

715 *Bosch*, in: SSW-StGB, § 298 Rn. 7; *Böse*, in: GJW-WiStR, § 298 StGB Rn. 20; *Lindemann*, in: LK-StGB, § 298 Rn. 31.

dem GWB) rechtswidrigen (Submissions-)Absprache beteiligt und bewirkt, dass der Erfolg der Ausschreibung beeinträchtigt wird ..."[716] lauten. Mit dem reinen Zugang des abgegebenen Angebots ist bestenfalls der Grundstein für eine Wettbewerbsverzerrung in die Außenwelt gelegt worden. Ob damit eine verzerrte Preisbildung und folglich eine fehlerhafte Ausschreibung bewirkt wurde, liegt nicht im Rahmen desjenigen, was zur Verwirklichung des § 298 I StGB unternommen und erreicht werden muss. Sofern also mit Zugang der Erklärung auf die Verletzung des Ausschreibungsverfahrens abgestellt wird, fließen unzulässigerweise Überlegungen über sich typischerweise abspielende Vorgänge auf faktischer Ebene in die dogmatische Bestimmung des § 298 I StGB ein. Dergestalt abgegebene Angebote werden regelmäßig zur Kenntnis des Veranstalters gelangen und von da aus ihre wettbewerbsschädigende Wirkung entfalten. Der Tatbestand der Norm interessiert sich indessen nicht für Auswirkungen des Angebots über das Stadium des Zugangs hinaus. § 298 I StGB klassifiziert sich daher nicht als Verletzungsdelikt. Mit einer parallelen Argumentation muss auch der Einstufung als konkretes respektive potenzielles Gefährdungsdelikt eine Absage erteilt werden. Mangels Gefährlichkeitsprognose lehnen *Walter*[717] und *Kuhlen*[718] die Einstufung als konkretes Gefährdungsdelikt ab. Ein Blick auf die Tatbestandsstruktur verrät dazu, dass die Tatbestandsverwirklichung mitnichten den Nachweis eines (konkret) wettbewerbsgefährdenden Zustands voraussetzt.[719] Über den Zugang hinaus spielen die Folgen des Angebots auf Ebene der Tatbestandsverwirklichung, wie erwähnt, keine Rolle. Ob der Veranstalter das Angebot sinnlich wahrnimmt, kognitiv verarbeitet, ob es Eingang findet in den Kreis der näheren Auswahl oder gar den Zuschlag[720] erhält und sich in einem dieser Zwischenschritte die (Möglichkeit einer) Wettbewerbsverletzung in Form eines verfälschten Preisbildungswettbewerbs verdichtet, bleibt für die Tatbestandsverwirklichung belanglos. Dass keinerlei Gefährlichkeitsprognose angestellt werden müsse, dürfte indes nicht den Tatsachen entsprechen. Erst ein Angebot, das auf einer rechtswidrigen Absprache beruht und seinen Inhalt durch sie verliehen bekommt, erfüllt den Tatbestand.[721] Gleichzeitig zielen tatbestandsmäßige Absprachen auf die Abgabe eines wettbewerbsschädigenden

716 *Lindemann*, in: LK-StGB, § 298 Rn. 9.

717 *Walter*, GA 2001, 131 (131).

718 *Kuhlen*, in: FS Lampe, S. 747.

719 *Banneberg*, in: HK-GS, § 298 StGB Rn. 2; *Rogall*, in: SK-StGB, § 298 Rn. 5 Fn. 35.

720 *Hohmann*, in: MüKo StGB, § 298 Rn. 65; *Lindemann*, in: LK-StGB, § 298 Rn. 11 ff.

721 *Dannecker/Schröder*, in: NK-StGB, § 298 Rn. 94 f.; *Heine/Eisele*, in: SS-StGB, § 298 Rn. 20; *Hohmann*, in: MüKo StGB, § 298 Rn. 66.

Angebots ab.[722] Absprachen sind rechtswidrig im Sinne des § 298 I StGB, wenn sie im Widerspruch zu § 1 GWB geschlossen werden.[723] Ferner sind Angebote tatbestandsmäßig, wenn das wettbewerbsschädigende Moment der rechtswidrigen Absprache in ihnen fortwirkt. Sofern der Täter also ein Angebot abgibt, dessen Gefährlichkeit einer Wettbewerbsverzerrung er aufgrund objektivierter Betrachtung des Inhalts und der Beschaffenheit der Erklärung zu Beginn der Tatausführung *ex ante* für ausgeschlossen hält, kann dieses Angebot niemals mit den Inhalten der rechtswidrigen Absprache, auf der sie beruht, korrespondieren. In einem solchen Fall liegt kein Angebot im Sinne des § 298 I StGB vor, und der Tatbestand ist nicht erfüllt.[724] In dem Angebot manifestiert sich folglich die in der rechtswidrigen Absprache angelegte Gefährlichkeitsprognose hinsichtlich einer möglichen Wettbewerbsschädigung bei erfolgreicher, d. h. den Vorgaben der Absprache entsprechender Beeinflussung des konkreten Wettbewerbsvorgangs. § 298 I StGB ist daher ein konkretes Gefährlichkeitsdelikt.

3. Bestechlichkeit und Bestechung im geschäftlichen Verkehr

a) Tatbestandsstruktur

Strukturell unterscheidet § 299 StGB nach passiver Bestechlichkeit und aktiver Bestechung sowie nach Wettbewerbs- und Geschäftsherrenmodell. Aus den Kombinationsmöglichkeiten dieser Tatbestandscharakteristika folgen vier unterschiedliche Tatbestandsvarianten.[725] Nach § 299 StGB macht sich strafbar, wer ein kollusives Austauschverhältnis aus Vorteil und regelwidrigem Verhalten als oder mit Angestellten oder Beauftragten eines Unternehmens[726] im geschäftlichen Verkehr[727] und bei Bezug von Waren[728] eingeht. Soweit zudem das

722 *Fischer*, StGB, § 298 Rn. 12a; *Lindemann*, in: LK-StGB, § 298 Rn. 33.

723 *Dannecker/Müller*, in: WJS-WiStR, Rn. 19.40.

724 Nach *Otto*, wistra 1999, 41 (46) sollen Fälle mangelnder Gefährdunglage von der Strafbarkeit ausgenommen werden, wenn der Eintritt einer Vermögensschädigung als ausgeschlossen erscheint; a. A. *Dannecker/Schröder*, in: NK-StGB, § 298 Rn. 22; *Fischer*, StGB, § 298 Rn. 3; *Heine/Eisele*, in: SS-StGB, § 298 Rn. 2; *Kuhlen*, in: FS Lampe, S. 751, wonach die Möglichkeit eines Vermögensschadens nur einen Teilaspekt des Unrechts ausmacht.

725 *Eisele*, in: SS-StGB, § 299 Rn. 4.

726 Eingehend *Momsen/Laudien*, in: BeckOK StGB, § 299 Rn. 21 ff.

727 Näher *Dannecker/Schröder*, in: NK-StGB, § 299 Rn. 57 ff.

728 Vertiefend *Rübenstahl/Teubner*, in: ERST-WiStR, § 299 StGB Rn. 25.

Wettbewerbsmodell gem. § 299 I Nr. 1, II Nr. 1 StGB Anwendung findet, muss diese sog. Unrechtsvereinbarung im Wettbewerb angesiedelt sein.[729] Im Kern des Straftatbestandes steht folglich die Vereinbarung des Austauschverhältnisses,[730] kraft dessen der Angestellte oder Beauftragte des Unternehmens als Vorteilsnehmer im Falle der passiven Bestechlichkeit einen Vorteil[731] annimmt, sich versprechen lässt oder fordert, spiegelbildlich bei aktiver Bestechung dem Vorteilsnehmer ein Vorteil gewährt, angeboten oder versprochen wird, damit er bei Einschlägigkeit des Wettbewerbsmodells einen anderen unlauter bevorzugt oder bei einschlägigem Geschäftsherrenmodell sich pflichtwidrig gegenüber seinem Prinzipal verhält.[732] Unter dem Gesichtspunkt der Erheblichkeit[733] bzw. der fehlenden Sozialinadäquanz[734] werden Zuwendungen ausgeklammert, denen aufgrund ihrer Geringwertigkeit die objektive Eignung zur sachwidrigen Beeinflussung geschäftlicher Entscheidungen und also zur Wettbewerbsgefährdung fehlt. Die Tathandlungsvarianten[735] der Bestechung und Bestechlichkeit

---

729 *Zimmermann*, Unrecht, S. 638 f.

730 Auch wenn die rechtsgeschäftliche Wirksamkeit einer Vereinbarung für die Zwecke des § 299 StGB ohne Bedeutung bleibt, muss nach der Vorstellung der Konspiranten eine synallagmatische Absprache nach dem Vorbild eines *do-ut-des*-Verhältnisses getroffen werden, s. *Dannecker/Schröder*, in: NK-StGB, § 299 Rn. 64 ff.

731 Der Vorteil kann grundsätzlich materieller oder immaterieller Natur sein. Entscheidend ist, dass der Vorteilsnehmer keinen Rechtsanspruch auf diesen hat und durch Erhalt dieses Vorteils eine – wie auch immer geartete – objektive Besserstellung erfährt, s. *Wittig*, WiStR, § 26 Rn. 32.

732 *Rönnau*, in: ARR-WiStR, 3/2 Rn. 46.

733 *Momsen/Laudien*, in: BeckOK StGB, § 299 Rn. 34; a. A. *Busch*, NJW 2006, 1100 (1101).

734 *Dannecker/Schröder*, in: NK-StGB, § 299 Rn. 68 ff.; *Krick*, in: MüKo StGB, § 299 Rn. 181 ff.; *Rübenstahl/Teubner*, in: ERST-WiStR, § 299 StGB Rn. 22; *Wollschläger*, in: LTZ-StGB, § 299 Rn. 15.

735 Entsprechend dem Wortsinn der Tathandlungsvarianten kommt im Vereinbarungs- und Leistungsstadium die Unrechtsvereinbarung zustande, während ihr Abschluss im Zeitpunkt des Verhandlungsstadiums intendiert sein muss, s. *Momsen/Laudien*, in: BeckOK StGB, § 299 Rn. 40, 43; a. A. *Dannecker/Schröder*, in: NK-StGB, § 299 Rn. 131; *Wittig*, WiStR, § 26 Rn. 60, wonach das Versprechen lediglich eine besondere Form des Anbietens darstelle und daher keine Einvernehmlichkeit voraussetze.

decken jeweils spiegelbildlich die Stadien der Vorteilsausreichung im Gegenzug zur unlauteren Bevorzugung bzw. Pflichtwidrigkeit ab.[736]

Einer separaten Betrachtung bedürfen die Gegenleistungen der Unrechtsvereinbarungen nach Wettbewerbs- und Geschäftsherrenmodell. Das Wettbewerbsmodell zugrunde gelegt, stellt die zukünftige[737] unlautere Bevorzugung im Wettbewerb die tatbestandsmäßige Gegenleistung dar.[738] Von einer Bevorzugung kann gesprochen werden, wenn der Vorteilsnehmer aufgrund sachfremder Erwägungen in einer Wettbewerbssituation einem von mindestens zwei Bewerbern den Vorrang einräumt und dem unterlegenen Konkurrenten dadurch ein Nachteil erwächst.[739] Unlauter ist diese, wenn sie geeignet ist, den Leistungswettbewerb um den fraglichen Geschäftsvorgang durch Umgehung der offengelegten Regeln des Wettbewerbs in einer gegen Treu und Glauben verstoßenden Weise auszuschalten.[740] Davon ist auszugehen, sobald der Täter seine Entscheidung auf den in Aussicht gestellten oder erhaltenen Vorteil stützt.[741] Es handelt sich um ein zukunftsbezogenes und daher von den Vorstellungen des Täters abhängiges Tatbestandsmerkmal.[742] Infolge des Unlauterkeitserfordernisses hat die Bevorzugung denklogisch im Wettbewerb stattzufinden, d. h.,

---

736 So beziehen sich Anbieten und Fordern auf den Erhalt gegenwärtiger Leistungen im Verhandlungsstadium, Versprechen und Sich-Versprechen-Lassen auf die Erbringung zukünftiger Leistungen im Vereinbarungsstadium, sowie die Annahme und das Gewähren auf die Erbringung des Vorteils im Leistungsstadium, s. zur Einteilung der Tathandlungsvarianten *Gaede*, in: LS-WiStR, § 299 Rn. 55 ff., 101 f.

737 *Röske/Böhme*, wistra 2011, 445 (446).

738 *Wollschläger*, in: LTZ-StGB, § 299 Rn. 18.

739 BGH NJW 2003, 2996 (2997); BGH 2015, 278 (279).

740 BGH NJW 2003, 2996; BGH NJW 2004, 3129; *Bach*, wistra 2008, 47 (49); *Braum*, JuS 2004, 225 (228 f.); *Dannecker/Schröder*, in: NK-StGB, § 299 Rn. 89 ff.; *Eisele*, in: SS-StGB, § 299 Rn. 33 ff.; *Heger*, in: LKH-StGB, § 299 Rn. 5; *Lampe*, in: FS Stree/Wessels, S. 462; *Möller*, GRUR 2006, 292 (298); *Momsen/Laudien*, in: BeckOK StGB, § 299 Rn. 52; *Pragal*, § 299 StGB, S. 139; *Rengier*, in: FS Tiedemann, S. 842; *Rieble/Klebeck*, NZA 2006, 758 (768); *Ulbricht*, § 299 StGB, S. 107; *Volk*, in: GS Zipf, S. 426; sowie *Krick*, in: MüKo StGB, § 299 Rn. 285 ff. m. w. N., auch zu weiteren Nuancen der Auslegung; krit. zur eigenständigen Bedeutung des Merkmals *Lindemann*, in: LK-StGB, § 299 Rn. 40 ff.; *Hellmann*, WiStR, Rn. 797; *Pfaffendorf*, NZWiSt 2016, 8; *Zöller*, GA 2009, 137 (148); umfassende Darstellung des Streits um das Merkmal bei *Fomferek*, wistra 2017, 174.

741 *Rübenstahl/Teubner*, in: ERST-WiStR, § 299 StGB Rn. 36.

742 *Dannecker/Schröder*, in: NK-StGB, § 299 Rn. 89 ff.

nach Auffassung des Täters muss ein Konkurrenzverhältnis gegeben sein oder sich potenziell anbahnen.[743]

Bei dem Geschäftsherrenmodell kommt es ausschließlich auf die mit einem tatbestandlichen Einverständnis[744] versehene Verletzung der Pflichten des Vorteilsnehmers gegenüber seinem Geschäftsherren an.[745] Kerngehalt der Unrechtsvereinbarung bildet die drohende Verletzung einer im Verhältnis von Vorteilsnehmer und Geschäftsherrn bestehenden Pflicht,[746] zu der der Vorteilsnehmer sich auf Grundlage der Absprache im Gegenzug für den in Aussicht gestellten Vorteil bereit erklärt.[747] Tatbestandlich gefordert ist zudem ein von der Tathandlung abtrennbares Handeln oder Unterlassen, durch das die Pflichtverletzung zum Ausdruck kommt.[748] Neben dem rechtmäßigen Bestehen der Pflicht wird dieses Merkmal dadurch beschränkt, dass sie im Kontext des Waren- und Leistungsabsatzes verortet sein muss.[749]

Auf subjektiver Tatseite muss der Täter *dolus eventualis* hinsichtlich aller objektiver Tatbestandsmerkmale aufweisen. Darüber hinaus muss er mit *dolus directus* 1. Grades auf den Abschluss der Unrechtsvereinbarung hinwirken, sofern es die Tathandlungsvarianten des Forderns bzw. Anbietens betrifft.[750]

---

743 *Eisele*, in: SS-StGB, § 299 Rn. 28 f.

744 *Rheinländer*, WiJ 2014, 143 (148 ff.); *Rübenstahl/Teubner*, in: ERST-WiStR, § 299 StGB Rn. 40.

745 *Krick*, in: MüKo StGB, § 299 Rn. 311 ff.

746 Diese Pflicht kann aus Gesetz, Vertrag und/oder dem arbeitsrechtlichen Weisungsrecht erwachsen, s. krit. mit Blick auf Art. 103 II GG *Walther*, NZWiSt 2015, 255 (257); s. a. *Heuking/von Coelln*, BB 2016, 332 (327); *Passarge*, DStR 2016, 482 (484).

747 *Gaede*, in: LS-WiStR, § 299 StGB Rn. 14.

748 *Eisele*, in: SS-StGB, § 299 Rn. 39.

749 Eine prominente Auffassung stellt den Wettbewerbsbezug auch des Geschäftsherrnmodells her, indem nur wettbewerbsbezogene Pflichten tatbestandsgemäß sind, s. *Kubiciel*, ZIS 2014, 667 (670 f.); *Dannecker/Schröder*, ZRP 2015, 48 (49); *Rübenstahl/Teubner*, in: ERST-WiStR, § 299 StGB Rn. 41 mit chronologischer Darstellung des Streitstandes; mittelbar lesen andere Stimmen dieses Erfordernis in das Merkmal beim Bezug von Waren und Dienstleistungen hinein, s. *Dann*, NJW 2016, 203 (204 f.); *Fischer*, StGB, § 299 Rn. 36; *Gaede*, in: LS-WiStR, § 299 StGB Rn. 81; *Grützner u. a.*, ZIS 2018, 299 (303 f.); *Hoven*, NStZ 2015, 553 (560); *Wittig*, WiStR, § 26 Rn. 52; gegen eine wettbewerbsbezogene Auslegung *Schünemann*, ZRP 2015, 68 (70); s. a. *Heuking/von Coelln*, BB 2016, 332 (326); *Krick*, in: MüKo StGB, § 299 Rn. 334 ff.

750 *Eisele*, in: SS-StGB, § 299 Rn. 48 f.; *Rogall*, in: SK-StGB, § 299 Rn. 88.

Vollendung tritt jeweils mit Vollzug der Tathandlung ein, darüber hinausgehende Erfolge wie die Bevorzugung bleiben ohne Beachtung.[751]

b) Deliktsstruktur

Einige Vertreter im Schrifttum wollen in § 299 I Nr. 1, II Nr. 1 StGB ein Verletzungsdelikt erkennen.[752] *Hellmann* zieht zur Begründung des verletzungsdeliktischen Charakters eine Parallele zu § 298 StGB, der seiner Überzeugung nach ebenfalls ein Verletzungsdelikt darstellt. Die Unrechtsvereinbarung im Rahmen des § 299 StGB beeinträchtige – *„ähnlich wie bei § 298 StGB [...]"*[753] (gemeint ist wohl: ähnlich wie die kartellrechtswidrige Absprache bei § 298 StGB) – den lauteren Wettbewerb.[754] Gleichwohl stellt er bei § 298 StGB zutreffend fest, die kartellrechtswidrige Absprache selbst verletze das Rechtsgut des Wettbewerbs noch nicht.[755] Vor diesem Hintergrund bleibt im Unklaren, wie sich eine Wettbewerbsverletzung durch Abschluss der Unrechtsvereinbarung einstellen soll. Der Vergleich zwischen der kartellrechtswidrigen Absprache des § 298 StGB einerseits und der Unrechtsvereinbarung des § 299 StGB andererseits unterstreicht vielmehr, dass es durch Abschluss beider Absprachen ohne das Hinzutreten weiterer, darauf aufbauender Verhaltensweisen noch zu keiner Verletzung des Wettbewerbs kommt. *Lindemann* betont, der Wettbewerb wäre mit der unlauteren Zuwendung geschädigt.[756] Damit unterteilt *Lindemann* § 299 StGB willkürlich anhand seiner Tathandlungen in die Varianten, in denen die unlautere Zuwendung gewährt oder zumindest einvernehmlich vereinbart wurde, und jene, in denen die Forderung bzw. das Angebot vorlag. In den Tathandlungsvarianten des Anbietens und Forderns kann keine vollzogene Zuwendung liegen. Ein solch fragmentierendes Verständnis von § 299 StGB lässt Fragen offen, warum alle Tathandlungsvarianten mit demselben Strafmaß bedroht sind, wenn nur in einem Fall das Rechtsgut verletzt wäre. Nur in der Erbringung der Gegenleistung – unlautere Bevorzugung bzw. pflichtwidriges Tun oder Unterlassen – kann die Verletzungshandlung

---

751 *Dannecker/Schröder*, in: NK-StGB, § 299 Rn. 157 ff.

752 *Hellmann*, WiStR, Rn. 786; *Kubiciel*, ZIS 2014, 667 (671); *Lindemann*, in: LK-StGB, § 299 Rn. 7.

753 *Hellmann*, WiStR, Rn. 786.

754 *Hellmann*, WiStR, Rn. 786.

755 *Hellmann*, WiStR, Rn. 560.

756 *Lindemann*, in: LK-StGB, § 299 Rn. 7.

liegen.[757] Dass diese für die Erfüllung des Tatbestandes nicht erbracht sein muss, entspricht allgemeinem Konsens.[758] *Gercke/Wollschläger* schlagen eine teleologische Reduktion für die Fälle vor, in denen die Bevorzugung nicht „im Wettbewerb" stattfinde und daher eine Gefährdung des freien Wettbewerbs *de facto* ausgeschlossen sei. Die bei § 299 I Nr. 1, II Nr. 1 StGB geltende gesetzliche Vermutung der Wettbewerbsgefährdung sei dem Gegenbeweis zugänglich. Sofern das konkrete Tatgeschehen nicht geeignet sei, wettbewerbliche Interessen zu beeinträchtigen, gelte die gesetzliche Vermutung als widerlegt, und die Strafwürdigkeit entfalle.[759] Die Autoren erkennen, in zumindest begriffsgemäßer Anlehnung an präsumtive Ideen, für § 299 I Nr. 1, II Nr. 1 StGB die abstrakten Gefährlichkeitsdelikten eigentümliche Pönalisierung auch konkret ungefährlichen Verhaltens und unternehmen nichts anderes als den Versuch, die Wettbewerbsvariante des § 299 StGB als ein konkretes Gefährlichkeitsdelikt zu deuten. Dazu lesen sie in das Tatbestandsmerkmal „im Wettbewerb" einen Erheblichkeitsvorbehalt hinein. Danach dürften erst solche Verhaltensweisen bestraft werden, die geeignet wären, das Interesse der Mitbewerber an einem freien und fairen Wettbewerb zu tangieren. Ein solcher Kunstgriff ist indessen überflüssig. Bei konsequenter Anwendung des Merkmals der Unlauterkeit filtern die Tatbestände des § 299 I Nr. 1, II Nr. 1 StGB diejenigen Verhaltensweisen, bei denen die Bevorzugung auf sachgemäßen Erwägungen beruht und daher die Störung des Wettbewerbs von vornherein ausgeschlossen ist, heraus. Denn eine Bevorzugung ist unlauter, wenn der Vorteilsnehmer gegen die Prinzipien des redlichen Geschäftsverkehrs verstößt und so im Bruch mit den Anforderungen eines fairen und ergebnisoffenen Wettbewerbs seine Entscheidung auf anderen als sachlichen Entscheidungen basiert.[760] Wo indessen kein Wettbewerb herrscht, kann nicht unlauter bevorzugt werden, da es an der Anwendbarkeit der zu brechenden Normen fehlt. Und wo – wie von *Gercke/Wollschläger* unterstellt – eine innere Vorentscheidung des Vorteilsnehmers den Wettbewerb *de facto* ausschließt,[761] da stellt diese Vorentscheidung zunächst einmal eine lautere Bevorzugung im Wettbewerb dar. Die Bevorzugung beruht dann nicht auf der Unrechtsvereinbarung, sondern auf der sachgerechten, freien Entscheidung des Auftraggebers, beendet indessen nicht die

---

757 *Krack*, NStZ 2001, 505 (507); i. Ü. s. die parallele Argumentation bei *Moeller*, Vorverlagerung, S. 150 ff.

758 *Rönnau*, in: ARR-WiStR, 3/2 Rn. 110 m. w. N.

759 *Gercke/Wollschläger*, wistra 2008, 5 (8 ff.).

760 *Krick*, in: MüKo StGB, § 299 Rn. 285 ff.

761 *Gercke/Wollschläger*, wistra 2008, 5 (8 f.).

weiterhin bestehende Wettbewerbssituation.[762] Durch die unlautere Bevorzugung im Wettbewerb hat die konkrete Beziehung der Tathandlung – Abschluss bzw. Anbahnung einer Unrechtsvereinbarung – zum Rechtsgut des freien Wettbewerbs Eingang in die Tatbestandsstruktur gefunden. Es kommt unstreitig auf die Vorstellung des Täters[763] – genauer: auf die objektivierte Sicht des Täters *ex ante* zu Beginn der Tatausführung – an. Erst Unrechtsvereinbarungen, denen auf Grundlage seiner Vorstellung vom Tatgeschehen objektiv die Möglichkeit innewohnt, durch Erfüllung der Bevorzugung eine wettbewerbsschädigende Wirkung zu entfalten, lösen eine Strafbarkeit aus.[764] Umgekehrt spielen *ex post* getroffene Feststellungen zur Gefährdungslage des Wettbewerbs keine Rolle. Bei § 299 I Nr. 1, II Nr. 1 StGB handelt es sich somit um ein konkretes Gefährlichkeitsdelikt. Erkennt man das Erfordernis eines Wettbewerbsbezugs der Pflichtwidrigkeit im Rahmen des Geschäftsherrenmodells an,[765] stellt sich auch diese Tatbestandsvariante im Hinblick auf das Rechtsgut des Wettbewerbs als konkretes Gefährlichkeitsdelikt heraus. Dann fallen nur solche pflichtwidrigen Verhaltensweisen unter § 299 I Nr. 2, II Nr. 1 StGB, die *„geeignet sind, eine Wettbewerbsverzerrung herbeizuführen“*.[766] Unter Zugrundelegung einer rein am Vermögen des Geschäftsherrn orientierten Sichtweise[767] stellt sich das Geschäftsherrenmodell richtigerweise als abstraktes Gefährlichkeitsdelikt dar.[768] Unter dem Gesichtspunkt einer möglichen Vermögensschädigung

---

762 Ähnlich *Lindemann*, in: LK-StGB, § 299 Rn. 43.

763 BGH NJW 2003, 2996 (2997).

764 *Momsen/Laudien*, in: BeckOK StGB, § 299 Rn. 52.

765 Mittelbar lesen einige Stimmen das Erfordernis in das Merkmal „beim Bezug von Waren und Dienstleistungen“ hinein, s. *Dannecker/Schröder*, ZRP 2015, 48 (49); *Dann*, NJW 2016, 203 (204 f.); *Gaede*, in: *Matt/Renzikowski*-StGB, § 299 Rn. 81; *Fischer*, StGB, § 299 Rn. 36; *Grützner u. a.*, ZIS 2018, 299 (303 f.); *Hoven*, NStZ 2015, 553 (560); *Kubiciel*, ZIS 2014, 667 (670 f.); *Wittig*, WiStR, § 26 Rn. 52; chronologische Darstellung des Streitstandes bei *Rübenstahl/Teubner*, in: ERST-WiStR, § 299 StGB Rn. 41.

766 *Rübenstahl/Teubner*, in: ERST-WiStR, § 299 StGB Rn. 41.

767 *Heuking/von Coelln*, BB 2016, 332 (326); *Schünemann*, ZRP 2015, 68 (70).

768 *Dannecker/Schröder*, ZRP 2015, 48 (50); *Dann*, NJW 2016, 203 (204); *Eisele*, in: SS-StGB, § 299 Rn. 4; *Fischer*, StGB, § 299 Rn. 3; *Gaede*, in: LS-WiStR, § 299 StGB Rn. 1; *Grützner u. a.*, ZIS 2018, 299 (300); *Heger*, in: LKH-StGB, § 299 Rn. 1; *Hellmann*, WiStR, Rn. 787; *Momsen/Laudien*, in: BeckOK StGB, § 299 Rn. 10; *Kindhäuser/Hilgendorf*, LPK-StGB, § 299 Rn. 1; *Krick*, in: MüKo StGB, § 299 Rn. 29; *Kubiciel*, ZIS 2014, 667 (671); *Rogall*, in: SK-StGB, § 299 Rn. 16; *Rübenstahl/Teubner*, in: ERST-WiStR, § 299 StGB Rn. 2; *Tiedemann/Engelhart*, Wirtschaftsstrafrecht, Rn. 826; *Wollschläger*, in: LTZ-StGB, § 299 Rn. 3.

oder -gefährdung trifft die Unrechtsvereinbarung keine Aussage zur Pflichtverletzung.[769] Von einer typischerweise bestehenden, derartigen Wirkweise geht der Gesetzgeber im Umkehrschluss im Gegenteil ohne erforderlichen Nachweis am Einzelfall aus.

III. Insolvenzdelikte

1. Verletzung der Anzeigepflicht

Mit dem Straftatbestand der Insolvenzverschleppung möchte der Gesetzgeber einer typischen Verhaltensweise, wie sie im Zusammenhang mit unternehmerischen Krisen regelmäßig auftritt, Herr werden.[770] Neigt sich die Lebensdauer eines Unternehmens dem Ende, so verschließen sich entweder Geschäftsleiter oder -inhaber vor dieser Einsicht und zögern in der Folge den Bestand der Gesellschaft künstlich hinaus.[771] Im Zuge des MoMiG[772] wurde die Strafbewehrung der Verletzung der Insolvenzantragspflicht aus den einzelnen gesellschafsrechtlichen Spezialgesetzen ausgesondert und in § 15a IV InsO für alle Gesellschaften, bei denen keine natürliche Person vollverbindlich in die Haftung genommen werden kann, kodifiziert.[773] Neben dieser zentralen Norm finden sich vereinzelt derivative Sondernormen für Kreditinstitute nach § 55 KWG, für Kapitalanlagegesellschaften nach §§ 339 II KAGB, für Zahlungsdienstleister gem. § 63 II Nr. 1 ZAG und für Versicherungsunternehmen nach § 331 II Nr. 3 VAG.[774] Ihnen allen liegt die gleiche Struktur zugrunde, sodass es zu Zwecken der Erörterung der Deliktsstruktur ausreicht, diese exemplarisch anhand des § 15a IV InsO zu beleuchten.

a) Rechtsgut

Die Strafbewehrung sowie die persönliche Haftung der gegen § 15a IV, I InsO verstoßenden Personen soll im Sinne des Gläubigerschutzes einen effektiven Schutz vor überraschendem Haftungsausfall gewährleisten.[775] Dahinter steht

769 *Momsen/Laudien*, in: BeckOK StGB, § 299 Rn. 7.
770 *Himmelreich*, in: ARR-WiStR, 7/2 Rn. 1.
771 *Reck*, Insolvenzstraftaten, S. 5; *Weyand/Diversy*, Insolvenzdelikte, Rn. 24.
772 Gesetz zur Modernisierung des GmbH-Rechts und zur Bekämpfung von Missbräuchen, BGBl. I 2008, S. 2026.
773 *Bergmann*, NZWiSt 2014, 81; *Stockburger*, Unternehmenskrise, S. 30.
774 *Pelz*, in: WJS-WiStR, Rn. 9.34.
775 *Mönning*, in: NR-InsO, § 15a Rn. 3 ff.

die Pflichtwidrigkeit, bezogen auf die Verpflichtung zu unternehmerischer Selbstprüfung sowie zur Abwendung von Krisen bzw. zur Abwicklung ohne Gläubigerschaden.[776] Altgläubigern soll die Insolvenzquote gesichert, Neugläubiger sollen vor einer Kontrahierung mit der insolventen Gesellschaft bewahrt werden. § 15a InsO fungiert somit als Eckpfeiler des Gläubigerschutzes.[777] Geschützt werden in erster Linie die Vermögensinteressen aller Personen, die rechtliche und wirtschaftliche Beziehungen zum insolvenzbedrohten Unternehmen pflegen.[778] Von einer rechtzeitigen und richtigen Antragstellung wird sich die ordnungsgemäße und sachgerechte Abwicklung der in Schieflage geratenen Gesellschaft erhofft.[779] Zudem hat die Antragstellung den Effekt, dass die in Rede stehenden Gesell- und Körperschaften vom Geschäftsverkehr ausgeschottet werden.[780] Rechtsgut des § 15a IV InsO ist das Vermögen der Gesellschaftsgläubiger.[781]

b) *Tatbestandsstruktur*

Tatbestandlich wird zunächst eine Situation vorausgesetzt, in der eine juristische Person bzw. eine Personengesellschaft, bei der kein persönlich haftender Gesellschafter eine natürliche Person ist, in eine finanzielle Krisensituation,[782] namentlich Zahlungsunfähigkeit[783] oder

---

776 *Schmidt/Herchen*, in: *Schmidt*-InsO, § 15a Rn. 2.

777 *Hirte*, NJW 1995, 1202; *Klöhn*, in: MüKo InsO, § 15a Rn. 34.

778 *Himmelreich*, in: ARR-WiStR, 7/2 Rn. 4; *Hohmann*, in: MüKo StGB, § 15a InsO Rn. 1 ff.

779 *Reinhart*, in: GJW-WiStR, § 15a InsO Rn. 3; *Uhlenbruck*, BB 1985, 1277 (1279).

780 *Schmidt/Herchen*, in: *Schmidt*-InsO, § 15a Rn. 1 ff.

781 *Himmelreich*, in: ARR-WiStR, 7/2 Rn. 4; *Hohmann*, in: MüKo StGB, § 15a InsO Rn. 1; *Klöhn*, in: MüKo InsO, § 15a Rn. 322.

782 Eingehend zu den strafrechtlichen Krisenmerkmalen: *Ressmann*, Insolvenzstafrechtliche Krisenbegriffe, S. 41 ff.

783 Gem. § 17 II 1 InsO ist zahlungsunfähig, wer nicht in der Lage ist, die fälligen Zahlungspflichten zu erfüllen. In der Sache muss es der Gesellschaft für eine nicht nur vorübergehende Zeit unmöglich geworden sein, ihre Zahlungsverbindlichkeiten zu erfüllen. Geringfügige Liquiditätsengpässe bzw. -lücken reichen hierbei nicht aus, wobei nach Auffassung der Rechtsprechung bei einer Liquiditätslücke von mehr als 10 % von einer Überschreitung der Geringfügigkeitsgrenze auszugehen ist; dazu und zur Vorgängerregelung, § 64 II GmbHG, BGH NJW 2005, 3062 (3063 ff.); s. a. BGH NStZ 2019, 83; BGH NStZ-RR 2018, 216; BGH NStZ 2014, 107; *Arens*, wistra 2007, 450; *Bisson*, GmbHR 2005, 843;

Überschuldung[784], gelangt ist.[785] Zudem muss es eine der handlungspflichtigen Personen versäumen, den gebotenen Eröffnungsantrag richtig und ohne schuldhaftes Zögern zu stellen.[786] Als echtes Unterlassungsdelikt[787] liegt der Schwerpunkt der Vorwerfbarkeit auf dem Unterlassen der ordnungsgemäßen und sachgerechten Stellung des Eröffnungsantrags.[788] Von der Verletzung dieser Antragspflicht ist erstmalig auszugehen, wenn der Eröffnungsantrag bei Fristablauf entweder noch nicht oder nicht richtig gestellt wurde, wobei der objektive Eintritt der wirtschaftlichen Krise den Startpunkt für den Fristlauf markiert.[789] Die Kenntnis des Antragspflichtigen ist – vorbehaltlich der Ausnahme in § 15a III InsO – unerheblich; des Weiteren gilt die Dreiwochenfrist nach § 15a I InsO als Höchstfrist, sodass von einem schuldhaften Zögern regelmäßig früher ausgegangen werden kann.[790] Die Stellung eines Antrags durch einen anderen Antragsberechtigten beendet die Antragspflichtverletzung[791]

Hohmann, in: MüKo StGB, § 15a InsO Rn. 26 ff.; *Natale/Bader*, wistra 2008, 413; *Tsambikakis*, GmbHR 2005, 838.

784 Der in § 19 II 1 InsO statuierte sog. modifizierte zweistufige Überschuldungsbegriff geht von einer Überschuldung aus, wenn das Vermögen des Schuldners die bestehenden Verbindlichkeiten nicht mehr deckt, es sei denn, die Fortführung des Unternehmens ist nach den Umständen überwiegend wahrscheinlich. Überschuldung nach Liquidationswerten und Fortführungsprognose sind unter dem modifizierten zweistufigen Überschuldungsbegriff gleichrangige Parameter zur Bestimmung der Überschuldung. Im Ergebnis kommt es maßgeblich auf die Fortführungsprognose an; dazu *Brand*, Untreue und Bankrott, S. 222 ff.; *Reschke*, Untreue, Bankrott und Insolvenzverschleppung, S. 302 ff.; zur Genese des modifizierten zweistufigen Überschuldungsbegriffs *Bittmann*, wistra 2009, 138; *Büttner*, ZInsO 2009, 841; *Schmitz*, wistra 2009, 369; zum Bedeutungsgehalt der Überschuldungsbilanz *Ogiermann/Weber*, wistra 2011, 206; eingehend zur Fortführungsprognose *Hecker/Glozbach*, BB 2009, 1544; *Spindler*, DStR 2008, 2268 (2275 f.); *Stockburger*, Unternehmenskrise, S. 132 ff.; *Wegner*, HRRS 2009, 32 (33 f.); *Wolf*, DStR 2009, 2682.

785 Zur Insolvenzrechtsakzessorietät *Wegner*, HRRS 2009, 32 (33).

786 *Himmelreich*, in: ARR-WiStR, 7/2 Rn. 43 f.

787 BGH NStZ 2018, 86; OLG Hamm wistra 2014, 156; *Bittmann*, NStZ 2009, 113 (116); *Hohmann*, in: MüKo StGB, § 15a InsO Rn. 3; *Klöhn*, in: MüKo InsO, 15a Rn. 323; *Pelz*, in: WJS-WiStR, Rn. 9.41; *Richter*, wistra 2017, 329 (332 f.); a. A. *Schmidt/Herchen*, in: *Schmidt*-InsO, § 15a Rn. 2, die in der Fortführung der Gesellschaft trotz bestehender Insolvenzantragspflicht das materielle Unrecht erkennen.

788 *Bittmann*, NStZ 2009, 113 (116).

789 *Hohmann*, in: MüKo StGB, § 15a Rn. 81.

790 *Bisson*, GmbHR 2005, 843 (847); *Pelz*, in: WJS-WiStR, Rn. 9.82.

791 *Hohmann*, in: MüKo StGB, § 15a InsO Rn. 93; *Klöhn*, in: MüKo InsO, § 15a Rn. 322.

mangels fortdauernder Gefährdungslage für das Rechtsgut der Norm.[792] Unrichtig gestellt ist ein Antrag, wenn die gemachten Angaben unzutreffend oder unvollständig sind.[793] Vollendung tritt in dem Moment ein, in dem die gebotene Handlung spätestens hätte vorgenommen werden sollen, d. h., sobald der Täter schuldhaft gezögert hat, spätestens drei Wochen nach Eintritt der wirtschaftlichen Krise.[794]

c) Deliktsstruktur

Mangels einer Erfolgskomponente[795] kann es sich bei § 15a IV InsO nur um ein Gefährlichkeitsdelikt handeln. Zu fragen bleibt, ob der Tatbestand abstrakt oder konkret gefährliches Verhalten unter Strafe stellt. Ohne die Tatsituation bzw. die Tatbestandsmerkmale der Überschuldung und Zahlungsunfähigkeit hier vertieft zu eruieren, kann dennoch konstatiert werden, dass beide Krisenmerkmale diffizile und vielschichtige Tatbestandsmerkmale darstellen, die bei praktischer Anwendung einer extensiven und einzelfallbezogenen Untersuchung bedürfen.[796] Es handelt sich somit bei der Bestimmung der Tatsituation um Fragen des Einzelfalls und also Entscheidungen, in die konkrete Betrachtungen der Umstände des Einzelfalls Eingang finden. Nicht außer Acht gelassen werden darf, dass Gegenstand dieser Prüfungsvoraussetzungen nicht das Täterverhalten, sondern die Ausgangssituation, in der der Täter bzw. die Gesellschaft sich wiederfinden, ist. Während diese Ausgangslage, wie eben festgestellt, Gegenstand konkreter Betrachtungen ist, gilt dies nicht für das Täterverhalten. Nicht das Herbeiführen der Krise, sondern ein spezifisches Verhalten des Täters in der Krise wird hier mit Strafe bewehrt. Daher kommt der Tatsituation als Ausgangslage für die tatbestandlich umschriebene

---

792 *Klöhn*, in: MüKo InsO, § 15a Rn. 322.

793 Maßgebliche Kriterien hierbei bilden die Voraussetzungen, die gem. § 13 I 3 ff. InsO an Art und Weise oder – besser gesagt – Form des Antrags gestellt werden. Relevant sind nur solche Fehlangaben, die die gerichtliche Entscheidung erheblich erschweren, s. *Klöhn*, in: MüKo InsO, § 15a Rn. 333; zu den Voraussetzungen im Einzelnen s. *Pelz*, in: WJS-WiStR, Rn. 9.86; zum zwischenzeitlich erledigten Streit um die Auslegung des Tatbestandsmerkmal „richtig“ *Hirte u. a.*, DB 2011, 632 (632 f.); *Marotzke*, DB 2012, 560 (565 ff.).

794 BGH NJW 1980, 406 (408).

795 OLG Hamm wistra 2014, 156; *Hohmann*, in: MüKo StGB, § 15a InsO Rn. 4; *Klöhn*, in: MüKo InsO, § 15a Rn. 323; *Pelz*, in: WJS-WiStR, Rn. 9.54.

796 Siehe zum Umfang der Begrifflichkeiten *Erdmann*, Krisenbegriffe der Insolvenzstraftatbestände, S. 90 ff.; *Stockburger*, Unternehmenskrise, S. 48 ff.

Sachverhaltskonstellation keine prägende Bedeutung für den Deliktscharakter der Norm zu. Bei genauerer Betrachtung entpuppt sich das tatbestandlich umschriebene Verhalten als formell geprägt, was ein Indiz für den Charakter des abstrakten Gefährlichkeitsdelikts sein könnte. Bestraft wird hier das Verpassen von Fristen bzw. das Verfehlen eines gesetzlich normierten Maßes an Informationsgehalt. Diese Tendenz verfestigt sich, setzt man das Täterverhalten in Beziehung zum Rechtsgut der Norm, den Vermögensinteressen der Gläubiger. Hierbei muss wiederum strikt getrennt werden zwischen der Tatsituation einerseits und dem Täterverhalten andererseits. Die Feststellung, wonach bei Vorliegen eines Krisenmerkmals eine Gefahr für die Vermögensinteressen der Gläubiger besteht, überrascht nicht.[797] Ob demgegenüber das Verhalten des Täters, also das Unterlassen einer rechtzeitigen und richtigen Eröffnungsantragsstellung, tatbestandlich ein konkret gefährliches Verhalten darstellt oder nicht vielmehr – auf Grundlage der Tatsituation – das Täterverhalten als *per se* gefährlich eingestuft wird, ist weniger offensichtlich. Der abstrakt gefährliche Charakter der tatbestandlich vorausgesetzten Verhaltensweisen tritt am deutlichsten zutage, wenn sich auf das Motiv der strafrechtlichen Flankierung der Pflicht, einen Eröffnungsantrag zu stellen, konzentriert wird. Hierzu heißt es bei *Hohmann* wörtlich: „*Ein rechtzeitiger und richtiger Eröffnungsantrag gewährleistet erfahrungsgemäß eine bessere Erhaltung der Haftungsmasse und damit eine größere Befriedigung aller Gläubiger*".[798] Strafgrund für die Pönalisierung nach § 15a IV InsO ist folglich der Erfahrungswert, dass eine ordnungsgemäße Antragstellung zu einer besseren Befriedigung aller Gläubiger beiträgt. Für die Prüfung, ob das Verhalten im Einzelfall auch einen späteren Forderungsausfall des Gläubigers begünstigen könnte, ob – anders gewendet – das Verpassen der Frist oder das unrichtige Stellen des Eröffnungsantrags aus Sicht des Täters bei Beginn der Tatausführung konkret gefährlich für die Vermögensinteressen sein kann, bleibt kein Raum. Aus dem Erfahrungswert, der hinsichtlich des Schicksals von Gläubigerforderungen bei Eintritt einer wirtschaftlichen Krise der Schuldnerin besteht, leitet sich das Strafbedürfnis ab. Das Täterverhalten wird – wegen seiner typischerweise bestehenden Gefährlichkeit für die Vermögensinteressen der Gläubiger an einer möglichst optimalen Befriedigung – als abstraktes Gefährlichkeitsdelikt pönalisiert.

---

797 *Häsemeyer*, Insolvenzrecht, Rn. 7.16; *Lenger/Nachtsheim*, NZI 2014, 992; *Frytatzki*, NZI 2014, 840 (993 ff.).

798 *Hohmann*, in: MüKo StGB, § 15a InsO Rn. 2.

2. Verletzung der Buchführungspflicht

Ordnungsgemäßer Buchführung sowie Bilanzierung kommt eine herausragende Bedeutung zu. Dies gilt für die Wirtschaft im Allgemeinen und für die Teilnehmer am Kapitalmarkt im Besonderen. Daher wird Delinquenz in diesem Bereich nicht nur von den spezialgesetzlichen Normen des Nebenstrafrechts geahndet. Im Kontext von Unternehmensinsolvenzen werden Verstöße gegen die Buchführungs- und Bilanzierungspflichten darüber hinaus auch von § 283 I Nr. 5 - 7 StGB sowie § 283b StGB mit Strafe bewehrt.[799] Strukturell betrachtet, sind die beiden Straftatbestände im vielen wesentlichen Punkten[800] identisch, so hinsichtlich der unter Strafe gestellten Tathandlungen sowie des Erfordernisses des Eintritts der objektiven Strafbarkeitsbedingung gem. § 283 VI StGB, ggf. i. V. m. § 283b III StGB.[801] Der entscheidende Unterschied zwischen den beiden Tatbeständen liegt in dem Umstand, dass § 283 StGB – im Gegensatz zu § 283b StGB – einen inneren Zusammenhang zwischen Buchführungs- und/oder Bilanzierungsverstoß einerseits und Unternehmenskrise andererseits voraussetzt. § 283 I Nr. 5-7 StGB setzt damit ein qualifizierendes Mehr an Unrecht gegenüber dem § 283b StGB voraus, da er voraussetzungsreicher ist.[802] § 283b StGB fungiert als Auffangtatbestand[803] im Vorfeld des Bankrotts.[804] Infolge des strukturellen Gleichlaufs der beiden Straftatbestände genügt für die Zwecke der Arbeit eine vertiefte Erörterung der Deliktsstruktur des § 283 I Nr. 5–7 StGB als das voraussetzungsreichere Delikt. Wie später noch zu zeigen sein wird,[805] ergeben sich für die Frage nach dem Deliktscharakter aus dem zusätzlichen Erfordernis des Handelns in der wirtschaftlichen Krise keine Besonderheiten.

a) Rechtsgut

Durch die strafrechtliche Absicherung der Buchführungs- und Bilanzierungspflichten soll nach gesetzgeberischem Willen zum einen dem Selbstinformationszweck des Schuldners durch ordnungsgemäße Rechnungslegung und

799 *Deiters/Wagner*, in: HK-KapMarktStrafR, Vor §§ 283 ff. StGB Rn. 1.

800 Zum Täterkreis bei § 283 I Nr. 6 StGB und § 283b StGB: *Petermann/Sackreuther*, in: MüKo StGB, § 283b Rn. 8.

801 *Fischer*, StGB, § 283b Rn. 5.

802 OLG Stuttgart NStZ-RR 2011, 277; *Moosmayer*, NStZ 2000, 295 (296).

803 *Schork/Fingerle*, in: ERST-WiStR, § 283b StGB Rn. 1.

804 *Heger*, in: LKH-StGB, § 283 Rn. 1.

805 Dazu sogleich C. III. 2. c) aa).

zum anderen dem Gläubigerschutz durch Dokumentation der Bilanzen gedient werden.[806] Auch wenn sich über den Schwerpunkt des Schutzzwecks im Einzelnen ein Streit entspannt,[807] herrscht Einigkeit darüber, dass der Einhaltung der Grundsätze ordnungsgemäßer Buchhaltung im Rahmen der §§ 283 I Nr. 5 - 7, 283b StGB mittelbar ein vermögensschützender Charakter zukommen soll. Die optimale Befriedigung der Gläubigerinteressen aus der vorhandenen Vermögensmasse des Schuldners in der Insolvenz steht als Grundgedanke hinter allen Insolvenzdelikten.[808] Insolvenzdelikte schützen Vermögensinteressen der Gläubiger, indem die Gefahr von Vermögenseinbußen, die aus dem Eingehen unerlaubter Risiken des Schuldners resultieren, unter Strafe gestellt wird.[809] Der § 283 I Nr. 5 - 7 StGB nimmt eine besondere Stellung innerhalb des § 283 StGB und der Insolvenzdelikte im Allgemeinen ein. Mit ihnen wird die überragende Bedeutung einer fachmännischen Rechnungslegung *de lege artes* für ein nachhaltiges Wirtschaften - auch in Krisenzeiten - unterstrichen.[810] Einerseits rührt das von dem Umstand her, dass sich in der Krise befindende Unternehmen regelmäßig versuchen, laufende Kosten zu reduzieren, um Liquiditätsengpässe zu überwinden. Entsprechend werden Einsparungen bei den Mandatierungen der zur Buchhaltung beauftragten steuerlichen Berater vorgenommen. In der Folge kommt es zu Ausfällen bei der Buchung von Geschäftsvorfällen bzw. der Aufstellung von Bilanzen und Inventuren. Andererseits besteht bei drohender oder eingetretener wirtschaftlicher Krise die Versuchung, durch mangelhafte Buchführung Verschleierungsversuche zu unternehmen.[811] Durch die Buchführungs- und Bilanzdelikte des § 283 I Nr. 5–7 StGB soll also der Gefährdung von Gläubigerinteressen durch Intransparenz in der Buchhaltung des Unternehmens präventiv entgegengewirkt werden.[812] Lückenlose und verständliche Buchhaltung sowie aussagekräftige Bilanzen sollen sowohl dem Schuldner

806 *Dannecker/Hagemeier*, in: DKHS-Insolvenzstrafrecht, Rn. 931; *Himmelreich*, in: ARR-WiStR, 7/1 Rn. 136 ff.; *Kindhäuser/Bülte*, in: NK-StGB, § 283 Rn. 54; *Weyand/Diversy*, Insolvenzdelikte, Rn. 82 ff.; für § 283 I Nr. 3b StGB *Wilhelm*, NStZ 2003, 511 (512).

807 *Petermann/Sackreuther*, in: MüKo StGB, Vor § 283 Rn. 19 ff.

808 BGH wistra 2013, 150; *Beukelmann*, in: BeckOK StGB, § 283 Rn. 1; *Püschel*, in: LTZ-StGB, Vor §§ 283 ff. Rn. 1; *Radtke*, JR 2010, 233 (233); *Schork/Fingerle*, in: ERST-WiStR, § 283 StGB Rn. 1 ff.; für § 283 I Nr. 3b StGB *Wilhelm*, NStZ 2003, 511.

809 *Kindhäuser/Bülte*, in: NK-StGB, Vor § 283 ff. Rn. 19 ff.

810 *Schork/Fingerle*, in: ERST-WiStR, § 283b StGB Rn. 1.

811 *Weyand/Diversy*, Insolvenzdelikte, Rn. 82 ff.

812 Für § 283 I Nr. 3b StGB *Wilhelm*, NStZ 2003, 511 (512).

selbst als auch seinen Gläubigern bzw. den Beteiligten am Insolvenzverfahren einen Überblick über seine wirtschaftliche Lage, somit also eine intakte Informationsgrundlage, gewährleisten.[813] Als informationsbezogene Bankrotthandlungen stellen § 283 I Nr. 5 - 7 StGB den Schutz der für das Insolvenzverfahren maßgeblichen Informationsgrundlagen in den Fokus.[814] Das Rechtsgut des § 283 I Nr. 5 - 7 StGB zielt folglich ab auf Vermögensschutz durch die Gewährleistung einer transparenten Informationsgrundlage.

b) Tatbestandsstruktur

Die Tatbestandsvarianten des § 283 I Nr. 5–7 StGB können in einem ersten Schritt in zwei Kategorien unterteilt werden. Die erste Kategorie bilden die Varianten aus § 283 I Nr. 5 Var. 2 und 3, Nr. 6 und 7 lit. a StGB. Sie teilen sich das gemeinsame Erfordernis der Erschwerung der Vermögensübersicht, die kausal auf dem jeweils umschriebenen Täterverhalten beruhen muss. In der zweiten Kategorie finden sich die Tatbestandsvarianten aus § 283 I Nr. 5 Var. 1, Nr. 7 lit. b StGB wieder, die formelle Verstöße gegen die Grundsätze der ordnungsgemäßen Buchführung ahnden.[815] Gemeinsame Tatbestandsvoraussetzungen ergeben sich aus der Tatsituation der (drohenden) wirtschaftlichen Krise sowie dem Eintritt der objektiven Strafbarkeitsbedingung nach § 283 VI StGB.[816] Als Krisenmerkmal kommt neben der Überschuldung und Zahlungsunfähigkeit[817] die drohende Zahlungsunfähigkeit[818] in Betracht. Zusätzlich zur Krisensituation

---

813 *Ceffinato*, Strafrechtliche Vertreterhaftung, S. 156 f.; *Floeth*, EWiR 2015, 55; *Hillenkamp*, in: FS Tiedemann, S. 949; *Schmidt*, JuS 2017, 809 (811); *Weyand/Diversy*, Insolvenzdelikte, Rn. 82 ff.

814 *Kindhäuser/Bülte*, in: NK-StGB, Vor § 283 ff. Rn. 24 ff.

815 Für den parallel strukturierten § 283b StGB *Deiters/Wagner*, in: HK-KapMarktStrafR, § 283b StGB Rn. 4 f.

816 *Pelz*, in: WJS-WiStR, Rn. 9.109.

817 S. o. C. III. 1. b).

818 Nach der Legaldefinition des § 18 II InsO ist von drohender Zahlungsunfähigkeit auszugehen, wenn der Schuldner voraussichtlich nicht in der Lage sein wird, die bestehenden Zahlungspflichten im Zeitpunkt der Fälligkeit zu erfüllen; dazu *Fuhst*, in: InsGläubiger-HdB, § 2 Rn. 154 ff.; s. a. *Drukarczyk/Schüler*, in: Kölner-InsO, 1/2 Rn. 43 ff.; zum insolvenzrechtsakzessorischen Charakter des strafrechtlichen Begriffs drohender Zahlungsunfähigkeit BT-DrS. 12/2443, S. 114; s. a. umfassend *Ressmann*, Insolvenzstafrechtliche Krisenbegriffe, S 290 ff.; zur Prognoseentscheidung im Rahmen des Tatbestandsmerkmals „Drohen" BGH WM 2015, 931; *Brand*, in: Bittmann-InsStrafR, § 12 Rn. 56 ff.; *Pelz*, in: WJS-WiStR, Rn. 8.116 ff.; *Wagner*, in: HK-KapMarktStrafR, § 283 StGB Rn. 286 ff.; *Matzen*, Drohende und

verbindet die einzelnen Tatbestandsvarianten des § 283 I StGB die objektive Bedingung der Strafbarkeit,[819] wonach der Täter entweder seine Zahlung eingestellt[820] haben oder das Insolvenzgericht das Insolvenzverfahren eröffnet bzw. mangels Masse abgelehnt haben muss, vgl. § 283 VI StGB.[821]

aa) § 283 I Nr. 5 Var. 2 und 3, Nr. 6 und 7 lit. a StGB

Die Erschwerung der Übersicht über den Vermögensgegenstand kann nach § 283 I StGB bedingt sein durch mangelhafte Buchführung, vgl. § 283 I Nr. 5 Var. 2 und 3 StGB, eine Unterdrückung von Handelsbüchern oder sonstigen aufbewahrungspflichtigen Unterlagen, vgl. § 283 I Nr. 6 StGB sowie

---

eingetretene Zahlungsunfähigkeit, S. 96 f.; *Ressmann*, Insolvenzstafrechtliche Krisenbegriffe, S. 297; *Wagner*, in: HK-KapMarktStrafR, § 283 StGB Rn. 11; zum Streitstand um den Zeitrahmen der Prognose s. *Brand*, in: Bittmann-InsStrafR, § 12 Rn. 55.

819 Objektive Strafbarkeitsbedingung und Tathandlung müssen in einem tatsächlichen Zusammenhang stehen. Rechtsprechung und Literatur beschreiben damit gemeinhin weniger als einen Kausalzusammenhang, mehr jedoch als einen zeitlichen Zusammenhang. In der praktischen Handhabe fungiert dieses Merkmal vielmehr als einzelfallbezogenes Korrektiv, dazu Übersicht bei: *Brand*, in: Bittmann-InsStrafR, § 12 Rn. 223 f., der sich selbst aber für einen Wegfall dieser Voraussetzung im Rahmen von § 283 StGB ausspricht; s. a. *Tsambikakis*, GmbHR 2005, 838 (839).

820 Die Zahlungseinstellung lässt sich darauf herunterbrechen, dass der Schuldner nicht mehr in der Lage sein darf, einen erheblichen Teil seiner fälligen Zahlungspflichten in einem angemessenen Zeitraum nach Fälligkeit zu erfüllen und dies für den betroffenen Verkehrskreis nach außen erkennbar wird, s. ausführlich zur Auslegung des Tatbestandsmerkmals „Zahlungseinstellung" *Brand*, in: Bittmann-InsStrafR, § 12 Rn. 222; *Bieneck*, StV 1999, 43 (45); zur Erheblichkeit werden Quoten zwischen 25 % und 75 % vorgeschlagen, s. *Bosch*, in: SSW-StGB, Vor §§ 283 ff. Rn. 16; *Heine/Schuster*, in: SS-StGB, Vor §§ 283 ff. Rn. 60; *Petermann/Sackreuther*, in: MüKo StGB, Vor §§ 283 ff. Rn. 100; *Püschel*, in: LTZ-StGB, Vor §§ 283 ff. Rn. 28; *Stracke*, Übertragbarkeit, S. 50 Fn. 197; als angemessener Zeitraum werden regelmäßig drei Wochen angesetzt, s. *Hoyer*, in: SK-StGB, Vor §§ 283 ff. Rn. 14.

821 Die Eröffnung des Insolvenzverfahrens bzw. die Ablehnung mangels Masse knüpfen an den förmlichen Akt nach § 27 I InsO bzw. § 26 I 1 InsO an; die materielle Prüfung der Voraussetzungen darf daher nicht vom Strafrichter hilfsweise vorgenommen werden. Fehlt es an einem förmlichen Beschluss durch das Insolvenzgericht oder wurde der Beschluss aufgrund einer Beschwerde wieder aufgehoben, so kann eine Strafbarkeit nicht mit § 283 VI Var. 2 oder 3 StGB begründet werden, s. *Heger*, in: LKH-StGB, § 283 Rn. 28; *Heine/Schuster*, in: SS-StGB, § 283 Rn. 61.

durch eine fehlerhafte Bilanz- oder Inventaraufstellung, vgl. § 283 I Nr. 7 StGB, jeweils im sachlich-zeitlichen Zusammenhang[822] mit der wirtschaftlichen Krise.[823] Sämtliche Tatbestandsvarianten knüpfen an Verfehlungen handelsrechtlich vorgeschriebener Verpflichtungen der Grundsätze ordnungsgemäßer Buchführung an, die ihrerseits teilweise gemischt formell-materiellen Charakter[824] bzw. materiellen Charakter[825] aufweisen.[826] Um die Tatbestandsstruktur dieser Varianten sowie die darunterliegende Deliktsstruktur offenzulegen, genügt indessen die Exemplifizierung anhand einer der drei Varianten. Der Grund hierfür liegt im gleichgeschalteten Verlauf der Sachverhaltskonstellationen, die jeweils unter § 283 I Nr. 5 Var. 2 und 3, Nr. 6 und 7lit. a StGB subsumierbar sind. In allen drei Konstellationen kulminiert das Tatgeschehen in der Erschwerung der Übersicht über den Vermögensgegenstand,[827] sodass bei gleichbleibendem Rechtsgut als Bezugspunkt das Tatgeschehen jeweils bis zum selben Stadium des Beeinträchtigungsgrades gediehen ist. Wenn jeweils eine Erschwerung der Übersicht über den Vermögensgegenstand erforderlich ist und dieses Tatbestandsmerkmal einheitlich ausgelegt wird,[828] hat der Täter in allen drei Tatbestandsvarianten bei Abschluss des tatbestandlich umschriebenen Sachverhalts das gleiche Maß an Beeinträchtigung verursacht. *Pars pro toto* soll an dieser Stelle die Verletzung der Bilanzierungspflicht nach § 283 I Nr. 7 lit. a StGB näher beleuchtet werden. § 283 I Nr. 7 lit. a StGB pönalisiert einen Bilanzverstoß in Gestalt einer mangelhaften Bilanzaufstellung, wahlweise durch Missachtung der Grundsätze der Bilanzwahrheit, -klarheit und/oder -vollständigkeit gem. §§ 242, 243, 246 HGB.[829] Infolge der mangelhaften Bilanzierung muss die Übersicht über den Vermögensgegenstand erschwert

822 Eingehend zum Verhältnis von objektiver Strafbarkeitsbedingung einerseits und wirtschaftlicher Krise bzw. Bankrotthandlung andererseits *Dannecker/Hagemeier*, in: DKHS-Insolvenzstrafrecht, Rn. 883 ff.

823 *Dannecker/Hagemeier*, in: DKHS-Insolvenzstrafrecht, Rn. 54 ff.

824 § 283 Nr. 5, Var. 2 und 3, 6 StGB.

825 § 283 Nr. 7a StGB.

826 Für § 283b StGB *Deiters/Wagner*, in: HK-KapMarktStrafR, § 283b StGB Rn. 4 f.

827 *Himmelreich*, in: ARR-WiStR, 7/1 Rn. 184 ff.

828 *Brand*, in: Bittmann-InsStrafR, § 12 Rn. 187; *Pelz*, in: WJS-WiStR, Rn. 9.181; *Petermann/Sackreuther*, in: MüKo StGB, § 283 Rn. 57.

829 *Beukelmann*, in: BeckOK StGB, § 283 Rn. 66; *Brand*, in: Bittmann-InsStrafR, § 12 Rn. 166 ff.; *Heger*, in: LKH-StGB, § 283 Rn. 20; *Heine/Schuster*, in: SS-StGB, § 283 Rn. 44; *Kindhäuser/Bülte*, in: NK-StGB, § 283 Rn. 82 ff.; *Pelz*, in: WJS-WiStR, Rn. 9.178 ff.; *Petermann/Sackreuther*, in: MüKo StGB, § 283 Rn. 50 f.; *Püschel*, in: LTZ-StGB, § 283 Rn. 26; *Weyand/Diversy*, Insolvenzdelikte, Rn. 97 ff.; für

sein. Der Täter hat in diesem Fall durch sein Verhalten einen Grad an Unüberschaubarkeit des Vermögensgegenstandes von gewisser Erheblichkeit kausal herbeigeführt. Davon ist auszugehen, wenn es einem sachverständigen Dritten innerhalb eines angemessenen Zeitraums nicht oder nicht ohne großen Aufwand möglich ist, sich einen Überblick über die wirtschaftliche Lage des Täters zu verschaffen.[830] Mit dem Eintritt dieses Handlungserfolgs findet die Tatbestandsverwirklichung zudem ihren Abschluss und ist demzufolge vollendet.[831]

bb) § 283 I Nr. 5 Var. 1 Nr. 7 lit. b StGB

Nach § 283 I Nr. 5 Var. 1 Nr. 7 lit. b StGB macht sich strafbar, wer bei eingetretener Krisensituation in formell-handelsrechtswidriger Weise[832] gegen die Pflicht zur Aufstellung von Bilanzen bzw. zum Führen von Handelsbüchern verstößt, indem er – im Falle des § 283 I Nr. 5 Var. 1 StGB – das Führen unterlässt oder – im Falle des § 283 I Nr. 7 lit. b StGB – dem Aufstellen von Bilanzen oder Inventaren nicht im Rahmen der gesetzlich vorgeschriebenen Fristen nachkommt.[833] Faktisch behandeln beide Tatbestandsvarianten als echte Unterlassungsdelikte[834] Sachverhaltskonstellationen, in denen ein Handelsbuch, eine Bilanz oder ein Inventar zu einem bestimmten bzw. bestimmbaren Stichtag nicht[835] vorhanden sind. Analog zu § 283 I Nr. 5 Var. 2 und 3, Nr. 6 und 7 lit. a StGB soll auch an dieser Stelle eine vertiefte Erörterung der Tatbestandsvariante nach § 283 I Nr. 7 lit. b StGB genügen, um Tatbestands- und Deliktsstruktur offenzulegen. Mit § 283 I Nr. 7 lit. b StGB bestraft das Gesetz denjenigen Täter, der es unterlässt, im Rahmen der gebotenen Fristen eine Bilanz- oder Inventaraufstellung vorzunehmen. Damit pönalisiert das Gesetz die formell-handelsrechtswidrige, weil verspätete Bilanz- oder Inventaraufstellung.[836] Wann der Täter eine Bilanz bzw. ein Inventar[837] verspätet aufstellt, orientiert sich an der Zeitspanne, die

---

§ 283b I Nr. 3a StGB *Deiters/Wagner*, in: HK-KapMarktStrafR, § 283b StGB Rn. 33 ff.; vertiefend bei: *Reck*, GmbHR 2001, 424 (426 f.).

830 BGH NStZ 2002, 327; BGH NStZ 1998, 247.

831 *Kindhäuser/Bülte*, in: NK-StGB, § 283 Rn. 114.

832 Für § 283b I Nr. 1, Var. 1, 3b StGB *Deiters/Wagner*, in: HK-KapMarktStrafR, § 283b StGB Rn. 5.

833 *Hagemeier*, NZWiSt 2012, 105 (105).

834 *Heger*, in: LKH-StGB, § 283 Rn. 17 ff.

835 *Kindhäuser/Bülte*, in: NK-StGB, § 283 Rn. 86.

836 *Dannecker/Hagemeier*, in: DKHS-Insolvenzstrafrecht, Rn. 955 f.

837 *Gans/Quick*, DStR 1995, 306 (306 ff.).

einem ordnungsgemäßen Geschäftsgang entspricht, vgl. § 243 III HGB.[838] Die Tat nach § 283 I Nr. 7 lit. b StGB ist vollendet, wenn die Frist zur Bilanzierung abgelaufen ist.[839]

c) Deliktsstruktur

§ 283 I Nr. 5 Var. 2 und 3, Nr. 6 und 7 lit. a StGB fordern die Erschwerung der Vermögensübersicht als kausal auf dem gefährlichen Verhalten des Buchführungs- oder Bilanzierungsverstoßes beruhenden tatbestandlichen Erfolg, während § 283 I Nr. 5 Var. 1, Nr. 7 lit. b StGB das Unterlassen der Buchführung (Nr. 5 Var. 1) bzw. der fristgemäßen Aufstellung der Bilanz des Vermögens oder des Inventars (Nr. 7 lit. b) unter Strafe stellt. Da mit der Erschwerung der Vermögensübersicht ein Erfolgselement vom Tatbestand umfasst ist, sind die beiden Tatbestandsstrukturen separat auf ihre Deliktsstruktur hin zu untersuchen. Vorneweg sei hinsichtlich der Relevanz des Tatbestandsmerkmals der wirtschaftlichen Krise auf die analogen Ausführungen im Rahmen des § 15a IV InsO verwiesen.[840]

aa) § 283 I Nr. 7 lit. a StGB

In einem ersten Schritt steht die Deliktsstruktur des § 283 I Nr. 7 lit. a StGB zur Prüfung. Nach § 283 I Nr. 7 lit. a StGB wird bestraft, wer mangelhafte Bilanzen aufstellt und dadurch die Übersicht über seinen Vermögensgegenstand erschwert. Anhand des tatbestandlich vorausgesetzten Kausalitätsverhältnisses zwischen Täterverhalten einerseits und Erschwerung der Übersicht über seinen Vermögensgegenstand andererseits wird das in § 283 I Nr. 7 lit. a StGB

---

838 Bei einer ganzen Reihe von Gesellschaftsformen ist die Frist zur Bilanzierung von Gesetzes wegen fixiert, für die übrigen Gesellschaftsformen und einzelkaufmännischen Betriebe machen diese gesetzlichen Leitbilder den ordnungsgemäßen Geschäftsgang im Sinne des § 243 III StGB bestimmbar. Für Kapitalgesellschaften und Gesellschaftsformen, die unter § 264a I HGB fallen, sind gesetzliche Höchstfristen zwischen drei und sechs Monaten ab Ablauf des Geschäftsjahres, auf das sich die Bilanz bezieht, angesetzt, die bei einzelkaufmännischen Betrieben bzw. den übrigen Gesellschaftsformen nach HGB als Orientierung angelegt werden können, s. *Kindhäuser/Bülte*, in: NK-StGB, § 283 StGB Rn. 85; *Pelz*, in: WJS-WiStR, Rn. 9.183 ff.; *Wolf/Lupp*, wistra 2008, 250 (250 f.). Ist die wirtschaftliche Krise eingetreten oder handelt es sich um eine Eröffnungsbilanz, muss die Bilanz unverzüglich aufgestellt werden, s. *Fischer*, StGB. § 283 Rn. 29.

839 *Schork/Fingerle*, in: ERST-WiStR, § 283 StGB Rn. 36.

840 S. C. III. 1. c).

inkorporierte Erfolgsmoment deutlich.[841] Bei § 283 I Nr. 7 lit. a StGB könnte es sich folglich um ein Verletzungs-, ein konkretes oder ein potenzielles Gefährdungsdelikt handeln. Gegen die Annahme eines Verletzungsdelikts spricht durchgreifend, dass das Erfolgselement im Rahmen des § 283 I Nr. 7 lit. a StGB in einer Erheblichkeit der Mangelhaftigkeit liegt.[842] Da die Grundsätze ordnungsgemäßer Buchhaltung im Rahmen des § 283 I Nr. 5–7 StGB nicht zum reinen Selbstzweck unter Schutz gestellt sind, sondern vermittelt die Vermögensinteressen der Gläubiger geschützt werden sollen, bemisst sich das Maß an Beeinträchtigung auch anhand der manifesten Auswirkung auf die Vermögensinteressen, die der einzelne Bilanzverstoß auslöst. Aus der Tatsache, dass sich der Sachkundige infolge der Lektüre der Bilanz in angemessener Zeit kein Bild von der Vermögenslage des Schuldners machen kann, folgt noch keine unmittelbare Beeinträchtigung im Sinne einer Verletzung der Vermögensinteressen der Gläubiger. Zwar ist die Informationslage getrübt, jedoch haben die Gläubiger dadurch noch nicht unmittelbar wirtschaftliche Einbußen zu verzeichnen, ihr Vermögen wurde noch nicht geschmälert. Davon wäre erst auszugehen, wenn mindestens einem Gläubiger im Rahmen des Insolvenzverfahrens eine geringere Befriedigung zuteil würde, als ihm zustände. Ähnliches kann für eine Klassifizierung als konkretes Gefährdungsdelikt konstatiert werden.[843] In einer Sachverhaltskonstellation, in der die Übersicht über den Vermögensgegenstand dergestalt erschwert ist, dass aus der Bilanz selbst die Vermögensverhältnisse des Schuldners gar nicht oder unter unverhältnismäßigem Aufwand abgeleitet werden können, ist die optimale Befriedigung der Gläubigerinteressen nicht vom Zufall abhängig. Davon wäre erst auszugehen, wenn die Informationsgrundlage über den Vermögensgegenstand zerstört oder so weit unkenntlich gemacht wäre, dass nur noch ein fragmentarisches Bild von der wirtschaftlichen Lage des Schuldners aufstellbar wäre. Dies zugrunde gelegt, würde eine Verteilung der schuldnerischen Vermögensmasse „ins Blaue hinein“ erfolgen müssen, also eine rein zufällige Angelegenheit darstellen. Indessen sind die Erfordernisse an die Erschwerung der Übersicht über den Vermögensgegenstand niedriger angesiedelt. Hier muss die Vernebelung über den Vermögensgegenstand so weit vorangeschritten sein, dass die Erstellung

---

841 *Brand*, in: Bittmann-InsStrafR, § 12 Rn. 98; *Deiters/Wagner*, in: HK-KapMarkt-StrafR, § 283b StGB Rn. 4; *Schäfer*, wistra 1990, 81 (87); *Reinhart*, in: GJW-WiStR, § 283 StGB Rn. 2.

842 *Brand*, in: Bittmann-InsStrafR, § 12 Rn. 98.

843 BGH NStZ 2008, 401 (402).

einer Übersicht zwar noch, jedoch nur unter einem wesentlich größeren Aufwand als üblich möglich ist.[844] Auf diese Weise ist die Informationsgrundlage tangiert, allerdings nicht bis zur Unkenntlichkeit erodiert. Gleichwohl strahlt die Erschwerung der Übersicht über den Vermögensgegenstand ein gewisses Maß an Gefährdung aus. Wäre die mangelhafte Bilanzierung bei der Verteilung der schuldnerischen Vermögensmasse als Grundlage in Ansatz gebracht, käme der Verteilungsprozess mangels transparenter Informationsgrundlage Willkür gleich. Auch seine unternehmerischen Entscheidungen träfe der Schuldner willkürlich, wenn er diese auf Grundlage der mangelhaften Vorstellung über seinen Vermögensgegenstand vornähme. Wenn dennoch die Vermögensverteilung ausgewogen bzw. die getroffenen unternehmerischen Entscheidungen korrekt und keine Gläubigerinteressen verletzt wären, könnte dies nur dem Zufall zuzuschreiben sein. Durch die Erschwerung der Übersicht über den Vermögensgegenstand hat der Schuldner dementsprechend ein Gefährdungsmoment gesetzt, bei dessen ungehindertem Fortlauf der Eintritt eines Schadens für die Gläubigerinteressen aus Sicht eines sachverständigen Dritten *ex post*[845] wahrscheinlich ist, wobei bspw. Die – grundsätzlich mögliche – Aufbereitung der Übersicht durch einen sachverständigen Dritten einen solchen Eingriff in den Fortlauf darstellen würde. § 283 I Nr. 7 lit. a StGB liegt somit die Deliktsstruktur eines potenziellen Gefährdungsdelikts zugrunde. Ausschlaggebend für diese Einstufung ist nicht das Tatbestandsmerkmal, dass der Täter diese Handlung im zeitlichen Zusammenhang mit der wirtschaftlichen Krise vornimmt. Der Deliktscharakter leitet sich aus der Beziehung des durch das Täterverhalten bedingten Ergebnisses des Tatgeschehens zu dem Rechtsgut, d. h. der Gewährleistung einer transparenten und intakten Informationsgrundlage über die Verhältnisse der Gesellschaft zum Zwecke des Vermögensschutzes der Gläubiger, her. In der Übersichtlichkeit der Buchführung bzw. Bilanzaufstellung gleicht sich das Tatgeschehen innerhalb und außerhalb der wirtschaftlichen Krise. Anders gewendet ist das Tatgeschehen in den Fällen des § 283b I Nr. 3 lit. b StGB zum gleichen Grad der Beeinträchtigung des Rechtsguts gediehen. Der Unterschied liegt vielmehr in der wirtschaftlichen Verfassung des Täters, aus der sich eine erhöhte Strafwürdigkeit des Verhaltens ableitet.[846] Eine Stütze

844 *Brand*, in: Bittmann-InsStrafR, § 12 Rn. 155 mit dem Hinweis, dass der „übliche Zeitraum" von Art und Umfang des Unternehmens abhängt und daher der Feststellung im Einzelfall obliegt.

845 *Brand*, in: Bittmann-InsStrafR, § 12 Rn. 154.

846 *Deiters/Wagner*, in: HK-KapMarktStrafR, Vor §§ 283 ff. Rn. 1 f.

findet dieser Befund des Weiteren im Eintritt der objektiven Strafbarkeitsbedingung, die in beiden Fällen gleichermaßen vorausgesetzt wird.

bb) § 283 I Nr. 7 lit. b StGB

Zu klären bleibt noch der Deliktscharakter des § 283 I Nr. 7 lit. b StGB, der hier stellvertretend für beide formell-handelsrechtswidrigen Verstöße nach § 283 I StGB untersucht wird. Im Tatbestand des § 283 I Nr. 7 lit. b StGB findet sich, wie im Kontrast zur eben untersuchten Variante offenkundig wird, kein Erfolgsmoment.[847] Es kann sich mithin nur um ein Gefährlichkeitsdelikt handeln. Bei informationsbezogenen Delikten liegt das Gefährlichkeits- bzw. Gefahrenmoment in der Möglichkeit einer manipulationsbedingten Verzerrung der Informationsgrundlage.[848] Aus Sicht des Rechtsguts nimmt eine intakte Informationsgrundlage sowohl zugunsten des Selbstinformationszwecks als auch für die Transparenz im Insolvenzverfahren eine zentrale Rolle ein. Zum einen sollen unternehmerische Fehlentscheidungen vermieden, zum anderen eine reibungslose Verteilung der Vermögensmasse für den Fall der Insolvenz sichergestellt werden.[849] Zum Deliktscharakter des – parallel zu § 283 I Nr. 7 lit. b StGB konstruierten – § 283b I Nr. 3 lit. b StGB schreibt *Wilhelm*: *„Das Heraufbeschwören beider Gefahren wird vom Gesetz bei unterbleibender Bilanzerstellung zum Stichtag unwiderleglich vermutet“*.[850] Zutreffend beschreibt er damit das Wesen der Gefährlichkeit hinter einer verspäteten Bilanzierung. Diese wird mit Strafe sanktioniert, unabhängig davon, ob einzelfallbezogen eine Gefährlichkeit von ihr ausgeht. Veranschaulicht werden kann das anhand des Umstands, dass hier die Strafbarkeit an einen Fristablauf geknüpft wird. Für die Strafbarkeit nach § 283 I Nr. 7 lit. b StGB kommt es entscheidend darauf an, ob die Frist zur rechtzeitigen Bilanzierung eingehalten wird. Konstitutives Merkmal für die Strafwürdigkeit des Täterverhaltens bildet sein formell-handelsrechtswidriges Verhalten in der Krisensituation und im zeitlich-sachlichen Zusammenhang mit der objektiven Strafbarkeitsbedingung. Auf die Spitze getrieben, muss eine Strafbarkeit nach § 283 I Nr. 7 lit. b StGB

---

847 *Heger*, in: LKH-StGB, § 283 Rn. 1; *Heine/Schuster*, in: SS-StGB, § 283 Rn. 1; *Kindhäuser/Bülte*, in: NK-StGB, Vor § 283 ff. Rn. 34; *Krause*, NStZ 1999, 161 (162); *Tiedemann/Engelhart*, Wirtschaftsstrafrecht, Rn. 584; zwischen der objektiven Bedingung der Strafbarkeit und Tathandlung ein Kausalverhältnis konstatierend *Trüg/Habetha*, wistra 2007, 365 (370).

848 *Krause*, Ordnungsgemäßes Wirtschaften, S. 210 f. Fn. 94.

849 *Wilhelm*, NStZ 2003, 511 (512).

850 *Wilhelm*, NStZ 2003, 511 (512).

auch bejaht werden, wenn der Täter die auferlegte Frist um einen Tag verpasst, obschon in einer solchen Sachverhaltskonstellation nur in absoluten Ausnahmefällen eine materielle Verschlechterung für die Rechtsgüter gegenüber der fristwahrenden Bilanzierung vorstellbar wäre. Daran offenbart sich die von *Wilhelm* beschriebene unwiderlegliche Vermutung. Diese ist nicht im engeren Sinne als Präsumtion zu verstehen.[851] Vielmehr weist der Tatbestand den schädigenden Effekt für die Selbstinformation des Schuldners und die Transparenz im (möglichen) Insolvenzverfahren nicht nach, sondern geht von der Prämisse aus, eine verfristete Bilanzierung führe in vielen Fällen zu einem desinformierten Blick auf die Vermögenslage. Wenn selbst das materiell unerhebliche Verfehlen einer Frist zu pönalisieren ist, bleibt für die konkrete Betrachtung einer Gefährlichkeit des Täterverhaltens kein Raum. Der Prüfungskanon sieht nicht vor, die Auswirkungen der Verfristung auf ihre Relevanz (oder auch: Erheblichkeit) hin unter die Lupe zu nehmen, da die Erschwerung der Übersicht über die Vermögenslage in diesen Fällen nach gesetzgeberischer Konzeption aus der Natur der Sache zu folgen scheint. § 283 I Nr. 7 lit. b StGB pönalisiert somit abstrakt gefährliches Verhalten.

3. Schmälerung der Insolvenzmasse

Neben den Buchführungsdelikten inkriminiert § 283 I StGB zusätzlich die Schmälerung der Haftungsmasse infolge insolvenzträchtiger Verhaltensweisen. Konkret beschreiben die einzelnen Tatbestandsvarianten die sog. bestandsbezogenen Insolvenzdelikte, die als Gegenstück zu den informationsbezogenen Insolvenzdelikten entweder die Verminderung der Aktiva (§ 283 I Nr. 1–3 StGB) oder die fiktive Steigerung der Passiva (§ 283 I Nr. 4 StGB) strafrechtlich sanktionieren.[852] Im Einzelnen bestrafen § 283 I Nr. 1–4 StGB die Schmälerung der Haftungsmasse durch Beeinträchtigung des Vermögens (§ 283 I Nr. 1 StGB), Vornahme unwirtschaftlicher Geschäfte (§ 283 I Nr. 2, 3 StGB) sowie durch Andichtung nicht existenter Rechte Dritter an der Haftungsmasse (§ 283 I Nr. 4 StGB).[853] § 283 I Nr. 8 StGB nimmt als Auffangtatbestand schließlich eine gesonderte Rolle ein.[854] Das fundamentale Unterscheidungskriterium unter den einzelnen Tatbestandsvarianten bildet das Tatbestandsmerkmal „in

851 Für einen Überblick zu Präsumtionstheorien s. o. B. II. 2. a) aa).

852 *Tiedemann/Engelhart*, Wirtschaftsstrafrecht, Rn. 1107 f.

853 *Dannecker/Hagemeier*, in: DKHS-Insolvenzstrafrecht, Rn. 880.

854 *Dannecker/Hagemeier*, in: DKHS-Insolvenzstrafrecht, Rn. 967 f.; *Püschel*, in: LTZ-StGB, § 283 Rn. 28; *Weyand/Diversy*, Insolvenzdelikte, Rn. 106 ff.

einer gegen die ordnungsgemäße Wirtschaft verstoßenden Weise".[855] Als normatives Tatbestandsmerkmal herrscht um seine Auslegung rege Diskussion.[856] Funktional wirkt es nach einhelliger Auffassung strafbarkeitsbegrenzend, z. B., indem Bagatellen ausgeschlossen werden.[857] Eine nähere Untersuchung der einzelnen Tatbestandsvarianten muss diesen paradigmatischen Unterschied zwischen § 283 I Nr. 1 Var. 2, Nr. 4, 8 Alt. 2 StGB, die auf dieses Merkmal verzichten, sowie § 283 I Nr. 1 Var. 1 und 3, Nr. 2, 3, 8 Alt. 1 StGB würdigen.

a) Rechtsgut

§ 283 I StGB dient dazu, die Konkursmasse zwecks Befriedigung der geldwerten Ansprüche von Gläubigern des in die Krise geratenen Schuldners zu schützen.[858] Die Spezifikationen der ordnungsgemäßen Rechnungslegung und Buchführung ausgenommen, sei in diesem Zusammenhang auf die entsprechenden Ausführungen[859] verwiesen.

b) Tatbestandsstruktur

Die Schmälerung der Insolvenzmasse nach § 283 I Nr. 1–4, 8 StGB teilt sich mit den Buchführungsdelikten das tatbestandsvariantenübergreifende Merkmal des Handelns in der wirtschaftlichen Krise[860] sowie das Erfordernis des wirtschaftlichen Zusammenbruchs[861] als objektive Bedingung der Strafbarkeit. Darüber hinaus unterteilt der § 283 I StGB in Tatbestandsvarianten, die die Insolvenzmasse schmälern, indem Teile des Vermögensbestands dem potenziellen Zugriff durch Gläubiger und/oder Insolvenzverwalter entzogen werden, und solche, die die Verminderung der Insolvenzmasse durch das Fingieren eines geringeren Bestands verfolgen. Hand in Hand mit dieser Unterteilung ordnet das Gesetz auch das Tatbestandsmerkmal des Handelns „in einer gegen die ordnungsgemäße Wirtschaft verstoßenden Weise" zu.

---

855 Siehe dazu sogleich C. III. 3. b) aa).

856 Übersicht dazu bei *Kindhäuser/Bülte*, in: NK-StGB, Vor §§ 283 ff. Rn. 60 ff.

857 *Krause*, Ordnungsgemäßes Wirtschaften, S. 256 f.; *Kindhäuser/Bülte*, in: NK-StGB, Vor §§ 283 ff. Rn. 60 ff.

858 *Wittig*, WiStR, § 23 Rn. 6.

859 S. o. C. III. 2. a) sowie auch schon C. I. 2. a).

860 Dazu s. o. C. III. 2. b) aa), C. III. 2. b) sowie auch schon C. III. 1. b).

861 Dazu s. o. C. III. 2. b).

aa) § 283 I Nr. 1 Var. 1 und 3, Nr. 2, 3, 8 Alt. 1 StGB

Die § 283 I Nr. 1 Var. 1 und 3, Nr. 2, 3, 8 Alt. 1 StGB stellen jeweils das Vermindern des Vermögensbestands durch Schmälerung der Aktiva unter Strafe, und zwar durch vermögensverschiebungsbedingten Entzug des Zugriffs auf Bestandteile der Insolvenzmasse (§ 283 I Nr. 1 StGB), Geschäftsbetätigungen in unwirtschaftlicher Weise (§ 283 I Nr. 2, 3 StGB) oder durch ein Verhalten in einer sonstigen gegen die Bestimmungen einer ordnungsgemäßen Wirtschaft grob widersprechenden Weise (§ 283 I Nr. 8 Alt. 1 StGB). Gemein ist – über das Erfordernis des ordnungswidrigen Wirtschaftens hinaus – allen Varianten das Element, dass der Schuldner auf real existente Teile seines Vermögens dergestalt einwirkt, dass in einem Vorher-nachher-Vergleich der Vermögensbestand, auf den zugegriffen werden kann, nach der Tathandlung voraussichtlich kleiner ausfällt als davor.[862] Ausgehend vom Rechtsgut erreicht das Tatgeschehen im Zeitpunkt der Tatbestandsverwirklichung also in allen Fällen das gleiche Stadium. Der Täter muss jeweils eine Maßnahme ergriffen haben, die aus einer *Ex-ante*-Perspektive derart gegen die Gesetze einer ordnungsgemäßen Wirtschaft verstößt, dass mit einer Verringerung des Vermögensbestands zu rechnen ist.[863] Da das Tatgeschehen jeweils bis zum gleichen Maß der Beeinträchtigung gewachsen ist, sind bezüglich der Deliktsstruktur die gleichen Ergebnisse zu erwarten. Die Untersuchung beschränkt sich daher im weiteren Verlauf auf die Unterdrückung von Vermögen durch Beiseiteschaffen gem. § 283 I Nr. 1 Var. 1 StGB.

Nach § 283 I Nr. 1 Var. 1 StGB macht sich strafbar, wer Bestandteile seines Vermögens, die potenziell zur Insolvenzmasse[864] gehören würden, im

---

862 *Brand*, in: Bittmann-InsStrafR, § 12 Rn. 5.

863 *Hiltenkamp-Wisgalle*, Bankrottdelikte, S. 169; *Moosmeyer*, InsO 1999, S. 70; *Reichelt*, Untreue und Bankrott, S. 97.

864 Auf die Frage, was zur Insolvenzmasse gehört, gibt die InsO nähere Auskunft. Nach § 35 InsO fällt alles Geldwerte, dessen Inhaber der Schuldner ist, mithin also das gesamte der Zwangsvollstreckung unterliegende Vermögen, in den Anwendungsbereich, sofern der Vermögensbestandteil nicht wertlos ist und nicht ausnahmsweise einem Dritten ein Aussonderungsrecht zusteht, s. Weyand/Diversy, Insolvenzdelikte, Rn. 63; zum Streitstand um die Bagatelle s. BGH NJW 1954, 164; BGH; *Brand*, in: Bittmann-InsStrafR, § 12 Rn. 59; *Dannecker/Hagemeier*, in: DKHS-Insolvenzstrafrecht, Rn. 891; *Heger*, in: LKH-StGB, § 283 Rn. 9; *Heine/Schuster*, in: SS-StGB, § 283 Rn. 3a; *Pelz*, in: WJS-WiStR, Rn. 9.135; *Petermann/Sackreuther*, in: MüKo StGB, § 283 Rn. 9 ff.; *Weyand/Diversy*, Insolvenzdelikte, Rn. 63; a. A. *Kindhäuser/Bülte*, in: NK-StGB, § 283 Rn. 8.

Widerspruch zu den Anforderungen einer ordnungsgemäßen Wirtschaft beiseiteschafft.[865] Den Vermögensgegenstand schafft der Täter beiseite, wenn er – auf rechtlicher und/oder tatsächlicher Ebene – den alsbaldigen Zugriff auf den Gegenstand unmöglich macht oder wesentlich erschwert.[866] Ferner hat die Tathandlung, ungeachtet des Wortlauts, den Anforderungen einer ordnungsgemäßen Wirtschaft zu widersprechen.[867] Während dieses Merkmal auf dem Boden der Rechtsprechung als Korrektiv im Einzelfall[868] genutzt wird, haben einzelne Stimmen im Schrifttum[869] sich um die Entwicklung abstrakt-genereller Kriterien bemüht, um das Tatbestandsmerkmal justiziabel zu gestalten. Im Kontrast zu den informationsbezogenen Insolvenzdelikten, denen die Wirtschaftswidrigkeit immanent[870] ist, wohnt den bestandsbezogenen Insolvenzdelikten ein ambivalenter Charakter inne. Sie widersprechen nicht *per se* den Anforderungen einer ordnungsmäßen Wirtschaft.[871] Abseits der Diskussion um die konkrete Handhabung dieses Tatbestandsmerkmals kommt ihm nach einhelliger Auffassung eine strafbarkeitsbegrenzende Wirkung zu, indem die ökonomische Vernünftigkeit bzw. Sinnhaftigkeit des in Rede stehenden Verhaltens auf Grundlage einer *Ex-ante*-Betrachtung bewertet wird.[872] Mit diesem Tatbestandsmerkmal filtert die Rechtsanwendung diejenigen Verhaltensweisen heraus, in denen auf Grundlage der konkreten Umstände die wirtschaftliche Betätigungsfreiheit des Schuldners hinter der Gefährdung der Vermögensinteressen der Gläubiger zurückzutreten hat.[873] Ein entgegen der Prognose erzieltes Ergebnis privilegiert den Täter; umgekehrt wird ihm ein prognosewidriges Ausbleiben des erhofften wirtschaftlichen Erfolgs *ex post* nicht zum

865 *Beukelmann*, in: BeckOK StGB, § 283 Rn. 36 ff.
866 *Hinderer*, Insolvenzstrafrecht, S. 57.
867 BGH NJW 1987, 2242 (2243); *Heger*, in: LKH-StGB, § 283 Rn. 10; *Heine/Schuster*, in: SS-StGB, § 283 Rn. 4; *Kindhäuser/Bülte*, in: NK-StGB, § 283 Rn. 15 ff.; *Radtke*, in: FS Achenbach, S. 341 ff.; *Weyand/Diversy*, Insolvenzdelikte, Rn. 66; a. A. *Hoyer*, in: SK-StGB, § 283 Rn. 32 ff.
868 Überblick zur Kasuistik bei *Himmelreich*, in: ARR-WiStR, 7/1 Rn. 106; die Notwendigkeit einer Einzelfallentscheidung betonend *Ceffinato*, ZIP 2018, 453 (458 f.).
869 Siehe dazu die Ansätze von *Brand*, in: Bittmann-InsStrafR, § 12 Rn. 30 ff.; *Krause*, Ordnungsgemäßes Wirtschaften, S. 330 ff.
870 *Ceffinato*, ZIP 2018, 453 (454).
871 *Krause*, Ordnungsgemäßes Wirtschaften, S. 246 f., 424 ff.
872 *Tiedemann*, ZIP 1983, 513 (520 f.).
873 Eingehend zum Abwägungsvorgang *Ceffinato*, ZIP 2018, 453 (455); *Kindhäuser/Bülte*, in: NK-StGB, Vor § 283 ff. Rn. 60 ff.; *Popp*, Gläubigerschädigung, S. 344 f.

Verhängnis.[874] Vollendet ist die Tatbestandsverwirklichung im Zeitpunkt des Abschlusses der Tathandlung,[875] konkret also in dem Moment, in dem der Täter den jeweiligen Vermögensgegenstand mindestens vorübergehend dem Gläubigerzugriff entzogen hat.[876]

bb) § 283 I Nr. 1 Var. 2, Nr. 4, 8 Alt. 2 StGB

Innerhalb von § 283 I Nr. 1 Var. 2, Nr. 4, 8 Alt. 2 StGB führt nicht die reale Einwirkung auf den Vermögensbestand, sondern vielmehr die Vorspiegelung eines falschen Sachverhalts durch Unterdrückung von Vermögensbestandteilen in Form von Verheimlichung (§ 283 I Nr. 1 Var. 2 StGB), Fingierung von Rechten Dritter (§ 283 I Nr. 4 StGB) oder der sonstigen Geheimhaltung bzw. Verschleierung der Gesellschaftsverhältnisse zur Strafbarkeit. Die Tathandlung ist von vornherein nicht darauf ausgelegt, in einem Vorher-nachher-Vergleich an dem Vermögen des Schuldners eine Realveränderung herbeizuführen. Im Mittelpunkt des deliktischen Verhaltens steht vielmehr das intellektuell-kognitive Einwirken des Täters auf die Vorstellung des jeweiligen Adressaten mit dem Ziel, das Bild von der eigenen Vermögenslage ins Negative zu verzerren.[877] Diese Verzerrung kann der Täter entweder damit erreichen, dass er ein falsches Bild von den Aktiva abgibt[878] (so § 283 I Nr. 1 Var. 2 StGB) oder indem er einen unzutreffenden Eindruck von den Passiva vermittelt[879] (so § 283 I Nr. 4 StGB). Beide Fälle wollen das Ergebnis eines verwaschenen Bildes der Vermögenslage des Schuldners produzieren, wobei es weder für die Unterdrückungs-[880] noch für die Vortäuschungsvariante[881] auf den Erfolg des Versuchs ankommt. Wie im Rahmen der § 283 I Nr. 1 Var. 1 und 3, Nr. 2, 3, 8 Alt. 1 StGB[882] reift das Tatgeschehen also in beiden Varianten bis zum gleichen Punkt, sodass für eine Erörterung der Deliktsstruktur die Exemplifizierung anhand des § 283 I Nr. 1 Var. 2 StGB ausreichen soll. § 283 I Nr. 1 Var. 2 StGB bestraft, wer einen Vermögensbestandteil selbst oder dessen Zugehörigkeit zur Insolvenzmasse zumindest vorübergehend, wenn auch nicht zwingend nachhaltig

---

874 *Tiedemann*, ZIP 1983, 513 (521).
875 *Braasch*, in: HK-GS, § 283 StGB Rn. 45.
876 *Richter*, in: MGH-WiStR, Rn. 83.26.
877 *Kindhäuser/Bülte*, in: NK-StGB, Vor §§ 283 ff. Rn. 27 f.
878 *Heinrich*, NZWiSt 2020, 346 (356 f.).
879 *Dannecker/Hagemeier*, in: InsR-HdB, § 125 Rn. 80 f.
880 *Weyand/Diversy*, Insolvenzdelikte, Rn. 67.
881 *Himmelreich*, in: ARR-WiStR, 7/2 Rn. 135.
882 S. o. C. III. 2. b) bb).

der Kenntnis des Gläubigers oder des Insolvenzverwalters entzieht, mithin verheimlicht.[883] Im Zeitpunkt der jedenfalls vorübergehenden Verhinderung der Kenntnisnahme liegt gleichzeitig der Zeitpunkt der tatbestandlichen Vollendung.[884]

d) Deliktsstruktur

Während § 283 I Nr. 1 Var. 1 und 3, Nr. 2, 3, 8 Alt. 1 StGB das Erfordernis des Widerspruchs zu den „Anforderungen an eine ordnungsgemäße Wirtschaft" in das Zentrum seines Prüfungskanons stellt, hat dieses Merkmal keinen Eingang in die Tatbestände des § 283 I Nr. 1 Var. 2, Nr. 4, 8 Alt. 2 StGB gefunden. Der unterschiedliche Umgang mit diesem Merkmal führt zu divergierenden deliktischen Strukturen und gebietet daher eine separate Eruierung.

aa) § 283 I Nr. 1 Var. 1 StGB

Zu Beginn steht der Deliktscharakter des § 283 I Nr. 1 Var. 1 StGB, stellvertretend für § 283 I Nr. 1 Var. 1 und 3, Nr. 2, 3 StGB, zur Klärung. Es kann festgehalten werden, dass die Unterdrückung der Vermögensmasse keinen erfolgsdeliktischen Charakter aufweist, da das Täterverhalten aufgrund seiner prognostizierten Auswirkungen bewertet wird. Die Folgen sind, vorbehaltlich der Privilegierung bei Ausbleiben des vorhergesagten schädlichen Effekts, nicht Bestandteil der Tatbestandsvoraussetzungen. Ob der Täter mit seinem Verhalten eine kausal zurechenbare Verletzung oder Gefährdung verursacht hat, liegt außerhalb des Untersuchungsgegenstands der tatbestandlichen Prüfung.[885] Da dem Tatbestand ein Erfolgsmoment fernliegt, kann es sich nur um ein Gefährlichkeitsdelikt handeln. Als ausschlaggebend für die Einstufung als konkretes oder abstraktes Gefährlichkeitsdelikt hat sich die Frage herauskristallisiert, ob dem jeweiligen Tatbestand ein Korrektiv innewohnt, mit dessen Anwendung sich das Schädigungspotenzial des Täterverhaltens im Einzelfall dem Prüfungsprogramm zur Tatbestandsverwirklichung unterwirft. Ein taugliches Merkmal hierfür könnte in den „Anforderungen einer ordnungsgemäßen Wirtschaft" liegen, zu der die Tathandlung jeweils im Widerspruch stehen muss. Im Rahmen dieser Prüfung wird ein Abwägungsvorgang entspannt,

---

883 *Beukelmann*, in: BeckOK StGB, § 283 Rn. 41; *Himmelreich*, in: ARR-WiStR, 7/1 Rn. 126; *Kindhäuser/Bülte*, in: NK-StGB, § 283 Rn. 24; *Schork/Fingerle*, in: ERST-WiStR, § 283 StGB Rn. 10.

884 *Richter*, in: MGH-WiStR, Rn. 83.32.

885 S. dazu schon C. III. 2. c) bb), insb. Fn. 847.

der auf dem Boden der konkreten Umstände des Einzelfalls eine Prognoseentscheidung aus Sicht des Täters *ex ante* anstrengt, ob sein Verhalten noch von seiner unternehmerischen Handlungsfreiheit gedeckt ist oder im Lichte der Gläubigerinteressen an einer möglichst optimalen Befriedigung als pflichtwidrig einzustufen ist. Zur Abwägung steht hier also die Gefährlichkeit seiner Verhaltensweise für das Rechtsgut der Norm. Dazu wird die Frage ergründet, ob das Maß an Gefährlichkeit der allgemeinen Ungewissheit entspricht, die der unternehmerischen Betätigung anhaftet und daher von den Gläubigern zu dulden ist, oder ob eine darüber hinausgehende Intensität erreicht wird.[886] Ziel des Prüfungsschrittes ist es, diejenigen Sachverhaltskonstellationen herauszufiltern, die *prima facie* den vom Gesetzgeber als generell gefährlich kodifizierten Verhaltensweisen entsprechen, von denen jedoch in der Gesamtschau ihrer Umstände keine oder eine hinnehmbare Gefährlichkeit ausgeht. Unerlässlich dafür ist eine konkrete Betrachtung des Schädigungspotenzials im Einzelfall.[887] § 283 I Nr. 1 Var. 1 StGB stellt demnach konkret gefährliches Verhalten unter Strafe.

bb) § 283 I Nr. 1 Var. 2 StGB

Alsdann bleibt noch die Deliktsstruktur hinter § 283 I Nr. 1 Var. 2 StGB, stellvertretend für § 283 I Nr. 1 Var. 2, Nr. 4, 8 Alt. 2 StGB zu ergründen. Ein mangelnder erfolgsdeliktischer Charakter[888] beschränkt die Untersuchung von Anfang an auf die Frage, ob es sich um ein abstraktes oder ein konkretes Gefährlichkeitsdelikt handelt. Die Unterdrückung des Schuldnervermögens durch Verheimlichung von Vermögensbestandteilen erfasst auch Verhaltensweisen, bei denen die tatgegenständlichen Vermögensbestandteile nicht vollständig wertlos sind, jedoch keinen substanziellen wertbildenden Faktor darstellen.[889] Damit erfasst § 283 I Nr. 1 Var. 2 StGB auch Sachverhaltskonstellationen, in denen mangels materiellen Gehalts des Tatgegenstands die Gefährlichkeit der Tathandlung nur auf kalkulatorischer Ebene angesiedelt ist. Zwar würde eine nachhaltige Unterdrückung dieser Vermögensgegenstände zu einer Vermögensminderung und – im Rahmen des Insolvenzverfahrens – zu einer

---

886 Bezeichnenderweise sprechen *Petermann/Sackreuther*, in: MüKo StGB, § 283 Rn. 11 davon, dass „*die generelle Gefährlichkeit der Tathandlung für die schutzwürdigen Interessen der Gläubiger jedenfalls ein gewisses Maß an Konkretisierung*" erreicht haben müsse.

887 *Ceffinato*, ZIP 2018, 453 (454 f.); *Krause*, Ordnungsgemäßes Wirtschaften, S. 256 f.

888 Dazu schon s. o. C. III. 2. c) bb).

889 S. o. C. III. 3. b) aa).

anteiligen Minderung der jeweiligen Insolvenzquote führen. Da Bagatelle, also Vermögensbestandteile, die sich unwesentlich über der Wertlosigkeit befinden, inbegriffen sind, erfasst der Tatbestand jede noch so kleine Einbuße. Selbst wenn die Einbuße des Vermögens bzw. der Quote derart gering ausfällt, dass eine materielle Schlechterstellung der Gläubiger gar nicht im Raum steht, ist dies der Fall. Dieser Befund unterstreicht die paradigmatische Bedeutung der „Anforderungen an eine ordnungsgemäße Wirtschaft“[890] als das zentrale (Tatbestands-)Merkmal im Rahmen der Bankrottdelikte. Da den Tathandlungen der informationsbezogenen Insolvenzdelikte der Widerspruch zum ordnungsgemäßen Wirtschaften *per se*[891] anhaftet, erübrigt sich nach gesetzgeberischem Willen eine Prüfung der Gefährlichkeit im Einzelfall.[892] Für informationsbezogene Delikte gilt folglich, dass ihnen die Gefährlichkeit des Verhaltens kraft gesetzgeberischer Entscheidung erfahrungsgemäß anhaftet und daher aus dem tatbestandlichen Prüfungsprogramm herausgenommen wurde. Sie bestrafen abstrakt gefährliches Verhalten.

IV. Weitere Delikte des Wirtschaftsstrafrechts

1. Verletzung der Berichtspflicht

Falsche Berichterstattungen durch Prüfer über gesetzlich vorgeschriebene Pflichtprüfungen werden in § 332 HGB, ggfs. i. V. m. § 53 I SEAG, § 335b HGB, § 340m HGB oder § 341m HGB, § 403 HGB, in § 150 GenG, ggf. i. V. m. § 36 I SCEAG, in § 403 AktG, § 314 UmwG, § 18 PublG, § 137 VAG, § 148a GewO sowie in § 314 UmwG mit Strafe bewehrt.[893] Ungeachtet der jeweils divergierenden Pflichtprüfungen, auf die sich die falschen Berichte über die Prüfungsergebnisse tatbestandsspezifisch beziehen müssen, herrscht im Übrigen Gleichlauf zwischen den Tatbestandsvoraussetzungen der einzelnen Ausprägungen der strafbewehrten Verletzung der Berichtspflicht.[894] Gegenüber den spezialgesetzlichen Regelungen geht § 332 HGB im Wege des *Lex-specialis*-Grundsatzes vor.[895] Sofern also nach der grundlegenden Tatbestands- und Deliktsstruktur der Verletzung der Berichtspflicht gefragt ist, genügt eine

---

890 S. o. C. III. 3. c) aa).

891 *Kindhäuser/Bülte*, in: NK-StGB, Vor §§ 283 ff. Rn. 62.

892 Vorbehaltlich der § 283 I Nr. 5 Var. 2 und 3, 6, 7a StGB, dazu s. o. C. III. 2. b) aa).

893 *Trück*, in: MGH-WiStR, Rn. 94.14 ff.

894 *Ransiek*, in: ARR-WiStrafR, 8/1 Rn. 7.

895 *Grottel/Hoffmann*, in: BeBiKo, § 332 Rn. 50 ff.; *Kessler/Knierim*, in: LS-WiStR, § 332 HGB Rn. 34 ff.

Erarbeitung derselben *pars pro toto* anhand des § 332 HGB. In seinen drei Tatbestandsvarianten unterscheidet der § 332 I HGB zwischen der unrichtigen Berichterstattung über das Ergebnis einer im HGB obligatorisch vorgesehenen Prüfung gem. § 332 I Var. 1 HGB, dem Verschweigen erheblicher Umstände gem. § 332 I Var. 2 HGB sowie der Erteilung eines inhaltlich unrichtigen Bestätigungsvermerks nach § 332 I Var. 3 HGB. Alle drei Tatbestandsvarianten unterliegen zudem den Qualifikationsmerkmalen des Handelns gegen Entgelt sowie mit Bereicherungs- oder Schädigungsabsicht, vgl. § 332 II 1 HGB.[896]

a) Rechtsgut

Durch die Strafbewehrung der falschen Berichterstattung in § 332 HGB wird die herausgehobene Bedeutung der Abschlussprüfer als unparteiliche Kontrollinstanz[897] im Bilanzwesen unterstrichen. Indem das Ausstellen inhaltlich unrichtiger Prüfungsberichte und Bestätigungsvermerke mit Strafe bedroht wird, soll § 332 HGB die ordnungsgemäße Berichterstattung über die durchgeführte Prüfung gewährleisten. Nicht die inhaltliche Unrichtigkeit der geprüften Abschlüsse und Lageberichte – diese fällt in den Verantwortungsbereich der Geschäftsleitung – sondern die Unehrlichkeit im Prüfungsvorgang zieht eine Strafbarkeit aufgrund Berichtspflichtverletzung nach sich. Insgesamt rückt der Straftatbestand somit die Integrität der Berichterstattung über den Prüfungsprozess in den Fokus des Schutzbereichs.[898]

b) Tatbestandsstruktur

§ 332 I HGB bestraft die Unehrlichkeit des Prüfers.[899] Der unrichtigen Berichterstattung, dem Verschweigen erheblicher Umstände sowie der Erteilung eines inhaltlich unrichtigen Bestätigungsvermerks liegt jeweils ein subjektiv-individualistischer Maßstab zugrunde.[900] Unrichtig berichtet hat der Prüfer,

896 *Lenz*, BB 2021, 683.

897 OLG Dresden ZIP 2019, 613 (614); *Just/Steudner*, EWiR 2019, 363.

898 *Ransiek*, in: ARR-WiStrafR, 8/1 Rn. 121; *Raum*, in: WJS-WiStrafR, 12/C Rn. 57; die Sorgfältigkeit der Prüfung als solche ist hingegen kein Rechtsgut des § 332 HGB, s. OLG Düsseldorf NZG 1999, 901 (903); *Altenhain*, in: HKMS-Bilanzrecht, § 332 HGB Rn. 1; *Bongertz*, IAS-Verordnung, S. 249.

899 *Waßmer*, in: BeckOGK HGB, § 332 Rn. 30 ff.

900 *Leplow*, in: MüKo StGB, § 332 HGB Rn. 32 ff.; OLG Dresden BKR 2019, 411 (412); OLG Celle NZG 2000, 613 (615); *Ransiek*, in: ARR-WiStrafR, 8/1 Rn. 125 ff.; *Eisolt*, StuB 2010, 533 (535); *Graf*, BB 2001, 562 (563); *Raum*, in: WJS-WiStrafR, 12.60 ff.; *Wagenpfeil*, in: MGH-WiStR, 40.72 ff.; *Waßmer*, in: BeckOGK HGB, § 332 Rn. 30 ff.;

wenn er Tatsachen, Bewertungen, Schätzungen, Prognosen oder Schlussfolgerungen im Prüfungsbericht anders wiedergibt, als er sie im Rahmen seines Prüfungsauftrags vorgefunden hat. Analog hierzu verschweigt er erhebliche Umstände, wenn er solche Informationen nicht im Prüfungsbericht anführt.[901] § 332 I Var. 1 und 2 HGB bestrafen des Weiteren nicht jedwede unrichtige Berichterstattung, sondern die Fälle, in denen das falsche Berichten auch Informationen zum Gegenstand hat, die erheblich[902] waren. Hiernach müssen sich die tatgegenständlichen Umstände im Einzelfall als für das Ergebnis der Prüfung von Bedeutung darstellen dergestalt, dass ein sachkundiger Leser bei Kenntnis zu einer anderen Einschätzung des Prüfungsergebnisses gekommen wäre.[903] Ebenso verhält es sich mit der Erteilung des Bestätigungsvermerks nach § 332 I Var. 3 HGB. Dieser ist unrichtig, wenn sein Inhalt sich nicht mit den Feststellungen des Prüfers deckt, vgl. § 322 HGB.[904] In § 332 II 1 HGB

---

s. a. *Gercke/Stirner*, in: HK-KapMarktStrafR, § 332 HGB Rn. 18 ff.; *Pickerill*, NZG 2018, 609 (619); *Stahlschmidt*, StB 2003, 63 (65); *Winkeler*, Unrichtige Bestätigungsvermerke, S. 108.

901 *Gercke/Stirner*, in: HK-KapMarktStrafR, § 332 HGB Rn. 18 ff., 26 ff.; *Pöschke*, DStR 2019, 1278 (1279); *Raum*, in: WJS-WiStrafR, Rn. 12.60 ff.; eine Konkretisierung erfahren die Tathandlungen durch ihre Bezugsnorm in § 321 HGB; inhaltlich hat der Prüfungsbericht Aussagen zum Prüfungsauftrag gem. § 321 III HGB, zum Einklang der geprüften Unterlagen mit Gesetz und Unternehmenssatzung gem. § 321 II HGB sowie nach § 321 I HGB zu der Frage, ob entwicklungs- oder bestandsgefährdende Tatsachen festgestellt wuden, zu treffen, s. *Wagenpfeil*, in: MGH-WiStR, Rn. 40.72 ff.; die Tathandlungen in den Var. 1 und 2 haben zudem im Rahmen eines Prüfungsberichts nach § 321 HGB, also schriftlich zu erfolgen, s. *Dierlamm*, NStZ 2000, 130 (131); *Spatscheck/Wulf*, DStR 2003, 173 (177).

902 *Altenhain*, in: HKMS-Bilanzrecht, § 332 HGB Rn. 28; *Böcking u. a.*, in: EBJS-HGB, § 332 HGB Rn. 5; *Dierlamm*, NStZ 2000, 130; *Grottel/Hoffmann*, in: BeBiKo, § 332 HGB Rn. 13; *Hoffmann/Knierim*, BB 2002, 2275 (2276); *Krekeler*, StraFo 1999,217 (220); *Schorse*, in: BeckOK HGB, § 332 Rn. 5; *Olbermann*, in: GJW-WiStR, § 332 HGB Rn. 16; *Waßmer*, in: BeckOGK HGB, § 332 Rn. 31 ff.; a. A. *Stahlschmidt*, StuB 2003, 107 (110); *Tschesche*, in: BKT-Bilanzrecht, § 332 HGB Rn. 28.

903 *Dannecker*, in: *Staub*-HGB, § 332 Rn. 55; *Niewerth*, Strafrechtliche Verantwortlichkeit, S. 115 f.; *Waßmer*, in: BeckOGK HGB, § 332 HGB Rn. 31 ff.; das dürfte insb. der Fall sein, wenn die in § 321 I-IV HGB genannten Bestandteile des Prüfungsberichts betroffen sind, s. *Gercke/Stirner*, in: HK-KapMarktStrafR, § 332 HGB Rn. 31 ff.

904 *Spatscheck/Wulf*, DStR 2003, 173 (179); ob der Täter im Prüfbericht bzw. durch die Erteilung des Bestätigungsvermerks ein unrichtiges Bild von der tatsächlichen Unternehmenslage abgibt, weil er bspw. unsorgfältig geprüft hat, ist unerheblich; ausschlaggebend ist allein eine Diskrepanz zwischen den im Prüfungsvorgang

enthält die Strafbestimmung drei Tatbestandsvarianten mit strafschärfender Qualifizierung, das Handeln gegen Entgelt[905] oder mit Bereicherungs- bzw. Schädigungsabsicht[906]. Der Eintritt des Schadens oder der Bereicherung, aber auch der Erhalt des Entgelts ist jeweils für die Vollendung der Strafbarkeit ohne Bedeutung.[907] Vollendet sind die Tathandlungen jeweils mit Zugang bzw. Zugänglichmachen des Prüfungsberichts bzw. des Bestätigungsvermerks. Die Kenntnisnahme markiert die Tatbeendigung.[908]

c) Deliktsstruktur

Zu klären verbleibt die Deliktsstruktur, die dem § 332 HGB zugrunde liegt. Ausschlaggebend hierfür ist die Beziehung zwischen den Tathandlungen der unrichtigen Berichterstattung bzw. der Erteilung eines unrichtigen Bestätigungsvermerks zu dem Rechtsgut der Integrität der subjektivierten Berichterstattung. Einen über das falsche Berichten oder Verschweigen erheblicher Umstände bzw. Erteilen eines unrichtigen Bestätigungsvermerks hinausgehenden Erfolgseintritt kennt die Strafbestimmung nicht.[909] Dies folgt für den Grundtatbestand des § 332 I HGB aus dem Zeitpunkt der Vollendung bzw. dessen Auseinanderfallen mit der Tatbeendigung, wonach die Kenntnisnahme explizit nicht erforderlich ist. Bei dem Tatbestand handelt es sich um ein

---

gewonnenen Erkenntnissen und dem Inhalt des Prüfungsberichts. Sofern gewichtige Prüfungsergebnisse entweder keinen Einschlag im Prüfungsbericht gefunden haben oder falsche Ergebnisse verschriftlicht wurden bzw. das Testat inhaltlich unrichtig abgegeben wurde, liegt eine Verletzung der Berichtspflicht vor; eine solche Handhabung ist nur die konsequente Beschränkung des Anwendungsbereichs auf das Rechtsgut der Norm, s. *Wagenpfeil*, in: MGH-WiStR, Rn. 40.72 ff.

905 Der Legaldefinition in § 11 I Nr. 9 StGB zufolge beschreibt Entgelt jede in einem Vermögensvorteil bestehende Gegenleistung. Notwendig und hinreichend ist der Abschluss der synallagmatischen Vereimbarung von Tathandlung im Sinne von § 332 I HGB einerseits und Entgelt andererseits, nicht hingegen die tatsächliche Gewährung der versprochenen Leistung, s. *Leplow*, in: MüKo StGB, § 332 Rn. 61 ff.

906 Die Tatbestandsvarianten der Bereicherungs- und Schädigungsabsicht erfordern verschiedentlich ausgeprägte besondere subjektive Merkmale eines zielgerichteten Willens. Der erstrebte Zweck muss Haupt- oder Nebenzweck des Täterverhaltens sein, wobei es ausreichen soll, wenn der Täter den Zweck als notwendiges Zwischenziel anerkennt, s. *Kessler/Knierim*, in: LS-WiStR, § 332 HGB Rn. 26.

907 *Altenhain*, in: HKMS-Bilanzrecht, § 332 HGB Rn. 42 ff.

908 *Gercke/Stirner*, in: HK-KapMarktStrafR, § 332 HGB Rn. 44 ff.; *Waßmer*, in: BeckOGK HGB, § 332 Rn. 74 ff.

909 *Altenhain*, in: HKMS-Bilanzrecht, § 332 HGB Rn. 8 m. w. N.

Äußerungsdelikt.[910] Das in § 332 I HGB bestrafte Unrecht erschöpft sich in der Gefährlichkeit des tatbestandlich umschriebenen Verhaltens. Eingetretene bzw. ausgebliebene Folgen des Täterverhaltens bleiben für die Tatbestandserfüllung außer Betracht. Es fragt sich darüber hinaus, ob das umschriebene Verhalten konkret oder abstrakt gefährlich ist. Für die Tatbestandsvarianten der unrichtigen Berichterstattung im Prüfungsbericht gem. § 332 I Var. 1 und 2 HGB stellt die Erheblichkeit der tatgegenständlichen Umstände die entscheidende Stellschraube dar. Sie könnte ein Einfallstor für Überlegungen bzgl. der konkreten Gefährlichkeit des Täterverhaltens für das Rechtsgut der integren Berichterstattung bieten. Danach muss das Verhalten des Täters sich auf Umstände beziehen, die bei Betrachtung des Einzelfalls dazu geeignet sind, den Fachkundigen bei der Lektüre des Prüfungsberichts hinsichtlich der Prüfungsergebnisse in die Irre zu führen dergestalt, dass sich ein anderer Eindruck bei ihm verfestigt als derjenige, den der Prüfer im Rahmen der Prüfung gewonnen hat.[911] Dieser Erheblichkeitsvorbehalt legt zunächst die Vermutung nahe, bei § 332 I Var. 1 und 2 HGB stünde konkret gefährliches Verhalten unter Strafe, da diejenigen Sachverhaltskonstellationen unter Strafe stünden, in denen die konkrete Möglichkeit der Irreführung bestünde. Klärung verschafft indes ein systematischer Vergleich zu den §§ 264 ff. StGB[912] sowie § 399 AktG[913]. Die Frage der Erheblichkeit ist sowohl begrifflich-grammatikalisch als auch dogmatisch nicht an das Verhalten des Täters, sondern ausschließlich an die Tatgegenstände geknüpft. Nicht das Verfassen des Prüfungsberichts muss einen erheblichen Verstoß darstellen, vielmehr dürfen die Inhalte, über die der Prüfer falsches Zeugnis abgibt, nicht von untergeordneter Bedeutung sein.[914] Anders gewendet, fragt die Tatbestandsstruktur nicht nach einem erheblichen Verschweigen bzw. erheblichen Falschberichten, sondern stellt qualifizierte Anforderungen an den Gehalt der tatgegenständlichen Informationen. Damit sind noch keine Anforderungen an die Qualität der Täuschung verbunden. Mithin kann der Abschlussprüfer auch unter Verwirklichung des § 332 I Var. 1 und 2 HGB in einer Art und Weise täuschen, der ihr Täuschungscharakter auf die Stirn geschrieben steht, sofern und solange er sich auf erhebliche Umstände bezieht.

---

910 *Gercke/Stirner*, in: HK-KapMarktStrafR, § 332 HGB Rn. 44.

911 *Gercke/Stirner*, in: HK-KapMarktStrafR, § 332 HGB Rn. 44 ff.; *Waßmer*, in: BeckOGK HGB, § 332 Rn. 74 ff.

912 S. o. C. I. 1. a).

913 S. o. C. I. 1. b) cc).

914 *Böcking u. a.*, in: EBJS-HGB, § 332 Rn. 9; *Gercke/Stirner*, in: HK-KapMarktStrafR, § 332 HGB Rn. 27.

Dass dies für die Tatbestandsvariante der Erteilung eines unrichtigen Bestätigungsvermerks gem. § 332 I Var. 3 HGB ebenfalls gilt, tritt erst bei genauerem Hinsehen zum Vorschein. Zwar enthält diese Tatbestandsvariante weder eine geschriebene noch eine ungeschriebene Erheblichkeitsprüfung. Gleichzeitig hängt die Frage, wann ein Bestätigungsvermerk unrichtig ist, nicht von Bagatellen ab. Die Erteilung eines uneingeschränkten Bestätigungsvermerks ist z. B. nicht unrichtig, nur weil zu vernachlässigende Ungenauigkeiten und Ungereimtheiten, die das Prüfungsergebnis nicht berühren, aufgetreten sind.[915] Vielmehr muss der Prüfer substanzielle Probleme unter den Tisch fallen lassen bzw. trotz alledem einen uneingeschränkten Bestätigungsvermerk erteilen, damit von einer Strafbarkeit nach § 332 I Var. 3 HGB gesprochen werden kann. Erst wenn die Erteilung des Bestätigungsvermerks im Einzelfall erhebliche Umstände zum Gegenstand hat, greift die Variante ein.[916] Indessen ändert sich damit gegenüber den vorgenannten Tatbestandsvarianten hinsichtlich möglicher Anforderungen an die Beschaffenheit der Tathandlung noch nichts. Von einem inhaltlich unrichtigen Bestätigungsvermerk kann auch ausgegangen werden, wenn seine Unrichtigkeit bei objektiver Betrachtung augenscheinlich ist und der Täter zu Beginn der Tatausführung davon ausgehen konnte „aufzufliegen", er jedoch erhebliche Umstände falsch darstellt. Dann bestand aus Sicht *ex ante* des Täters zu Beginn der Tatbestandsausführung nie die Möglichkeit, dass sein Abweichen von den Prüfungsergebnissen unbemerkt bliebe. § 332 I HGB bestraft mithin in allen drei Tatbestandsvarianten abstrakt gefährliches Verhalten. Damit soll nicht darüber hinweggetäuscht werden, dass der Täter nach § 332 I HGB *de facto* bei Verwirklichung des Tatbestands regelmäßig ein Tatgeschehen hinterlassen wird, in der die Gefahr einer Täuschung besteht. Prüfungsberichte wie auch Bestätigungsvermerke entstehen nach bilanzrechtlichen Vorschriften bzw. den Grundsätzen ordnungsgemäßer Buchführung seitens der Abschlussprüfer, also in einem stark formalisierten Verfahren.[917] Praktisch betrachtet, scheint die Vorstellung fernzuliegen, dass der Abschlussprüfer bspw. über Verstöße gegen die Grundsätze ordnungsgemäßer Buchführung entgegen seinen Prüfungsergebnissen nicht berichten würde[918] dergestalt,

---

915 *Langseder*, in: HdB-GmbH, § 9 Rn. 289 ff.

916 *Leplow*, in: MüKo StGB, § 332 HGB Rn. 41 ff.

917 Eingehend zur Rolle der GoA sowie zur Anfertigung von Abschlussprüfungen *Niemann*, DStR 2003, 1454.

918 *Waßmer*, in: BeckOGK HGB, § 332 HGB Rn. 23; für ein jüngeres Fallbeispiel s. OLG Dresden BKR 2019, 411; mit ausführlicher Besprechung unter anderem bei *Meyer*, BKR 2019, 372.

dass dieser Täuschungsversuch als solcher augenscheinlich erkennbar wäre. Es mag schwerfallen, sich eine Sachverhaltskonstellation vorzustellen, in der keine konkrete Gefährlichkeit bestünde. All diese Überlegungen sind jedoch in der Faktizität verhaftet. Aus der Tatsache, dass die Rechtswirklichkeit nur unter Kraftanstrengungen Sachverhalte produzieren könnte, die konkret ungefährlich wären, leiten sich keine normativen (Mindest-)Anforderungen ab. Vielmehr kennen die dogmatischen Hürden, die eine Sachverhaltskonstellation übersteigen muss, um eine Strafbarkeit nach § 332 I HGB auszulösen, trotz alledem kein Korrektiv zum Herausfiltern konkret ungefährlicher Verhaltensweisen. Normativ betrachtet, wurde die konkrete Gefährlichkeit des Täterverhaltens nicht zum Tatbestandsmerkmal erhoben, sondern tritt als typische Begleiterscheinung des tatbestandlichen Täterverhaltens auf.

In einem abschließenden Schritt ist zu klären, wie sich die Qualifikationen des § 332 II 1 HGB auf die festgestellte Deliktsstruktur auswirken. Obwohl die Variante des Handelns gegen Entgelt gem. § 332 II 1 Var. 1 HGB einen Zusatz auf Ebene des objektiven Tatbestands bedeutet, ändert dies nichts an der Deliktsstruktur des § 332 I HGB. Grund hierfür ist, dass es auch für das Bejahen des Synallagmas aus Täterverhalten und Entgelt ausreicht, wenn die diesbezügliche Unrechtsvereinbarung getroffen wurde. Unerheblich bleibt indes, ob das versprochene Entgelt auch geleistet wird.[919] Für die Zeitachse des Tatgeschehens bedeutet dies, dass – im Vergleich zum Grundtatbestand – kein späteres Stadium auf dem Weg zur manifesten Rechtsgutsbeeinträchtigung erreicht werden muss.[920] Es muss auch hier kein Gefährdungs- oder Verletzungsmoment zur Vollendung der Strafbarkeit eintreten.[921] § 332 I, II Var. 1 HGB stellt ebenfalls ein abstraktes Gefährlichkeitsdelikt dar. Da sich bei den Qualifikationsvarianten der Bereicherungs- (§ 332 II 1 Var. 2 HGB) und Schädigungsabsicht (§ 332 II 1 Var. 3 HGB) die Steigerung des Unrechts ausschließlich auf subjektiver Tatseite vollzieht, modifizieren sie die objektive Seite des Grundtatbestands nicht.[922] In diesen Fällen liegen abstrakte Gefährlichkeitsdelikte mit besonderen subjektiven Absichten vor, mithin abstrakte Gefährlichkeitsdelikte mit überschießender Innentendenz. Weder Bereicherungs- noch Schädigungsabsicht müssen rechtswidrig sein, sodass es sich nicht um Vorbereitungsdelikte handelt.

---

919 S. o. C. IV. 1. b)

920 Grundsätzlich dazu C. II. 3. b).

921 *Böcking u. a.*, in: EBJS-HGB, § 332 HGB Rn. 11.

922 *Lauterwein/Xylander*, in: ERST-WiStR, § 332 HGB Rn. 59 ff.

2. Verletzung der Geheimhaltungspflicht

Die Verletzung der Geheimhaltungspflicht beschreibt, anders als die Verletzung von Geschäftsgeheimnissen nach § 23 GeschGehG,[923] das unbefugte Offenbaren oder Verwerten von Geschäfts- oder Betriebsgeheimnissen. Neben den im StGB kodifizierten §§ 203, 204 StGB, die einen weitaus umfangreicheren Geheimnisbegriff[924] beinhalten, finden sich gesellschafts-, finanz- und bilanzstrafrechtliche Strafbestimmungen, die die Verletzung von Geheimhaltungspflichten ahnden, so in § 333 HGB, § 404 AktG, § 85 GmbHG, § 151 GenG, § 19 PublG, § 315 UmwG sowie §§ 55a, 55b KWG.[925] Darüber hinaus hat der Gesetzgeber noch weitere Straftatbestände, etwa zur Regelung arbeitsstrafrechtsspezifischer Sachverhaltskonstellationen[926] geschaffen. Ihnen allen ist eine strukturell identische Tathandlung gemein. Unterschiede ergeben sich hinsichtlich der übrigen Tatbestandsmerkmale, bspw. bei dem Täterkreis sowie dem Ursprung des Erkenntnisgewinns. Infolgedessen lässt sich die Deliktsstruktur anhand eines Exempels paradigmatisch darstellen. Im Lichte des umfassenden Geheimnisbegriffs der §§ 203, 204 StGB einerseits und dem Themenschwerpunkt der Arbeit im Bereich Gesellschafts-, Finanz- und Bilanzstrafrecht andererseits bietet es sich an dieser Stelle an, die exemplarische Erörterung von Tatbestands- und Deliktsstruktur am Beispiel einer spezialgesetzlichen Norm durchzuführen. An dieser Stelle soll § 333 HGB *pars pro toto* in den Fokus der Untersuchung gestellt werden.

a) Rechtsgut

§ 333 HGB schützt das Geheimhaltungsinteresse der Kapitalgesellschaften und der weiteren, in der Strafbestimmung erfassten Unternehmen an der Bewahrung ihrer Betriebs- und Geschäftsgeheimnisse.[927] Speziell im

---

923 § 23 GeschGehG bestraft vielmehr das Offenlegen und Nutzen; zu den Unterschieden sogleich bei C. IV. 2. c).

924 Neben Geschäfts- und Betriebsgeheimnissen schützen §§ 203, 204 StGB alle weiteren Tatsachen, die geheim sind, an denen ein Geheimhaltungswille sowie ein Geheimhaltungsbedürfnis besteht und die dem Täter anvertraut oder sonst wie bekannt geworden sind, s. *Schütrumpf/Würfel*, in: MAH StrafV, § 39 Rn. 140.

925 *Ransiek*, in: ARR-WiStrafR, 8/2 Rn. 33.

926 Etwa § 120 BetrVG, § 35 SpAuG.

927 *Dannecker*, in: *Staub*-HGB, § 333 Rn. 7; *Ehrenberg*, Verschwiegenheit, S. 85; *Gercke/Stirner*, in: HK-KapMarktStrafR, § 333 HGB Rn. 2; *Niewerth*, Strafrechtliche Verantwortlichkeit, S. 69 f.; *Olbermann*, in: GJW-WiStR, § 333 HGB Rn. 2; *Otto*, in: *Heymann*-HGB, § 333 Rn. 4; *Pfennig*, in: HdB-Bilanzrecht, § 333 HGB Rn. 2;

bilanzstrafrechtlichen Kontext, bei dem Abschlussprüfer und ihre Gehilfen im Rahmen von Abschlussprüfungen Einsicht in höchstsensible Datensätze bekommen, entsteht das Bedürfnis, Gesellschaftsgeheimnisse besonders zu schützen.[928]

b) *Tatbestandsstruktur*

Die Strafbestimmung enthält zwei selbstständige, gleichzeitig eng miteinander verwobene Tatbestandsvarianten. Während § 333 I HGB das unbefugte Offenbaren eines prüfungsbedingt erlangten Gesellschaftsgeheimnisses unter Strafe stellt, sanktioniert § 333 II 2 HGB das Verwerten eines solchen Gesellschaftsgeheimnisses. In § 333 II 1 HGB ist zudem eine Qualifikation der Offenbarungsvariante normiert, die an das Handeln gegen Entgelt oder in Schädigungs- bzw. Bereicherungsabsicht ein höheres Strafmaß knüpft.[929] Die Tathandlung muss sich auf Gesellschaftsgeheimnisse oder Erkenntnisse über das Unternehmen beziehen, auf die sich die Verschwiegenheitspflicht nach § 323 I HGB bezieht. Der Geheimnisbegriff im Rahmen des § 333 HGB lässt sich in eine objektive, eine normative und eine subjektive Komponente unterteilen, die alle drei kumulativ vorliegen müssen.[930] Sofern im Speziellen Betriebs- und Geschäftsgeheimnisse explizit genannt werden, kommt dem klarstellende Wirkung zu; insgesamt ist jedwede Art von betriebswirtschaftlichem Geheimnis geschützt.[931] In objektiver Hinsicht muss zunächst ein gesellschaftsbezogenes, nicht offenkundiges Geheimnis vorliegen. Es handelt sich hierbei um alle Tatsachen, ob innerer oder äußerer Natur, die in Zusammenhang mit dem Geschäftsbetrieb stehen und denen ein wirtschaftlicher Wert anhaftet. An der Offenkundigkeit mangelt es, wenn sie nicht einem beliebigen, sondern einem bestimmten oder bestimmbaren Adressatenkreis zugänglich sind. Die Konsolidierung mehrerer, im Einzelnen offenkundiger Tatsachen kann ein Geheimnis darstellen, wenn die Zusammenfassung einen über die Summe der Einzelinformationen

---

Ransiek, in: ARR-WiStrafR, 8/2 Rn. 33; *Tsambikakis*, in: ERST-WiStR, § 333 HGB Rn. 2; *Tschesche*, in: BKT-Bilanzrecht, § 333 HGB Rn. 2.

928 *Altenhain*, in: HKMS-Bilanzrecht, § 333 HGB Rn. 4.

929 *Gercke/Stirner*, in: HK-KapMarktStrafR, § 333 HGB Rn. 5 ff.; *Leplow*, in: MüKo StGB, § 333 HGB Rn. 16.

930 *Gercke/Stirner*, in: HK-KapMarktStrafR, § 333 HGB Rn. 11 ff.; *Klinger*, in: MüKo HGB, § 333 Rn. 10; *Leplow*, in: MüKo StGB, § 333 HGB Rn. 19; *Schorse*, in: BeckOK HGB, § 333 Rn. 5 f.

931 Zum Streitstand um eine Restriktion des Geheimnisbegriffs *Altenhain*, in: HKMS-Bilanzrecht, § 333 HGB Rn. 13 f.

hinausgehenden, eigenständigen wirtschaftlichen Wert besitzt.[932] Normativ fordert der Geheimnisbegriff ein berechtigtes Geheimhaltungsinteresse der Gesellschaft an den tatgegenständlichen Informationen. Dies wiederum bestimmt sich objektiv, d. h. nach den Grundsätzen einer wirtschaftlichen und wettbewerbsorientierten Unternehmensführung,[933] und wird regelmäßig angenommen werden, wenn der Gesellschaft bei Bekanntwerden ein Schaden droht. Auf die rechtliche Schutzwürdigkeit kommt es indessen nicht an.[934] Schließlich muss das Geheimnis auch von einem subjektiven Geheimhaltungswillen getragen werden. Dessen Vorhandensein leitet sich mangels entgegenstehenden, explizit geäußerten Offenbarungswille aus dem Vorhandensein eines berechtigten Geheimhaltungsinteresses ab.[935] Erkenntnisse über das Unternehmen gehen insoweit über den Begriff der Gesellschaftsgeheimnisse hinaus, als hiermit auch Geheimnisse erfasst sind, die nicht ausschließlich ein Geheimnis der Gesellschaft darstellen, sondern bspw. den Prüfern bekannt sind.[936] Des Weiteren folgt aus den Tatbestandsmerkmalen „in seiner Eigenschaft" und „bei" der Prüfung das Erfordernis eines zeitlichen und funktionalen Zusammenhangs zwischen Prüfungstätigkeit und Erkenntnisgewinn, d. h., die Informationen müssen bei Durchführung der Prüfung oder Anfertigung des Prüfungsberichts zur Kenntnis gelangen und während der Gültigkeitsdauer des Prüfungsmandats.[937] Einschlägige Prüfungstätigkeiten sind in §§ 316–324a HGB bzw. § 342b HGB konkretisiert.[938]

Ein Geheimnis offenbart nach § 333 I HGB, wer den Informationsgehalt des Geheimnisses, gleich auf welche Art und Weise, einem Dritten gegenüber, dem das Geheimnis bzw. die Erkenntnis noch nicht oder nicht umfassend bekannt war, preisgibt.[939] Die Bestätigung von Gerüchten genügt zur

---

932 *Altenhain*, in: HKMS-Bilanzrecht, § 333 HGB Rn. 19; *Gercke/Stirner*, in: HK-KapMarktStrafR, § 333 HGB Rn. 12 f.; *Leplow*, in: MüKo StGB, § 333 HGB Rn. 20 ff.; *Klinger*, in: MüKo HGB, § 333 Rn. 10 f.

933 *Maume*, WRP 2008, 1275 (1276).

934 *Tschesche*, in: BKT-Bilanzrecht, § 333 HGB Rn. 23.

935 *Grottel/Hoffmann*, in: BeBiKo, § 333 HGB Rn. 5.

936 *Altenhain*, in: HKMS-Bilanzrecht, § 333 HGB Rn. 27.

937 *Poll*, DZWir 1995, 95 (97); *Quick*, BB 2004, 1490 (1492); *Witt/Freudenberg*, WRP 2014, 375 (378).

938 *Altenhain*, in: HKMS-Bilanzrecht, § 333 HGB Rn. 28 ff.

939 *Altenhain*, in: HKMS-Bilanzrecht, § 333 HGB Rn. 32 f.; *Gercke/Stirner*, in: HK-KapMarktStrafR, § 333 HGB Rn. 20; *Grottel/Hoffmann*, in: BeBiKo, § 333 HGB Rn. 13; *Leplow*, in: MüKo StGB, § 333 HGB Rn. 39 ff.; *Schorse*, in: BeckOK HGB, § 333 Rn. 6;

Tatbestandsverwirklichung.[940] Die Preisgabe liegt in dem Moment vor, in dem das Geheimnis dem Dritten zugänglich gemacht wurde. Im Falle mündlicher Erklärungen muss der Adressat das Geheimnis akustisch wahrgenommen haben, nicht jedoch verstanden, geschweige denn den Geheimnischarakter erkannt haben. Bei schriftlichen Erklärungen genügt das Verbringen in die Sphäre des Adressaten.[941] In diesem Zeitpunkt hat der Täter das seinerseits Erforderliche für die Kenntnisnahme durch den Dritten getan.[942] Auf subjektiver Tatseite muss der Täter mindestens *dolus eventualis* hinsichtlich aller objektiver Tatbestandsmerkmale aufweisen.[943] Für die Vollendung ist daher die Kenntnisnahme nicht vonnöten.[944] Die Qualifikationstatbestände des § 333 II 1 HGB decken sich mit denen des § 332 II 1 HGB. Insoweit wird auf die obigen Ausführungen verwiesen.[945]

Verwerten gem. § 333 II 2 HGB meint das wirtschaftliche Ausnutzen im Sinne eines Nutzens mit Gewinnerzielungsabsicht seitens des Täters für sich oder einen Dritten.[946] Die Verwertungsvariante setzt folglich objektiv das wirtschaftliche Ausnutzen sowie subjektiv eine Gewinnerzielungs- im Sinne einer Verwertungsabsicht voraus.[947] Die objektive Komponente wird erfüllt sein, wenn der Täter mit seinem Verhalten einen ersten Schritt in Richtung Gewinnerzielung bzw. wirtschaftlicher Verwertung gemacht hat, der über die Kenntnis bzw. die Verfügungsgewalt über das Geheimnis hinausgeht. Das erfordert weder den Eintritt einer Schädigung noch die Preisgabe des Geheimnisses. Auch der

---

Tsambikakis, in: ERST-WiStR, § 333 HGB Rn. 14; *Tschesche*, in: BKT-Bilanzrecht, § 333 HGB Rn. 25; *Waßmer*, in: BeckOGK HGB, § 333 Rn. 39 ff.

940 *Poll*, DZWir 1995, 95 (96); *Quick*, BB 2004, 1490 (1492).

941 *Leplow*, in: MüKo StGB, § 333 HGB Rn. 71; *Olbermann*, in: GJW-WiStR, § 333 HGB Rn. 27.

942 *Grottel/Hoffmann*, in: BeBiKo, § 333 HGB Rn. 18.

943 *Gehm*, in: eBilR, § 333 HGB Rn. 45.

944 *Dannecker*, in: *Staub*-HGB, § 333 Rn. 97; *Gehm*, in: eBilR, § 333 HGB Rn. 43; *Gercke/Stirner*, in: HK-KapMarktStrafR, § 333 HGB Rn. 44; *Leplow*, in: MüKo StGB, § 333 HGB Rn. 71; *Tsambikakis*, in: ERST-WiStR, § 333 HGB Rn. 20; *Waßmer*, in: BeckOGK HGB, § 333 Rn. 54 ff.; *Tschesche*, in: BKT-Bilanzrecht, § 333 HGB Rn. 3; a. A. *Altenhain*, in: HKMS-Bilanzrecht, § 333 HGB Rn. 54 ff.

945 S. o. C. IV. 1. b).

946 *Altenhain*, in: HKMS-Bilanzrecht, § 333 HGB Rn. 37 ff.; *Gercke/Stirner*, in: HK-KapMarktStrafR, § 333 HGB Rn. 21; *Leplow*, in: MüKo StGB, § 333 HGB Rn. 43; *Tsambikakis*, in: ERST-WiStR, § 333 HGB Rn. 16; *Tschesche*, in: BKT-Bilanzrecht, § 333 HGB Rn. 42.

947 *Waßmer*, in: BeckOGK HGB, § 333 Rn. 43 ff.

angestrebte Gewinn muss nicht realisiert werden.[948] Das Unrecht wird durch den Missbrauch der Vertrauensposition, der sich in der Nutzung verkörpert, konstituiert.[949] Von einer Tatvollendung wird in dem Moment zu sprechen sein, in dem der Täter sich das Geheimnis zunutze gemacht hat dergestalt, dass nach seiner Vorstellung die Gewinnerzielung unmittelbar bevorsteht.[950] Subjektiv muss es – neben dem Vorsatz bzgl. aller objektiven Tatbestandsmerkmale – dem Täter zusätzlich darauf ankommen, mit der Nutzung des Geheimnisses zu wirtschaften, also Gewinne zu generieren.[951]

Beide Tathandlungsvarianten werden unbefugt begangen, wenn der Täter zur Weitergabe oder Nutzung weder berechtigt noch verpflichtet war.[952] Hierbei handelt es sich um einen Verweis auf möglicherweise vorliegende Rechtfertigungsgründe.[953] Etwas anderes gilt für die Offenbarungsvariante bei Vorliegen eines speziellen Offenbarungswillens, der zu einem tatbestandsausschließenden Einverständnis führen soll.[954]

c) Deliktsstruktur

Auf Grundlage der erörterten Tatbestandsstruktur können in einem abschließenden Schritt die den beiden Grundtatbeständen zugrunde liegenden Deliktsstrukturen herausgearbeitet werden.

aa) § 333 I HGB

§ 333 I HGB setzt für die Tatbestandsverwirklichung den Zugang der Mitteilung, die das Geheimnis enthält, voraus. Nicht die Kenntnisnahme, wohl aber die Möglichkeit der Kenntnisnahme ist entscheidend. Da es nicht auf die Kenntnisnahme ankommt, handelt es sich nicht um ein Verletzungsdelikt,[955] wie im Kontrast zur Tathandlung der Offenlegung im Rahmen des § 23 GeschGehG

---

948 *Leplow*, in: MüKo StGB, § 333 HGB Rn. 43.

949 *Waßmer*, in: BeckOGK HGB, § 333 HGB Rn. 43 ff.

950 *Tsambikakis*, in: ERST-WiStR, § 333 HGB Rn. 20.

951 *Münster/Meier-Behringer*, in: Haufe HGB, § 333 Rn. 33.

952 *Gercke/Stirner*, in: HK-KapMarktStrafR, § 333 HGB Rn. 22.

953 *Dannecker*, in: *Staub*-HGB, § 333 Rn. 59; *Olbermann*, in: GJW-WiStR, § 333 HGB Rn. 18; *Otto*, in: *Heymann*-HGB, § 333 Rn. 35.

954 Zum Streitstand um die Bedeutung des Tatbestandsmerkmals „unbefugt" s. *Altenhain*, in: HKMS-Bilanzrecht, § 333 HGB Rn. 40.

955 Erst die tatsächliche Kenntnisnahme führt jedoch zur Beendigung der Tat, s. *Nestler*, in: *Michalski*-GmbHG, § 85 Rn. 45 ff.; a. A. *Altenhain*, in: HKMS-Bilanzrecht, § 333 HGB Rn. 32 ff., der die Kenntnisnahme tatbestandlich voraussetzt.

deutlich wird, der seinerseits Kenntnisnahme voraussetzt.[956] Von einer Verletzung könnte erst die Rede sein, wenn zur Tatbestandsverwirklichung der Kreis der Personen, die Kenntnis von dem Geheimnis besitzen, erweitert worden wäre. Nur dann könnte sinnvoll von einer Verletzung im Sinne der (partiellen) Erosion des Geheimnischarakters gesprochen werden. Solange das zugegangene Geheimnis in den Zugriffsbereich des Adressaten gelangt ist – und an dieser Stelle endet die Würdigung des deliktischen Geschehens auf Tatbestandsebene – kann höchstens von der Gefahr einer Erosion gesprochen werden. *De facto* ist der Informationsgehalt in diesem Zeitpunkt dem Adressaten noch nicht zur Kenntnis gelangt. Des Weiteren könnte es sich um ein konkretes Gefährdungsdelikt handeln. Zur Abgrenzung ist darauf abzustellen, ob der Schaden – also die Erweiterung des Kreises der Personen mit Kenntnis – nur noch vom Zufall abhängt und das Tatobjekt in den Wirkungsbereich des Täters gelangt ist oder ob ein Schadenseintritt bei ungehindertem Geschehensablauf wahrscheinlich ist. Im Zusammenhang mit dem mündlichen Offenbaren von Geheimnissen dürfte eine Neigung vorhanden sein, den Schadenseintritt der Kenntnisnahme als nur noch vom Zufall abhängig zu betrachten, sodass vom Vorliegen einer konkreten Gefahr[957] ausgegangen werden würde. Der Eintritt des Tatobjektes des Geheimnisses in den Wirkungskreis des Täters dürfte in jedem Fall vorliegen. Wird ein komplexeres Fallbeispiel gewählt, ergibt sich indes ein anderes Bild. Legt Täterin A dem Adressaten B eine Akte, die Geschäftsgeheimnisse der C enthält, in dessen Büro ab, so ist diese Akte mitsamt den Geschäftsgeheimnissen zugegangen. Mit der Kenntnisnahme des B ist in dieser Situation zu rechnen, unabhängig davon, ob B in seinem Büro anwesend ist oder nicht. Mit der Ablage im Büro wird die Akte regelmäßig dergestalt in den Machtbereich des B verbracht sein, dass mit der Kenntnisnahme unter normalen Umständen zu rechnen ist. Die Kenntnisnahme ist daher möglich. Nun überkommen die Täterin A Skrupel, und sie entwendet die Akte wieder aus dem Büro des B. Das Tatgeschehen konstituiert trotzdem eine vollendete Tatbestandsverwirklichung wegen Offenbarens. Dennoch kann es keineswegs dem Zufall zugeschrieben werden, dass B die Akte nicht zur Kenntnis genommen hat. Vielmehr war es das aktive und bewusste Eingreifen der A, das die Kenntnisnahme vereitelte. Dieser Beispielsfall untermauert, dass der Täter im Rahmen der Offenbarungsvariante mit Vollendung der Tathandlung

---

956 *Dittrich*, in: MGH-WiStR, Rn. 33.96; *Hohmann*, in: MüKo StGB, § 23 GeschGehG Rn. 46.

957 *Runsiek*, in: ARR-WiStrafR, 8/2 Rn. 22.

eine Situation geschaffen hat, in der bei ungehindertem Geschehensablauf mit der Kenntnisnahme durch den Adressaten zu rechnen ist. Dass das Fallbeispiel der mündlichen Weitergabe auch in den Tatbestand der Verletzung der Geheimhaltungspflicht fällt, zeigt auf, dass zur Verwirklichung des § 333 HGB und vergleichbarer Strafvorschriften ein Spektrum in Betracht kommt, dass verschiedene Intensitäten der Gefahr bzw. Gefährlichkeit auf dem Weg zur Verletzung im Sinne einer Kenntnisnahme abdeckt. Das zweite Fallbeispiel illustriert dahingegen das Mindestmaß an Gefahr bzw. Gefährlichkeit, die vom Tatgeschehen ausgehen muss, um die Strafbarkeit auszulösen.

Zu klären bleibt, ob es sich bei § 333 I HGB um ein potenzielles Gefährdungsdelikt, ein konkretes Gefährlichkeitsdelikt oder ein abstraktes Gefährlichkeitsdelikt handelt. Diese Tatbestandstypen lassen sich trennscharf darüber abgrenzen, ob *ex post* eine Gefahr vorlag, *ex ante* das Täterverhalten konkret gefährlich war, also anhand der Umstände des Einzelfalls die Wahrscheinlichkeit eines Schadens in sich trug, oder das tatbestandliche Verhalten des Zugänglichmachens eines Geschäftsgeheimnisses *per se* vom Strafgesetzgeber für strafwürdig erachtet wurde und sich daher die Gefährlichkeit des Verhaltens ohne Blick auf die Gegebenheiten des Einzelfalls aus dem allgemeinen Erfahrungsschatz im Kontext vergleichbarer Sachverhaltskonstellationen speist. Ob die Offenbarungsvariante abstrakt gefährliches Verhalten unter Strafe stellt, bemisst sich daran, wie das Tatbestandsmerkmal des Zugänglichmachens zu bestimmen ist, ob also die konkrete Möglichkeit der Kenntnisnahme gegeben sein muss oder vielmehr danach gefragt ist, ob von der Kenntnisnahme nach dem gewöhnlichen Lauf der Dinge ausgegangen werden soll. *Klinger* definiert das Offenbaren dergestalt, „*dass der Täter das Geheimnis so in den Herrschaftsbereich des Dritten verbringt, dass jener unter gewöhnlichen Umständen davon Kenntnis erlangen kann*“.[958] Diese Formulierung zugrunde gelegt, läge der Schluss nahe, das Zugehen im Sinne des Offenbarens bestimmte sich losgelöst von den Besonderheiten des Einzelfalls und strikt danach, ob bei abstrakter Bewertung des Täterverhaltens vernünftigerweise mit einem typischen Geschehensablauf gleicher Art zu rechnen sei. Gleichzeitig setzt für *Klinger* im Einklang mit der allgemeinen Auffassung[959] in der Literatur der Zeitpunkt

958 *Klinger*, in: MüKo HGB, § 333 Rn. 19.

959 *Nestler*, in: *Michalski*-GmbHG, § 85 Rn. 45 ff.; *Gercke/Stirner*, in: HK-KapMarkt-StrafR, § 404 AktG Rn. 33; *Hefendehl*, in: BeckOGK AktG, § 404 Rn. 86 f.; *Klinger*, in: MüKo HGB, § 333 Rn. 44 m. w. N.; *Leplow*, in: MüKo StGB, § 333 HGB Rn. 71; *Schaal*, in: StrafR Nebengesetze, § 404 AktG Rn. 24.

der Vollendung in dem Moment ein, in dem der Kenntnisnahme nichts mehr entgegensteht und sie daher jederzeit möglich ist.[960] Die Frage danach, ob die Kenntnisnahme jederzeit möglich ist, muss sich nach den Umständen des Einzelfalls bemessen. Eine begrifflich-grammatikalische Analyse der sprachlichen Wendung, etwas sei „jederzeit möglich", kann schwerlich zu einer anderen Bewertung kommen, als dass unter Einbeziehung der Umstände des Einzelfalls der Eindruck entstanden ist, eine Zugriffsmöglichkeit besteht im konkreten Einzelfall und nicht bloß gewöhnlicherweise. Wenn aber nach der Zugriffsmöglichkeit – oder auch der Möglichkeit der Kenntnisnahme – gefragt wird, stellt sich die Frage unter dem Vorzeichen einer konkreten Betrachtung. Es kann sich mithin nicht um abstrakt gefährliches Verhalten handeln.

Konkrete Gefährlichkeitsdelikte sind nach hier vertretener Definition Tatbestände, die ein Verhalten unter Strafe stellen, wenn aus objektivierter Sicht des Verkehrskreises des Täters *ex ante* zu Beginn der Ausführungshandlung der Schadenseintritt für das avisierte Rechtsgut nach den konkreten Umständen des Einzelfalls nicht ausgeschlossen ist. Potenzielle Gefährdungsdelikte bewerten demgegenüber eine Gefährdungslage *ex post* danach, ob ein objektiver Dritter unter Kenntnis aller Umstände des Einzelfalls den Eintritt eines Schadens für das avisierte Rechtsgut bei ungehindertem Geschehensablauf für wahrscheinlich hält. In der praktischen Handhabe unterscheiden sich diese beiden Deliktsstrukturen dadurch, dass eine *Ex-ante-* bzw. eine *Ex-post*-Bewertung an das Tatgeschehen angelegt wird. Auf die Tatsituation der Möglichkeit der Kenntnisnahme übertragen, folgt daraus für die Einordnung des Deliktstyps als Bewertungskriterium die Frage, ob die Gefahr der Kenntnisnahme *ex ante* nicht ausgeschlossen sein durfte oder *ex post* bei ungehindertem Geschehensablauf wahrscheinlich war. Ein systematisches Argument könnte für die Einordnung als konkretes Gefährlichkeitsdelikt sprechen. In dieser Arbeit als potenzielle Gefährdungsdelikte klassifizierte Tatbestände weisen grammatikalisch regelmäßig ein transitives Element auf. Konkret wird die Formulierung „und dadurch"[961] verwendet. Eine solche Formulierung fehlt indes. Hinzu kommt die überragende (wirtschaftliche) Bedeutung, die Geschäftsgeheimnissen zugesprochen wird. Geschäftsgeheimnisse werden geschützt, weil ihr Verrat erhebliche Vermögenseinbußen für das Unternehmen

960 *Klinger*, in: MüKo HGB, § 333 Rn. 44.

961 Eine Ausnahme bilden hier §§ 299 I Nr. 2, II Nr. 2, § 265c StGB, da sich das „und dadurch" bzw. „infolgedessen" im Rahmen der Unrechtsvereinbarung auf einen in der Zukunft liegenden Sachverhalt bezieht.

zur Folge hätte.[962] Dies zeigt nicht zuletzt das am 26. April 2019 in Kraft getretene Gesetz zum Schutz von Geschäftsgeheimnissen[963], das eine umfassende Neuregelung der rechtlichen Rahmenbedingungen des Geheimnisschutzes im Wirtschaftsverkehr zum Gegenstand hat.[964] Im Lichte dieser herausgestellten Bedeutung von Geschäftsgeheimnissen könnte unter wertender Betrachtung der Schluss zulässig sein, die Strafandrohung an geringere Voraussetzungen zu knüpfen und infolgedessen die Offenbarungsvariante als konkretes Gefährlichkeitsdelikt einzustufen. Die Frage nach der Wahrscheinlichkeit der Kenntnisnahme ist also Gegenstand der *Ex-ante*-Betrachtung. Es ist entscheidend, ob aus Sicht des Täters zu Beginn der Ausführungshandlung die Möglichkeit der Kenntnisnahme besteht. Unschädlich dafür ist es, wenn sich in einer *Ex-post*-Betrachtung herausstellt, dass die Gefahr der Kenntnisnahme, also eine Gefährdungslage, nie bestand.[965] Auch *Schaal*[966] bildet ein unter den parallel strukturierten § 404 AktG zu subsumierendes Fallbeispiel, das auf die Klassifizierung als konkretes Gefährlichkeitsdelikt hindeutet. Danach soll die Einräumung der Möglichkeit der Kenntnisnahme auch ein vollendetes Offenbaren im Sinne von § 404 AktG darstellen, wenn der Adressat des Offenbarens in einer *Ex-post*-Betrachtung nie vorhatte, von der Zugriffsmöglichkeit Gebrauch zu machen, etwa auch, weil er sie nicht erkannt[967] hat. Hier bestand *ex post* nie die Wahrscheinlichkeit eines Schadenseintritts. Da die objektivierte Sicht des Täters zu Beginn der Ausführungshandlung und nicht eine retrospektive Bewertung der Geschehnisse entscheidend ist, handelt es sich bei den Offenbarungsvarianten um konkrete Gefährlichkeitsdelikte.[968]

---

962 *Engländer/Zimmermann*, NZWiSt 2012, 328 (333).

963 Gesetz zur Umsetzung der Richtlinie (EU) 2016/943 zum Schutz von Geschäftsgeheimnissen vor rechtswidrigem Erwerb sowie rechtswidriger Nutzung und Offenlegung. BGBl. I 2019, S. 466.

964 Dazu im Ganzen *Ohly*, GRUR 2019, 441.

965 So ist auch die Anmerkung bei *Grottel/Hoffmann*, in: BeBiKo, § 333 HGB Rn. 18 zu verstehen, wonach es lediglich darauf ankommt, dass der Täter das aus seiner Sicht Erforderliche getan hat.

966 *Schaal*, in: StrafR Nebengesetze, § 404 AktG Rn. 24 spricht davon, das Überlassen von Dokumenten an einen Unbefugten ohne, dass dieser sie durchsieht, reiche aus; dazu schon *Többens*, NStZ 2000, 505 (507).

967 *Nestler*, in: *Michalski*-GmbHG, § 85 Rn. 45 ff.; *Klinger*, in: MüKo HGB, § 333 HGB Rn. 44.

968 Hinsichtlich der Einwirkung der Qualifikationstatbestände auf die Deliktsstruktur s. o. C. IV. 1. c).

bb) § 333 II 2 HGB

Bei § 333 II 2 HGB handelt es sich um ein Verletzungsdelikt, wie sich aus dem Zeitpunkt der Vollendung ableiten lässt. In der Verwertungsvariante sind Umgangsformen mit dem Geheimnis unter Strafe gestellt, die nicht vom Offenbaren im Sinne des § 333 I HGB erfasst sind. Konkret geht es um Gebrauchsanmaßungen unter Verletzung des Nutzungsrechts an den Geheimnissen, die der Gesellschaft zustehen.[969] Sofern die herrschende Meinung[970] unter Verweis darauf, dass eine Gewinnerzielung nicht notwendig sei, den Charakter als sog. abstraktes Gefährdungsdelikt unterstreicht, wird der Begriff des Nutzens bzw. des Nutzungsrechts künstlich überdehnt. Das Bestehen eines exklusiven Rechts umfasst neben der wirtschaftlichen Verwertung des im Geheimnis inkorporierten wirtschaftlichen Werts auch das Recht an der Nutzung des Informationsgehalts sowie umgekehrt das Recht, andere von der Nutzung auszuschließen. Von der Verletzung eines Nutzungsrechts ist daher auszugehen, wenn der Täter sich über das Recht der Gesellschaft, über den Kreis der das Geheimnis Nutzenden eigenständig zu verfügen, hinwegsetzt.[971] Eine damit einhergehende Gewinnerzielung stellt keine notwendige Bedingung der Verletzung eines Nutzungsrechts dar. Die Nutzung kann jede Form der Verwendung annehmen; so sind auch nicht gewerbliche Nutzungsarten erfasst sowie die ideellen Interessen des Urhebers geschützt.[972] Diese unterschiedliche deliktische Einordnung plausibilisiert auch die unterschiedliche Strafandrohung der beiden Grundtatbestände des § 333 I HGB einerseits und § 333 II 2 HGB andererseits.

3. Verletzung der Pflichten bei Abschlussprüfungen

Im Rahmen von Abschlussprüfungen bei Unternehmen von öffentlichem Interesse (UÖI)[973] gem. § 316a I 2 HGB sind strengere Maßstäbe an Inhalt, Verfahren und Form anzulegen.[974] In strafrechtlicher Dimension manifestieren sich

---

969 *Altenhain*, in: HKMS-Bilanzrecht, § 333 HGB Rn. 37 ff.

970 *Gercke/Stirner*, in: HK-KapMarktStrafR, § 333 HGB Rn. 45; *Hefendehl*, in: BeckOGK AktG, § 404 AktG Rn. 10; *Leplow*, in: MüKo StGB, § 333 HGB Rn. 9; *Schaal*, in: StrafR Nebengesetze, § 404 AktG Rn. 3 m. w. N.

971 *Specht*, in: *Dreier/Schulze*-UrhG, § 15 Rn. 5 f.

972 *Loewenheim*, in: HdB UrhR, § 19 Rn. 1 ff.

973 Bei UÖI handelt es sich um Unternehmen, die infolge ihrer Kapitalmarktorientierung bzw. ihres Geschäftszweiges erhebliche Systembedeutung aufweisen und daher einer stärkeren Regulierung bedürfen, s. *Poll*, in: BeckOK HGB, § 316a Rn. 1 ff.

974 *Hülsmann*, DStR 2005, 166 (170 f.).

diese gesteigerten Anforderungen in Gestalt der Strafbarkeit bei Verletzung bestimmter Pflichten im Rahmen von Abschlussprüfungen durch Mitglieder des Aufsichtsrats oder des Prüfungsausschusses. § 333a HGB sowie verschiedene spezialgesetzliche Ausprägungen dieser Strafbestimmung, unter anderem § 404a AktG, § 86 GmbHG, § 151a GenG, § 19a PublG sowie § 331 IIa VAG, bestrafen Versäumnisse bei der Auswahl und Überwachung von Abschlussprüfern. Über den Verweis des § 53 I 4 SEAG gilt § 404a AktG zudem auch für die SE, für Versicherungsunternehmen im Sinne von § 341k III HGB konstatiert § 341m II HGB eine analoge Strafvorschrift. Für CRR-Kreditinstitute im Sinne von § 340k V HGB normiert § 340m II HGB einen vergleichbaren Tatbestand. § 335b HGB erweitert den Anwendungsbereich des § 335b HGB auf Mitglieder von Prüfungsausschüssen bei Personengesellschaften im Sinne des § 254a I HGB.[975] Da sich die verschiedenen strafgesetzlichen Ausprägungen der Verletzung der Pflichten bei Abschlussprüfungen hinsichtlich der Art und/oder der Rechtsform des UÖI unterscheiden, im Übrigen einander stark nachempfunden sind, werden Rechtsgut, Tatbestands- und Deliktsstruktur im Folgenden anhand des § 333a HGB exemplifiziert dargestellt.

a) Rechtsgut

§ 333a HGB bestraft die Verletzung formalistisch geprägter, prüfungsbezogener Pflichten nach Art. 5 III UAbs. 2, 5, IV UAbs. 1, 1, Art. 6 II, 16 II UAbs. 2, 3, III UAbs. 1, V UAbs. 1, Art. 16 II UAbs. 2, 3, Art. 16 III UAbs. 1 sowie Art. 16 V UAbs. 1 APr-VO[976]. Stärker noch als in sonstigen Sachverhaltskonstellationen kommt es bei Abschlussprüfungen von UÖI maßgeblich auf die Qualität der durchgeführten Prüfung an. Hintergrund ist die Überlegung, dass in dieser Situation ein breiter Ausschnitt der Gesellschaft seine (Investitions-)Entscheidungen zu einem großen Teil an den Prüfungsergebnissen ausrichtet. Ein hoher Standard bei Abschlussprüfungen von UÖI trägt also in besonderem Maße zum ordnungsgemäßen Funktionieren der Märkte bei.[977] Die einzelnen Tatbestandsvarianten des § 333a HGB umschreiben

---

975 *Altenhain*, in: HKMS-Bilanzrecht, § 333a HGB Rn. 2; *Waßmer*, in: BeckOGK HGB, § 333a Rn. 32.

976 VO (EU) Nr. 537/2014 des Europäischen Parlaments und des Rates vom 16. April 2014 über spezifische Anforderungen an die Abschlussprüfung bei Unternehmen von öffentlichem Interesse und zur Aufhebung des Beschlusses 2005/909/EG der Kommission, ABl.EU 2014 Nr. L158.= APr-VO.

977 Erwägungsgrund Nr. 1 der APr-VO.

verschiedene Verhaltenspflichten, deren Versäumnis die Integrität der beauftragten Abschlussprüfer infrage stellt.[978] § 333a HGB schützt daher die Qualität und Integrität von Abschlussprüfungen bei UÖI.[979]

b) *Tatbestandsstruktur*

In der Sache ahndet die Strafbestimmung konkret benannte Verstöße gegen Verhaltensregeln nach der APr-VO, die die Empfehlung bzw. den Vorschlag von Abschlussprüfern bzw. die Überwachung ihrer Unabhängigkeit zum Gegenstand haben.[980] Die Tatbestandsstruktur des § 333a HGB lässt sich zweiteilen.

aa) *Tatbestände des § 334 IIa HGB*

Zunächst einmal verweist § 333a HGB in beiden Ziffern auf den Ordnungswidrigkeitentatbestand des § 334 IIa HGB und die darin enthaltenen Tathandlungen. Nach § 333a, § 334 IIa Nr. 1 HGB wird bestraft, wer der gebotenen Überwachung des Abschlussprüfers mangelhaft nachkommt. Was die gebotene Überwachung umfasst, wird in Art. 4 III UAbs. 2, Art. 5 IV UAbs. 1 1 und Art. 6 II APr-VO konkretisiert.[981] Art. 4 III UAbs. 2 APrVO behandelt die Sachverhaltskonstellation, in der der bestellte Prüfer in den letzten drei aufeinanderfolgenden Geschäftsjahren jeweils mindestens 15 % seiner Gesamteinnahmen beim streitgegenständlichen UÖI generiert hat. In dieser Situation besteht nach gesetzgeberischer Wertung eine Gefahrenlage hinsichtlich der Unabhängigkeit des Abschlussprüfers, wenn er über diesen Zeitraum hinaus erneut von der Gesellschaft mandatiert wird. Daher hat der Prüfungsausschuss anhand von objektiven Kriterien und in Absprache mit dem Abschlussprüfer Schutzmaßnahmen zu treffen, um dessen Unabhängigkeit auch zukünftig zu gewährleisten.[982] Bleibt diese Begründung aus und wird der Abschlussprüfer trotzdem erneut mandatiert, liegt in der mangelnden Kontrolle dieses Prozesses die Pflichtverletzung der Adressaten des §§ 333a, 334 IIa Nr. 1 HGB i. V. m. Art. 4 III UAbs. 2 APr-VO.[983] Art. 5 I, II APr-VO sieht einen Katalog an bestimmten Leistungen vor, die weder der Abschlussprüfer selbst noch ein

---

978 *Waßmer*, in: BeckOGK HGB, § 333a HGB Rn. 2.; s. a. *Hefendehl*, in: BeckOGK AktG, § 404a Rn. 32 ff.

979 Erwägungsgrund Nr. 1 der APr-VO.

980 *Klinger*, in: MüKo HGB, § 333a HGB Rn. 9.

981 Überblick über das Sanktionensystem bei *Lanfermann/Maul*, BB 2016, 363.

982 *Altenhain*, in: HKMS-Bilanzrecht, § 334 HGB Rn. 80.

983 *Orth/Orth*, in: BKT-Bilanzrecht, § 333a HGB Rn. 17.

Mitglied seines Netzwerks während des Mandats erbringen darf, sog. verbotene Nichtprüfungsleistungen.[984] Außerhalb dieses Verbotskatalogs darf der Abschlussprüfer bzw. sein Netzwerk nach Art. 5 IV UAbs. 1 APr-VO Leistungen erbringen, wenn der Prüfungsausschuss diesbezüglich eine Beurteilung der Gefährdungslage für die Unabhängigkeit des Abschlussprüfers angestrengt hat und die Leistungserbringung billigt.[985] Entsprechend liegt der Verstoß im Sinne der §§ 333a, 334 IIa Nr. 1 HGB i. V. m. Art. 5 IV UAbs. 1 APr-VO in der Billigung einer solchen Nichtprüfungsleistung ohne die vorangegangene gebührende Beurteilung. Wiederum kommt es nicht darauf an, ob die Billigung sachlich falsch war, sondern auf die Einhaltung der gebotenen Verfahrensschritte.[986] Art. 6 II APr-VO schließlich konstatiert die Pflicht des Abschlussprüfers, jährlich schriftlich seine Unabhängigkeit zu erklären, sowie die Pflicht des Prüfungsausschusses, mögliche Gefahren und Schutzmaßnahmen zu erörtern. Ein Verstoß gem. §§ 333a, 334 IIa Nr. 1 HGB i. V. m. Art. 6 II APr-VO liegt vor, wenn diese Maßnahmen nicht ergriffen werden.[987] §§ 333a, 334 IIa Nr. 2 HGB ahnden Regelverstöße bei der Empfehlung für die Bestellung eines Abschlussprüfers. Die Tathandlung liegt in der Abgabe einer Empfehlung unter Missachtung der Anforderungen des Art. 16 II UAbs. 2, 3 APr-VO[988] oder ohne vorangegangenes Auswahlverfahren nach Art. 16 III UAbs. 1 APr-VO. Ein Verstoß gegen §§ 333a, 334 IIa Nr. 2 HGB i. V. m. Art. 16 II UAbs. 2, 3 APr-VO liegt vor, wenn die Empfehlung unzureichend getätigt wurde, also ohne Einhaltung der Verfahrensschritte.[989] Ob die objektiv beste Wahl getroffen wurde, ist ohne Belang.[990] Ein Verstoß gegen das Auswahlverfahren gem. §§ 333a, 334 IIa Nr. 2 HGB i. V. m. Art. 16 III UAbs. 1 1 APr-VO liegt vor, wenn der Prüfungsausschuss beim Auswahlverfahren eine oder mehrere der in Art. 16 III Uabs. 1 1 APr-VO

984 *Hennrichs/Bode*, NZG 2016, 1281 (1282 f.); *Schürnbrand*, AG 2016, 70 (73 f.).

985 *Schilha*, ZIP 2016, 1316 (1325).

986 *Altenhain*, in: HKMS-Bilanzrecht, § 334 HGB Rn. 81.

987 *Orth/Orth*, in: BKT-Bilanzrecht, § 333a HGB Rn. 17.

988 Art. 16 II UAbs. 2, 3 APr-VO konstatiert Anforderungen an die Empfehlung für die Bestellung des Prüfungsausschusses. Hiernach muss der Prüfungsausschuss seine Empfehlung für die Bestellung begründen, mindestens zwei Vorschläge mitteilen und seine Präferenz offenlegen. Zudem muss er eine Erklärung abgeben, wonach die Empfehlung unabhängig erarbeitet wurde und ohne Auswahlbeschränkung für die Gesellschafter-/Hauptversammlung erfolgt ist, s. *Klinger*, in: MüKo HGB, § 334 HGB Rn. 69 f.

989 *Klinger*, in: MüKo HGB, § 334 HGB Rn. 69 f.

990 *Altenhain*, in: HKMS-Bilanzrecht, § 334 Rn. 84.

enumerativ gelisteten formalen Kriterien missachtet.[991] §§ 333a, 334 IIa HGB i. V. m. Art. 16 V UAbs. 1 APr-VO schließlich ahnden die Unterbreitung eines Vorschlags, der nicht den Anforderungen des Art. 16 II UAbs. 2, 3 APr-VO entspricht. Konkret muss der Gesellschafter- bzw. Hauptversammlung ein Vorschlag ohne eine Empfehlung bzw. Präferenz unterbreitet werden.[992]

bb) Zusätzliche strafbegründende Tatbestandsvoraussetzungen

Darüber hinaus setzt § 333a HGB als strafqualifizierendes Unrechtsmoment in Abgrenzung zu der reinen Ordnungswidrigkeit neben der vorsätzlichen Begehung einer der Tatmodalitäten des § 334 IIa HGB entweder das Versprechenlassen bzw. Erhalten eines Vermögensvorteils[993] (§ 333a Nr. 1 HGB) oder das beharrliche Wiederholen (§ 333a Nr. 2 HGB) tatbestandlich voraus.[994] Das beharrliche Wiederholen im Sinne des § 333a Nr. 2 HGB wird gemeinhin als wiederholtes oder andauerndes Verhalten, in dem eine Missachtung des Verbots oder der Gleichgültigkeit des Täters zum Ausdruck kommt, interpretiert.[995] Es muss einzelfallbezogen eine Gesamtwürdigung durchgeführt werden, die unter anderem das zeitliche Verhältnis der Verstöße sowie bisherige Ahndungen bzw. Verwarnungen berücksichtigt.[996] Als Orientierungspunkt wird nach verbreiteter Auffassung mindestens ein dreimaliger Verstoß gefordert.[997]

Für den Zeitpunkt der Vollendung ist zum einen auf die Bezugstat des § 334 IIa HGB und zum anderen auf das jeweils strafqualifizierende Moment zu schauen. § 334 IIa Nr. 1 HGB dürfte in dem Moment vollendet sein, in dem der Prüfungsausschuss über die Bestellung des Abschlussprüfers ohne ordnungsgemäße Ausführung der Überwachungspflichten entscheidet und der Täter seine Stimme abgibt.[998] In den Fällen des § 334 IIa Nr. 2, 3 HGB tritt Vollendung

---

991 *Waßmer*, in: BeckOGK HGB, § 334 Rn. 109 f.

992 *Ransiek*, in: ARR-WiStrafR, 8/1 Rn. 117.

993 Ein Vermögensvorteil ist jede Leistung, die zu einer in Geld bezifferbaren Besserstellung des Täters führt. Diese muss im Sinne eines faktischen Synallagmas gerade für die Begehung des Pflichtverstoßes versprochen bzw. gewährt werden. Der Täter muss sich also gerade deswegen pflichtwidrig verhalten, weil er auf den Erhalt des Vorteils abzielt oder ihn erhalten hat, s. *Orth/Orth*, in: BKT-Bilanzrecht, § 333a HGB Rn. 21; in der Sache besteht eine starke Verwandtschaft zum Handeln gegen Entgelt bei § 332 II Var. 1 HGB, s. o. C. IV. 1. b).

994 *Böcking u. a.*, in: EBJS-HGB, § 333a Rn. 2.

995 BGH NStZ-RR 2014, 208 (209); BGH NJW 2010, 1680.

996 *Schaal*, in: StrafR Nebengesetze, § 404a AktG Rn. 8.

997 *Hefendehl*, in: BeckOGK AktG, § 404a Rn. 38.

998 *Altenhain*, in: HKMS-Bilanzrecht, § 334 Rn. 88.

ein, wenn die ordnungswidrige Empfehlung bzw. der Vorschlag zugegangen ist bzw. zugänglich gemacht wurde.[999] In den Fällen des § 333a Nr. 1 HGB tritt Vollendung mit Vollendung des jeweils letzten Teilakts ein. Dies kann im Einzelfall entweder der Abschluss der Unrechtsvereinbarung oder die Bezugstat des § 334 IIa HGB sein. Im Falle des § 333a Nr. 2 HGB tritt Vollendung ein, wenn die Bezugstat vollendet wurde.[1000]

c) Deliktsstruktur

§ 333a HGB schützt, wie eben herausgearbeitet, in erster Linie die Qualität der Abschlussprüfung. Dies wird zu erreichen versucht, indem er besonders verwerfliche Tatbegehungen des Ordnungswidrigkeitentatbestandes des § 334 IIa HGB unter den zusätzlichen Voraussetzungen der beharrlichen Wiederholung bzw. des Versprechens oder Annehmens eines Vermögensvorteils mit Strafe bedroht. Für die dogmatische Einordnung des § 333a HGB ist daher die dogmatische Natur des § 334 IIa HGB von tragender Bedeutung. Die drei Tatbestandsvarianten des § 334 IIa HGB sind die Verletzung von Überwachungspflichten nach Maßgabe der APr-VO (§ 334 IIa Nr. 1 HGB), die Empfehlung für die Bestellung eines Abschlussprüfers entgegen den formal geprägten Bestimmungen des Art. 16 II, III APr-VO (§ 334 IIa Nr. 2 HGB) oder das Vorschlagen eines Abschlussprüfers im Widerspruch zu Art. 16 V UAbs. 1 APr-VO, also in Abweichung von den Anforderungen des Art. 16 II, III APr-VO (§ 334 IIa Nr. 3 HGB). Inhaltlich sanktionieren die jeweiligen Tatbestandsvarianten des § 334 IIa HGB die Missachtung von Verfahrensschritten. Die Tatbestände sind insgesamt also stark formalistisch geprägt. Eine Erfolgskomponente im Sinne einer am Einzelfall nachzuweisenden Verletzung oder Gefährdung der Qualität der Abschlussprüfung sieht § 334 IIa HGB ebenso wenig vor wie § 333a HGB. Bestraft wird die Gefährlichkeit des Täterverhaltens. Zudem handelt es sich hierbei nicht um Sachverhalte, in denen die konkrete Gefährlichkeit der Verletzung der Überwachungspflicht bzw. der fehlerhaften Vorlage für die Qualität der Abschlussprüfung ins Auge gefasst werden würde. Seine Rechtsfolgen knüpft § 334 IIa Nr. 2, 3 HGB (un-)mittelbar daran, dass formale Voraussetzungen des Vorauswahlprozesses (Begründetheit der Empfehlung, mindestens zwei Vorschläge, Offenlegung der Präferenz, Unbefangenheitserklärung, Auswahlverfahren nach Art. 16 III UAbs. 1 APr-VO) erfüllt sind. Die Überwachungspflichten des § 334 IIa Nr. 1 HGB (Begründetheit der Fortführung der

999 *Waßmer*, in: BeckOGK HGB, § 334 Rn. 124.
1000 *Altenhain*, in: HKMS-Bilanzrecht, § 333a Rn. 13.

Prüftätigkeit angesichts der Überschreitung des 15 %-Schwellenwerts, Vornahme einer Untersuchung der Gefahrenlage hinsichtlich der Unabhängigkeit der Abschlussprüfer bei Nichtprüfungsleistungen, jährliche Aktualisierung der Unabhängigkeitserklärung) bieten – über die anzustellenden Gefahrenprognosen – im Grundsatz Raum für eine konkrete Betrachtung der Gefährlichkeit im Einzelfall. Jedoch wird es dem Täter angesichts des Bestimmtheitsgebots des Art. 103 II GG[1001] nur zuzumuten sein, auf die formale Einhaltung der jeweiligen Pflichten zu achten. Er wird sich darauf beschränken dürfen, dass eine Begründung für die fortdauernde Mandatierung des Abschlussprüfers angestrengt und formuliert wurde (Art. 4 III UAbs. 2 VO (EU) Nr. 537/2014), dass über die Gefahrenlage hinsichtlich der Unabhängigkeit des Abschlussprüfers bei Nichtprüfungsleistungen getagt (Art. 5 IV UAbs. 1 1 VO (EU) Nr. 537/2014) sowie die Unabhängigkeitserklärung aktualisiert wurde (Art. 6 II VO (EU) Nr. 537/2014). Die vertiefte inhaltliche Auseinandersetzung ist ihm indes nicht zuzumuten. Bei dem Verstoß gegen all diese Verfahrensschritte steht die konkret festzustellende Eignung des infrage stehenden Abschlussprüfers für die Abschlussprüfung nie zur Debatte. Ob von dem Verstoß gegen die Einholung der Unabhängigkeitserklärung bspw. im Einzelfall eine zu erwartende Gefährlichkeit für die Unabhängigkeit des Abschlussprüfers und damit für die Qualität der Abschlussprüfung ausgeht, ist unerheblich. Es soll der Schein mangelnder Unabhängigkeit verhindert werden. Die Einhaltung dieser Verfahrensschritte wird *per se* für notwendig gehalten, um die Qualität der Abschlussprüfungen zu gewährleisten. Demzufolge ist kein Raum für eine andere Beurteilung der Sachlage auf Grundlage von Einzelfallinformationen. Die Tatbestandsvarianten des § 334 IIa HGB erfassen somit Verhaltensweisen, die abstrakt gefährliches Verhalten ohne Bezugnahme zum Rechtsgut im Sinne einer Gefährlichkeitsprognose im Einzelfall unter Strafe stellen. Hier wird erkennbar, dass bei § 334 IIa HGB die Qualität der Abschlussprüfung als Rechtsgut das Motiv zur Schaffung des Tatbestandes darstellt, jedoch nicht in den Tatbestand eingeht. Auch die qualifizierenden und strafrechtsbegründenden Tatbestandsvoraussetzungen des § 333a Nr. 1, 2 HGB drücken die generelle Gefährlichkeit des beharrlichen Wiederholens bzw. der Annahme des Vorteils oder des Versprechens aus, ohne die Schädlichkeit oder Gefährlichkeit für die Qualität der Abschlussprüfungen im konkreten Einzelfall ins Auge zu fassen. Es bleibt für die Strafbarkeit nach § 333a HGB ohne Belang, ob die fragliche Abschlussprüfung in materieller, d. h. inhaltlicher Hinsicht, einwandfrei erfolgt ist und

1001 *Altmeppen*, GmbHG, § 87 Rn. 3 ff.

dies auch zu erwarten war. Maßgeblich ist der Verstoß gegen bestimmte, im Einzelnen in den §§ 333a, 334 IIa HGB i. V. m. APr-VO umschriebene formale Verfahrensschritte bei Auswahl und Überwachung des Abschlussprüfers.

4. Verletzung der (Einberufungs- und) Verlustanzeigepflicht

Obschon die Rechtspflichten für den Insolvenzfall im Rahmen des MoMiG rechtsformunabhängig in § 15a InsO zentralisiert geregelt wurden, finden sich vereinzelt und rechtsformspezifisch strafbewehrte gesellschaftsrechtliche Pflichten, Gesellschafter, Aktionäre bzw. Genossenschaftler zeitnah über eine drohende Verschlechterung der wirtschaftlichen Lage der Gesellschaft in Kenntnis zu setzen.[1002] Die Strafbestimmung des § 401 I AktG gewährt flankierenden Schutz für die in § 92 I AktG verbürgte Pflicht des Vorstands, bei Verlust der Hälfte des Grundkapitals die Hauptversammlung einzuberufen und ihr dies anzuzeigen.[1003] Der Anwendungsbereich des § 401 I AktG wird gem. § 53 II SEAG auf die Europäische Gesellschaft mit dualistischem System erweitert. Daneben finden sich Parallelvorschriften in § 84 GmbHG, § 148 GenG sowie in § 53 IV Nr. 1 SEAG. Schließlich gilt § 148 GenG über den Verweis in § 36 I SCEAG auch für Europäische Genossenschaften mit dualistischem System.[1004] Den jeweiligen Ausprägungen des Verbots der Verletzung der Einberufungs- und Verlustanzeigepflicht liegt eine gemeinsame Tatbestandsstruktur zugrunde, die rechtsformspezifische Besonderheiten, bspw. hinsichtlich des Täterkreises, aufweist. Die Anatomie der Tatbestandsstruktur gleicht sich indes im Wesentlichen,[1005] sodass die dahinterstehende Deliktsstruktur am Beispiel des § 401 I AktG stellvertretend erörtert werden kann.

a) Rechtsgut

§ 401 AktG trägt dem Gedanken Rechnung, dass die Aktiengesellschaft als autarke Rechtspersönlichkeit nur mit ihrem Gesellschaftsvermögen im Wirtschaftsverkehr haftet.[1006] In § 92 I AktG, auf den § 401 I AktG verweist, wird

---

1002 *Brand*, in: ERST-WiStR, § 401 AktG Rn. 1 ff.; *Raum*, in: WJS-WiStrafR, Rn. 12.88.

1003 *Oetker*, in: SL-AktG, § 401 AktG Rn. 1.

1004 *Weiß*, in: MüKo StGB, § 401 AktG Rn. 38.

1005 § 84 GmbHG verzichtet im Gegensatz zu den übrigen Vorschriften auf die direkte Bezugnahme auf eine Ausfüllungsnorm, orientiert sich hinsichtlich seiner Handlungspflichten allerdings an § 49 III GmbH. Zudem wird die Verletzung der Einberufungspflicht nicht als strafwürdig erachtet. Siehe hierzu im Ganzen *Schaal*, in: StrafR Nebengesetze, § 84 GmbHG Rn. 1 ff.

1006 *Hefendehl*, in: BeckOGK AktG, § 401 Rn. 2 ff.

diese Überlegung aufgegriffen und dem Vorstand infolgedessen die Pflicht aufgebürdet, unverzüglich die Hauptversammlung einzuberufen und den Verlust anzuzeigen, wenn die Gesellschaft einen Verlust in Höhe der Hälfte des Grundkapitals zu verzeichnen hat.[1007] Von einer solchen Situation sind in erster Linie die Aktionäre der Aktiengesellschaft als deren Anteilseigner betroffen, da eine wirtschaftliche Schieflage der Gesellschaft unmittelbar ihr persönliches wirtschaftliches Engagement in derselben gefährdet.[1008] Daher soll ihnen die Möglichkeit eingeräumt werden, rechtzeitig gebotene Sanierungs- und Stabilisierungsmaßnahmen einleiten zu können.[1009] § 401 I AktG schützt demnach die Vermögensinteressen der Aktionäre.[1010]

b) Tatbestandsstruktur

Strafbar ist die unterlassene Einberufung und Anzeige trotz einer durch eine Verlustsituation ausgelösten Handlungspflicht. Zunächst muss es ausweislich des Wortlauts zu einer Tatsituation gekommen sein, in der die Gesellschaft einen Verlust in Höhe der Hälfte des Grundkapitals zu verzeichnen hat. Hierfür maßgeblich ist das satzungsmäßig verankerte und in das Handelsregister eingetragene Grundkapital.[1011] Als mögliche Erkenntnisquellen kommen

---

1007 *Oetker*, in: SL-AktG, § 401 Rn. 1 ff.

1008 *Brand*, in: ERST-WiStR, § 401 AktG Rn. 5 ff.

1009 Zum Zweck der Anzeigepflicht *Veit/Grünberg*, DB 2006, 2644 (2646 f.); *Kühnberger*, DB 2000, 2077; *Mertens*, AG 1983, 173 (175 f.); *Martens*, ZGR 1972, 254 (256 ff.).

1010 *Brand*, in: ERST-WiStR, § 401 AktG Rn. 5 ff.; *Hefendehl*, in: BeckOGK AktG, § 401 Rn. 2 ff.; *Oetker*, in: SL-AktG, § 401 Rn. 1 ff.; *Schaal*, in: StrafR Nebengesetze, § 401 AktG Rn. 2 f.; *Wittig*, in: MüKo AktG, § 401 Rn. 3 ff.; *Weiß*, in: MüKo StGB, § 401 AktG Rn. 1.

1011 *Schaal*, in: StrafR Nebengesetze, § 401 AktG Rn. 10; anders als der Wortlaut zu vermuten gibt, ist nicht der Verlust als solcher, sondern das verbliebene Eigenkapital die entscheidende Bezugsgröße; obwohl bei strenger Wortlautauslegung bereits ein Verlust in der rechnerischen Größe der Hälfte des Grundkapitals die Handlungspflicht auslösen könnte widerspräche eine solche Handhabung dem Sinn und Zweck der Vorschrift; die Handlungspflichten nach § 401 I AktG werden getriggert, wenn die Gesellschaft auf eine wirtschaftlich kritische Situation zusteuert und um den Aktionären eine angemessene Frist zur Einleitung entsprechender Gegenmaßnahmen einzuräumen; vor diesem Hintergrund lässt eine isolierte Betrachtung nur der Höhe des Verlusts ohne Einbettung in die Verhältnisse der Gesellschaft keinen Rückschluss darauf zu, ob sich die Gesellschaft auf eine Krise zubewegt; vielmehr muss eben die gesamte Vermögenslage, insb. auch etwaige Rücklagen etc., beachtet werden; der Gesetzeszweck gebiete daher eine

Jahres- oder Zwischenbilanzen sowie das pflichtgemäße Ermessen in Betracht, vgl. §§ 401 I, 92 I AktG, wobei die objektive Beurteilung der Geschäftslage nach betriebswirtschaftlichen Grundsätzen[1012] den ausschlaggebenden Maßstab darstellt.[1013] Durch den Eintritt der Verlustsituation werden die Handlungspflichten der Einberufung und Anzeige[1014] ausgelöst, wobei die positive Kenntnis[1015] des Vorstands nicht erforderlich ist. Vollendung tritt im Zeitpunkt der Verfristung ein, d. h., sobald von einem schuldhaften Zögern auszugehen ist. Wann das der Fall ist, bleibt der Entscheidung im Einzelfall vorbehalten.[1016]

c) Deliktsstruktur

Die Frage nach der Deliktsstruktur des § 401 I AktG ist an den geschützten Vermögensinteressen der Aktionäre auszurichten. In einem ersten Schritt fällt auf, dass der Tatbestand weder den Eintritt einer Vermögenseinbuße noch einer -gefährdung voraussetzt. Es mangelt § 401 I AktG an einer

---

teleologische Reduktion des § 401 I AtkG auf die Fälle, in denen das verfügbare Eigenkapital infolge des Verlusts auf mindestens die Hälfte des Grundkapitals fällt, s. *Altenhain*, in: KK-AktG, § 401 Rn. 11; s. a. *Hefendehl*, in: BeckOGK AktG, § 401 Rn. 24 f.; *Otto*, in: GK-AktG, § 401 Rn. 15.

1012 Zum Streitstand hinsichtlich der Bewertungsregeln *Brand*, in: ERST-WiStR, § 401 AktG Rn. 17.

1013 *Schaal*, in: StrafR Nebengesetze, § 401 AktG Rn. 10 ff.; *Wittig*, in: MüKo AktG, § 401 Rn. 20 f.

1014 Der Einberufungspflicht wird genügt, wenn der Vorstand unverzüglich entweder extra zu diesem Zweck eine Hauptversammlung einberuft oder aber die Anzeige als Tagesordnungspunkt einer zu einem anderen Zweck einberufenen Hauptversammlung aufnimmt. Des Weiteren erfüllt der Vorstand seine Anzeigepflicht, wenn er in der anberaumten Hauptversammlung unter dem einschlägigen Tagesordnungspunkt über die Verlustsituation unterrichtet, s. *Brand*, in: ERST-WiStR, § 401 AktG Rn. 18 ff.; *Hefendehl*, in: BeckOGK AktG, § 401 Rn. 25 ff.; *Oetker*, in: SL-AktG, § 401 Rn. 4 f.; *Schaal*, in: StrafR Nebengesetze, § 401 AktG Rn. 12 ff.; *Wachter*, AktG, § 401 Rn. 4 f.; *Weiß*, in: MüKo StGB, § 401 AktG Rn. 16 ff.; *Wittig*, in: MüKo AktG, § 401 Rn. 18 ff.

1015 Da der Vorstand hier gem. § 93 I 1, 2 AktG die Sorgfalt eines ordentlichen und gewissenhaften Geschäftsleiters zu beachten hat und ein solcher die wirtschaftliche Lage stetig überwachen und bei sich ankündigender Verschlechterung die Überwachung verschärfen würde, liegt bei objektivem Bestehen grundsätzlich auch eine Erkennbarkeit nach pflichtgemäßen Ermessen vor, s. *Weiß*, in: MüKo StGB, § 401 AktG Rn. 10 ff.

1016 *Müllers-Michaels*, in: *Hölters*-AktG, § 401 Rn. 16, 21.

Erfolgskomponente.[1017] Im Umkehrschluss bestraft die Strafnorm daher die Gefährlichkeit eines Verhaltens. Zu fragen bleibt, ob konkret oder abstrakt gefährliches Verhalten bestraft wird. Die zentrale Tatbestandsvoraussetzung der Strafvorschrift bildet die Tatsituation des Verlusts der Hälfte des Grundkapitals. Wie oben festgestellt, zieht diese Situation die abgesicherten Handlungspflichten der Einberufung und Verlustanzeige nach sich. In der Situation, in der das Vermögen der Gesellschaft insgesamt auf die Hälfte des Grundkapitals abgesunken ist, wird nach gesetzgeberischer Wertung *per se* von einer Gefahr für das Vermögen der Aktionäre ausgegangen.[1018] Das Versäumnis des Vorstands, seinen auferlegten Pflichten nachzukommen und die Aktionäre über den Einbruch der Vermögenslage zeitnah in Kenntnis zu setzen, setzt einen Geschehensablauf in Gang, bei dem erfahrungsgemäß mit Vermögenseinbußen aufseiten der Aktionäre zu rechnen ist. Anders gewendet, folgt aus der typischerweise vorliegenden Gefährlichkeit der tatbestandlich umschriebenen Situation für die Investition der Aktionäre unmittelbar die generelle Gefährlichkeit der Verletzung der Einberufungs- und Verlustanzeigepflicht. Auf eine bestehende Gefährlichkeit der Informationspflichtverletzung für das Vermögen der Aktionäre kommt es in dieser Konstellation nicht an. § 401 I AktG bestraft abstrakt gefährliches Verhalten.

5. Ordnungswidriges Betreiben von Geschäften

Im Anschluss an die Banken- und Finanzkrise bzw. ihre strafrechtliche Aufarbeitung[1019] steigerte sich das Bedürfnis nach einer intensiveren Regulierung des Finanzsektors. Als Antwort hierauf wurden neue Straftatbestände geschaffen oder bestehende in ihrem Anwendungsbereich erweitert.[1020] Eine Gruppierung dieser Strafbestimmungen pönalisiert das ordnungswidrige Betreiben von Bankgeschäften, das Erbringen von Finanz- oder Clearingdienstleistungen oder das Ausüben von Zentralverwahrertätigkeiten (§ 54 KWG), das Erbringen von Zahlungsdienstleistungen oder den Betrieb von E-Geld-Geschäften (§ 63 I Nr. 4, 5 ZAG) sowie das Betreiben von Kapitalverwaltungsgesellschaften (§ 339 KAGB) sowie von Versicherungsgeschäften (§ 331 I Nr. 1, 2 VAG). Weitere verwandte, wirtschaftsstrafrechtlich eingefärbte Straftatbestände finden sich in der unerlaubten Veranstaltung eines Glückspiels (§ 284 StGB) bzw. einer

---

1017 *Schaal*, in: StrafR Nebengesetze, § 401 AktG Rn. 4 f.

1018 *Hefendehl*, in: BeckOGK AktG, § 401 Rn. 24 ff.

1019 *Jahn*, JZ 2011, 340; *Kubiciel*, ZIS 2013, 53.

1020 *Goeckenjan*, wistra 2014, 201.

Lotterie oder Ausspielung (§ 287 StGB), jedoch ohne Bezug zu finanzmarktstabilisierenden Überlegungen.[1021] Allen ist das Betreiben unerlaubter bzw. nicht genehmigter Geschäfte bzw. Erbringen von Dienstleistungen gemein. Exemplarisch soll an dieser Stelle der § 54 KWG auf seine Tatbestands- und Deliktsstruktur hin untersucht werden.

a) Rechtsgut

Der § 54 KWG ist insgesamt dem Schutz der Funktionsfähigkeit des Finanzmarktes sowie der Sicherung des staatlichen Kreditaufsichtswesens[1022] zu dienen bestimmt, indem dem grauen Kapitalmarkt entgegengewirkt werden soll.[1023] Damit fügt sich der Straftatbestand in die Schutzrichtung, die dem KWG zu eigen ist, ein. Dieses soll die Funktionsfähigkeit des Kreditapparates gewährleisten sowie Gläubiger beaufsichtigter Kreditinstituten vor Verlusten schützen.[1024]

b) Tatbestandsstruktur

§ 54 KWG spaltet sich in vier Tatbestandsvarianten auf, wobei diese wiederum in zwei Gruppierungen zu unterteilen sind. In der ersten Gruppierung findet sich das Betreiben[1025] verbotener, also nicht genehmigungsfähiger Bankgeschäfte[1026] gem. §§ 54 I Nr. 1, 3 KWG. Die zweite Gruppierung kann mit dem Vollzug von Tätigkeiten im Verstoß gegen einen Erlaubnisvorbehalt[1027]

1021 Zur Konturlosigkeit der Schutzgüter hinter den §§ 284, 287 *Gaede*, in: NK-StGB, § 284 Rn. 1 ff.

1022 BR-DrS. 482/10 S. 93; BGH NStZ 2007, 647; *Häberle*, in: StrafR Nebengesetze, § 54 KWG Rn. 1.

1023 *Theile*, in: ERST-WiStR, § 54 KWG Rn. 3.

1024 *Trüg*, in: ARR-WiStR, 10/3 Rn. 2.

1025 Unter Betreiben ist jede Tätigkeit zu verstehen, die auf die wiederholte Ausführung des verbotenen bzw. unerlaubten Bankgeschäfts gerichtet ist, s. *Bock*, in: GJW-WiStR, § 54 KWG Rn. 11; Erbringen ist hiervon eine sich nur sprachlich unterscheidende Äquivalente, s. *Reichling*, in: MüKo StGB, § 54 KWG Rn. 57 ff.

1026 Zu den verbotenen Bankgeschäften gehören gem. § 3 KWG Werksparkassen, Zwecksparunternehmen, die Einschränkung der Verfügung über Bareinlagen sowie im Einzelnen beschriebene Geschäfte von CRR-Kreditinstituten und ihren Zweigniederlassungen, s. *Gercke/Stirner*, in: HK-KapMarktStrafR, § 54 KWG Rn. 28 ff.

1027 Erlaubnispflichtig gem. § 32 KWG sind unter anderem Einlagegeschäfte, Pfandbriefgeschäfte, Kreditgeschäfte, Diskontgeschäfte, Finanzkommissionsgeschäfte, Anlagevermittlung, Anlageberatung und Finanzportfolioverwaltung, umschrieben werden. Außerdem sanktioniert § 54 I Nr. 2 KWG das Betreiben von Bankgeschäften bzw. Erbringen von Finanzdienstleistungen ohne Erlaubnis im Sinne des § 32 I 1 KWG. Strukturell gleich gefasst ist § 54 Ia, Ib KWG, in dem das Erbringen von Clearingdiensten ohne die Zulassung nach Art. 14 I VO (EU) Nr. 648/2012 bzw. das Ausüben einer Zentralverwahrertätigkeit ohne Zulassung nach Art. 16 I VO (EU) Nr. 909/2014 unter Strafe gestellt wird.[1028] Der Täter muss eine auf Dauer ausgerichtete Tätigkeit ausüben, die entweder in die Kategorie der verbotenen Bankgeschäfte im Sinne des § 3 KWG fällt oder ohne Erlaubnis gem. § 32 KWG bzw. Zulassung gem. Art. 14 I VO (EU) Nr. 648/2012 oder Art. 16 I VO (EU) Nr. 909/2014 ausgeübt wird.[1029] Insgesamt sanktionieren alle Tatvarianten des § 54 KWG formelle Verstöße, entweder aufgrund des Nichtvorhandenseins einer formellen Erlaubnis oder weil das betriebene Geschäft gem. § 3 KWG, ggf. i. V. m. § 53b III 1, 2 KWG verboten ist. Die Tathandlungen sind jeweils in dem Zeitpunkt vollendet, in dem erstmals von der Durchführung des Betriebs eines Geschäfts bzw. der Erbringung einer Dienstleistung gesprochen werden kann.[1030]

c) Deliktsstruktur

Da § 54 KWG als Tätigkeitsdelikt ein Erfolgsmoment fremd ist,[1031] ist die Untersuchung seiner Deliktsstruktur von vornherein auf Gefährlichkeitsdelikte begrenzt, die abstrakt oder konkret gefährliches Verhalten unter Strafe stellen. Wie eben herausgearbeitet, bestraft § 54 KWG in allen seinen Tatbestandsvarianten formelle Verstöße gegen Verbote bzw. Erlaubnisvorbehalte, die ihrerseits aufgrund der typischerweise bestehenden Gefährlichkeit der verbotenen bzw. erlaubnispflichtigen Tätigkeit bestehen. Den einschlägigen Tätigkeiten wird *per se* eine Bedrohungswirkung für die Funktionsfähigkeit des Finanzmarktes bzw. für die Sicherung des staatlichen Kreditaufsichtswesens unterstellt, sodass der Nachweis im Einzelfall ausbleiben kann. Anders gesagt, bietet keine der Tatbestandsvarianten im Rahmen des § 54 KWG ein

---

s. *Reichling*, in: MüKo StGB, § 54 KWG Rn. 49 ff.; *Schenkel*, VuR 2020, 330 (333); *Trüg*, in: ARR-WiStR, 10/3 Rn. 1 ff.

1028 *Gercke/Stirner*, in: HK-KapMarktStrafR, § 54 KWG Rn. 14; *Reichling*, in: MüKo StGB, § 54 KWG Rn. 25.

1029 *Eggers*, in: KapMarkt-Compliance, 7/29 Rn. 9 ff.; *Knierim*, in: WJS-WiStR, Rn. 10.187 ff.

1030 *Theile*, in: ERST-WiStR, § 54 KWG Rn. 27.

1031 *Gercke/Stirner*, in: HK-KapMarktStrafR, § 54 KWG Rn. 8; *Reichling*, in: MüKo StGB, § 54 KWG Rn. 16; *Theile*, in: ERST-WiStR, § 54 KWG Rn. 2.

Einfallstor für Überlegungen, ob das konkrete Täterverhalten gefährlich für das in Bezug genommene Rechtsgut ist. Die Gefährlichkeit des Verhaltens leitet sich vielmehr daraus ab, dass die fraglichen Bankgeschäfte bzw. Finanzdienstleistungen erlaubnispflichtig bzw. verboten sind, weil ihnen generell ein Risiko für Finanzmärkte und -aufsicht unterstellt wird.[1032] Selbst eine im Einzelfall völlig integre, pflichtgemäße und -bewusste Anlagevermittlung zieht eine Strafbarkeit nach §§ 54 I Nr. 2 Alt. 2, 32 I 1, 1 Ia Nr. 1, XI KWG nach sich, sofern der Täter es versäumt hat, die erforderliche Erlaubnis einzuholen. Es kommt für die Strafbarkeit nicht darauf an, ob er die Anlagevermittlung materiell ordnungsgemäß betreibt, sondern darauf, ob ihm die notwendige Erlaubnis gem. §§ 32 I 1, 1 Ia Nr. 1, XI KWG erteilt wurde.[1033] Nichts anderes gilt für den Betrieb eines verbotenen Bankgeschäfts, wie sich anhand des Verbots des Betriebs eines Zwecksparunternehmens gem. § 54 I Nr. 1, 3 I Nr. 2 KWG plastisch darstellen lässt. Nach der Legaldefinition von Zwecksparunternehmen handelt es sich um Geschäftsmodelle, die darauf beruhen, dass Geldbeträge angenommen werden und gleichzeitig der überwiegende Teil der Geldgeber einen Rechtsanspruch darauf hat, dass ihm aus diesen Geldbeträgen Darlehen gewährt oder Gegenstände auf Kredit verschafft werden. Ausgenommen sind Bausparkassen. Konkret soll der Entstehung von Schneeballsystemen vorgebeugt werden.[1034] An diesem Beispiel zeigt sich, dass sich in dem Betrieb eines solchen Schneeballsystems das Substrat einer Beeinträchtigung der Funktionsfähigkeit des Kapitalmarkts manifestieren würde. Eine Strafbestimmung, die korrespondierende Tatbestandsvoraussetzungen enthielte, wäre – in Bezug auf das in Rede stehende Rechtsgut – als Verletzungsdelikt zu qualifizieren. Indessen erfordert der Tatbestand des § 54 I Nr. 1, 3 I Nr. 2 KWG nicht das Betreiben eines Schneeballsystems. Vielmehr genügt für die Vollendung der Strafbarkeit, dass der Täter ein Geschäftsmodell betreibt, das aufgrund seiner Konstitution im Verdacht steht, für den Missbrauch als Schneeballsystem prädestiniert zu sein. Das Rechtsgut ist also in die Position des Motivs zur Schaffung des Tatbestands gerückt, ohne selbst Bestandteil einer seiner Voraussetzungen zu sein. § 54 KWG bestraft daher abstrakt gefährliches Verhalten, dessen Gefährlichkeit – isoliert von den Umständen des Einzelfalls – aus dem generellen Risikoprofil der erlaubnispflichtigen bzw. verbotenen Geschäfte resultiert.

1032 *Knierim*, in: WJS-WiStR, Rn. 10.187 spricht insofern gerade in diesem Zusammenhang von Verwaltungsunrecht.

1033 *Altenhain*, in: *Momsen/Grützner*-WiStR, § 20 Rn. 6a.

1034 *Wegner*, in: BankStrafR, Rn. 643.

V. Zusammenfassende Würdigung und Ausblick

1. Leitlinien zur Bestimmung gefahrdeliktischer Strukturen

Bei der Bestimmung des Deliktstypen lauern – so hat es der Verlauf der Untersuchung herausgestellt – Fallstricke in der Diskrepanz zwischen dem typischen Anwendungsfall einer Strafnorm und den strafrechtsdogmatischen Schwellen, die ein Tatgeschehen mindestens überschreiten muss, um eine Strafbarkeit auszulösen. Unter Zuhilfenahme der strafrechtsdogmatischen Rahmenbedingungen kommen Klassifizierungen zustande, die auf den ersten Blick kontraintuitiv anmuten, da sich das Tatgeschehen beim typischen Anwendungsbeispiel über die strafrechtsdogmatischen Mindestanforderungen, die zur Tatbestandserfüllung vonnöten sind, hinaus niederschlägt. Hier dürfen keinesfalls faktische Beobachtungen den normativen Rahmen bestimmen bzw. verschieben. Es ist streng zu trennen zwischen den Sachverhaltskonstellationen, die typischerweise in den Anwendungsbereich der jeweiligen Strafnorm fallen und denjenigen, die das vom Tatbestand vorausgesetzte Mindestmaß zur Verwirklichung erreichen, darüber hinaus jedoch keine weitergehende Wirkung entfalten. Als paradigmatisch hat sich hierbei die Einstufung als Äußerungsdelikt[1035] herausgestellt. Infolge der Tatsache, dass der jeweilige Äußerungsvorgang und – damit einhergehend – die fragliche Tatbestandsverwirklichung mit Zugang bzw. Zugänglichmachen der Äußerung seinen bzw. ihren Abschluss findet, bleibt die kognitive Verarbeitung des Geäußerten aufseiten des Adressaten für die Deliktsverwirklichung belanglos. Daher finden Äußerungsdelikte ihren tatbestandlichen Abschluss ohne den Eintritt eines Verletzungs- oder Gefährdungserfolgs. Daraus folgt, wie hier an zahlreichen Straftatbeständen belegt wurde, für die Frage nach der Deliktsstruktur eines Äußerungsdelikts, dass jenes im wirtschaftsstrafrechtlichen Kontext nur Gefährlichkeitsdelikt sein kann. Als Beispiel für die paradigmatische Bedeutung des Äußerungsdeliktscharakters einerseits und die Diskrepanz zwischen typischem Anwendungsfall und strafrechtsdogmatischen Schwellenwerten andererseits sei hier in gebotener Kürze erneut auf die Kontroverse um die Deliktsstruktur des § 298 StGB verwiesen. Einige Stimmen im Schrifttum halten § 298 StGB für ein Verletzungsdelikt, da infolge der Abgabe des Angebots der konkrete Preisbildungsvorgang und daher der funktionierende Wettbewerb beeinträchtigt sei.[1036] Eine solche Einschätzung muss von der Kenntnisnahme aufseiten des Veranstalters ausgehen und

---

1035 Insgesamt zu Äußerungsdelikten: *Fuhr*, Äußerung; *Rahmlow*, Auslegung.

1036 *Grützner*, Submissionsabsprachen, S. 512; *Walter*, GA 2001, 131 (140).

hat den typischen Anwendungsfall des § 298 StGB vor Augen. Üblicherweise wird der Veranstalter Kenntnis nehmen von den Angeboten, die ihm zugehen. Mit Kenntnisnahme wiederum wird sich der Inhalt des Angebots unweigerlich wettbewerbsverzerrend auf das weitere Ausschreibungsverfahren auswirken, da die übrigen Angebote mit einem wettbewerbswidrigen Angebot konkurrieren müssen und diesem regelmäßig unterlegen sein dürften. Den typischen Anwendungsfall vor Augen, überrascht es also nicht, § 298 StGB als Verletzungsdelikt einzustufen. Eine solche Einstufung übergeht – und hier kommen die eben genannten Phänomene zusammen – den Zeitpunkt der Vollendung, der bei § 298 StGB aufgrund seines äußerungsdeliktischen Charakters mit dem Zugang des Angebots und daher vor der Kenntnisnahme eintritt. Blendet man die Kenntnisnahme für die Tatbestandsverwirklichung aus, was, wie gezeigt, der fast einhelligen Auffassung in der Literatur entspricht, darf diese nicht zur Bestimmung der Deliktsstruktur herangezogen werden. Mangels Kenntnisnahme kann nicht vom Eintritt eines rechtsgutsspezifischen Erfolgs gesprochen werden. Damit ist die Aufmerksamkeit auch auf eine Auslegungshilfe gerichtet, die sich zur Bestimmung von Gefahrdelikten als hilfreich erwiesen hat. Oftmals ließ sich anhand der Bestimmung des Vollendungszeitpunktes der entscheidende Hinweis auf die Deliktsstruktur finden. Bei Auseinanderfallen von Voll- und Beendigung liegt die Einstufung als Gefahrdelikt nahe.

Etwas Ähnliches lässt sich für das Zusammenspiel aus Erheblichkeitsvorbehalt und Deliktsstruktur beobachten. Schon *Krause*[1037] hat für die bestandsbezogenen Insolvenzdelikte herausgearbeitet, infolge der Verankerung von (ungeschriebenen) Erheblichkeitsschwellen werde regelmäßig die Kontroverse[1038] um die Strafwürdigkeit im Einzelfall konkret ungefährlicher Verhaltensweisen, die dennoch den Tatbestand eines abstrakten Gefährlichkeitsdelikts erfüllen, umschifft. *Krause* ist indessen nur bedingt zuzustimmen. Zwar finden sich auch im wirtschaftsstrafrechtlichen Kontext eine Reihe an konkreten Gefährlichkeitsdelikten; Erheblichkeitsvorbehalte führen indes nicht prinzipiell zu einer konkreten Betrachtung der Gesamtumstände des Tatgeschehens. Wie gezeigt, fördert erst eine strenge und am einzelnen Delikt orientierte Beleuchtung die wahre Deliktsstruktur zutage. Der Trugschluss, aus dem Vorhandensein eines Erheblichkeitsvorbehalts resultiere *per se* die konkrete Betrachtung der Gefährlichkeit eines Tatgeschehens, sollte vermieden

---

1037 *Krause*, Ordnungsgemäßes Wirtschaften, S. 256 f.

1038 Exemplarisch *Bohnert*, JuS 1984, 182 (186); *Kaufmann*, JZ 1963, 425 (432); *Kindhäuser*, Gefährdung als Straftat, S. 243 f.; *Schünemann*, JA 1975, 787 (797 f.).

werden. Patentrezepte verbieten sich ebenso wie rasterhafte Einschätzungen, wie sich anhand der ausdifferenzierten Stellungnahmen zu § 283 I StGB und § 399 AktG belegen lässt.[1039] Zu Hilfe kam regelmäßig eine grammatikalische Analyse des Gesetzestextes. Sofern der Gesetzgeber die tatbestandlich verankerte oder ungeschriebene Erheblichkeitsschwelle grammatikalisch und im Sinnzusammenhang mit der Tathandlung bzw. dem Täterverhalten verknüpft, ergibt die Auslegung das Erfordernis der Erheblichkeit des Verstoßes.[1040] In diesen Fallkonstellationen lässt die jeweilige Strafnorm erst solche Verhaltensweisen genügen, denen aufgrund der Umstände des Einzelfalls eine Gefährlichkeit für das jeweilige Rechtsgut nicht von vornherein abgesprochen werden kann.[1041] In den übrigen Fällen, namentlich denjenigen, in denen die Erheblichkeit an Kriterien außerhalb der Tathandlung, insb. den Tatgegenständen,[1042] angesiedelt wird, sichern Erheblichkeitsvorbehalte ab, dass den Anforderungen des gesetzgeberisch vertypten Handlungsmusters im Funktionszusammenhang entsprochen wird. Dahinter – am Beispiel der Falschangabedelikte illustriert – steht die Überlegung, wonach laut dem Dafürhalten des Gesetzgebers nur von Falschangaben zu Informationen von gewisser Bedeutung für den jeweiligen Funktionszusammenhang eine generelle Gefährlichkeit ausgeht. Bagatellunrichtigkeiten oder Unrichtigkeiten ohne Bezug zu dem Funktionszusammenhang sind von Grund auf nicht abstrakt gefährlich. Sowohl *Zieschangs*[1043] These, wonach von dem Vorhandensein einer Eignungsklausel nicht auf eine Deliktskategorie zurückgeschlossen werden kann, als auch die einleitend eingeführte These, wonach der Tathandlung die entscheidende Bedeutung bei der Zuordnung einer Deliktsstruktur zukommt, werden hierdurch wiederum bekräftigt.

2. Vorüberlegungen zur Einordnung von Gefahrdelikten

Mit der Untersuchung konnte die These von einer quantitativen Dominanz gefährlichkeitsdeliktischer Strukturen im Wirtschaftsstrafrecht untermauert werden. Abseits von §§ 283 I Nr. 5 Var. 2 und 3, Nr. 6, 7 lit. a, 283b I Nr. 1 Var. 2 und 3, Nr. 2, 3a StGB sowie § 333 II 2 HGB qualifizierten sich alle untersuchten Delikte als Gefährlichkeitsdelikte. Unter den untersuchten

1039 S. a. *Zieschang*, Gefährdungsdelikte, S. 346 ff.

1040 Treffend *Waßmer*, in: BeckOGK HGB, § 331 Rn. 185 ff.

1041 So insb. § 331 HGB, § 399 I Nr. 1, 4, 5, II AktG, § 283 I Nr. 1 Var. 1 und 3, Nr. 2, 3, 8 Alt. 1 StGB,

1042 So. insb. §§ 264, 264a, 265b StGB.

1043 *Zieschang*, Gefährdungsdelikte, S. 205.

Gefährlichkeitsdeliktenstelltensich §§ 264, 264a, 265, 265b, 283 I Nr. 5 Var. 1, 7 lit. b, 283b I Nr. 1 Var. 1, 3 lit. b StGB, § 15a IV InsO, § 399 I Nr. 2, 3, 6 AktG und verwandte Delikte, § 331 I Nr. 4 Var. 1 HGB und verwandte Delikte, § 332 I HGB und verwandte Delikte, § 333a HGB und verwandte Delikte, § 401 I AktG und verwandte Delikte sowie § 54 KWG und verwandte Delikte als abstrakte Gefährlichkeitsdelikte heraus. Umgekehrt konnten § 331 HGB und verwandte Delikte (vorbehaltlich § 331 I Nr. 4 Var. 1 HGB), § 399 I Nr. 1, 4, 5, II AktG und verwandte Delikte sowie § 298 StGB, § 333 I HGB und verwandte Delikte als konkrete Gefährlichkeitsdelikte identifiziert werden. Für § 299 StGB und die verwandten Delikte der §§ 265c, 265d, 299a, 299b StGB kommt es für die Einstufung als konkretes oder abstraktes Gefährlichkeitsdelikt entscheidend darauf an, welches Rechtsgut zugrunde gelegt wird. Neben den § 264 ff. StGB, die *expressis verbis* als auf Täuschungshandlungen reduzierte Betrugsderivate für bestimmte Wirtschaftszweige bzw. Funktionszusammenhänge innerhalb dieser Sektoren konzipiert sind,[1044] fällt zugleich auf, dass, gemessen an den Verurteilungszahlen, den einzelnen Delikten bis auf wenige, hauptsächlich[1045] im Kernstrafrecht verankerte Ausnahmen[1046] geringe praktische Bedeutung beigemessen wird.[1047] Zudem fällt auf, dass eine überwiegende Anzahl der untersuchten Delikte, bei Lichte betrachtet, entweder auf eine Täuschungshandlung reduzierte Abkömmlinge des Betruges gem. § 263 I StGB sind[1048] oder regelmäßig in sachlicher Nähe zum Untreuetatbestand gem. § 266 I StGB[1049] stehen. Gemeinsam mit der Einsicht, keine konkreten und wenige potenzielle Gefährdungsdelikte ausfindig gemacht zu haben, weist das angesichts der einführend konstatierten Unbrauchbarkeit dieses Deliktstypen für Präventionszwecke in Richtung der Analysen des Risikostrafrechts. Damit ist die Aufmerksamkeit

---

1044 *Heinrich*, in: AWHH-StrafR BT, § 21 Rn. 1 ff.

1045 Zu § 331 HGB bzw. dem Bilanzstrafrecht *Park*, in: FS Müller, S. 531; zu § 15a InsO bzw. dem Insolvenzstrafrecht *Bisson*, GmbHR 2005, 843; *Rönnau*, NStZ 2003, 525; *Tsambikakis*, GmbHR 2005, 838.

1046 S. bspw. *Bannenberg*, in: WJS-WiStR, Rn. 13.16 ff. zu §§ 298 ff. StGB; *Hellmann*, in: NK-StGB, § 265 Rn. 4 ff. zu § 265 StGB; *Ceffinato*, in: MüKo StGB, § 264 Rn. 15 zu § 264 StGB; sowie *Petermann/Sackreuther*, in: MüKo StGB, Vor § 283 Rn. 10 f. zu §§ 283 ff. StGB.

1047 So etwa *Park*, in: HK-KapMarktStrafR, § 264a StGB Rn. 6; § 265b StGB Rn. 5; § 399 AktG Rn. 8; sowie ferner *Waßmer*, in: BeckOGK HGB, § 332 Rn. 6 f.; *Hefendehl*, in: BeckOGK AktG, § 404 Rn. 3.

1048 S. o. C. I.

1049 Vertiefend dazu s. u. E. I. 1. b) aa).

auf den weiteren Gang der Untersuchung gerichtet. Im Anschluss an die strafrechtsdogmatische Durchleuchtung wirtschaftsstrafrechtlicher Gefahrstrukturen soll ein Blick geworfen werden auf Ursprünge, Motive, Implikationen und Folgen der Ausbreitung von Gefahrdelikten im Wirtschaftsstrafrecht. Ausgangspunkt der weiteren Überlegungen bilden die quantitative Dominanz gefahrdeliktischer Strukturen im Wirtschaftsstrafrecht bei gleichzeitig scheinbar qualitativer Irrelevanz für die Rechtspraxis verbunden mit der systematischen Verortung im Vorfeld der §§ 263, 266 StGB, wie es für einen Großteil der untersuchten Delikte zutrifft.

D. Risikowirtschaftsstrafrecht

Der bisherige Gang der Untersuchung hat unter einem strafrechtsdogmatischen Blickwinkel versucht, unter Heranziehung einer Auswahl an Straftatbeständen die gefahrdeliktischen Strukturen, die das (Wirtschafts-)Strafrecht kennt, aufzuzeigen. Anhand der Fülle der untersuchten Strafbestimmungen sowie der Notwendigkeit, die Untersuchung über die Begrenzung auf den Untersuchungsgegenstand Wirtschaftsstrafrecht hinaus einzugrenzen, konnte dargelegt werden, dass sich der Wirtschaftsstrafgesetzgeber quantitativ in weiten Teilen der Gefahrdelikte bedient. Eine erste Reflexion der Präsenz gefahrdeliktischer Strukturen bei gleichzeitiger qualitativer Irrelevanz in der Rechtspraxis *prima facie* weist gemeinsam mit dem systematischen Verhältnis zu Kernverletzungsdelikten des Vermögensstrafrechts auf die Analysen der Strafrechtswissenschaft zum Risikostrafrecht.[1050] Zur Erinnerung: Ihren Ausgang nahm die Untersuchung der Gefahrdelikte bei der in der Strafrechtswissenschaft breit vertretenen These, beim Wirtschaftsstrafrecht handele es sich neben dem Umweltstrafrecht um einen der Prototypen des strafrechtlichen Funktionswandels.[1051] Anliegen des folgenden Kapitels ist es, diesen Befund bestätigend zu vertiefen und auf dessen Grundlage das Wirtschaftsstrafrecht als Risikostrafrecht zu charakterisieren.

Die Analysen zum Funktionswandel des Strafrechts machen als zentrale Entwicklungslinie in der Strafgesetzgebung die zunehmende Expansion des Strafrechts vermittels Vorfeldkriminalisierung bzw. Vorverlagerung von Strafbarkeit aus.[1052] Sofern die Betrachtung des Wirtschaftsstrafrechts als Gefahrstrafrecht also auf die einschlägigen Befunde zurückgreifen möchte, muss dieses erst einmal dem Phänomen der strafrechtlichen Expansion in Form der Vorverlagerung zugeordnet werden. Hierfür sind, maßgeblich unter Rückgriff auf die Arbeiten *Jakobs'*, *Sinns* und *Moellers*, eine kurze Phänomenologie des Vorverlagerungsbegriffs zu leisten und die Gefahrdelikte in das System der

---

1050 S. o. C. V. 2.

1051 S. o. B. II. 1.

1052 Siehe aus jüngerer Zeit *Brunhöber*, in: FS Schünemann, S. 4; *Frisch*, NStZ 2016, 16 (24); *Hefendehl*, in: FS Schünemann, S. 752; *Hirsch*, in: Strafrechtliche Probleme II, S. 21 f.; *Jahn/Brodowski*, JZ 2016, 969; *Kaspar*, ZStW 129 (2017), 401; *Kubiciel*, in: Strafrechtspolitik, S. 107; *Naucke*, KritV 1999, 336 (340 f.); *Roxin*, in: Kritik und Rechtfertigung, S. 176 f.

Vorverlagerung einzugliedern (D. I. 1. b) ff.). Sodann soll das Phänomen der Vorverlagerung näher charakterisiert werden, um dieses als Risikostrafrecht zu identifizieren (D. I. 2). Nachdem Gefahrdelikte als Vorverlagerungstatbestände und damit als Risikostrafrecht identifiziert worden sind und in einem zweiten Schritt kursorisch der gesellschaftliche Nährboden der strafrechtlichen Expansion mittels Risikostrafrecht skizziert worden ist (D. II), gilt es, das Risikostrafrecht weiter auszudifferenzieren. Zwar stehen die Gefahrdelikte im Mittelpunkt des strafrechtlichen Funktionswandels. Dennoch ist dieser nicht auf den Einzug bzw. die Ausbreitung gefahrdeliktischer Strukturen im Strafgesetzbuch beschränkt. Hierzu kann auf eine Reihe an Perspektiven aus der Strafrechtslehre zurückgegriffen werden (D. III. 1), die für die anschließende Spezifizierung der Funktionserweiterung anhand des Wirtschaftsstrafrechts (D. III. 2) fruchtbar gemacht werden können. Insgesamt soll damit ein Beitrag zum Verständnis des Risikostrafrechts geleistet und zudem der Frage nachgegangen werden, ob sich das Wirtschaftsstrafrecht in die Kategorie des Risikostrafrechts einpflegen lässt (D. IV).

I. Gefahrdelikte als Risikostrafrecht

1. Strafrechtliche Expansion

a) Die Ausweitungstendenz

Die Strafrechtswissenschaft konstatiert seit Längerem eine Ausweitungstendenz im deutschen Strafrecht.[1053] Die wissenschaftliche Rezeption des Wirtschaftsstrafrechts kennzeichnet Feststellungen über eine Expansion der

1053 Aus jüngerer Zeit *Brunhöber*, in: FS Schünemann, S. 4; *Frisch*, NStZ 2016, 16 (24); *Hefendehl*, in: FS Schünemann, S. 752; *Hirsch*, in: Strafrechtliche Probleme II, S. 21 f.; *Jahn/Brodowski*, JZ 2016, 969; *Kaspar*, ZStW 129 (2017), 401; *Kubiciel*, in: Strafrechtspolitik, S. 107; *Naucke*, KritV 1999, 336 (340 f.); *Roxin*, in: Kritik und Rechtfertigung, S. 176 f.; speziell für das Wirtschaftsstrafrecht *Anders*, ZStW 130 (2018), 374; *Lüderssen*, in: Handlungsfreiheit, S. 246 ff.; *Zerbes*, in: Wirtschaftsvölkerstrafrecht, S. 217 ff.; s. a. *Albrecht*, in: Unmöglicher Zustand, S. 477; *Anastasopoulou*, Deliktstypen, S. 215 ff.; *Callies*, NJW 1989, 1338 (1340 ff.); *Detzner*, Rückkehr, S. 159 ff.; *Frehsee*, StV 1996, 222 (224); *Herzog*, Gesellschaftliche Unsicherheit, S. 54 ff.; *Hilgendorf*, Produzentenhaftung, S. 17 ff.; *Hohmann*, Umweltdelikte, S. 156 ff.; *Kim*, Umweltstrafrecht, S. 25 ff.; *Kuhlen*, GA 1994, 347 (351 ff.); *Schünemann*, in: GS Meurer, S. 46 ff.; *Seelmann*, NJW 1990, 1257 (452 ff.); *Sieber*, NStZ 2009, 353; *Stratenwerth*, ZStW 105 (1993), 679 (679 ff.);

Strafbarkeiten unter Verwendung von Gefahrdelikten, Kollektivrechtsgütern und der Moralisierung des Strafrechts als Reaktion auf die Belange der Risikogesellschaft.[1054] Auch empirische Befunde zur Punitivierung des Strafrechts seit den 1970er-Jahren stützen diese Erkenntnisse. Neukriminalisierungen und Strafverschärfungen bestimmen gesetzgeberische Bemühungen im Bereich des Strafrechts. Demgegenüber schwinden Entkriminalisierungen und Strafmilderungen zunehmend.[1055] Mit *Silva Sánchez*[1056] als Expansion des Strafrechts bezeichnet, wird darunter die *„summarische Erhöhung der Anzahl strafbaren Verhaltens, entweder durch eine erhöhte Anzahl strafrechtlicher Normen oder eine erweiterte Auslegung und Anwendung derselben“*[1057] verstanden. Strafrechtswissenschaftliche Analysen verwenden zur Kennzeichnung dieser Ausweitungstendenz neben der Vorverlagerung Begrifflichkeiten wie Vorfeld bzw. Vorfeldkriminalisierung, Ausdehnung von Strafbarkeiten, Vorverlagerung und Vorverlagerungstatbestände sowie die Neuschaffung. Durch die teils undifferenzierte Verwendung entsteht bisweilen der Eindruck, all diese Begrifflichkeiten beschrieben dasselbe Phänomen und könnten daher synonym verwendet werden. Indessen beschreiben sie Unterformen der diagnostizierten Ausweitungstendenz, die sich trennscharf voneinander abgrenzen lassen.[1058]

b) Entzerrung der terminologischen Gemengelage

Um die Entzerrung dieser terminologischen Gemengelage haben sich *Sinn*[1059] und, an diesen anknüpfend, *Moeller*[1060] verdient gemacht. Danach kann sich die Ausweitung von Strafbarkeit zunächst einmal auf eine sachliche Ausdehnung beziehen. Sachlich ausgedehnt wird Strafbarkeit, indem gesetzgeberische Initiativen oder die Auslegung von Straftatbeständen Verhaltensweisen unter neuen Bedingungen für strafbar erklären. So können Straftatbestände mit zusätzlichen Tatobjekten oder Rechtsgütern angereichert werden.[1061] Daneben kommen

---

Triantafyllou, Gefährliche Körperverletzung, S. 60 ff.; *Weigend*, in: FS Triffterer, S. 707 ff.; *Wohlers*, Deliktstypen, S. 39 ff.

1054 *Anders*, ZStW 130 (2018), 374.

1055 *Schlepper*, Strafgesetzgebung in der Spätmoderne, S. 157 ff.

1056 *Silva Sánchez*, Expansion, S. 3.

1057 *Moeller*, Vorverlagerung, S. 77 f.

1058 *Moeller*, Vorverlagerung, S. 77 ff.; *Sinn*, in: Grenzen, S. 15 ff.

1059 *Sinn*, in: Grenzen, S. 15 ff.

1060 *Moeller*, Vorverlagerung, S. 77 ff.

1061 *Moeller*, Vorverlagerung, S. 79 f.; *Sinn*, in: Grenzen, S. 15 ff.

Modifikationen der inneren Tatseite in Betracht.[1062] Zu denken ist zunächst an die Strafbarkeit fahrlässiger Begehungsweisen.[1063] Ein beliebtes Mittel des Wirtschaftsstrafgesetzgebers ist zudem, die Anforderungen auf subjektiver Tatseite zu senken, indem er Leichtfertigkeitsklauseln einfügt.[1064] Ein weiterer, oftmals vermeintlich synonym zur Vorverlagerung verwendeter Begriff ist das Vorfeld bzw. die Vorfeldkriminalisierung.[1065] In der Sache werden damit Verhaltensweisen beschrieben, die nicht in die Nähe einer Rechtsgutsverletzung gelangen, d. h., die, für sich genommen, nicht zur Rechtsgutsverletzung führen können. Mit der Vorfeldstrafbarkeit sollen folglich die Vorbereitungsdelikte gemeint sein.[1066] Schließlich ist noch die Neukriminalisierung von Verhaltensweisen zu nennen, bei der durch Neueinführung von Straftatbeständen zuvor straflose Verhaltensweisen pönalisiert werden. Im Unterschied zu anderen Formen der Ausweitung betrifft die Extension strafrechtlich relevanten Verhaltens hier Sachzusammenhänge, die zuvor nicht Gegenstand strafrechtlicher Betrachtung waren.[1067] Neben die Vorverlagerung als Element strafrechtlicher Expansion gesellen sich folglich die sachliche Ausdehnung, die Neu- sowie die Vorfeldkriminalisierung. Nachdem diese Begrifflichkeiten einer Klärung zugeführt wurden, ist im nächsten Schritt der Begriff der Vorverlagerung einer näheren Betrachtung zu unterziehen und mit den Gefahrdelikten in ein Verhältnis zu bringen.

c) Einführung des strafrechtlichen Vorverlagerungsbegriffs

1985 stieß *Jakobs* auf der Strafrechtslehrertagung in Frankfurt am Main die Diskussion um Phänomenologie und rechtsstaatliche bzw. verfassungsrechtliche Grenzen der Vorverlagerung an.[1068] Mit Nachdruck wies dieser auf die bis dato herrschende Unbekümmertheit hin, die die Strafrechtswissenschaft der vorverlagerten Kriminalisierung entgegengebracht habe.[1069] Als

---

1062 *Sinn/Moeller*, ZJS 2015, 232 (237).

1063 *Moeller*, Vorverlagerung, S. 79 f.

1064 Dazu s. u. D. III. 2. a) aa) (c).

1065 Grundlegend *Jakobs*, ZStW 97 (1985), 751; s. a. *Beck*, Unrechtsbegründung, S. 21 f.; *Brunhöber*, in: FS Schünemann, S. 4; *Hungerhoff*, Vorfeldstrafbarkeit und Verfassung, S. 38 f.; *Sieber*, NStZ 2009, 353 (355); *Weißer*, ZStW 121 (2009), 131.

1066 *Moeller*, Vorverlagerung, S. 78 f.

1067 *Moeller*, Vorverlagerung, S. 80.

1068 *Jakobs*, ZStW 97 (1985), 751.

1069 So das seinerzeitige Resümee, s. *Rengier*, JZ 1985, 936.

Vorverlagerungen bezeichnet er, wie angeklungen,[1070] die Kriminalisierung von Verhaltensweisen, ohne dass es zu einer Rechtsgutsverletzung kommt.[1071] *Jakobs* eröffnet seinen Vortrag mit der Problematisierung der Kriminalisierung im Vorfeld einer als fix gedachten Rechtsgutsverletzung.[1072] Damit ist implizit auf den raumzeitlich-relationalen Bedeutungsgehalt der Vorverlagerung hingewiesen. Rein semantisch betrachtet, führt die Frage nach dem Inhalt der Vorverlagerung auf den Bezugsgegenstand, vor den verlagert wird. Soll also geklärt werden, was mit dem Begriff der Vorverlagerung gemeint ist, muss der Frage nachgegangen werden, was den Fixpunkt der Vorverlagerung bildet.[1073] Dafür hat sich das Rechtsgut der Norm herauskristallisieren können.[1074] Neben die sachliche Ausdehnung tritt folglich die zeitliche Vorverlagerung als Erscheinungsform der strafrechtlichen Expansion. Es wird bestraft, bevor die Rechtsgutsverletzung eingetreten ist bzw. ohne dass sie eingetreten sein müsste.[1075] Vielmehr werden strafrechtliche Sanktionen an Verhaltensweisen, die zeitlich vor dem Eintritt der Schädigung liegen, gekoppelt,[1076] weil sie als riskant erachtet werden.[1077] In der Gegenüberstellung von Gefahr- und Verletzungsdelikten wurde zur Abgrenzung darauf abgestellt, dass Gefahrdelikte ihre Strafandrohung unabhängig von dem Eintritt einer Schädigung aussprechen. Gefahrdelikte sind demnach Vorverlagerungstatbestände.[1078]

1070 S. o. D. I. 1. a).

1071 *Jakobs*, ZStW 97 (1985), 751 (756 ff.).

1072 *Jakobs*, ZStW 97 (1985), 751.

1073 *Beck*, Unrechtsbegründung, S. 21 f.

1074 *Beck*, Unrechtsbegründung, S. 21 ff.; *Hefendehl*, in: FS Roxin 2001, S. 166 f.; *Heger*, Europäisierung, S. 229; *Radtke/Steinsiek*, ZIS 2008, 383 (390); *Roxin*, Täterschaft und Tatherrschaft, S. 799; *Sieber*, NStZ 2009, 353 (355); *Stächelin*, in: Aufgeklärte Kriminalpolitik, S. 247; *Weinert*, Vorbereitungsdelikte, S. 103; *Weißer*, ZStW 121 (2009), 131; *Zöller*, Terrorismusstrafrecht.

1075 *Moeller*, Vorverlagerung, S. 67 ff.; *Sinn*, in: Grenzen, S. 15 ff.; s. a. *Baroke*, in: Grenzen, S. 260; *Brunhöber*, in: FS Schünemann, S. 3.

1076 *Gropp*, in: Grenzen, S. 99; *Kaiser*, Grenzen, S. 17; *Puschke*, StV 2015, 457 (457).

1077 *Brunhöber*, in: Sicherheitsgesellschaft, S. 199.

1078 Weitere Gesetzgebungstechniken zur Vorverlagerung sind die Versuchsdelikte sowie die Unternehmensdelikte als „Versuchsdelikte im weiteren Sinne". Daneben kommt auch die Vorverlagerung mittels Auslegungstechniken in Betracht, so etwa mittels der sog. *actio libera in causa* oder die Strafbarkeit von Vermögensgefährdungen nach § 263 I StGB, s. *Moeller*, Vorverlagerung, S. 82 ff.

d) Genese der strafrechtlichen Vorverlagerung

aa) Die Aussagen Moellers

Des Weiteren gelang es *Moeller*, die Genese des Vorverlagerungsbegriffs nachzuzeichnen. Danach könne das Phänomen der Vorverlagerung keinem spezifischen Zeitraum zugeordnet werden. Rechtsordnungen seit der Antike hätten Normen gekannt, die der Vorverlagerung im hiesigen Sinne entsprächen. Begrifflich entspringe die Vorverlagerung der Vorverlegung nach dem (zweifelhaften) Vorbild des nationalsozialistischen Willensstrafrecht. Ziel der Nationalsozialisten sei es gewesen, den strafrechtlichen Schutz durch den Verzicht auf den Erfolgseintritt zu optimieren. Indessen habe in der zweiten Hälfte des 20. Jahrhunderts, wohl angefangen mit der Dissertationsschrift *Cramers*,[1079] die Strafrechtswissenschaft zunehmend dem Phänomen der Vorverlagerung Aufmerksamkeit zu schenken begonnen. Weder die quantitative Zunahme an Vorverlagerungstatbeständen noch eine gesteigerte rechtspraktische Relevanz könnten dieses gesteigerte Interesse erklären. Zwar sei es richtig, dass der Gesetzgeber heutzutage kaum noch Verletzungstatbestände neu schaffe. Der Grund hierfür sei allerdings, dass das System der Verletzungsdelikte zum Schutz von Individualinteressen größtenteils als vollständig und ausgewogen empfunden werde. Als Betätigungsfeld bleibe daher die Vorverlagerung. Insgesamt sei die zunehmende Debatte um den Vorverlagerungsbegriff folglich in erster Linie Ausdruck einer zunehmend kritischen Strafrechtswissenschaft. Nicht die Vorverlagerung als solche, sondern ihre Nutzbarmachung für ein präventives Strafrecht sowie das erwachte Bewusstsein für das Spannungsverhältnis aus freiheitlicher Rechtsordnung und Funktionalisierung des Strafrechts seien danach Ursache für ihre neuerliche Prominenz.[1080]

bb) Übertragbarkeit auf das Wirtschaftsstrafrecht

Etwas anderes könnte für das Wirtschaftsstrafrecht zutreffen. In seiner Habilitationsschrift zum Risikostrafrecht stellt *Prittwitz* einen Vergleich des StGBs in seiner ursprünglichen Fassung mit der seinerzeitigen Auflage an und bemerkt eine überraschende Kontinuität. Eine Entwicklungslinie identifiziert er indessen in der strafrechtlichen Regulierung technisierter Bereiche. Sofern Neuerungen gegenüber der ursprünglichen Fassung von 1871 auffallen, handele

1079 *Cramer*, Vollrauschtatbestand; dazu s. o. B. II. 2. b).
1080 Hierzu im Ganzen *Moeller*, Vorverlagerung, S. 94 ff.

es sich vornehmlich um die Gegenstandsbereiche des Straßenverkehrs, der Umwelt sowie des Wirtschaftslebens.[1081]

Für das Wirtschaftsstrafrecht des StGB ist diese Diagnose unter dem Eindruck des Ersten[1082] und Zweiten[1083] Gesetzes zur Bekämpfung der Wirtschaftskriminalität von 1976 bzw. 1986 getroffen worden. Während im Rahmen des 1. WiKG die Tatbestände des Subventionsbetrugs gem. § 264 StGB sowie des Kreditbetrugs gem. § 265b StGB neu eingeführt und die Konkursdelikte in die §§ 283 ff. StGB eingepflegt wurden, schuf das 2. WiKG die sog. Computerdelikte sowie den Kapitalanlagebetrug nach § 264a StGB, den Scheck- und Kreditkartenmissbrauch gem. 266b StGB sowie mit § 266a StGB eine Norm zur Strafbarkeit der Veruntreuung von Arbeitsentgelten.[1084] Nicht lange nach Erscheinen der Arbeit folgten weitere Gesetzgebungsinitiativen wie das Gesetz zur Bekämpfung der Korruption[1085], mit dem das Wettbewerbsstrafrecht in Form der §§ 298, 299 StGB eingeführt wurde, sowie Reformen des Steuer-, Insider-, Telekommunikations- und Datenschutzstrafrechts und Delikte zur Bekämpfung der Organisierten Kriminalität und der Geldfälschung.[1086] Die auf diesem Wege eingeführten Straftatbestände des StGB sind, wie der bisherige Gang der Untersuchung zutage förderte, weit überwiegend dem Bereich der Gefahr- bzw. Gefährlichkeitsdelikte zuzuschreiben. Anders verhält es sich, blickt man auf Gefährlichkeitsdelikte aus dem Bereich des Nebenstrafrechts. So geht die unrichtige Darstellung, wie sie z. B. in § 331 HGB, § 400 AktG kodifiziert ist, auf Art. 249 I Nr. 3 des Gesetzes des Norddeutschen Bundes betreffend die Kommanditgesellschaft auf Aktien und die Aktiengesellschaften von 1870 zurück.[1087] Ähnliches gilt für den Gründungsschwindel, wie er sich bspw. in § 399 AktG, § 82 GmbHG wiederfindet. Dieser geht auf § 295 AktG 1937 zurück, der wiederum dem § 313 HGB in der Fassung von 1897 entlehnt war.[1088] Vor diesem Hintergrund ist der Befund *Moellers*, sofern es das Wirtschaftsstrafrecht betrifft, ein Stück weit zu modifizieren. Die Vorverlagerung

---

1081 *Prittwitz*, Strafrecht und Risiko, S. 174 f.

1082 Erstes Gesetz zur Bekämpfung der Wirtschaftskriminalität (1. WiKG). BGBl. I 1976, 2034.

1083 Zweites Gesetz zur Bekämpfung der Wirtschaftskriminalität (2. WiKG). BGBl. I 1986, 721.

1084 *Hilgendorf u. a.*, in: StGB, S. 292.

1085 Korruptionsbekämpfungsgesetz (KorrBekG), BGBl. 1997 I, 2038.

1086 *Dannecker/Bülte*, in: WJS-WiStR, Kap. 1 Rn. 89 ff.

1087 *Fleischer*, BKR 2003, 608 (611).

1088 *Eidam*, in: HK-KapMarktStrafR, § 399 Rn. 2.

als Gesetzgebungstechnik ist als solche ein Mittel, deren sich der Wirtschaftsstrafgesetzgeber nicht erst seit den 1970er-Jahren bedient. Mit dem 1. WiKG als Startschuss, kann seit 1976 eine Ausweitungstendenz verzeichnet werden. Parallel zum Trend der Punitivierung[1089] wurden in den vergangenen 50 Jahren zahlreiche wirtschaftsstrafrechtliche Normen in das StGB eingepflegt, von denen der Großteil Gefährlichkeitsdelikte darstellt. Qualitativ neu scheint der in der Verortung im StGB zum Ausdruck kommende Stellenwert zu sein, den der Gesetzgeber dem Wirtschaftsstrafrecht verleihen möchte. Was früher hauptsächlich Gegenstand des Nebenstrafrechts war, erschließt sich mehr und mehr Raum im StGB.[1090] Vor diesem Hintergrund kennzeichnet die Entwicklung des Wirtschaftsstrafrechts der vergangenen 50 Jahre in erster Linie die Aufwertung im Sinne einer gesteigerten Aufmerksamkeit, die der Gesetzgeber dem Phänomen Wirtschaftskriminalität zugesteht. Zwar ist *Prittwitz*[1091] insoweit zuzustimmen, als auch die Technisierung der Wirtschaft ein Regelungsbedürfnis ausgelöst und daher eine wirtschaftsstrafrechtliche Expansion im *Sanchez'schen* Sinne[1092] begünstigt haben dürfte. Stärker noch als eine Ausweitung des Wirtschaftsstrafrechts belegt dessen Erschließung des Kernstrafrechts das gesetzgeberische Bedürfnis, das Bewusstsein der Öffentlichkeit für die Sozialschädlichkeit wirtschaftskrimineller Taten zu fördern.[1093]

2. Charakterisierung als Risikostrafrecht

a) Gefahrdelikte als Vorverlagerung

Gefahrdelikte können nach dem eben Gesagten dem Bereich der Vorverlagerung zugeordnet werden. Ferner handelt es sich bei der Vorverlagerung als Regelungstechnik um ein Phänomen, das nicht in historischen Kategorien beschrieben werden kann. Soweit es das Wirtschaftsstrafrecht betrifft, kann von einer Ausweitung aus dem Bereich des Nebenstrafrechts hinein in das StGB seit den 1970er-Jahren gesprochen werden. Der Trend zu Vorverlagerungstatbeständen im Wirtschaftsstrafrecht beinhaltet eine zeitliche Dimension und dokumentiert die gesetzgeberische Aufmerksamkeit, die dem

1089 *Schlepper*, Strafgesetzgebung in der Spätmoderne, S. 157 ff.

1090 *Hirsch*, in: Strafrechtliche Probleme II, S. 21 f.; *Wohlers*, Deliktstypen, S. 150 f.; s. a. *Weigend*, in: FS Frisch, S. 22 ff., der die weitere Expansion des Wirtschaftsstrafrechts prognostiziert.

1091 *Prittwitz*, Strafrecht und Risiko, S. 174 f.

1092 *Silva Sánchez*, Expansion, S. 3.

1093 *Wohlers*, Deliktstypen, S. 150 f.

Phänomen Wirtschaftskriminalität in den letzten 50 Jahren vermehrt zuteilwird. Der Gesetzgeber bedient sich, wie in der Untersuchung der einzelnen Delikte nachgewiesen werden konnte, zur strafrechtlichen Regulierung vornehmlich der Gefahr-, noch genauer: der Gefährlichkeitsdelikte. Insgesamt hat das Wirtschaftsstrafrecht folglich mit Vorverlagerungstatbeständen in das Kernstrafrecht expandiert. Sofern also in einschlägigen Analysen über den Funktionswandel des Strafrechts hinsichtlich seiner Expansion auf die Vorverlagerung bzw. Vorfeldkriminalisierung rekurriert wird,[1094] ist dies zumindest im Hinblick auf den Untersuchungsgegenstand Wirtschaftsstrafrecht inhaltlich dahin gehend zu präzisieren, dass diese Vorverlagerung mittels Gefahrdelikten vonstatten geht.

b) Begriff des Risikostrafrechts

In jüngster Zeit hat *Brunhöber*[1095] die Charakterisierung der strafrechtlichen Expansion via Vorverlagerung vorangetrieben. Unter dem Eindruck der maßgeblichen Entwicklungslinien zum Feind-,[1096] Präventions-[1097] bzw. modernen Strafrecht[1098] ergründet sie den Paradigmenwechsel, der sich in der seit den 1970er Jahren zu beobachtenden strafrechtlichen Expansion vollzieht. Ausgangspunkt bildet die Zweiteilung in repressives, bei der konkreten Rechtsgutsverletzung ansetzendes Strafrecht einerseits und präventives, auf die Vereitelung von Rechtsgutsverletzungen gerichtetes Strafrecht andererseits.[1099] Die tradierten Kategorisierungen werden von ihr wie folgt kritisiert und zugunsten einer eigenen verworfen: Zunächst einmal würden einige der herkömmlichen Kategorisierungen Bezeichnung und Bewertung vermischen, wodurch der Blick auf eine nüchterne Analyse versperrt werde. Wenn *Jakobs* auf das Feindstrafrecht abstellt, ziele er in der Sache auf intensive Gemütsregungen ab, was für den

---

1094 Eingehend dazu bei D. III.

1095 *Brunhöber*, in: Sicherheitsgesellschaft, S. 193 ff.; s. a. *Brunhöber*, in: Grundlagen und Grenzen, S. 13 ff.; *Brunhöber*, in: FS Schünemann, S. 3 ff.; *Brunhöber*, in: Präventionsstaat, S. 9 ff.

1096 *Jakobs*, ZStW 97 (1985), 751.

1097 *Naucke*, KritV 1993, 135; *Naucke*, KritV 1990, 135.

1098 *Hassemer*, Produktverantwortung, S. 3 ff.; *Hassemer*, ZRP 1992 (25), 378; *Hassemer*, NStZ 1989, 553.

1099 *Brunhöber*, in: Sicherheitsgesellschaft, S. 197.

wissenschaftlichen Diskurs untunlich sei.[1100] Auch *Naucke* lasse mit der Gegenüberstellung von präventivem und rechtsstaatlichem Strafrecht kaum einen anderen Rückschluss zu, als dass Ersteres rechtsstaatswidrig und damit illegitim sei.[1101] Darüber hinaus führe auch die Heranziehung zeitlicher Kategorisierungen, wie *Hassemer* es vorschlägt,[1102] in die Irre. Strafrecht habe bereits zur Zeit des 19. Jahrhunderts Gefährlichkeitsdelikte gekannt;[1103] ein Befund, der für das Wirtschaftsstrafrecht bestätigt werden konnte. Schließlich müsse der Untersuchungsgegenstand präzisiert werden, indem hinreichend zwischen Verhaltensverboten einerseits und Sanktionszwecken andererseits differenziert werde.[1104] Regelmäßig fänden sich Aussagen dazu, dass das gewandelte Strafrecht künftiges Unrecht vereitle, wohingegen herkömmliches Strafrecht erst auf begangenes Unrecht reagiere. Hier würden Aspekte präventiver Straftheorien mit denjenigen einer präventiv gestrickten Verhaltensvorschrift vermengt. Verletzungsverbote wie Gefahr- oder Vorbereitungsverbote sollten potenzielle Täter von der Begehung dieser Taten abhalten. Dahinter stehe der Schulenstreit[1105] zwischen präventiven und retributiven Strafzwecktheorien, wonach der Zweck von Strafe entweder in der Vermeidung künftigen Unrechts oder in der Vergeltung der begangenen schuldhaften Übertretung liege. Gegenstand sei indes nicht die Strafe als Institution, sondern die Beschaffenheit der Verhaltensvorgaben von Strafvorschriften. Selbstverständlich sprächen auch Vorverlagerungstatbestände begangenes Unrecht an. Der Unterschied liege vielmehr in der Formulierung des tatbestandlich umschriebenen Verhaltens, m. a. W. der Deliktsstruktur. Nicht mehr die (unmittelbar drohende) Schädigung, sondern die Gefahr bzw. das Risiko einer Schädigung begründeten das Unrecht einer

---

1100 *Brunhöber*, in: Sicherheitsgesellschaft, S. 197; s. a. *Greco*, Feindstrafrecht, S. 49 ff.; *Hörnle*, GA 2006, 80 (80); *Saliger*, JZ 2006, 756 (760 f.); *Schünemann*, GA 2001, 205 (211 f.); *Sinn*, ZIS 2006, 107 (112 ff.).

1101 *Brunhöber*, in: Sicherheitsgesellschaft, S. 197.

1102 *Hassemer*, Produktverantwortung, S. 3 ff.; *Hassemer*, ZRP 1992 (25), 378; *Hassemer*, NStZ 1989, 553.

1103 *Brunhöber*, in: Sicherheitsgesellschaft, S. 197 f.; *Schünemann*, GA 1995, 201 (211 f.); s. a. *Polaino Navarrete/Polaino-Orts*, in: FS Achenbach, S. 331.

1104 *Brunhöber*, in: Sicherheitsgesellschaft, S. 197 f.; s. a. *Burghardt*, in: Präventionsstaat, S. 89 f.; *Pawlik*, Person, Subjekt, Bürger, S. 18 f.; *Walther*, ZStW 111 (1999), 123 (128).

1105 Allgemein zu Straftheorien *Montenbruck*, Deutsche Straftheorie, S. 49 ff.; *Roxin/Greco*, StrafR AT I, § 3 Rn. 1 ff.

Tat.[1106] *Brunhöber* greift zur Beschreibung der strukturellen Veränderungen des Strafrechts im Ergebnis auf *Prittwitz'*[1107] Etikettierung des Risikostrafrechts[1108] zurück.[1109]

c) Anwendbarkeit auf das Wirtschaftsstrafrecht

Aufgrund der augenscheinlichen Anwendbarkeit dieser Analyse auf den hiesigen Untersuchungsgegenstand soll es an dieser Stelle vorerst mit dem Verweis auf ein paar Beispiele aus dem vorangegangenen Teil der Untersuchung sein Bewenden haben. So begründet bspw. erst eine Vermögensschädigung das Unrecht des Betrugs gem. § 263 I StGB, während § 399 I AktG nur das Risiko einer falschen Handelsregistereintragung bestraft. Ähnliches gilt etwa für die Bestechung bzw. Bestechlichkeit im geschäftlichen Verkehr gem. § 299 I StGB, die nicht die Bevorzugung bzw. Pflichtverletzung abwarten, sondern darüber getroffene Absprachen und daher das Risiko einer solchen Bevorzugung bzw. Pflichtverletzung bestrafen. Auch die §§ 264 ff. StGB knüpfen die Strafbarkeit an die Äußerung falscher Angaben und nicht erst an die Ausreichung der Subvention, den Erwerb der Finanzinstrumente bzw. die Gewährung des Kredits an.[1110] Insgesamt liegt die strukturelle Besonderheit der (wirtschafts-)strafrechtlichen Expansion mittels Vorverlagerung mit *Brunhöber* in der mit ihr verfolgten Lenkungswirkung. Mit dem veränderten Strafrecht sollen Risiken gesteuert werden. Risikostrafrecht soll nicht bloß schädigendes Verhalten abwenden,

---

1106 *Brunhöber*, in: Sicherheitsgesellschaft, S. 197 ff.; *Puschke*, in: Grenzenlose Vorverlagerung, S. 10 ff.

1107 *Prittwitz*, Strafrecht und Risiko, S. 261.

1108 Konzeptionell ist dies insb. von *Kratzschs* Entwurf eines Risikostrafrechts abzugrenzen; *Kratzsch* fordert zur Verwirklichung des Rechtsgüterschutzprinzips einen möglichst lückenlosen Rechtsgüterschutz ein; im Unterschied zu *Brunhöber* und dem hiesigen Verständnis ist seine Konzeption gerade auf einen großflächigen und holotischen Entwurf angelegt: Es solle nicht mehr danach unterschieden werden, ob eine Schädigung bzw. Risikosetzung verantwortlich verübt werde. Daher erübrige sich auch die Frage, unter welchen Voraussetzungen der Verbotsadressat zur Verantwortung gezogen werden solle. Stattdessen solle jedwede Möglichkeit einer Risikoschaffung ausgemerzt werden, s. *Kratzsch*, Verhaltenssteuerung, S. 119. Kritik an der Uferlosigkeit der Theorie *Kratzschs* üben daher *Neumann*, GA 1987, 278 (279); *Prittwitz*, Strafrecht und Risiko, S. 348 f.

1109 *Brunhöber*, in: Sicherheitsgesellschaft, S. 200.

1110 Für eine umfassende Darstellung der Risikosetzung einzelner Gefahrdelikte s. o. C.

sondern darüber hinaus Risikoprognosen anstellen und identifizierte Risiken möglichst frühzeitig unschädlich machen.[1111] Strafrechtsdogmatisch bedeutet das den Aus- bzw. Umbau strafrechtlicher Verantwortungsstrukturen, in dessen Mittelpunkt die Frage nach dem „Wie" der Haftung, also das Austarieren von Zurechnungsstrukturen für Risikoschaffungen, steht.[1112]

In der Analyse der Gefahrdelikte und ihrer quantitativen Dominanz ist ein weiteres Spezifikum des wirtschaftsstrafrechtlichen Funktionswandels angelegt. Zur Veranschaulichung soll ein Vergleich zu anderen Strafrechtsmaterien, die vom Funktionswandel betroffen sind, dienen. Neben dem Wirtschaftsstrafrecht stellen das Terrorismusstrafrecht und die Bekämpfung der sog. Organisierten Kriminalität weitere, vom strafrechtlichen Funktionswandel betroffene Teildisziplinen dar. Auch hier werden Straftatbestände zum Instrument der Gefahren- bzw. Risikosteuerung funktionalisiert.[1113] Die Risiken, die mit terroristischen Bedrohungslagen oder denjenigen der Organisierten Kriminalität assoziiert werden, adressiert der Gesetzgeber mit anderen Deliktstypen. Im Unterschied zum Wirtschaftsstrafrecht sind für den Gesetzgeber im Terrorismusstrafrecht Vorbereitungsdelikte das Mittel der Wahl.[1114] Hintergrund dessen sind divergierende Eigenschaften der Steuerungsobjekte. Bei der Organisierten Kriminalität und dem Terrorismus handelt es sich jeweils um komplexe Strukturen, die im Kern auf die systematische Verübung von Straftaten angelegt sind.[1115] Dementsprechend kommt es, strukturell bedingt, zu vorbereitenden Taten, die die spätere Bezugstat ermöglichen sollen. Anders gewendet, kommt es Akteuren dieser kriminellen Strukturen final darauf an, spätere Bezugstaten zu ermöglichen, weil die kriminelle Struktur ihrer Zielsetzung nach auf die Verübung von Straftaten abzielt. Vor diesem Hintergrund bilden Vorfeldkriminalisierungen typische Handlungsmuster ab, die sich in kriminellen Strukturen finden.[1116] Anders gelagert ist dies bei Akteuren der Wirtschaft. Diese verfolgen im Regelfall den wirtschaftlichen Erfolg, d. h. die Gewinnerzielung. Hierbei greifen sie im Ausnahmefall auch auf gesellschaftlich nicht

1111 *Brunhöber*, in: Sicherheitsgesellschaft, S. 201 ff.

1112 *Brunhöber*, in: FS Schünemann, S. 12.

1113 *Engelstätter*, in: Gefahr, S. 184 f.; *Sieber*, in: GS Vogel, S. 366.

1114 Hierzu die Darstellungen zu § 89a ff. StGB bei *Puschke*, Vorbereitungstatbestände, S. 421 ff.

1115 *Bäcker*, Kriminalpräventionsrecht, S. 35 ff.

1116 *Bäcker*, Kriminalpräventionsrecht, S. 320 ff., der anhand der Anschluss-, Kooperations- und Vorbereitungsdelikte exemplifiziert, in welchem Verhältnis die jeweiligen Deliktsstrukturen zur späteren Bezugstat stehen.

gebilligte bzw. kriminelle Mittel zu.[1117] Wirtschaftsakteure werden indes nicht mit der besonderen Absicht tätig, die Ausgangssituation für eine kriminelle Anschlusstat herzustellen. Da ihr Handeln nicht final auf die Verübung von Straftaten, sondern auf das Wirtschaften mit Gewinnerzielungsabsicht gerichtet ist, widersprechen Vorbereitungshandlungen mit der besonderen Absicht einer späteren Straftatbegehung der strukturellen Logik ihres Handelns. Vorbereitungsdelikte wären vor diesem Hintergrund ein untaugliches Mittel, um Wirtschaftskriminalität zu bewältigen, da diese nicht mit besonderen Absichten bzgl. Anschluss- bzw. Bezugstaten verübt wird, sondern typischerweise ökonomisch motiviert ist.[1118] Während Handlungsabläufe in terroristischen Strukturen oder solchen der Organisierten Kriminalität kriminelle Verhaltensweisen zwecks krimineller Endziele an den Tag legen, verfolgen Handlungsabläufe in wirtschaftlichen Strukturen typischerweise „strafrechtsneutrale" Endziele, ggf. jedoch unter Rückgriff auf kriminelle Verhaltensweisen.

Für Wirtschaftskriminalität ist typisch, dass sie im Rahmen von Organisationsstrukturen abläuft, in denen Verantwortungszuschreibung, strukturell bedingt, erschwert ist. Erstens fällt die Abgrenzung von illegalem und legalem wirtschaftlichen Handeln oft schwer. Unternehmerisches Handeln birgt grundsätzlich ein gewisses Risiko. Es entspricht seiner Natur, Entscheidungen auf Grundlage von Analysen und Prognosen zu treffen. Analysen und Prognosen wiederum können naturgemäß auch fehlgehen. In diesem Falle realisiert sich das Risiko des Fehlschlags. Das Risiko des Fehlschlags – wohlgemerkt nicht erst der Eintritt des Fehlschlags – muss, ggf. auch strafrechtlich, allokiert werden. Eine solche Risikoallokation bedarf der im Einzelfall diffizilen Analyse, ob die jeweilige Prognose *de lege artes* angestellt wurde oder nicht. Zweitens sind die konkreten Auswirkungen einer Verhaltensweise aufgrund der multikausalen Verstrickungen in ökonomischen Kontexten oftmals schwierig nachweisbar.[1119] Wie im Zusammenhang mit den Betrugsderivaten gesehen, machen auf Täuschungsversuche reduzierte Straftatbestände, die auf komplexe Nachweise von Kausalketten und besonderen Absichten verzichten, einen Teil des Wirtschaftsstrafrechts aus.[1120] Ohne zu weit vorzugreifen, lässt sich festhalten, dass die gesetzgeberischen Aktivitäten im Bereich des Wirtschaftsstrafrechts

---

1117 *Neubacher*, Kriminologie, S. 189; *Singelnstein/Stolle*, Sicherheitsgesellschaft, S. 55 f.

1118 Insgesamt zur Grenzziehung zwischen Gefahr- und Vorbereitungsdelikten s. o. B. III. 2.

1119 S. o. B. II. 1.

1120 S. o. C. I ff.

in erster Linie die Überwindung von Beweisschwierigkeiten motiviert hat.[1121] Dafür sind Gefährlichkeitsdelikte, deren Unrechtsgehalt die Vornahme einer abstrakt oder konkret gefährlichen Verhaltensweise ist, das probate Mittel. Im Unterschied zu Vorbereitungsdelikten oder sonstiger Vorfeldkriminalisierung verzichten sie auf besondere Absichten, künftige Straftaten zu begehen bzw. zu ermöglichen, und lassen z. T. die leichtfertige Begehungsweise genügen. In Gefahr- bzw. Gefährlichkeitsdelikten spiegelt sich das Bedürfnis des Wirtschaftsstrafgesetzgebers, reduzierte Straftatbestände mit möglichst geringen Tatbestandsvoraussetzungen zwecks Beweiserleichterung zu schaffen, wider. Im Mittelpunkt steht bei ihnen die Zufallsbeherrschung.[1122] Daher resonieren sie mit den Risiken und Fallstricken, die Wirtschaftskriminalität zu eigen sind. Erstens machen sie die Strafbarkeit hauptsächlich davon abhängig, ob ein Verhalten seine (Un-)Gefährlichkeit unzulässig prognostiziert. Sie betreiben folglich Risikoallokation, indem strafrechtliche Maßstäbe dazu abgesteckt werden, in welcher Art und in welchem Umfang Schadenswahrscheinlichkeiten in Kauf genommen werden dürfen. Spiegelbildlich knüpfen sie zweitens Strafbarkeiten nicht primär an das – kausal herbeigeführte – Ergebnis von Handlungen. Dadurch erübrigen sich Nachweise von Kausalverhältnissen, wie sie im wirtschaftlichen Kontext oftmals nur schwer zu erbringen sind.[1123] Gefahr- bzw. Gefährlichkeitsdelikte sind nach dem Gesagten der Fluchtpunkt des wirtschaftsstrafrechtlichen Funktionswandels. Bevor der Charakter des Risikostrafrechts anhand des Strafrechts allgemein und des Wirtschaftsstrafrechts im Besonderen vertieft wird, lohnt ein Blick auf die gesellschaftlichen Ursachen dieses Funktionswandels.

II. Gesellschaftliche Ursachen der strafrechtlichen Expansion

Die Stellungnahmen der Strafrechtswissenschaft zu dem Phänomen der strafrechtlichen Expansion bzw. des Risikostrafrechts kreisen um die soziologischen Analysen der „Risiko-“ bzw. „Sicherheitsgesellschaft“. Unter diesen Schlagworten wird eine von Ängsten und Desorientierung geprägte Gesellschaft

---

1121 S. u. D. III. 2. a) aa) ff.

1122 *Geerds*, Wirtschaftsstrafrecht und Vermögensschutz, S. 41; *Geppert*, Jura 1989, 417 (419); *Hefendehl*, Kollektive Rechtsgüter, S. 157; *Jakobs*, Strafrecht AT, VI Rn. 86a; *Sieber*, NStZ 2009, 353 (358); *Wohlers*, Deliktstypen, S. 315.

1123 Eingehend zur Analyse wirtschaftsstrafrechtlicher Gefahr- bzw. Gefährlichkeitsdelikte s. o. C. I ff.

zusammengefasst, in der die Erosion alter Werteordnungen und Sozialmilieus zu zunehmender Unordnung und Haltlosigkeit führt.[1124]

1. Soziologische Befunde zur Risikogesellschaft

Im strafrechtswissenschaftlichen Diskurs herrscht, im Anschluss an *Prittwitz'* Überlegungen zum Zusammenhang von Strafrecht und Risiko,[1125] das Bild von der Veränderung des Strafrechts hin zu einem Risikostrafrecht vor, maßgeblich geprägt durch die Analyse *Ulrich Becks*[1126] zur „Risikogesellschaft".[1127]

a) Großrisiken

Beck charakterisiert die Gesellschaft zur Zeit des Erscheinens seiner Studie im Jahre 1986 als sich in einem Epochenumbruch befindend. Die Industriegesellschaft werde von der sog. Risikogesellschaft abgelöst.[1128] Technologischer Fortschritt produziere als Nebenfolge qualitativ und quantitativ neuartige Großgefahren atomarer, chemischer, ökologischer und gentechnischer,[1129] aber auch wirtschaftlicher, politischer oder sozialer Natur[1130] für die Existenzbedingungen

---

1124 *Frehsee*, in: Rechtsstaat, S. 254; *Singelnstein/Stolle*, Sicherheitsgesellschaft, S. 28, 39; dazu *Başar*, Modernes Strafrecht, S. 260.

1125 *Prittwitz*, Strafrecht und Risiko.

1126 *Beck*, Risikogesellschaft.

1127 *Albrecht*, in: Unmöglicher Zustand, S. 477; *Anastasopoulou*, Deliktstypen, S. 215 ff.; *Callies*, NJW 1989, 1338 (1340 ff.); *Detzner*, Rückkehr, S. 159 ff.; *Frehsee*, StV 1996, 222 (224); *Herzog*, Gesellschaftliche Unsicherheit, S. 54 ff.; *Hilgendorf*, Produzentenhaftung, S. 17 ff.; *Hohmann*, Umweltdelikte, S. 156 ff.; *Kim*, Umweltstrafrecht, S. 25 ff.; *Kuhlen*, GA 1994, 347 (351 ff.); *Schünemann*, in: GS Meurer, S. 46 ff.; *Seelmann*, NJW 1990, 1257 (452 ff.); *Sieber*, NStZ 2009, 353; *Stratenwerth*, ZStW 105 (1993), 679 (679 ff.); *Triantafyllou*, Gefährliche Körperverletzung, S. 60 ff.; *Weigend*, in: FS Triffterer, S. 707 ff.; *Wohlers*, Deliktstypen, S. 39 ff.

1128 *Beck*, Risikogesellschaft, S. 13.

1129 Dieser mittlerweile 26 Jahre alte Befund kann vor dem Hintergrund aktueller technischer Entwicklungen aus dem Bereich der Informations- und Biotechnologien dahin gehend aktualisiert werden, dass Innovationen im Zusammenhang mit *Big Data* und künstlicher Intelligenz das Zeug zur Disruption ethischer und rechtlicher Rahmenbedingungen aufweisen, s. *Fateh-Moghadam*, ZStW 131 (2019), 863.

1130 In jüngster Zeit dürften derartig globale Bedrohungsszenarien wohl vor allem vom Internationalen Terrorismus, der Organisierten Kriminalität, der Wirtschaftskriminalität und dem Cybercrime ausgehen, s. *Sieber*, in: GS Vogel, S. 353.

der Menschheit.[1131] Sie wirkten wie Naturkatastrophen, seien aber im Unterschied dazu menschgemacht.[1132] Neuartig seien sie deswegen, weil sie in ihrer Bedrohungsweise von globalem Ausmaß seien und zudem in dem – menschgemachten – technischen Fortschritt ihren Ursprung hätten.[1133] Technischer Fortschritt habe auf diesem Wege einerseits natürliche Lebensrisiken domestiziert, andererseits neuartige Risiken entstehen lassen.[1134] Zudem seien sie für die breite Bevölkerung unsichtbar, da ihr Risikogehalt über die Sinnesorgane nicht erfahrbar sei. Erst mit wissenschaftlichen Wahrnehmungsorganen ließen sie sich mess- und damit fassbar machen.[1135] Schließlich könnten sie aufgrund der – technisch produzierten – multikausalen Verflechtungen nach den tradierten Prinzipien von Kausalität, Schuld und Haftung nicht mehr zugerechnet werden. Auch herkömmliche Kompensationsstrategien wie das Versicherungswesen versagten angesichts dieser neuartigen Großgefahren.[1136]

b) Orientierungsunsicherheit

Die Konfrontation mit ubiquitären Großrisiken[1137] führe zu einem Leben in allgegenwärtiger Angst. Technologischer Fortschritt, die Klimakatastrophe sowie das zunehmende Auftreten der Organisierten Kriminalität bewirkten ein wachsendes Gefühl kollektiver Unsicherheit,[1138] paradoxerweise bei zeitgleichem Anstieg des objektiven Sicherheitszustands.[1139] Dies liege weniger an der oftmals unterstellten Zunahme der subjektiv wahrgenommenen Unsicherheit, als vielmehr an einem Orientierungsverlust. Denn im Zuge von Bemühungen um mehr Schutz vor Gefahren eingerichtete Institutionen und Organisationen

---

1131 *Beck*, Risikogesellschaft, S. 25 ff.

1132 *Beck*, Risikogesellschaft, S. 30.

1133 *Beck*, Risikogesellschaft, S. 28 ff.

1134 *Hoyer*, ZStW 121 (2009), 860 (863).

1135 *Beck*, Risikogesellschaft, S. 35; dazu *Herzog*, Gesellschaftliche Unsicherheit, S. 54 f.; *Prittwitz*, Strafrecht und Risiko, S. 60 f.

1136 *Beck*, Politik, S. 15.

1137 *Beck*, Risikogesellschaft, S. 65; dazu *Puschke*, Vorbereitungstatbestände, S. 5.

1138 *Herzog*, Gesellschaftliche Unsicherheit, S. 54; *Prittwitz*, Strafrecht und Risiko, S. 72 ff.; s. a. *Albrecht*, in: Unmöglicher Zustand, S. 431; *Callies*, NJW 1989, 1338 (1338); *Frehsee*, StV 1996, 222 (224); *Habermas*, Unübersichtlichkeit, S. 114; *Hohmann*, Umweltdelikte, S. 153 ff.; *Lagodny*, Schranken, S. 1 ff.; *Müller-Dietz*, in: Jenseits, S. 97; *Wohlers*, Deliktstypen, S. 21; *Würtenberger*, in: FS Welzel, S. 26.

1139 *Kaufmann*, in: Gesellschaft und Unsicherheit, S. 38 ff.; dazu *Herzog*, Gesellschaftliche Unsicherheit, S. 52 f.

führten zwangsläufig zu komplexitätssteigernden Strukturwandel und Umbrüchen, die wiederum Orientierungsunsicherheiten in der Gesellschaft hervorriefen.[1140] Dies rufe den zunehmend an Prävention orientierten Gesetzgeber auf den Plan. Angst und Unsicherheit sollten durch Daseinsvorsorge befriedet werden, indem mittels staatlicher Intervention Lebens- und Freiheitsschutz versprochen werde.[1141]

c) Staatliche Intervention

In dem neu entflammten Wunsch nach Daseinsvorsorge verberge sich der dritte Aspekt, die gesteigerte Erwartungshaltung, gesellschaftliche Entwicklungen mit staatlicher Intervention in die gewünschte Richtung leiten zu können.[1142] Diese Analyse fußt auf den Untersuchungen von *Evers/Nowotny*,[1143] die in ihrem Entwurf von der Risikogesellschaft auf die Entwicklung eines spezifischen Umgangs mit Unsicherheit hinweisen. Der Einzug der Risikoorientierung in gesellschaftliche Diskurse rationalisiere Gefahren als Risiken und mache sie somit im Ansatz beherrschbar[1144,1145] indem sie wohlfahrtsstaatlich geregelt, kompensiert und normalisiert werden würden.[1146] Aus sozialpsychologischer Sicht könne zudem beobachtet werden, dass mit steigendendem Schadensausmaß auch das Bedürfnis nach Verantwortungszuschreibung wachse;[1147]

1140 *Kaufmann*, in: Gesellschaft und Unsicherheit, S. 46 f.; dazu *Kim*, Umweltstrafrecht, S. 15.

1141 *Herzog*, Gesellschaftliche Unsicherheit, S. 54; *Lagodny*, Schranken, S. 2; *Müller-Dietz*, in: Jenseits, S. 96 ff.; *Wohlers*, Deliktstypen, S. 21.

1142 *Brunhöber*, in: Sicherheitsgesellschaft, S. 201; *Hilgendorf*, Produzentenhaftung, S. 26 f.; *Sieber*, NStZ 2009, 353 (353 f.).

1143 *Evers/Nowotny*, Unsicherheit, S. 35 f.; dazu *Prittwitz*, Strafrecht und Risiko, S. 49, 62 ff.

1144 Diese Sichtweise konterkariert, wie *Prittwitz* zutreffend herausarbeitet, freilich die Analyse *Becks* insoweit, als für ihn die Bedrohlichkeit der Risikogesellschaft gerade auf der Unbeherrschbarkeit der Großrisiken als Nebenfolge beruht. Auch wenn *Evers/Nowotny* sich dem Verdikt der technisch-mathematischen Risikoforschern, nach dem in der Risikobeherrschungsgesellschaft das subjektive Sicherheitsgefühl mit objektiver Sicherheit einhergehe, nicht anschließen, vertreten sie die These der Möglichkeit einer Rationalisierung von Gefahren als Risiken; dazu s. *Prittwitz*, Strafrecht und Risiko, S. 64 f.

1145 *Prittwitz*, in: Konstruktion, S. 52.

1146 *Evers*, Kommune 1989, 33 (35).

1147 *Brunhöber*, in: Sicherheitsgesellschaft, S. 201; *Prittwitz*, Strafrecht und Risiko, S. 381 ff.

Hand in Hand damit steige auch die Risikoaversion der Bevölkerung. Diese sei viel eher bereit, einen summenmäßig gleich hohen, aber auf viele Einzelfälle verteilten Schaden hinzunehmen, als sich mit einem großen Schadensereignis abzufinden.[1148]

2. Soziologische Befunde zur Sicherheitsgesellschaft

Unter dem *Topos* der „Sicherheitsgesellschaft“[1149] greifen *Singelnstein/Stolle*[1150] die Aspekte der Orientierungsunsicherheit und des Wunsches nach staatlicher Intervention auf und differenzieren sie weiter aus. Sie gehen von einer grundlegenden Erschütterung der allgemeinen Lebensbedingungen durch soziokulturelle, ökonomische und politische Transformationsprozesse im Post-Fordismus aus.

a) Gesellschaftliche Transformationsprozesse

Zunächst einmal hätten, unter einem veränderten Akkumulationsregime, Automatisierung und Technologisierung von Produktionsabläufen den Bedarf an standardisierten Arbeitsplätzen und Arbeitnehmern verdrängt. Das fordistische Modell der Arbeitsteilung sei der Gruppenarbeit sowie der Eigenverantwortung eines flexiblen, kreativen und individualisierten Arbeitnehmers gewichen.[1151] Der nationalstaatlichen Regulierung entzogene globalisierte Produktionsnetzwerke würden darüber hinaus „ineffiziente“ nationale Industriezweige im Wettbewerb ausstechen.[1152] Das fordistische Versprechen der sozialen Absicherung und Reintegration habe ausgedient, an seiner Stelle träten die Prekarisierung von Arbeitsverhältnissen sowie, damit einhergehend, Verteilungskämpfe und das Auseinanderdriften der Schere zwischen Arm und Reich.[1153]

Analog zu den ökonomischen Transformationsprozessen sei auch ein Strukturwandel in der Rolle und der Politik westlicher Staaten zu beobachten. Nach dem Leitbild der Chicagoer Schule um *Friedman* hätten sich Staaten darauf konzentriert, gedeihliche Bedingungen für ökonomische Prozesse zu gestalten.[1154] Beispiele für diesen Richtungswechsel seien der Umbau zu einer

---

1148 *Herzog*, Gesellschaftliche Unsicherheit, S. 27.
1149 *Legnaro*, Leviathan 1997, 271.
1150 *Singelnstein/Stolle*, Sicherheitsgesellschaft.
1151 *Singelnstein/Stolle*, Sicherheitsgesellschaft, S. 17 ff.
1152 *Singelnstein/Stolle*, Sicherheitsgesellschaft, S. 19.
1153 *Singelnstein/Stolle*, Sicherheitsgesellschaft, S. 17 ff.
1154 *Singelnstein/Stolle*, Sicherheitsgesellschaft, S. 21.

angebotsorientierten Wirtschafts- und Sozialpolitik, der Umbau des Sozial- und Wohlfahrtsstaates, die Privatisierung ehemals staatlich geleiteter Wirtschaftssektoren sowie die Übertragung staatlicher Regulierungskompetenzen an den Markt. Abgerundet werde diese Entwicklung durch die Globalisierung der Wirtschaft, die unter anderem zu einem Entzug nationalstaatlich geprägter Regulierung führe.[1155]

Schließlich seien auch auf soziokultureller Ebene Transformationsprozesse zu verzeichnen. Die von der Massengesellschaft produzierte Homogenität der Lebensstile habe einen Individualisierungsschub erfahren und infolgedessen eine umfassende Pluralisierung und Ausdifferenzierung der Lebensstile und Wertvorstellungen durchlebt.[1156] Auch die Folgen ökonomischer Transformationsprozesse schlügen in Form von Zwang zur Flexibilität und Mobilität bei der Arbeitskraftverwertung auf die soziale Desintegration durch.[1157] Während wirtschaftliche und politische Eliten homogener werden würden, bilde sich eine neue Unterschicht heraus. Deren Bewusstsein für ihre Prekarität generiere eine gesellschaftliche Verunsicherung der ökonomisch Exkludierten sowie der von der Exklusion bedrohten oder sich bedroht Fühlenden. Die Folge seien Abgrenzungs- und Abwertungstendenzen sowie, damit einhergehend, ein Paradigmenwechsel hinsichtlich der Verantwortungszuschreibung im Sicherheitsdenken. Unter den neuen gesellschaftlichen Bedingungen werde Sicherheit nicht mehr als kollektives Anliegen gesehen, sondern in die Eigenverantwortung verlagert.[1158]

b) Das Paradigma der Sicherheit

Die Furcht vor ökonomischer Exklusion führe zu einem steigenden Bedürfnis materieller Absicherung, das wiederum immer weniger befriedigt werden könne.[1159] Gemeinsam mit der schrittweisen Individualisierung durch Prekarisierung werde kollektive Verunsicherung generiert.[1160] Auch der Einzug des Risikos in das gesellschaftliche Denken erzeuge gesellschaftliche Verunsicherung. Das ubiquitäre Gebot von Vorbeugung und Risikominimierung führe bei steigendem Schutzniveau zu einer sinkenden Bereitschaft, Risiken bzw. die

1155 *Singelnstein/Stolle*, Sicherheitsgesellschaft, S. 20 f.
1156 *Singelnstein/Stolle*, Sicherheitsgesellschaft, S. 22.
1157 *Singelnstein/Stolle*, Sicherheitsgesellschaft, S. 23.
1158 *Singelnstein/Stolle*, Sicherheitsgesellschaft, S. 23 f.
1159 *Singelnstein/Stolle*, in: Surveillance Studies, S. 46 ff.
1160 *Singelnstein/Stolle*, Sicherheitsgesellschaft, S. 38.

damit verbundenen Schädigungspotenziale als notwendigen Bestandteil des Lebens hinzunehmen.[1161] Je präsenter der Sicherheitsdiskurs werde, desto intensiver werde das Schlaglicht auf vermeintliche Bedrohungslagen geworfen. Diese kollektive Verunsicherung verstärke sich darüber hinaus selbst, weil das Unsicherheitsgefühl völlig verzerrte Vorstellungen von Kriminalität und deren Entwicklung begünstige. Während polizeilich erfasste Kriminalität hauptsächlich aus leichter Delinquenz bestehe, herrsche in der Bevölkerung die Vorstellung, Kriminalität sei von schweren Delikten geprägt. Zudem werde, entgegen statistischen Erhebungen, regelmäßig von einem Kriminalitätsanstieg ausgegangen.[1162] Interessanterweise deuteten empirische Erkenntnisse darauf hin, dass die Kriminalitätsfurcht keine originär vorhandene Angst sei. Vielmehr schienen in ihr soziale Zukunfts- und Existenzängste zu kondensieren, die für sich genommen zu diffus seien, als dass sie Bezugspunkt befriedender Forderungen sein könnten. Kriminalität bzw. die Furcht vor ihr diene also als eine Art Stellvertreterproblemfeld, in dem sich Sicherheitsempfinden vermitteln lasse.[1163] Angesichts zunehmender gesellschaftlicher Verunsicherung rücke das Bedürfnis nach individuellem Schutz vor Bedrohungen in den Fokus. Das greife der Staat auf und unterbreite Schutzangebote bzw. Angebote, die das Gefühl von Schutz vermittelten. Inklusionsbestrebungen gerieten hierfür ins Hintertreffen. Das neue Ideal von Sicherheit bleibe ein Trugbild, da erstens umfassende Sicherheit eine Illusion sei und zweitens das Streben nach Sicherheit wiederum neue Bedrohungen kreiere.[1164]

Der Entwurf der Sicherheitsgesellschaft ist keine zu demjenigen der Risikogesellschaft konkurrierende Analyse, sondern kann vielmehr als die andere Seite der Medaille verstanden werden, die die Entwicklung neuer Kontrollstrukturen untermalt.[1165] *Singelnstein/Stolle* sind darum bemüht, unter Einbeziehung der großen ökonomischen, politischen und soziokulturellen Entwicklungslinien das Sicherheitsparadigma, wie es in der Risikogesellschaft angelegt ist, zu präzisieren. Neben den von ihnen beschriebenen Desintegrationsprozessen ist an ihrer soziologischen Analyse der Stellvertretercharakter der Kriminalität bzw. der Furcht vor dieser bemerkenswert. Danach gerät das Phänomen

---

1161 *Singelnstein*, vorgänge 2007, 118 (118); s. a. *Haffke*, KJ 2005, 17 (31 f.).

1162 *Singelnstein/Stolle*, Sicherheitsgesellschaft, S. 39 f.

1163 *Singelnstein/Stolle*, Sicherheitsgesellschaft, S. 40 m. w. N.

1164 *Singelnstein/Stolle*, Sicherheitsgesellschaft, S. 42 ff.; s. a. *Bloy*, in: Fragmentarisches Strafrecht, S. 10 f.; *Kunz*, KJ 2010, 9 (16 f.); *Legnaro*, in: Präventionsstaat, S. 31 f.; *Zabel*, KritV 2011, 18 (18).

1165 *Groenemeyer*, in: Wege der Sicherheitsgesellschaft, S. 7.

der Kriminalität deswegen in den Fokus des öffentlichen Diskurses, weil es im Gegensatz zu den Ursachen der Orientierungsunsicherheit scheinbar greifbar ist und sich dementsprechend sicherheitsvermittelnde Maßnahmen seitens des Staates auf diesem Gebiet durchführen lassen.

III. Risikostrafrecht und Wirtschaftsstrafrecht

1. Bestandsaufnahmen zum Risikostrafrecht

a) Jakobs' Feindstrafrecht

Den Startschuss des kritischen Diskurses über die Vorverlagerung im Allgemeinen und die Gefahrdelikte im Speziellen in Kriminalpolitik und Strafrechtsdogmatik kann, wie erwähnt, in *Jakobs'* Analyse des Feindstrafrechts gesehen werden.[1166] Darin unternimmt *Jakobs* den Versuch, Idealtypen des Strafrechts in einem binären Ordnungssystem einander gegenüberzustellen. Dazu unterteilt er Täterbilder nach dem Bürger, in dessen Freiheitssphäre erst eingedrungen werden dürfe, wenn er sich extern störend verhalte, und dem Feind, der nicht Teil der Gesellschaft sei, sondern als Gefahrenquelle für diese behandelt werde.[1167] Feindstrafrechtliche Regelungen zeichneten sich aus durch flächendeckende Kriminalisierung zwecks der Verfolgung und Ahndung potenziell gefährlicher Verhaltensweisen vor der Schädigung fremder Güter. Im Gegensatz dazu liege der Schwerpunkt eines Bürgerstrafrechts in der Pönalisierung unmittelbar schädigender oder konkret gefährdender Verhaltensweisen.[1168] Dahinter stehe eine unterschiedliche Zwecksetzung zwischen Bürger- und Feindstrafrecht. Während das Bürgerstrafrecht im Sinne der positiven Generalprävention zur Einübung und Stärkung der Normgeltung diene, fange das Feindstrafrecht Gefahren im Vorfeld von Schädigungen ab.[1169] Auch setze Feindstrafrecht für die Ahndung begangener Normbrüche gegenüber dem Bürgerstrafrecht weitaus höhere Strafmaße an, da der Feind im Kontrast zum Bürger nicht als Mitglied der Gesellschaft angesehen werde

---

1166 *Jakobs* selbst stellt klar, es handele sich bei diesen Begriffspaaren nicht um in Reinform vorfindbare Phänomene, s. *Jakobs*, HRRS 2004, 88; dazu *Hörnle*, GA 2006, 80 (80 f.).

1167 *Jakobs*, ZStW 97 (1985), 751 (751 ff.); dazu *Greco*, GA 2006, 96 (96); *Sinn*, in: Grenzen, S. 22 f.

1168 *Jakobs*, in: Jahrtausendwende, S. 51.

1169 *Jakobs*, in: Jahrtausendwende, S. 47 ff.; dazu *Sinn*, in: Grenzen, S. 23.

und daher auf seine Reintegration in die Gesellschaft nach Verbüßung seiner Strafe keine Rücksicht genommen werden müsse.[1170] Im Hinblick auf die Sanktionierung richte sich das konkrete Strafmaß für einen begangenen Normbruch unter dem Feindstrafrechtsregime ausschließlich nach der Gefährlichkeit des Täters. Dahinter stünden primär Überlegungen zur effektiven Sicherung des Täters, absolute Strafgrenzen seien nicht vorgesehen. Ein Bürgerstrafrecht sehe demgegenüber eine Strafzumessung nach den Grundsätzen des Tatstrafrechts, d. h. anhand des Unrechts und der Schuld des Täters, vor.[1171] Zum Zwecke der Gefahrenabwehr könne der Feind auch vorbeugend, d. h. ohne vorangegangene Verurteilung, sanktioniert werden, sofern die Gefährlichkeitsprognose ausschlage. Die Freiheit des Bürgers wiederum sei erst bei gerichtlicher Feststellung der Schuld legitim einschränkbar.[1172] Im Strafverfahren schließlich sei der Feind Objekt; das Verfahren diene ausschließlich der optimalen Aufklärung. Aktive Verfahrensbeteiligung sei nur vorgesehen, sofern sie zur Wahrheitsfindung beitrage. Demgegenüber sei der Bürger als Subjekt des Verfahrens mit Rechten ausgestattet, deren Ausübung auch zulasten der Wahrheitsfindung gehen könne.[1173] Zusammenfassend ziele das Bürgerstrafrecht folglich auf die Optimierung der Freiheitssphären, während das Feindstrafrecht Rechtsgüterschutz optimiere.[1174]

Unter dem Verdacht stehend, nicht bloß beschreibend vorgegangen zu sein, sondern aus den gefundenen Ergebnissen auch normative Vorgaben abzuleiten, schlug kaum eine andere zeitgenössische, strafrechtswissenschaftliche Arbeit vergleichbare Wellen.[1175] Diese fielen hauptsächlich negativ bzw. ablehnend gegenüber der Kategorie des Feindstrafrechts aus.[1176] Unter dem Aspekt der deskriptiv-analytischen Erfassung der Expansion des Strafrechts mit

1170 *Jakobs*, HRRS 2004, 88 (93); *Jakobs*, ZStW 117 (2005), 839 (851); dazu *Ambos*, ZStR 2006, 1 (12); *Hörnle*, GA 2006, 80 (81).

1171 *Jakobs*, HRRS 2004, 88 (92 ff.); dazu *Hörnle*, GA 2006, 80 (81); *Polaino Navarrete/Polaino-Orts*, in: FS Achenbach, S. 332 ff.

1172 *Jakobs*, HRRS 2004, 88 (93); dazu *Hörnle*, GA 2006, 80 (82).

1173 *Jakobs*, in: Jahrtausendwende, S. 52; *Jakobs*, HRRS 2004, 88; dazu *Hörnle*, GA 2006, 80.

1174 *Jakobs*, ZStW 97 (1985), 751 (756); *Jakobs*, HRRS 2004, 88; dazu *Sinn*, in: Grenzen, S. 23.

1175 So etwa die Einschätzung von *Greco*, GA 2006, 96 (99); *Sinn*, in: Grenzen, S. 24.

1176 Statt vieler *Ambos*, ZStR 2006, 1; *Greco*, Feindstrafrecht; *Hörnle*, GA 2006, 80; *Vormbaum/Asholt*, Kritik.

Gefahrtatbeständen sind *Jakobs'* Überlegungen, unabhängig von ihrer legitimatorischen Dimension, dennoch grundlegend.[1177]

b) Die Analyse der sog. Frankfurter Richtung

Auch wenn sie sich hinsichtlich der unterbreiteten Korrekturvorschläge im Einzelnen erheblich unterscheidet,[1178] beschreibt die sog. Frankfurter Richtung[1179] die aktuelle Gestalt der Strafrechtsordnung einheitlich als eine Koexistenz von herkömmlichem und Risikostrafrecht. Gegenüber stehen sich, in den Worten *Hassemers*, einerseits ein auf die Werte der Aufklärung rückführbares und mit der Theorie des Sozialvertrags begründetes Strafrecht, das nur die Verletzung sozialvertraglich geschützter Freiheiten ahnden dürfe,[1180] andererseits ein Risikostrafrecht, das unter Vernachlässigung der Kernprinzipien des herkömmlichen Strafrechts auf die Steuerung gesellschaftlicher Prozesse abziele.[1181] Zugespitzt hat *Herzog* diese Analyse. Ihm zufolge ist die von *Feuerbach* getroffene Feststellung, aufgrund des Charakters des Verbrechens als Rechtsverletzung könnten Gefährdungstaten ausschließlich Gegenstand eines, vom Strafrecht zu unterscheidenden, Polizeistrafrechts sein, im Zuge des Risikostrafrechts in Vergessenheit geraten.[1182] Unter den Bedingungen der Risikogesellschaft werde die Gewährung der Sicherheit, spätestens seit *Hobbes* klassische Aufgabe eines Staates, neu gedacht. Abwehrmechanismen gegenüber staatlichen Eingriffen, der liberale Kern der verfassungsmäßigen Ordnung, gerieten aus der Aufmerksamkeit der Gesellschaft. Anstelle dessen trete das Verlangen nach Schutz vor Verbrechen, das notfalls auch auf Kosten von Schutzmöglichkeiten vor dem „Leviathan" befriedigt werden soll.[1183] Je nachdem, mit welcher risikosoziologischen Entwicklungslinie das Risikostrafrecht resonieren wolle, übernehme es unterschiedliche Funktionen. *Becks* These von der Risikogesellschaft als Gefahrgesellschaft weise dem Strafrecht bspw. eine

---

1177 *Ambos*, ZStR 2006, 1 (1 f.); *Brunhöber*, in: Sicherheitsgesellschaft, S. 196; *Hörnle*, GA 2006, 80 (81 f.); s. a. *Hawickhorst*, § 129a StGB, S. 215 ff. m. w. N.

1178 *Wohlers*, Deliktstypen, S. 51 ff.

1179 Kategorisierung nach *Schünemann*, GA 1995, 201 (201 ff.).

1180 *Hassemer*, ZRP 1992 (25), 378 (379 ff.); *Hassemer*, Produktverantwortung, S. 3 ff.; in diese Richtung auch *Naucke*, KritV 1993, 135 (143).

1181 *Hassemer*, Produktverantwortung, S. 4 ff.; in diese Richtung auch *Albrecht*, in: Unmöglicher Zustand, S. 429.

1182 *Herzog*, Gesellschaftliche Unsicherheit, S. 7 ff., 20.

1183 *Hassemer*, StV 1995, 483 (486); dazu *Benthin*, Subventionspolitik und Subventionskriminalität, S. 128 ff.

präventive Funktion zu. Demgegenüber biete das Strafrecht Orientierungssicherheit und reagiere daher auf die verunsicherte Gesellschaft, indem es eine symbolische Funktion übernehme. Schließlich korrespondiere der Befund eines gewandelten Verständnisses von Gefahren als Risiken und dem daraus abgeleiteten rationalisierten Umgang mit ihnen mit der Einführung einer rationalen Risikodogmatik.[1184] Ein solches Risikostrafrecht avanciere zum *soft law*, zum Werkzeug gesellschaftlicher Steuerung, ohne dass seine Eigenarten wie bspw. die ihm zur Verfügung stehenden scharfen Instrumente gewürdigt werden würden.[1185] Es stelle nicht Verhaltensweisen unter Strafe, weil sie sozial inadäquat wären, sondern um sie als solche zu brandmarken. Erst der Rechtssetzungsakt führe die Sozialunverträglichkeit der neu inkriminierten Verhaltensweise herbei. Im Ergebnis werde damit auf die sittenbildende Kraft des Strafrechts rekurriert.[1186] Regelmäßig ergebe sich die Gefährlichkeit des Verhaltens erst aus der Ferne, etwa indem die einzelne Handlung als Kumulationsbeitrag aufgefasst werde. Auch werde im Zweifel systemkonformes Verhalten von Delinquenten bestraft.[1187] Insgesamt denaturiere Risikostrafrecht als Mittel zur Volkspädagogik zu einem konturlosen Zweckstrafrecht.[1188] Der Prävention unterworfen, diene es unter diesen gewandelten Vorzeichen als System zur Vorbeugung, Erfassung, Überwachung und Vereitelung von Risiken.[1189] Da es von den Bedürfnissen der Kriminalpolitik her funktionalisiert werde, löse es sich von der Kontrolle der kriminellen Handlung und kehre sich der Überwachung kriminogener Situationen zu.[1190] Abwägungen dazu, ob sich das Mittel der Wahl als angemessen qualifiziere, blieben außer Betracht, sofern der gewünschte Zweck erreicht werden könnte. *Der Ultima-ratio-* weiche dem *Sola-ratio*-Gedanken.[1191]

1184 *Prittwitz*, Strafrecht und Risiko, S. 365.

1185 *Hassemer*, Produktverantwortung, S. 6 ff.

1186 *Prittwitz*, Strafrecht und Risiko, S. 263; *Prittwitz*, in: Kritik und Rechtfertigung, S. 136.

1187 *Prittwitz*, in: Kritik und Rechtfertigung, S. 136 f.

1188 *Hassemer*, ZRP 1992 (25), 378 (380); s. a. *Callies*, NJW 1989, 1338 (1340); *Herzog*, Gesellschaftliche Unsicherheit, S. 146; *Prittwitz*, StV 1991, 435 (438).

1189 *Hassemer*, ZRP 1997, 316 (317); s. a. *Albrecht*, in: Unmöglicher Zustand, S. 439; *Beck*, Unrechtsbegründung, S. 27.

1190 *Albrecht*, KritV 1988, 189 (203); *Hassemer*, Produktverantwortung, S. 6 ff.; *Prittwitz*, Strafrecht und Risiko, S. 366 ff.; *Prittwitz*, StV 1991, 435 (435 ff.).

1191 *Hassemer*, Produktverantwortung, S. 6 ff.

Risikostrafrecht sei aus der Expansion des Strafrechts unter Aufgabe seines fragmentarischen Charakters entstanden, wobei diese Ausdehnung in dreierlei Hinsicht passiere: erstens durch die Aufnahme neuer Rechtsgüter, zweitens durch Verlagerung der Grenze zwischen straflosem und strafbarem Verhalten in das Vorfeld der Schädigung und drittens durch Herabsetzung der Anforderungen, die an die subjektive Tatseite gestellt werden würden.[1192] Daneben greife der Gesetzgeber auch vermehrt auf unbestimmte Rechtsbegriffe zurück.[1193] *Hassemer* verzeichnet eine Verkehrung der Vorzeichen *in puncto* Rechtsgüterschutz. Er, der dem Rechtsgutsgedanken ursprünglich eine strafrechtslimitierende Wirkung zuschreibt,[1194] erkennt ein Charakteristikum des Risikostrafrechts darin, dass das Rechtsgut als positives Kriminalisierungskriterium herangezogen werde.[1195] Unter Berufung auf das Rechtsgüterschutzprinzip werde nicht mehr die Entkriminalisierung, sondern die Pönalisierung von Verhaltensweisen gefordert. Rechtsgüterschutz werde auf diesem Wege zum Bestrafungsgebot erhoben.[1196] Seine Mühen konzentriere der Gesetzgeber nicht auf Fragen des Allgemeinen Teils oder des Strafvollzugs. Anstelle dessen verorte er sie in den Besonderen Teil sowie das Nebenstrafrecht. Auch Gesetzesänderungen im Bereich des Strafprozessrechts stünden unter dem Zeichen des Abschüttelns rechtsstaatlichen Ballasts, bspw. mit Erleichterungen des Verfahrens oder Verschärfung der Ermittlungsinstrumente.[1197]

Strafrecht verstehe sich unter dem Regime des Präventionsgedankens als Teil eines rechtsgebietsübergreifenden Großunternehmens der sozialen Kontrolle.[1198] Unweigerlich verlören daher sowohl das Strafrecht als auch das Strafprozessrecht ihre eigenständige Bedeutung, wie plastisch anhand der Annäherung von Polizei- und Strafrecht dargelegt werden könnte. Beides diene heute der Prävention. Das gelte für ein Polizeirecht, dessen Aufgabenzuschreibung um

1192 *Hassemer*, in: Jenseits, S. 86 ff.; *Hassemer*, Produktverantwortung, S. 10 ff.; *Herzog*, Gesellschaftliche Unsicherheit, S. 71; *Prittwitz*, Strafrecht und Risiko, S. 245; *Prittwitz*, in: Kritik und Rechtfertigung, S. 135 f.; s. a. *Hohmann*, Umweltdelikte, S. 58 ff.; *Müller-Tuckfeld*, in: Unmöglicher Zustand, S. 464; *Müssig*, Schutz abstrakter Rechtsgüter, S. 199; *Park*, Vermögensstrafe, S. 130 ff.

1193 *Naucke*, KritV 1993, 135; *Naucke*, KritV 1999, 336.

1194 *Hassemer*, ZRP 1992 (25), 378 (378); so auch *Prittwitz*, StV 1991, 435 (438).

1195 *Hassemer*, Produktverantwortung, S. 6 ff.; so auch *Prittwitz*, StV 1991, 435 (438).

1196 *Hassemer*, Produktverantwortung, S. 6 ff.; dazu *Park*, Vermögensstrafe, S. 138 f.

1197 *Hassemer*, Produktverantwortung, S. 9 f.

1198 *Naucke*, KritV 1993, 135 (143 ff.); *Naucke*, KritV 1999, 336 (342); s. a. *Hassemer*, Produktverantwortung, S. 12 f.

die Straftat-Vorbeugung gewachsen sei, genauso wie für die Strafe und das Strafrecht, die beide an der Prävention ausgerichtet und gemessen werden würden. Auch verschwämmen die Grenzen zwischen Straf- und Ordnungswidrigkeitenrecht. Die Unterteilung erfolge nicht prinzipienbasiert, sondern obliege der Willkür des Gesetzgebers.[1199] Ein solches Strafrecht habe viele funktionale Äquivalente. Auf eine Abgrenzung zu anderen Mitteln der Sozialkontrolle komme es auch nicht mehr an, anders gewendet, könne wahllos zwischen den verschiedenen rechtlichen Steuerungsmechanismen gewechselt werden, sofern damit der Präventionsgedanke gefördert werde.[1200] Obwohl in seinem Anspruch allumfassend, gehe Prävention, bei Lichte betrachtet, selektiv vor. Nur so lasse sich erklären, dass parallel zum Vormarsch des Präventionsparadigmas die Einführung diverser Möglichkeiten zum Strafverzicht zu beobachten sei, angefangen beim Opportunitätsprinzip des Ordnungswidrigkeitenrechts gem. § 47 I OWiG über die §§ 153 ff. StPO hin zu diversen Bestimmungen im Besonderen Teil des StGB und des Nebenstrafrechts, die das Absehen von Strafe einräumen würden.[1201]

c) Integration in eine umfassende Sicherheitsarchitektur

Im Anschluss an die Frankfurter Richtung haben einige Stimmen in der Literatur den Versuch unternommen, den rechtsgebietsübergreifenden Charakter des neuen Präventions- bzw. Sicherheitsparadigmas zu unterstreichen und das Strafrecht in diesem präventiven Steuerungsmodell zu verorten. *Singelnstein/ Stolle* greifen den von *Naucke* betonten Aspekt der Großunternehmung „Soziale Kontrolle“, wonach die Grenzen zwischen dem Strafrecht und außerstrafrechtlichen Materien wie dem Gefahrenabwehrrecht fließend sind,[1202] auf und differenzieren diesen weiter aus. Auch *Sieber* versucht in seiner Skizze einer neuartigen und umfassenden Sicherheitsstruktur, das Phänomen der Prävention auf der Metaebene zu beschreiben. Während sich Erstere stärker auf die kriminalsoziologischen Wirkweisen von (risikostrafrechtlichen) Kontrolltechniken fokussieren,[1203] versucht *Sieber* das Zusammenspiel verschiedener Rechtsregime unter einer einheitlichen Sicherheitsarchitektur zu erfassen.[1204]

1199 *Naucke*, KritV 1993, 135 (143 ff.); *Naucke*, KritV 1999, 336 (342); s. a. *Hassemer*, Produktverantwortung, S. 12 f.

1200 *Naucke*, KritV 1999, 336 (342 f.).

1201 *Naucke*, KritV 1993, 135 (148 f.).

1202 *Naucke*, KritV 1999, 336 (342); auch schon *Naucke*, KritV 1993, 135 (136 ff.).

1203 *Singelnstein/Stolle*, Sicherheitsgesellschaft, S. 61 ff.

1204 *Sieber*, in: GS Vogel, S. 351 ff.

Die Verzahnung einzelner Rechtsgebiete stellt auch *Bäcker* in das Zentrum seiner Studie zum Kriminalpräventionsrecht.[1205]

aa) Großunternehmung „Soziale Kontrolle" bei Singelnstein/Stolle

Singelnstein/Stolle knüpfen für ihren Entwurf eines Systems umfassender Sozialkontrolle bei den Disziplinargesellschaften des 19. und 20. Jahrhunderts an. Diese stellten *Singelnstein* und *Stolle* zufolge Konformität des Individuums mittels Überwachung und Sanktionierung her. Das Individuum solle auf diesem Wege allgemein verbindliche Normen verinnerlichen bzw. sich zu diesen normieren.[1206] Demgegenüber bilde sich als neue Form der sozialen Kontrolle die sog. Verwaltung des empirisch Normalen aus. Nicht mehr normative Regeln, sondern das empirisch Vorgefundene gäbe die Norm an. Moderne Sozialkontrolle versuche, den *status quo* möglichst effektiv zu verwalten.[1207] Normen fungierten unter diesen gewandelten Bedingungen nicht mehr als binäre Handlungsanweisung, sondern als flexible Richtschnur, die lose den Bereich des sozial Akzeptablen abstecke.[1208] Aus dieser Perspektive gehörten auch Devianz und Kriminalität zu den normalen Verhaltensweisen, weswegen nicht mehr die Auslöschung von Kriminalität, sondern ein pragmatischer Umgang mit ihnen das Gebot der Stunde werde.[1209] Es handele sich bei Devianz nicht mehr um einen individuellen „Defekt", sondern um ein berechen- und steuerbares Makrophänomen, das auch nicht mehr im Hinblick auf individuelle Einzelfallgerechtigkeit, sondern als Teil einer statistischen Häufung verwaltet werde.[1210] Das neue Ziel sozialer Kontrolle sei die möglichst effiziente Verwaltung von als normal hingenommener Devianz. Hier kämen präventiv ausgerichtete Maßnahmen zum Tragen, da Devianz als Risiko erfasst und für kalkulierbar erklärt werde. Es müsse folglich nicht mehr bis zum Eintritt einer Gefahr oder zum Entstehen eines Verdachts abgewartet werden. Devianz werde als zu erwartende statistische Größe anerkannt und als solche vereitelt.[1211] Dies führe zur Vorverlagerung staatlicher Kontrolle. Da anstelle konkreter

---

1205 *Bäcker*, Kriminalpräventionsrecht, S. 6 ff.

1206 *Singelnstein/Stolle*, Sicherheitsgesellschaft, S. 61 f.; nach *Foucalt*, Überwachen und Strafen, S. 221 ff.; dazu *Lemke*, Kritik, S. 190.

1207 *Singelnstein/Stolle*, Sicherheitsgesellschaft, S. 63.

1208 *Singelnstein/Stolle*, Sicherheitsgesellschaft, S. 64.

1209 *Singelnstein/Stolle*, Sicherheitsgesellschaft, S. 64; im Rekurs auf *Foucalt*, Biopolitik, S. 354 f.; dazu *Demirovic*, in: Gouvernementalität, S. 232 f.

1210 *Singelnstein/Stolle*, Sicherheitsgesellschaft, S. 64.

1211 *Singelnstein/Stolle*, Sicherheitsgesellschaft. S. 64 ff.

Gefahrensituationen Risiken als abstrakte Gefahrenpotenziale das handlungsleitende Motiv bildeten, komme es nicht mehr auf die Deeskalation konkreter Bedrohungsszenarien, sondern auf die möglichst frühzeitige Erkennung und Neutralisierung von Risikofaktoren an. Denklogisch gehe Sozialkontrolle daher auch zunehmend entpersonalisiert, d. h. situations- und gruppenspezifisch, vor.[1212]

Diese neue Form sozialer Kontrolle bediene sich neben der tertiären Kriminalprävention, d. h. Maßnahmen, die an vergangene Geschehensabläufe anknüpfen und auf konkrete Wiederholungsgefahr abzielen, Maßnahmen auf Ebene der primären und sekundären Kriminalprävention. Während primäre Kriminalprävention unspezifisch und anlasslos Risikofaktoren vorbeuge, richte sekundäre Kriminalprävention anlassbezogen Interventionen gegen risikobehaftete Situationen, Strukturen und Personen. Innerhalb dieser drei Ebenen der Kriminalprävention werde auf verschiedene Techniken zurückgegriffen, die je nachdem gestalterisch, überwachend, abschreckend, integrierend, kontrollierend, ausschließend oder auch anreizschaffend wirken sollten.[1213] Diese wiederum seien aufspaltbar in drei Gruppen. In erster Linie würden Mechanismen der Selbstführung implementiert werden, die das Individuum zur selbstständigen Integration und Harmonisierung mit den Anforderungen flexibler Lebenswelten ermächtigen sollten.[1214] Hierbei handele es sich um hintergründige Techniken der Sozialkontrolle, die implizit zur Selbstregulierung anleiteten, indem sie wünschenswerte Verhaltensweisen förderten und andere erschwerten.[1215] Zweitens finde der Ausbau von Kontrolltechniken statt. Neben die staatliche Überwachung im herkömmlichen Sinne, d. h. die Kontrolle konkreter Sachverhaltskonstellationen, trete die Risikodetektion als sachverhaltsungebundene frühzeitige Erfassung und Unterdrückung von normbruchbegünstigenden Faktoren. Außerdem würden Kontrollmechanismen zur unmittelbaren Herstellung von Sicherheit eingeführt werden. Hier würden Vorteile unter den Vorbehalt eines bestimmten Verhaltens gestellt werden. Das Individuum habe die Wahl, den Vorteil unter den angebotenen, sicherheitsproduzierenden Konditionen anzunehmen oder zu verzichten. Diese Form der Kontrolltechnik könne gegenüber der Risikodetektion als noch umfassender betrachtet

---

1212 *Singelnstein*, vorgänge 2007, 118 (123 ff.); *Singelnstein/Stolle*, Sicherheitsgesellschaft, S. 66 ff.; *Singelnstein*, in: Gefahr, S. 101 f.; dazu auch *Krasmann*, in: Grenzenlose Konstruktivität?, S. 55; *Zabel*, KritV 2011, 18 (28 ff.).

1213 *Singelnstein*, in: Präventionsstaat, S. 43 f.

1214 *Singelnstein/Stolle*, Sicherheitsgesellschaft; nach *Foucalt*, Biopolitik, S. 359.

1215 *Singelnstein/Stolle*, Sicherheitsgesellschaft, S. 254.

werden, da sie nicht auf risikoträchtige Personengruppen oder Situationen eingehe, sondern die gesamte Gesellschaft ohne Unterscheidung zu einem Verhalten anhalte. Dadurch werde auch normkonformes Verhalten unterbunden.[1216] Drittens würden verstärkt Ausschlusstechniken verfolgt werden, deren Ziel der Entzug der gesellschaftlichen Partizipation von als unerwünscht oder gefährlich eingestuften Personengruppen sei. Hiermit sollten nicht mehr Verhaltensanpassungen bewirkt werden. Ausschlusstechniken dienten der Risikoabwehr und Vergeltung.[1217]

Dieser Entwurf sozialer Kontrolle mache sich neben dem Polizei- und anderen verwaltungs- und privatrechtlichen Regelungsmaterien sowie außerrechtlichen Steuerungselementen auch das Strafrecht zunutze.[1218] Als solches sei das Strafrecht liberaler Stoßrichtung bedingt kompatibel mit den Anforderungen moderner Sozialkontrolle. Ausgelegt auf die Verfolgung und Ahndung konkret begangener Normverstöße, sei diesem die Verfolgung und Neutralisierung unkonkreter Risiken fremd. Gleichwohl werde das Strafrecht ungebremst als Werkzeug zur Sozialkontrolle eingesetzt, was zu dessen sukzessivem Umbau führe.[1219] Materiellrechtlich bedeute dies den vermehrten Einfluss prognostischer Elemente bei der Gestaltung von Straftatbeständen, wie die Verwendung abstrakter Gefährlichkeitsdelikte und der in Mode geratenen Vorbereitungsdelikte zeige.[1220] Zudem sei, bezogen auf die Verfahrenserledigung, eine Tendenz zur Normalisierung und Differenzierung auszumachen. Auf der einen Seite werde ein Großteil weniger schwerwiegender Straftaten mittels Diversion als dem empirisch Gegebenen entsprechend behandelt und verwaltet. Auf der anderen Seite bündelten Strafverfolgungsbehörden ihre Ressourcen auf die Unschädlichmachung von als Risikoträgern identifizierten Individuen.[1221] In diesem Zusammenhang sei auch die zunehmende Entformalisierung des Strafrechts, wie sie in unbestimmten Tatbestandsmerkmalen und Generalklauseln zum Ausdruck komme, zu nennen.[1222]

1216 *Singelnstein/Stolle*, Sicherheitsgesellschaft, S. 79 ff.

1217 *Singelnstein*, in: Präventionsstaat, S. 44; *Singelnstein/Stolle*, Sicherheitsgesellschaft, S. 87 ff.

1218 *Singelnstein*, in: Gefahr. S. 102.

1219 *Singelnstein*, in: Gefahr, S. 102; *Singelnstein*, in: Präventionsstaat, S. 42 f.

1220 *Singelnstein*, in: Gefahr, S. 102; *Singelnstein*, in: Präventionsstaat, S. 49 f.

1221 *Singelnstein/Stolle*, Sicherheitsgesellschaft, S. 69 ff.

1222 *Singelnstein*, in: Präventionsstaat, S. 51 f.

bb) Umfassende Sicherheitsarchitektur nach Sieber

Sieber zufolge vernetzt sich ein an Prävention ausgerichtetes Risikostrafrecht zusammen mit Polizei-, Geheimdienst- und Kriegsrecht sowie weiteren verwaltungsstrafrechtlichen, zivilrechtlichen und privaten Rechtsregimen zu einer umfassenden Sicherheitsarchitektur.[1223] Unter dieser neuen Sicherheitsarchitektur verliere das Strafrecht sein Monopol und reihe sich ein in einen Werkzeugkasten verschiedener Rechtsregime.[1224] Analog zur präventiven Neujustierung an Risikoorientierungen verlagerten sich auch die außerstrafrechtlichen Sicherheitsregime auf eine Kriminalitätskontrolle. So übernähmen bspw. das Polizei- und Geheimdienstrecht, aber auch andere öffentlich-rechtliche und zivilrechtliche Vorschriften Kernaufgaben des Strafrechts.[1225] Besondere Bedeutung kämen gefahrenabwehrrechtlichen Vorschriften des öffentlichen Rechts zu. So würden bspw. durch Gefährderansprachen, Kontrollverfügungen, Administrativhaft, Gefährderlisten und ausländerrechtliche Ausweisungstatbestände präventiv wirkende Rechtsfolgen gestärkt werden. Außerdem unterstützten präventiv-strategische Informationsgewinnungsbefugnisse und die Gefahrvorsorge der Polizei- und Geheimdienstbehörden die Arbeit der Strafjustiz.[1226] Speziell für das Wirtschaftsstrafrecht sei diese Entwicklung anhand der Einführung privater Normensysteme sowie der qualitativen und quantitativen Ausweitung verwaltungsrechtlicher Sanktionsregime zu exemplifizieren. Ordnungswidrigkeitenrecht oder das Verwaltungssanktionenrecht der EU dienten nicht nur der Erfassung von Bagatellkriminalität, sondern avancierten in Regelungszusammenhängen wie dem Wettbewerb oder dem Datenschutz zum primären Zugriffsmittel der Behörden. Die empfindlichen finanziellen Sanktionen, die aufgerufen werden würden, zeugten, gepaart mit den weitreichenden Ermessensspielräumen von Eingriffsbefugnissen, von einer erheblichen Durchschlagskraft bei, relativ zum Strafrecht betrachtet, gleichzeitiger Herabsetzung rechtsstaatlicher Garantien.[1227] Als solche wirkten sie zunehmend als gouvernementales Steuerungs- und Machtinstrument.[1228] Daneben zögen auch private Normensysteme, zu denken sei an unternehmensinterne *Compliance*-Systeme, diese Aufgaben an sich.[1229] Aus Furcht vor drohenden

---

1223 *Sieber*, in: GS Vogel, S. 352.
1224 *Sieber*, in: GS Vogel, S. 354 f.
1225 *Sieber*, in: GS Vogel, S. 357.
1226 *Sieber*, in: GS Vogel, S. 366 f.
1227 *Sieber*, in: GS Vogel, S. 357 f.
1228 *Sieber*, in: GS Vogel, S. 368.
1229 *Sieber*, in: GS Vogel, S. 357.

staatlichen Sanktionen würden Privatermittlungen durchgeführt werden, die dem Bereich gesetzlich definierter Verfahrensgarantien entzogen seien und somit z. B. auch ohne Rechtshilfeverfahren auskämen. Gefundene Ergebnisse würden Ermittlungsbehörden zur Verfügung gestellt werden.[1230]

cc) Kriminalpräventives Strafrecht nach Bäcker

Bäcker schreibt Teilen des materiellen Strafrechts in seinem Entwurf des Kriminalpräventionsrechts die Funktion zu, rechtlicher Anknüpfungspunkt für die Vorverlagerung des polizeilichen Eingriffshandelns zu sein. Für *Bäcker* ist dieser Bereich des materiellen Strafrechts ein von ihm sog. kriminalpräventives Strafrecht. Der Autor hat Straftatbestände vor Augen, die sich nach seinem Dafürhalten dadurch auszeichnen, dass sie Verhaltensweisen unter Strafe stellen, um künftige Schäden abzuwenden.[1231] Für *Bäcker* geht es primär um Straftatbestände, die eine Verhaltensweise mit Strafe bewehren, wenn und weil sie als Ausgangs- und Anknüpfungspunkt für Anschlusstaten dienen kann. Entscheidend sei, dass die inkriminierte Verhaltensweise, für sich genommen, nicht zum Schaden, den der Straftatbestand zu vereiteln suchte, führen könne. Vielmehr könne sich der Schaden erst in der vom Straftatbestand ins Auge gefassten Anschlusstat materialisieren. *Bäcker* rekurriert damit – *expressis verbis* – auf Vorfeldkriminalisierungen.[1232] Das Feld der Vorfeldkriminalisierung umfasst nach hiesigem Verständnis primär Vorbereitungsdelikte.[1233] Diese sind für das Wirtschaftsstrafrecht von untergeordneter Bedeutung[1234] und von den Gefahrdelikten nach hiesigem Verständnis abzugrenzen.[1235] Demnach können die Ergebnisse seiner Studie, wie *Bäcker* selbst hervorhebt, nicht auf die hier diskutierten Gefahrdelikte übertragen werden.[1236]

1230 *Sieber*, in: GS Vogel, S. 363.

1231 *Bäcker*, Kriminalpräventionsrecht, S. 320 ff.; *Bäcker*, in: HdB-PolizeiR, Rn. 325.

1232 *Bäcker*, Kriminalpräventionsrecht, S. 320 ff.; *Bäcker*, in: HdB-PolizeiR, Rn. 325 ff.

1233 *Bäcker*, Kriminalpräventionsrecht, S. 320 ff. erweitert seine Studie auch auf Anschluss- und Kooperationsdelikte.

1234 S. o. D. I. 1. b).

1235 Zur Abgrenzung s. o. B. III. 2

1236 *Bäcker*, Kriminalpräventionsrecht, S. 320 ff., der seine Studie explizit auf Anschluss-, Kooperations- und Vorbereitungsdelikte eingrenzt und davor warnt, die vorgefundenen Ergebnisse ohne weiteres auf sonstige Vorverlagerungen zu übertragen.

d) Risikosteuerung durch Strafrecht nach Brunhöber

Eine Weiterführung der von *Prittwitz* stark gemachten Diagnose, das Risikostrafrecht sei zuvorderst eine Reaktion auf das veränderte Bewusstsein im Umgang mit Bedrohungsszenarien, hat *Brunhöber* vorgelegt. Sie setzt bei der Ursachenanalyse der Frankfurter Richtung an und entwickelt ihre Analyse des Risikostrafrechts entlang einer Kritik ihrer Befunde. Schon die *Beck'sche* These der neuartigen Großrisiken, die in ihrer Dimension gegenüber den herkömmlichen Lebensrisiken von einer bislang nicht gekannten Größenordnung seien, erscheine zweifelhaft. Gegenüber vergangenen gesellschaftlichen Bedrohungsszenarien wie Pestepidemien, der Kindersterblichkeit oder Kriegen erschienen die allgemeinen Lebensrisiken, jedenfalls in modernen westlichen Gesellschaften, heute als weitaus geringer.[1237] Auch Produktionsrisiken seien keine Erscheinung moderner Gesellschaften, sondern hätten z. B. im antiken Rom zur Lebensrealität gehört. Schließlich könne auch die Erwartungshaltung, gesellschaftliche Lebensbereiche mittels des Strafrechts zu lenken, nicht als Erfindung moderner Gesellschaften eingeordnet werden. Gegenbeispiel zu dieser These sei das Sexualstrafrecht, das bestimmte Praktiken pönalisierte, um diese damit aus dem menschlichen Intimleben zu verbannen.[1238]

Das gesteigerte Sicherheitsbedürfnis lege spiegelbildlich nahe, dass das gesellschaftliche Selbstverständnis sich gegenüber früheren Zeiten vermehrt zutraue, Gefahrenlagen als Risiken zu prognostizieren und beherrschen zu können. So hätten sich also primär nicht die Umweltbedingungen, sondern unser Umgang mit ihnen bzw. der Selbstanspruch im Umgang mit diesen verändert.[1239] Dieses veränderte Verständnis von Ungewissheit geht auf *Luhmanns* Arbeiten zur „Soziologie des Risikos"[1240] zurück. Darin nimmt er für die Konzepte der Gefahr und des Risikos eine grundlegende Unterscheidung vor. Während sich beide auf Ungewissheiten im Zusammenhang mit der Zukunft bezögen, beschreibe das Risiko diese Ungewissheiten als statistische Größen,

1237 *Brunhöber*, in: Sicherheitsgesellschaft, S. 201; der Rückgang allgemeiner Lebensrisiken kommt nirgendwo sonst so deutlich zum Ausdruck wie im Anstieg der allgemeinen Lebenserwartung, welcher sich seit Einführung des StGB im Jahre 1871 um 40 Jahre angehoben hat, s. *Hoyer*, ZStW 121 (2009), 860 (862 f.).

1238 *Brunhöber*, in: Sicherheitsgesellschaft, S. 201.

1239 *Brunhöber*, in: Sicherheitsgesellschaft, S. 201 f.; s. a. *Prittwitz*, Strafrecht und Risiko, S. 56; *Singelnstein*, in: Präventionsstaat, S. 48 ff.; *Singelnstein/Stolle*, Sicherheitsgesellschaft, S. 25 ff.

1240 *Luhmann*, Soziologie des Risikos.

als Produkt einer Kosten-Nutzen-Kalkulation, während die Gefahr sie als diffuse Bedrohungen verstehe. Damit einhergehend, veränderten sich auch Art und Weise, wie der Ungewissheit begegnet werde. Ungewissheiten als Risiken zu verarbeiten, bedeute, diese zu beherrschen. Das Risiko, einen Nachteil zu erleiden, werde bewusst und proaktiv herbeigeführt, weil damit zugleich die Chance auf einen Vorteil verbunden sei. Realisiere sich der kalkulierte Nachteil, so verstehe er sich als kausale Folge des eigenen Handelns. Gefahren beschrieben demgegenüber Ungewissheiten, bei denen der Schaden nicht als Ergebnis des eigenen Handelns verstanden werde. Hier fänden sich die Ursachen für den Schaden in außerhalb der eigenen Kontrolle liegenden Umständen. Es verändere sich also der Urheber der Ungewissheit. Kurzum begebe man sich in Risiken, während man sich Gefahren ausgesetzt fühle.[1241] Dieser veränderte Umgang sei keineswegs auf das Strafrecht begrenzt, sondern umspanne das gesamte Recht wie auch die Politik.[1242] Wie in der Analyse *Singelnsteins/Stolles* soll das Risikostrafrecht, so *Brunhöber*, nicht bloß schädigendes Verhalten abwenden, sondern Risikoprognosen durchführen und identifizierte Risiken möglichst frühzeitig steuern. Für das Strafrecht äußerten sich diese Veränderungen in dreierlei Hinsicht. Risikostrafrechtliche Verhaltensverbote steuerten risikobehaftete Gruppen oder Situationen. Dafür nähmen sie Abstand vom Einzelfall und richteten ihr Augenmerk auf Gefahren- bzw. Gefährdungssituationen. Dahinter stehe die Vorstellung, Risiken nach der Wahrscheinlichkeit ihrer Schadensrealisierung typisieren zu können.[1243] Darüber hinaus sollten risikostrafrechtliche Verhaltensverbote zweitens menschliches Verhalten proaktiv steuern. Künftige Risiken ganzer Lebensbereiche würden frühzeitig ermittelt werden, um sie von vornherein in die gewünschte Richtung zu lenken.[1244] Drittens werde der Einzelne unter Auflösung herkömmlicher Zurechnungsregeln nicht ausnahmsweise, sondern in aller Regel für das Verhalten von Dritten in die Haftung genommen. Dadurch, dass er für Risiken verantwortlich gemacht werde, die aus der Zugehörigkeit der von ihm begangenen Verhaltensweise zu einer strukturell risikobehafteten Gruppe von Verhaltensweisen

---

1241 *Luhmann*, Soziologie des Risikos, S. 131 ff.; dazu *Bröckling*, Behemoth 2008, 38 (38 ff.); *May*, vorgänge 2007, 92 (94); *Zabel*, in: Rechtssicherheit, S. 227.

1242 *Brunhöber*, in: Sicherheitsgesellschaft, S. 202 f.; s. a. *Grimm*, Die Zukunft der Verfassung, S. 197 ff.; *Heun*, RW 2011, 376 (376 ff.); dazu der Sammelband von *Huster/Rudolph (Hrsg.)*, Präventionsstaat.

1243 *Brunhöber*, in: Sicherheitsgesellschaft, S. 202 f.; s. a. *Singelnstein*, in: Gefahr, S. 101 f.

1244 *Brunhöber*, in: Sicherheitsgesellschaft, S. 203.

abgeleitet werden würde, folge die individuelle Vorwerfbarkeit unmittelbar aus dem Strukturbezug und damit aus dem Verhalten anderer.[1245]

e) *Prädiktionsstrafrecht nach Burchard*

Nach *Burchard* ist die Prädiktionsgesellschaft ein „*Gesellschaftstypus, in dem zentrale gesellschaftliche (politische, ökonomische, ‚rechtliche' etc.) Entscheidungen in der Gegenwart durch algorithmische Vorhersagen einer wahrscheinlichen Zukunft vermittels der Auswertung von in der Vergangenheit gesammelten Daten mitbestimmt werden*".[1246] Sie verspricht ihm zufolge Reaktionen auf ein erst in der Zukunft liegendes, zum Zeitpunkt des Eingreifens mit einer bestimmten Wahrscheinlichkeit eintretendes Ereignis oder Verhalten. Straffälliges Verhalten solle auf diese Weise vorhersagbar sein, sodass im Zeitpunkt vor seinem Entstehen gegenläufige Maßnahmen ergriffen werden könnten.[1247] Unter Rückgriff auf *Big Data*, *Data Mining* und *Predictive Analytics* heiße das Versprechen der Prädiktionsgesellschaft umfassende Steuerungskraft im Sinne von Vorhersagbarkeit künftiger Ereignisse.[1248] Gleichzeitig bestätige die gegenwärtige Reaktion auf die Zukunft die Faktizität des Vorhergesagten und zementiere sie auf diese Weise.[1249] Damit schaffe die Prädiktionsgesellschaft eine Ordnung des Allsehenden. Konsequenz dessen sei Komplexitätsreduktion der Lebenswirklichkeit. Indem Algorithmen mehr und mehr die Lebenssachverhalte, die das Recht verwalten soll, verarbeiten und bewerten könnten, reduziere die Prädiktionsgesellschaft die Komplexität der sozialen Wirklichkeit auf ein für Algorithmen verarbeitbares Maß.[1250]

Ein Prädiktionsstrafrecht[1251] verspreche Effektivitäts- und Effizienzgewinne hinsichtlich der Kriminalitätsinhibition sowie der Objektivität, Neutralität und Kohärenz von Strafrechtsanwendung.[1252] Als Beispiele hierfür führt *Burchard* das *Predictive* bzw. *Big Data Policing* an. Hierbei handele es sich, vereinfacht ausgedrückt, um das daten- und algorithmenbasierte Eingreifen der Polizei, m. a. W. würden polizeiliche Maßnahmen auf Grundlage KI-getriebener

---

1245 *Brunhöber*, in: Sicherheitsgesellschaft, S. 203.
1246 *Burchard*, in: Normative Ordnungen, S. 553; *Burchard*, in: FS Prittwitz, S. 88.
1247 *Burchard*, in: Normative Ordnungen, S. 555.
1248 *Burchard*, in: Normative Ordnungen, S. 562 ff.
1249 *Burchard*, in: Normative Ordnungen, S. 568.
1250 *Burchard*, in: Normative Ordnungen, S. 562 ff.
1251 So jüngst *Burchard*, in: FS Prittwitz, S. 88 ff.
1252 *Burchard*, in: GS Hruschka, S. 534 ff.

Entscheidungsprozesse eingeleitet werden. Unter Zuhilfenahme dieser Systeme sollten, so laute die Verheißung, Polizeibehörden zielgerichtet, effektiv und gleichzeitig objektiv Delinquenz vereiteln können.[1253] Eine andere Erscheinung des Prädiktionsstrafrechts sei die KI-gestützte juristische Entscheidungsfindung. Datengetriebene Entscheidungsprozesse sollten, so schreibt *Burchard*, objektive, kohärente und neutrale Risikoeinschätzungen vornehmen. Hiermit verbunden sei das Versprechen, etwa bei der Verhängung von Untersuchungshaft, der Strafzumessung oder vorzeitiger Haftentlassung mehr Transparenz und Gerechtigkeit zu erreichen, indem die von Vorurteilen, Voreingenommenheit und Idiosynkrasien gebeutelten menschlichen durch neutrale und an der Objektivität ausgerichtete maschinelle Entscheidungen ersetzt werden würden.[1254] Zusammengefasst kennzeichne das Prädiktionsstrafrecht, wie die Prädiktionsgesellschaft insgesamt, die Präemption. Vermittels prädiktionsgeleiteter Vorsorgeleistungen könne auf Abweichungen und Unregelmäßigkeiten im Vorfeld ihrer Entstehung eingewirkt werden. Straftaten fungierten unter den Geltungsbedingungen der Prädiktionsgesellschaft als Anlasstaten für prädiktive Ermittlungsvorstöße, um die (künftige) Gefährlichkeit eines Individuums auszuleuchten. Die Beurteilung des Betroffenen wende sich einer vorausschauenden Wahrscheinlichkeitsprognose hinsichtlich seiner Gefährlichkeit zu. Dies führe zu einer Dekonstruktion des Anfangsverdachts, weil in der Prädiktionsgesellschaft ein jeder unter einem den Anfangsverdacht begründenden Generalverdacht stehe, der mit den ubiquitären Überwachungsmöglichkeiten jederzeit substanziiert werden könne.[1255]

Burchards Analyse des Prädiktionsstrafrechts knüpft der Sache nach an *Brunhöbers*[1256] Risikosteuerung durch Strafrecht sowie *Singelnstein/Stolles*[1257] Verwaltung von Devianz als abstrakte statistische Größe via Strafrecht an. Unter Zuhilfenahme KI-getriebener Überwachungs- und Analysesysteme wie des *Predictive Policings* soll, so die Verheißung, das Risikostrafrecht auf Grundlage von gefestigten Datengrundlagen fehlerfreie Vorhersagen über künftige Straftaten treffen können. Die von ihm in den Mittelpunkt gestellte prädiktionsstrafrechtliche Präemption soll den risikostrafrechtlichen Lenkungs- und

1253 *Burchard*, in: FS Prittwitz, S. 537 ff.; *Burchard*, in: GS Hruschka, S. 88 f.

1254 *Burchard*, in: GS Hruschka, S. 539 ff.

1255 *Burchard*, in: Normative Ordnungen, S. 569 ff.; *Burchard*, in: FS Prittwitz, S. 89; *Burchard*, in: GS Hruschka, S. 753 ff.

1256 S. o. D. III. 1. d).

1257 S. o. D. III. 1. c) bb).

Steuerungsanspruch, den *Brunhöber* und *Singelnstein/Stolle* dem Risikostrafrecht attestieren, einlösen.

f) Mosaiksteine eines Risikostrafrechts

Die vorstehenden Analysen des Risikostrafrechts haben eine Reihe an Facetten zutage gefördert, die eine Skizze vom Risikostrafrecht nachzuzeichnen erlauben. Zwar bilden gefahrdeliktische Tatbestandsstrukturen ein zentrales Charakteristikum des Risikostrafrechts. Darüber hinaus umfasst das Risikostrafrecht jedoch weitere Aspekte. Auch wenn die umfassende Ergründung des Risikostrafrechts noch in den Anfängen stecken dürfte, lassen sich zahlreiche Charakteristika ausmachen, die mehr oder weniger konsensual dem Risikostrafrecht zugeschrieben werden. Zusammengenommen fügen sich auf diese Weise einzelne Bestandteile des Risikostrafrechts zu einem Mosaik zusammen. Diese sollen im Folgenden wiederholt und in konzentrierter Form zusammengetragen werden, um sie in einem weiteren Schritt anhand des Wirtschaftsstrafrechts vertiefend exemplifizieren und verifizieren zu können.

Mit dem technischen Fortschritt einher geht ein gewandeltes Selbstverständnis von Individuum und Gesellschaft. Gepaart wird dies mit einem veränderten Verständnis von Bedrohungsszenarien. Bedrohungsszenarien werden nicht länger als Gefahren, denen man ausgesetzt ist und die „zum Leben dazugehören", hingenommen. Indem sie als Risiken rationalisiert werden, übt man die Herrschaft über sie aus. Schadenswahrscheinlichkeiten werden neben Gewinnchancen als Kehrseite eines Risikos bewusst in Kauf genommen, sodass die Schadensrealisierung das bewusst herbeigeführte Resultat des eigenen Handelns darstellt. Spiegelbildlich dazu steigern sich die Sicherheitsbedürfnisse in der Gesellschaft. Da Schadensrealisierungen als eigenverantwortlich verursachte Erscheinungen begriffen werden, wächst das Bedürfnis danach, diese zu vermeiden. Hand in Hand mit der Vorstellung, jegliche Schadensrealisierung sei insofern das Produkt menschlichen Verhalten, als zu ihrer Prävention kein ausreichender Beitrag geleistet worden sei, wächst der gesellschaftliche Anspruch, jedwede Schäden frühzeitig zu erkennen, zu lenken und damit unschädlich zu machen. Flankierend wird das Individuum von der Zugehörigkeit zu festen soziale Strukturen zunehmend entkoppelt. In der Folge wachsen die kollektive Desorientierung und Verunsicherung. Diese wiederum kanalisieren sich in der Kriminalitätsfurcht, einer Art Stellvertreterfurcht. Der somit auf den Plan gerufene Gesetzgeber hat nicht mehr liberalen Forderungen nach Abwehrmechanismen gegenüber dem Staat Folge zu leisten, sondern

Sicherheitsbedürfnisse zu adressieren. Nicht die Gewährleistung von Freiheitssphären, sondern von Sicherheit bestimmt den Diskurs.[1258]

Aktiv wird der Gesetzgeber nicht in den Bereichen des Allgemeinen Teils, sondern im Besonderen Teil, im Nebenstrafrecht sowie im Prozessrecht. Im Mittelpunkt steht das Verlangen, den Strafverfolgungsbehörden unter Abschütteln rechtsstaatlichen Ballasts direkten Zugriff auf den Täter zu eröffnen (*Hassemer, Naucke*).[1259] Im Risikostrafrecht wird der Täter daher mehr und mehr als Risikofaktor behandelt, auf den möglichst frühzeitig und proaktiv auch mit den Mitteln des Strafrechts zugegriffen werden sollte (*Jakobs, Brunhöber, Singelnstein/Stolle*).[1260] Strafrechtsdogmatisch manifestiert sich das Risikostrafrecht bevorzugt mittels großflächiger Kollektivrechtsgüter, Gefahrdelikte sowie herabgesetzter Voraussetzungen auf der subjektiven Tatseite. Schließlich greift der Risikostrafgesetzgeber auch vermehrt auf unbestimmte Tatbestandsmerkmale zurück (*Jakobs, Hassemer, Prittwitz, Naucke, Brunhöber, Singelnstein/Stolle*).[1261]

Außerdem verschwimmt unter den Vorzeichen der Risikogesellschaft und dem obersten Ziel der Prävention bzw. Risikosteuerung die Grenze zwischen Strafrecht und angrenzenden Rechtsgebieten wie dem Verwaltungs-, Ordnungswidrigkeiten- und Zivilrecht. Die Übergänge zwischen Strafrecht und anderen Formen der sozialen Kontrolle fließen ineinander (*Naucke, Singelnstein/Stolle, Sieber*).[1262] Das Strafrecht gibt seine Rückwärtsgewandtheit zugunsten präventiver Sozialkontrolle auf. Nicht mehr der Eintritt einer konkreten Gefahr oder die Entstehung eines Verdachts dienen als Anknüpfungspunkt. Devianz wird vielmehr als (abstrakte) statistische Größe präventiv erfasst und gesteuert (*Brunhöber, Singelnstein/Stolle*).[1263] Dieser Entwicklung wird Vorschub geleistet durch das Eindringen algorithmenbasierter Strafrechtspflege. Sie verspricht, den Steuerungs- und Lenkungsanspruch des Risikostrafrechts einzulösen (*Burchard*).[1264] Im Zuge dessen wird auch der einzelne Akteur in Anspruch genommen. Prävention ist nicht allein mehr Staatsaufgabe, sondern erfährt Privatisierung (*Singelnstein/Stolle, Sieber*).[1265] Gleichzeitig greife der Gesetzgeber nunmehr auf Strafnormen zurück, wenn sich damit

1258 S. o. D. II.
1259 S. o. D. III. 1. b).
1260 S. o. D. III. 1. a), D. III. 1. c) aa) sowie D. III. 1. d).
1261 S. o. D. III. 1 ff.
1262 S. o. D. III. 1. b) sowie D. III. 1. c).
1263 S. o. D. III. 1. c) aa) sowie D. III. 1. d).
1264 S. o. D. III. 1. e).
1265 S. o. D. III. 1. c) aa) sowie D. III. 1. c) bb).

politische Gewinne einfahren ließen. Risikostrafrecht mutiert auf diese Weise zur *sola ratio* (Frankfurter Richtung).[1266]

Der Modus der Prävention geht aufgrund begrenzter Ressourcen selektiv vor. In einem bemerkenswerten Kontrast zur Kriminalisierung immer weiterer Lebensbereiche werden sukzessive Möglichkeiten des Strafverzichts bzw. der alternativen Erledigung eingeführt und ausgeweitet. Risikostrafrechtliche Strafverfolgung möchte sich folglich *de facto* von Opportunitätserwägungen leiten lassen können (*Naucke, Singelnstein, Hassemer*).[1267]

Im Risikostrafrecht werden die Vorzeichen der Zurechnungsregeln ins Gegenteil verkehrt. Nicht mehr das individuell verursachte Verhalten, sondern die Zusammenfassung von Individuen zu risikobehafteten Gruppen hält als Anknüpfungspunkt für eine Strafbarkeit her. Der Täter wird hier folglich der Regel nach für das Verhalten Dritter in die Verantwortung gezogen (*Brunhöber*).[1268]

2. Spezifizierung anhand des Wirtschaftsstrafrechts

Nachstehend soll die eben aufgefächerte Funktionserweiterung des Strafrechts unter den Vorzeichen des Risikostrafrechts anhand ausgewählter Phänomene des Wirtschaftsstrafrechts weiter spezifiziert werden.

a) Materiellrechtliche Entwicklungen und ihre Auswirkungen auf das Strafverfahren

Die kriminalpolitische Analyse macht als die zentrale Entwicklungslinie des Risikostrafrechts einstimmig den Umbau des materiellen Strafrechts aus. Anstelle grundlegender Reformen im Allgemeinen Teil des Strafrechts dehnt der Risikostrafgesetzgeber den Bereich strafrechtlich relevanten Verhaltens aus, indem er neuartige Verhaltensverbote in den Besonderen Teil sowie in das Nebenstrafrecht einführt. Diese zeichnen sich zuvorderst dadurch aus, früher und großflächiger staatlichen Zugriff zu gestatten, indem Tatbestandsmerkmale abgeschliffen werden und der Schwerpunkt der Schutzrichtung sich von individuellen zu kollektiven Rechtsgütern verschiebt.[1269] Für das von ihm sog. moderne Wirtschaftsstrafrecht, exemplifiziert anhand der §§ 264, 264a, 265b StGB, bemerkt *Wohlers*, ihre Einführung sei auf pragmatische

1266 S. o. D. III. 1. b).

1267 S. o. D. III. 1. b) sowie D. III. 1. c) aa).

1268 S. o. D. III. 1. d).

1269 S. o. D. III. 1. f).

Überlegungen zur Überwindung von Beweisschwierigkeiten zurückzuführen.[1270] Vor diesem Hintergrund interessieren im Folgenden die Auswirkungen, die von diesen materiell-rechtlichen Ausdehnungstendenzen für das Strafverfahren ausgehen. Neben der Überwindung von Beweisschwierigkeiten durch materiell-rechtliche Umgestaltung erfordert mit der angedeuteten[1271] „Aufgreiffunktion"[1272] von Straftatbeständen auch ein, soweit erkennbar, hauptsächlich wirtschaftsstrafrechtliches Phänomen Aufmerksamkeit. Damit soll der Strafverfolgung der möglichst frühzeitige Zugriff auf den Täter erleichtert werden. Klarstellend sei darauf hingewiesen, dass die Ausleuchtung genuin strafprozessualer Entwicklungslinien an dieser Stelle nicht berücksichtigt wird.[1273]

aa) Materielle Beweiserleichterungen

Bei Wirtschaftsdelikten handelt es sich, wie im Verlauf der Untersuchung vielfach an Einzelfällen belegt, um auf die Täuschungshandlung reduzierte Strafnormen.[1274] So gilt für § 264 StGB, dass die ungerechtfertigte Ausreichung der Subvention für die Tatbestandsverwirklichung außer Betracht bleibt;[1275] nicht einmal zur Kenntnis genommen haben muss der Behördenvertreter die fehlerhaften Angaben.[1276] Speziell bei § 264 StGB ist der Gesetzgeber noch einen Schritt weiter gegangen und hat auf das Vorsatzerfordernis bzgl. der Fehlerhaftigkeit der Angaben verzichtet. Nach § 264 V StGB macht sich strafbar, wer die Fehlerhaftigkeit grob fahrlässig verkennt.[1277] Die Herabsetzung der Strafbarkeitshürde auf die Leichtfertigkeitsschwelle stellt mit *Tiedemann*[1278] das Kernstück der Strafreform dar. Dass die Überwindung von Beweisschwierigkeiten maßgeblicher Anlass für die Einführung von Straftatbeständen war, lässt sich nicht zuletzt auch anhand expliziter Ausführungen in der Gesetzbegründung belegen.[1279] Die Expansion des Strafrechts richtet sich nach dieser

---

1270 *Wohlers*, Deliktstypen, S. 154 ff.; s. a. *Ceffinato*, in: MüKo StGB, § 264 Rn. 7; *Geerds*, Wirtschaftsstrafrecht und Vermögensschutz, S. 78 ff.; *Hüls*, Grenzen, S. 165.

1271 S. o. C. V. 2.

1272 *Park*, in: HK-KapMarktStrafR, § 264a Rn. 6.

1273 *Bäcker*, in: FS Schenke, S. 339 ff.; *Brunhöber*, in: Sicherheitsgesellschaft, S. 195; *Frehsee*, StV 1996, 222 (282 ff.); *Singelnstein*, in: Präventionsstaat, S. 50.

1274 *Weigend*, in: FS Triffterer, S. 697.

1275 *Hoyer*, in: SK-StGB, § 264 Rn. 16.

1276 *Kindhäuser/Hilgendorf*, LPK-StGB, § 264 Rn. 10.

1277 *Hoyer*, in: SK-StGB, § 264 Rn. 95 ff.

1278 *Tiedemann*, in: LK-StGB, § 264 Rn. 144; dazu auch *Schmidt-Hieber*, NJW 1980, 322.

1279 BT-DrS. 7/3441. S. 15.

Lesart weniger auf die Neuinkriminierung von Verhaltensweisen als vielmehr auf die Umgestaltung des materiellen Strafrechts, um Beweisschwierigkeiten zu vermeiden.[1280] Da der Gesetzgeber frei in der Gestaltung von (Straf-)Normen ist, bleibt es ihm weitgehend anheimgestellt, Straftatbestände zur Erleichterung der Informationsgewinnung zu schaffen. Wenn, wie in Wirtschaftsstrafsachen, der Abschluss eines Strafverfahrens ohne Verständigung nach der Hauptverhandlung[1281] in immer weitere Ferne rückt, gewinnt Information zudem als Verhandlungsmasse an Gewicht. Die Sachverhaltsaufarbeitung in Wirtschaftsstrafverfahren leidet zunehmend unter zwei komplexitätsstiftenden Elementen. Zum einen bereiten infolge des regelmäßig arbeitsteiligen Wirtschaftslebens materiell-rechtlich Fragen der Zurechnung von Verantwortung Schwierigkeiten. Darüber hinaus treten oftmals Probleme im Zusammenhang mit der strafprozessrechtlich zulässigen Beweisgewinnung auf, obwohl Unternehmensvorgänge bei ordentlicher Unternehmensführung gut dokumentiert sein dürften.[1282] Hierauf hat der Gesetzgeber mit der Schaffung sog. materieller Beweiserleichterungen[1283] reagiert. Bei materiellen Beweiserleichterungen handelt es sich um Modifikationen bestehender Straftatbestände oder Neukriminalisierungen von Verhaltensweisen, mit denen Beweisschwierigkeiten der Praxis begegnet wird, etwa indem Tatbestandsmerkmale ausgespart, der Vollendungszeitpunkt vor die manifeste Schädigung verlagert wird oder die Leichtfertigkeit den Vorsatz strafbarkeitsbegründend substituiert.[1284] Als eine Art zweites Sicherheitsnetz kann im Zweifel auch auf Auffangtatbestände zurückgegriffen werden, sofern die Voraussetzungen des schwereren Delikts nicht nachgewiesen werden können, so etwa Gefährlichkeits- oder Fahrlässigkeitstatbestände im Verhältnis zu vorsätzlichen Verletzungstatbeständen.[1285] Zur Überwindung von Beweisschwierigkeiten kann der Gesetzgeber sich vier verschiedener Regelungsansätze bedienen, die entweder alternativ oder kumulativ zueinander Anwendung finden können.[1286] Interessanterweise ist das Auftauchen von

1280 *Arzt*, in: Strafrechtliche Probleme der Gegenwart, S. 78; *Geerds*, Wirtschaftsstrafrecht und Vermögensschutz, S. 78; *Schneider*, in: Handlungsfreiheit, S. 67; *Volk*, JZ 1982, 85 (90).

1281 Näher dazu u. D. III. 2. c) sowie E. I. 2. b).

1282 *Hüls*, Grenzen, S. 161 ff.

1283 *Hohn*, Zulässigkeit materieller Beweiserleichterungen, S. 22 ff.

1284 *Hohn*, Zulässigkeit materieller Beweiserleichterungen, S. 22 f.; *Hüls*, Grenzen, S. 163; *Vest*, ZStW 103 (1991), 584 (590 f.).

1285 *Hüls*, Grenzen, S. 163; *Weigend*, in: FS Triffterer, S. 699 ff.

1286 *Weigend*, in: FS Triffterer, S. 699 ff.; s. a. *Hüls*, Grenzen, S. 163; *Prittwitz*, Strafrecht und Risiko, S. 264 ff.

Beweisschwierigkeiten, entgegen teilweise vorgebrachter Argumentation,[1287] keineswegs *eo ipso* Symptom einer sich anbahnenden Herabsetzung von Strafbarkeitsvoraussetzungen. Im Gegenteil wurden Beweisschwierigkeiten in der Vergangenheit nicht zur Expansion, sondern zur Entkriminalisierung von Verhaltensweisen ins Feld geführt,[1288] so geschehen etwa bei der versuchten Abtreibung oder der Straflosstellung versuchter homosexueller Betätigung.[1289]

(a) Entmaterialisierung von Rechtsgütern

Zunächst einmal bietet die Entmaterialisierung von Rechtsgütern[1290] Anlass, zum Schutz kollektiver Güter Gefährlichkeitstatbestände mit geringen Anforderungen an das Täterverhalten zu konstruieren.[1291] Im Gegensatz zum herkömmlichen Vermögensstrafrecht wird auf den Vermögensschaden als Tatbestandsmerkmal verzichtet. Stattdessen werden möglichst vage und großflächige Rechtsgüter formuliert, die auf vielfältigen Wegen angreifbar sind.[1292] Interaktionszusammenhänge im Wirtschaftsleben werden als Institutionen begriffen und unter strafrechtlichen Schutz gestellt.[1293] Damit sollen Interessen einer technisierten und komplexen Gesellschaft strafrechtlich abgesichert werden.[1294] So schützt § 264a StGB (auch) die Funktionsfähigkeit des Kapitalanlagemarktes,[1295] mit § 264 StGB wird neben dem Vermögen auch das Interesse an einer wirksamen staatlichen Wirtschaftsförderung geschützt.[1296] Schließlich ist z. B. auch § 399 AktG dem Schutz der Integrität des Handelsregisters zu dienen verpflichtet.[1297]

1287 *Tiedemann*, Neuordnung des Umweltstrafrechts, S. 31.

1288 *Lüderssen*, ZStW 85 (1973), 288 (295 ff.); zur Entkriminalisierungstendenz in den Fünfziger- und Sechzigerjahren *Wohlers*, Deliktstypen, S. 29.

1289 *Weigend*, in: FS Triffterer, S. 706.

1290 Vertiefend zu den Folgen der Entmaterialisierung s. u. E. I. 1. a).

1291 *Hassemer*, ZRP 1992 (25), 378 (381); *Seelmann*, KritV 1992, 452 (454); *Tiedemann*, in: FS Dünnebier, S. 339 f.; *Volk*, Wahrheit, S. 29 f.

1292 *Hassemer*, ZRP 1992 (25), 378 (381); *Hassemer*, in: Jenseits, S. 89.

1293 *Krüger*, Entmaterialisierungstendenz, S. 56 f.; *Seelmann*, KritV 1992, 452 (454); *Schuhr*, ZStW 131 (2019), 985 (988 f.).

1294 *Frehsee*, StV 1996, 222 (225); *Hassemer*, StV 1995, 483 (484); *Park*, Vermögensstrafe, S. 136; *Prittwitz*, Strafrecht und Risiko, S. 245.

1295 *Ceffinato*, in: MüKo StGB, § 264a Rn. 1 ff.

1296 *Heger*, in: LKH-StGB, § 264 Rn. 1.

1297 *Weiß*, in: MüKo StGB, § 399 AktG Rn. 1 ff.

(b) *Verzicht auf einen rechtsgutsspezifischen Erfolg*

Zudem kann durch Verzicht auf einen rechtsgutsspezifischen Erfolg[1298] der – im Einzelnen oft schwierig zu führende – Nachweis komplexer Kausalzusammenhänge ausgespart werden. Dort, wo die strafrechtliche Ahndung an dem Nachweis komplexer Kausalverflechtungen bspw. des § 263 I StGB in wirtschaftlichen Zusammenhängen zu scheitern droht, kann die Heranziehung von Gefährlichkeitsdelikten, die auf die Vornahme bzw. das Unterlassen einer Handlung abstellen, abhelfen.[1299] Gegenüber dem Verletzungsdelikt werden Bestrafungsvoraussetzungen dadurch erheblich reduziert. Letztlich überwindet diese Reduktion Hindernisse des Kausalitätsnachweises, womit die Arbeit des Strafrechtsanwenders erheblich vereinfacht wird.[1300] Umgekehrt senkt das wiederum die Verteidigungsmöglichkeiten.[1301] Die seit Längerem gestellte Diagnose der materiellrechtlichen Zunahme von Gefährlichkeitsdelikten[1302] bestätigte sich vorliegend für das Teilgebiet des Wirtschaftsstrafrechts. Wiederholt ist einschränkend zu bemerken, dass die Existenz von Gefährlichkeitstatbeständen nicht automatisch zu ihrer Prominenz in der Rechtsanwendung führt. Praktisch bedeutsamer sind nach wie vor die herkömmlichen Vermögensdelikte (§§ 263 I, 266 I StGB). Auf dieses Verhältnis wird sogleich noch einzugehen sein.[1303]

(c) *Herabsetzen subjektiver Tatbestandsvoraussetzungen*

Neben Erleichterungen auf Ebene des objektiven Tatbestands kommt auch das Herabsetzen subjektiver Tatbestandsvoraussetzungen[1304] in Betracht. Durch Verzicht auf Vorsatzerfordernisse, die im Kontext arbeitsteiligen Wirtschaftslebens oftmals unübersteigbare Schranken darstellen, eröffnet der Gesetzgeber die Strafbarkeit für – deutlich leichter nachzuweisende – fahrlässige Tatbegehungen.[1305] Die Debatte um die Einführung von Leichtfertigkeitstatbeständen

---

1298 Zu den Folgen des Verzichts auf den rechtsgutsspezifischen Erfolg s. u. E. I. 1. b) aa) sowie E. I. 1. b) bb).

1299 Vertiefend *Arzt*, in: Strafrechtliche Probleme der Gegenwart, S. 86 ff.; *Hassemer*, NStZ 1989, 553 (558); *Lüderssen*, ZStW 85 (1973), 288 (299 f.).

1300 *Hassemer*, ZRP 1992 (25), 378 (381); *Park*, Vermögensstrafe, S. 130 ff.

1301 *Hamm*, in: Die Handlungsfreiheit, S. 45 f.; *Hassemer*, Produktverantwortung, S. 12.

1302 *Frehsee*, StV 1996, 222 (227); *Naucke*, KritV 1993, 135 (145); *Prittwitz*, StV 1991, 435 (440).

1303 S. u. D. III. 2. a) bb).

1304 Zu den Folgen der Inkriminierung der Leichtfertigkeit s. u. E. I. 1. b) cc).

1305 Vertiefend *Arzt*, in: Strafrechtliche Probleme der Gegenwart, S. 79 f.; *Lampe*, JZ 1994, 123 (128 f.); *Lüderssen*, ZStW 85 (1973), 288 (299 f.).

spitzt sich in § 264 V StGB zu. Während die Herabsetzung des Vorsatzerfordernisses in einem Lager als kriminalpolitische Notwendigkeit gefeiert wurde, da § 264 StGB im Übrigen ein stumpfes Schwert im Kampf gegen die Wirtschaftskriminalität bliebe,[1306] wird andernorts die Sprengung des Systems strafrechtlichen Vermögensschutzes beklagt.[1307] Spiegelbildlich zur Herabsetzung von Vorsatzerfordernissen ist auch, wie *Mitsch* zeigen konnte, die Überführung subjektiver in objektive Stellvertretertatbestandmerkmale denkbar, deren Nachweis leichter fällt. Faktisch wirken Stellvertretertatbestandsmerkmale als unwiderlegliche Vermutung einer Absicht.[1308] Am Beispiel des § 95 I Nr. 2 lit. b i. V. m. § 6a IIa AMG illustriert er, inwiefern das objektive Tatbestandsmerkmal „nicht geringe Menge" als unwiderlegbare Unterstellung der Weitergabeabsicht fungiere. Wer nicht geringe Mengen von Arzneimitteln zu Dopingzwecken besitze, nutze diese danach nicht nur zur wettbewerbswidrigen sportlichen Leistungssteigerung, sondern betreibe darüber hinaus auch Handel mit diesen.[1309] Der Besitz als Anknüpfungspunkt für strafrechtliche Sanktionen bietet sich aus Sicht der Strafverfolgung aufgrund seiner äußerst leichten Nachweisbarkeit an.[1310]

(d) Unbestimmte Tatbestandsmerkmale

Schließlich wird dem Gesetzgeber vorgeworfen, vermehrt mit ungenauen Tatbestandsformulierungen zu antworten.[1311] Er greife zunehmend auf unbestimmte Rechtsbegriffe und generalklauselartige Formulierungen zurück,[1312] um die Zugriffsmöglichkeiten auf den Täter durch flexiblere Gesetzesbestimmungen zu erhalten und zu aktualisieren.[1313] Für das Wirtschaftsstrafrecht wird diese Entwicklung unter Verweis auf außerstrafrechtliche Generalklauseln wie die Maßstabsfigur des „ordentlichen Geschäftsmannes" im

---

1306 *Anastasopoulou*, Deliktstypen, S. 247; *Schmidt-Hieber*, NJW 1980, 322; *Tiedemann*, in: LK-StGB, § 264 Rn. 144.

1307 *Fischer*, StGB, § 264 Rn. 36; *Otto*, Jura 2000, 98 (100).

1308 *Mitsch*, NJW 2008, 2295 (2297 f.); s. a. *Brunhöber*, in: Sicherheitsgesellschaft, S. 204; *Hochmayr*, Strafbarer Besitz, S. 1; *Hüls*, Grenzen, S. 165 f.

1309 *Mitsch*, NJW 2008, 2295 (2297 f.); s. a. *Jahn*, GA 2007, 579 (582); *Jahn*, ZIS 2006, 57.

1310 *Brunhöber*, in: Sicherheitsgesellschaft, S. 204; zu gefährlichen Gegenständen *Fischer*, in: Gefahr, S. 127 ff.

1311 *Achenbach*, JuS 1980, 81 (88); *Naucke*, Tendenzen, S. 59.

1312 *Park*, Vermögensstrafe, S. 132; s. a. *Hassemer*, in: FS Coing I, S. 503; *Krey*, Keine Strafe, S. 120; *Zipf*, Kriminalpolitik, S. 99.

1313 *Krahl*, Bestimmtheitsgrundsatz, S. 394; *Naucke*, Tendenzen, S. 58.

Sinne des § 43 I GmbHG oder das „ordnungsgemäße Wirtschaften", auf das §§ 283 I Nr. 8 StGB Bezug nimmt, diskutiert.[1314] Im Zusammenhang mit den hier näher untersuchten Delikten fällt zudem der § 331 HGB ins Auge. Hierunter werden falsche Angaben über die bzw. das Verschleiern der Verhältnisse der Gesellschaft bestraft. Unter die Verhältnisse der Gesellschaft fallen neben den wirtschaftlichen Umständen auch soziale oder politische Faktoren sowie das Verhältnis zu verbundenen Unternehmen oder Gläubigern.[1315] Es kann jeder Indikator in Rechnung gestellt werden, der in irgendeiner Weise die Situation oder Entwicklung der Gesellschaft betreffen könnte. Effektiv führt dies zu einer erheblichen Ausweitung des Anwendungsbereichs der Norm.[1316] Als problematisch wird hierbei nicht die Begriffsweite als solche angesehen. Dazu vertritt bspw. *Otto*, der Begriff der Verhältnisse erlaube trotz seiner weiten Fassung eine Einteilung in Umstände, die in den Anwendungsbereich der Norm fielen, und solchen, die dies nicht täten.[1317] Für *Otto* bestehen Bedenken gegenüber dem Bestimmtheitsgebot, was Strafwürdigkeits- und Strafbedürftigkeitsaspekte betrifft. Von dem Tatbestand der unrichtigen Darstellung seien erheblich sozialschädliche Verhaltensweisen wie Falschdarstellungen der Vermögenslage einer Gesellschaft ebenso unter Strafe gestellt wie *„banale – nicht einmal schriftliche – Lügen, z. B. über das Ansehen der Gesellschaft bei der Belegschaft"*.[1318] Gegen diese Bedenken der Unvereinbarkeit wird eine Beschränkung unter Berücksichtigung von Strafwürdigkeits- und Strafbedürftigkeitsaspekten vorgeschlagen. Danach müssen die in Rechnung gestellten Umstände für die Beurteilung der wirtschaftlichen Situation relevant sein.[1319] Insgesamt enthält die unrichtige Darstellung nach hier vertretener Auffassung als konkretes Gefährlichkeitsdelikt mit der inkorporierten Voraussetzung der Erheblichkeit

---

1314 *Kudlich/Oğlakcıoğlu*, WiStR, Rn. 72 ff.; *Rotsch*, in: *Momsen/Grützner*-WiStR, § 2 Rn. 20 ff.; *Tiedemann/Engelhart*, Wirtschaftsstrafrecht, Rn. 253 ff.; *Wittig*, WiStR, § 6 Rn. 20 ff.

1315 S. o. C. I. 2. b).

1316 *Klinger*, in: MüKo HGB, § 331 Rn. 49 ff.; *Waßmer*, in: BeckOGK HGB, § 331 Rn. 158 f.

1317 *Otto*, in: GroßKomm AktG, § 400 Rn. 29; s. a. *Altenhain*, in: KK-AktG, § 400 Rn. 11, der unter Verweis auf die Entscheidung des Bundesverfassungsgerichts das Tatbestandsmerkmal der Verhältnisse ebenfalls als hinreichend bestimmbar ansieht.

1318 *Otto*, in: GroßKomm AktG, § 400 Rn. 29; eingehend zur Einbeziehung von Bagatellen in den Bereich strafrechtlich relevanten Verhaltens s. u. E. I. 1. b) bb).

1319 *Klinger*, in: MüKo HGB, § 331 Rn. 49 ff.

des Verstoßes eine einzelfallbezogene Gefährlichkeitsprüfung, die im Ergebnis zum Ausschluss von Bagatellen führt.[1320] Dennoch verbleiben im Zusammenhang mit den Verhältnissen der Gesellschaft die für das Wirtschaftsstrafrecht typischen Bedenken bzgl. der Unbestimmtheit einiger Tatbestandsmerkmale.

bb) Aufgreifnormen

Neben der materiellen Beweiserleichterung besteht noch eine zweite Ebene der Wechselwirkung zwischen materiellem Strafrecht und Strafprozessrecht. *Theile*[1321] und in neuerer Zeit *Hüls*[1322] haben auf die mit *Park* sog. „Aufgreiffunktion"[1323] einiger Gefährlichkeitsdelikte hingewiesen. Am Beispiel der §§ 264a, 265b StGB erarbeiten beide Autoren, inwieweit materielle Beweiserleichterungen, soweit es die Vorverlagerung betrifft, häufig als Anlass zur Einleitung von Ermittlungsverfahren genommen werden.[1324] Ausgangspunkt bilden folgende Erkenntnisse: Sowohl für den Kapitalanlage- als auch für den Kreditbetrug bildete vor Schaffung der §§ 264a, 265b StGB der Betrugstatbestand nach § 263 I StGB die Schlüsselnorm. Denn bei Erschleichen eines Kredites nach § 265b StGB wie bei der Täuschung im Zusammenhang mit dem Vertrieb von Wertpapieren nach § 264a StGB verwirklicht der Täter regelmäßig auch den Betrugstatbestand nach § 263 I StGB.[1325] Da die praktische Aufarbeitung von Betrugsfällen in diesem Kontext regelmäßig an Kausalitäts-, Vorsatz- und Schadensfragen scheiterte, sah sich der Gesetzgeber veranlasst, mit §§ 264a, 265b StGB entschlackte Betrugsderivate einzuführen.[1326] Die Vehemenz, mit der ihre Einführung gefordert wurde, steht bei flüchtiger Betrachtung und gemessen an kriminalstatistischen Erkenntnissen, im eklatanten Widerspruch zu ihrer praktischen Bedeutung. Dazu haben *Hellmann*[1327] und *Zieschang*[1328] anhand des „Bundeslagebildes Wirtschaftskriminalität" bzw. der Polizeilichen Kriminalstatistik die verschwindend geringe Anzahl an Verfahren und Aburteilungen herausgearbeitet. Dieser Befund gewinnt an Tiefe,

1320 S. o. C. I. 2. c).

1321 *Theile*, wistra 2004, 121.

1322 *Hüls*, Grenzen, S. 179 ff.

1323 *Park*, in: HK-KapMarktStrafR, § 264a Rn. 6.

1324 *Hüls*, Grenzen, S. 164; *Theile*, wistra 2004, 121 (122); s. a. *Neubacher*, ZStW 118 (2006), 855 (871).

1325 *Hüls*, Grenzen, S. 179 f.

1326 S. dazu D. III. 2. a) aa).

1327 *Hellmann*, in: NK-StGB, § 264a Rn. 4.

1328 *Zieschang*, GA 2012, 607 (608).

führt man sich demgegenüber die immense praktische Relevanz bspw. des „Anlagebetrugs" gem. § 263 I StGB vor Augen.[1329] Materiell-rechtlich zum Tragen kommt § 264a StGB demgegenüber eher im Zivilrecht, so etwa im Zusammenhang mit der Deliktshaftung. Wiederum wird aufgrund seiner materiellen Beweiserleichterung auf § 264a StGB zurückgegriffen.[1330]

Aus der geringen statischen Erfassung unmittelbar auf normkonformes Verhalten zu schließen, erscheint indes als unterkomplex.[1331] Seit ihrer Einführung herrscht im Zusammenhang mit den erfolgskupierten Betrugsderivaten der §§ 264 ff. StGB rege Diskussion darüber, ob ihre praktische Bedeutung nicht auf Ebene des Strafverfahrens liege.[1332] Ihre Notwendigkeit wurde seit jeher mit der Überwindung von Beweisschwierigkeiten im Rahmen des tradierten Vermögensstrafrechts begründet.[1333] Das materielle Abschleifen[1334] der Straftatbestände führt zu einer erheblichen Absenkung der Eingriffsschwelle für Ermittlungsmaßnahmen. Zur Einleitung strafprozessualer Ermittlungsmaßnahmen reicht ein auf Tatsachen beruhender Anfangsverdacht aus, dass nach kriminalistischer Erfahrung eine verfolgbare Straftat gegeben ist. Der Staatsanwaltschaft kommt ein der gerichtlichen Kontrolle entzogener Beurteilungsspielraum zu.[1335] Strafrechtliche Vorverlagerungen wie die §§ 264 ff. StGB dehnen auch aufgrund ihrer vagen und offenen Formulierung[1336] die prozessuale Eingriffslinie zur Ausforschung verwandter vollendeter Vermögensschädigungen z. B. gem. § 263 I StGB aus. Je vager und offener ein Straftatbestand formuliert ist, desto einfacher lässt sich ein Anfangsverdacht begründen.[1337] Dort, wo das tradierte Vermögensstrafrecht mangels ausreichender Hinweise keinen Anfangsverdacht begründen kann, erleichtern kupierte Betrugstatbestände das Einleiten von Ermittlungsmaßnahmen wie Durchsuchungen gegen

---

1329 *Hellmann*, in: NK-StGB, § 264a Rn. 4.

1330 *Hellmann*, in: NK-StGB, § 264a Rn. 5; *Stackmann*, NJW 2013, 1985 (1986); krit. *Worms*, in: HdB-KapAnR, § 11 Rn 5.

1331 *Theile*, wistra 2004, 121.

1332 *Albrecht*, KritV 1993 (76), 163 (170); *Otto*, ZStW 96 (1984), 339 (364 f.); *Tiedemann*, JZ 1986, 865 (866).

1333 *Ranft*, NJW 1986, 3163 (3163); *Tiedemann*, JZ 1986, 865 (866); s. a. *Heinz*, in: Wirtschaftskriminalität und Wirtschaftsstrafrecht, S. 40; krit. *Albrecht*, KritV 1993 (76), 163 (170); *Hassemer*, NStZ 1989, 553 (558); *Otto*, ZStW 96 (1984), 339 (364 f.).

1334 *Theile*, wistra 2004, 121 (122).

1335 *Diemer*, in: KK-StPO, § 152 Rn. 7 f.

1336 *Kindhäuser*, Universitas 1992, 227 (230).

1337 *Başar*, Modernes Strafrecht, S. 283 f.

Tatverdächtige enorm. Da bspw. der § 264a StGB auf die Vornahme einer Täuschungshandlung abstellt, reicht auch ein darauf gerichtetes Verdachtsmoment zur Einleitung von Ermittlungsmaßnahmen aus. In aller Regel bleibt es nicht bei Ermittlungsmaßnahmen zur Verfolgung des Kapitalanlagebetrugs. Sobald mit Aufgreifnormen wie dem § 264a I StGB erste Ermittlungsmaßnahmen durchgeführt wurden, ergeben sich im Rahmen der laufenden Ermittlungen Verdachtsmomente hinsichtlich vollendeter Vermögensdelikte. Praktisch betrachtet, dienen Gefährlichkeitsdelikte wie die §§ 264a, 265b StGB daher also als Instrumente, um Delikte aus dem Bereich des herkömmlichen Vermögensstrafrechts aufzuklären.[1338] Wieder schlagen sich materiell-rechtliche Modifikationen also auf die Ebene des Strafverfahrens durch. Die Folge eines solchen Vorgehens ist die Entkopplung von materiellem Recht und Strafverfahren. Diejenigen Normen des materiellen Rechts, die zur Legitimation strafprozessualer Ermittlungsmaßnahmen herangezogen werden, schlagen sich in der Richtung der Ermittlungsmaßnahmen inhaltlich, wenn überhaupt, subsidiär nieder.[1339]

Neben den exemplarisch angeführten §§ 264a, 265b StGB gilt dieser Wirkungszusammenhang auch für das Wettbewerbsmodell nach § 299 StGB. Zwar lässt der Nachweis einer Unrechtsvereinbarung für eine Bevorzugung die strafrechtliche Verfolgung nach § 299 StGB regelmäßig scheitern. Allerdings ist die Norm insoweit für Strafverfolgungsbehörden von Interesse, als sie diese zum Aufhänger für Durchsuchungsmaßnahmen nehmen. In deren Rahmen wiederum werden nicht selten Beweismittel, die auf eine Steuerhinterziehung nach § 370 AO hinweisen, sichergestellt.[1340] Auch hier dient eine Auffangnorm folglich als Sprungbrett für weitere Maßnahmen hinsichtlich eines anderen Straftatbestandes. Sofern man darüber hinaus in dem neu eingefügten Geschäftsherrenmodell eine Vorverlagerung gegenüber der Untreue nach § 266 I StGB erkennt,[1341] liegt die Aufgreiffunktion des § 299 I Nr. 2, II Nr. 2 StGB ebenfalls nahe. Im Übrigen konnte auch für die überwiegende Anzahl der hier untersuchten Normen eine geringe kriminalstatistische Erfassung nachgewiesen werden.[1342] Wirtschaftsstrafrechtliche Gefährlichkeitsdelikte wie etwa §§ 264a, 265b, 265 StGB,[1343] §§ 331 I, 332, 333 HGB,[1344]

1338 *Theile*, wistra 2004, 121 (122).
1339 *Theile*, wistra 2004, 121 (122).
1340 *Zöller*, GA 2009, 137 (149); dazu *Hüls*, Grenzen, S. 179 ff.
1341 *Schünemann*, ZRP 2015, 68 (69); dazu *Hüls*, Grenzen, S. 179 ff.
1342 S. o. C. V. 2.
1343 Zu §§ 264a, 265b StGB *Theile*, wistra 2004, 121 (122).
1344 Zu §§ 331 ff. HGB *Dannecker*, in: *Staub*-HGB, Vor § 331 Rn. 96 ff.

§§ 399, 400, 401, 403, 404 AktG,[1345] §§ 82, 84, 85 GmbHG[1346] §§ 313 ff. UmwG,[1347] §§ 17 ff. PublG[1348] sowie § 35 DepotG[1349] treten demgegenüber regelmäßig in Tateinheit mit §§ 263, 266, 283 ff. StGB auf, wobei ihre Verfolgung im weiteren Verlauf der Ermittlungen nach §§ 154, 154a StPO eingestellt wird.[1350] Zwar können auch andere Faktoren wie bspw. die gesetzliche Subsidiarität bei § 35 DepotG[1351] oder §§ 17 PublG[1352] sowie die Exotik der Rechtsgebiets bspw. bei §§ 147 ff. GenG für die Strafverfolgung[1353] Ursache für die geringe praktische Relevanz sein. Indessen dürften die gesetzliche Subsidiarität oder Exotik des Rechtsgebiets schwerlich diesen Wirkungszusammenhang aus Tateinheit und Einstellung für alle der hier untersuchten Straftatbestände erklären. Näher liegt es, dass ein überwiegender Teil an wirtschaftsstrafrechtlichen Gefahrdelikten von Strafverfolgungsbehörden als Aufgreifnormen zweckentfremdet werden kann. Auf § 331 HGB scheint die Strafrechtswissenschaft diesen Befund übertragen zu haben. Dieser wird mittlerweile als Einstiegsdelikt für Strafverfolgungsbehörden beschrieben.[1354] Dies zugrunde gelegt, könnten weite Teile des Wirtschaftsstrafrechts als Zubringernormen für die Kernnormen, d. h. §§ 263 I, 266, 261, 283 ff. StGB, charakterisiert werden. Die abschließende Klärung dieser Frage muss mangels einschlägiger Empirie an dieser Stelle offenbleiben. Es wird Aufgabe der empirischen Kriminalforschung sein, die Vorgehensweisen der Strafverfolgungsbehörden in Wirtschaftsstrafsachen näher zu beleuchten. Festzuhalten bleibt in jedem Fall die erhebliche Diskrepanz zwischen der Verbreitung von Gefährlichkeitsdelikten im Wirtschaftsstrafrecht einerseits und der unveränderten Dominanz vollendeter Vermögensdelikte in der Sanktionspraxis andererseits.

1345 Zu §§ 399 ff. AktG *Hefendehl*, in: BeckOGK AktG, § 399 Rn. 20; § 400 Rn. 18; § 401 Rn. 40; § 403 Rn. 3 ff., 51; § 404 Rn. 2 ff., 89.

1346 Zu §§ 82 ff. GmbHG *Ransiek*, in: GK-GmbHG, Vor §§ 82 ff. Rn. 36 ff.; *Tiedemann*, GmbH-StrafR, Vor §§ 82 ff. Rn. 2.

1347 Zu §§ 313 ff. UmwG *von Häfen*, in: GJW-WiStR, § 313 UmwG Rn. 3.

1348 Zu §§ 17 ff. PublG *Eidam*, in: HK-KapMarktStrafR, § 17 Rn. 7.

1349 Zu § 35 DepotG *Eidam*, in: HK-KapMarktStrafR, § 35 DepotG Rn. 5.

1350 *Hefendehl*, in: MüKo StGB, § 263 Rn. 1257 ff.

1351 *Eidam*, in: HK-KapMarktStrafR, § 35 DepotG Rn. 5.

1352 *Eidam*, in: HK-KapMarktStrafR, § 17 PublG Rn. 6.

1353 *Weiß*, in: MüKo StGB, § 147 GenG Rn. 5 ff.

1354 *Ransiek*, in: ARR-WiStrafR, 8/1 Rn. 27; *Leplow*, in: MüKo StGB, Vor §§ 331 ff. HGB Rn. 26 ff.; s. a. *Park*, in: FS Müller, S. 531.

b) Sicherheitsarchitektur zur Bewältigung von Wirtschaftskriminalität

Im Anschluss an *Sieber* und *Singelnstein/Stolle* ist bezeichnendes Charakteristikum des Risikostrafrechts der Rückgang seiner Alleinstellung als Mittel zur Sozialkontrolle.[1355] Strafrecht fügt sich unter den Geltungsbedingungen der Risikogesellschaft ein in ein Sicherheitsnetz aus verschiedenen Regulierungs- und Kontrollzugängen, die, in den Worten *Siebers*, sich gegenseitig ergänzen und so in einer umfassenden Sicherheitsarchitektur zusammenwirken.[1356] Dieses reziproke Verhältnis[1357] zwischen Strafrecht und anderen Materien der Wirtschaftskontrolle soll im Folgenden anhand der Privatisierung der Sozialkontrolle im Wirtschaftsleben mittels der sog. *Criminal Compliance* sowie des *Whistleblowings* exemplifiziert werden. Zudem wirft das Konzept einer umfassenden Sicherheitsarchitektur im *Sieber'schen* Sinne die Frage nach dem Verhältnis zum tradierten *Ultima-ratio*-Gedanken auf. Besondere Aufmerksamkeit verdient hierbei die Analyse der Frankfurter Richtung, Risikostrafrecht sei zur *sola ratio* des Gesetzgebers denaturiert.

aa) Criminal Compliance

Das Anforderungsprofil des Risikostrafrechts betont das Bedürfnis, Risiken möglichst weit im Vorfeld zu identifizieren und unschädlich zu machen.[1358] Zudem haben ein verändertes gesellschaftliches Bewusstsein sowie, daran anknüpfend, politischer Druck wirtschaftliche Akteure in das Fadenkreuz der Strafjustiz gehoben, nicht zuletzt auch wegen der Spezialisierung der Strafverfolgungsbehörden infolge der steigenden Komplexität der Regelungsmaterie.[1359] Dies begünstigt die Teilprivatisierung der Sozialkontrolle im Wirtschaftsleben.[1360] Um sich gegenüber dem Risiko einer Sanktionierung abzuschirmen, implementieren Unternehmen umfassende Überwachungs- und Kontrollsysteme des Risikomanagements. Im Vordergrund stehen die Früherkennung und Vereitelung bußgeld- oder strafrechtsrelevanter Rechtsverstöße. Die Logik dahinter ist im Ausgangspunkt bestechend simpel: Wo kein Rechtsverstoß begangen wird, kommt eine Sanktion von vornherein nicht in Betracht.[1361]

1355 *Sieber*, in: GS Vogel, S. 354; *Singelnstein/Stolle*, Sicherheitsgesellschaft, S. 69 ff.
1356 *Sieber*, in: GS Vogel, S. 352.
1357 *Singelnstein*, in: Präventionsstaat, S. 52.
1358 *Rotsch*, ZStW 125 (2013), 481 (495); *Singelnstein/Puschke*, NK 2015, 339.
1359 *Kämpfer*, in: Gefahr, S. 164 ff.
1360 *Singelnstein/Puschke*, NK 2015, 339.
1361 *Kämpfer*, in: Gefahr, S. 168 f.

Sog. *Compliance*-Management-Systeme haben sich vor diesem Hintergrund mittlerweile in großen Unternehmen wie auch im Mittelstand zum Standard entwickelt.[1362] Es handelt sich um Binnenregelungen, die die Einhaltung der Gesamtheit aller internen Regelungen und Prozesse zwecks Regelkonformität der Unternehmung mit geltendem Recht und, darüber hinaus, ggf. unternehmensinternen Richtlinien und Kodizes sicherstellen sollen.[1363] Dadurch soll gewährleistet werden, dass das Unternehmen einem „*good corporate citizen*" entspricht und, noch wichtiger, als solcher auch in der Öffentlichkeit wahrgenommen wird.[1364]

(a) Die Rationale hinter Criminal Compliance

Compliance-Management-Systeme versuchen als Primärziel, Haftungsfälle und Rechtsnachteile zu verhindern, indem sie umfassende Risikoanalysen zur Beherrschbarkeit von Risiken durchführen. Sie stecken daher den Bereich erlaubter und unerlaubter Risiken ab.[1365] Die Präventions- bzw. Steuerungsfunktion der *Criminal Compliance* geht noch weiter. Unternehmen sind auf die Verschaffung von Wettbewerbsvorteilen ausgerichtet. *Compliance*, d. h. Rechtstreue, ist Mittel zur Gewinnmaximierung.[1366] Unter diesen Vorzeichen verschieben sich auch die Ziele und Interessen, die zur Sozialkontrolle motivieren. Im Mittelpunkt steht bei der privatisierten Sozialkontrolle nicht mehr, Rechtsverstöße bzw. Schädigungen zu vermeiden.[1367] Unternehmensinteressen sind vielmehr primär ökonomisch motiviert, sprich auf die Vermeidung von Kosten und unmittelbarer staatlicher Einflussnahme gepolt.[1368] Die Einleitung von Ermittlungs- und Strafverfahren kann reputationsgefährdend und damit unmittelbar wertmindernd für das Unternehmen sein. Es gilt, den Anschein strafrechtsrelevanten Verhaltens zu vermeiden, anders gewendet, den Verdacht einer Straftatbegehung gar nicht erst aufkommen zu lassen.[1369] Eine

1362 *Bussmann u. a.*, CCZ 2016, 235 (235 ff.); *Roxin*, in: Criminal Compliance, S. 351.

1363 *Bock*, ZIS 2009, 68; *Günter*, Ahndung, S. 98; *Heckenberger*, in: FS Sieber, S. 422; *Kölbel*, ZStW 125 (2013), 499 (500); *Lösler*, NZG 2005, 104 (104); *Mitsch*, JuS 2018, 1161 (1166); *Rotsch*, in: FS Samson, S. 141.

1364 *Rotsch*, ZStW 125 (2013), 481 (491).

1365 *Kämpfer*, in: Gefahr, S. 168 f.; *Mitsch*, JuS 2018, 1161 (1166); *Rotsch*, in: FS Samson, S. 144.

1366 *Rotsch*, in: FS Samson, S. 144.

1367 *Singelnstein/Puschke*, NK 2015, 339 (341 f.); s. a. *Lösler*, NZG 2005, 104 (108).

1368 *Hefendehl*, NK 2015, 359 (369); *Rotsch*, ZStW 125 (2013), 481 (485 ff.).

1369 *Kölbel*, in: GS Vogel, S. 384 f.; *Rotsch*, ZStW 125 (2013), 481 (487).

divergierende Motivationslage bedeutet indes nicht zwingend auch gegenläufige Wirkweisen und Ziele. So dürfte der Interessengleichlauf für den Bereich der *„occupational crimes“* zwischen privatem und öffentlichem Akteur gesichert sein. Unternehmen wie auch der Staat haben ein synchrones Interesse an der Aufklärung von Straftaten, die gegen ein Unternehmen verübt werden. Auch für den Bereich der *„corporate crimes“* sind Incentivierungsstrukturen denkbar, die in Richtung eines Interessengleichlaufs wirken können. Trotz alledem wird das Unternehmen ein erhebliches Interesse daran haben, eine öffentlichkeitswirksame Aufarbeitung des Rechtsverstoßes zu vermeiden, während dies für die Zwecke des Wirtschaftsstrafrechts aus spezial- wie auch generalpräventiven Gesichtspunkten essenziell sein dürfte.[1370]

(b) Criminal Compliance als privatisierte strategische Überwachung

Criminal Compliance ist ein Symptom des Risikostrafrechts, da es eine logische Folge der risikostrafrechtlichen Expansion darstellt. Wenn die Gesetzgebung mehr und mehr darauf abzielt, Risikosetzungen zu pönalisieren, wächst aufseiten der Normadressaten spiegelbildlich das Bedürfnis, Risikoeindämmung zu betreiben.[1371] Aus der Perspektive des Risikostrafrechts liegt ein zentrales Charakteristikum der *Criminal Compliance* in der Übernahme ursprünglich hoheitlicher Verfolgungsaufgaben durch private Akteure, noch genauer: durch den Verfolgten selbst.[1372] Zur Veranschaulichung bietet es sich an, die Privatisierung der Strafverfolgung mittels *Criminal Compliance* im Verhältnis zu den Überlegungen *Bäckers* im Zusammenhang mit dem Kriminalpräventionsrecht zu betrachten. In seinem Entwurf des Kriminalpräventionsrechts hat *Bäcker* als eines der polizeilichen Handlungskonzepte die strategische Überwachung herausgearbeitet.[1373] Das Handlungskonzept der strategischen Überwachung dient dazu, kriminogene Strukturen wie die sog. Organisierte Kriminalität und den Terrorismus wirksam zu bekämpfen. Gegenüber den komplexen Strukturen dieser Kriminalitätserscheinungen scheinen einzelfallbezogene Handlungskonzepte kein probates Mittel, sodass im Rahmen der strategischen Überwachung die kriminelle Struktur einzelfallübergreifend und großflächig

1370 *Kölbel*, ZStW 125 (2013), 499 (505); *Singelnstein/Puschke*, NK 2015, 339 (341 f.).

1371 *Rotsch*, ZStW 125 (2013), 481 (495); *Rotsch*, ZIS 2008, 1.

1372 *Bock*, wistra 2011, 201; *Kölbel*, ZStW 125 (2013), 499 (501); *Pieth*, in: FS Hassemer, S. 896; *Rotsch*, ZStW 125 (2013), 481 (496); *Sieber*, in: FS Tiedemann, S. 459 ff.; *Singelnstein*, in: Präventionsstaat, S. 53.

1373 *Bäcker*, Kriminalpräventionsrecht, S. 53 ff.; *Bäcker*, in: HdB-PolizeiR, Rn. 242 ff.

durchleuchtet wird. Hierdurch sollen Erkenntnisse über die logistischen Abläufe, hierarchischen Strukturen sowie die Schlüsselfiguren und -prozesse gewonnen werden, anders gewendet, die kriminelle Unternehmung als Ganze erschlossen werden.[1374] Teil dieser strategischen Überwachungen sind auch Polizeimaßnahmen, die auf Grundlage von Vorfeldkriminalisierungen bzw. Vorbereitungsdelikten vorgenommen werden. Nach *Bäcker* übernehmen Vorfeldkriminalisierungen hier, funktional betrachtet, Eigenschaften des präventivpolizeilichen Vorfeldrechts.[1375]

Vor diesem Hintergrund zeigt sich erneut, dass das Wirtschaftsstrafrecht gegenüber anderen Bereichen des Risikostrafrechts wie denjenigen zur Bekämpfung der sog. Organisierten Kriminalität und des Terrorismus einen Sonderweg eingeschlagen hat. Die Selbstkontrolle der Wirtschaftsakteure mittels *Criminal Compliance* privatisiert das Handlungskonzept der strategischen Überwachung. Unternehmen organisieren sich selbst, indem sie Binnenregeln zur Gewährleistung der Normtreue samt Verfahrensweisen zur Normdurchsetzung[1376] einrichten. Dadurch machen sie das externe Ausleuchten ihrer Strukturen mittels strategischer Überwachung überflüssig. Ein funktionierendes *Compliance*-Management-System übernimmt das originär hoheitliche Handlungskonzept der strategischen Überwachung. Unter risikostrafrechtlichen Gesichtspunkten liegt auch genau darin sein Zweck. Über *Criminal Compliance* wirken die Unternehmen selbst an der Durchsetzung (strafrechtlicher) Vorschriften mit. Im Kern geht es folglich nicht um Normsetzung, sondern um Normkonformität kraft Selbstkontrolle.[1377] Zwar finden sich *Compliance*-Bemühungen, die überobligatorische „*Best Practices*" implementieren. Solche Bestimmungen erfolgen indes aus Unsicherheiten über die Rechtslage und setzen den Verhaltensmaßstab unternehmensintern absichtlich höher an. Kernanliegen bleibt die Einhaltung geltenden Rechts, nicht als reiner Selbstzweck, sondern um Kosten staatlicher Intervention zu vermeiden.[1378] Gleichzeitig führen überobligatorische Verhaltensvorschriften dazu, dass Verhaltensverfehlungen im Vorfeld des strafrechtlich relevanten Bereichs unternehmensintern verfolgt werden.[1379] Die Privatisierung der Strafverfolgung durch interne

---

1374 *Bäcker*, Kriminalpräventionsrecht, S. 53 ff.; *Bäcker*, in: HdB-PolizeiR, Rn. 242 ff.

1375 *Bäcker*, Kriminalpräventionsrecht, S. 335 ff.; *Bäcker*, in: HdB-PolizeiR, Rn. 325 ff.

1376 Sog. *Internal Investigations*; eingehend s. u. .

1377 *Kölbel*, ZStW 125 (2013), 499 (507 f.).

1378 *Bussmann*, CCZ 2016, 50 (53); *Günter*, Ahndung, S. 99; *Kuhlen*, in: Corporate Compliance, S. 24.

1379 *Roxin*, in: Criminal Compliance, S. 354; *Saliger*, RW 2013, 263 (267, 285).

Untersuchungen wälzt die Ermittlungskosten zu einem erheblichen Teil auf das verfolgte Unternehmen ab und ist auch angesichts der oftmals unzureichenden finanziellen und personellen Ressourcen der Verfolgungsbehörden sowie im Hinblick auf nicht vorhandenes *Know-how* mitunter unverzichtbar.[1380] Über *Criminal Compliance* wird strafrechtliche Kontrolle mittels außerstrafrechtlicher Steuerungsmittel ausgeübt. Konkretisierend ist darauf hinzuweisen, dass, im Unterschied zum Risikostrafrecht, dessen Gegenstand die Steuerung von Schadensrisiken ist, *Criminal Compliance* nochmals vorgelagert strafrechtliche Risiken, d. h. das Risiko strafrechtlicher oder auch sonstiger Haftung, steuert. *Criminal Compliance* unterscheidet nicht zwischen Haftungsrisiken, die aus der Verwirklichung von Verletzungsdelikten bzw. konkreten Gefährdungsdelikten erwachsen, und solchen, die an die Verwirklichung von für das Risikostrafrecht typische Deliktstypen genknüpft sind.

Dieser Vergleich legt zudem offen, warum *Bäcker* seine Studien des kriminalpräventiven Strafrechts auf die Vorfeldkriminalisierung eingegrenzt hat.[1381] Die Sozialkontrolle *per se* krimineller Strukturen wie der sog. Organisierten Kriminalität oder des Terrorismus muss sich zwangsläufig anderer Steuerungsmittel bedienen als diejenige der Akteure des Wirtschaftslebens. Selbstkontrolle kann von vornherein kein probates Mittel für die Verwaltung von Delinquenz im Bereich der Organisierten Kriminalität oder des Terrorismus sein.[1382] Wie das Beispiel der *Criminal Compliance* zeigt, sind Wirtschaftsakteure hingegen zum einen ihrer eigenen Rationalität nach an Rechtstreue interessiert und zum anderen kooperationsbereit.[1383]

(c) Criminal Compliance und Risikosteuerung

Am Beispiel der *Criminal Compliance* wird zudem plastisch, was *Singelnstein/Stolle* und *Brunhöber* zu zeigen versuchen. *Criminal Compliance* kann auch als ein Auswuchs des Risikostrafrechts betrachtet werden, da es gemeinhin als ein angemessenes Mittel zur Risikosteuerung und -minimierung in der Risikogesellschaft betrachtet wird.[1384] Die Hauptaufgabe von *Compliance*-Management-Systemen ist Risikoidentifikation, -bewertung und -bewältigung,

---

1380 *Rotsch*, ZStW 125 (2013), 481 (488); dazu am Beispiel der Siemens-Affäre *Schünemann*, GA 2013, 193 (197).

1381 *Bäcker*, Kriminalpräventionsrecht, S. 320 ff.; eingehend s. o. D. III. 1. c) cc).

1382 Dazu bereits s. o. D. I. 2. c).

1383 Eingehend zur Kooperationsbereitschaft im Zusammenhang mit *Internal Investigations* s. u. E. I. 2. a).

1384 *Kuhlen*, in: Compliance, S. 15.

kurzum Risikosteuerung.[1385] Ziel eines *Compliance*-Management-Systems ist die Regulierung kriminalitätsanfälliger Strukturen in einem Unternehmen. Damit reagieren *Compliance*-Management-Systeme im ersten Zugang nicht auf konkrete Verstöße,[1386] sondern versuchen, eine risikobehaftete Situation zu steuern. Nicht konkrete Verdachtsmomente, sondern die abstrakte Möglichkeit von Normverstößen gibt dazu Anlass.[1387] Dieser Aspekt wird durch den Vorstoß der sog. *Digital Criminal Compliance* auf die nächste Stufe gehoben. *Digital Criminal Compliance* bedient sich im Sinne des Prädiktionsstrafrechts nach *Burchard*[1388] algorithmenbasierter Überwachungs- und Analysesysteme, um auf Grundlage von Echtzeitanalysen anstehende Regelverstöße im und aus dem Unternehmen heraus zu antizipieren und abwenden zu können. Damit verbunden ist das Versprechen, Rückschauverluste und Rückschaufehler, wie sie im Zusammenhang mit durch den Menschen gesteuerter *Criminal Compliance* zwangsläufig auftreten, vermeiden zu können. Anstelle der nachträglichen Überprüfung von *Compliance*-Vorfällen durch den Menschen tritt die Echtzeitbewertung einzelner Maßnahmen vor ihrer Ausführung. Der (mögliche) *Compliance*-Verstoß wird auf diese Weise unter Anwendung von *Digital Criminal Compliance* angezeigt, bevor oder während die den *Compliance*-Verstoß begründende Maßnahme ausgeführt wird.[1389] Als Beispiel für *Digital Criminal Compliance* prominent diskutiert ist das sog. *Predictive Policing* am Arbeitsplatz. Hierbei wenden Arbeitgeber, analog zu den Polizeibehörden,[1390] *Predictive Analytics* an, um Straftatbegehungen oder andere Regelübertretungen seitens ihrer Arbeitnehmer vorherzusagen.[1391] Zur Verfügung stehen dem Arbeitgeber umfassende Datenpunkte, die er aus der Überwachung der Kommunikationsnetze (E-Mail, Telefon, Browserdaten etc.) generiert.[1392] Als

---

1385 *Kämpfer*, in: Gefahr, S. 164 ff.; zu der Frage, inwieweit *Criminal Compliance* diesem Anspruch angesichts dogmatischer Ungewissheiten im Wirtschaftsstrafrecht gerecht werden kann, s. *Rotsch*, in: FS Samson, S. 147 ff.

1386 Freilich gehört auch repressive Arbeit, in Form sog. *Internal Investigations*, zum Kanon eines Compliance-Management-Systems, s. *Reichert/Ott*, ZIP 2009, 2176 (2174 ff.); *Seibt/Cziupka*, AG 2015, 93 (98 ff.).

1387 S. o. D. III. 1. d) und D. III. 1. c) aa).

1388 S. o. D. III. 1. e).

1389 *Burchard*, in: FS Sieber, S. 744 ff.

1390 Zum *Predictive Policing* statt vieler s. *Müller/Schwabenhauer*, in: HdB-PolizeiR, Rn. 1341 ff.

1391 *Dzida*, NZA 2017, 541; *Rudkowski*, NZA 2019, 72.

1392 *Burchard*, in: FS Sieber, S. 747.

Nebenprodukt produzieren solche Echtzeitanalysen Datensätze, die einen umfassenden Beweisbestand für die nachträgliche Aufarbeitung, etwa durch Strafverfolgungsbehörden, anbieten.[1393] Das *Predictive Policing* am Arbeitsplatz als Ausprägung der *Digital Criminal Compliance* kann vor diesem Hintergrund auch als ein weiterer Schritt einer sukzessiven Privatisierung der Strafverfolgung gelesen werden.[1394]

bb) Whistleblowing

Teil von *Compliance*-Management-Systemen sind im Übrigen auch sog. *Whistleblowing*-Systeme. Sie dienen als (anonyme) Kommunikationskanäle für Hinweisgeber bei Verdachtsmomenten. Internes Fehlverhalten soll möglichst zeitig erkannt und verwaltet werden. Zudem dienen Hinweisgebersysteme auch als Sammelstelle für Verbesserungsvorschläge im Hinblick auf bestehende *Compliance*-Management-Systeme.[1395] Sofern es sich um internes *Whistleblowing* handelt, zielen Hinweisgebersysteme von vornherein auf die unternehmensinterne Abwicklung ab. Aus Furcht vor dem Einschreiten der Strafverfolgungsbehörden werden Unternehmen nach ökonomischem Kalkül externes *Whistleblowing* vermeiden wollen. Auch hier findet sich das für das Phänomen der *Criminal Compliance* geltende Auseinanderfallen von öffentlichem Interesse an einer öffentlichkeitswirksamen Bearbeitung einerseits und Unternehmensinteresse an einer geräuschlosen Abwicklung andererseits wieder.[1396]

cc) Wirtschaftsstrafrecht als sola ratio?

Unabhängig davon, ob man den *Ultima-ratio*-Gedanken als konstitutionelle Vorgabe[1397], Synonym für den Verhältnismäßigkeitsgrundsatz[1398] oder eine kriminalpolitische Anmahnung[1399] kluger Strafrechtsbegrenzung betrachtet, kommt in ihm die in der Strafrechtswissenschaft fast einheitlich formulierte Forderung zum Ausdruck, Kriminalstrafrecht dürfe nur die letzte

---

1393 *Burchard*, in: FS Sieber, S. 746; *Neufang*, IRZ 2017, 249 (252).

1394 *Burchard*, in: FS Sieber, S. 752 f.

1395 *Kölbel/Herold*, NK 2015, 375 (376); *Zimmermann*, Strafbarkeitsrisiken, S. 23.

1396 *Singelnstein/Puschke*, NK 2015, 339 (343).

1397 *Landau*, NStZ 2015, 665.

1398 So z. B. *Böse*, in: Die Rechtsgutstheorie, S. 94 f.; *Greco*, in: Strafrecht und Verfassung, S. 23; *Heinrich*, KriPoZ 2017, 4 (19 f.); *Jakobs*, Strafrecht AT, 2/27 f.; *Kaspar*, Präventionsstrafrecht, S. 243 ff.; *Kühl*, in: FS Tiedemann, S. 41.

1399 *Prittwitz*, ZStW 129 (2017), 390 (396).

Handlungsoption staatlicher Machtausübung sein.[1400] Dahinter steht die Überlegung, wonach das Strafrecht von allen Eingriffsmitteln, die der Obrigkeit zur Verfügung stehen, das eingriffsintensivste und damit schwerwiegendste sei.[1401] Es dürfe nur ausnahmsweise zur Anwendung gelangen.[1402] Aufgrund seiner Invasivität gegenüber dem Normadressaten könne das Strafrecht nur ausnahmsweise das relativ mildeste Mittel darstellen.[1403] Der *Ultima-ratio*-Gedanke unterstreiche beispiellos die Eingriffsintensität des Strafrechts als „schärfstes Schwert" der Rechtsordnung und gebiete denklogisch die restriktive und subsidiäre Anwendung gegenüber anderen Werkzeugen der Sozialkontrolle.[1404] Das Risikostrafrecht, so die Diagnose aus Frankfurt, verkehre diesen Gedanken in sein Gegenteil. Die Expansion des Strafrechts mit flächendeckendem Einsatz von Kollektivrechtsgütern und sog. abstrakten Gefährdungsdelikten weise darauf hin, dass der Gesetzgeber auf gesellschaftliche Missstände nicht mehr zuallerletzt, sondern zuvorderst mit dem Strafrecht reagiere.[1405] *Tiedemann* hat diese Entwicklung für das Wirtschaftsstrafrecht begrüßt. Wirtschaftspolitisch betrachtet, wirke das Strafrecht ausnahmsweise regelmäßig milder als alternative Sanktionsregime, da die punktuelle Verfolgung einzelner Straftaten weniger gravierend sei als die Implementierung umfassender verwaltungsrechtlicher Kontrollmechanismen. Die strafrechtliche Regulierung der Wirtschaft gebiete daher eine Abkehr vom *Ultima-ratio*-Gedanken.[1406] Ein dichtes Kontrollnetz aus Auskunftsrechten, Rechten auf Vorlage von Unterlagen, Nachschaurechten, Duldungspflichten, Beanstandungsrechten, Abhilfeverlangen sowie die Versagung und Entziehung nötiger Erlaubnisse bis hin zur Betriebsschließung könnten im Ergebnis einen intensiveren Eingriff in die grundgesetzlich verbürgte Freiheit zur wirtschaftlichen Betätigung darstellen als punktuelle strafrechtliche Sanktionen.[1407] Diese kritische Haltung zum

1400 *Jahn/Brodowski*, ZStW 129 (2017), 363 (366); *Kindhäuser*, in: Modernes Strafrecht, S. 29 jeweils m. w. N.

1401 *Hassemer*, NStZ 1989, 553; *Jareborg*, in: FS Eser, S. 1346; *Prittwitz*, in: FS Roxin 2011, S. 28 f.; *Roxin*, Strafrechtliche Grundlagenprobleme, S. 13 f.

1402 *Wessels u. a.*, StrafR AT, Rn. 9 ff.

1403 *Großmann*, Liberales Strafrecht, S. 61 f.; s. a. *Ruldophi*, ZStW 83 (1971), 105 (114 f.).

1404 *Großmann*, Liberales Strafrecht, S. 62.

1405 Statt vieler *Hassemer*, Produktverantwortung, S. 6 ff., 12 f.

1406 *Tiedemann*, Tatbestandsfunktionen, S. 145; *Tiedemann*, JZ 1986, 865 (866); s. a. *Haffke*, in: FS Roxin 2001, S. 955 ff.; *Tiedemann/Engelhart*, Wirtschaftsstrafrecht, Rn. 227 ff.

1407 *Achenbach*, GA 2004, 559 (562).

Ultima-ratio-Gedanken hat *Kubiciel* weitergetragen. Demnach bestehe der von *Tiedemann* beschriebene Unterschied zwischen punktueller Sanktionierung und flächendeckender Kontrolle darin, dass bei strafrechtlichem Zugang dem Wirtschaftsakteur überlassen bliebe, wie er den Normappell umsetze. Erst bei einem konkreten Verstoß werde der Staat tätig. Demgegenüber unterziehe eine verwaltungsrechtliche Kontrolle unterschiedslos alle Wirtschaftsteilnehmer der Kontrolle.[1408] Außerdem habe die Strafrechtswissenschaft weder kraft Autorität noch theoretischen Kategorienkatalogs die Kompetenz, der gesetzgeberischen Einteilung in Straftaten und Ordnungswidrigkeiten etwas entgegenzuhalten. Die Forderung, dem *Ultima-ratio*-Gedanken Beachtung zu schenken, bleibe daher, bei Lichte betrachtet, kontur- und folgenlos. Es obliege dem Gesetzgeber, eine solche Unterscheidung vorzunehmen.[1409] Dazu im Kontrast stehen bspw. die Überlegungen *Theiles*[1410] und *Techmeiers*[1411], die auf den Reputationsschaden abstellen, den wirtschaftliche Akteure durch öffentliche Bekanntwerdung der Einleitung eines Ermittlungsverfahrens erführen.[1412] Ein solcher Schaden lässt sich regelmäßig als Vermögensschaden quantifizieren und ist daher nicht nur immaterieller Natur.[1413] Auch sind strafprozessuale Ermittlungsmaßnahmen wie Durchsuchungen nach § 162 f. StPO oder Beschlagnahmen gem. § 98 StPO in der Lage, Funktionsabläufe im Unternehmen und den Betriebsfrieden zu erschüttern.[1414] Das unterstreicht die besondere Eingriffsintensität, die dem Strafrecht zu eigen ist, und übersetzt sie in die Logik der Wirtschaft.

Das führt schließlich zu der Frage, ob das Wirtschaftsstrafrecht *sola ratio* im Umgang mit Wirtschaftsdelinquenz ist.[1415] Klarstellend sei festgehalten, dass an dieser Stelle keine Bewertung der Tragfähigkeit des *Ultima-ratio*-Gedankens

---

1408 *Kubiciel*, ZStW 129 (2017), 473 (488).

1409 *Kubiciel*, ZStW 129 (2017), 473 (489); s. a. *Burchard*, in: GS Vogel, S. 45; *Gärditz*, JZ 2016, 641 (644).

1410 *Theile*, wistra 2012, 285 (287).

1411 *Techmeier*, in: Kriminalität der Mächtigen, S. 61 ff.

1412 In diese Richtung geht auch das sog. *Naming and Shaming* nach § 125 WpHG oder § 57 GwG, wonach Sanktionsentscheidungen öffentlich bekannt gemacht und die Adressaten somit an den Pranger gestellt werden, s. *Kämpfer*, in: Gefahr, S. 164 sowie u. E. II. 4. b) cc) (c); zu Reputationsschäden aufgrund von Kartellrechtsverstößen *Heckenberger*, in: FS Sieber, S. 426.

1413 Eingehend zu Reputationsschäden und ihrer Bedeutung *Klöhn/Schmolke*, NZG 2015, 689 (692 f.); s. a. *Rathgeber*, Criminal Compliance, S. 88; *Rotsch*, ZStW 125 (2013), 481 (487).

1414 *Kämpfer*, in: Gefahr, S. 164.

1415 So z. B. *Kindhäuser*, ZStW 129 (2017), 382 (384 f.).

inklusive seiner Rückkopplung mit verfassungsrechtlichen Vorgaben durchgeführt wird.[1416] Gegenstand des Interesses soll vorläufig die Frage sein, ob das geltende Wirtschaftsstrafrecht nach dem *status quo* der Rechtsordnung berechtigterweise als *sola ratio* im Umgang mit Wirtschaftskriminalität bezeichnet werden kann. In eine andere Richtung weisen die vorstehend untersuchten Instrumente der *Criminal Compliance* und des *Whistleblowings*, die als Alternative zur klassischen Strafverfolgung Zweifel daran wecken, dass das Wirtschaftsstrafrecht als *sola ratio* zur Regulierung von Wirtschaftskriminalität herangezogen wird. In ihnen spiegelt sich der Trend von der Fremd- zur Selbstregulierung und damit einer fortschreitenden Annäherung des Strafrechts an das Zivil- und öffentliche Recht.[1417] Aus Sicht eines risikostrafrechtlichen Zugangs zum Wirtschaftsstrafrecht interessiert diese Frage, weil sie in einem Widerspruch zu den Überlegungen *Siebers*, aber auch *Singelnsteins/Stolles* steht. Entweder ist das Wirtschaftsstrafrecht *sola ratio*, oder es versteht sich als Teil eines umfassenden, rechtsgebietsübergreifenden Sicherheitsregimes zur Sozialkontrolle, in dem verschiedene Eingriffsmöglichkeiten staatlicher wie auch privater Akteure als Reaktion auf Wirtschaftsdelinquenz nebeneinander zum Einsatz kommen. In letzterem Fall ist Wirtschaftsstrafrecht ein Baustein im System eines rechtsgebietsübergreifenden Sanktionskatalogs. *Achenbach* hat anhand des Kartellrechts das Konkurrenzverhältnis von Zivil-, Verwaltungs- und Strafrecht beleuchtet und vor diesem Hintergrund dem Strafrecht eine subsidiäre und punktuelle Stellung eingeräumt.[1418] Auch für *Vogel*[1419] und, im Anschluss daran, *Foffani*[1420] ist Strafrecht als solches nicht mehr primär Mittel zum Rechtsgüterschutz, sondern wird innerhalb eines Netzes rechtlicher und außerrechtlicher Instrumente zur Wirtschaftssteuerung eingesetzt und von präventiven Überwachungsmaßnahmen wie auch von repressiven Sanktionsregimen unterhalb der Kriminalitätsschwelle flankiert.[1421] Im Bereich des Nebenstrafrechts sind Kriminalstraf- und Ordnungswidrigkeitenrecht derart eng verzahnt, dass es zu ihrer Abgrenzung oftmals auf das Nicht- bzw. Vorliegen eines einzigen Tatbestandsmerkmals ankommt. Aus der vorliegenden

---

1416 Dazu s. u. E. II. 4. a).

1417 *Rotsch*, ZStW 125 (2013), 481 (496 f.).

1418 *Achenbach*, GA 2004, 559 (561).

1419 *Vogel*, in: FS Jakobs, S. 731 f.

1420 *Foffani*, in: GS Vogel, S. 376 ff.

1421 S. *Vogel*, in: FS Jakobs, S. 740 ff., der anhand des Wertpapierhandelsstrafrechts die Zusammenkunft verschiedener Rechtsdurchetzungsinstrumente in Gestalt der BaFin darlegt; dazu auch *Weigend*, in: FS Frisch, S. 23 f.

Untersuchung springen die §§ 333a, 334 IIa HGB ins Auge. Das strafqualifizierende Unrecht ergibt sich hierbei ausschließlich aus dem Versprechenlassen bzw. Erhalten eines Vermögensvorteils oder aus dem beharrlichen Wiederholen. Die Schwelle zur Strafwürdigkeit des Verhaltens wird demnach dadurch überschritten, dass der Täter die Pflichtverletzung aus einer wirtschaftlichen Motivation heraus begeht oder sich hinsichtlich dieser Pflichtverletzung als Wiederholungstäter entpuppt.[1422] Das Verhalten, das unterbunden werden soll, wird primär über ordnungswidrigkeitenrechtliche Sanktionsandrohungen verwaltet. Erst bei Hinzutreten weiterer Umstände greift das Kriminalstrafrecht ein. Vergleichbar fließen auch die Grenzen zwischen weiteren Delikten des Nebenstrafrechts mit denjenigen des Ordnungswidrigkeitenrechts ineinander. In jedem der untersuchten Regelungsmaterien des Nebenstrafrechts, von den §§ 331 ff. HGB zu §§ 399 ff. AktG, §§ 82 ff. GmbHG oder auch bei exotischeren Rechtsmaterien wie §§ 17 ff. PublG oder §§ 147 ff. GenG finden sich, zumeist am Ende des Gesetzes, Straftatbestände und Ordnungswidrigkeitentatbestände hintereinander und in Bezug aufeinander geregelt. Ferner stehen Behörden unter Umständen aufsichtsrechtliche Maßnahmen als Ahndungsmittel zur Hand, bspw. der Entzug der öffentlich-rechtlichen Erlaubnis oder eine Gewerbe- bzw. Betriebsuntersagung bis hin zur Verbandsauflösung.[1423] Dies unterstreicht ein Blick auf den oben beleuchteten § 54 KWG.[1424] Neben der Möglichkeit, auf das Betreiben von verbotenen bzw. unerlaubten Geschäften gem. § 54 KWG mit Kriminalstrafe zu reagieren, sehen die §§ 35 ff. KWG mit dem Entzug der Erlaubnis gem. § 35 II KWG, der sofortigen Einstellung des Geschäftsbetriebs nach § 37 KWG bis hin zur Auflösungs- und Abwicklungsverfügung gem. § 38 I KWG aufsichtsrechtliche Maßnahmen vor. Aber auch mit Blick auf die Leitungspersonen kann die Aufsichtsbehörde alternativ zum Entzug der Erlaubnis gem. § 36 KWG auch die Abberufung des Geschäftsleiters samt Tätigkeitsverbot für diesen verfügen. § 36a KWG weitet dieses Verbot schließlich in Teilen auf natürliche Personen unterhalb der Geschäftsleiterebene aus.[1425]

Wer dagegen einwenden wollte, die Expansion des Wirtschaftsstrafrechts hinein in das Kernstrafrecht sei mit dem Phänomen des Risikostrafrechts beschrieben, das Nebenstrafrecht somit nicht primärer Untersuchungsgegenstand, sei

---

1422 S. o. C. IV. 3. b) bb).

1423 *Kämpfer*, in: Gefahr, S. 163.

1424 S. o. C. IV. 5.

1425 *Fischer/Müller*, in: KWG, § 35 Rn. 57 f.; § 37 Rn. 17; § 38 Rn. 8 ff.

neben der von *Achenbach*[1426] aufgegriffenen Verortung der §§ 298, 299 StGB im Gefüge des kartellrechtlichen Sanktionskatalogs etwa auch auf § 264a StGB verwiesen, dessen hauptsächlicher Anwendungsbereich nach aktuellem Erkenntnisstand im Bereich der zivilrechtlichen Deliktshaftung liegen dürfte.[1427] Die Kopplung des Risikostrafrechts mit anderen Sanktionsregimen findet sich folglich sowohl im Kern- als auch im Nebenwirtschaftsstrafrecht. Das Zusammenspiel verschiedener Rechtsregime zur Kontrolle und Verfolgung von Devianz fügt sich nahtlos ein in *Siebers* Konzept einer umfassenden Sicherheitsarchitektur, in der das Strafrecht seine Monopolstellung bei der Verfolgung von Delinquenz zugunsten alternativer Sanktionsregime abgegeben hat,[1428] wie auch in der Zusammenschau mit den vorstehend erörterten alternativen Kontrollmöglichkeiten zum Ausdruck kommt.[1429] Dass Wirtschaftsstrafrecht *sola ratio* sein soll, erscheint nur aus einer strafrechtlichen Binnenperspektive mit Blick auf die expansive Wirtschaftsstrafrechtsgesetzgebung plausibel.[1430]

c) Selektive Strafverfolgung

Als ein weiterer Mosaikstein des Risikostrafrechts hat sich das selektive Vorgehen der Strafverfolgung unter Rückgriff auf alternative Erledigungsstrukturen herausgestellt.[1431] *Naucke* begreift diese als notwendige Folge der Präventionsausbreitung. Die umfassende Kriminalisierung immer weiterer Lebensbereiche und der präventive Selbstanspruch des Strafrechts führen angesichts der begrenzten Ressourcen der Strafrechtspflege dazu, dass diese bei ihrem Tätigwerden selektiv vorgehen müsse. Präventionsausbreitung gehe mit Präventionsverzicht einher. Daher komme die Strafverfolgung nicht mehr ohne einen ausdifferenzierten Instrumentarienkatalog zur Umsetzung eines *De-facto*-Opportunitätsprinzips aus.[1432] *Singelnstein* hat diesen Befund aktualisiert und mit empirischen Erkenntnissen unterfüttert. So gelangt ihm zufolge mittlerweile etwa die Hälfte der anklagefähigen Ermittlungsverfahren zur

1426 *Achenbach*, GA 2004, 559 (562).

1427 *Hellmann*, in: NK-StGB, § 264a Rn. 5; krit. *Worms*, in: HdB-KapAnR, § 11 Rn. 5.

1428 S. o. D. III. 1. c) bb).

1429 S. a. *Kubiciel*, in: Strafrechtspolitik, S. 110; *Mona*, in: Strafrechtspolitik, S. 153.

1430 Dazu *Kölbel*, in: GS Vogel, S. 392 f., der ebenfalls auf die strafrechtliche Binnenperspektive als limiterenden Faktor abstellt.

1431 *Hassemer*, Produktverantwortung, S. 16 f.; *Naucke*, KritV 1993, 135 (148, 152 f.); *Singelnstein*, in: Präventionsstaat, S. 50 f.

1432 *Hamm*, in: Die Handlungsfreiheit, S. 46; *Kubiciel*, HRRS 2014, 204; *Naucke*, KritV 1993, 135 (148, 152 f.); *Vormbaum*, in: Beiträge, S. 65.

Hauptverhandlung. Der Rest werde unter Berufung auf Opportunitätserwägungen nach §§ 153, 153a StPO erledigt.[1433] Hiernach können Strafverfolgungsbehörden trotz Vorliegen eines Tatverdachts aufgrund der geringen Schuld von einer weiteren Verfolgung absehen. Entweder bleibt das Verfahren in diesen Fällen für den Betroffenen folgenlos oder die Strafverfolgungsbehörden können, unter Heranziehung des § 153a StPO, Auflagen und Weisungen anordnen. Strafverfolgungsbehörden sind demnach ermächtigt, ohne Schuldnachweis Sanktionierungen auszusprechen.[1434] Wie unter den Aufgreifnormen diskutiert,[1435] kennzeichnet die häufige Einstellung nach §§ 153, 153a StPO einen Großteil der hier untersuchten Delikte. Obschon die Ursachen für die Einstellung, soweit ersichtlich, bislang empirisch nicht durchleuchtet wurden und z. T. auf ihre Aufgreiffunktion zurückzuführen sind, weist die praktische Handhabe einer Reihe risikostrafrechtlicher Wirtschaftsgesetzgebung in Richtung der Analyse *Singelnsteins* und *Nauckes*.[1436]

aa) Exemplarisch: Verständigung nach § 257c StPO

Ein weiteres Werkzeug zur selektiven Strafverfolgung bietet § 257c StPO. Ihren Ursprung findet die Verständigung im Strafverfahren wohl in den späten 1960er-, jedenfalls aber in den 1970er-Jahren,[1437] indem sich zur Bewältigung komplexer Sachverhaltskonstellationen eine Absprachepraxis zwischen den Verfahrensbeteiligten entwickelte.[1438] Ihren Hauptanwendungsfall[1439] fanden und finden Verständigungen nach wie vor im Bereich der Wirtschaftsstrafverfahren.[1440] Mit § 257c StPO ist die Zielvorstellung verbunden, durch Kooperation der Prozessbeteiligten das Strafverfahren zu verkürzen.[1441]

1433 *Singelnstein*, in: Präventionsstaat, S. 50 f.

1434 *Berberich/Singelnstein*, KrimJ 2019, 192 (196 f.); *Stuckenberg*, in: FS Weßlau, S. 375 ff.; *Weigend*, in: Verdacht, S. 81 ff. inkl. verfassungsrechtlicher Spannungsfelder, die sich mit Blick auf Schuldprinzip, Unschuldsvermutung, Bestimmtheitsgrundsatz und Gewaltenteilungsprinzip ergeben; ausführlich auch *Bommer u. a.*, GA 2019, 1 (5 ff.).

1435 S. o. D. III. 2. a) bb)

1436 S. o. D. III. 1. f).

1437 *Kudlich*, ZRP 2021, 81; s. a. *Schmidt-Hieber*, NJW 1982, 1017.

1438 *Nötzel/Klauck*, NStZ 2021, 577.

1439 Freilich beschränkt sich die Verständigung nicht auf derartige Verfahrenskonstellationen, s. *Altenhain u. a.*, Praxis, S. 333 ff.; *Jahn/Bendrick*, in: Studien, S. 215 ff.; *Jahn/Müller*, NJW 2009, 2625; *Müller*, Probleme, S. 35 ff.

1440 *Roxin/Schünemann*, Strafverfahrensrecht, § 17 Rn. 7.

1441 *Zabel*, in: FS Neumann, S. 741.

Verfahrensökonomische Interessen aufseiten der Strafverfolgungsbehörden gehen mit der Erwartung einer strafmildernden Berücksichtigung aufseiten des Beschuldigten einen Tauschhandel ein, in dessen Mittelpunkt das Geständnis[1442] steht.[1443] Als Ursache für das Entstehen von Verständigungen wird seit jeher das Bedürfnis der Strafjustiz, Strafverfahren zu beschleunigen und zu vereinfachen, ins Feld geführt.[1444] Aufgrund der Überlastung der Justiz, bedingt durch eine Verfahrensflut sowie überlange Verfahrensdauern, halten weite Teile in Schrifttum und Praxis eine Verständigungspraxis unabdingbar für eine funktionstüchtige Strafrechtspflege.[1445] Auch wenn die Ursprünge von Verständigungen in einer Überlastung der Strafrechtspflege liegen könnten, worauf ihre Entstehung im Bereich des Wirtschaftsstrafrechts ein Hinweis sein könnte,[1446] scheinen sie sich mittlerweile von diesem Ursprung emanzipiert zu haben. Verständigungen sind heute integraler Bestandteil der aktuellen Strafverfahrenspraxis, wie ihre Einkehr in sämtliche Bereiche der Kriminalitätsbekämpfung verdeutlicht.[1447]

Als weiteren Deutungsansatz hat sich die Eigenschaft der Verständigung als Werkzeug zur Bewältigung von Beweisschwierigkeiten herausgestellt.[1448] Wirtschaftsstrafsachen produzieren in überproportionalem Maße komplexe und umfangreiche Verfahren.[1449] Die Straftatbestände, die im Rahmen der Ausdehnung des Wirtschaftsstrafrechts in das StGB hineinexpandierten, um Beweisschwierigkeiten zu überwinden, bringen also ihrerseits Beweisschwierigkeiten mit sich. Auf dieses Folgeproblem haben bspw. *Hamm*[1450] und *Schünemann*[1451] hingewiesen. Strafgesetze zur Regulierung der Wirtschaft hätten danach mit dem Wirtschaftsleben oftmals komplexe Interaktionszusammenhänge zum Gegenstand, deren forensische Rekonstruktion vor unüberwindbare Hürden

---

1442 Zum veränderten Rollenverständnis der Prozessbeteiligten eines Verständigungsverfahrens *Zabel*, in: FS Neumann, S. 742 f.

1443 *Sickor*, Geständnis, S. 375; s. a. *Jahn/Müller*, NJW 2009, 2625 (2631); *Jerouschek*, ZStW 102 (1990), 793 (806); *Knauer/Lickleder*, NStZ 2012, 366 (367); *Niemöller*, StV 1990, 34 (35).

1444 *Braun*, AnwB 2000, 222 (224).

1445 *Kremer*, Absprachen, S. 285; *Weichbrodt*, Konsensprinzip, S. 120 f.

1446 *Schünemann*, in: FS Baumann, S. 367.

1447 *Weichbrodt*, Konsensprinzip, S. 122 ff.

1448 *Hamm*, ZRP 1990, 337 (341).

1449 *Terhorst*, DRiZ 1988, 296 (298); *Weigend*, JZ 1990, 774 (775).

1450 *Hamm*, ZRP 1990, 337 (341 f.).

1451 *Schünemann*, in: FS Pfeiffer, S. 473 f.

stünde.[1452] Daher stehe in Wirtschaftsstrafverfahren die – oftmals nicht zum zweifelsfreien Abschluss kommende – Suche nach der Straftat, d. h. der Streit über die Erfüllung von Tatbestandsvoraussetzungen, und nicht die Suche nach dem Straftäter im Vordergrund.[1453] Aus jüngerer Zeit ist auf die strafrechtliche Aufarbeitung der Wirtschafts- und Finanzkrise zu verweisen, in deren Mittelpunkt die aufwendige Auslegung des bisweilen sperrigen § 266 I StGB stand.[1454] *Schünemann* hat dies zudem anhand des § 283 StGB bzw. der drohenden Zahlungsunfähigkeit exemplifiziert. Danach sei die Prognose der drohenden Zahlungsunfähigkeit des Unternehmens nicht unverfälscht rekonstruierbar, da sie notwendigerweise das Verhalten der Geschäftspartner miteinschließe. Kommunikationstheoretisch sei der Versuch, das künftige Verhalten der Geschäftspartner unverzerrt – d. h. unter Wegdenken des zwischenzeitlichen Zusammenbruchs des Unternehmens – zu rekonstruieren, von vornherein zum Scheitern verurteilt, da diese in einer nachträglichen Vernehmung den zwischenzeitlichen Zusammenbruch des Unternehmens niemals vollständig ausblenden könnten und ihre Selbsteinschätzung daher verfälscht bleiben werde.[1455] Mangels hinreichend konkreter Prognosemöglichkeiten mit Blick auf den Ausgang eines Prozesses erscheint das streitige Ausprozessieren daher für alle Verfahrensbeteiligten zunehmend unattraktiv. Anstelle dessen treten Sondierungsgespräche zur gütlichen Einigung auf ein Verfahrensergebnis.[1456]

bb) Risikosteuerung durch Selektion und Informalisierung

Abseits der umfassend diskutierten Spannungsfelder[1457] mit verfassungsrechtlichen und strafprozessualen Grundsätzen interessiert aus Sicht des Risikostrafrechts der selektive Ansatz, der mit der Verständigung einhergeht. Risikostrafrechtliche Gesetzgebung schafft im Bereich des Wirtschaftsstrafrechts strafrechtsrelevante Sachverhaltskonstellationen, die aufgrund der

1452 *Schünemann*, in: FS Pfeiffer, S. 473 f.

1453 *Hamm*, ZRP 1990, 337 (341).

1454 Zu dem Verhältnis von § 266 I StGB und § 257c StPO *Löwer*, Strafrechtliche Aufarbeitung, 103 ff.

1455 *Schünemann*, in: FS Pfeiffer, S. 473 f.

1456 *Hamm*, ZRP 1990, 337 (341); *Weichbrodt*, Konsensprinzip, S. 125.

1457 Aus jüngerer Zeit beispielhaft *Eschelbach*, in: BeckOK StPO, § 257c Rn. 1 ff.; *Fezer*, NStZ 2010, 177; *Hettinger*, JZ 2011, 292; *Jahn/Müller*, NJW 2009, 2625; *Knauer*, NStZ 2013, 433; *Leitmeier*, HRRS 2013, 362; *Murmann*, ZIS 2009, 526; *Rabe*, Verständigungsurteil; *Schünemann*, ZRP 2009, 104; *Sickor*, Geständnis, S. 375 ff.; *Theile*, NStZ 2012, 666; *Wohlers*, NJW 2010, 2470.

Komplexität des Sachverhaltsgegenstands sowie der Beschaffenheit der anzuwendenden Strafnormen eine Überlastung der Strafrechtspflege herbeizuführen drohen. Zur Bewältigung bedient sich risikostrafrechtliche Gesetzgebung neben der Einstellung aus Opportunitätserwägungen gem. §§ 153 f. StPO mit § 257c StPO der Möglichkeit einer ressourcenschonenden Erledigung von Verfahren. Mit der Verständigung im Strafverfahren hat sich folglich ein strafprozessuales Instrument aus der Praxis heraus entwickelt, dessen Ziel die zeiteffiziente Bewältigung von Strafverfahren unter Vermeidung aufwendiger Sachverhaltsausforschungen ist. Selektiv ist dieses Vorgehen im doppelten Sinne. Zum einen findet ein selektives Vorgehen statt, indem Strafverfahren, die mit einer Verständigung abgeschlossen werden, die Sachverhaltserarbeitung und/oder -bewertung einer „Plausibilitätsprüfung“[1458] annähern. Gegenstand der Verständigung können gem. § 257c II 1 StPO verfahrensbezogene Maßnahmen nach §§ 154, 154a StPO sein, wonach von der weiteren Beweiserhebung abgesehen werden kann, sowie spiegelbildlich der Verzicht von Beweisanträgen seitens des Beschuldigten, die traditionell ebenso wie die Inquisitionsmaxime der Erforschung der materiellen Wahrheit dienen.[1459] Aus prozessökonomischen Motiven findet also eine Zweiteilung statt in Strafverfahren, die sich der umfassenden Aufarbeitung und Bewertung des Tatgeschehens verschreiben, und solchen, bei denen eher approximativ vorgegangen wird.[1460] Verfolgungsbehörden steigen dort in die umfassende Prüfung ein, wo es ihre Ressourcen zulassen. Ein solches Vorgehen klassifiziert den Täter danach, wie viel Aufwand die Aufklärung der begangenen Tat bedeutet, und geht rücksichtsvoller und damit privilegierend mit dem Täter einer komplexen Tat um.[1461] Infolgedessen entsteht der Verdacht, bestehende Machtstrukturen würden konserviert werden, da statushohe Täter mit besserer Verhandlungsposition die Spielräume flexibilisierter Erledigungsstrukturen effizienter zu nutzen imstande sind.[1462]

In der Praxis der Verständigung wie auch der Einstellung aus Opportunitätserwägungen nach §§ 153 ff. StPO kommt zudem die Informalisierung des Strafverfahrens zum Ausdruck. An die Stelle der Anklage und Aburteilung nach einer öffentlichen Hauptverhandlung bzw. der folgenlosen Einstellung bei

1458 So *Naucke*, KritV 1999, 336 (348).

1459 *Theile*, NStZ 2012, 666 (668 f.); s. a. *Fischer*, StraFo 2009, 177 (186 f.); *Jahn*, StV 2011, 497.

1460 *Naucke*, KritV 1999, 336 (347 f.).

1461 *Meier*, Kriminologie, § 11 Rn. 26; in diese Richtung auch *Breuer*, NJW 1988, 2072 (2074); *Heine*, NJW 1990, 2425; *Hümbs-Krusche/Krusche*, ZRP 1984, 61 (62).

1462 *Burghardt*, in: Interdisziplinäre Rechtsforschung, S. 270 f.

unzureichendem Tatverdacht tritt mit der Verständigung eine informelle Erledigungspraxis.[1463] In diesen Fällen gehen Strafverfolgungsbehörden begründet von einem Tatverdacht aus. Gleichzeitig erscheint das Ausprozessieren unter verfahrensökonomischen Aspekten und der geringen Schuld als entbehrlich.[1464] Beide Rechtspraktiken eröffnen Raum für alternative Erledigungsformen und tragen dazu bei, die Bedeutung eines formalisierten Verfahrens zu marginalisieren. Erledigungsstrukturen büßen infolgedessen ihre einheitliche Konstruktion ein.[1465] Die Verständigung gilt als Beispiel für die Informalisierungstendenz, da sie sich aus einer Praxis informeller Natur, also jenseits der Bestimmungen der StPO, heraus entwickelt und schließlich in die StPO einging.[1466]

Die Informalisierungstechniken im Strafverfahren sind, im Lichte des hier untersuchten strafrechtlichen Funktionswandels betrachtet, in erster Linie Mittel zur Risikosteuerung. Sie ermächtigen zur Selektion bei der Strafverfolgung. Im Zusammenspiel mit der strafrechtlichen Expansion[1467] bzw. der wirtschaftsstrafrechtlichen Aufwertungstendenz[1468] ermöglichen sie den Strafverfolgungsbehörden eine Schwerpunktsetzung. Erstere schaffen durch Neukriminalisierungen und die Herabsetzung von Strafbarkeitsvoraussetzungen im Wege der materiellen Beweiserleichterungen[1469] mehr und großflächigere Anknüpfungspunkte für strafrechtliche Verfolgung. Im Ergebnis spannen sie das Netz strafrechtlicher Anknüpfungspunkte engmaschiger und erleichtern somit den Zugriff auf Tatverdächtige. Zeitgleich geben Informalisierungstechniken den Strafverfolgungsbehörden Instrumente an die Hand, um unter dem Mehraufkommen möglicher Anknüpfungspunkte strafrechtlicher Verfolgung diejenigen Sachverhalte auszusieben, denen nach ihrer Prognose Einzelfallcharakter ohne weiteres Risiko für die Zukunft zukommt. Umgekehrt können die so gewonnenen Daten als Grundlage für Risikoprognosen bei weiteren Verdachtsmomenten verwendet werden. Dadurch können

---

1463 *Berberich/Singelnstein*, KrimJ 2019, 192 (195 f.); *Burghardt*, KrimJ 2019, 172 (172 f.); *Schmitt-Leonardy*, KrimJ 2019, 213 (213 ff.).

1464 *Berberich/Singelnstein*, KrimJ 2019, 192 (195 f.).

1465 *Burghardt*, KrimJ 2019, 172 (173 ff.); *Burghardt*, in: Interdisziplinäre Rechtsforschung, S. 259 ff., der festhält, die Informalisierung, verstanden als Abweichung vom Idealtypus des Rechts, sei seit jeher Bestandteil der Rechtswirklichkeit.

1466 *Burghardt*, in: Interdisziplinäre Rechtsforschung, S. 261.

1467 S. o. D. I. 1 ff.

1468 S. o. D. I. 1. d) bb) ff.

1469 S. o. D. III. 2. a) aa).

Strafverfolgungsbehörden risikoträchtige Personen identifizieren und diese im formellen Verfahren verfolgen. Informalisierungstechniken ermächtigen folglich zur Risikosteuerung, indem sie Strafverfolgungsbehörden in die Lage versetzen, ihre Ressourcen dort zu allokieren, wo aufgrund ihrer Risikoprognosen Schwerpunkte zu setzen sind und die formelle Strafverfolgung als angebracht erscheint. Die Aufarbeitung unwesentlicher Fälle können sie formell entkriminalisieren, d. h. vernachlässigen, gewonnene Erkenntnisse hingegen speichern und später wiederverwerten.[1470] Unter den Vorzeichen des Prädiktionsstrafrechts ist zu erwarten, dass einer solchen Entwicklung weiter Vorschub geleistet wird. KI-gesteuerte Datenverarbeitungsprozesse bauen Ermittlungssysteme quantitativ wie auch qualitativ aus. Mehr Daten können erhoben und gleichzeitig auf vielfältigere Weise ausgewertet und miteinander in Bezug gebracht werden,[1471] was im Ergebnis einerseits das Bedürfnis nach großflächiger Erfassung von Verdachtsmomenten zwecks Datenerhebung fördern dürfte und andererseits die Konzentration der Strafverfolgungsarbeit auf als risikoträchtig prognostizierte Sachverhaltszusammenhänge bzw. Personen verfestigt.

d) *Auflösung tradierter Zurechnungsregeln*

Brunhöber beschreibt die Neuanordnung der strafrechtlichen Zurechnungsstrukturen unter dem Eindruck (abstrakter) Gefährlichkeitsdelikte sowie sog. Kumulationsdelikte[1472], d. h. Straftatbeständen, die sich zu ihrer Legitimation auf die Gefahr massenhafter Begehung gleichförmiger Verhaltensweisen berufen. Bei ihnen folge die Zurechnung unmittelbar aus der Norm und aufgrund eines Strukturbezugs, d. h. aufgrund ihrer Zugehörigkeit zu einer Gruppe risikobehafteter Verhaltensweisen.[1473] Die Idee des sog. Kumulationsdelikts wird für das Wirtschaftsstrafrecht, das in weiten Teilen dem Schutz von Kollektivrechtsgütern verpflichtet ist, am prominentesten mit Blick auf die §§ 264 ff. StGB diskutiert.[1474] Seinem ursprünglichen Gedanken der Robustheit[1475] kollektiver Rechtsgüter entsprechend, können der Kumulationsgedanke und die damit einhergehende Zurechnungsstruktur auf das Gros des Wirtschaftsstrafrechts übertragen werden. Darüber hinaus wartet speziell das Wirtschaftsstrafrecht

---

1470 Im Ganzen *Berberich/Singelnstein*, KrimJ 2019, 192 (207 f.).
1471 S. o. D. III. 1. e).
1472 Zum Kumulationsgedanken s. o. B. I. 3.
1473 *Brunhöber*, in: Sicherheitsgesellschaft, S. 203, 208.
1474 S. o. B. I. 3.
1475 *Spindler*, Regel- und Institutionenschutz, S. 31 ff.

mit weiteren gleichgearteten Zurechnungsstrukturen auf, die sich teils aus dem geschriebenen Recht ergeben und teils im Wege der Rechtsfortbildung Eingang in das Strafrecht gefunden haben. Zunächst einmal lässt sich die risikostrafrechtliche Zurechnungsstruktur lehrbuchartig anhand der ordnungswidrigkeitenrechtlichen „Haftungstrias“[1476] vergegenwärtigen. Darüber hinaus legt die Figur der „Täterschaft durch Schaffung und Ausnutzung von Rahmenbedingungen zur Auslösung regelhafter Abläufe“[1477] offen, dass bei Untätigbleiben des Gesetzgebers auch die Rechtsprechung willens ist, neuartige Zurechnungsstrukturen einzuführen.

aa) Haftungstrias aus §§ 130, 30, 9 OWiG

Obschon das moderne Wirtschaftsleben seit dem Fordismus[1478] auf Arbeitsteilung und Dezentralisation basiert, adressieren Bestimmungen zur Regulierung der Wirtschaft den Betriebs- bzw. Unternehmensinhaber.[1479] „*Handlung und Verantwortung fallen daher vielfach auseinander.*“[1480] Für das deutsche Wirtschaftsstrafrecht zentral ist hier die „Haftungstrias“, bestehend aus der Schlüsselnorm des § 130 OWiG i. V. m. § 9 OWiG oder § 30 OWiG. Die im Zusammenhang mit *Compliance*-Management-Systemen relevante Vorschrift des § 130 OWiG erstreckt die Haftung der Leitungsperson auf Aufsichtspflichtverletzungen.[1481] Damit begeht die Leitungsperson unter den Voraussetzungen des § 130 OWiG bei Verstößen sonstiger Mitarbeiter des Unternehmens eine Ordnungswidrigkeit, auch ohne einen originären Tatbeitrag zum anlassgebenden Rechtsverstoß der sonstigen Mitarbeiter geleistet zu haben.[1482] Als Ordnungswidrigkeit im Sinne des § 30 I OWiG kann die Aufsichtspflichtverletzung gem. § 130 OWiG schließlich die Verbandshaftung begründen.[1483] Nach § 30 OWiG haftet also der Verband für Tatbeteiligungen seiner Leitungspersonen.[1484] An dieser Stelle findet eine Zurechnung von „unten nach oben“

1476 *Holzhäuser/Blome*, BB 2020, 1232 (1233); *Peukert/Altenburg*, BB 2015, 2822 (2822 ff.); s. a. *Többens*, NStZ 1999, 1.

1477 *Rotsch*, ZIS 2007, 260.

1478 S. o. D. II. 2. a).

1479 *Rönnau*, ZGR 2016, 277 (280).

1480 *Rönnau*, ZGR 2016, 277 (280).

1481 *Rogall*, in: KK-OWiG, § 130 Rn. 1 ff.

1482 *Trüg*, NZWiSt 2022, 106 (115).

1483 *Engelhart*, in: ERST-WiStR, § 30 OWiG Rn. 9.

1484 Zwar kennt das geltende deutsche Strafrecht im Gegensatz zu ausländischen, insb. anglo-amerikanischen Rechtsordnungen, keine Kriminalstrafe für juristische Personen. Den Behörden steht indes mit den Sanktionsinstrumenten des

statt.[1485] Daneben erstreckt § 9 OWiG respektive § 14 StGB personenbezogene Merkmale auf den unmittelbar handelnden Vertreter der Verbände. Hier werden folglich Merkmale auf die Leitungsperson „von oben nach unten“ zugerechnet, um den straf- bzw. ordnungswidrigkeitenrechtlichen Zugriff auf diese zu ermöglichen.[1486] Dieser Mechanismus greift dort, wo die unmittelbar ausführende Person mit Leitungsaufgaben im Sinne von § 9 OWiG betraut ist.[1487] Somit haften sowohl der Verband als auch die Leitungsperson aus dem Zusammenspiel von §§ 30, 9 OWiG für Verstöße der Leitungsperson sowie unter den Voraussetzungen der §§ 30, 130 OWiG für Ordnungswidrigkeiten und Straftaten, die von Mitarbeitern des Unternehmens begangen werden.[1488]

Das Neuartige ist, dass über die Haftungstrias gem. §§ 130, 30, 9 OWiG Verbände und Leitungspersonen nicht ausnahmsweise, sondern der Regel nach für Verstöße aus dem Unternehmen heraus zur Verantwortung gezogen werden können.[1489] Auch wenn § 130 OWiG seinen Anwendungsbereich auf betriebsbezogene Pflichten, denen der unmittelbar Handelnde zuwidergehandelt haben muss, begrenzt,[1490] erstreckt sich das Feld infrage kommender Bezugstaten, je nach Art und Gegenstand des Unternehmens, auf weite Teile des Kriminal-, Kartell- und Ordnungswidrigkeitenrechts. In der Schlüsselnorm des

---

Ordnungswidrigkeitenrechts ein Katalog an Ahndungsmitteln zur Verfügung, um Unternehmen für Verstöße ihrer Organe und Mitarbeiter in die Haftung zu nehmen; in diesem Zusammenhang von einem informellen Unternehmensstrafrecht sprechend *Wessing*, ZWH 2012, 301 (304); eingehend mit dem Unternehmensstrafrecht beschäftigten sich unter anderem *Ehrhardt*, Unternehmensdelinquenz; *Engelhart*, Sanktionierung von Unternehmen, S. 70 ff.; *Heile*, WiJ 2014, 228 (242); *Kämpfer*, in: Gefahr, S. 162; *Rönnau/Wegner*, ZRP 2014, 158; *Stratenwerth*, in: FS Schmitt, S. 295 ff.; *Tiedemann*, in: FS Stree/Wessels, S. 531 ff.; s. a. die Sammelbände von *Jahn u. a.*, Unternehmensstrafrecht; und *Kubiciel*, Unternehmenssanktionenrecht.

1485 *Rönnau*, ZGR 2016, 277 (281).

1486 *Achenbach*, in: FS Stree/Wessels, S. 547.

1487 *Achenbach*, in: FS Stree/Wessels, S. 547; *Rogall*, in: KK-OWiG, § 130 Rn. 4; *Rönnau*, ZGR 2016, 277 (280).

1488 *Adam*, wistra 2003, 285; *Kretschmer*, in: FS Geppert, S. 290 ff.; *Petermann*, Bedeutung, S. 49 ff.; *Rogall*, in: KK-OWiG, § 130 Rn. 6; *Rönnau*, ZGR 2016, 277; *Walter*, JA 2011, 481 (485 ff.).

1489 Daraus dürfte auch die anhaltende Hochkonjunktur des *Compliance*-Phänomens folgen, s. *Bock*, ZIS 2009, 68 (70); *Holle*, Legalitätskontrolle, S. 390 f.; *Koch*, WM 2009, 1013 (1015); *Petermann*, in: Sanktionsdurchgriff, S. 99, 104.

1490 Konstellationen bei *Beck*, in: BeckOK OWiG, § 130 Rn. 83 ff.; *Rogall*, in: KK-OWiG, § 130 Rn. 102 ff.

§ 130 OWiG kommt die Neuartigkeit dieser Zurechnungsstruktur modellhaft zum Ausdruck. Sie erlegt dem Aufsichtspflichtigen unmittelbar und originär Haftungsrisiken für den Fall auf, dass er seinen Aufsichtspflichten nicht nachkommt. Hintergrund ist nicht der Schutz des Betriebs bzw. der Betriebsordnung, sondern vorgelagert der Schutz der straf- und ordnungswidrigkeitenrechtlich abgesicherten Drittinteressen.[1491] Dahinter wiederum steht die Überlegung, der Betrieb eines Unternehmens bzw. die Zusammenfassung von Produktionsmitteln und Personal berge ein inhärentes Risiko, fremde Interessen zu schädigen, das zu überwachen und zu steuern dem Betriebsinhaber obliegt.[1492] Zusammengefasst haftet die Leitungsperson bzw., über § 30 OWiG, auch der Verband für von Dritten verursachte Risiken, weil sie bzw. der Verband den Bezugsrahmen schafft und verantwortet, in dem die Straftat bzw. Ordnungswidrigkeit begangen wird.[1493]

bb) Neue Form der mittelbaren Täterschaft

Aufbauend auf *Roxins*[1494] Täterschaft kraft Organisationsherrschaft und *Schroeders*[1495] Figur des Täters hinter dem Täter hat die Rechtsprechung mit der Täterschaft durch Schaffung und Ausnutzung von Rahmenbedingungen zur Auslösung regelhafter Abläufe die mittelbare Täterschaft auf Leitungspersonen auch in Wirtschaftsunternehmen übertragen.[1496] Im Unterschied zu der *Roxin'schen* Konzeption verzichtet der BGH auf das Kriterium der Fungibilität des Vordermanns und stellt stattdessen auf die Auslösung regelhafter Abläufe durch Ausnutzung organisatorischer Strukturen ab.[1497] Nicht die Austauschbarkeit des Vordermanns, sondern die Beherrschung der regelhaften Abläufe

---

1491 *Caracas*, Verantwortlichkeit, S. 121 ff.; *Geismar*, Aufsichtspflichtverletzung, S. 46; *Gürtler*, in: *Göhler*-OWiG, § 130 Rn. 3a; *Kohlmann/Ostermann*, wistra 1990, 121 (124); *Ransiek*, Unternehmensstrafrecht, S. 110; *Rogall*, ZStW 98 (1986), 573 (587); *Sonnenberg*, Aufsichtspflicht, S. 19 ff.; a. A. BGH NJW 1994, 1801 (1803); *Bosch*, Organisationsverschulden, S. 321 ff.; *Beck*, in: BeckOK OWiG, § 130 Rn. 11 ff.; *Helmrich*, wistra 2010, 331 (333 f.).

1492 *Bock*, ZIS 2009, 68 (71); *Rogall*, in: KK-OWiG, § 130 Rn. 2.

1493 Dazu sowie zu dem Umstand, dass das geltende (Kriminal-)Strafrecht diese Strukturverantwortlichkeit bislang kaum beachtet, *Engelhart*, in: FS Sieber, S. 99, 108.

1494 Zuerst in *Roxin*, GA 1963, 193; s. a. *Roxin*, in: FS Krey, S. 458 ff.; *Roxin*, GA 2012, 395.

1495 *Schroeder*, Täter hinter dem Täter.

1496 BGH NJW 1994, 2703.

1497 *Nack*, GA 2006, 342 (343 f.).

seitens des Hintermanns – nicht des (Macht-) Apparates – geben den Ausschlag für tatherrschaftsbegründende Rahmenbedingungen.[1498] Tatherrschaftsbegründend seien der Aufbau und die Aufrechterhaltung eines auf die Begehung von Strafteten ausgerichteten Geschäftsbetriebs.[1499]

Indem diese Figur auf Wirtschaftsunternehmen und sonstige legale Verbände übertragen wird, verzichtet die Rechtsprechung auf das Merkmal der Rechtsgelöstheit des Machtapparates.[1500] Die Stellung des Vordermanns als „Rädchen im Getriebe“ genauso wie die unbedingte Autorität des Hintermanns passen indes idealtypisch auf rechtsgelöste kriminelle oder terroristische Einheiten und weniger auf den rechtstreuen Wirtschaftsverband. Auch wenn Organisationsstrukturen in Unternehmen Drucksituationen, bedingt durch Gruppenzwang oder drohende Sanktionierung, kennen, dürfte schwerlich von vergleichbar strikten Befehlsketten, die zu einem automatisierten Vollzug der Anordnungen des Hintermanns führen, auszugehen sein.[1501] Die Täterschaft des Hintermanns ausschließlich aus dem Vorhandensein einer Organisationsstruktur zu begründen, reduziert die Voraussetzungen der mittelbaren Täterschaft darauf, dass die Leitungsperson in der Unternehmenshierarchie mit mehr Kompetenzen ausgestattet ist.[1502] In dieser Ausprägung gewinnt die Figur des Täters hinter dem Täter einen Grad an Beliebigkeit,[1503] worunter auch die Erkennbarkeit der Qualität seines Tatbeitrags aufseiten des Normadressaten leidet.[1504]

Ungeachtet dessen hat der BGH diese Ausprägung der mittelbaren Täterschaft in späteren Entscheidungen wie der „Tierarztpraxis“-Entscheidung,[1505] dem „Bremer Vulkan“-Fall,[1506] der betrügerischen Einwerbung von Kapitaleinlagen[1507] oder der „Anwaltskanzlei“-Entscheidung[1508] herangezogen, sodass sie

1498 *Engelhart*, in: FS Sieber, S. 101 f.

1499 BGH NJW 2004, 375 (378); s. a. BGH NStZ-RR 2004, 110; BGH NStZ-RR 2015, 341.

1500 *Bosch*, Organisationsverschulden, S. 234; *Engelhart*, in: FS Sieber, S. 102 f.; *Hoyer*, Weisungsverhältnisse, S. 29; *Roxin*, Täterschaft und Tatherrschaft, S. 853 ff.

1501 *Engelhart*, in: FS Sieber, S. 102 f.

1502 *Bülte*, Vorgesetztenverantwortlichkeit, S. 123 f.; *Engelhart*, in: FS Sieber, S. 103.

1503 *Bülte*, Vorgesetztenverantwortlichkeit, S. 123 f.; *Engelhart*, in: FS Sieber, S. 103.

1504 *Radde*, Jura 2018, 1210.

1505 BGH NStZ 2004, 457.

1506 BGH NStZ 2004, 559.

1507 BGH NJW 2004, 375.

1508 BGH NStZ 2000, 596.

als gefestigte Rechtsprechung angesehen werden kann. Die Fülle an alternativen dogmatischen Gebilden und Gesetzesvorschlägen aus der Wissenschaft macht die kriminalpolitische Brisanz des Umfelds, in das diese Konstruktion eingebettet ist, deutlich. So schlagen *Schünemann*[1509] und *Muñoz*[1510] vor, eine spezifisch auf die Unternehmenskriminalität zugeschnittene Form der Mittäterschaft bei doppelter Mitwirkung des Garanten (als aktiver Täter und Unterlassungsbeteiligter) einzuführen. Bottke möchte die Mittäterschaft von Leitungspersonen daran knüpfen, dass die Mittäter *„die Tat gemeinschaftlich herrschaftsausübend bewirken"*.[1511] Tiedemann[1512] spricht sich für ein europäisches Modell-Strafgesetzbuch aus, das die Täterschaft kraft Verantwortlichkeit für fremdes Verhalten beinhaltet. Auch der Entwurf eines Corpus Juris zum Schutz der Finanzinteressen der EU enthält in Art. 13 einen Regelungsvorschlag zur strafrechtlichen Verantwortlichkeit von Leitungspersonen in Unternehmen für Straftaten von Unternehmensangehörigen.[1513] Jüngst hat auch *Engelhart*[1514] *de lege ferenda* einen § 25 III StGB zur Begründung der Strafbarkeit von Leitungspersonen in Verbänden gefordert. Vor diesem Hintergrund ist die Figur der „Täterschaft durch Schaffung und Ausnutzung von Rahmenbedingungen zur Auslösung regelhafter Abläufe" kriminalpolitisch als der Versuch zu deuten, einen als Gefahrenquelle identifizierten unternehmerischen Risikobereich zu erfassen und zu befrieden.[1515] Über die Haftung aus § 130 OWiG für Aufsichtspflichtverletzungen hinaus steht dahinter das Bedürfnis, die Leitungsperson für strafrechtlich relevante Verfehlungen der unter ihre Aufsicht fallenden Mitarbeiter auch kriminalstrafrechtlich belangen zu können.[1516] Analogien[1517] zu § 130 OWiG finden sich hinsichtlich der *ratio* sowohl hinter der vom BGH entwickelten Rechtsfigur als auch hinter den Alternativvorschlägen

---

1509 *Schünemann*, in: Festgabe BGH, S. 628 ff.

1510 *Muñoz Conde*, in: FS Roxin 2001, S. 623 f.

1511 *Bottke*, Haftung aus Nichtverhütung, S. 54.

1512 *Tiedemann*, in: FS Nishihara, S. 496 ff.

1513 Im Ganzen *Engelhart*, in: FS Sieber, S. 109; *Roxin*, Täterschaft und Tatherrschaft, S. 856 f.

1514 *Engelhart*, in: FS Sieber, S. 118.

1515 *Engelhart*, in: FS Sieber, S. 103.

1516 *Stratenwerth*, in: FS Schmitt, S. 296; *Tiedemann*, in: FS Stree/Wessels, S. 532.

1517 Entgegen den Beobachtungen *Brunhöbers* und im Unterschied zu § 130 OWiG docken sowohl die Konstruktion der mittelbaren Täterschaft als auch die Vorstöße aus der Wissenschaft an Regeln des Allgemeinen Teil des Strafrechts an, vgl. *Brunhöber*, in: Sicherheitsgesellschaft, S. 203.

aus der Wissenschaft, wie sich anhand der Überlegungen *Engelharts* darlegen lässt. Zur Begründung der Organisationstäterschaft *de lege ferenda* verweist dieser auf die besonderen Einflussmöglichkeiten und die Vorbildfunktion der Leitungsperson sowie auf seine besondere Verantwortung zur Schaffung und Kontrolle eines rechtskonformen Klimas.[1518] Ebenso wie nach § 130 OWiG soll die Haftungsperson wie auch der Verband *de lege ferenda* haften, weil sie den Bezugsrahmen schaffen und verantworten, in dem die kriminelle Handlung stattfindet. Das Ziel ist, zu verhindern, dass Individuen und Kollektive Wirtschaftsverbände ausnutzen, um verhältnismäßig anonym und sicher Straftaten zu begehen.[1519]

IV. Risikowirtschaftsstrafrecht

Als von Gefahr- bzw. Gefährlichkeitsdelikten durchzogene Rechtsmaterie fügt sich das Wirtschaftsstrafrecht in das Phänomen der strafrechtlichen Expansion via Vorverlagerung ein. Anders als für das Phänomen im Allgemeinen diagnostiziert, gelten für das Wirtschaftsstrafrecht zudem zeitliche Kategorien. Wirtschaftsstrafrecht allgemein und wirtschaftsstrafrechtliche Vorverlagerungstatbestände im Besonderen haben sich erst im Zuge ihrer Expansion ins StGB in den vergangenen fünfzig Jahren fest etablieren können. Hierin kommt zuvorderst das gesetzgeberische Bedürfnis zum Ausdruck, die Sozialschädlichkeit wirtschaftskriminellen Verhaltens im öffentlichen Diskurs zu betonen, m. a. W. eine Aufwertung des Wirtschaftsstrafrechts.[1520] Der risikostrafrechtliche Gehalt des Wirtschaftsstrafrechts hat sich zunächst bei der Beschaffenheit seiner Tatbestände gezeigt. Der Verzicht auf Erfolgs- und Vorsatzkomponenten sowie die Berufung auf den Schutz kollektiver Rechtsgüter senken im Ergebnis die Voraussetzungen der Begründung einer Strafbarkeit. So sollen Beweisschwierigkeiten des tradierten Vermögensstrafrechts überwunden und der Zugriff auf den Wirtschaftsdelinquenten erleichtert werden.[1521] Als ambivalent hinsichtlich der Überwindung von Beweisschwierigkeiten hat sich die Verwendung unbestimmter Tatbestandsmerkmale herausgestellt. So eröffnet sie zum einen Flexibilität und damit großflächigen Zugriff auf Wirtschaftskriminelle sowie Möglichkeiten, auf neue Formen der

1518 *Engelhart*, in: FS Sieber, S. 116 ff.
1519 *Brammsen/Apel*, ZJS 2008, 256 (264).
1520 S. o. D. I ff.
1521 S. o. D. III. 2. a) aa).

Wirtschaftskriminalität zu reagieren.[1522] Zum anderen schaffen unbestimmte Tatbestandsmerkmale ihrerseits Anwendungs- und damit Beweisschwierigkeiten. Die damit einhergehende Rechtsunsicherheit begünstigt den Rückzug auf alternative Erledigungsstrukturen wie die Verständigung nach § 257c StPO.[1523] Mit besonderer Aufmerksamkeit sollte die Strafrechtswissenschaft zukünftig die Praxis der Verfolgungsbehörden, unter Rückgriff auf sog. Aufgreifnormen den Maßnahmenkatalog der StPO zu eröffnen mit dem Fernziel, Anhaltspunkte für die klassischen Vermögensdelikte zu finden, unter die Lupe nehmen. Es bleibt der empirischen Ergründung vorbehalten, die Tragweite dieser Praxis zu gewichten.[1524] Anhand der *Criminal Compliance* und des *Whistleblowings* konnte neben dem Trend zur Privatisierung des Strafrechts der Verlust seiner Monopolostellung illustriert werden. Jenseits der vornehmlich zwischen *Tiedemann* und seinen Widerstreitern geführten Diskussion darüber, inwieweit der *Ultima-ratio*-Gedanke im Wirtschaftsstrafrecht Anwendung finden könne, kann angesichts der andauernden Hochkonjunktur des *Compliance*-Phänomens mitnichten von dem Strafrecht als *sola ratio* im Umgang mit Wirtschaftskriminalität gesprochen werden. Untermauert wird dieser Befund mit der Bedeutung, die dem Strafrecht im weiteren Sinne in Form des Ordnungswidrigkeitenrechts bei der Verwaltung der Wirtschaftskriminalität zukommt. Das zeigen die exemplifizierten Verstrickungen zwischen Kriminal- und sonstigem Strafrecht sowie dem Deliktsrecht ebenso wie die Schlüsselnormen der §§ 130, 30, 9 OWiG. Flankiert wird dieses Sanktionsinstrumentarium von aufsichtsrechtlichen sowie weiteren verwaltungsrechtlichen Maßnahmen.[1525] Auch der Umgang der Strafrechtspflege mit der Wirtschaftskriminalität entspricht den Beobachtungen *Nauckes* und *Singelnsteins* zur Umgestaltung der Strafverfolgung. Neben dem Rückgriff auf alternative Erledigungsinstrumente wie diejenigen der §§ 153, 153a StPO lässt sich dies anhand der Verständigung nach § 257c StPO beobachten. Mit dem Ergebnis, dass Strafverfahren je nach Komplexität des ihnen zugrunde liegenden Sachverhalts unterschiedlich behandelt werden, beschränken sich Verfolgungsbehörden bei der Rechtsfindung teilweise auf Plausibilitätsprüfungen. Als Nebeneffekt privilegiert dies den – meistens statushohen – Täter einer komplexen Straftat. Wichtiger noch ist die Einsicht, dass ein solches informalisiertes Wirtschaftsstrafrecht als Werkzeug

1522 S. o. D. III. 2. a) aa) (d).
1523 S. o. D. III. 2. c).
1524 S. o. D. III. 2. a) bb).
1525 S. o. D. III. 2. b) ff.

zur strafrechtlichen Risikosteuerung fungiert. Im Wechselspiel mit den Expansions- bzw. Aufwertungstendenzen, wie sie mit den materiellen Beweiserleichterungen zum Ausdruck kommen, befähigt es Strafverfolgungsbehörden einerseits zu großflächiger Erstaufnahme von Verdachtsmomenten zwecks Datenerhebung; diese Datenerhebungen bilden gleichzeitig die Grundlage, um die Gefahrträchtigkeit von Sachverhaltszusammenhängen bzw. Personen zu prognostizieren. Andererseits gibt sie ihnen Erledigungsstrukturen an die Hand, kraft derer die als weniger gravierend erachteten Verdachtsmomente in informellen Verfahren abgehandelt werden können und so Ressourcen freigesetzt werden, um die als gefahrträchtig identifizierten Personen dem formellen Strafverfahren zuzuführen.[1526] Im Einklang mit der Beobachtung *Brunhöbers* lösen im geltenden Wirtschaftsstrafrecht schließlich auch auf Strukturbezügen beruhende Zurechnungsmodelle die hergebrachten und auf der Individualverantwortlichkeit beruhenden Zurechnungsregeln sukzessive ab.[1527] In den Worten *Rotschs* lässt sich der Paradigmenwechsel mit einem Übergang der faktischen auf die rein normative Verantwortungszuschreibung umschreiben.[1528] Zum einen durchzieht der Kumulationsgedanke das Wirtschaftsstrafrecht als in weiten Teilen dem Schutz kollektiver Rechtsgüter verpflichtete Materie. Daneben findet sich mit dem § 130 OWiG eine Norm, auf Grundlage derer die Leitungsperson und der Verband als solcher für Verstöße aus dem Unternehmen heraus im Rahmen des Strafrechts im weiteren Sinne zur Verantwortung gezogen werden können, weil sie den Bezugsrahmen für die Regelübertretung schaffen und verantworten.[1529] Die höchstrichterliche Spruchpraxis hat zudem eine hiermit funktional vergleichbare Rechtsfigur geschaffen, um somit zumindest die Leitungsperson auch kriminalstrafrechtlich belangen zu können. Da diese Rechtsfigur die Strafbarkeit der Leitungsperson hauptsächlich an das Vorhandensein einer Organisationsstruktur knüpft, leidet sie an abgeschliffenen Voraussetzungen. Vor diesem Hintergrund formulieren sich Reformvorschläge zur Ergänzung der §§ 25 ff. StGB wie diejenigen *Engelharts*; eine Entwicklung, die mit Blick auf die vielfach beklagte mangelnde Initiative des Gesetzgebers[1530] im Bereich des Allgemeinen Teils des Strafrechts mindestens dem Ansatz nach zu begrüßen ist. Gleichzeitig zeigen ebendiese Reformvorschläge

---

1526 S. o. D. III. 2. c).

1527 S. o. D. III. 2. d) ff.

1528 *Rotsch*, in: FS Samson, S. 152 f.

1529 S. o. D. III. 2. d) aa).

1530 Exemplarisch *Hassemer*, in: FS Roxin 2001, S. 1007.

und richterliche Rechtsfortbildungen, dass sich risikostrafrechtliche Logiken auch in die Strafrechtswissenschaft und -praxis einschreiben.[1531] Zuletzt bestätigt die Entwicklung der *Digital Criminal Compliance* den von *Singelnstein/Stolle* und *Brunhöber* beobachteten und von *Burchard* anhand der Digitalisierung ausbuchstabierten risikostrafrechtlichen Steuerungs- und Lenkungsanspruch im Wirtschaftsstrafrecht. Anwendungen wie das *Predictive Policing* am Arbeitsplatz demonstrieren die (privatisierte) Präemption straffälligen Verhaltens und verheißen so die statistische Vorherseh- und Beherrschbarkeit von Straftatbegehungen sowie sonstigen Regelüberschreitungen im und aus dem Unternehmen.[1532]

Zusammenfassend spiegeln sich die Mosaiksteine des Risikostrafrechts im Wirtschaftsstrafrecht wider. Allein die Frankfurter Analyse, das Risiko(-wirtschafts-)strafrecht sei *sola ratio* im Umgang mit (Wirtschafts-)Kriminalität, trifft auf das Wirtschaftsstrafrecht nicht zu. Im Lichte der Widersprüchlichkeit zu den Thesen *Siebers* und *Singelnsteins/Stolles* dürfte dieser Befund auch über die Grenzen des Wirtschaftsstrafrechts hinweg unhaltbar sein. Näher liegt es, dass das Risiko(-wirtschafts-)strafrecht nicht *sola ratio* im Umgang mit (Wirtschafts-)Kriminalität ist. Festzuhalten bleibt: Das Wirtschaftsstrafrecht in seiner aktuellen Geltung ist Risikowirtschaftsstrafrecht.

1531 S. o. D. III. 2. d) bb).
1532 S. o. D. III. 2. b) aa).

E. Plädoyer wider eine Aussonderung des Risikowirtschaftsstrafrechts

Wie sich aus der Beleuchtung des Risiko- und Risikowirtschaftsstrafrechts ergeben hat, dringen seine Elemente in nahezu alle Bereiche des Strafrechts ein. Nach dem Gesagten ist nicht von der Hand zu weisen, dass hiermit eine tiefgreifende Veränderung des Strafrechts beschrieben wird. Risikowirtschaftsstrafrecht bedeutet den Umbau materiellen Rechts, steht in Wechselwirkung zum Strafprozessrecht und übt darüber hinaus auf dieses originären Einfluss aus. Es tritt, weitaus intensiver als reaktiv gestrickte Verhaltensverbote, mit angrenzenden Rechtsgebieten in Wechselwirkung. Nicht zuletzt wirft es auch Fragen im Zusammenhang mit Grundlagen der Strafrechtsdogmatik auf, deren umfassende Erarbeitung und Bewertung jeweils Gegenstand einer eigenständigen Untersuchung wäre. Kurz gesagt: mit dem Risiko(-wirtschafts-)strafrecht ist ein *Topos* betroffen, der an nahezu allen Enden des – materiellen und prozessualen – Strafrechts ansetzt und Umbrüche einleitet. Eine Kritik des Risiko(-wirtschafts-)strafrechts müsste daher, um ihrem Anspruch gerecht zu werden, notgedrungen zum Rundumschlag ausholen und eine umfassende Reflexion und Bewertung darüber anstellen, wie es um das Strafrecht stehe. Die Zielsetzung des hiesigen Kapitels muss schon aus Platzgründen eine bescheidenere sein.

Im Fokus soll die im Zusammenhang mit dem Risiko(-wirtschafts-)strafrecht aufgeworfene sog. Trennungsthese[1533] stehen. Damit ist der von Teilen der Wissenschaft unterbreitete Alternativvorschlag zur Harmonisierung des Risiko- mit dem hergebrachten Strafrecht durch Fortentwicklung der Dogmatik angesprochen. Autoren wie *Jakobs*[1534] und *Hassemer*[1535] wollen die aufgeworfenen Spannungsfelder nicht entschärfen, indem sie die Strafrechtsdogmatik unter Berücksichtigung des strafrechtlichen Funktionswandels fortentwickeln. Sie vertreten vielmehr die Auffassung, das rechtsstaatliche Strafrecht vor dem Verfall bewahren zu können, indem die neueren kriminalpolitischen

---

1533 So *Brunhöber*, in: FS Schünemann, S. 10 ff.; *Brunhöber*, in: Sicherheitsgesellschaft, S. 205 f.; *Bung*, HRRS 2006, 63.

1534 *Jakobs*, ZStW 97 (1985), 751; *Jakobs*, HRRS 2004, 88; *Jakobs*, in: Jahrtausendwende, S. 47 ff.; *Jakobs*, ZStW 117 (2005), 839.

1535 *Hassemer*, Produktverantwortung, S. 23; *Hussemer*, ZRP 1992 (25), 378.

Auswüchse des Feind-[1536] bzw. modernen[1537] Strafrechts sauber vom rechtsstaatsgeleiteten Strafrecht abgetrennt werden würden. Da die Erfordernisse der Feindabwehr[1538] bzw. der Bewältigung der Risiken[1539] der Risiko- bzw. Sicherheitsgesellschaft in unvereinbarem Widerspruch zum rechtsstaatlichen Strafrecht stünden, als faktische Gegebenheit trotz alledem eines wirksamen staatlichen Zugriffs bedürften, bliebe im Ergebnis keine andere Möglichkeit als die Einführung eines Strafrechts *sui generis*. In einem ersten Schritt beschränkt sich die Untersuchung daher auf ausgewählte Aspekte einer Kritik und zieht sich z. T. darauf zurück, kritische Akzente zu setzen. In Rückkopplung auf die im vorangegangenen Kapitel herausgearbeiteten Mosaiksteine eines Risikowirtschaftsstrafrechts werden ausgewählte Spannungsfelder exemplifiziert. Nicht eine umfassende Kritik des Risikowirtschaftsstrafrechts kann an dieser Stelle geleistet werden. Die aufgezeigten Spannungsfelder sollen vielmehr die Reibungsflächen verdeutlichen, die der mit dem Risikowirtschaftsstrafrecht Einzug findende Funktionswandel des Strafrechts mit sich bringt. Daneben soll durch schlaglichtartiges Anschneiden zentraler Spannungsfelder des Risikowirtschaftsstrafrechts mit hergebrachten strafrechtsdogmatischen und verfassungsrechtlichen Grundsätzen der Boden bereitet werden, auf dem die Trennungsthese gediehen ist. Neben den ursprünglichen Spielarten *Hassemers* und *Jakobs*, an deren Beispiel sich allgemeine Bedenken gegen eine Trennungsthese formulieren lassen (E. II. 1), wird mit Blick auf den Untersuchungsgegenstand *Rotschs* These der Divisionalisierung des Wirtschafts- vom Kernstrafrecht (E. II. 2) sowie *Zieschangs* These, die abstrakten Gefährlichkeitsdelikte pauschal aus dem Bereich des Kriminal- in den Bereich des Ordnungswidrigkeitenrechts zu verbringen (E. II. 3), besonderes Augenmerk gewidmet. Insgesamt soll der Aussonderung des Risikowirtschaftsstrafrechts im Ganzen[1540] bzw. eines seiner zentralen Eckpfeiler[1541] als gangbarer Lösungsweg zur Behebung der angesprochenen Friktionen eine Absage erteilt werden (E. II. 5).

1536 *Jakobs*, ZStW 97 (1985), 751; *Jakobs*, HRRS 2004, 88; *Jakobs*, in: Jahrtausendwende, S. 47 ff.; *Jakobs*, ZStW 117 (2005), 839.

1537 *Hassemer*, Produktverantwortung, S. 24; *Hassemer*, ZRP 1992 (25), 378; *Hassemer*, NStZ 1989, 553.

1538 *Jakobs*, in: Jahrtausendwende, S. 53; *Jakobs*, HRRS 2006, 289 (290 ff.); dazu *Hawickhorst*, § 129a StGB, S. 203; *Saliger*, JZ 2006, 756 (758).

1539 *Hassemer*, Produktverantwortung, S. 22 ff.; zu den Risiken s. o. D. II. 1.

1540 So *Hassemer*, *Jakobs* und *Rotsch*, s. u. E. II. 1 ff.

1541 So *Zieschang*, wenn er das abstrakte Gefährlichkeitsdelikt *de lege ferenda* im Ordnungswidrigkeitenrecht ansiedeln möchte, s. u. E. II. 3.

I. Ausgewählte Spannungsfelder des Risikowirtschaftsstrafrechts

Wie einleitend erwähnt, begründet die Trennungsthese ihr Aussonderungsverlangen mit der Einsicht, die Entwicklungen des Risiko(-wirtschafts-)strafrechts gerieten auf mannigfaltige Weise in Spannungsverhältnis mit dem liberal-rechtsstaatlichen Kriminalstrafrecht. Vertreter der Trennungsthese sind der Auffassung, der Aushöhlung der rechtsstaatlichen Versprechen an das Kriminalstrafrecht entgegenzuwirken, indem das Risiko(-wirtschafts-)strafrecht aus dem StGB entfernt werde. Bevor die Trennungsthesen einer eingehenden Untersuchung unterzogen werden, soll eine Auswahl an Spannungsfeldern am Beispiel des Risikowirtschaftsstrafrechts exemplifiziert werden. Risikowirtschaftsstrafrecht gerät in vielerlei Hinsicht in Konflikt mit hergebrachten dogmatischen Grundsätzen. Wie schlaglichtartig aufgezeigt wird, überspannt das Feld der Konfliktherde materiellrechtliche ebenso wie strafprozessuale Fragestellungen. Darüber hinaus weisen risikowirtschaftsstrafrechtliche Verhaltensverbote infolge ihres außerordentlich technisierten Regelungsgegenstands bisweilen ineffiziente Konzeptionen auf, die sich entweder durch überflüssige Mehrfachabsicherungen auf intra- bzw. intertatbestandlicher Ebene oder durch überpräzise Formulierungen auszeichnen. Außerdem erschüttert der oftmals unsichere Erkenntnisstand zu Kausalitätsbeziehungen die Frage nach der Legitimationsgrundlage risikowirtschaftsstrafrechtlicher Verhaltensverbote.

Materiellrechtlich betrachtet, wohnt dem Risikowirtschaftsstrafrecht infolge der verwendeten materiellen Beweiserleichterungen eine Entgrenzungstendenz inne. Gefährlichkeitsdelikte brechen mit hergebrachten kernstrafrechtlichen Grenzen des Strafrechts zum Schutz von Vermögensinteressen (E. I. 1. b) aa). Außerdem wohnt den abstrakten Gefährlichkeitsdelikten eine Blindheit für Bagatellfälle inne (E. I. 1. b) bb). Dieser Vorwurf verschärft sich, führt man sich vor Augen, dass strukturelle Zurechnungen oftmals auf ungesicherten empirischen Erkenntnissen über die Gefahr- bzw. Risikoträchtigkeit eines Verhaltens beruhen. Das Risikowirtschaftsstrafrecht operiert hier im doppelten Sinne auf Grundlage von Ungewissheiten (E. I. 1. b) dd). Die Ausdehnung des strafrechtlich relevanten Bereichs auf leichtfertige Begehungsweisen weckt schließlich mit Blick auf kernstrafrechtliche Normen wie §§ 263, 266 StGB Zweifel an einer konsistenten Strafgesetzgebung (E. I. 1. b) cc). Risikowirtschaftsstrafrecht weist durch den Einsatz unbestimmter Tatbestandsmerkmale einerseits eine Affinität zu unpräziser Gesetzgebung auf, die potenziell die Möglichkeit einer bedenklichen Machtverschiebung von der Legislative zur Exekutive bzw. Judikative mit sich bringt

(E. I. 1. b) ee) ff.). Die Verlagerung der Deutungshoheit auf Verfolgungsbehörden weitet zudem auch die Möglichkeiten aus, Gefährlichkeitsdelikte als Aufgreifnormen einzusetzen. Andererseits reduziert die zuweilen überpräzise Normierung von Gefährlichkeitsdelikten das Aufgabengebiet der rechtsanwendenden Behörden auf die eines reinen Subsumtionsautomaten. Indem Strafbestimmungen als Phänotypen eines verallgemeinerbaren Verhaltensunrechts gesetzgeberisch normiert werden, schränken sie den Spielraum der Strafverfolgungsbehörden in einem zu hohen Maße ein (E. I. 3 ff.). Daneben stellen Phänomene des Risikowirtschaftsstrafrechts auch Grundpfeiler des tradierten Strafprozessrechts infrage. Exemplarisch und schlaglichtartig werden hierfür die im praktischen Risikowirtschaftsstrafrecht omnipräsenten Rechtspraktiken der Verständigung nach § 257c StPO sowie der *Internal Investigations* betrachtet (E. I. 2 ff.). An beiden Beispielen offenbart sich die für strafprozessuale Praktiken des Risikowirtschaftsstrafrechts typische Überforderungssituation, in die die Struktur des hergebrachten Strafprozessrechts gerät.

1. Materiellrechtliche Spannungsfelder

Den Umbau des Strafrechts, den der Handlungsdruck der Risiko- bzw. Sicherheitsgesellschaft dem Strafrecht auferlegt, fassen Frankfurter wie *Hassemer* und *Naucke* unter der Entformalisierung des Strafrechts[1542] zusammen. Reaktion sei die Umsetzung eines „konsequenten Risikostrafrechts",[1543] d. h. der effektiven strafrechtlichen Verwaltung, zum Preis einer Aufweichung der rechtsstaatlichen Grundpfeiler. Rechtsstaatliche Barrieren wie die Anforderungen an die individuelle Zurechnung sowie Schuld- und Tatnachweise würden ergebnisorientiert abgebaut werden.[1544] Ein Blick auf das Risikostrafrecht in seiner aktuellen Form macht *Hassemer* zufolge die überdeutliche Tendenz zur kompromisslosen Ergebnis- und Effizienzorientierung zulasten der Rechtstaatlichkeit offenbar.[1545] Ausgangs- und Mittelpunkt der Kritik am Risiko(-wirtschafts-)strafrecht bildet der Vorwurf seiner Tendenz zur Entgrenzung. Die hier als materielle Beweiserleichterungen[1546] diskutierten Ausdehnungstendenzen des materiellen Strafrechts – Entmaterialisierung der

1542 *Hassemer*, Einführung, S. 274 ff.; *Naucke*, KritV 1993, 135 (158).
1543 *Prittwitz*, Strafrecht und Risiko, S. 374 ff.
1544 *Park*, Vermögensstrafe, S. 152.
1545 *Park*, Vermögensstrafe, S. 153.
1546 S. o. D. III. 2. a) aa).

Rechtsgüter, Verzicht auf einen rechtsgutsspezifischen Erfolg, Herabsetzung der subjektiven Tatbestandsvoraussetzungen sowie der Rückgriff auf unbestimmte Tatbestandsmerkmale – werden von *Hassemer* als Symptome einer Strafrechtsordnung gedeutet, die sich der Maßlosigkeit[1547] des Präventionsdenkens hingegeben habe. *Hassemer* betrachtet ein solches Strafrecht als zur Konturlosigkeit verkommenes Zweckstrafrecht,[1548] das sich systematisch der Vorbeugung, Erfassung, Überwachung und Verteilung von Gefahren verschrieben habe.[1549] Im Kern wendet sich seine Kritik am materiellen Risikostrafrecht gegen die starke Ausbreitung der Gefährlichkeitsdelikte sowie die Verkehrung des Rechtsgüterschutzgedankens von einem strafbarkeitslimitierenden hin zu einem strafbarkeitsbegründenden Legitimationstopos.[1550] Indes entspricht eine völlige Abkehr von den Gefährlichkeitsdelikten nicht dem Anliegen *Hassemers*. Auch er akzeptiert diese Deliktsform in „klassischen Bereichen" wie den Brandstiftungsdelikten, der Bildung krimineller Vereinigungen und der Staatsgefährdung.[1551] Seine Kritik wendet sich eher gegen die ausufernde Verwendung in neueren Bereichen der Kriminalpolitik, insb. dem Risikowirtschaftsstrafrecht.[1552] Im Ergebnis plädiert er nicht wider die Existenz von Gefährlichkeitsdelikten, jedoch für ihren Rückzug aus dem Risikowirtschaftsstrafrecht bzw. für den Rückzug des Risikowirtschaftsstrafrechts insgesamt.[1553] Bevor auf diese Entgrenzungstendenz anhand des Risikowirtschaftsstrafrechts mittels der Gefährlichkeitsdelikte näher eingegangen wird, soll zunächst der These *Hassemers*, wonach das Rechtsgüterschutzdenken neuerdings als strafrechtsbegründender *Topos* herangezogen werde, die Gegenthese gegenübergestellt werden, wonach dies eine im Rechtsgüterschutz angelegte Entwicklung widerspiegelt.

1547 *Hassemer*, ZIS 2006, 266 (268 ff.).

1548 *Hassemer*, ZRP 1992 (25), 378 (380); s. a. *Callies*, NJW 1989, 1338 (1340); *Herzog*, Gesellschaftliche Unsicherheit, S. 146; *Prittwitz*, StV 1991, 435 (438).

1549 *Hassemer*, ZRP 1997, 316 (317); s. a. *Albrecht*, in: Unmöglicher Zustand, S. 439; *Beck*, Unrechtsbegründung, S. 27.

1550 *Hassemer*, ZRP 1992 (25), 378 (383); *Hassemer*, Produktverantwortung, S. 6 ff.; *Anastasopoulou*, Deliktstypen, S. 228 f.; *Park*, Vermögensstrafe, S. 138 f.; *Prittwitz*, StV 1991, 435 (438). sowie o. D. III. 1. b).

1551 *Hassemer*, StV 2006, 321 (326); *Hassemer*, in: Liberal Criminal Theory, S. 199; dazu *Roxin/Greco*, StrafR AT I, § 2 Rn. 70a.

1552 *Hassemer*, ZRP 1992 (25), 378 (383); s. a. *Hirsch*, in: FS Lüderssen, S. 260 ff.

1553 Dazu sogleich E. II. 1. b).

a) Uferlosigkeit des Rechtsgüterschutzdenkens

Hassemer geht davon aus, dass das Risikostrafrecht das Rechtsgutsdenken zur Begründung der zunehmenden Entgrenzung des Strafrechts heranziehe und sein systemkritisches Potenzial dadurch in ein affirmatives verfälsche.[1554] Somit werde das Rechtsgut als positives Kriminalisierungskriterium herangezogen. Anstatt unter Berufung auf das Rechtsgüterschutzprinzip Entkriminalisierungen zu fordern, werde es zum Bestrafungsgebot erhoben.[1555] *Hassemer* steht in der Tradition eines systemkritischen Rechtsgutsdenkens.[1556] Vertreter eines solchen Rechtsgutsdenkens gehen davon aus, dass das Rechtsgut als vorrechtliche Gegebenheit dem Gesetzgeber Grenzen dafür auferlege, was mit den Mitteln des Strafrechts legitimerweise geschützt werden dürfe und was nicht.[1557] Dem stehen Autoren wie *Jakobs* kritisch gegenüber und reduzieren den Rechtsgutsbegriff auf eine rein systemimmanente, d. h. methodische Funktion.[1558] Der Rechtsgutsbegriff im Allgemeinen und das systemtranszendente Rechtsgutsdenken im Speziellen sind Gegenstand einer längst unüberschaubaren Fülle an wissenschaftlichen Rezeptionen und Stellungnahmen,[1559] die zwischen eifrigen Fürstreitern[1560] und mehr oder weniger dezidierten Widersachern[1561] einer Rechtsgutstheorie ausgetauscht werden. Neben der Frage, ob Rechtsgüter in einer platonischen Ideenwelt[1562] verhaftet sind oder real fassbare

---

1554 *Hassemer/Neumann*, in: NK-StGB, Vor § 1 Rn. 147 (5. Aufl.); *Hassemer*, Plädoyer, S. 157.

1555 S. o. D. III. 1. b).

1556 *Hassemer*, in: Jenseits, S. 85 ff.

1557 Einen Überblick über das systemtranszendente Rechtsgutdenken gibt *Kareklas*, Rechtsgut und das Umweltstrafrecht, S. 58 ff.

1558 *Jakobs*, Strafrecht AT, 2/22 ff.; s. a. *Amelung*, Rechtsgüterschutz, S. 393 ff.

1559 Überblick aus jüngerer Zeit bei *Wohlers*, in: Binding, S. 143 ff.; *Roxin*, in: FS Hassemer, S. 573 ff.; *Kudlich*, ZStW 127 (2015), 635; *Engländer*, ZStW 127 (2015), 616; *Stuckenberg*, ZStW 129 (2017), 349.

1560 S. u. Fn. 1564 f.

1561 *Welzel*, StrafR, S. 2 ff.; *Jakobs*, in: FS Amelung, S. 44 ff.; *Pawlik*, Unrecht, S. 90 ff., 136 f.; *Kubiciel*, Wissenschaft, S. 51 ff.; *Brunhöber*, in: Grundlagen und Grenzen, S. 31 f.; *Engländer*, ZStW 127 (2015), 616 (626 f.); *Stuckenberg*, ZStW 129 (2017), 349; *Amelung*, Rechtsgüterschutz, S. 330 ff.; *Stratenwerth*, in: FS Amelung, S. 356 ff.; *Lagodny*, Schranken; *Achenbach*, ZStW 119 (2007), 789 (809 ff.); *Böse*, ZIS 2018, 119 (119 ff.); *Vigano*, in: FS Beulke, S. 55; *Müssig*, in: FS Fischer, S. 171 ff.; *Maas*, NStZ 2015, 305.

1562 *Jescheck/Weigend*, StrafR AT, S. 259 ff.; *Schmidhäuser*, in: FS Engisch, S. 444 ff.; *Berz*, Tatbestandsverwirklichung, S. 34 ff.

Phänomene[1563] darstellen, kreist die Rechtsgutsdebatte um die angeschnittene Frage der Entstehung eines Rechtsguts. Je nachdem, ob Rechtsgüter kraft gesetzgeberischem Willens- und Schaffensakt entstehen oder als vorpositivistische Güter materiellen Gehalts ebenjener Schaffenskraft limitierend gegenübertreten, erschöpft sich die Funktion des Rechtsgüterschutzes in einer systemimmanenten Auslegungs-[1564] oder erstreckt sich auch auf eine systemkritische Begrenzungsfunktion[1565]. Systemkritische Rechtsgutstheoretiker berufen sich auf die strafrechtswissenschaftliche Traditionslinie *Birnbaums* und *von Liszts* sowie die aufklärerischen Ideen.[1566] Ein strafbarkeitsbegrenzendes Rechtsgutskonzept muss daher in seinem historischen Kontext gesehen werden. Mangels konstitutioneller Vorgaben kollidierte diese Idee im Zeitpunkt ihrer Entstehung nicht mit zwingenden verfassungsrechtlichen Rahmenbedingungen zur Begrenzung (strafgesetzlicher) Normen.[1567] Das Bedürfnis vorkonstitutioneller Legitimationsstrukturen erscheint vor diesem Hintergrund verständlich.[1568] Das von Roxin als „Dschungel von Streitfragen“[1569] bezeichnete Dickicht an

---

1563 Dazu *Anastasopoulou*, Deliktstypen, S. 16 ff.

1564 *Appel*, Verfassung und Strafe, S. 390; *Frisch*, in: Rechtsgutstheorie, S. 216 ff.; *Hilgendorf*, NK 2010, 125 (128 ff.); *Honig*, Die Einwilligung des Verletzten, S. 94; *Hörnle*, Verhalten, S. 19; *Jescheck/Weigend*, StrafR AT, S. 258 f.; *Kaspar*, Präventionsstrafrecht, S. 242; *Sina*, Dogmengeschichte, S. 92; *Wohlers*, GA 2002, 15 (15 ff.).

1565 Allen voran die Frankfurter Schule mit der sog. „Personalen Rechtsgutstheorie“ um *Hassemer*, Theorie und Soziologie; *Hassemer*, in: Die Rechtsgutstheorie, S. 57 ff.; *Hassemer/Neumann*, in: NK-StGB, Vor § 1 Rn. 131 ff. (5. Aufl.); und *Prittwitz*, in: „Personale Rechtsgutslehren“, S. 99 f.; *Neumann*, in: „Personale Rechtsgutslehre“, S. 85 ff.; *Günther*, in: „Personale Rechtsgutslehre“, S. 37 ff.; *Naucke*, KritV 1993, 135 (137 ff.); weitere systemkritische Rechtsgutstheorien bei *Roxin*, GA 2013, 433; *Roxin/Greco*, StrafR AT I, § 2 Rn. 7 ff.; *Schünemann*, in: Mediating Principles, S. 18 ff.; *Hefendehl*, Kollektive Rechtsgüter, S. 18 ff.; siehe auch *Puschke*, Vorbereitungstatbestände, S. 85; *Heinrich*, in: FS Roxin 2011, S. 146; *Kudlich*, ZStW 127 (2015), 635 (635 ff.); *Jäger*, in: SK-StGB, Vor § 1 Rn. 11 ff.; *Schmidt*, Untersuchung, S. 198; *Rudolphi*, in: FS Honig, S. 163 f.; *Jäger*, Strafgesetzgebung, S. 13 ff.; *Steinberg*, in: FS Rüping, S. 91 ff.

1566 Ausführlich Zur (Dis-)Kontinuität der Rechtsgutslehre *Greco*, Lebendiges und Totes, S. 316 ff.; sowie zur Bedeutung der Güterschutzlehre für die aktuelle Diskussion *Wohlers*, GA 2012, 600.

1567 *Brunhöber*, in: Grundlagen und Grenzen, S. 31 f.; s. a. *von Ungern-Sternberg*, in: Strafverfassungsrecht, S. 83 ff.

1568 Zur verfassungsrechtlichen Einordnung des Rechtsgutsdenkens s. u. E. II. 3. b) bb).

1569 *Roxin*, StrafR AT, § 2 Rn. 1.

Fallstricken soll nachfolgend nicht beschritten werden.[1570] Stattdessen gilt das Interesse der von *Hassemer* eingangs behaupteten Pervertierung des Rechtsgütergedankens. Es soll gezeigt werden, dass die prinzipielle Uferlosigkeit zum Programm des Rechtsgüterdenkens gehört, d. h. keine Verfälschung desselben bedeutet, sondern diesem vielmehr inhärent ist.[1571]

Mit dem Prinzip der Rechtsgüterschutzes ist, so kann mit *Jakobs* festgehalten werden, eine prinzipielle Uferlosigkeit verbunden. Sofern irgendeine Verbindung mit einem Rechtsgut positiv hergestellt werden kann, scheint das unter dem Paradigma des Rechtsgutsdenkens als Legitimation eines Verhaltensverbots auszureichen. Eine solche Betrachtung verengt die Legitimationsfrage auf die Frage der Gefährlichkeit der Tathandlung für das Rechtsgut unter Ausblendung des Rechtskreises des Täters, was Raum dafür öffnet, den Beginn der Gefahrensituation beliebig weit vorzuverlegen.[1572] Neben der Frage, ob strafrechtlich abgesicherte Belange schützenswert sind, muss auch das „Wie" des strafrechtlichen Schutzes beachtet werden. Die Feststellung, das rechtlich geschützte Interesse entspreche einem Rechtsgut, trifft noch keine Aussage darüber, wie und mit welchen Mitteln das Rechtsgut legitimerweise geschützt werden darf;[1573] es blendet, anders gewendet, die Belange, z. B. die Handlungsfreiheit, des Täters aus. Damit können die Zuständigkeitsbereiche in sachlicher wie auch zeitlicher Hinsicht[1574] mit rechtsgutsimmanenten Argumentationstopoi schwerlich nuanciert abgesteckt werden.[1575]

Dagegen wenden Vertreter eines systemkritischen Rechtsgutsdenkens ein, das Strafrecht sichere in Schutz genommene Rechtsgüter nicht umfassend

---

1570 Exemplarisch dazu nur *Stratenwerth*, in: FS Lenckner, S. 377 f., der insgesamt zehn Definitionen für den Begriff des Rechtsguts aufzählt; dazu *Hirsch*, in: Strafrechtliche Probleme II, S. 131 ff.

1571 *Brunhöber*, in: FS Prittwitz, S. 70; *Fiolka*, Rechtsgut, S. 354; *Pawlik*, Unrecht, S. 137 ff.

1572 *Jakobs*, ZStW 97 (1985), 751 (752 ff.); dazu *Brunhöber*, in: FS Schünemann, S. 13 f.; *Brunhöber*, in: Grundlagen und Grenzen, S. 31; *Zabel*, Ordnung, S. 547; s. a. *Amelung*, in: FS Eser, S. 6; *Pawlik*, Unerlaubtes Verhalten, S. 48 f.

1573 *Appel*, Verfassung und Strafe, S. 386; *Brunhöber*, in: FS Schünemann, S. 13 f.; *Brunhöber*, in: Sicherheitsgesellschaft, S. 205 ff.; *Frisch*, in: Rechtsgutstheorie, S. 223 ff.; *Pawlik*, Unrecht, S. 137 f.; *Zabel*, MschrKrim 2009, 395 (399).

1574 S. o. zur sachlichen und zeitlichen Ausdehnung D. I. 1.

1575 *Appel*, KritV 1999, 278 (308); *Frisch*, in: Rechtsgutstheorie, S. 224; *Kindhäuser*, in: FS Kindhäuser, S. 406 f.; *Lagodny*, Schranken, S. 198; *Pawlik*, Unrecht, S. 137 f.; *Silva Sánchez*, in: FS Jakobs, S. 653; *Wohlers*, Deliktstypen, S. 48 f.

gegen jegliche Form von Angriffen ab,[1576] das Rechtsgut sei notwendige, jedoch nicht hinreichende Bedingung der Legitimität eines Straftatbestandes.[1577] Dennoch bieten sie keine das Rechtsgut flankierenden Kriterien dafür an, warum dem Rechtsgut im Kollisionsfall mit einem anderen Gut der Vorrang eingeräumt wird.[1578] Unter dem Primat des Rechtsgüterschutzes gibt sich vielmehr eine Affinität zu Gefährdungs- und Gefährlichkeitsstrukturen zu erkennen. Konsequent zu Ende gedacht, müsste jede noch so geringe Erhöhung des Risikos einer Rechtsgutsschädigung die strafrechtliche Ahndung des rechtsgutsgefährdenden Verhaltens rechtfertigen können.[1579] Damit, so folgert *Wohlers*, sei nicht ersichtlich, wie ein als geeignet und erforderlich angesehenes Verhaltensverbot sich als illegitim erweisen könne.[1580] Der Beginn der Gefahr lasse sich grenzenlos vorverlagern.[1581]

Diese prinzipielle Uferlosigkeit des Rechtsgutsdenkens gewinnt nochmal an Schärfe, führt man sich die Beliebigkeit des Rechtsgutsbegriffs vor Augen. Das Rechtsgut dient dem Bestreben, gesellschaftliche Wert- oder Verbotsvorstellungen in strafrechtliche Form zu gießen, ohne diese vorzugeben bzw. in ihrer Entstehung zu formen.[1582] Seine begrenzende Funktion beschränkt sich darauf, Strafnormen zu delegitimieren, die nach der konsensualen gesellschaftlichen Werteordnung kein schützenswertes Interesse verfolgen.[1583] Angesichts der Pluralität und Komplexität moderner Lebenswirklichkeiten scheint die Suche nach dem Etwas, dessen strafrechtliche Absicherung als gut und richtig anzusehen sei, indes keine größeren Schwierigkeiten zu bereiten.[1584] Vielmehr kann mit entsprechendem Aufwand für jedes Gesetz das passende Rechtsgut

---

1576 *Bringewat*, Grundbegriffe, Rn. 21, 24; *Rengier*, StrafR AT, § 3 Rn. 7; dazu *Pawlik*, Unrecht, S. 138 f.

1577 *Hefendehl*, Kollektive Rechtsgüter, S. 7; *Neumann*, in: „Personale Rechtsgutslehre“, S. 94; dazu *Pawlik*, Unrecht, S. 138 f.

1578 *Appel*, Verfassung und Strafe, S. 385; *Pawlik*, Unrecht, S. 138 f.; *Wittig*, in: Rechtsgutstheorie, S. 240; *Wohlers*, Deliktstypen, S. 278.

1579 *Pawlik*, Unrecht, S. 139; zugespitzt darauf verweisend, die konsequente Fortführung des Rechtsgüterschutzdenkens müsste schlussendlich zur Bestrafung der gefährlichen Gedanken potenzieller Täter führen *Jakobs*, ZStW 97 (1985), 751 (753).

1580 *Wohlers*, Deliktstypen, S. 50.

1581 *Jakobs*, ZStW 97 (1985), 751 (753).

1582 *Frisch*, in: Rechtsgutstheorie, S. 72 ff.; *Wohlers*, GA 2002, 15 (17); dazu *Zabel*, Ordnung, S. 549 f.

1583 *Pawlik*, Unrecht, S. 137 f.

1584 *Frisch*, in: Jahrtausendwende, S. 197; dazu *Pawlik*, Unrecht, S. 137 f.

gefunden werden.[1585] In diese Richtung weist auch die Entmaterialisierungstendenz des Rechtsgutsbegriffs, d. h. seine Verflüssigung hin zu kollektiven Rechtsgütern,[1586] wie sie auch für die hier untersuchten Gefahrdelikte des Risikowirtschaftsstrafrechts beobachtet wurde.[1587] Auch wo ein positiver Zusammenhang zu einem Rechtsgut nicht hergestellt werden kann, ist die Illegitimität einer Strafnorm nicht automatische Folge. Wie weit sich die Legitimitätsfrage von einem Rechtsgutsbezug entkoppeln kann, zeigt der sog. „Inzest-Beschluss“ des Bundesverfassungsgerichts.[1588]

b) Entgrenzungstendenz von Gefährlichkeitsdelikten

Dass das Strafrecht seit Längerem auf Expansionskurs ist, konnte der Verlauf der Untersuchung anhand des Risikowirtschaftsstrafrechts ebenso zeigen[1589] wie dass es sich zur Ausdehnung mit besonderer Vorliebe der Gefährlichkeitsdelikte bedient.[1590] Indem das Risikowirtschaftsstrafrecht neue und ehemals der Selbstregulierung überlassene Bereiche wie das Gesundheits- oder Sportwesen erschließt,[1591] kommt die Eklektik präventions- bzw. risikosteuernder Strafnormen zur Geltung.[1592] Kurz gesagt, ist in der Logik der Prävention ein sich selbst am Leben erhaltender Mechanismus angelegt, der auf der Suche nach Vorbeuge- und Kompensationsmechanismen neue Risiken identifiziert und zur Steuerung dieser Risiken neue Konzepte bereitstellt. Ein risikowirtschaftsstrafrechtliches Kalkül erschließt sich auf diese Weise fortwährend Verhaltensweisen, die unter dem Vorsorgekalkül strafwürdig erscheinen.[1593] Grund dafür ist, dass sich Präventionsbemühungen dem Versprechen nach umfassender und lückenloser Sicherheit verschrieben haben – ein Versprechen, dessen Einlösung notwendigerweise offenbleiben muss.[1594] Absolute Abschirmung gegenüber

---

1585 *Hirsch*, in: Strafrechtliche Probleme II, S. 21 ff.; *Pawlik*, Unrecht, S. 137 ff.; *Stratenwerth*, in: FS Lenckner, S. 377 ff.; *Zabel*, Ordnung, S. 549 f.

1586 Umfassend *Krüger*, Entmaterialisierungstendenz, S. 15 ff.; s. a. *Weigend*, in: FS Triffterer, S. 708 f.

1587 S. o. C. ff.

1588 BVerfGE 120, 224; dazu *Brunhöber*, in: Strafverfassungsrecht, S. 63 ff.; *Zabel*, JR 2008, 453.

1589 S. o. D. I. 1. d).

1590 S. o. C. ff. sowie D. I.

1591 *Kubiciel*, in: Strafrechtspolitik, S. 107 f.

1592 *Zabel*, in: Rechtssicherheit, S. 232.

1593 *Zabel*, in: FS Neumann, S. 740.

1594 *Pawlik*, Unrecht, S. 82 f.

Bedrohungen kann es deswegen nicht geben, weil es der gesellschaftlichen Definitionsmacht überlassen ist, Gefahren und Risiken als solche zu definieren. Ein steigender Sicherheitsstandard macht erstens den Blick für neue Gefahren und Risiken frei und vergrößert zweitens die Fallhöhe für eine Gefahren- bzw. Risikorealisierung. Die dem Präventionsgedanken eigentümliche Folgenorientierung steht also in Wechselwirkung zur Verletzbarkeit moderner Gesellschaften. Das gesteigerte Sicherheitsgewährleistungsniveau führt zu steigender Angst von davon ausscherenden, d. h. prognosewidrigen Schadensfällen.[1595] Flankiert wird diese Entwicklung von der Verfeinerung der gesellschaftlichen Anforderungen an die Sozialmoral.[1596] Die Expansion des Risikowirtschaftsstrafrechts ist vor diesem Hintergrund mehr als die Folge gewachsener Sensibilität für die makroökonomischen und gesellschaftlichen Folgen sog. *White-collar*-Kriminalität zu verstehen denn auf den fortschreitenden Sittenverfall im Wirtschaftsleben zurückzuführen.[1597] Dennoch streben Risiko- bzw. Sicherheitsgesellschaften und mit ihnen das dazugehörige Risikowirtschaftsstrafrecht nach Unsicherheitsbeherrschung, die sie über die Kalkulier- und Bestimmbarkeiten der Gefahren- und Schadensneigung von Individuen, Gruppen und Situationen zu erreichen suchen.[1598] Indem Unwägbarkeiten zu Risiken rationalisiert werden,[1599] ergeben sich Möglichkeiten der Vorbeuge oder Kompensation. Wo auf Vorbeuge- oder Kompensationsmaßnahmen verzichtet wird, werden Chancen zur Risikovermeidung bzw. zum Risikomanagement verpasst. Die Realisierung möglicher Schadenseintritte bzw. Rechtsgutsverletzungen wandelt sich dadurch in das Produkt eigener Entscheidungen.[1600]

Im materiell-strafrechtlichen Zentrum dieser Präventionsbemühungen stehen die Gefährlichkeitsdelikte. Das erscheint logisch, dienen diese, insb. die abstrakten Gefährlichkeitsdelikte, der Zufallsbeherrschung.[1601] Wie gesehen, stehen diese Verhaltensweisen aufgrund eines allgemeinen Erfahrungswertes bzgl. ihrer Schadensgeneigtheit unter Strafe, wobei hier die Gefährlichkeit nicht auf der statistisch nachweisbaren bzw. nachgewiesenen Häufigkeit der Gefährdung bzw. Verletzung fußt. Die Entscheidung für die abstrakte Gefährlichkeit

1595 *Zabel*, in: Rechtssicherheit, S. 227.
1596 *Kubiciel*, ZStW 129 (2017), 473 (491).
1597 *Kubiciel*, in: Strafrechtspolitik, S. 108 f.
1598 S. o. D. III. 1. e).
1599 Zum Verhältnis von Unwägbarkeiten, Gefahren und Risiken s. u. E. I. 1. b) dd).
1600 *Zabel*, in: Rechtssicherheit, S. 227.
1601 *Jakobs*, ZStW 97 (1985), 751 (767 Fn. 720); *Hefendehl*, Kollektive Rechtsgüter, S. 157; *Kratzsch*, Verhaltenssteuerung, S. 119; *Jescheck/Weigend*, StrafR AT, S. 264.

eines Verhaltens ist vielmehr ein normativer Abwägungsvorgang, in dem das Maß an Unbeherrschbarkeit des Geschehensablaufs sowie eine normativ getroffene Wertentscheidung der Wahrscheinlichkeit des Schadenseintritts mit der Handlungsfreiheit des Verbotsadressaten abgewogen werden. Demgegenüber verzichten Gefährlichkeitsdelikte für die Tatbestandsverwirklichung auf den Eintritt eines rechtsgutsspezifischen Verletzungs- oder Gefährdungserfolgs und entbehren vor diesem Hintergrund komplexer Kausalitätsnachweise.[1602] In modernen Lebensbereichen wie dem Wirtschaftsleben, in dem multikausale Interdependenzen herrschen und Verantwortungs- wie auch Kausalitätsstrukturen aufgrund moderner betrieblicher Abläufe und mehrebenenförmiger Organisationsstrukturen immer unübersichtlicher werden, stoßen die auf Individualzurechnung ausgelegten Deliktstypen der Verletzungs- und konkreten Gefährdungsdelikte an ihre Grenzen.[1603]

aa) Grenzgänge der Vorverlagerung

Dennoch stehen die Gefährlichkeitsdelikte oftmals im Kreuzfeuer des kriminalpolitischen Diskurses. Danach verwende der Gesetzgeber Gefährlichkeitsdelikte, um *„immer mehr Verhaltensweisen [...] zum Schutz von immer mehr Rechtsgütern zu einem immer früheren Zeitpunkt unter Strafe“*[1604] zu stellen.[1605] Diese Kritik kulminiert in der „Streitschrift“ *Herzogs*, der als vermutlich radikalster Vertreter der Frankfurter Richtung die weitestgehende Abschaffung der abstrakten Gefährlichkeitsdelikte aus dem Wirtschaftsstrafrecht, d. h. den Rückzug des Risikowirtschaftsstrafrechts, fordert.[1606] An die Stelle punktueller strafrechtlicher Absicherung einer begrenzten Anzahl von Rechtsgütern gegen einen Ausschnitt möglicher Angriffswege trete die lückenlose und flächendeckende Abschirmung immer mehr und neuer Rechtsgüter im Wege der Implementation von Gefährlichkeitsdelikten.[1607]

1602 S. o. B. II. 2. a) cc) ff.

1603 *Böse*, wistra 2005, 41 (41); *Jung*, Prüfstein, S. 4; *Landau*, NStZ 2007, 121 (122); *Lindemann*, Voraussetzungen und Grenzen, S. 12; *Ransiek*, ZGR 1999, 613 (613 f.).

1604 So *Reus*, Recht, S. 104.

1605 *Denninger*, KJ 1988, 1 (9); *Hassemer*, StV 1990, 328 (330); *Prittwitz*, Strafrecht und Risiko, S. 368.

1606 *Herzog*, Gesellschaftliche Unsicherheit, S. 109 ff.; krit. dazu *Koriath*, GA 2001, 51 (73 f.).

1607 *Albrecht*, KritV 1988, 189 (193 ff.); *Denninger*, KJ 1988, 1 (9); *Hassemer*, StV 1990, 328 (330); *Prittwitz*, Strafrecht und Risiko, S. 368; *Seelmann*, KritV 1992, 452 (453 ff.).

Als Beispiel für die ausufernde Vorverlagerung risikowirtschaftsstrafrechtlicher Verhaltensverbote hat jüngst der neue § 299 I und II, Nr. 2 StGB Aufmerksamkeit erlangt.[1608] Die Einführung des sog. Geschäftsherrenmodells durch das Gesetz zur Bekämpfung der Korruption vom 22. August 2015[1609] weitet die Strafbarkeit der aktiven und passiven Bestechlichkeit im geschäftlichen Verkehr gem. § 299 StGB auf Unrechtsvereinbarungen aus, die das Austauschverhältnis zwischen Vorteil und Verletzung einer gegenüber dem Geschäftsherrn bestehenden Pflicht zum Inhalt haben.[1610] Damit bezieht § 299 StGB auch Vermögensvorteile ein, die ein Angestellter oder Beauftragter eines Unternehmens ohne dessen Einwilligung als Gegenleistung für die künftige Verletzung einer gegenüber dem Unternehmen bestehenden Pflicht bezieht.[1611] Mit § 299 I, II Nr. 2 StGB hat der Gesetzgeber das Prinzipal-Agent-Modell umgesetzt. Arbeitsrechtliche Pflichten, die der Arbeitnehmer gegenüber seinem Arbeitgeber übernommen hat, werden dadurch strafrechtlich abgesichert. Ziel ist der Schutz von Vermögensinteressen des Arbeitgebers im Vorfeld des Untreuetatbestandes.[1612] Im Vergleich zur strafrechtlichen Erfassung von Wirtschaftskorruption nach § 266 I StGB, der eine vollendete Vermögensschädigung voraussetzt, erfährt die Strafbarkeit für korrupte Verhaltensweisen im geschäftlichen Verkehr mit Einführung des Geschäftsherrenmodells eine auffallende Vorverlagerung. Strafrechtlich relevant sind typische Verhaltensweisen im Vorfeld der Untreue, also das Anbahnen einer auf die Verletzung einer gegenüber dem Geschäftsherrn bestehenden Pflicht gerichteten Unrechtsvereinbarung.[1613] Während die Tatbestandsverwirklichung nach § 266 I StGB den Eintritt eines kausal auf der Pflichtverletzung beruhenden Vermögensschadens erfordert,[1614] ist dies unter den Voraussetzungen des § 299 I, II Nr. 2 StGB nicht erforderlich. Ebenso

---

1608 *Dannecker/Schröder*, ZRP 2015, 48; *Kubiciel*, ZIS 2014, 667; *Schünemann*, ZRP 2015, 68; *Wolf*, CCZ 2014, 29.

1609 BGBl. S. 2025.

1610 Dazu s. o. C. II. 3. a).

1611 *Dannecker/Schröder*, ZRP 2015, 48; *Grützner*, ZIP 2016, 253 (255).

1612 *Krack*, in: FS Samson, S. 380; *Kubiciel*, ZIS 2014, 667 (669 f.); *Zöller*, GA 2009, 137 (144 ff.); die Geschäftsherrenvariante stelle mithin aus ermittlungstaktischer Sicht die nahezu ideale Ergänzung des Straftatbestandes der Untreue dar, s. *Grützner u. a.*, ZIS 2018, 299; näher zum Prinzipal-Agenten-Modell *Vogel*, in: FS Weber, S. 402 ff.; s. a. *Wolf*, CCZ 2014, 29 (30).

1613 *Schünemann*, ZRP 2015, 68 (69).

1614 Statt vieler *Kindhäuser/Bülte*, in: NK-StGB, § 266 Rn. 28 ff.

wenig ist der Vollzug der angekündigten Pflichtverletzung vonnöten; weniger noch: Es kommt nicht einmal auf das Zustandekommen einer Unrechtsvereinbarung an. Das bloße Fordern bzw. Anbieten eines Vorteils im Gegenzug für die Pflichtverletzung reicht aus, ohne dass die Parteien der Unrechtsvereinbarung sich einig geworden sein müssten.[1615] Über § 299 I, II Nr. 2 StGB in den Tatbestandsvarianten des Forderns oder Anbietens wird somit *de facto* die versuchte Anstiftung zu einer versuchten Untreue unter Strafe gestellt, die ihrerseits unter den Bestimmungen des § 266 I StGB straflos ist.[1616] Da infolge des Vergehenscharakters der Untreue weder der Versuch der Untreue noch der Versuch der Anstiftung zur Untreue nach den Bestimmungen des Allgemeinen Teils strafbar sind, handelt es sich um eine beachtliche Vorverlagerung in das „*Vorfeld des Vorfelds*“[1617] des strafrechtlichen Vermögensschutzes. *Kubiciel*[1618] und – diesem folgend – *Dannecker/Schröder*[1619] versuchen, diese extensive Pflichtwidrigkeitsvariante des § 299 StGB einer Restriktion zuzuführen, indem sie den Tatbestand wettbewerbsbezogen auslegen. Danach soll der doppelten Schutzrichtung des § 299 StGB – Schutz des Wettbewerbs einerseits und Vermögensschutz andererseits – Rechnung getragen werden, indem nur gefährliche Verhaltensweisen, die im betrieblichen Umfeld durch eine Unrechtsvereinbarung im Vorfeld eines Wettbewerbsgeschehens zum Ausdruck kommen, den Tatbestand der Pflichtwidrigkeitenvariante erfüllen sollen. Dagegen spricht der Wille des Gesetzgebers, wonach die „*Möglichkeit, die Strafbarkeit auf Fälle mit Wettbewerbsbezug zu beschränken, […] nicht […] besteht.*“[1620] So resümieren auch *Grützner/Helms/Momsen*,[1621] der Gesetzgeber habe, entgegen eigener Angaben, durch Einführung des Geschäftsherrenmodells § 299 StGB systemwidrig um den Schutz des Geschäftsherreninteresses an loyalen Angestellten erweitert und auf diese Weise eine im Vergleich zum

---

1615 S. o. C. II. 3. a).

1616 *Greco*, GA 2016, 1; *Kubiciel*, ZIS 2014, 667 (670); *Saliger*, in: FS Kargl, S. 501; *Schünemann*, ZRP 2015, 68 (69); zur Vorgängerregelung *Hauck*, wistra 2010, 255 (257); *Kindhäuser*, ZIS 2011, 461 (467); *Rönnau*, StV 2009, 302 (308); *Schünemann*, in: FS Achenbach, S. 517 f.; *Zöller*, GA 2009, 137 (146 f.).

1617 *Schünemann*, ZRP 2015, 68 (69).

1618 *Kubiciel*, ZIS 2014, 667 (671 f.).

1619 *Dannecker/Schröder*, ZRP 2015, 48 (50).

1620 BT-DrS. 18/4350. S. 12; dazu *Hüls*, Grenzen, S. 178; *Schünemann*, ZRP 2015, 68 (70).

1621 *Grützner u. a.*, ZIS 2018, 299 (303).

Wettbewerbsmodell widersprüchliche Tatbestandsvariante geschaffen, deren Verhältnis zu § 266 StGB erhebliche Friktionen aufweise.[1622]

Ähnlich extensiv wurde § 265 StGB im Rahmen des 6. StrRG umgestaltet. § 265 StGB bestraft, wer eine gegen Untergang, Beschädigung, Beeinträchtigung der Brauchbarkeit, Verlust oder Diebstahl versicherte Sache mit (Dritt-) Leistungsverschaffungsabsicht beschädigt, zerstört, in ihrer Brauchbarkeit beeinträchtigt, beiseite schafft oder einem anderen überlässt, sofern die Tat nicht nach § 263 StGB mit Strafe bedroht ist.[1623] Auch wenn der Versicherungsmissbrauch in seiner geltenden Fassung mangels eines Täuschungsmoments und einer erforderlichen betrügerischen Absicht materiell den Bezug zum Betrugstatbestand gekappt hat,[1624] ordnet § 265 I StGB eine formelle Subsidiarität gegenüber dem Betrugstatbestand an.[1625] Daher muss § 265 StGB nach wie vor als Vorfeldtatbestand zu § 263 StGB behandelt werden. Im Unterschied zu § 265 StGB a. F., der die betrügerische Absicht des Täters forderte und daher in den Fällen ausschied, in denen der Täter ohne Wissen[1626] des Versicherungsnehmers den Versicherungsfall auszulösen versuchte, erfasst § 265 StGB n. F. durch die geforderte Leistungsverschaffungsabsicht auch Begehungsweisen, nach denen der Versicherungsnehmer in die Lage versetzt ist, die Versicherungsleistung berechtigterweise abzufordern.[1627] Bei Neufassung des § 265 StGB hatte der Gesetzgeber den Schutz der von Autoschieberbanden ausgelösten Mehrbelastung der Kfz-Versicherungssparte vor Augen. Diese litt unter der Praxis, dass Kfz-Inhaber mit den professionellen Autoschiebern kooperierten. In diesen Fällen war eine Aufklärungswahrscheinlichkeit praktisch gegeben, solange sich das Kfz noch im Inland befand. Zu diesem Zeitpunkt lag mangels unmittelbaren Ansetzens zur Täuschung seitens des Versicherungsnehmers weder

---

1622 *De lege ferenda* fordern auch sie, ähnlich wie *Kubiciel* und *Dannecker/Schröder*, eine wettbewerbsbezogene Tatbestandsreduktion, s. *Grützner u. a.*, ZIS 2018, 299 (303).

1623 S. o. C. I. 3. b).

1624 S. o. C. I. 2.

1625 *Heger*, in: LKH-StGB, § 265 Rn. 6.

1626 Eine Ausnahme hiervon galt nur in den Fällen der sog. Repräsentantenhaftung, wenn der Täter also befugt war, im Geschäftsbereich des versicherten Risikos selbstständig in einem nicht unbedeutenden Umfang für den Betriebsinhaber zu handeln und auch dessen Rechte und Pflichten als Versicherungsnehmer wahrzunehmen, s. BGH NJW 1976, 2271.

1627 *Bussmann*, StV 1999, 613 (617); *Fischer*, StGB, § 265 Rn. 10; *Hörnle*, Jura 1998, 169 (176); *Perron*, in: SS-StGB, § 265 Rn. 14; *Rönnau*, JR 1998, 441 (444 ff.).

ein versuchter Betrug gem. § 263 I, 22 StGB vor, noch konnten die Autoschieber strafrechtlich belangt werden.[1628] Diese Strafbarkeitslücke konnte durch den neuen § 265 I StGB gefüllt werden, da das Überlassen des Kfz seitens des Eigentümers jetzt den Tatbestand des § 265 I StGB erfüllt.[1629] In seiner geltenden Fassung bezieht § 265 I StGB auch objektiv unauffällige Verhaltensweisen mit ein.[1630] Als Ausfluss des Art. 14 GG steht es dem Eigentümer eines Kfz frei, wie er mit seinem Eigentum verfahren möchte. Dies beinhaltet auch Zerstörungsakte.[1631] An dieser Dispositionsbefugnis ändert auch die Versicherung der Sache nichts. Zwar sind dem Versicherungsnehmer Verhaltenspflichten auferlegt. Es handelt sich hierbei um Obliegenheiten, deren Verletzung unter Umständen zum Verlust des Versicherungsanspruchs führt. Daneben führt die Zerstörung des eigenen Eigentums ausschließlich zu einer Selbstschädigung.[1632] Ein weiteres Beispiel für die Einbeziehung sozial unauffälliger Verhaltensweisen bildet *Hörnle*, wonach den § 265 StGB auch erfüllt, wer eine versicherte Sache seinem Kind schenkt in der Absicht, diese als gestohlen zu melden, um Ersatzansprüche gegen die Versicherungsgesellschaft geltend zu machen, und von diesem Vorhaben nach kurzer Besinnung wieder ablässt.[1633] Auch alltägliche Vorkommnisse wie ein Straßenverkehrsunfall[1634] oder die Zerstörung der von der Hausratsversicherung umfassten Hausvase[1635] sind unter Geltung des § 265 I StGB immer von dem latenten Verdacht eines Versicherungsmissbrauchs begleitet.[1636]

An den gezeigten Beispielen offenbart sich, wie der extensive Einsatz von Gefährlichkeitsdelikten bisweilen zu Friktionen mit wirtschaftsstrafrechtlichen Kernnormen des StGBs führt. Durch die Erweiterung des § 299 StGB um das Geschäftsherrenmodell entsteht ein strafrechtsdogmatisch inkonsistentes

---

1628 BT-DrS. 13/9064. S. 48 ff.; dazu *Anastasopoulou*, Deliktstypen, S. 253 ff.; *Geppert*, Jura 1998, 382 (383); *Hörnle*, Jura 1998, 169 (175 f.); *Rönnau*, JR 1998, 441.

1629 *Geppert*, Jura 1998, 382 (384); *Hörnle*, Jura 1998, 169 (176); *Rönnau*, JR 1998, 441 (444); *Tiedemann*, in: LK-StGB, § 265 Rn. 16.

1630 *Geppert*, Jura 1998, 382 (386); *Hörnle*, Jura 1998, 169 (176); *Kudlich*, JuS 1998, 468 (469); *Perron*, in: SS-StGB, § 265 Rn. 1; *Rönnau*, JR 1998, 441 (419).

1631 *Anastasopoulou*, Deliktstypen, S. 255; *Papamoschou/Bung*, in: Irrwege, S. 246.

1632 *Anastasopoulou*, Deliktstypen, S. 255; *Papamoschou/Bung*, in: Irrwege, S. 246; *Rönnau*, JR 1998, 441 (443); *Rzepka*, in: Irrwege, S. 281.

1633 *Hörnle*, Jura 1998, 169 (176).

1634 *Rzepka*, in: Irrwege, S. 283.

1635 *Rönnau*, JR 1998, 441 (443).

1636 *Anastasopoulou*, Deliktstypen, S. 256 f.

Verhältnis zur Untreue nach § 266 I StGB, wonach offenbleibt, aus welchem Grund die (versuchte) Anstiftung zur versuchten Untreue unter Strafe gestellt wird, obgleich bislang weder der Versuch der Untreue noch eine versuchte Anstiftung strafbar war. Hier wird der strafrechtliche Vermögensschutz des Geschäftsherrn gleich zweifach vorverlegt. § 265 I StGB muss wiederum in seinem Verhältnis zu § 263 I StGB gesehen werden. In seiner gültigen Fassung umfasst § 265 I StGB auch sozial unauffällige Verhaltensweisen, die in ihrer äußerlichen Gestalt von der in Art. 14 GG verbürgten Eigentumsfreiheit gedeckt sind. Damit werden Fälle von Selbstschädigung bestraft, weil und wenn ihnen eine böse Absicht zugrunde liegt. Offen bleibt die Frage, woran die Praxis der Strafverfolgung das Vorliegen einer solchen Absicht knüpfen möchte, wenn der objektive Tatbestand sozial unauffällige Verhaltensweisen bestraft.[1637]

bb) Einbeziehung von Bagatellen

Auch jenseits der Frankfurter Richtung bestehen hinsichtlich der Tragfähigkeit der abstrakten Gefährlichkeitsdelikte Bedenken. *Zieschang* fasst die Bedenken gegen das abstrakte Gefährlichkeitsdelikt mit der strukturell bedingten Einbeziehung von Bagatellen zusammen.[1638] Abstrakte Gefährlichkeitsdelikte erfassen Phänotypen von Verhaltensweisen[1639] und bestrafen Deliktsbegehungen primär ob ihrer Zugehörigkeit zum Verhaltensmuster als aufgrund der Manifestation einer materiellen Beeinträchtigung.[1640] Prominent dokumentiert ist die Einbeziehung von im Einzelfall ungefährlichen Verhaltensweisen anhand der schweren Brandstiftung gem. § 306a I 1 StGB sowie der Trunkenheit im Straßenverkehr gem. § 316 I StGB. Der schweren Brandstiftung gem. § 306a I 1 StGB macht sich dem Wortlaut nach auch strafbar, wer eine menschenleere Hütte einer gründlichen Prüfung unterzieht, ob sich in dieser Menschen aufhalten, und nach Vergewisserung, dass sich niemand in ihr aufhält, anzündet. Obwohl in diesem Falle für Leib und Leben eines Menschen weder nach objektiven Kriterien noch nach der

---

1637 *Rzepka*, in: Irrwege, S. 283, die dem Gesetzgeber daher unterstellt, hier eine gezielt selektive, an Tätertypen orientierte Strafverfolgung anzuordnen; s. a. *Anastasopoulou*, Deliktstypen, S. 252 ff., die darin einen Verstoß gegen den Grundsatz *cogitationis poenam nemo patitur* erkennt.

1638 *Zieschang*, Gefährdungsdelikte, S. 380 ff.; zu seinen Folgerungen s. u. E. II. 3.

1639 Eingehend dazu sogleich E. I. 3. c).

1640 S. o. B. II. 2. a) cc); a. A. *Kindhäuser*, Gefährdung als Straftat, S. 280, wonach abstrakte Gefährlichkeitsdelikte die sorgelose Verfügung über ein Rechtsgut beeinträchtigen.

Vorstellung des Täters das Risiko einer Schädigung besteht, ist der Tatbestand des § 306a I 1 StGB dennoch verwirklicht.[1641] Für § 316 I StGB werden Fälle diskutiert, in denen der Täter in fahruntüchtigem Zustand ein Fahrzeug bewegt, gleichzeitig jedoch hinreichende Sicherheitsvorkehrungen trifft wie die Absicherung des Fahrtweges durch nüchterne Dritte, die Verlegung der Trunkenheitsfahrt auf eine einsame und abgelegene Nebenstraße zu Randzeiten und/oder die Begrenzung des Fahrtweges auf wenige Meter.[1642]

Auch die Untersuchung der Risikowirtschaftsdelikte hat eine Reihe von Strafnormen zutage gefördert, die auch Bagatellbegehungen bzw. im Einzelfall konkret ungefährliche Begehungsweisen unter Strafe stellen. Beispiele für die Einbeziehung von Bagatellbegehungen finden sich dort, wo das Verhaltensverbot an einen Verstoß gegen formell geprägte Verhaltensanforderungen anknüpft. So macht sich gem. § 15a IV InsO strafbar, wer in der wirtschaftlichen Krise Fristen verpasst, indem er eine Eröffnungsantragsstellung zu spät einreicht, oder die in § 13 I 3 ff. InsO konstituierten Anforderungen an die Form des Antrags nicht wahrt.[1643] Sofern die übrigen Voraussetzungen des § 15a IV InsO inkl. des Eintritts der finanziellen Krisensituation gegeben sind, ist der Tatbestand unabhängig davon verwirklicht, ob das Täterverhalten bei konkreter Betrachtung Auswirkungen auf die Vermögensinteressen der Gläubiger als geschütztes Rechtsgut haben kann. § 15a IV InsO offenbart eine Indifferenz gegenüber dem materiellen Gehalt des Schädigungspotenzials der inkriminierten Verhaltensweisen.[1644] Ähnlich verhält es sich mit der formell-handelsrechtswidrigen Verletzung der Pflicht zur Aufstellung von Bilanzen bzw. zum Führen von Handelsbüchern. Auch hier knüpft der Tatbestand die Strafbarkeit an das Verpassen einer Frist, die sich aus dem Handelsrecht ableitet.[1645] Auch hier wird eine starre Fristenregel zur Grundlage einer Strafbarkeit erklärt. Zur Verwirklichung der Strafbarkeit reicht aus, die Frist um einen Tag verstreichen zu lassen, obwohl in diesen Fällen nur in wenigen Ausnahmekonstellationen das Verstreichenlassen materielle Auswirkungen auf die geschützten Rechtsgüter haben dürfte. Die Erschwerung der Übersicht über

---

1641 *Bender*, Normzweck und Deliktstypus, S. 302 ff.; s. a. *Heger*, in: LKH-StGB, § 306a Rn. 1; *Rengier*, StrafR BT II, § 40 Rn. 47 ff.; a. A. *Zieschang*, StrafR AT, Rn. 32; in diese Richtung auch BGH NJW 1975, 1369.

1642 *Reus*, Recht, S. 171.

1643 S. o. C. III. 1. b).

1644 S. o. C. III. 1. c).

1645 S. o. C. III. 2. c) bb).

die Vermögenslage wird in diesen Fällen nach gesetzgeberischer Konzeption aus der Natur der Sache gefolgert, womit kein Raum für eine einzelfallbezogene Prüfung bleibt.[1646] Aber auch außerhalb der finanziellen Krisensituation greift der Gesetzgeber zur Begründung von Strafbarkeiten auf die Einhaltung formeller Verfahrensschritte zurück, wie anhand der hier untersuchten §§ 333a, 334 IIa HGB i. V. m. APr-VO belegt werden kann. §§ 333a, 334 IIa HGB i. V. m. APr-VO überwachen die Einhaltung einer formell korrekten Auswahl von Abschlussprüfern bei UÖI. Der strafrechtliche Schutz erstreckt sich nicht auf die Eignung des Abschlussprüfers bzw. seine Unabhängigkeit, sondern auf die Vermeidung des Scheins mangelnder Unabhängigkeit. Ob von dem Verstoß gegen die einzelnen Verfahrensschritte eine Gefahr für die Qualität der Abschlussprüfungen ausgeht, ist nicht Gegenstand der Prüfung im Rahmen der §§ 333a, 334 IIa HGB i. V. m. APr-VO.[1647] Dies trifft schließlich auch auf den krisennahen § 401 I AktG zu, der aus der Informationspflichtverletzung des Vorstands bei Verlust der Hälfte des Grundkapitals *per se* eine Gefahr für die Vermögensinteressen der Aktionäre ableitet, ohne dass diese Gefahr im Einzelfall bestehen bzw. nachgewiesen werden müsste.[1648] Den hervorgehobenen Straftatbeständen ist gemein, dass sie auch im Falle der Ungefährlichkeit des Verhaltens für das geschützte Rechtsgut eine Strafbarkeit vorsehen. Ob die Vermögensinteressen der Gläubiger bzw. Aktionäre durch verfristete Antragstellung, Aufstellung der Bilanzen oder Einberufung und Verlustanzeige beeinträchtigt werden bzw. die Unabhängigkeit des Abschlussprüfers nicht gewährleistet werden kann oder ob in der konkreten Situation die Erfüllung der strafrechtlich abgesicherten Pflichten im Einzelfall keinerlei Besserstellung der Vermögensinteressen bedeuten kann, weil bspw. die rechtzeitige Einberufung und die Verlustanzeige den Aktionären von Anfang an erkennbar keine Handlungsoptionen eröffnen oder die Bilanz nur um einen Tag verspätet aufgestellt wird, findet in das tatbestandlich verbürgte Prüfungsprogramm der jeweiligen Verhaltensverbote keinen Eingang. Gleichzeitigt erscheint z. B. die Strafbarkeit des Kaufmanns wegen einer eintägigen Verfristung unter materiellen Gesichtspunkten als fragwürdig. Der Schutz gewisser Verfahrensabläufe des Wirtschaftslebens wird hier ohne Sensitivität für die besonderen Umstände des Einzelfalls durchgesetzt, sodass im Einzelfall schadlose Verhaltensweisen zum Zwecke des allgemeinen Regelerhalts bestraft werden.

1646 S. o. C. III. 2. c) bb).

1647 S. o. C. IV. 3.

1648 S. o. C. IV. 4.

cc) Inkriminierung der Leichtfertigkeit

Neben den Grenzgängen, die durch Ausdehnung der Strafbarkeit infolge der Implementierung von Gefährlichkeitsdelikten beschritten werden, setzt der Gesetzgeber, wie gesehen, zum Zwecke der Überwindung von Beweisschwierigkeiten auch die subjektiven Voraussetzungen an die Strafbarkeit herab bzw. überführt subjektive Merkmale *de facto* in leicht nachzuweisende objektive Tatbestandsvoraussetzungen.[1649] Im Risikowirtschaftsstrafrecht betrifft die Herabsetzung von Vorsatz- auf Fahrlässigkeitsvoraussetzungen durch Einführung von Leichtfertigkeitsklauseln neben dem § 264 V StGB, der im Zentrum der kriminalpolitischen Debatte steht, auch die Strafbarkeit wegen Bankrotts gem. § 283 IV Nr. 2 und § 283 V Nr. 2 StGB sowie § 331 HGB, die für einige Tatbestandsvarianten auch die grob fahrlässige Begehung unter Strafe stellen.[1650] Für die Inkriminierung leichtfertiger Begehungsweisen hat *Tiedemann* herausgestellt, diese sei zur Erfassung nicht voll beweisbarer Fälle vorsätzlicher Täuschungshandlungen unabdingbar. Andernfalls sei der Umgehung einer Strafbarkeit wegen Subventionsbetrugs durch geschickte Einlassungen seitens des Täters nicht beizukommen.[1651] Die praktische Notwendigkeit für die Einführung von Leichtfertigkeitsklauseln speise sich demnach daraus, sachgerechte Lösungen für Fälle an der Grenze zum Vorsatz zu gewährleisten.[1652] Im kriminalpolitischen Diskurs ist auf die Einführung des § 264 III StGB a. F.[1653] hin eine Debatte um die Strafwürdigkeit fahrlässiger Vermögensdelikte entbrannt. Neben Friktionen mit dem Schuldgrundsatz[1654] richtet sich der Vorwurf hauptsächlich gegen den Charakter einer Verdachtsstrafe.[1655] Zum Vorwurf der Verdachtsstrafe wird vorgetragen, die Leichtfertigkeitsklausel solle sicherstellen, dass bei wahrheitswidriger Antragstellung der Strafbarkeit keine Beweishindernisse entgegenstünden.[1656] § 264 V StGB diene *de facto* nicht

---

1649 S. o. D. III. 2. a) aa) (c).

1650 *Gratopp*, Bilanzdelikte, S. 282 f.; *Hüls*, Grenzen, S. 219.

1651 *Tiedemann*, Gutachten 49. DJT, S. 47 ff.; *Tiedemann*, Subventionskriminalität, S. 302, 326; dazu *Anastasopoulou*, Deliktstypen, S. 246 ff.; *Herzog*, Gesellschaftliche Unsicherheit, S. 132 ff.; *Hüls*, Grenzen, S. 219 ff.; *Schubarth*, ZStW 92 (1980), 80 (100 ff.).

1652 *Tiedemann*, in: LK-StGB, § 264 Rn. 145.

1653 Heute § 264 V StGB.

1654 *Başar*, Modernes Strafrecht, S. 182; *Fischer*, StGB, § 264 Rn. 3a.

1655 *Ceffinato*, in: MüKo StGB, § 264 Rn. 118; *Hefendehl*, in: FS Lüderssen, S. 420; *Herzog*, Gesellschaftliche Unsicherheit, S. 133; *Schubarth*, ZStW 92 (1980), 80 (100).

1656 *Herzog*, Gesellschaftliche Unsicherheit, S. 133; *Hillenkamp*, in: FS Wassermann, S. 869.

zur strafrechtlichen Erfassung besonders schwerwiegender fahrlässiger Begehungsweisen, sondern dazu, den vorsätzlich begangenen Subventionsbetrug einfacher beweisen zu können.[1657]

Die Untersuchung konnte zeigen, dass § 264 StGB als abstraktes Gefährlichkeitsdelikt subventionsspezifische Täuschungshandlungen unter Strafe stellt, ohne Blick darauf zu nehmen, ob die Täuschung erfolgreich war, d. h., ob sie ursächlich für die spätere Ausreichung der Subvention wurde. Es bleibt für die Tatbestandsverwirklichung sogar außer Betracht, ob die Erklärung vom Adressaten vernommen wurde, wie aus dem Charakter als Äußerungsdelikt folgt. Weder das Vernehmen noch die kognitive Verarbeitung, geschweige denn die Einbeziehung des Informationsgehaltes der Täuschungshandlung in den Entscheidungsprozess über die Subventionsausreichung spielt für eine Strafbarkeit wegen vollendeten § 264 StGB eine Rolle. Es handelt sich folglich um einen gegenüber dem Betrug gem. § 263 I StGB erheblich reduzierten subventionsspezifischen Täuschungsversuch.[1658] Mit *Hellmann* ist daher in jedem Fall darauf zu verweisen, dass der leichtfertige Subventionsbetrug gem. § 264 I, V StGB im Ergebnis eine grob fahrlässig begangene Lüge bestraft, ohne dass es auf nachteilige Folgen für den Adressaten ankäme.[1659] Diese Ausdehnungstendenz erscheint im Wertungsvergleich zum vollendeten Betrug gem. § 263 I StGB und, soweit es die eher untreueähnliche Tatbestandsvariante des § 264 I Nr. 2 StGB betrifft,[1660] zur Untreue gem. § 266 I StGB, die beide nur bei vorsätzlicher Begehung strafbar sind, mit Blick auf eine konsistente Strafgesetzgebung als bedenklich.[1661]

1657 *Anastasopoulou*, Deliktstypen, S. 247; *Schubarth*, ZStW 92 (1980), 80 (101 ff.); *Weigend*, in: FS Triffterer, S. 711 ff.

1658 S. o. C. I. 1. a) aa).

1659 *Hellmann*, in: NK-StGB, § 264 Rn. 6; dazu *Hüls*, Grenzen, S. 221 f.

1660 Nach *Heinrich*, in: AWHH-StrafR BT, § 21 Rn. 70 ff., liegt das Unrechtsmoment nicht in einem täuschenden Verhalten, sondern in der Enttäuschung des vom Subventionsgebers gegenüber dem Subventionsnehmers entgegengebrachten Vertrauens, das in der Zweckbindung zum Ausdruck kommt; s. a. *Fischer*, StGB, § 264 Rn. 25 ff.

1661 *Heinrich*, in: AWHH-StrafR BT, § 21 Rn. 73; vor diesem Hintergrund wird vermehrt vertreten, den leichtfertigen Subventionsbetrug *de lege ferenda* als Ordnungswidrigkeit zu ahnden, s. *Albrecht*, KritV 1993 (76), 163 (168); *Anastasopoulou*, Deliktstypen, S. 246 ff.; *Ceffinato*, in: MüKo StGB, § 264 Rn. 118; *Eberle*, Subentionsbetrug, S. 167; *Hack*, Probleme des Subventionsbetrugs, S. 143 ff.; *Hellmann*, in: NK-StGB, § 264 Rn. 7; *Stoffers*, EuZW 1994, 304 (307); s. a. *Fischer*, StGB, § 264 Rn. 3a; a. A. *Tiedemann*, Gutachten 49. DJT, S. C. 49.

dd) Grenzen struktureller Zurechnung am Beispiel von Strafrecht und KI

Es gehört nach dem Gesagten zu dem grundlegenden Selbstverständnis des Risikowirtschaftsstrafrechts, dass es die Ungewissheiten, die untrennbar zur Zukunft gehören, nicht als verschwommene Gefahren betrachtet, sondern diese als kalkulierbare Risiken begreift und ihnen daher proaktiv lenkend entgegengeht.[1662] Eine risikowirtschaftsstrafrechtliche Verbotsnorm nimmt ihren Adressaten folglich in die Haftung, weil, so die Unterstellung, er bewusst, in Kenntnis und proaktiv ein Risiko eingegangen ist, dessen Kosten-Nutzen-Relation nach gesetzgeberischer Wertung untragbar ist. Die Untragbarkeit kann das Ergebnis unerträglich hoher Kosten, der Unlauterkeit des verfolgten Nutzens oder einer Unverhältnismäßigkeit zwischen Kosten und Nutzen sein. Um eine solche Wertung durchzuführen, bedarf es hinreichender und gesicherter Erkenntnisse zu den in Aussicht stehenden Vor- und Nachteilen samt ihrer statistischen Wahrscheinlichkeit. Eine solche Logik setzt ihrerseits ein exaktes Wissen über die Kosten-Nutzen-Relation, anders gewendet, um das Risiko und seine Faktoren, voraus.[1663] Um Risiken exakt bestimmen zu können, bedarf es zunächst einer hinreichenden Probengröße. Nur so können die Risikofaktoren, die einer Person, Situation, Struktur oder Gruppe anhaften, extrahiert werden.[1664] Hier muss nach dem Erkenntnisstand der Kriminologie eingeräumt werden, dass für die meisten Formen abweichenden Verhaltens nicht ausreichend geklärt ist, auf welche Faktoren das Risiko zurückzuführen ist. Es fehlt also an dem Wissen darum, welche Faktoren die Risikoträchtigkeit einer Person, Gruppe, Situation oder Struktur bedingen. Unter diesen Voraussetzungen operiert das Risikowirtschaftsstrafrecht nicht auf Basis gesicherter Erkenntnisse. Es unternimmt folglich mehr Schätzungen denn exakte Kalkulationen.[1665] Die Definition dessen, was nach den Prämissen des Risikowirtschaftsstrafrechts als abweichendes Verhalten gilt, erfolgt demnach ohne gesicherte Erkenntnisse, weder hinsichtlich ihrer Ursprünge noch ihrer Gefährlichkeit. Angesichts mangelnder Datenlage und defizitären Erkenntnisstandes erscheint es demnach fraglich, ob das Risikowirtschaftsstrafrecht seinem Selbstanspruch, Gefahren als Risiken zu rationalisieren und infolgedessen steuern zu können, aktuell gerecht wird.

1662 Eingehend dazu s. o. D. III. 1. d).

1663 *Bröckling*, in: Sicherheitskultur, S. 93 ff.

1664 *Pütter*, Bürgerrechte & Polizei 2007, 3 (10).

1665 *Legnaro*, in: Sicherheit, S. 49 f.; sowie im Ganzen *Singelnstein*, in: Präventionsstaat, S. 45.

Beispiele für derartiges Vorgehen auf Grundlage ungesicherter Erkenntnisstände finden sich in den Verquickungen von Strafrecht und KI. Wie am Beispiel des *Predictive Policing* am Arbeitsplatz als Teil der *Digital Criminal Compliance* gesehen, finden KI-Systeme in den risiko(-wirtschafts-)strafrechtlichen Funktionswandel Einzug, indem mit ihrer Hilfe Prognoseentscheidungen zu künftigen Straftatbegehungen im und aus dem Unternehmen heraus angestellt werden.[1666] Die Verheißungen lauten, KI-gestützte Überwachung und Prävention erreiche nicht bloß ungekannte Präzision und Akkuratesse, sie sei zudem vor subjektiven Wertungen gefeit.[1667] Ein Blick in die informationstechnologische Binnenkritik verrät indes: KI-Systeme können dieses Versprechen bei näherer Betrachtung (aktuell)[1668] nicht einlösen. Konkret haben sie mit drei Arten von Unschärfen zu kämpfen. Erstens reproduzieren sie die Verzerrungen, die in ihren Trainingsdaten enthalten sind. Damit sind die Auswirkungen auf die Analyse- und Beurteilungsfähigkeit algorithmenbasierter Prädiktionen gemeint, die darin gründen, dass die als Trainingsdaten herangezogenen Informationen ihrerseits nicht objektiv und vorurteilsfrei sind. In der Folge trägt der trainierte Algorithmus diese Verzerrungen in seine eigenen Risiko- und Wahrscheinlichkeitsprognosen fort und zementiert sie auf diese Weise.[1669] Plakatives Beispiel hierfür ist die rassendiskriminierende US-Strafverfolgungspraxis, die in Strafverfolgungsdaten, ihrerseits Grundlage für Prädiktionsalgorithmen, fortwirkt.[1670] Zweitens geben die kriminalistischen Theoriemodelle, die den Algorithmen zugrunde liegen, die Ursachen für abweichendes Verhalten unzureichend wieder. Mit *Singelnstein* muss darauf hingewiesen werden, dass der aktuelle Stand der Forschung die Entstehungszusammenhänge für Kriminalität nicht hinreichend erklären kann.[1671] Drittens wirken neben den Verzerrungen der Trainingsdaten auch die Gewichtungen, die Urheber den Algorithmen einschreiben, fort. Dies kann sich darin äußern, dass der Algorithmus bestimmten Formen abweichenden Verhaltens überproportional viel

1666 S. o. D. III. 2. b) aa).

1667 *Burchard*, in: Normative Ordnungen, S. 562 ff.; *Burchard*, in: GS Hruschka, S. 534 ff.; *Burchard*, in: FS Sieber, S. 744 ff.

1668 *Burchard*, in: Normative Ordnungen, S. 561, der darauf hinweist, dass die technischen Defizite von KI-basierter Strafrechtspflege nicht als Argument gegen ihren Einsatz, sondern als ein solches für ihre Fortentwicklung angeführt werden.

1669 *Burchard*, in: GS Hruschka, S. 546; *Burchard*, in: FS Sieber, S. 748; *Singelnstein*, NStZ 2018, 1 (4).

1670 *Burchard*, in: FS Sieber, S. 748 ff.; *Gless*, in: FS Geßlau, S. 170 ff.

1671 *Singelnstein*, NStZ 2018, 1 (4).

Beachtung schenkt oder dass Zielvorgaben (z. B. die Minimierung von *false negatives*) codiert werden.[1672] Zusammengefasst schlagen sich die Defizite, die die menschlich gesteuerte Kriminalitätsbewältigung erschweren, auch auf Ebene der KI-basierten Steuerung von Kriminalität nieder.

In dem Bestreben, einen möglichst umfassenden Informations- und Wissensstand zu Risikofaktoren zu erlangen, holt das Risikowirtschaftsstrafrecht darüber hinaus zum Rundumschlag aus. Es geht nicht mehr um die Identifizierung einer einzelnen Abweichung, sondern es werden alle Personen, die in Zusammenhang mit der (vermeintlich) risikoträchtigen Situationen, Struktur oder Gruppe stehen, dem strafrechtlichen Zugriff ausgesetzt. Als Nebenprodukt fördert das Risikowirtschaftsstrafrecht so immer weitere Risiken zutage.[1673] Dieses Konfliktfeld intensiviert sich nochmals, führt man sich die Art und Weise, auf die der Täter zur Verantwortung gezogen wird, vor Augen. In der Logik des Risikowirtschaftsstrafrechts finden Vorverlagerungen der Strafbarkeit statt, damit auf kriminelles Handeln nicht erst reagiert, sondern im Vorfeld interveniert werden kann.[1674] Der Adressat eines Gefährlichkeitsdeliktes wird in seiner Freiheitssphäre aktuell eingeschränkt, um potenzielle Verletzungsrisiken auszuschalten. Die Möglichkeit, dass die von der Freiheitsbeschränkung tangierte Verhaltensweise zu einer Schädigung des Opfers führen könnte, wird hier gegenüber der Beeinträchtigung der täterlichen Freiheitssphäre in Anschlag gebracht. Hier stehen sich also ein aktueller und ein denkbarer Freiheitseingriff in der Abwägung gegenüber. Im Unterschied dazu stellen herkömmliche Verletzungsdelikte die Beschränkung einer aktuellen Freiheitssphäre der akuten Verletzung der Freiheitssphäre des potenziellen Opfers gegenüber.[1675] Ein solches Vorgehen führt dazu, dass zur Vermeidung eines unerwünschten Ergebnisses in die Freiheitssphäre des Täters interveniert wird, obwohl das unerwünschte Ergebnis nicht sichere Folge des täterlichen Verhaltens ist.[1676] In die Freiheitssphäre des Täters wird unter den Bedingungen des Risikowirtschaftsstrafrechts folglich auf Grundlage von Ungewissheiten eingegriffen, selbst wenn diese aufgrund gesicherter Erkenntnisse als Risiko rationalisiert werden würden. Bereits die Legitimation einer solchen Eingriffsnorm erscheint gegenüber herkömmlichen Strafbestimmungen als

1672 *Burchard*, in: Normative Ordnungen, S. 561; *Burchard*, in: GS Hruschka, S. 544 f.; *Singelnstein*, NStZ 2018, 1 (4); *Singelnstein*, in: Big Data, S. 184 f.

1673 *Singelnstein*, in: Präventionsstaat, S. 45 f.; *Singelnstein*, NStZ 2018, 1 (3).

1674 *May*, vorgänge 2007, 92 (95).

1675 *Brunhöber*, in: Grundlagen und Grenzen, S. 31 f.; zustimmend *Hüls*, Grenzen, S. 35.

1676 *May*, vorgänge 2007, 92 (95).

aufwendiger. Erfolgt die „Rationalisierung" nicht auf Grundlage gesicherter Erkenntnisse, sondern aufgrund mehr oder weniger stichhaltiger Vermutungen, dürfte das die Legitimationsgrundlage der Eingriffsnormen erheblich erschüttern. Auch hierin manifestiert sich ein grundlegender Unterschied zwischen risikowirtschaftsstrafrechtlichen Normen einerseits sowie Verletzungsdelikten andererseits, da Letztere aufgrund des zu erbringenden Nachweises eines kausalen und objektiv zurechenbaren Verletzungserfolges die Eingriffsnorm auf Grundlage gesicherter Tatsachenerkenntnisse über Geschehnisse in der Vergangenheit rechtfertigen.

ee) Friktionen mit dem Bestimmtheitsgrundsatz

Auch mit dem Bestimmtheitsgrundsatz gem. Art. 103 II GG produziert das Risikowirtschaftsstrafrecht Spannungsfelder. Der Bestimmtheitsgrundsatz verpflichtet den Gesetzgeber, ein strafrechtlich verbotenes Verhalten hinreichend klar zu umreißen, sodass das Risiko einer strafrechtlichen Sanktion für den Normadressaten berechenbar wird. Über die Gewährleistung einer hinreichenden Bestimmtheit soll Orientierungssicherheit hinsichtlich der normativen Erwartung geschaffen werden.[1677]

(a) Gestaltungsmacht für Verfolgungsbehörden

Hassemer zufolge liegt es in der Natur risiko(-wirtschafts-)strafrechtlicher Gesetzgebung, flächendeckend und flexibel auf neuartige Störungen reagieren zu können.[1678] Dies ist zunächst keine *per se* zu verurteilende Entwicklung. Der Gesetzgeber hat bei der (straf-)gesetzlichen Regulierung immer auch die operative Hinsicht zu beachten. Dies bedeutet für das Risikowirtschaftsstrafrecht, dass es der Komplexität und dem Tempo seines Regelungsgegenstandes durch Einführung normativer Tatbestandsmerkmale und Generalklauseln Rechnung zu tragen hat.[1679] Möchte eine Strafnorm auf möglichst alle, auch zum aktuellen Zeitpunkt noch unbekannte Problemfelder reagieren können, wird ihre Bestimmtheit zwangsläufig darunter leiden müssen.[1680] Die,

---

1677 *Prittwitz*, in: Handlungsfreiheit, S. 56 ff.; *Stächelin*, Strafgesetzgebung, S. 207 ff.

1678 *Hassemer*, Produktverantwortung, S. 16.

1679 *Backes*, KritV 1986, 315 (341); *Krahl*, Bestimmtheitsgrundsatz, S. 307; *Park*, Vermögensstrafe, S. 134 f.; *Süß*, in: Unmöglicher Zustand, S. 220; *Theile*, wistra 2012, 285 (288).

1680 *Hassemer*, Produktverantwortung, S. 16.

operativ wünschenswerte, Offenheit[1681] risikowirtschaftsstrafrechtlicher Verbotsnormen steht daher von Natur aus in einem Spannungsverhältnis zum verfassungsrechtlich verbürgten Gebot der hinreichenden Bestimmtheit an rechtlich normierte Verhaltensanforderungen. Anders gewendet, begünstigt die in hohem Maße ausgeprägte Dynamik des Regelungsgegenstands, dass Reibungsflächen mit dem Bestimmtheitsgrundsatz entstehen. Konkret manifestieren sich Reibungsflächen in der Gefahr einer Ausdehnung von Strafbarkeiten auf den Bereich sozial üblicher Geschäftstätigkeit ebenso wie in Vollzugsdefiziten.[1682] Unter dem extensiven Einsatz unbestimmter Tatbestandsmerkmale leidet außerdem die schützende und begrenzende Wirkung strafrechtlicher Regelungen.[1683] Dies bleibt nicht ohne Konsequenzen für die Praxis der Rechtswendung und Strafverfolgung. Ein vager und diffuser Beurteilungsgegenstand erhöht das Druckpotenzial der Strafverfolgungsbehörden. Denn in dem Maße, in dem die Interpretations- und Auslegungsspielräume von Strafnormen steigen, wächst auch die Gestaltungsmacht der Amtsperson im Strafverfahren bzw. die Möglichkeit, Strafverfahren als Drohkulisse zu inszenieren.[1684]

(b) Wechselwirkung zu Aufgreifnormen

Hier ist auf eine Wechselwirkung zu der weiter oben diskutierten „Aufgreiffunktion“ von Straftatbeständen hinzuweisen. Mit Aufgreifnormen erlangen Verfolgungsbehörden vereinfachten Zugang zu den Ermittlungsmaßnahmen der StPO. Risikowirtschaftsstrafrechtliche Strafnormen dienen infolge ihrer abgeschliffenen Tatbestandsvoraussetzungen als Türöffner, um im weiteren Verlauf die Ermittlungen auf vollendete Vermögensverletzungsdelikte auszuweiten. Charakteristisch für Aufgreifnormen ist, dass Verfolgungsbehörden sich ihrer von Anfang an mit dem Ziel bedienen, einen ersten Zugang zum strafprozessualen Instrumentarienkatalog zu erlangen, während das wirkliche Ziel der Ermittlungen der Nachweis klassischer Vermögensverletzungsdelikte

1681 Das Wirtschaftsstrafrecht verdankt dem Rückgriff auf unbestimmte Tatbestandsmerkmale zudem auch seinen „*Caselaw*-Charakter“, der die Bedeutung höchstrichterlicher Rechtsprechung für diese Kriminalitätsbereiche nochmals intensiviert, s. *Theile*, wistra 2012, 285 (288).

1682 *Barton*, StV 1993, 156 (158).

1683 *Singelnstein*, in: Präventionsstaat, S. 51 f.; s. a. *Naucke*, KritV 1993, 135 (158); *Naucke*, KritV 1999, 336 (344).

1684 *Hüls*, Grenzen, S. 161 f.; *Naucke*, KritV 1999, 336 (344); *Singelnstein/Stolle*, Sicherheitsgesellschaft, S. 72; *Burghardt*, KrimJ 2019, 172 (176 f.).

wie §§ 263, 266 StGB bleibt.[1685] Bedenklich für die Schutzrechte des Betroffenen sind Aufgreifnormen also, weil einschlägige Ermittlungsmaßnahmen selten bei den zur Legitimation der Ermittlungsmaßnahmen herangezogenen Straftatbeständen bleiben, sondern sich im Verlauf der Untersuchungen auf Kernnormen wie §§ 263, 266 StGB ausweiten. Die Vorfeldtatbestände werden somit nicht um ihrer selbst willen, sondern zur Eröffnung des Ermittlungsinstrumentariums der StPO eingesetzt. So werden bspw. Durchsuchungen mit einem Anfangsverdacht hinsichtlich §§ 264a, 265b StGB initiiert, um Beweismaterial für Betrugs- oder Untreuevergehen zu gewinnen. Auf diese Weise wird das Informationsdefizit, das die Einleitung von Maßnahmen auf Grundlage der Kernnormen vereitelt, überbrückt. Im Ergebnis konterkariert ein solches Vorgehen die Schutzfunktion des Anfangsverdachts.[1686] Unter der Einwirkung unbestimmter Tatbestandsmerkmale verstärkt sich diese Drucksituation. Wie unbestimmte Tatbestandsmerkmale die Gestaltungsmacht der Verfolgungsbehörden erhöhen, erhöhen sie auch die Möglichkeiten, einen Anfangsverdacht zu begründen. In dem Maße, in dem ein Tatbestandsmerkmal infolge seiner Offenheit hinsichtlich seiner Auslegung einer Beliebigkeit zugänglich ist, lassen sich beliebig viele Anschlüsse für einen Anfangsverdacht konstruieren.[1687] In diesem Zusammenhang ist wiederholt auf die unrichtige Darstellung gem. § 331 HGB hinzuweisen, die einerseits die oben diskutierte Generalklausel der Verhältnisse der Gesellschaft und damit initial einen weiten Anwendungsbereich enthält, der nach hier vertretener Auffassung erst durch die am Einzelfall ausgerichtete Prüfung der Erheblichkeit des Verstoßes korrigiert wird,[1688] andererseits in der jüngeren Strafrechtswissenschaft als beliebtes Einstiegsdelikt für Strafverfolgungsbehörden rezipiert wird.[1689] Hinzunehmen werden Fallkonstellationen sein, in denen es im Rahmen von Durchsuchungen zu Zufallsfunden gem. § 108 I StPO kommt oder im Rahmen derer die gefundenen Beweismittel zu einer rechtlichen Neubewertung der im Durchsuchungsbeschluss formulierten Straftat führen. Demgegenüber erscheinen Schutzrechte des Betroffenen dort als bedenklich tangiert, wo die Strafverfolgungsbehörde diesen Mechanismus

1685 Dazu im Ganzen s. o. D. III. 2. a) bb).

1686 *Hüls*, Grenzen, S. 162; *Theile*, wistra 2004, 121 (122); s. a. *Backes*, StV 2008, 654 (660).

1687 Hierauf weist auch *Başar*, Modernes Strafrecht, S. 182 ff. hin.

1688 S. o. C. I. 2. c).

1689 S. o. D. III. 2. a) bb).

als Umgehungsstrategie einsetzt, um sich verfrüht Zugriff auf Beweismaterial bezüglich einer die Grenzen des ursprünglichen Ermittlungsgegenstandes übersteigenden Straftat sichern zu können.[1690]

2. Strafprozessuale Spannungsfelder

a) *Internal Investigations*

Obwohl *Criminal Compliance* ein präventives Instrument ist, lassen sich seine Maßnahmen in Vortat- und Nachtatmaßnahmen unterteilen.[1691] Klassische Maßnahmen, um Straftaten zu vermeiden, sind die Ausarbeitung und Einführung von Unternehmensrichtlinien sowie die Durchführung von Mitarbeiterschulungen.[1692] Demgegenüber machen auch der Straftatbegehung nachgelagerte sog. *Internal Investigations* einen wesentlichen Aspekt der *Criminal Compliance* aus. Hierbei handelt es sich um vom Unternehmen selbst oder von beauftragten Dritten anlassbezogen durchgeführte unternehmensinterne Ermittlungen. Diese betreiben unabhängig von staatlichen Ermittlungstätigkeiten bei Verdacht auf Regelverstöße Sachverhaltserforschung, um das schädigende Verhalten sanktionieren zu können.[1693] Damit übernehmen private Akteure - häufig parallel zum bzw. im Vorfeld[1694] staatlicher Ermittlungstätigkeiten - im Sinne einer Selbstregulierung originär hoheitliche Aufgaben der Strafverfolgung.[1695] Zwar bestehen gegen eine solche Form der unternehmensinternen Strafverfolgung keine prinzipiellen Bedenken.[1696] Ein besonderes Spannungsfeld mit verfassungsrechtlichem Bezug entsteht indes aus dem Zusammenfall der Selbstbelastungsfreiheit gemäß dem *Nemo-tenetur*-Grundsatz einerseits und

1690 *Theile*, wistra 2004, 121 (123 f.).

1691 *Rotsch*, in: Zukunft, S. 8 ff.

1692 *Rotsch*, in: Zukunft, S. 11 ff.

1693 *Greco/Caracas*, NStZ 2015, 7; *Klengel/Mückenberger*, CCZ 2009, 81; *Knierim*, StV 2009, 324 (328); *Rotsch*, in: Zukunft, S. 13 f.; *Wagner*, CCZ 2009, 8 (12); *Wisskirchen/Glaser*, DB 2011, 1392.

1694 *Internal Investigations* können auch gleichzeitig zu staatlichen Ermittlungstätigkeiten durchgeführt oder sogar durch diese ausgelöst werden, s. *Rotsch*, in: ARR-WiStR, 1/4 Rn. 58.

1695 Dazu s. o. D. III. 2. b) aa).

1696 *Bittmann/Molkenbur*, wistra 2009, 373 (374); *Brunhöber*, GA 2010, 551 (572 ff.); *Ignor*, CCZ 2011, 143; *Jahn*, ZStW 115 (2003), 815 (827); *Schünemann*, ZStW 114 (2002), 1 (48 ff.).

der arbeitsrechtlichen Aussagepflicht andererseits.[1697] Denn die strafprozessualen Schutzvorschriften, insb. §§ 136, 136a StPO, entfalten im Bereich der *Internal Investigations* keine unmittelbare[1698] Wirkung, geht doch die StPO von einer klassischen Dichotomie zwischen privatem und hoheitlichem Handeln aus.[1699] Nach herrschender Auffassung in Lehre[1700] und Rechtsprechung[1701] kann sich der befragte Mitarbeiter im Rahmen von *Internal Investigations* folglich nicht auf ein Aussageverweigerungsrecht berufen, sondern hat, auch auf die Gefahr hin, sich in diesem Zuge der Begehung einer strafbaren Handlung schuldig zu bekennen, gem. seiner arbeitsrechtlichen Aussagepflicht umfassend Auskunft zu erteilen. Die Verpflichtung zur Auskunftserteilung speist sich je nach Inhalt der Auskunft und Beschaffenheit des Arbeitsverhältnisses aus einer vertraglichen Auskunftspflicht gem. §§ 666, 675 BGB,[1702] den arbeitsrechtlichen Treue- bzw. Nebenpflichten[1703] oder aus einem allgemeinen zivilrechtlichen Auskunftsanspruch[1704]. Eine solche Auskunft soll danach notfalls auch mittels arbeitsrechtlicher Sanktionen erzwungen werden können.[1705] Nach dem Gesagten wohnt *Internal Investigations* folglich eine strukturelle

1697 Eingehend *Bittmann/Molkenbur*, wistra 2009, 373; *Gerst*, CCZ 2012, 1; *Jahn*, StV 2009, 41; *Momsen*, ZIS 2011, 508; *Theile*, StV 2011, 381; *Wastl u. a.*, NStZ 2009, 68.

1698 Eine analoge Anwendung von § 136a StPO für rein privates Handeln aufgrund horizontaler Drittwirkung befürwortend *Jahn/Kirsch*, in: Criminal Compliance, § 33 Rn. 32 ff.; a. A. *Kaspar*, GA 2013, 206 (212 f.).

1699 *Brunhöber*, GA 2010, 551 (576); *Greco/Caracas*, NStZ 2015, 7; *Ignor*, CCZ 2011, 143; *Wastl*, ZRP 2011, 57 (58).

1700 *Bittmann/Molkenbur*, wistra 2009, 373 (376); *Gerst*, CCZ 2012, 1 (2); *Göpfert u. a.*, NJW 2008, 1703 (1705); *Rübenstahl*, WiJ 2012, 17 (22); *Schürrle/Olbers*, CCZ 2010, 178; a. A. *Bung*, ZStW 125 (2013), 536 (548); *Jahn/Kirsch*, in: Criminal Compliance, § 32 Rn. 32 ff.; *Klasen/Schaefer*, BB 2012, 641 (646); *Tödtmann/von Erdmann*, NZA 2020, 1577 (1578 f.); *Zerbes*, ZStW 125 (2013), 551.

1701 LAG Hamm CCZ 2010, 237; s. a. BVerfG NJW 1981, 1431; BGH NJW 1964, 1469; BAG NZA 1996, 637.

1702 *Diller*, DB 2004, 313; *Koops/Opper*, BB 2020, 1589 (1590); *Momsen*, ZIS 2011, 508 (1795); *Wisskirchen/Glaser*, DB 2011, 1392 (1448).

1703 *Dann/Schmidt*, NJW 2009, 1851 (1852); *Göpfert u. a.*, NJW 2008, 1703 (1705); *Grimm*, NZA 2019, 1534 (1535); *Mengel/Ullrich*, NZA 2006, 240 (242 ff.); *Schrader u. a.*, NZA 2018, 965 (969).

1704 *Diller*, DB 2004, 313; *Koops/Opper*, BB 2020, 1589 (1590); *Rieble*, ZIP 2003, 1273 (1275 f.); *Wytibul*, BB 2009, 606 (610).

1705 *Bittmann/Molkenbur*, wistra 2009, 373 (375); *Hart-Hönig*, in: FS Schiller, S. 293 f.; *Roxin*, StV 2012, 116 (120); *Theile*, StV 2011, 381 (385).

Selbstbelastungstendenz inne.[1706] Diese wird gemeinhin dadurch zu entspannen versucht, dass der Auskunftsverpflichtung auf arbeitsrechtlicher Primärebene ein Beweisverwertungsverbot auf Sekundärebene folgen soll.[1707] Angesichts der Weiterwirkung nicht verwertbarer Erkenntnisse im Kopf des Richters[1708] sowie der nach deutschem[1709] Strafprozessrecht grundsätzlich nicht vorgesehenen Fernwirkung[1710] von Beweisverwertungsverboten[1711] bleibt die faktische Geltungskraft der Selbstbelastungsfreiheit indes fraglich, wenn die zivilrechtlich erzwungene selbst belastende Aussage nicht unmittelbar verwertet, jedoch als zulässiger Ausgangspunkt für die Gewinnung weiterer Beweismaterialien verwendet werden kann.[1712]

Abseits der strafprozessualen und verfassungsrechtlichen Fragen um Grund, Geltung und Reichweite eines solchen Beweisverwertungsverbots,[1713] die hier nicht ausbuchstabiert werden können, interessiert für die Zwecke der Untersuchung die für das Risikowirtschaftsstrafrecht typische Grenzsituation, in die die hergebrachte Rechtsordnung durch Konfrontation mit risikowirtschaftsstrafrechtlichen Phänomenen gebracht wird.[1714] Häufig werden *Internal Investigations* eigens dafür initiiert, den Staatsanwaltschaften Aufklärungsarbeit abzunehmen oder Strafanzeigen gegen verdächtige Mitarbeiter oder Organmitglieder vorzubereiten. Mehr noch werden sie immer öfter unverzichtbar,

---

1706 *Momsen*, ZIS 2011, 508 (510); *Theile*, StV 2011, 381 (383); *Wastl u. a.*, NStZ 2009, 68 (70).

1707 *Bittmann/Molkenbur*, wistra 2009, 373 (375 ff.); *Brunhöber*, GA 2010, 551 (585); *Kruse*, Compliance, S. 210 f.; *Lützeler/Müller-Satori*, CCZ 2011, 19 (20); *Rödiger*, Strafverfolgung, S. 304; *Roxin*, StV 2012, 116; *Theile*, StV 2011, 381 (385); umfassend *Hille*, Kooperation, S. 176 ff.

1708 *Jahn/Kirsch*, in: Criminal Compliance, § 33 Rn. 33; *Tödtmann/von Erdmann*, NZA 2020, 1577 (1582).

1709 Zur in anglosächsischen Rechtskreisen vertretenen *„fruit of the poisioness tree doctrine"* s. *Roxin/Schünemann*, Strafverfahrensrecht, § 224 Rn. 259 f.

1710 Für eine Fernwirkung im Fall von *Internal Investigations* streiten unter anderem *Rotsch*, in: ARR-WiStR, 1/4 Rn. 61; *Theile*, StV 2011, 381; *Wastl u. a.*, NStZ 2009, 68.

1711 Umfassend *Eisenberg*, Beweisrecht, Rn. 403 ff.; *Hille*, Kooperation, S. 290 ff.; *Wilkens*, Internal Investigations, S. 873 ff.

1712 *Rotsch*, in: ARR-WiStR, 1/4 Rn. 61; *Theile*, StV 2011, 381 (386); *Tödtmann/von Erdmann*, NZA 2020, 1577 (1582).

1713 So etwa *Hille*, Kooperation, S. 176 ff.; *Kruse*, Compliance, S. 201 ff.; *Wilkens*, Internal Investigations, S. 873 ff.

1714 *Greco/Caracas*, NStZ 2015, 7.

um in hochkomplexen Wirtschaftsstrafverfahren einen Abschluss zu finden.[1715] Das mit ihnen verfolgte Aufklärungsinteresse dürfte in den seltensten Fällen rein privater Natur, d. h. auf das Arbeitsverhältnis, begrenzt sein. Sie öffnen sich gegenüber dem Strafrecht und können sich vor diesem Hintergrund schwerlich als rein private Angelegenheiten qualifizieren.[1716] Mit Durchführung von *Internal Investigations* touchieren private Akteure *de facto* das staatliche Gewaltmonopol zur Rekonstruktion des Sachverhalts im Rahmen eines Strafverfahrens.[1717] Trotzdem handelt es sich um privat in Auftrag gegebene und privat durchgeführte Aufklärungsvorgänge, sodass sich kein Raum für die Vorschriften der Strafprozessordnung öffnet.[1718] Indes wird der, theoretisch bestehende, Dualismus zwischen öffentlich-rechtlichem und privat-rechtlichem Aufgabenbereich in anderen Fällen privater Ermittlungen keineswegs mit ausnahmsloser Strenge durchgehalten. Nach – dem Standpunkt des EGMR[1719] entlehnter – BGH-Rechtsprechung[1720] wurden die Erhebungen verdeckter oder privater Ermittler außerhalb der Vernehmungssituation aufgrund einer vergleichbaren Drucksituation dem Staat zugerechnet.[1721] Die Voraussetzungen sind mit *Kaspar* dahin gehend zu konkretisieren, dass von einer Zurechnung auszugehen ist, wenn dem Staat eine maßgebliche Beteiligung zukommt, etwa bei mindestens konkludenter Beauftragung oder Förderung des privaten Ermittlungshandelns. Ein derartiges Vorgehen konstituiert die Instrumentalisierung der Privatperson und qualifiziert sich als eine Umgehungsstrategie, kurz gesagt, als „Flucht zur Privatperson".[1722] Dennoch kann diese Sachverhaltskonstellation, vernehmungsgleiche Situation unter Verantwortung staatlicher Behörden, nicht auf die Kulisse von *Internal Investigations* übertragen werden. Zwar dürfte eine der Vernehmungssituation vergleichbare Drucksituation zu beobachten sein;[1723] die beauftragten Rechtsanwälte agieren

1715 *Zerbes*, ZStW 125 (2013), 551 (556).

1716 *Ignor*, CCZ 2011, 143.

1717 *Zabel*, Ordnung, S. 355; *Zerbes*, ZStW 125 (2013), 551 (555 f.).

1718 *Dann/Schmidt*, NJW 2009, 1851; *Momsen*, ZIS 2011, 508 (513).

1719 EGMR StV 2004, 1.

1720 BGH NStZ 1989, 33; BGH NJW 1998, 3506.

1721 Zu den Voraussetzungen der Zurechnung privaten Handelns zum Staat eingehend *Kaspar*, GA 2013, 206 (213 ff.); s. a. *Ambos*, Beweisverwertungsverbote, S. 107, 126 f.

1722 *Kaspar*, GA 2013, 206 (216 f.).

1723 *Anders*, wistra 2014, 329 (330); *Fritz/Nolden*, CCZ 2010, 170 (175); *Jahn*, StV 2009, 41 (42 f.); *Knauer/Buhlmann*, AnwBl 2010, 387 (389 f.); *Kottek*, wistra 2017, 9; *Leitner*, in: FS Schiller, S. 437; *Mansdörfer*, jM 2014, 167 (168); *Rödiger*,

jedoch im Auftrag des betroffenen Unternehmens und werden nicht von der Staatsanwaltschaft als verlängerter Ermittlungsarm instrumentalisiert. *Internal Investigations* laufen daher nicht unter staatlicher Verantwortung ab.[1724]

Gegenüber anderen Fällen privat geführter Ermittlungstätigkeiten zeichnen sich *Internal Investigations* durch ihre systematische Aufklärung mittels dem Befragten strukturell überlegener Ermittler aus.[1725] Idealtypisch steht hier der in Vernehmungstechniken geschulte und kraft Informationsvorsprung überlegene Rechtsanwalt dem befragten Mitarbeiter gegenüber, dessen Mitwirkung an der Untersuchung von oberster Hierarchieebene angeordnet wird und dessen Arbeitsverhältnis effektiv in den Händen des Unternehmens liegt.[1726] Die formale Einkleidung der Ermittlungstätigkeit in ein rein privatrechtliches Gewand steht daher im Widerspruch zu den faktischen Machtstrukturen, die *Internal Investigations* zugrunde liegen.[1727] Außerdem leisten, ihrem Zweck entsprechend, *Internal Investigations* im Gegensatz zu punktuellen Erhebungen qualitativ und quantitativ mehr: Hier wird systematisch und strukturell Aufklärung betrieben, indem Vernehmungen geführt und Dokumente ausgewertet werden, sich Verdachtsmomente erhärten oder fallen gelassen werden.[1728] *Internal Investiagations* finden nicht supplementierend zu behördlichen Aktivitäten statt, sondern ersetzen konkrete staatliche Eingriffe zur Sachverhaltsaufklärung. Staatsanwaltschaften schalten sich in gleich gelagerten Fällen häufig erst ein, wenn die interne Untersuchung abgeschlossen und der professionell ermittelte Sachverhalt in strukturierter Form aufgearbeitet präsentiert werden kann.[1729]

In *Internal Investigations* kommt die mit dem *Compliance*-Phänomen generell verbundene Privatisierungstendenz zum Ausdruck.[1730] Wie gesehen, ist

---

Strafverfolgung, S. 232; *Sarhan*, wistra 2015, 499 (450 f.); *Scharnberg*, Illegale Internal Investigations, S. 284.

1724 *Kaspar*, GA 2013, 206 (213 ff.); *Zerbes*, ZStW 125 (2013), 551 (566); anders könnte dies zu bewerten sein, sofern die Ermittlungsbehörden aktiv die Durchführung konkreter Maßnahmen beeinflussen und daraus gewonnene Erkenntnisse unmittelbar übernehmen, s. *Hille*, Kooperation, S. 291 f.

1725 *Ambos*, Beweisverwertungsverbote, S. 127; *Kaspar*, GA 2013, 206 (207); *Zabel*, Ordnung, S. 355; *Zerbes*, ZStW 125 (2013), 551 (568).

1726 *Ambos*, Beweisverwertungsverbote, S. 127; *Zerbes*, ZStW 125 (2013), 551 (568 f.).

1727 *Zerbes*, ZStW 125 (2013), 551 (571).

1728 *Zerbes*, ZStW 125 (2013), 551 (568 f.).

1729 *Kaspar*, GA 2013, 206 (207); *Zerbes*, ZStW 125 (2013), 551 (569).

1730 S. o. D. III. 2. b) aa).

kennzeichnend für sie das Auseinanderfallen von formeller Klassifikation und faktischem Aufgabenbereich. Zum einen muss eine rechtliche Einordnung sie, formell betrachtet, als rein privatrechtliche Angelegenheit einordnen, da interne Erhebungen weder durch staatliche Ermittlungsbehörden durchgeführt noch im Regelfall von ihnen beherrscht werden. Gleichzeitig nehmen die privaten Ermittler im Rahmen von *Internal Investigations* originär hoheitliche Funktionen der Sachverhaltserforschung wahr, da es nicht um punktuelles Zuspielen einzelner Beweismaterialien, sondern um die professionelle, systematische, strukturierte und umfassende Aufklärung des dem Verdacht zugrunde liegenden Sachverhalts geht, eingekleidet in eine Erhebungssituation, in der sich die Mitarbeiter in einem strukturellen Über-/Unterordnungsverhältnis zu den ermittelnden Personen wiederfinden. Strafverfolgungsbehörden schalten sich regelmäßig erst nach Abschluss der internen Erhebungen ein und knüpfen für ihre Ermittlungstätigkeiten an den umfassend aufgeklärten und strukturiert aufbereiteten Sachverhalt an. Damit geht ein wesentlicher Teil der Arbeit von Strafverfolgungsbehörden auf private Ermittlungseinheiten über. *Internal Investigations* als Erscheinung des Risikowirtschaftsstrafrechts treten hier im Sinne der *Sieber'schen* globalen Sicherheitsarchitektur[1731] als Alternative zum tradierten Vorgehen bei Strafverfolgung auf und bewegen sich, funktional betrachtet, an der Grenze zwischen privatem und hoheitlichem Zuständigkeitsbereich. Diesem Grenzgang entspringen zahlreiche Reibungsflächen strafprozessualer Natur mit teilweise vorhandenen Berührungspunkten zum Verfassungsrecht, von denen hier schlaglichtartig ein Blick auf den im Zentrum des Diskurses stehenden Zusammenhang zwischen *Internal Investigations* und der aus dem *Nemo-tenetur*-Grundsatz folgenden Selbstbelastungsfreiheit geworfen wurde.

b) Verständigung nach § 257c StPO

Ein weiteres prägendes Beispiel für Reibungen zwischen strafprozessualen Grundsätzen und einer risikowirtschaftsstrafrechtlichen Logik stellt die Verständigung nach § 257c StPO dar. Zum einen scheint sie sich optimal an die Bedürfnisse risikowirtschaftsstrafrechtlicher Strafverfolgungslogik angepasst zu haben. Funktional betrachtet, federt sie die Belastung der Strafrechtspflege ab, indem sie den Verfolgungsbehörden langwierige Verfahren und z. T. kaum zu erbringende Beweisführungen erspart. Damit ermächtigt sie, dem Gedanken der selektiven Strafverfolgung verpflichtet, die Strafrechtspflege dazu,

1731 Dazu D. III. 1. c) bb) sowie D. III. 2. b) cc).

angesichts der fortschreitenden Kriminalisierung immer weiterer Lebensbereiche ihre Ressourcen schonend zu bündeln und dort in die umfassende Aufarbeitung und Bewertung des Tatgeschehens einzusteigen, wo es als opportun erscheint.[1732] Zum anderen leidet § 257c StPO neben weiteren Friktionen mit strafprozessualen Grundsätzen[1733] im Kern an einem innertatbestandlichen Widerspruch. So räumt § 257c I 1 StPO dem Tatrichter zwar ein, sich mit den Verfahrensbeteiligten über den Fortgang und das Ergebnis des Verfahrens zu verständigen. Bestandteil einer solchen Verständigung soll gem. § 257c II 2 StPO auch das Geständnis des Beschuldigten sein.[1734] Wenn das Strafverfahren durch Ablegen eines verständigen Geständnisses zu einer Verurteilung kommt, wird das mit der Inquisitionsmaxime verbundene Ziel, die materielle Wahrheit zu finden, zugunsten eines Konsensprinzips[1735] aufgegeben.[1736] Darüber möchte der Gesetzgeber mit § 257c I 2 StPO hinwegtäuschen, wonach der Amtsermittlungsgrundsatz aus § 244 II StPO unberührt bleiben soll.[1737] Diese Gesetzeslage wurde 2013 vom Bundesverfassungsgericht bestätigt: Im Zentrum des Strafverfahrens stehe die materielle Wahrheitsfindung, auch für Verständigungen gelte der Amtsermittlungsgrundsatz. Um verschiedenen Verfahrensgrundsätzen Geltung zu verschaffen, konstatierte das Bundesverfassungsgericht zudem Vorgaben, die Verständigungen einzuhalten hätten: Zunächst einmal sei nicht nur das Ergebnis, sondern auch der Gang dahin Teil der öffentlichen Hauptverhandlung und als solcher gem. § 273 Ia StPO protokollierungspflichtig. Informelle Absprachen verböten sich vor diesem Hintergrund; auch seien Geständnisse in der Hauptverhandlung auf ihre Glaubwürdigkeit hin zu überprüfen und nicht bloß via Vergleich zur Aktenlage; schließlich sei bereits eine Absprache über Regelbeispiele und nicht erst zum Schuldspruch unzulässig.[1738]

1732 S. o. D. III. 2. c).

1733 Zu weiteren Spannungsfeldern statt vieler *Fischer*, StraFo 2009, 177 (181 ff.); *Jahn/Kudlich*, in: MüKo-StPO, § 257c Rn. 46 ff.

1734 *Greco*, GA 2016, 1 (6).

1735 Die Verständigung mit einer Konsensmaxime begründend *Deiters*, GA 2014, 701 (713 f.); *Jahn*, in: FS Kirchhof II, § 128 Rn. 7 f.; *Kubiciel*, HRRS 2014, 204 (206); *Kudlich*, NStZ 2013, 119 (120); *Theile*, NStZ 2012, 666 (671); a. A. *Stuckenberg*, in: LR-StPO, § 257c Rn. 6 ff.

1736 *Altvater*, in: FS Rissing-van Saan, S. 5; *Fezer*, NStZ 2010, 177 (179); *Fischer*, StraFo 2009, 177 (181); *Hsu*, Bewertung, S. 137; *Meyer-Goßner*, StV 2006, 485 (486); *Murmann*, ZIS 2009, 526 (538); *Wohlers*, NJW 2010, 2470 (2474).

1737 *Greco*, GA 2016, 1 (6).

1738 BVerfG NJW 2013, 1058 (Rn. 65 ff.); dazu *Greco*, GA 2016, 1 (3 f.).

Aus dem Kriterium, das verständige Geständnis in der Hauptverhandlung auf seine Glaubwürdigkeit hin zu überprüfen, kann mit *Greco* das folgende Trilemma gefolgert werden: Eine den durch das Bundesverfassungsgericht bestätigten Anforderungen des § 244 II StPO genügende Kontrolle des verständigen Geständnisses konterkariere den praktischen Nutzen von Verständigungen, da die Ressourceneinsparungen somit hinfällig werden;[1739] umgekehrt bricht ein Unterlassen der gerichtlichen Kontrolle des verständigen Geständnisses in der Hauptverhandlung durch öffentliche und mündliche Beweisaufnahme[1740] mit den verfassungsrechtlich gebotenen und in §§ 261, 244 II StPO wiederholten Anforderungen; einem vor diesem Hintergrund beschrittenen Mittelweg fehlt es schließlich an Anhaltspunkten,[1741] ob der Prüfungsumfang in Art und Ausmaß genügt.[1742] Trotz der Ausführungen des Bundesverfassungsgerichts bleibt eine konsensuale Verfahrensbeendigung folglich mit dem Grundsatz der materiellen Wahrheitsfindung unvereinbar. Sofern Gesetzgeber und Bundesverfassungsgericht den Amtsermittlungsgrundsatz dennoch auf die Verständigung gem. § 257c StPO erstrecken, bleibt dies notwendigerweise ein „Lippenbekenntnis“[1743.1744] Ob man mit dem Einzug einer Konsensualmaxime in erster Linie Gewinn- oder Gefahrpotenziale für den Rechtsstaat erkennt, mag sich daran ausrichten, welcher Stellenwert der Inquisitionsmaxime eingeräumt[1745] und wie das

---

1739 S. a. *Kudlich*, NStZ 2013, 119; *Meyer*, NJW 2013, 1850; sowie *Busch-Gervasoni*, in: FS Schiller, S. 116, wonach die Absprache tot sei, nehme man die Anforderungen des Bundesverfassungsgerichts ernst.

1740 BVerfG NJW 2013, 1058 (Rn. 71).

1741 S. a. *Beulke/Stoffer*, JZ 2013, 662 (673); *Landau*, NStZ 2014, 425 (430).

1742 *Greco*, GA 2016, 1 (4 ff.).

1743 *Fischer*, StraFo 2009, 177 (181); *Leipold*, NJW-Spezial 2009, 520 (521); *Murmann*, ZIS 2009, 526 (534).

1744 *Altenhain/Haimerl*, JZ 2010, 327 (329); *Fezer*, HRRS 2013, 117 (118); *Fischer*, StraFo 2009, 177 (186); *Gössel*, in: FS Beulke, S. 737 ff.; *Greco*, GA 2016, 1 (4 ff.); *Hettinger*, JZ 2011, 292 (297); *Jahn/Müller*, NJW 2009, 2625 (2631); *Knauer*, NStZ 2013, 433; *Murmann*, ZIS 2009, 526 (532); *Schünemann*, in: FS Wolter, S. 1120; *Sickor*, Geständnis, S. 399; *Theile*, NStZ 2012, 666 (669); *Tsambikakis*, ZWH 2013, 209 (210); *Weigend*, in: FS Maiwald, S. 833; *Wohlers*, NJW 2010, 2470 (2474).

1745 Die Inquisitionsmaxime als einfachgesetzliche Vorgabe verstehen *Jahn/Kudlich*, in: MüKo-StPO, § 257c Rn. 38 ff.; *Kubiciel*, HRRS 2014, 204 (205 f.); *Landau*, NStZ 2011, 537 (540); *Sickor*, Geständnis, S. 405 ff.; a. A. *Stuckenberg*, in: LR-StPO, § 257c StPO Rn. 6 ff.; *Schünemann*, in: FS Wolter, S. 1113 ff.

Verhältnis[1746] zu rechtsstaatlichen Garantien wie dem *Nemo-tenetur*-Grundsatz bewertet wird.[1747] Unbestritten ist, dass eine auf Konsens basierende Verfahrenserledigung wie diejenige nach § 257c StPO in der deutschen Strafprozessordnung eine Anomalie darstellt und elementare Grundsätze der deutschen Strafprozessordnung wie die Inquisitionsmaxime infrage stellt.[1748]

3. Das symbolische Strafrecht

a) Das Symbolische am symbolischen Strafrecht

Unter dem Schlagwort „symbolisches Strafrecht" moniert *Hassemer*, das Strafrecht sei seiner Konstitution nach ungeeignet, die Probleme und Herausforderungen der Risiko- bzw. Sicherheitsgesellschaft[1749] adäquat zu adressieren. Lebenssachverhalte etwa aus Umwelt- und Wirtschaftskriminalität, die Gegenstand des Risikostrafrechts sind, könnten aufgrund der verfassungsrechtlichen Struktur des Strafrechts von diesem nicht effektiv verwaltet werden. Grundsätze wie das Schuld- und Verursachungsprinzip oder das Bestimmtheitsgebot stünden angesichts der komplexen Kausalitätsverflechtungen risikostrafrechtlicher Lebenssachverhalte einem zielgerichteten Rechtsgüterschutz im Weg.[1750] Derartige Gesetzgebung sei demnach rein symbolischer Natur, innenpolitische Maßnahme zur Imagepflege.[1751] Anders gewendet, überfordere das Risikostrafrecht die Leistungsfähigkeit eines rechtsstaatlichen Strafrechts. *Hassemer* fordert, die Überforderung im Umgang mit den Risiken der Risikogesellschaft zu akzeptieren und das Strafrecht folgerichtig auf seinen Kernbestand zurückzuführen.[1752]

1746 Einen Überblick geben affirmativ *Jahn/Kudlich*, in: MüKo-StPO, § 257c Rn. 38 ff.; krit. *Fischer*, StraFo 2009, 177 (181 ff.); *Stuckenberg*, in: LR-StPO, § 257c Rn. 3 ff.

1747 So auch *Zabel*, in: FS Neumann, S. 742.

1748 Zur Erforschung der materiellen Wahrheit als „beherrschendes Prinzip" der bundesdeutschen Strafprozessordnung *Krehl*, in: KK-StPO, § 244 Rn. 28; *Trüg/Habetha*, in: MüKo-StPO, § 244 Rn. 47 f. jeweils m. w. N.

1749 Zur Risiko- bzw. Sicherheitsgesellschaften s. o. D. II.

1750 *Hassemer*, in: GS Schlüchter, S. 146 f.; s. a. *Albrecht*, KritV 1993 (76), 163 (170, 180); *Herzog*, ZStW 105 (1993), 727 (744 ff.); *Prittwitz*, StV 1991, 435 (439 f.).

1751 *Hassemer*, NStZ 1989, 553 (538); *Hassemer*, in: GS Schlüchter, S. 151; s. a. *Albrecht*, KritV 1988, 189 (191 ff.); *Frehsee*, in: Rechtsstaat, S. 256 ff.; *Herzog*, Gesellschaftliche Unsicherheit, S. 58; *Naucke*, KritV 1993, 135 (154 ff.); *Prittwitz*, Strafrecht und Risiko, S. 366.

1752 *Hassemer*, NStZ 1989, 553 (558 f.).

Symbolisches Strafrecht zeichne sich demnach dadurch aus, eine andere als die augenscheinliche Funktion zu übernehmen.[1753] Zwar sei jede Strafbestimmung in dem Maße symbolisch, in dem sie neben dem manifesten Ziel des Rechtsgüterschutzes auch latente Funktionen – sei es die Befriedung eines aktuellen Handlungsbedarfs, die Beschwichtigung der Bevölkerung oder auch die Signalwirkung eines starken Staates – verfolge. Die kritische Grenze zur Täuschung überschreite sie dort, wo *„die latenten Funktionen der Norm die manifesten Funktionen überwiegen“*.[1754] Da Strafrechtsmaterien wie das Risikowirtschaftsstrafrecht unfähig seien, Kriminalität effektiv zu steuern,[1755] beschränke sich seine Funktion und Wirkung in diesen Bereichen darauf, Unsicherheitsgefühle zu besänftigen. Der Staat signalisiere auf diese Weise, den Herausforderungen der Risikogesellschaft gewachsen zu sein und mit den Mitteln des Strafrechts die Wirtschaftskriminalität angemessen verwalten zu können.[1756] Seinem propagierten Selbstanspruch, effektiven Rechtsgüterschutz zu vermitteln, werde das Strafrecht nicht gerecht. Stattdessen täusche es effektiven Schutz vor und wiege die Allgemeinheit in einem trügerischen Sicherheitsgefühl.[1757] Dadurch nehme das Vertrauen in die Strafrechtspflege Schaden,[1758] da sich der versprochene effektive Rechtsgüterschutz mit den eingesetzten Mitteln nicht verwirklichen lasse.[1759] Indem der Gesetzgeber durch den Einsatz des Strafrechts vorgebe, die „Dinge im Griff zu haben“, ersticke er außerdem auch dringend notwendige gesellschaftliche Debatten um den Regelungsgegenstand im Keim.[1760] Auf die ausbleibenden Erfolge reagiere er schließlich, indem er die Eingriffsbefugnisse der Strafverfolgungsorgane erweitere und spiegelbildlich die Beschuldigtenrechte weiter einschränke. Das Symbolische am symbolischen Strafrecht trage auf diese Weise zum Abbau des Rechtsstaats bei.[1761]

1753 *Hassemer*, NStZ 1989, 553 (556); s. a. *Müller-Tuckfeld*, in: Unmöglicher Zustand, S. 475 f.; *Seelmann*, KritV 1992, 452 (461).

1754 *Hassemer*, NStZ 1989, 553 (555).

1755 *Hassemer*, NStZ 1989, 553 (558); s. a. *Hilgendorf*, Produzentenhaftung, S. 41; *Schall*, NJW 1990, 1263 (1263 f.); *Seelmann*, KritV 1992, 452 (455); *Wohlers*, Deliktstypen, S. 111 ff.

1756 *Hassemer*, NStZ 1989, 553 (558); *Hassemer*, Strafen, S. 180; s. a. *Herzog*, Gesellschaftliche Unsicherheit, S. 58 ff.; *Prittwitz*, Strafrecht und Risiko, S. 261; *Seelmann*, KritV 1992, 452 (461); *Voß*, Symbolische Gesetzgebung, S. 26 ff.

1757 *Prittwitz*, Strafrecht und Risiko, S. 247 f.

1758 *Hassemer*, NStZ 1989, 553 (558); *Prittwitz*, Strafrecht und Risiko, S. 258.

1759 *Herzog*, Gesellschaftliche Unsicherheit, S. 62 ff., 72.

1760 *Prittwitz*, Strafrecht und Risiko, S. 247 f.

1761 *Frehsee*, StV 1996, 222 (226 f.); s. a. *Park*, Vermögensstrafe, S. 147 f.

b) Alles Strafrecht ist symbolisch

In der *Hassemer'schen* Lesart ist das Etikett, symbolisches Strafrecht zu sein, etwas grundsätzlich Negatives. Demgegenüber kennt die Strafrechtswissenschaft im Anschluss an *Voß*[1762] vier symbolische Wirkweisen von Strafgesetzen: gesetzgeberische Wertbekenntnisse, Gesetze mit (moralischem) Appellcharakter, Ersatzreaktionen des Gesetzgebers und schließlich Kompromissgesetze. Strafgesetze können hiernach symbolische Wirkung entfalten, indem der Gesetzgeber unter Inkaufnahme der Ineffektivität ideologische Bekenntnisse in Gesetzesform gießt, für gewichtige Belange sensibilisieren möchte, als Ersatzreaktion Gesetzesvorhaben umsetzt, um Handlungsfähigkeit zu signalisieren, oder Kompromissgesetze erlässt, um in gesellschaftlichen Konflikten alle Seiten zu befrieden, ohne den zugrunde liegenden Interessenwiderstreit aufzulösen.[1763] Zudem setzt auch die positive Generalprävention auf symbolische Wirkungsweisen, möchte sie den Kommunikationsakt gegenüber der Gesellschaft im Sinne der Wiederherstellung des gestörten Normvertrauens hervorheben.[1764] (Straf-)Recht entfaltet demnach in vielerlei Hinsicht *per se* symbolische Wirkung,[1765] ohne dass dies im Grundsatz kritikwürdig wäre. Wenn aber die Symbolträchtigkeit eine der einzelnen Strafnorm immanente Eigenschaft ist, wirft das erhebliche Bedenken hinsichtlich der analytischen und daher kritischen Potenz des Begriffs auf.[1766] Dies beklagt auch *Hörnle* und möchte den *Topos* des symbolischen Strafrechts vor diesem Hintergrund analytisch verproben, indem sie ihn der verhaltenssteuernden Wirkung des Strafrechts gegenüberstellt.[1767] Danach seien diejenigen Strafbestimmungen als symbolisches Strafrecht zu etikettieren, von denen praktisch keine Präventiveffekte zu erwarten seien. Dazu bemerkt sie, ein völliges Ausbleiben präventiver Steuerungseffekte sei empirisch kaum nachweisbar, da eine fehlende statistische Häufung der inkriminierten Verhaltensweisen auch auf ihr Verbleiben im Dunkelfeld oder auf die erfolgreiche Präventionswirkung der Strafnorm rückführbar sein könne.[1768] *Hörnle* rekurriert damit in ihren Überlegungen auf die

---

1762 *Voß*, Symbolische Gesetzgebung, S. 25 ff.

1763 Eingehend *Hassemer*, NStZ 1989, 553 (554); *Park*, Vermögensstrafe, S. 143 ff.; *Prittwitz*, Strafrecht und Risiko, S. 255 ff.; *Seelmann*, KritV 1992, 452 (460 ff.).

1764 Zu den kommunikativen Wirkweisen positiver Generalprävention *Hörnle*, Strafzumessung, S. 89 ff.

1765 *Wohlers*, Deliktstypen, S. 119 f.

1766 *Peters*, JR 2020, 414 (414 f.).

1767 *Hörnle*, in: FS Neumann, S. 597; s. a. *Hassemer*, NStZ 1989, 553 (555 f.).

1768 *Hörnle*, in: FS Neumann, S. 597; s. a. *Kaspar*, Präventionsstrafrecht, S. 402.

(general-)präventive Wirkung strafrechtlicher Normen. Das Symbolische am symbolischen Strafrecht liege in dem Nichtvorhandensein einer verhaltenssteuernden Wirkung. Da dies praktisch nicht vorkomme oder nicht nachweisbar sei und selbst in dem Fall, dass es zuträfe, nicht aus sich heraus delegitimierend für eine Strafbestimmung sei, ließen sich aus dem Symbolischen des symbolischen Strafrechts keine strafbarkeitsbegrenzenden Kriterien ableiten.[1769] *Hörnle* ist zuzustimmen, sofern sie auf die Schwierigkeiten der empirischen Nachweisbarkeit (general-)präventiver Straftheorien verweist. Es gehört seit jeher zu den Kritikpunkten präventiver Straftheorien, dass die Quantifizierbarkeit der versprochenen Effekte erheblichen praktischen Problemen ausgesetzt ist.[1770] Dies gilt umso mehr für die Generalprävention, die in ihrer positiven Spielart auf das Vertrauen in die Geltung der Rechtsordnung sowie Normbefolgungsbereitschaft durch den Vollzug von Strafen abzielt.[1771] Dennoch gehören straftheoretische Präventiveffekte zu in Strafrechtswissenschaft und -praxis weitestgehend akzeptierten Wirkweisen der Strafe.[1772] Daher verdient *Hörnle* auch Zustimmung, sofern sie darauf verweist, dass eine Strafbestimmung, die in der Praxis keinerlei präventiv-verhaltenssteuernde Wirkung entfalten würde, kaum vorstellbar sei.

Damit bleibt unklar, was Gegenstand der Kritik des symbolischen Strafrechts ist. Die fehlende verhaltenssteuernde Wirkung kann mit *Hörnle* schwerlich nachgewiesen werden und würde, isoliert betrachtet, nicht ausreichen, um einen Straftatbestand zu delegitimieren. Im Übrigen konnte *Peters* zeigen, dass sich der *Topos* des symbolischen Strafrechts mittlerweile von seiner *Hassemer'schen* Lesart emanzipiert hat und herangezogen wird, um verschiedentlich die fehlende Notwendigkeit zum Rechtsgüterschutz oder die mangelnde Leistungsfähigkeit einer Strafnorm zu beklagen.[1773] Es bleibt überdies auch weitestgehend unklar, ob die jeweilige Kritik auf kriminalpolitischer, strafrechtsdogmatischer oder straftheoretischer Ebene ansetzt.[1774] Andererseits birgt die

---

1769 *Hörnle*, in: FS Neumann, S. 597 f.; dazu *Saliger*, in: FS Neumann, S. 696 ff.

1770 Beiträge zu den empirisch-soziologischen Grundlagen von Strafzwecken haben in jüngerer Zeit *Andrissek*, Vegeltung, S. 47 ff., 62 ff.; *Hörnle*, Strafzumessung, S. 79 ff.; sowie *Walter*, in: Strafen, S. 49 ff. vorgelegt.

1771 *Hörnle*, Strafzumessung, S. 90 f.

1772 Eingehend zu präventiven Straftheorien *Hörnle*, in: FS Neumann, S. 22 ff.; *Hörnle*, Strafzumessung, S. 77 ff.; *Montenbruck*, Deutsche Straftheorie, S. 189 ff.; *Roxin/Greco*, StrafR AT I, § 3 Rn. 11 ff.

1773 Dazu instruktiv *Peters*, JR 2020, 414 (415 ff.).

1774 Dazu exemplarisch die unterschiedlichen Zugänge von *Hörnle*, in: FS Neumann, S. 597 f.; *Saliger*, in: FS Neumann, S. 698 ff.

Etikettierung als symbolisches Strafrecht die Gefahr der Irreführung. Damit wird der Eindruck einer Dichotomie erweckt, hier das „normale" Strafrecht und dort das „symbolische" Strafrecht, während in Wirklichkeit, wie auch *Hassemer* selbst bemerkt,[1775] jegliche Strafbestimmung mehr oder minder auch symbolische Wirkkraft in der beschriebenen Form besitzt.[1776] Der Begriff und die Debatte um das symbolische Strafrecht haben sich nach dem Gesagten in einem Dickicht aus verschiedenen Interpretationszugängen und Deutungsmustern verstrickt.[1777] Als analytisches und kritisches Werkzeug verspricht das symbolische Strafrecht daher, weniger Nutzen denn Schaden zu bringen. Im Kern kann es nicht leisten, den Inhalt der Kritik offenzulegen, und steht daher dem inhaltlichen Zugang mehr im Weg, als dass es ihn fördern würde. Kurz gesagt, verleitet der Verweis auf symbolisches Strafrecht zu einer vagen Pauschalkritik.[1778]

c) Spezifizierung der Kritik

Unabhängig von der Kritik am Begriff des symbolischen Strafrechts ist der Tadel, Risikowirtschaftsstrafrecht leide unter Vollzugsdefiziten, verbreitet und gemeinhin anerkannt.[1779] Befürworter[1780] symbolischen Strafrechts als analytischen und kritischen *Topos* teilen mit ihren Kritikern[1781] den Befund, dass ihre praktische Wirkungslosigkeit typisch für risikowirtschaftsstrafrechtliche Verhaltensverbote sei. Auch die Untersuchung der Gefahrdelikte des Wirtschaftsstrafrechts untermauert diesen Befund.[1782] Jenseits einer

---

1775 *Hassemer*, NStZ 1989, 553 (555).

1776 *Anastasopoulou*, Deliktstypen, S. 230; *Wohlers*, Deliktstypen, S. 122.

1777 S. die Nachweise bei *Hörnle*, in: FS Neumann, S. 597 Fn. 521; *Peters*, JR 2020, 414.

1778 So auch *Peters*, JR 2020, 414 (418 ff.).

1779 Dazu neben den genannten Vertretern der Kritik des Symbolischen Strafrechts mit Einschränkungen *Anastasopoulou*, Deliktstypen, S. 231; *Hefendehl*, Kollektive Rechtsgüter, S. 215; *Kuhlen*, GA 1994, 347 (363 ff.); *Wohlers*, Deliktstypen, S. 43 ff.

1780 So *Hassemer*, NStZ 1989, 553; *Hassemer*, ZRP 1992 (25), 378; *Hassemer*, in: FS Roxin 2001; s. a. *Barton*, NJW 1994, 1098 (1100 f.); *Park*, Vermögensstrafe, S. 146 ff.; *Prittwitz*, Strafrecht und Risiko, S. 255 ff.; *Saliger*, in: FS Neumann, S. 698 f.; *Seelmann*, KritV 1992, 452 (460 ff.).

1781 So z. B. *Anastasopoulou*, Deliktstypen, S. 231; *Peters*, JR 2020, 414 (415 ff.); *Wohlers*, Deliktstypen, S. 43 ff.; auch *Reus* konkretisiert den kritischen Gehalt des „symbolischen Strafrechts" auf die ineffiziente Gesetzgebung, dazu sogleich E. I. 3. c) aa) ff.

1782 S. o. C. V. 2.

„Aufgreiffunktion“[1783] eint das risikowirtschaftliche Kern- wie Nebenstrafrecht die Bedeutungslosigkeit in der Praxis der Strafverfolgung, die in fast frappierendem Kontrast zu ihrer strafrechtswissenschaftlichen Rezeption steht.[1784] Unter Loslösung vom *Topos* des symbolischen Strafrecht als analytischen, aber kritischen Werkzeug ist vor diesem Hintergrund die Anmahnung mangelnder Effizienz strafrechtlicher Normen weiterzuverfolgen.[1785] Obwohl der Gesetzgeber durch ihre Schaffung Gestaltungsmacht vorgibt, bleiben viele der risikowirtschaftsstrafrechtlichen Strafbestimmungen ohne nennenswerte praktische Bedeutung. *Peters* und *Saliger* weisen darauf hin, dass der Grund für diese Wirkungslosigkeit in der strukturellen Beschaffenheit der einschlägigen Strafnormen liegen könne. Zu enge Tatbestandsmerkmale oder sich abzeichnende Beweisschwierigkeiten könnten absehbar dazu führen, dass Strafbestimmungen ohne praktische Bedeutung blieben.[1786] Als Beispiel hierfür verweist *Saliger* auf § 54a KWG, dessen Anwendung durch die Einführung des § 54a III KWG derart eng gefasst sei, dass die Strafbestimmung praktisch unanwendbar werde.[1787] Diesen Gedanken verfolgt auch *Reus* in ihrer Dissertationsschrift zum Recht in der Risikogesellschaft. Am Beispiel der Strafbestimmungen im AMG und LFGB untersucht sie, inwiefern Gesetzgebungstechniken dazu beitragen, dass die erlassenen Strafbestimmungen an praktischen Anwendungsschwierigkeiten scheitern.[1788] Im Kern identifiziert sie überflüssige Mehrfachabsicherungen[1789] sowie die Implementierung von Phänotypen[1790] eines allgemeinen Verhaltensunrechts anstelle einer veränderungsoffenen Regulierung als zentrale Missstände, die zur Ineffizienz risikostrafrechtlicher Verhaltensverbote führen[1791] – ein Ansatz, der für eine Kritik des Risikowirtschaftsstrafrechts fruchtbar gemacht werden kann.

1783 S. o. D. III. 2. a) bb).

1784 *Hassemer*, NStZ 1989, 553 (555 f.); s. a. *Amelung*, ZStW 92 (1980), 19 (55 ff.); *Bloy*, in: FS Frisch, S. 60; *Prittwitz*, Strafrecht und Risiko, S. 257.

1785 So auch *Reus*, Recht, S. 142 ff.

1786 *Peters*, JR 2020, 414 (417); *Saliger*, in: FS Neumann, S. 698 f.

1787 *Saliger*, in: FS Neumann, S. 699; s. a. *Hamm/Richter*, WM 2013, 865 (869); *Theile*, in: ERST-WiStR, § 54a KWG Rn. 2.

1788 *Reus*, Recht, S. 142 ff.

1789 S. a. *Roxin/Greco*, StrafR AT I, § 2 Rn. 37 ff.

1790 S. a. *Kubiciel*, in: Strafrechtspolitik, S. 110 f.

1791 *Reus*, Recht, S. 184 ff.

aa) Überflüssige Mehrfachabsicherungen

Reus' Untersuchungen des AMG und LFGB führen sie zunächst zu der Einsicht, dass die Strafbestimmungen eine fragwürdige Kombination aus generalklauselartigen Grundnormen und formalistischen und detaillierten Einzelfallregelungen auszeichne. Der Anwendungsbereich der Grundnorm decke oft denjenigen der Einzelfallregelung ab, sodass für die Einzelfallregelung kein Anwendungsbereich verbleibe.[1792]

Die Untersuchung der Gefahrdelikte des Wirtschaftsstrafrechts hat Mehrfachabsicherungen sowohl auf intra- als auch auf intertatbestandlicher Ebene zutage gefördert. Auf intratatbestandlicher Ebene sei dies anhand der falschen Angaben gem. § 399 AktG sowie anhand des § 264 StGB ins Gedächtnis gerufen. § 399 AktG bestraft den Täter für Täuschungsversuche gegenüber dem Registergericht. Der Wortlaut unterscheidet zwischen dem Machen falscher Angaben und dem Verschweigen erheblicher Umstände. Die Untersuchung konnte aufzeigen, dass für das Verschweigen erheblicher Umstände kein oder zumindest nur ein verschwindend geringer Anwendungsbereich übrig bleibt. Macht der Täter Angaben und verschweigt einen Teil der erheblichen Umstände, so liegen falsche, da unvollständige Angaben vor. Unterlässt der Täter völlig, Angaben zu den einschlägigen Umständen zu äußern, dürfte neben dem Verschweigen erheblicher Umstände gem. § 399 I, II Alt. 2 AktG zugleich das Machen falscher Angaben durch Unterlassen gem. § 399 I, II Alt. 2 AktG i. V. m. §§ 13 II, 49 I StGB verwirklicht sein. Dennoch verdrängt das Verschweigen erheblicher Umstände aufgrund der Möglichkeit, nach §§ 13 II, 49 I StGB fakultativ zu mindern, das Begehen durch Unterlassen.[1793] In dieser Form ist § 399 AktG überdies ein Abbild für das Vorgehen des risikowirtschaftsstrafrechtlichen Gesetzgebers, ausschließlich im Besonderen Teil des Strafrechts und mit Vorliebe auch im Nebenstrafrecht tätig zu sein, um sich auf diese Weise ungesehen über die dogmatischen Grundregeln des Allgemeinen Teils hinwegsetzen zu können.[1794] Noch durchgreifenderen Bedenken im Hinblick auf intratatbestandliche Mehrfachabsicherungen sieht sich § 264 I StGB ausgesetzt. Während § 264 I Nr. 2 StGB mit dem zweckwidrigen Gebrauch einer Subvention im Gegensatz zu den übrigen Tatbestandsvarianten ein Verletzungsdelikt darstellt und damit intratatbestandlich einen eigenständigen Anwendungsbereich entfalten dürfte, wurde für § 264 I Nr. 3, 4 StGB herausgearbeitet,

---

1792 *Reus*, Recht, S. 184 f.
1793 S. o. C. I. 1. b) bb).
1794 S. o. D. III. 1. e).

dass sie unterschiedliche Spielarten der von § 264 I Nr. 1 StGB erfassten Täuschungsversuche darstellen. Auch hier hat der Gesetzgeber Tatbestandsvarianten geschaffen, die gegenüber der Grundnorm keinen oder nur einen geringen eigenständigen Anwendungsbereich aufweisen.[1795]

Sofern es § 264 I Nr. 2 StGB betrifft, sind die Effizienzprobleme (erst)[1796] auf intertatbestandlicher Ebene angesiedelt. Im Einklang mit höchstrichterlicher Rechtsprechung zur Zweckverfehlungslehre dürfte nach dem oben Dargelegten in der zweckwidrigen Verwendung einer Subvention auch ein Vermögensschaden im Sinne des § 263 I StGB liegen. Es bleibt daher fraglich, worin, außer in der leichteren Nachweisbarkeit aufgrund der Kupiertheit des Tatbestandes, der eigenständige Anwendungsbereich des § 264 I Nr. 2 StGB gegenüber dem herkömmlichen Betrug gem. § 263 I StGB liegen soll. Wirklich eklatant werden intertatbestandliche Mehrfachabsicherungen im Bereich der bilanzrechtlichen Strafbestimmungen. Strafbare Verhaltensweisen wie die unrichtige Darstellung,[1797] die Verletzung der Berichtspflicht,[1798] die Verletzung der Geheimhaltungspflicht[1799] oder die Verletzung der Pflichten bei Abschlussprüfungen[1800] kennen neben ihren Grundnormen in §§ 331 ff. HGB zahlreiche spezialgesetzliche und rechtsformspezifische Ausgestaltungen sowie Erweiterungen des Personen- bzw. Unternehmenskreises. Außerdem finden sich in der Rechtsordnung Verweisnormen auf die §§ 331 ff. HGB. Die spezialgesetzlichen Ausgestaltungen unterscheiden sich in Nuancen, bspw. bei der Verletzung der Berichtspflicht im Hinblick auf den Bericht, in dem getäuscht wird. Dennoch verzichtet der Gesetzgeber in diesen Bereichen darauf, einheitliche Kernnormen zu schaffen, obwohl die Anwendungsbereiche der spezialgesetzlichen Regelungen kaum vorhanden sein dürften und regelmäßig Subsidiaritätsklauseln gegenüber den §§ 331 ff. HGB enthalten. Insgesamt verteilt sich das Bilanzstrafrecht dadurch über mehrere Gesetzesbücher hinweg und erweckt infolgedessen den Eindruck, eine ausgesprochen unübersichtliche und fragmentierte Rechtsmaterie zu sein, obwohl die von ihm inkriminierten Verhaltensweisen in ihrer Anzahl überschaubar sind und sich über die verschiedenen Gesetzbücher hinweg

1795 S. o. C. I. 1. a) aa).

1796 Der §§ 264, 264a, 265b StGB bedurfte es insgesamt zur Schließung materiellrechtlicher Lücken nicht, s. zur kriminalpolitischen Bedeutung C. I. 1. a) und D. III. 2. a) bb).

1797 S. o. C. I.

1798 S. o. C. IV.

1799 S. o. C. IV. 2.

1800 S. o. C. IV. 3.

der Struktur nach gleichen. Hier wäre eine Überführung in einen rechtsfor mübergreifenden Straftatbestand nach dem Vorbild des § 15a IV InsO[1801] angezeigt.

bb) Überpräzise Strafbestimmungen

Daneben führen überpräzise Umschreibungen des strafrechtlich relevanten Verhaltens in Einzelfallregelungen dazu, dass anstelle eines allgemein gehaltenen Verhaltensunrechts Phänotypen desselben tatbestandlich erfasst werden.[1802] Das bringt unterschiedliche Hürden für den Rechtsanwender mit sich. Zum einen geben Strafbestimmungen den dahinterstehenden materiellen Schutzaspekt oftmals nicht hinreichend preis. Dieser wiederum ist für die Rechtsfolgenbestimmung essenziell. Denn werden die Schutzaspekte nicht einbezogen, ist der Festlegung der Schwere des verwirklichten Unrechts die Grundlage entzogen.[1803] Des Weiteren entfalten die oftmals rein formalistisch gebildeten Tatbestandsmerkmale strenge Bindungswirkung, wodurch es den Strafverfolgungsbehörden erheblich erschwert wird, einzelne Verhaltensweisen nach dem Grad des Unrechtsgehalts abzustufen und nur wesentliche Normverstöße zu verfolgen.[1804] Außerdem entsteht durch die exzessive Verwendung detaillierter und formalisierter Tatbestände keine suffiziente strafrechtliche Absicherung. In dynamischen Regulierungsbereichen wie dem Lebens- und Arzneimittelrecht, aber bspw. auch auf dem Kapitalmarkt oder in der Kreditwirtschaft, lassen sich neu entstehende schadensgeneigte Verhaltensweisen gesetzgeberisch nicht rechtzeitig antizipieren. Das Resultat ist ein unübersichtlicher, regelungsintensiver und damit unökonomischer Flickenteppich, in dem manche Verhaltensweisen punktuell und willkürlich erfasst, andere unerfasst bleiben. Dies bleibt auch nicht ohne Konsequenzen für die generalpräventive Wirkung, sofern man sich auf den von der Einzelfallregelung abstrahierbaren Schutzauftrag bezieht.[1805]

Ein Beispiel für ein solches Flickwerk bilden die §§ 264, 264a, 265b StGB im Regelungszusammenhang mit dem Betrugstatbestand des § 263 I StGB. Wie im Rahmen der Untersuchung der Deliktsstrukturen der Betrugsderivate analysiert, stand hinter der Einführung der §§ 264 ff. StGB die Intention

1801 *Hohmann*, in: MüKo StGB, § 15a InsO Rn. 7.
1802 *Reus*, Recht, S. 185.
1803 *Reus*, Recht, S. 154 f.
1804 *Reus*, Recht, S. 155 f.
1805 *Reus*, Recht, S. 153 f.

des Gesetzgebers, Beweisschwierigkeiten, primär hinsichtlich des im Rahmen des § 263 I StGB nachzuweisenden verfügungsbedingten Vermögensschadens, zu überwinden. Dazu, materiell-rechtliche Lücken zu schließen, konnten die Betrugsderivate keinen signifikanten Beitrag leisten.[1806] Darüber hinaus muss mit *Wohlers* die Sonderstellung, die den von §§ 264 ff. StGB geschützten Vermögensträgern eingeräumt wird, konstatiert werden. In den Betrugsderivaten privilegiert der Gesetzgeber Adressaten bestimmter Täuschungsversuche, obwohl der Gesetzesbegründung keine stichhaltigen Anhaltspunkte für die besondere Verwerflichkeit ebendieser Täuschungshandlungen oder, umgekehrt, die besondere Schutzwürdigkeit der privilegierten Adressaten zu entnehmen sind. Somit stellen die §§ 264 ff. StGB einen Ausschnitt aller möglichen gegen Vermögensinteressen gerichteten Täuschungsversuche unter strafrechtlichen Schutz, während das abstrahierte Verhaltensunrecht, ein gegen Vermögensinteressen gerichtetes Täuschungsverhalten, nicht in einer Grundnorm mit Strafe bewehrt wird. Unabhängig davon, ob es strafrechtlichen Vermögensschutz gegen Täuschungsversuche unterhalb der Voraussetzungen eines versuchten Betrugs gem. §§ 263 I, II, 23 I StGB braucht, handelt es sich um inkonsistente Gesetzgebung, die einzelne Phänotypen anstelle des abstrakten Verhaltensunrechts unter Strafe stellt. Zu einem anderen Ergebnis kommt auch nicht, wer die §§ 264 ff. StGB ausschließlich dem Schutz kollektiver Rechtsgüter zuschreibt. Auch hier stellen sich analoge Probleme, da §§ 264a, 265b StGB ausgewählte Formen von Kapitalanlagen bzw. Kreditgeschäften umfassen und somit wiederum nur einen abgesteckten Ausschnitt der Teilsysteme Kapitalanlage- bzw. Kreditwirtschaft schützen.[1807] Die seit ihrer Einführung entbrannte und nach wie vor nicht abgeschlossene Debatte[1808] über die von den § 264 ff. StGB geschützten Rechtsgüter offenbart darüber hinaus, dass es den Tatbestandsstrukturen an einem Bekenntnis zu ihrem materiellen Schutzaspekt mangelt. Schließlich ergab die vertiefte Auseinandersetzung mit der Deliktsstruktur hinter den Betrugsderivaten, dass sie Erheblichkeitsvorbehalte enthalten, diese jedoch aufgrund der Syntax nicht in Bezug zur Tathandlung, sondern zum Tatgegenstand stehen. Dadurch können die §§ 264 ff. StGB keine Abstufung zwischen Bagatellen wie z. B. offensichtlich aussichtslosen Täuschungsversuchen und gravierenden Verstößen leisten.[1809]

1806 S. o. C. I. 1. a).

1807 Dazu im Ganzen *Wohlers*, Deliktstypen, S. 159 ff.

1808 S. o. C. I. 1. a).

1809 S. o. am Beispiel des § 264 StGB C. I. 1. a) aa).

II. Die Trennungsthese und ihre Spielarten

Unter dem Eindruck der aufgeworfenen Spannungsfelder schlägt eine Reihe von Autoren vor, das Risiko- vom Kernstrafrecht zu trennen und Ersterem eine eigene Dogmatik an die Hand zu geben, die Eingriffe in die Freiheitssphäre des Delinquenten unter geringeren Voraussetzungen ermöglicht. Abstrakt formuliert, ist mit der Trennungsthese der Lösungsvorschlag beschrieben, das Risiko(-wirtschafts-)strafrecht formal und materiell vom Kernstrafrecht abzugrenzen und in einer anderen (Straf-)Rechtsmaterie anzusiedeln, um auf diese Weise einerseits das Kernstrafrecht und seine liberal-rechtsstaatlichen Garantien zu schonen und andererseits die effektive Verwaltung der modernen Großrisiken zu gewährleisten.[1810] Je nach Spielart nimmt die Trennungsthese das gesamte Risikostrafrecht in den Blick,[1811] konzentriert sich auf spezifische Bereiche wie das Terrorismus-[1812] oder das Wirtschaftsstrafrecht[1813] oder fordert in einer abgeschwächten Variante die Verbringung abstrakter Gefährlichkeitsdelikte in das Ordnungswidrigkeitenrecht.[1814] Die Idee der Aussonderung des Risiko(-wirtschafts-)strafrechts in ein Strafrecht *sui generis* findet in *Jakobs* und *Hassemer* ihre prominentesten Vertreter. Beide Strafrechtslehrer kommen auf Grundlage ihrer Analyse des modernen[1815] bzw. Feindstrafrechts[1816] zu dem Schluss, dass ein derartiges Strafrecht mit den liberal-rechtstaatlichen Anforderungen an ein Strafrecht unvereinbar sei. In der exzessiven Verwendung abstrakter Gefährlichkeitsdelikte drückt sich für beide Autoren die Grenzenlosigkeit eines so gestrickten Strafrechts aus. Trotz ihres kritischen Blicks auf diese Auswüchse der Kriminalpolitik lassen sich beide Autoren mit Blick auf die Bedrohungsszenarien der Risiko- bzw. Sicherheitsgesellschaft nicht dazu hinreißen, die Verbannung abstrakter Gefährlichkeitsdelikte bzw. des Risiko(-wirtschafts-)strafrechts einzufordern.[1817] Stattdessen begründen sie mit ihrem

---

1810 *Hassemer*, Produktverantwortung, S. 23 f.; *Jakobs*, HRRS 2004, 88 (92).

1811 *Hassemer*, Produktverantwortung, S. 23 f.; *Jakobs*, HRRS 2004, 88 (92); *Zieschang*, Gefährdungsdelikte, S. 380 ff.; ferner das „Strafrecht der zwei Geschwindigkeiten" bei *Silva Sánchez*, Expansion, S. 159 ff.; dazu *Garcia Martín*, GA 2010, 323 (328).

1812 *Gierhake*, Terrorismusprävention, S. 449 ff.; *Pawlik*, Terrorist, S. 25 ff.

1813 *Rotsch*, in: FS Samson, S. 141 ff.; ihm folgend *Dobrosz*, Divisionalisierung, Rn. 125 ff.

1814 *Zieschang*, Gefährdungsdelikte, S. 380 ff.; ähnlich auch *Hohmann*, GA 1992, 76 (187, 198 ff.); *Hohmann*, Umweltdelikte, S. 84.

1815 *Hassemer*, Produktverantwortung, S. 24.

1816 *Jakobs*, ZStW 97 (1985), 751.

1817 *Hassemer*, Produktverantwortung, S. 23; *Jakobs*, in: Jahrtausendwende, S. 53.

Vorschlag, einschlägige Strafbestimmungen *de lege ferenda* in ein Feindstraf- bzw. Interventionsrecht auszugliedern, die sog. Trennungsthese.[1818] Eingangs sollen hier die Entwürfe *Jakobs'* und *Hassemers* vorgestellt und bewertet werden. Die Kritik[1819] an der normativen Tauglichkeit beider Konzepte interessiert nur in ihren Grundzügen, der Fokus liegt auf den konzeptübergreifenden Folgeproblemen der Verbringung des Risiko(-wirtschafts-)strafrechts in ein Strafrecht *sui generis*. Im Anschluss an eine Bewertung der Urformen der Trennungsthese richtet die Untersuchung den Blick auf die Überlegungen *Zieschangs* und *Rotschs* zur Verbringung der abstrakten Gefährlichkeitsdelikte in das Recht der Ordnungswidrigkeiten[1820] bzw. zur wirtschaftsstrafrechtsspezifischen Version einer Trennungsthese.[1821]

1. Einführung eines Strafrechts sui generis

a) Bürger- und Feindstrafrecht (Jakobs)

Anknüpfend an seinen ersten Entwurf eines Feindstrafrechts,[1822] greift *Jakobs* das Ordnungssystem Feind- und Bürgerstrafrecht in späteren Stellungnahmen[1823] wieder auf und präzisiert die Begriffe des Bürgers und des Feinds. Während Bürger nur sein könne, wer die kognitive Mindestgarantie, sich normkonform zu verhalten, leiste,[1824] habe der Feind durch sein Verhalten zum Ausdruck gebracht, sich dauerhaft vom Recht abgewandt zu haben.[1825] Für die Verwaltung des Feindes als außerhalb der Rechtsordnung stehende Gefahrenquelle trete die Abwehr künftiger Angriffe[1826] vor die Gewährleistung rechtsstaatlicher Garantien. Ein im Unterschied zum Bürgerstrafrecht nicht an rechtsstaatliche Grundsätze gebundenes Feindstrafrecht sei vor diesem

1818 *Brunhöber*, in: FS Schünemann, S. 10 f.; *Brunhöber*, in: Sicherheitsgesellschaft, S. 205 f.; s. a. *Bung*, HRRS 2006, 63.

1819 Eingehend zu Konzept und Rezeption des *Jakob'schen* Feindstrafrechts *Hawickhorst*, § 129a StGB, S. 200 ff.

1820 Dazu s. u. E. II. 3.

1821 Dazu s. u. E. II. 2.

1822 Dazu s. o. D. III. 1. a).

1823 *Jakobs*, in: Jahrtausendwende, S. 47 ff.; dazu *Greco*, GA 2006, 96 (97); *Hawickhorst*, § 129a StGB, S. 202 f.

1824 *Jakobs*, in: Jahrtausendwende, S. 51.

1825 *Jakobs*, in: Jahrtausendwende, S. 52.

1826 *Jakobs*, in: Jahrtausendwende, S. 51; *Jakobs*, HRRS 2004, 88 (88 ff.); *Jakobs*, ZStW 117 (2005), 839 (843 ff.).

Hintergrund alternativlos.[1827] Der klug verwaltende Rechtsstaat müsse ein Feindstrafrecht als *ultima ratio* zur Verfügung haben, da das Postulat, jeden Menschen als Person zu behandeln, sich mit Blick auf die Lebenswirklichkeit nicht aufrechterhalten lasse.[1828] Diese radikale Umschreibung des Feindes wirft gleich zu Beginn die Frage auf, ob auch der Wirtschaftsdelinquent ein Feind im *Jakobs'schen* Sinne sein kann. Zwar leidet die Gegenüberstellung von Bürger und Feind, wie noch zu zeigen sein wird, deskriptiv an Unschärfen.[1829] Die Suche nach dem *Jakobs'schen* Feind- bzw. Feindstrafrechtsbegriff führt jedoch unmittelbar zu den Strafnormen, die der Autor mit seinem Konzept des Feindstrafrechts einzufangen sucht. Feindstrafrechtliche Normen sind nach *Jakobs* Bekämpfungsgesetze, die strafrechtliche Sanktionen gegen Verhaltensweisen im Bereich der Täterinterna aussprechen ohne eine der Vorverlagerung entsprechende Strafrahmenreduktion. Konkret hat *Jakobs* die Gesetze zur Bekämpfung von Terrorismus und Organisierter Kriminalität, aber auch zur Bekämpfung von Wirtschaftskriminalität[1830] vor Augen.[1831] *Jakobs* selbst führt als Beispiel für die Vorverlagerung strafrechtlich relevanten Verhaltens in den Bereich der Täterinterna den Versicherungsmissbrauch gem. § 265 StGB an.[1832] Zudem soll nach *Jakobs* auch in der Hinwendung zur Kriminalität als Teil des Erwerbslebens die dauerhafte Abwendung von der Rechtsordnung ihren Ausdruck finden.[1833] Wenn auch, wie von *Jakobs* selbst vorgesehen,[1834] der Hauptanwendungsfall seines Feindbegriffs auf den Terroristen bzw. das Terrorismusstrafrecht abstellt,[1835] umfasst das Konzept des Feindes erkennbar auch den Wirtschaftsdelinquenten und damit das Feindstrafrecht auch das Risikowirtschaftsstrafrecht.

1827 *Jakobs*, in: Jahrtausendwende, S. 53; dazu *Hawickhorst*, § 129a StGB, S. 203; *Saliger*, JZ 2006, 756 (758).

1828 *Jakobs*, HRRS 2006, 289 (290 ff.).

1829 Dazu s. u. E. II. 1. c) aa).

1830 Zum 1. und 2. WiKG s. o. D. I. 1. d) bb).

1831 *Jakobs*, in: Jahrtausendwende, S. 51 ff.; *Jakobs*, in: Straftheorie und Strafgerechtigkeit, S. 175 ff.; dazu *Merkel*, in: Strafrecht und Gesellschaft, S. 329 ff.

1832 *Jakobs*, in: Straftheorie und Strafgerechtigkeit, S. 175 ff.; eingehend zu § 265 StGB s. o. C. I. 3 u. E. I. 1. b) aa).

1833 *Jakobs*, in: Jahrtausendwende, S. 52.

1834 *Jakobs*, in: Jahrtausendwende, S. 52.

1835 So z. B. *Jakobs*, ZStW 117 (2005), 247; ähnlich *Merkel*, in: Strafrecht und Gesellschaft, S. 345 ff.; *Pawlik*, Terrorist.

b) Kern- und Interventionsrecht (Hassemer)

Hassemer wiederum schlägt vor, die Herausforderungen der Risiko- bzw. Sicherheitsgesellschaft *de lege ferenda* mit einem Interventionsrecht zu lösen, das „*zwischen Strafrecht und Recht der Ordnungswidrigkeiten, zwischen Zivil- und Öffentlichem Recht angesiedelt ist, das zwar über weniger anspruchsvolle Garantien und Verfahrensregulierungen verfügt als das Strafrecht, aber dafür auch mit weniger intensiven Sanktionen gegenüber einzelnen ausgestattet ist*“.[1836] Im Gegensatz zum Kriminalstrafrecht richte sich ein solches Interventionsrecht nicht rückwärtsgewandt an Schuldausgleich und Vergeltung aus, sondern bestrafe prospektiv zum Zweck der Schadensverhütung, Kontrolle und Versicherung.[1837] Dadurch wäre es rechtsstaatlich weniger bedenklich und praktisch besser geeignet, die Risiken der Risikogesellschaft zu steuern.[1838] Übrig bliebe ein Kriminalstrafrecht, das unmittelbare oder mittelbare Schutzinteressen von Personen erfasse.[1839] Als solches sei das Kriminalstrafrecht ein Kontinuitätsstrafrecht oder, in den Worten *Nauckes*, „*ein zeitloses Kernstrafrecht*“.[1840] Bei der Ausgliederung des Interventionsrechts hat *Hassemer* nicht die vollständige Entkriminalisierung der Gefährlichkeitsdelikte vor Augen. Zwar setzt er sich gegen einen ausufernden Gebrauch dieser Deliktsstruktur ein;[1841] gleichzeitig akzeptiert er ihre Notwendigkeit in tradierten Bereichen wie den Brandstiftungsdelikten, der Bildung krimineller Vereinigungen und der Staatsgefährdung.[1842] Sein Hauptaugenmerk liegt auf neueren Bereichen der Kriminalpolitik wie dem Risikowirtschaftsstrafrecht.[1843] Im Ergebnis fordert er den Rückzug der Gefährlichkeitsdelikte aus dem Risikowirtschaftsstrafrecht bzw. den Rückzug des Risikowirtschaftsstrafrechts insgesamt.[1844]

1836 *Hassemer*, ZRP 1992 (25), 378 (383); *Hassemer*, Produktverantwortung, S. 23; s. a. *Albrecht*, KritV 1993 (76), 163 (180).

1837 *Hassemer*, in: GS Schlüchter, S. 158.

1838 *Hassemer*, Produktverantwortung, S. 23 f.

1839 *Hassemer*, ZRP 1992 (25), 378 (379, 383); *Hassemer*, ZRP 1997, 316 (320); dazu *Hirsch*, in: Strafrechtliche Probleme II, S. 124.

1840 *Naucke*, in: Selbstdarstellungen, S. 426.

1841 *Hassemer*, ZRP 1992 (25), 378 (383); *Hassemer*, Produktverantwortung, S. 6 ff.; dazu *Anastasopoulou*, Deliktstypen, S. 228 f.; *Park*, Vermögensstrafe, S. 138 f.; *Prittwitz*, StV 1991, 435 (438); ferner s. o. D. III. 1. b).

1842 *Hassemer*, StV 2006, 321 (326); *Hassemer*, in: Liberal Criminal Theory, S. 199; dazu *Roxin/Greco*, StrafR AT I, § 2 Rn. 70a.

1843 *Hassemer*, ZRP 1992 (25), 378 (383); dazu *Hirsch*, in: FS Lüderssen, S. 260 ff.

1844 Dazu sogleich E. II. 1. b).

c) Kritik

aa) Grundzüge der Kritik an Jakobs' Feindstrafrecht

Obwohl *Jakobs* Analyse des Feindstrafrechts deskriptiv den Grundstein für den wissenschaftlichen Diskurs über das Risiko(-wirtschafts-)strafrecht gelegt hat,[1845] erfuhr die Idee eines Feindstrafrechts als normative Kategorie, d. h. einer eigenständigen Dogmatik unterworfene Strafrechtsmaterie, überwiegend[1846] Ablehnung.[1847] Sowohl die analytische als auch die normative Tauglichkeit der Kategorie Feindstrafrecht war Gegenstand umfassender und erschöpfender Kritik,[1848] deren Grundzüge im Folgenden dargestellt werden sollen.

Kritiker des *Jakob'schen* Feindstrafrechts setzen bei dessen Diktion an. Der Verweis auf die Kategorie des Feindes wecke Assoziationen zu dem moralisch „Bösen" und sei daher ein für den der sprachlichen Neutralität verpflichteten wissenschaftlichen Diskurs zweifelhafter Terminus.[1849] Gleiches gelte für die Einordnung von Rechtsfeinden als „Unpersonen"[1850] sowie für weitere Verbindungslinien zu den Lehren des Nationalsozialisten *Carl Schmitts.*[1851] Genauso verhalte es sich zudem mit seiner Eignung als kritischer *Topos*. Die Kategorisierung als Feindstrafrecht verführe zu Pauschalkritik, worunter eine ausdifferenzierte Auseinandersetzung mit den Einzelelementen, die *Jakobs* unter

---

1845 So die Einschätzung bei *Hawickhorst*, § 129a StGB, S. 215 ff. m. w. N.; a. A. *Schünemann*, GA 2001, 205 (211); *Schünemann*, in: FS Nehm, S. 223 ff.

1846 Im Ergebnis der Entwicklung einer eigenständigen Dogmatik für ein (Straf-) Recht zum Umgang mit Terroristen als Feinde offen gegenüberstehend *Pawlik*, Terrorist, S. 38 ff.; *Merkel*, in: Strafrecht und Gesellschaft, S. 345 ff.

1847 *Albrecht*, ZStW 117 (2005), 852; *Breidenbach*, Bekämpfung, S. 20; *Brunkhorst*, in: Feindrechtsstaat, S. 109 f.; *Bung*, HRRS 2006, 63 (250); *Cancio Meliá*, ZStW 117 (2005), 267 (269 ff.); *Greco*, GA 2006, 96 (104); *Hassemer*, StV 2006, 321 (327 f.); *Hefendehl*, StV 2005, 156 (158); *Hörnle*, GA 2006, 80 (89); *Morguet*, Feindstrafrecht, S. 283; *Neumann*, in: Feindrechtsstaat, S. 30; *Prantl*, Terrorist, S. 135 ff.; *Saliger*, JZ 2006, 756; *Sauer*, NJW 2005, 1703 (1704); *Streng*, in: Feindrechtsstaat, S. 244; *Zöller*, Terrorismusstrafrecht, S. 283 ff.

1848 So etwa der Sammelband von *Uwer*, Feindstrafrecht; sowie *Aponte*, Krieg und Feindstrafrecht; *Hawickhorst*, § 129a StGB; *Koch*, Wider ein Feindstrafrecht; *Morguet*, Feindstrafrecht; zur internationalen Rezeption s. *Greco*, Feindstrafrecht. Zu weiteren Nachweisen s. o. Fn. 1847.

1849 *Prittwitz*, ZStW 114 (2001), 774 (796); *Roxin/Greco*, StrafR AT I, § 2 Rn. 128; *Zöller*, Terrorismusstrafrecht, S. 278.

1850 *Hörnle*, GA 2006, 80 (92); *Schünemann*, GA 2001, 205 (212).

1851 *Albrecht*, ZStW 117 (2005), 852 (857); *Greco*, GA 2006, 96 (107); *Hörnle*, GA 2006, 80 (92); *Muñoz Conde*, Über das „Feindstrafrecht", S. 22.

dem Feindstrafrechts zusammenfasst, leide. Die Kategorie des Feindstrafrechts versperre den Blick auf die Auslotung der absoluten Grenzen, die einem staatlichen Zugriff auch bei schwersten Verbrechen zu setzen seien.[1852]

Darüber hinaus kranke das Konzept des Feindstrafrechts mit Blick auf die Unterscheidung in Bürger und Feinde deskriptiv an Unschärfen. *Hörnle* verweist auf die Schwierigkeit, aus *Jakobs* Konzept handfeste Kriterien zur Eingrenzung des Adressatenkreises eines Feindstrafrechts zu gewinnen.[1853] Die Eigenschaft, sich *„jedenfalls vermutlich dauerhaft vom Recht abgewandt“*[1854] zu haben oder ein Individuum zu sein, *„das sich nicht in einen bürgerlichen Zustand zwingen lässt“*,[1855] stellten auf die Interna des Täters ab, ohne diese im Ansatz konkret handhabbar zu machen.[1856] Weder einzelne Rechtsverstöße noch die in wiederholten Verstößen zum Ausdruck kommende Ablehnung der Rechtsordnung taugten als Kriterium zur Definition des Rechtsfeindes, da dadurch jede vorsätzliche Straftatbegehung zum Anlass genommen werden könnte, eine rechtsfeindliche Gesinnung des Täters zu begründen.[1857] Diese analytische Unschärfe ziehe auch normative Schwierigkeiten nach sich. Es bleibe zum einen im Unklaren, wie nach *Jakobs'* Verständnis des Feindes etwa mit unverbesserlichen Sexualstraftätern oder Schwarzfahrern umgegangen werden sollte.[1858] Zum anderen dürfte die Unterscheidung in Individuen, die vereinzelt oder auch wiederholt Rechtsbrüche begehen, ohne die Rechtsordnung als solche zu verneinen, und solche, die sich verbindlich und umfassend von der Rechtsordnung verabschiedet haben, praktisch undurchführbar sein.[1859] Selbst das Vorliegen konkreter Abgrenzungskriterien zugrunde gelegt, wäre nach diesen ausschließlich im Innenleben des Täters zu suchen. Die vollständige Untersuchung der Täterpersönlichkeit sei erstens wissenschaftlich gar nicht möglich[1860] und stehe zweitens im offenen Widerspruch zu Art. 1 I GG und der Unschuldsvermutung.[1861] Sofern sie sich in Rechtsbrüchen extern manifestiere,

---

1852 *Frisch*, GA 2009, 385 (398); *Hörnle*, GA 2006, 80 (95); *Roxin/Greco*, StrafR AT I, § 2 Rn. 128.

1853 *Hörnle*, GA 2006, 80 (89 ff.).

1854 *Jakobs*, in: Jahrtausendwende, S. 52.

1855 *Jakobs*, HRRS 2004, 88 (92).

1856 Dazu *Hörnle*, GA 2006, 80 (91).

1857 *Hawickhorst*, § 129a StGB. S. 230.

1858 *Hawickhorst*, § 129a StGB, S. 203 f.

1859 *Hörnle*, GA 2006, 80 (89 ff.); *Morguet*, Feindstrafrecht, S. 272 ff.

1860 *Hefendehl*, StV 2005, 156 (159); *Morguet*, Feindstrafrecht, S. 277.

1861 *Hawickhorst*, § 129a StGB, S. 231 f.

griffen die Instrumentarien des Bürgerstrafrechts, und der Anwendung eines Feindstrafrechts bedürfe es nicht mehr. Somit verbleibe der Anwendungsbereich des Feindstrafrechts bei den Sachverhaltskonstellationen, in denen der konkrete Tatnachweis nicht gelinge. Im Ergebnis würden *de facto* folglich Verdachtsmomente einer rechtsfeindlichen Gesinnung tiefgreifendste Grundeinschränkungen rechtfertigen.[1862] Auf die Interna des Täters abzustellen, bedeute zudem eine Verletzung des Tatprinzips, da der staatliche Zugriff auf den Feind in erster Linie aus der Art seiner Lebensführung heraus begründet werden würde.[1863]

Neben den sprachlichen Schwierigkeiten und den analytischen Unschärfen stehe das binäre Ordnungssystem von Bürger und Feind auch im Widerspruch zum Prinzip der Menschenwürde gem. Art. I GG. Es sei unvereinbar mit Art. I GG, dem Staat den Zugriff auf einen Menschen nach Zweckmäßigkeitskriterien zu gewähren.[1864] Eine partikuläre Anwendung von Grundrechten verbiete sich mit Blick auf den demokratischen Verfassungsstaat[1865] und stünde zudem auch im Konflikt mit dem allgemeinen Gleichheitsgrundsatz des Art. 3 I GG.[1866] Vor dem Hintergrund der beschriebenen Friktionen mit verfassungsrechtlichen Grundsätzen kann das Feindstrafrecht *Jakobs'scher* Diktion für eine Aussonderung des Risikowirtschaftsstrafrechts keine taugliche Grundlage bilden. Ein legitimes Risikowirtschaftsstrafrecht kann demnach keine Kategorie des Feindstrafrechts sein. Dennoch sollen im Anschluss noch weitere Argumente gegen eine Verbringung in ein Strafrecht *sui generis* vorgetragen und auch am Beispiel des Feindstrafrechts beschrieben werden.

bb) Einwände gegen die Konzeption Hassemers

Den Vorschlag, das Risikostrafrecht aus dem Kernstrafrecht auszugliedern und *de lege ferenda* in ein gesondertes Interventionsrecht zu verbringen, begründet *Hassemer* mit Vorteilen sowohl für das Kernstraf- als auch das *de lege ferenda* einzuführende Interventionsrecht. Während das Kernstrafrecht von der mit dem Risikostrafrecht einhergehenden Überdehnung seiner dogmatischen

---

1862 *Hörnle*, GA 2006, 80 (90 f.); *Di Fabio*, NJW 2008, 421 (424); *Prantl*, Terrorist, S. 160.

1863 *Cancio Meliá*, ZStW 117 (2005), 267 (286); *Jasch*, in: Feindrechtsstaat, S. 270; *Zöller*, Terrorismusstrafrecht, S. 284.

1864 *Greco*, GA 2006, 96 (105); *Hassemer*, StV 2006, 321 (327); *Neumann*, in: Feindrechtsstaat, S. 313; *Prantl*, Terrorist, S. 165; *Zöller*, Terrorismusstrafrecht, S. 284.

1865 *Brunkhorst*, in: Feindrechtsstaat, S. 103; *Sauer*, NJW 2005, 1703 (1704).

1866 *Zöller*, Terrorismusstrafrecht, S. 286.

Grundlagen befreit würde, könnte der Gesetzgeber im Bereich des Interventionsrechts ohne die Fesseln des rechtsstaatlich-liberalen Strafrechts effektive Gesetzgebung zur Regulierung der Risiken der Risiko- bzw. Sicherheitsgesellschaft betreiben.[1867] *Hassemers* Vorschlag eines zwischen Ordnungswidrigkeiten- und Kriminalstrafrecht angesiedelten Interventionsrechts blieb eine rudimentäre Skizze,[1868] was, wie *Wohlers* zutreffend anmerkt,[1869] einer fundierten Auseinandersetzung mit den Inhalten und Grenzen eines solchen Interventionsrechts im Weg steht. Vieles weist darauf hin, dass eines solches Interventionsrecht die mit dem Risikostrafrecht identifizierten Problemfelder in ein Rechtsgebiet *sui generis* verbringen würde, ohne sie auflösen zu können. Die von *Hassemer* vorgeschlagene quantitative Abmilderung der Sanktionsmöglichkeiten des Interventionsrechts überzeugt insofern nicht, als das Interventionsrecht spiegelbildlich auch einen Abbau von Verfahrensgarantien und geringere Anforderungen der Zurechnungsvoraussetzungen mit sich bringen soll.[1870] Unter demokratietheoretischen Gesichtspunkten bleibt zudem der in *Hassemers* Vorstoß implizit enthaltene Gedanke, Kriminalstrafrecht sei etwas unverrückbar Beständiges, fraglich. Die Forderung, Kriminalstrafrecht auf seinen rechtmäßigen Kernbestand zurückzuführen, unterstellt, ein solcher Kernbestand sei in einer freiheitlich-demokratischen Ordnung vorfindbar und nicht voluntativer Ausdruck der demokratischen Selbstbestimmung.[1871]

cc) Übergreifende Einwände gegen die Einführung eines Strafrechts sui generis

Sowohl *Jakobs'* als auch *Hassemers* Trennungsthesen sehen sich jeweils als dogmatische Kategorien durchgreifenden Bedenken ausgesetzt. Während *Hassemers* Interventionsrecht in seinem Gehalt eine vage Skizze geblieben ist und daher in einer solchen Form keine echte Alternative zur geltenden Rechtslage anbietet, steht *Jakobs'* Feindstrafrecht in gravierenden Widersprüchen

1867 *Hassemer*, ZRP 1992 (25), 378 (383); *Hassemer*, Produktverantwortung, S. 20 ff.

1868 *Alwart*, ZStW 105 (1993), 752 (7545); *Lagodny*, Schranken, S. 417; *Stächelin*, Strafgesetzgebung, S. 156; *Wohlers*, Deliktstypen, S. 78 f.

1869 *Wohlers*, Deliktstypen, S. 78 f.; so auch *Jahn/Brodowski*, JZ 2016, 969 (977); *Stächelin*, Strafgesetzgebung, S. 156; *Trendelenburg*, Ultima Ratio?, S. 277 ff.

1870 *Brunhöber*, in: FS Schünemann, S. 10 f.; *Hirsch*, in: Strafrechtliche Probleme II, S. 30 f.; *Lüderssen*, Abschaffen, S. 11; *Schmidt/Schöne*, NJW 1994, 2514 (2517); *Schünemann*, GA 1995, 201 (211 ff.); *Stratenwerth*, ZStW 105 (1993), 679 (687 ff.); *Wohlers*, Deliktstypen, S. 78 f.

1871 *Gärditz*, JZ 2016, 641.

zu verfassungsrechtlichen Vorgaben wie Art. 3 I GG sowie der Menschenwürde gem. Art 1 I GG, ist seiner Diktion nach unglücklich gewählt und leidet deskriptiv wie auch normativ unter signifikanten Unschärfen. Neben einer Kritik der dogmatischen Kategorien greifen weitere Bedenken gegen Trennungsthesen zur Verbringung des Risiko(-wirtschafts-)strafrechts in ein Strafrecht *sui generis*, die unabhängig von der dogmatischen Stichhaltigkeit des vorgeschlagenen Alternativprogramms Gültigkeit beanspruchen. Zunächst beseitigt die Ausgliederung nicht die Notwendigkeit, spezifische normative Grenzen für das Risiko(-wirtschafts-)strafrecht zu entwickeln,[1872] sondern verlagert diese. Sowohl *Jakobs'* Feindstrafrecht als auch *Hassemers* Interventionsrecht desensibilisieren für eine nuancierte Grenzziehung,[1873] da sie mit der Verbringung in ein separates Rechtsgebiet suggerieren, die dogmatischen Fallstricke des Feind- bzw. modernen Strafrechts aus dem Weg zu räumen. Für *Jakobs* mag dies folgerichtig sein, da er das Feindstrafrecht als außerhalb des Rechts angesiedelten Zwang betrachtet.[1874] Damit bestätigt sich ein weiteres Mal die normative Untauglichkeit des Feindstrafrechts für ein Risikowirtschaftsstrafrecht, das sich der verfassungsmäßigen Ordnung unterwirft. Für ein *Hassemer'sches* Interventionsrecht oder ein Risikowirtschaftsstrafrecht, die sich innerhalb der verfassungsmäßigen Ordnung bewegen möchten, bleibt es unabdingbar, die absoluten Grenzen, die die Rechtsordnung einer Interventions- bzw. Risikodogmatik auferlegt, auszuloten.[1875] Eine Aussonderung in ein Strafrecht *sui generis* birgt im Gegenteil, analog zur Entwicklung im Nebenstrafrecht, die Gefahr, die Materie der Aufmerksamkeit der Strafrechtswissenschaft zu entziehen und dem Gesetzgeber dadurch zu ermöglichen, ungesehen die Begrenzungsvoraussetzungen zu umgehen.[1876]

Dieser Vorwurf gewinnt noch an Durchschlagskraft, führt man sich vor Augen, dass beide Konzeptionen erhebliche Unschärfen[1877] hinsichtlich ihrer Abgrenzung zum Kern- bzw. Bürgerstrafrecht enthalten.[1878] Sofern das Feind- bzw. Interventionsrecht *de lege ferenda* als eigene Rechtsmaterien getrennt vom

---

1872 *Brunhöber*, in: Sicherheitsgesellschaft, S. 209 f.

1873 *Hörnle*, GA 2006, 80 (95); *Wohlers*, Deliktstypen, S. 78 f.

1874 *Jakobs*, HRRS 2004, 88 (93); dazu *Brunhöber*, in: Sicherheitsgesellschaft, S. 206; *Bung*, HRRS 2006, 63.

1875 *Brunhöber*, in: Sicherheitsgesellschaft, S. 209 f.; *Hörnle*, GA 2006, 80 (95).

1876 *Brunhöber*, in: Sicherheitsgesellschaft, S. 210.

1877 Zur analogen Problematik betreffend das Risikowirtschaftsstrafrecht s. u. E. II. 2. b) aa).

1878 In diese Richtung auch *Gärditz*, in: Strafrecht und Gesellschaft, S. 731.

Bürger- bzw. Kernstrafrecht geregelt werden würde, liefe die Unterteilung faktisch auf eine rein formelle Zuordnung hinaus. Fehlt es an handfesten Kriterien, Bürger und Feinde bzw. Kernstraf- und Interventionsrecht zu unterteilen, öffnet das dem Gesetzgeber Tür und Tor, unliebsame dogmatische Schranken unter Berufung auf das Feind- bzw. Interventionsrecht zu umgehen. Ob er ein Verhaltensverbot im Kern- bzw. Bürgerstrafrecht oder im Interventions- bzw. Feindstrafrecht ansiedeln wolle, wäre ohne eine klar konturierte Trennungslinie seiner Willkür überlassen. Die Unterteilung bliebe damit ohne jeden materiellen Aussagegehalt, obwohl sie im Gegenzug dem Gesetzgeber einen Sanktionskatalog ohne die engmaschigen Voraussetzungen des hergebrachten Strafrechts eröffnen würde. Neu aufkommende Konfliktfelder würden somit *de lege ferenda* aller Wahrscheinlichkeit nach ausschließlich im Strafrecht *sui generis* geregelt werden. Im Ergebnis würde das Strafrecht samt seinen liberalrechtstaatlichen Garantien ausgehöhlt werden, da es dem Gesetzgeber aufgrund seiner weitaus engeren Voraussetzungen gegenüber dem Strafrecht *sui generis* notwendigerweise als das deutlich unattraktivere Sanktionsmittel erscheinen müsste. Ähnlich verhält es sich auch für das Risiko(-wirtschafts-)strafrecht. So konnte es dieser Arbeit gelingen, Mosaiksteine[1879] eines Risikostrafrechts herauszukristallisieren und anhand des Risikowirtschaftsstrafrechts zu spezifizieren. Für die Beschaffenheit der Verhaltensverbote wurden dafür die Ausrichtung an kollektiven Rechtsgütern, der Verzicht auf den rechtsgutsspezifischen Erfolg, das Herabsetzen subjektiver Tatbestandsvoraussetzungen sowie der Rückgriff auf unbestimmte Tatbestandsmerkmale herausgearbeitet.[1880] Dennoch können diese Merkmale auch auf Verhaltensverbote zutreffen, die nicht dem Risiko(-wirtschafts-)strafrecht unterfallen. Als klassisches Beispiel mag an dieser Stelle die Trunkenheit im Straßenverkehr gem. § 316 I StGB dienen oder die Urkundenfälschung gem. § 267 I StGB sowie die Geldfälschung gem. § 146 I StGB, die zum unbestrittenen Kernstrafrecht zählen und sowohl Gefahr-[1881] bzw. Vorbereitungsdelikte[1882] darstellen als auch in Teilen dem

1879 S. o. D. III. 1. e).

1880 S. o. D. III. 2. a) aa).

1881 Zu § 316 I StGB als abstraktes Gefährlichkeitsdelikt s. *Zieschang*, in: NK-StGB, § 316 Rn. 2 ff.

1882 So *Hoyer*, in: SK-StGB, § 267 Rn. 3 für die Tatvarianten des Herstellens und Verfälschens des § 267 I StGB; nach hier vertretener Auffassung handelt es sich jedenfalls für das Nachmachen, Verfälschen, Verschaffen und Feilhalten des § 146 I Nr. 1, 2 StGB um Vorbereitungsdelikte, da der Unrechtsgehalt der Norm in dem auf die Verletzung der Währungshoheit gerichteten Willen liegt dergestalt, dass es ihm auf die Begehung des deliktischen Anschlussverhaltens des

Schutz von Kollektivrechtsgütern[1883] verpflichtet sind. Auch eine Unterteilung in Risiko- und sonstiges Strafrecht ist folglich nur im Sinne *Weber'scher* Idealtypen[1884] durchzuhalten. Die Verbringung in ein separat zu regelndes „Risiko-StGB" würde notgedrungen an Abgrenzungsschwierigkeiten scheitern und im Ergebnis in weiten Teilen auf eine willkürliche Unterteilung samt geschilderten Folgeproblemen hinauslaufen.

2. Divisionalisierungsthese (Rotsch)

a) Kern- und Wirtschaftsstrafrecht

Nachdem grundsätzliche Bedenken gegen eine Trennung von Risiko-, Interventions- bzw. Feindstrafrecht an den Beispielen der Konzeptionen *Jakobs'* und *Hassemers* vom hergebrachten Strafrecht geäußert wurden, lohnt ein Blick auf eine risikowirtschaftsstrafrechtsspezifische Variante der Trennungsthese. Eine solche hat in jüngerer Zeit *Rotsch* vorgestellt. Zur Begründung seiner Trennungsthese setzt er bei der auch hier einleitend skizzierten Diskussion[1885] um den Begriff des Wirtschaftsstrafrechts an. Die Suche nach Kriterien, die das Wirtschaftsstrafrecht als eigenständigen *Topos* abgrenzbar machen, ist *Rotsch* zufolge sinnstiftend, sofern sie Zweckmäßigkeiten folgt. Ihre Zweckmäßigkeit wiederum müsse strafrechtsrelevant sein. Anders gewendet, lohne eine analytische Trennung zwischen Strafrecht und Wirtschaftsstrafrecht erst, wenn damit der Hinweis auf signifikante Unterschiede zwischen diesen beiden Strafrechtsdivisionen verbunden sei.[1886] *Rotsch* sieht damit den ersten Hinweis auf eine Abspaltung des Wirtschafts- vom übrigen Strafrecht in der Debatte um die Definition des Wirtschaftsstrafrechts. Die Divisionalisierung des Strafrechts

---

Inverkehrbringens von Falschgeld ankommt; somit besteht ein planerischer Zusammenhang zwischen dem Tatgeschehen als solchem und der eigentlichen Schutzgutverletzung in Form einer subjektivierten Konstruktion; eingehend zur Abgrenzung zwischen Gefahr- und Vorbereitungsdelikten s. o. B. III. 2.; zum Rechtsgut des § 146 I StGB s. u. Fn. 1883.

1883 Zum Geld- bzw. Währungsmonopol des Staates bzw. des jeweiligen Trägers der Währungshoheit als Rechtsgut des § 146 I StGB s. *Kindhäuser/Bülte*, in: NK-StGB, Vor § 146 ff. Rn. 1 ff.; zur Sicherheit im Straßenverkehr als Rechtsgut des § 316 I StGB s. *Zieschang*, in: NK-StGB, § 316 Rn. 11; zur Sicherheit und Zuverlässigkeit des Rechtsverkehrs, insb. des Beweisverkehrs mit Urkunden, s. *Fischer*, StGB, § 267 Rn. 2; *Heine/Bosch*, in: SS-StGB, § 267 Rn. 1.

1884 *Weber*, Wirtschaft und Gesellschaft, S. 10 f.; dazu *Hörnle*, GA 2006, 80 (81).

1885 S. o. A. II.

1886 *Rotsch*, in: FS Samson, S. 147; s. a. *Rönnau*, ZStW 119 (2007), 887 (900 Fn. 950).

folgt *Rotsch* zufolge der „Hypertrophie des Faktischen", sprich komplexer werdenden Lebenswirklichkeiten. Indem sein Regelungsgegenstand komplexer werde, zersplittere sich das Strafrecht über kurz oder lang notwendigerweise in einzelne heterogene Teilbereiche, die jeweils eigene dogmatische Spielregeln ausbildeten.[1887] Beispiele für einzelne Divisionen des geltenden Strafrechts erkennt *Rotsch* in *Jakobs'* Unterteilung des Bürger- und Feindstrafrechts, der Dialektik zwischen nationalem und europäischem bzw. völkerrechtlichem Strafrecht sowie schließlich in der Abspaltung des Wirtschafts- vom Kernstrafrecht.[1888] Für das Wirtschaftsstrafrecht weisen nach *Rotsch* die Auflösung bzw. Neuanordnung der Verantwortungszuschreibung, das Abschleifen von Tatbestandsvoraussetzungen, der Übergang vom aktiven Tun auf das Unterlassen als Grundform menschlichen Handelns, die Relativierung des Bestimmtheitsgrundsatzes, die altruistische Motivationslage des Wirtschaftsstraftäters und rechtsprechungsgeprägte Akzente im Bereich des Verbrechensbegriffs[1889] sowie bei der Schaffung neuer Begriffsinhalte[1890] und der Korrektur gefestigter Rechtsprechung[1891] auf seine Divisionalisierung hin.[1892] Mit der Auflösung bzw. Neuanordnung der Verantwortungszuschreibung,[1893] dem Abschleifen von Tatbestandsvoraussetzungen[1894] und der Relativierung des Bestimmtheitsgrundsatzes[1895] adressiert *Rotsch* Aspekte des Risikowirtschaftsstrafrechts, die in der vorliegenden Untersuchung beleuchtet wurden und auf die an dieser Stelle daher nicht wiederholt eingegangen wird. *Rotsch* zufolge zeichnet sich wirtschaftsstrafrechtliche Haftung weiterhin dadurch aus, dass einem bestehenden Pflichtenkanon nicht nachgekommen, also die gebotene Handlung unterlassen wird.[1896] Zudem erkennt er verschiedene Tendenzen der Rechtsprechung als Symptom dafür, dass das Wirtschaftsstrafrecht mit Modifikationen der Vorsatzlehre sowie mit der Konstruktion des „Gefährdungs-" und auch

---

1887 *Rotsch*, ZIS 2007, 260; *Rotsch*, in: FS Samson, S. 148; *Rotsch*, ZStW 125 (2013), 481 (496); krit. *Fateh-Moghadam*, in: Wirtschaftsstrafrecht des StGB, S. 29 ff.; *John*, ZWH 2015, 380 (380 ff.); *Kuhlen*, in: Compliance, S. 15.

1888 *Rotsch*, in: FS Samson, S. 148 ff.

1889 BGH NJW 2006, 1760.

1890 BGH NJW 2007, 782.

1891 BGH NJW 2009, 2390.

1892 *Rotsch*, in: FS Samson, S. 150 ff.

1893 Dazu s. o. D. III. 2. d) sowie E. I. 1. b) dd).

1894 Dazu s. o. D. III. 2. a).

1895 Dazu s. o. D. III. 2. a) aa) (d) sowie E. I. 1. b) ee).

1896 *Rotsch*, in: FS Samson, S. 152.

eines „Quotenschadens" bei der Feststellung eines Schadens im Rahmen des § 263 I StGB eigenen Logiken folgt.[1897] Schließlich soll auch der Wirtschaftsstraftäter insofern ein eigenständiger Typus sein, als er im Unterschied zum klassischen Täter altruistisch, d. h. zugunsten des Unternehmens, handelt.[1898] Soweit erkennbar, liegt der entscheidende Unterschied in *Rotschs* Konzeption gegenüber denjenigen von *Jakobs* und *Hassemer* darin, dass er die Herausbildung einer wirtschaftsstrafrechtsspezifischen Dogmatik zu belegen sucht, für die unverändert die Sanktionsmechanismen des Kernstrafrechts gelten sollen.

b) Kritik

Rotschs Divisionalisierungsthese ist zugutezuhalten, dass sie die Abspaltung des Wirtschafts- vom Kernstrafrecht anhand spezifischer Besonderheiten des Wirtschaftsstrafrechts darzulegen versucht. Eine Kritik an seiner Divisionalisierungsthese richtet sich neben Bedenken gegen eine Divisionalisierung anhand phänomenologischer Kriterien folglich speziell gegen die von *Rotsch* angesprochenen Besonderheiten des Wirtschaftsstrafrechts, wobei analog zu der Schwerpunktsetzung der Divisionalisierungsthese besonderes Augenmerk auf die Verkehrung der Zurechnungsstrukturen sowie die Tauglichkeit des Wirtschaftsstrafrechts, eine eigenständige strafrechtsdogmatische Kategorie zu bilden, gelegt wird. An dieser Stelle kann und soll zu den einschlägigen Aspekten nicht umfassend Stellung bezogen werden. Fragen wie eine Reform der Beteiligungslehre können an dieser Stelle nur gestreift werden und interessieren unter dem Blickwinkel, ob sich daraus eine Abspaltung des Wirtschafts- vom Kernstrafrecht unter Ausbildung eigenständiger dogmatischer Regeln rechtfertigen lässt.

aa) Divisionalisierung anhand phänomenologischer Kategorien

Bedenken gegen eine eigenständige Teildivision des Wirtschaftsstrafrechts bestehen zunächst angesichts seiner problematischen, weil mangelnden Randschärfe. Wie einleitend gesehen, bleiben Kriminologie und Strafrechtswissenschaft trotz einer Vielzahl an Definitionsversuchen eine konsensuale und abschließende Definition des Wirtschaftsstrafrechts nach wie vor schuldig.[1899] Im Einklang mit den neuesten Tendenzen[1900] in der Strafrechtswissenschaft

---

1897 *Rotsch*, in: FS Samson, S. 153 ff.

1898 *Rotsch*, in: FS Samson, S. 154 f.

1899 S. o. A. II.

1900 Dem scheint auch *Rotsch*, jedenfalls tendenziell, zugeneigt, vgl. *Rotsch*, in: *Momsen/Grützner*-WiStR, § 2 Rn. 8.

versucht auch die *Rotsch*-Schülerin *Dobrosz*, das Wirtschaftsstrafrecht sachverhalts- und nicht deliktsbezogen zu bestimmen. Zwar räumt sie ein, dass ein solches Unterfangen nur annäherungsweise gelingen könne.[1901] Dennoch legt sie ihrer Untersuchung schließlich einen Begriff des Wirtschaftsstrafrechts zugrunde, der sich durch einen Sachverhalt auszeichnet, in dem innerhalb hochkomplexer und organisierter unternehmerischer Strukturen im Wirtschaftsverkehr strafrechtlich relevantes Verhalten anfällt. Zusammengefasst möchte *Dobrosz* für ihren Begriff des Wirtschaftsstrafrechts an das Unternehmen als Hauptakteur im Wirtschaftsverkehr anknüpfen. Nur, wo diese Faktoren zusammenträfen, entstünden die für das Wirtschaftsstrafrecht prägenden Konflikte mit klassischen Zurechnungsstrukturen.[1902] Angesichts dessen, dass *Rotsch* und, diesem folgend, *Dobrosz* mit ihrer Divisionalisierungsthese den Raum eröffnen wollen, um die Geltung einer eigenständigen Dogmatik des Wirtschaftsstrafrechts zu rechtfertigen, überrascht die Unschärfe, die sie für das Differenzierungskriterium akzeptieren. Das Wirtschaftsstrafrecht sachverhaltsbezogen zu bestimmen, bedeutet in praktischer Hinsicht, dass ein und derselbe Straftatbestand je nach Sachverhaltskonstellation unter das Wirtschaftsstrafrechts fallen könnte oder nicht.[1903] Dies hätte zur Konsequenz, dass bspw. für den Betrug gem. § 263 I StGB andere dogmatische Rahmenbedingungen gelten würden je nachdem, ob er im Kontext des Wirtschafts- oder des Kernstrafrechts angewandt werden würde. Für die Rechtsanwendung würde das notwendigerweise zu der Konsequenz führen, in jedem Fall eine Vorprüfung einzulegen, ob der fragliche Sachverhalt nach der Dogmatik des Kern- oder des Wirtschaftsstrafrechts zu behandeln sei. Ungeachtet des ohnehin drohenden Spannungsverhältnisses mit Art. 3 I GG wäre eine solche Unterteilung von vornherein erst ein gangbares Gedankenspiel, wenn zwischen den beiden Gegenständen Wirtschafts- und Kernstrafrecht trennscharf unterschieden werden könnte. Dass ein und dasselbe Verhaltensverbot einen Eingriff gegenüber seinen Adressaten unter unterschiedlichen Voraussetzungen rechtfertigen würde, bedürfte mit Blick auf den Gleichbehandlungsgrundsatz einer verfassungsrechtlichen Ansprüchen genügenden sachlichen Rechtfertigung der Ungleichbehandlung, d. h. der präzisen Umschreibung des Wirtschaftsstrafrechts und der umfassenden Abgrenzungskriterien, die zu entscheiden erlauben würden, wann ein Sachverhalt die Schwelle zum Wirtschaftsstrafrecht überschritte.[1904] Bevor sich

1901 *Dobrosz*, Divisionalisierung, Rn. 176.
1902 *Dobrosz*, Divisionalisierung, Rn. 247.
1903 So konsequent auch *Dobrosz*, Divisionalisierung, Rn. 174.
1904 *Wollenschläger*, in: MKS GG, Art. 3 Rn. 84 ff.

der mit Folgeproblemen behafteten Frage zugewandt werden könnte, ob die Besonderheiten des Wirtschaftsstrafrechts in der so verstandenen Form einen eigenständigen dogmatischen Kanon rechtfertigen, müsste dafür erst einmal die über jeden Zweifel erhabene Abgrenzung von Kern- und Wirtschaftsstrafrecht geleistet werden. Dies ist hier, wie *Dobrosz* selbst einräumt, mitnichten der Fall.[1905] Im Übrigen kann eine nur annäherungsweise mögliche Abgrenzung zwischen Wirtschafts- und Kernstrafrecht mit Blick auf den verfassungsrechtlich verbürgten Bestimmtheitsgrundsatz gem. Art. 103 II GG nicht überzeugen. Es ist dem Verbotsadressaten nicht zuzumuten, ein solches Maß an Ungewissheit hinsichtlich der dogmatischen Regeln, nach denen sein Verhalten bewertet wird, hinzunehmen. Bereits an dieser Stelle entstehen gegenüber einer Divisionalisierung des Wirtschaftsstrafrechts erhebliche Bedenken verfassungsrechtlicher Natur.

bb) Verkehrung von Zurechnungsregeln im Wirtschaftsstrafrecht

Auch der Verweis auf die Bildung der Täterschaft durch Schaffung und Ausnutzung von Rahmenbedingungen zur Auflösung regelhafter Abläufe, die von *Rotsch* als Kernargument zur Begründung einer Divisionalisierung des Wirtschaftsstrafrechts herangezogen wird, überzeugt nicht. Im Zentrum seiner Divisionalisierungsthese steht für *Rotsch* die Auflösung bzw. Neuanordnung von Zurechnungsregeln, die er an der Übertragung der Figur der Organisationsherrschaft auf die Leitungsperson in Wirtschaftsverbänden festmacht.[1906] Wie gesehen, gehört es zu seinen prägenden Merkmalen, dass das Risiko(-wirtschafts-)strafrecht mit herkömmlichen Zurechnungsregeln bricht. Dies manifestiert sich in der Ablösung einer Haftung für eigenes Fehlverhalten zugunsten einer Haftung für fremdes Fehlverhalten, für das sich der Täter aufgrund normativer Zuschreibung verantworten muss.[1907] Unabhängig davon, ob man die Herausbildung dieser Rechtsfigur seitens der Rechtsprechung begrüßt oder ihr kritisch gegenübersteht, knüpft sie dennoch an bestehende dogmatische Konzeptionen wie *Roxins* Täterschaft kraft Organisationsherrschaft und *Schroeders* Figur des Täters hinter dem Täter an.[1908] Es handelt sich hierbei vielmehr um

1905 Eine solche Unschärfeproblematik samt ihrem Spannungsfeld zu Art. 3 I GG erinnert an die Kritik am Feindstrafrecht nach *Jakobs*, s. o. E. II. 1. c) aa).

1906 *Rotsch*, ZIS 2007, 260; s. a. *Dobrosz*, Divisionalisierung, Rn. 153 ff.

1907 S. o. D. III. 2. d).

1908 Eingehend dazu D. III. 2. d) bb).

für die Rechtsfortbildung typische selbstreferenzielle Weiterentwicklung.[1909] *Dobrosz* versucht, diesen Einwand zu entkräften, indem sie diesen Schritt der selbstreferenziellen Fortbildung des Rechts als *„bis zur Unkenntlichkeit betriebene Veränderung und Ausdehnung anerkannter Prinzipien und Theorien"*[1910] darstellt, sprich als eine Pervertierung der strukturellen Kategorien, auf die sich die Rechtsfigur stützt. Es bleibt im Unklaren, warum in der Übertragung der *Roxin'schen* bzw. *Schroeder'schen* Rechtsfigur der mittelbaren Täterschaft auf Leitungspersonen in Wirtschaftsunternehmen der entscheidende Kipppunkt liegen soll, der den Bruch mit althergebrachten strafrechtsdogmatischen Prinzipien konstituiert. Im Gegenteil stellen diese Konstruktionen eine Form mittelbarer Täterschaft unter Verzicht auf das „deliktische Minus" des Vordermanns dar.[1911] Strafrechtsdogmatisch betrachtet, scheint der Weg von den Grundformen der mittelbaren Täterschaft zu dem *Roxin'schen* bzw. *Schroeder'schen* Modell ein viel weiterer zu sein als derjenige, den die Rechtsprechung geht, wenn sie die Täterschaft durch Schaffung und Ausnutzung von Rahmenbedingungen zur Auslösung regelhafter Abläufe einführt. Bereits im Referenzpunkt dieser Entwicklung, der Täterschaft kraft Organisationsherrschaft bzw. des Konstrukts des Täters hinter dem Täter, liegt folglich der wesentliche strafrechtsdogmatische Sprung.[1912]

Des Weiteren konnte *Brunhöber* zeigen, dass die Verkehrung der Zurechnungsregeln mitnichten eine auf das Risikowirtschaftsstrafrecht begrenzte Entwicklungslinie darstellt, sondern Teil eines Strukturbruchs bei der Beschaffenheit von Verhaltensverboten ist.[1913] Neben den hier näher erörterten Entwicklungen im Wirtschaftsstrafrecht trifft die Analyse auch auf andere Bereiche des Risikostrafrechts, z. B. das Terrorismusstrafrecht oder das Umweltstrafrecht, zu. Kriminalpolitisch umstrittene Verhaltensverbote wie die Strafbarkeit

---

1909 *Fateh-Moghadam*, in: Wirtschaftsstrafrecht des StGB, S. 31 f.; *John*, ZWH 2015, 380 (384); *Saliger*, RW 2013, 263 (281).

1910 *Dobrosz*, Divisionalisierung, Rn. 304.

1911 Überblick zur Stellung des Tatmittlers als doloses Werkzeug bei *Joecks/Scheinfeld*, in: MüKo StGB, § 25 Rn. 59 ff.; eine andere Konstruktion, in der der Tatmittler kein (vollwertiges) Deliktsminus aufweisen muss, stellen Fälle des vermeidbaren Verbotsirrtums nach § 17 S. 2 StGB dar, s. BGH NJW 1989, 912; dazu *Küper*, JZ, 617; *Schaffstein*, NStZ 1989, 153; *Zieschang*, in: FS Otto, S. 506 ff.; a. A. *Krey/Nuys*, in: FS Amelung, S. 203 ff.; *Lampe*, ZStW 119 (2007), 471 (504).

1912 In diese Richtung auch *Fateh-Moghadam*, in: Wirtschaftsstrafrecht des StGB, S. 32; *Saliger*, RW 2013, 263 (281).

1913 *Brunhöber*, in: Sicherheitsgesellschaft, S. 203.

der Bildung einer terroristischen Vereinigung gem. § 129a StGB oder das Ausreiseverbot gem. § 89a IIa StGB ziehen den Täter ebenfalls zur Verantwortung, weil das von ihm an den Tag gelegte Verhaltensmuster aufgrund struktureller Zuordnungen als riskant bewertet wird.[1914] Das Kumulationsdelikt wiederum ist darüber hinaus seinem Ursprung nach anhand des Umwelt- und nicht des Wirtschaftsstrafrechts entwickelt bzw. beschrieben worden.[1915] Schließlich besteht keine Notwendigkeit, Besonderheiten des Wirtschaftsstrafrechts außerhalb des StGB zu regeln. *Engelharts* Vorschlag eines § 25 III StGB[1916] ist ein Beispiel dafür, wie das geltende Strafrecht an die veränderten Gegebenheiten der für das Risikostrafrecht typischen Regelungsbereiche angepasst werden könnte, ohne eine Zersplitterung in einzelne und voneinander unabhängige Teildivisionen zu provozieren. Ausgehend von Vorstößen wie demjenigen *Engelharts* ist vielmehr der Versuch vielversprechend, die Beteiligungslehre nicht strafrechtsgebietsspezifisch, sondern mit Geltung für das gesamte Strafrecht fortzuentwickeln, bspw. indem typische Fallstricke der Beteiligungslehre im Bereich des Wirtschaftsstrafrechts mit denjenigen aus der Organisierten Kriminalität und dem Terrorismus in einem holistischen Reformversuch kulminieren. Wie in der Kritik der Trennungsthesen *Jakobs'* und *Hassemers* gesehen,[1917] birgt die Verbringung in eine eigene Rechtsmaterie im Gegenteil die Gefahr, dass ein solches Risikowirtschaftsstrafrecht aus dem Blickfeld der Strafrechtswissenschaft gerät und der Gesetzgeber auf diese Weise unliebsame dogmatische Begrenzungen des Kernstrafrechts zu umschiffen sucht. Bezeichnenderweise wirft *Dobrosz* selbst ein, vergleichbare Überforderungsmomente des auf individuelle Zurechnung zugeschnittenen Beteiligungssystems des StGB träten auch *„in Mafiastrukturen […] oder im Militärstrafrecht“*[1918] auf.

Zusammengefasst taugt auch der Verweis auf Rechtsfortbildungen im Bereich der Zurechnungslehren nicht dazu, eine Abspaltung des Wirtschafts- vom Kernstrafrecht zu begründen, da erstens diese Entwicklung im gesamten Strafrecht zu verzeichnen ist und sich zweitens keine Notwendigkeit zu erkennen gibt, die Spannungsfelder zwischen der tradierten Beteiligungslehre und den Verantwortungsstrukturen in modernen Lebenswirklichkeiten rein risikowirtschaftsstrafrechtsspezifisch zu lösen.

1914 *Brunhöber*, in: Sicherheitsgesellschaft, S. 207.
1915 *Kuhlen*, GA 1986, 389.
1916 S. o. D. III. 2. d) bb).
1917 S. o. E. II. 1. c) cc).
1918 *Dobrosz*, Divisionalisierung, Rn. 247.

dd) Weitere Einwände gegen die Divisionalisierungsthese

Neben den durchgreifenden Bedenken, die gegen eine Abspaltung des Wirtschafts- vom Kernstrafrecht vorgetragen wurden, ist noch zu den weiteren Symptomen, anhand derer *Rotsch* die Divisionalisierung des Strafrechts unter Auflösung seiner Dogmatik[1919] zu belegen sucht, Stellung zu beziehen. Zunächst mag das erläuterte Abschleifen von Tatbestandsvoraussetzungen[1920] etwa für Falschangabedelikte im Vorfeld des § 263 I StGB Beispiel für eine inkonsistente Kriminalpolitik sein,[1921] sprengt jedoch nicht die Regeln des geltenden Strafrechts. Zu der Ablösung des aktiven Tuns als Grundform menschlichen Verhaltens bemerkt *Rotsch* selbst, dass das Verhältnis zwischen Tun und Unterlassen zum Kanon der Grundsatzprobleme des geltenden Strafrechts gehöre.[1922] Es irritiert daher, wenn er den (behaupteten) Überhang von Unterlassungsdelikten als Symptom für eine Abspaltung des Wirtschaftsstrafrechts anführt. Ebenfalls irritierend ist der Wunsch, das Bestimmtheitsgebot des Art. 103 II GG zu relativieren.[1923] Wie gesehen,[1924] bestehen *in puncto* Bestimmtheit für das Risikowirtschaftsstrafrecht gewichtige Problemfelder, die es nicht zu ignorieren gilt. Der Wortlaut des Art. 103 II GG spricht unzweideutig vom Strafrecht und eröffnet daher keinen Raum zur Unterteilung in einzelne Subkategorien. Zudem begegnet die Forderung, das Bestimmtheitsgebot für das Wirtschaftsstrafrecht aufzuweichen, denselben Bedenken, wie gegen die Divisionalisierung anhand phänomenologischer Kriterien vorgetragen. Mangels hinreichend klarer Kriterien zur Unterscheidung ist nicht deutlich, welcher Sachverhalt geringere Anforderungen an die Bestimmtheit der Norm rechtfertigen könnte. Da darüber hinaus jedes Verhaltensverbot Wirtschaftsstrafrecht sein könnte oder nicht, würde eine solche Zweiteilung zu irritierenden Teilverfassungswidrigkeiten einzelner Strafbestimmungen führen. Auch der Verweis auf die altruistische Motivationslage des Wirtschaftsstraftäters[1925] überzeugt mit Blick auf die kriminologische Unterscheidung zwischen „*corporate crimes*" und „*occupational crimes*"[1926] nicht, da unbeantwortet bleibt, warum Verstöße gegen das Unternehmen entgegen dem herrschenden kriminologischen

1919 *Rotsch*, ZIS 2007, 260.

1920 S. o. D. III. 2. a).

1921 S. o. E. I. 3. c).

1922 *Rotsch*, in: FS Samson, S. 152.

1923 *Rotsch*, in: FS Samson, S. 155.

1924 S. o. E. I. 1. b) ee).

1925 *Rotsch*, in: FS Samson, S. 154 f.; s. a. *Samson/Langrock*, DB 2007, 1684.

1926 Zur Unterscheidung s. o. D. III. 2. b) aa).

Erkenntnisstand aus dem Bereich des Wirtschaftsstrafrechts ausgeklammert werden sollen.

3. Verbringung in das Ordnungswidrigkeitenrecht (Zieschang)

a) Straf- und Ordnungswidrigkeitenrecht

Zuletzt soll noch zu *Zieschangs* Spielart der Trennungsthese Stellung bezogen werden. Er erhebt die Forderung, die abstrakten Gefährlichkeitsdelikte *de lege ferenda* aus dem geltenden Strafrecht auszugliedern.[1927] *Zieschang* entwirft seinen Vorschlag zur Strukturierung der Gefahrdelikte unter dem Theoriekonzept des Rechtsgutsdogmas.[1928] Folgerichtig attestiert er dem abstrakten Gefährlichkeitsdelikt aufgrund dessen mangelnder Sensibilität für Verhaltensweisen, die konkret ungefährlich für das zu schützende Rechtsgut bleiben, seine Unvereinbarkeit mit grundlegenden Strafrechtsprinzipien. Was für das geschützte Rechtsgut nicht gefährlich sei, könne auch nicht legitimerweise mit kriminalstrafrechtlicher Sanktion geahndet werden. Ein solches Verhalten sei aus Sicht des Rechtsguts genauso irrelevant wie jedes andere, beliebige Verhalten.[1929] Dementsprechend bedürfe das Rechtsgut im Einzelfall keines Schutzes über die Strafnorm.[1930] Knüpfe das Gesetz dennoch Strafe an die Begehung einer solchen Verhaltensweise, handele es sich um die Pönalisierung schlichten Ungehorsams, der, für sich genommen, nicht zur Verhängung von Kriminalstrafe ausreiche.[1931] Die Tragweite dieser Schlussfolgerung sucht *Zieschang* dadurch zu entschärfen, dass, seiner Auffassung zufolge, abstrakte Gefährlichkeitsdelikte in konkrete Gefährlichkeitsdelikte umgedeutet werden könnten. Es seien keine Rechtsschutzlücken zu befürchten.[1932] Sofern der Gesetzgeber sich der Regelungstechnik der abstrakten Gefährlichkeitsdelikte dennoch bedienen wolle, sei eine Verortung im Ordnungswidrigkeitenrecht denkbar.[1933]

1927 *Zieschang*, Gefährdungsdelikte, S. 380 ff.
1928 *Zieschang*, Gefährdungsdelikte, S. 43, 63, 70, 195, 215 ff., 241.
1929 *Zieschang*, Gefährdungsdelikte, S. 383.
1930 *Zieschang*, Gefährdungsdelikte, S. 383.
1931 *Zieschang*, Sanktionensystem, S. 400 ff.
1932 *Zieschang*, Gefährdungsdelikte, S. 384.
1933 *Zieschang*, Gefährdungsdelikte, S. 391 ff.

b) *Einwände gegen eine Verbringung ins Ordnungswidrigkeitenrecht*

Zieschangs Ansatz, Deliktstypen *per se* als strafunwürdig zu qualifizieren und in den Bereich der Ordnungswidrigkeiten zu verbringen, richtet die Aufmerksamkeit unmittelbar auf die seinerzeit als „*Jahrhundertfrage schlechthin*"[1934] geführte, mittlerweile zum Erliegen gekommene[1935] Debatte um das Vorhandensein materieller Abgrenzungskriterien zwischen dem Kriminalstraf- und dem Recht der Ordnungswidrigkeiten. Während die Rechtslage in § 1 I OWiG formell eine Unterteilung zwischen Ordnungswidrigkeitenrecht und Kriminalstrafrecht, ausgehend von der Rechtsfolge „Geldbuße" oder „Strafe", anordnet,[1936] lassen sich mit der qualitativen, der quantitativen und der gemischt qualitativ-quantitativen Theorie drei Strömungen ausmachen, die diese Abgrenzungsfrage nach materiellen Gesichtspunkten entscheiden.[1937]

aa) *Ordnungswidrigkeitenrecht als Sammelbecken heterogener Phänomene*

Autoren wie *Goldschmidt,*[1938] *Wolf*[1939] und *Schmidt*[1940] stehen in der Tradition eines qualitativen Ansatzes zur Abgrenzung von Kriminalstraf- und Ordnungswidrigkeitenrecht.[1941] Danach unterschieden sich die beiden Rechtsmaterien wesensmäßig, d. h., das geahndete Unrecht sei jeweils inhaltlich anderer Beschaffenheit.[1942] Ähnlich vertritt in jüngerer Zeit *Klescewski*, den inhaltlichen Unterschied im Kriminalstraf- und Ordnungswidrigkeitenrecht darin zu erkennen, dass Ersteres „*Angriffe auf fremde Rechtsfähigkeit*"[1943] verfolge, während Letzteres „*lediglich Beeinträchtigungen der institutionellen Gefahrenvorsorge*"[1944] ahnde. In der Sache soll Kriminalstrafrecht danach dem Schutz von Individualrechtsgütern dienen, während Ordnungswidrigkeitenrecht

1934 *Hefendehl*, ZIS 2016, 636 (638).

1935 *Greco*, in: Studien, S. 181 f.; *Kraatz*, OWiG, § 1 Rn. 34.

1936 *Bülte*, OWiG, § 1 Rn. 43.

1937 Übersicht bei *Bülte*, OWiG, § 1 Rn. 37 ff.; *Kraatz*, OWiG, § 1 Rn. 29 ff.; *Mitsch*, in: KK-OWiG, Einl. Rn. 50 ff.; *Wohlers*, Deliktstypen, S. 79 ff.

1938 *Goldschmidt*, Verwaltungsstrafrecht, S. 544 ff.

1939 *Wolf*, in: FS Frank, S. 521 f.

1940 *Schmidt*, SüdJZ 1948, 225 (230 f.).

1941 Umfassend zu den qualitativen Ansätzen *Goldschmidts, Wolfs* und *Schmidts* s. *Wohlers*, Deliktstypen, S. 79 ff.

1942 Dazu *Greco*, in: Studien, S. 176 ff.

1943 *Klesczewski*, OWiG, § 1 Rn. 44.

1944 *Klesczewski*, OWiG, § 1 Rn. 44.

Verwaltungsungehorsam ahnde.[1945] Ein qualitativer Ansatz geht irrigerweise von einem unveränderlichen Kern eines Kriminalstrafrechts aus, das einen zeitlosen Kanon strafwürdigen Verhaltens abzustecken vermag.[1946] Einen solchen Kernbereich strafwürdigen Verhaltens mag man noch in Bereichen wie den Tötungs- und Raubdelikten akzeptieren. Außerhalb dieser kernstrafrechtlichen Normen unterliegt die Auffassung dessen, was mit Strafe geahndet werden soll, einer dem stetigen Wandel unterworfenen Wertentscheidung der Rechtsgemeinschaft.[1947] Überdies obliegt es dem Gesetzgeber, Rechtsgüter zu definieren und sie unter den Schutz der Rechtsordnung zu stellen.[1948] Entschieden gegen die Abgrenzung von Kriminalstraf- und Ordnungswidrigkeitenrecht rein nach qualitativen Kriterien sprechen Delikte im Bereich des Straßenverkehrsrechts. So verwirklicht das Fahrzeugführen unter Alkoholeinfluss bis zu einer Blutalkoholkonzentration von 1,09 ‰ eine Ordnungswidrigkeit gem. § 24a I StVG, bevor ab einer Blutalkoholkonzentration von 1,1 ‰ die Schwelle zur absoluten Fahruntauglichkeit und damit zur Strafbarkeit gem. § 316 I StGB überschritten ist.[1949] § 24a I StVG enthält wie § 316 I StGB einen materiellen Schutzgehalt, namentlich die Sicherheit im Straßenverkehr bzw. Leib, Leben, Gesundheit und körperliche Unversehrtheit der übrigen Straßenverkehrsteilnehmer, und erfüllt nicht nur Verwaltungsungehorsam.[1950] Die Entscheidung, die absolute Fahruntüchtigkeit bei 1,1 ‰ festzulegen, ist zudem unter naturwissenschaftlichen Gesichtspunkten ein approximativ festgesetzter Schwellenwert und demnach eine normativ getroffene Wertentscheidung.[1951]

Das Beispiel des Fahrzeugführens unter Einfluss berauschender Substanzen bzw. der Trunkenheit im Straßenverkehr ist ein Beleg für die Notwendigkeit einer gesetzgeberischen Einschätzungsprärogative bei der Zuordnung eines Verhaltens zum Kriminalstraf- oder Ordnungswidrigkeitenrecht.[1952] Zugleich legt es den Schluss nahe, Kriminalstraf- und Ordnungswidrigkeitenrecht stünden in einem graduellen Verhältnis, in dem mit Kriminalstrafe das gewichtigere Vergehen geahndet werden würde.[1953] Dem entspricht die sog. quantitative

---

1945 *Kraatz*, OWiG, § 1 Rn. 30.

1946 *Greco*, in: Studien, S. 181.

1947 *Greco*, in: Studien, S. 181.

1948 *Kraatz*, OWiG, § 1 Rn. 31.

1949 *Kraatz*, OWiG, § 1 Rn. 32.

1950 *Achenbach*, GA 2008, 1 (9).

1951 In diese Richtung auch *Kraatz*, OWiG, § 1 Rn. 32; zur Unmöglichkeit einer naturwissenschaftlich exakten Grenzziehung s. BGH NJW 1990, 2393 (2394).

1952 *Göhler*, JZ 1968, 583 (586); *Hack*, Probleme des Subventionsbetrugs, S. 131 f.

1953 *Achenbach*, GA 2008, 1 (9).

Auffassung.[1954] Zwischen Ahndungs- und Strafwürdigkeit besteht ihr zufolge ein rein quantitatives Stufenverhältnis, Geldstrafe und Geldbuße seien ein und derselbe Typ Sanktion mit unterschiedlicher Bezeichnung.[1955] Auch *Zieschang* unterscheidet Kriminalstraf- von Ordnungswidrigkeitenrecht nach rein quantitativen Kriterien.[1956] Obgleich er den abstrakten Gefährlichkeitsdelikten in Gänze kritisch bis ablehnend gegenübersteht, akzeptiert er im Ergebnis ihre Normierung im Bereich der Ordnungswidrigkeiten aufgrund der Erwägung, das Ordnungswidrigkeitenrecht beherberge Verstöße mit geringem Unrechtsgehalt.[1957]

Diesen Gedanken greift auch die vermittelnde herrschende Meinung auf.[1958] Hiernach dienen beide Rechtsmaterien, das Kriminalstraf- wie auch das Ordnungswidrigkeitenrecht, dem Schutz von Rechtsgütern.[1959] In ihrem gemischt qualitativ-quantitativen Ansatz erkennt sie Kernbereiche des Kriminalstrafrechts, bspw. die Tötungs- oder Raubdelikte, und Kernbereiche des Ordnungswidrigkeitenrechts, so etwa das Füttern von Tauben, an.[1960] Verhaltensweisen, die diesen Kernbereichen zugeordnet werden würden, müssten unweigerlich entweder mit Kriminalstrafe oder aber mit Geldbuße belegt werden. Die Einstufung entziehe sich in diesen Bereichen dem Ermessen des Gesetzgebers.[1961] Jenseits dieser Kernbereiche liege ein Grenzbereich, in dem es dem gesetzgeberischen Ermessen obliege, ein Verhalten mit den Mitteln des Kriminalstrafrechts oder mit außerstrafrechtlichen Mitteln zu sanktionieren.[1962]

Mit *Achenbach* muss indes darauf hingewiesen werden, dass mit Blick auf verschiedene Sanktionsregime zur Regulierung der Wirtschaft eine Reihe von Bußgeldtatbeständen ins Auge fallen, die einerseits schwerwiegend sozialschädliche Verhaltensweisen und andererseits Geldbußen in empfindlicher Höhe

1954 Aus dem jüngeren Schrifttum *Brodowski*, in: GS Vogel, S. 161 ff.; *Stratenwerth/Kuhlen*, StrafR AT, § 1 Rn. 48.

1955 *Mattes*, Untersuchungen, S. 251; dazu *Bülte*, OWiG, § 1 Rn. 39.

1956 *Zieschang*, Sanktionensystem, S. 331 ff.; *Zieschang*, Gefährdungsdelikte, S. 388; *Zieschang*, StrafR AT, Rn. 35.

1957 *Zieschang*, Gefährdungsdelikte, S. 391 ff.

1958 BVerfG NJW 1969, 1619; BVerfG NJW 1977, 1629; s. a. *Kraatz*, OWiG, § 1 Rn. 34; *Rogall*, in: KK-OWiG, Vor § 1 Rn. 2 jeweils m. w. N.

1959 *Mitsch*, OWiG, § 3 Rn. 9; *Roxin/Greco*, StrafR AT I, § 2 Rn. 62 m. w. N.

1960 Überblick bei *Kraatz*, OWiG, § 1 Rn. 33 f.; *Mitsch*, in: KK-OWiG, Einl. Rn. 112 ff.

1961 BVerfG NJW 1969, 1619; BVerfG NJW 1977, 1629; *Kraatz*, OWiG, § 1 Rn. 34; *Rogall*, in: KK-OWiG, Vor § 1 Rn. 2 m. w. N.

1962 BVerfG NJW 1997, 2101.

zum Gegenstand haben.[1963] Bußgeldtatbestände im Bereich des Kartellrechts verbieten Verhaltensweisen, deren Verwirklichung massive makroökonomische Beschneidungen des freien Wettbewerbs zur Folge haben können.[1964] Hier ist zweifelhaft, dass etwa der Diebstahl in wertmäßiger Höhe von Centbeträgen[1965] ein gewichtigeres Unrecht verursache als Preisabsprachen oder sonstige wettbewerbsbeschränkenden Vereinbarungen im Sinne des § 1 GWB.[1966] Im Unterschied zur Strafe[1967] fehlt es der Geldbuße an der stigmatisierenden Registerwirkung.[1968] Dennoch bringt die Rechtsordnung auch mit der Geldbuße einen Vorwurf zum Ausdruck.[1969] Auch die empfindlichen Höhen, die bis zu EUR 1.000.000,00 bzw. bei Unternehmen bis zu 10 % des Gesamtumsatzes des vorangegangenen Geschäftsjahres erreichen können, dürften die Geldstrafe für die Verwirklichung eines Diebstahls gem. 242 I StGB regelmäßig übersteigen. Es bleibt fraglich, ob die Geldstrafe im Einzelfall aufgrund der damit verbundenen stigmatisierenden Wirkung immer das empfindlichere Übel darstellen wird. Vor diesem Hintergrund lässt sich die Vorstellung eines kontinuierlich graduellen Verhältnisses zwischen Kriminalstraf- und Ordnungswidrigkeitenrecht nicht aufrechterhalten. Beim Ordnungswidrigkeitenrecht handelt es sich vielmehr um ein „*Sammelbecken heterogener Phänomene*",[1970] die sowohl mit Blick auf das verfolgte Verhalten als auch hinsichtlich der zur Verfügung

---

1963 *Achenbach*, GA 2008, 1 (12 ff.); *Achenbach*, in: Bausteine, S. 297.

1964 *Achenbach*, GA 2008, 1 (15).

1965 Zum Unrechtsgehalt von (Laden-)Diebstählen *Mitsch*, OWiG, § 3Rn. 11 f.; *Ostendorf*, ZRP 1995, 18 (21).

1966 *Zimmer*, in: *Immenga/Mestmäcker*-Wettbewerbsrecht, § 1 Rn. 82 ff.

1967 *Greco* schlägt indessen vor, die Unterscheidung zwischen Kriminalstraf- und Ordnungswidrigkeitenrecht von der Sanktion her zu bestimmen. Er ist der Auffassung, dass sich das Kriminalstrafrecht von sonstigen Sanktionsregimen durch die besondere Qualität, die der Kriminalstrafe zu eigen sei, unterscheide. Diese begründe sich nicht aus einer unvergleichlichen Intensität oder ihrem kommunikativen Gehalt, sondern aus ihrer Wirkrichtung. Kriminalstrafe richte sich gegen angeborene Rechte wie etwa die Fortbewegungsfreiheit. Kriminalunrecht könne daher nur eine Verhaltensweise sein, deren Verwirklichung die Bereitschaft auslöse, den Täter für sein Verhalten mit einer Freiheitsstrafe zu belegen, s. *Greco*, in: Studien, S. 194 ff., 200 ff. *Greco* räumt zugleich den emotionalisierenden Gehalt dieses Differenzierungsmerkmals ein, s. *Greco*, in: Studien, S. 201 ff. Eingehend zum Spezifikum der Kriminalstrafe s. u. E. II. 4. a) ff.

1968 BVerfG NJW 1967, 1219; dazu *Achenbach*, GA 2008, 1 (16).

1969 *Appel*, Verfassung und Strafe, S. 467 ff.; *Lagodny*, Schranken, S. 98 ff.

1970 *Achenbach*, GA 2008, 1 (9).

stehenden Sanktionsmittel dem Kriminalstrafrecht bisweilen in nichts nachstehen.

Wie gesehen, bestimmt sich das Verhältnis zwischen Kriminalstraf- und Ordnungswidrigkeitenrecht weder rein qualitativ, noch können Ansätze, die auf quantitative Kriterien abstellen, die Heterogenität der geltenden Rechtsordnung erklären. Dennoch überzeugt der Ansatz, abseits eines Kernbereichs kriminalstraf- bzw. ordnungswidrigkeitenrechtlich relevante Verhaltensweisen nach graduellen Kriterien abzugrenzen, grundsätzlich. Dazu steht nicht im Widerspruch, wenn der Gesetzgeber sich dazu entschließt, in Rechtsmaterien wie dem Kartellrecht gravierende Verstöße mit den Mitteln des Ordnungswidrigkeitenrechts zu ahnden, während er in anderen Lebensbereichen vermeintlich weniger gravierende Verstöße strafrechtlich sanktioniert. Räumt man die besagte Einschätzungsprärogative ein, so kann das widerspruchslos dazu führen, dass der Gesetzgeber in Ausübung ebenjenen Ermessens Verhaltensweisen mit dem Kriminalstraf- oder Ordnungswidrigkeitenrecht verfolgt, weil er das jeweilige Rechtsgebiet im konkreten Anwendungsfall aufgrund der Spezifika des Lebensbereichs für das geeignete, erforderliche und angemessene Mittel hält. Anders gewendet, folgt aus der Einräumung einer solchen Einschätzungsprärogative die Möglichkeit, im Vergleich zwischen verschiedenen Regelungsmaterien die von *Achenbach* zutreffend herausgearbeitete Heterogenität zu erzeugen, ohne dass dies zu Friktionen führen muss. Ein graduelles Verhältnis zwischen Kriminalstraf- und Ordnungswidrigkeitenrecht sollte folglich nur zwischen gleichgelagerten Verhaltensweisen mit unterschiedlicher Beeinträchtigungsintensität durchgehalten werden. Zu klären bleibt nun noch die Frage, ob sich aus dem Gesagten fruchtbare Kriterien ableiten lassen, mit denen sich eine pauschale Verbringung der abstrakten Gefährlichkeitsdelikte in das Recht der Ordnungswidrigkeiten rechtfertigen ließe. Dagegen spricht, dass weder die quantitative noch die gemischt qualitativ-quantitative Auffassung justiziable Abgrenzungskriterien liefern. Die rein quantitative Theorie stellt von vornherein auf ein graduelles Verhältnis von Kriminalstraf- und Ordnungswidrigkeitenrecht ab und übergibt die Abgrenzungsentscheidung auf diese Weise von vornherein effektiv in die Verantwortung des Gesetzgebers. Die gemischt qualitativ-quantitative Auffassung erkennt Kernbereiche genuin kriminalstrafwürdigen bzw. -unwürdigen Verhaltens an, überlasst darüber hinaus die weitere Einteilung dem Ermessen des Gesetzgebers. Soweit es sich um die abstrakten Gefährlichkeitsdelikte handelt, betrifft dies unstreitig ebenjenen Grenzbereich, in dem sich die gemischt qualitativ-quantitative Auffassung einer Entscheidung enthält.

bb) Abstrakte Gefährlichkeitsdelikte als Ordnungswidrigkeitenrecht

Darüber hinaus greift auch *Zieschangs* Prämisse, Kriminalstrafe verdiene nur, was für ein Rechtsgut mindestens konkret gefährlich sei, fehl. Eine solche Argumentation entspringt einem systemkritischen Rechtsgutsverständnis. Ihre Durchschlagskraft steht und fällt mit anderen Worten mit der Bedeutung, die dem Rechtsgut zur Legitimation von Strafnormen eingeräumt wird. Innerhalb des strafrechtswissenschaftlichen Diskurses herrscht nach wie vor die Auffassung, das Strafrecht sei vornehmlich dem Rechtsgüterschutz gewidmet.[1971] Aus dieser Prämisse leitet das Gros im Schrifttum eine Auslegungsfunktion des Rechtsgutsbegriffs ab.[1972] Andere Stimmen gehen noch weiter und laden das Rechtsgut um eine legitimatorische Funktion auf.[1973] Damit erheben sie das Rechtsgut mindestens implizit in den Rang verfassungsrechtlicher Bewertungsmaßstäbe wie in denjenigen des Verhältnismäßigkeitsgrundsatzes.[1974] Indessen können sich zwingende Strafbarkeitsbegrenzungen nicht von außerhalb, sondern nur aus geltendem Verfassungsrecht selbst ergeben.[1975] (Straf-)Normen können insoweit für nichtig erkannt und verworfen werden, als sie mit geltendem Verfassungsrecht in unauflöslichen Widerspruch geraten.[1976] Die Normverwerfungskompetenz liegt beim Bundesverfassungsgericht als Hüter der Verfassung.[1977] Im Gegensatz zu einem systemkritischen Rechtsgutsverständnis

---

1971 *Roxin/Greco*, StrafR AT I, § 2 Rn. 7; *Neumann*, in: FS Fischer, S. 183 ff.; *Kindhäuser/Zimmermann*, StrafR AT, § 2 Rn. 6; *Kaspar*, StrafR AT, § 1 Rn. 6; *Gimbernat Ordeig*, GA 2011, 284 (284 ff.); *Neumann/Saliger*, in: NK-StGB, Vor § 1 Rn. 109 m. w. N. in Fn. 225; a. A. *Jakobs*, Rechtsgüterschutz?, S. 12 ff.; *Brunhöber*, in: FS Schünemann, S. 13 f.; *Engländer*, in: FS Neumann, S. 547 ff.; *Kubiciel*, JZ 2018, 171 (173); *Lagodny*, Schranken.

1972 Statt vieler: *Hilgendorf*, in: AWHH-StrafR BT, § 1 Rn. 3 ff.; *Wohlers*, in: FS Amelung, S. 129 f.; *Anastasopoulou*, Deliktstypen, S. 7.

1973 Grundlegend zum systemimmanenten und systemkritischen Rechtsgutsverständnis *Hassemer*, Theorie und Soziologie, S. 19 ff.; *Müssig*, Schutz abstrakter Rechtsgüter, S. 9; *Baratta*, in: FS Kaufmann, S. 393 ff.

1974 *Bachmann/Goeck*, in: Strafrecht und Verfassung, S. 39; *Böse*, in: Die Rechtsgutstheorie, S. 91; *Schmidt*, Untersuchung, S. 14; *Hassemer*, in: Die Rechtsgutstheorie, S. 60; *Hefendehl*, JA 2011, 401 (402 ff.); *Heinrich*, in: FS Roxin 2011, S. 131; *Roxin*, GA 2013, 433 (450 ff.).

1975 *Gärditz*, Der Staat 2010 (49), 331 (352 f.); dazu *Neumann*, in: FS Fischer, S. 191 ff.

1976 *Amelung*, Rechtsgüterschutz, S. 310 f.; *Appel*, KritV 1999, 278 (285); *Lagodny*, in: Die Rechtsgutstheorie, S. 85; *Roxin*, GA 2013, 433 (450); *Sternberg-Lieben*, in: Die Rechtsgutstheorie, S. 65.

1977 *Kment*, in: *Jarass/Pieroth*-GG, Art. 100 Rn. 2.

wie demjenigen *Zieschangs* findet der Rechtsgutsbegriff in der verfassungsrechtlichen Rechtsprechung keine übergesetzliche Verwendung und wird sehr weit ausgelegt.[1978] Mehr noch konnte dem Rechtsgutsbegriff bislang keine eigenständige verfassungsrechtliche Bedeutung nachgewiesen werden,[1979] aus der sich eine Sonderstellung von Strafnormen ergäbe.[1980] Umgekehrt liegt die Kompetenz, Belange als Rechtsgüter zu definieren und sie unter strafrechtlichen Schutz zu stellen, im demokratischen Rechtsstaat dem gesetzgebenden Verfassungsorgan.[1981] Die Idee der Beschränkung der Zwecke, die mit den Mitteln des Strafrechts geschützt werden dürfen, steht in Konflikt mit elementaren grundgesetzlichen Vorgaben wie dem Demokratie- und Gewaltenteilungsprinzip.[1982] Zu versuchen, wie *Zieschang* mit Begrenzungskriterien wie demjenigen des systemkritischen Rechtsgutsbegriffes das Gesetzgebungsverfahren als prozeduralen Entscheidungsprozess zu beschränken, widerspricht dem Gedanken des Art. 20 I, II GG, wonach die Staatsgewalt vom Volk ausgeht. Der demokratische Rechtsstaat ist keiner – wie auch immer gearteten – höheren Gerechtigkeit verschrieben.[1983] In einer repräsentativen Demokratie obliegt es dem Volk, vermittelt durch Repräsentationsorgane wie dem Bundestag, sich selbst Gesetze zu geben. Außerhalb der Rahmenbedingungen, die die verfassungsmäßige Ordnung vorgibt,[1984] beziehen sich die Kontrollmöglichkeiten auf die Gewährleistung der kollektiven Selbstbestimmung. Sie sollen sicherstellen, dass das

---

1978 BVerfG NJW 2008, 1137; s. a. *Appel*, Verfassung und Strafe, S. 66; *Brunhöber*, in: Strafverfassungsrecht, S. 57; *Engländer*, ZStW 127 (2015), 616 (625).

1979 *Engländer*, ZStW 127 (2015), 616 (626 f.); *Stuckenberg*, GA 2011, 653 (656 f.); *Kaspar*, Präventionsstrafrecht, S. 242; *Hörnle*, Verhalten, S. 19; *Lagodny*, Schranken, S. 143 ff.; *Appel*, Verfassung und Strafe, S. 391; *Vogel*, StV 1996, 110 (112 ff.); *Hüls*, Grenzen, S. 36; a. A. *Hassemer*, in: Die Rechtsgutstheorie, S. 59 f.; *Schünemann*, in: Die Rechtsgutstheorie, S. 143; *Roxin*, in: FS Hassemer, S. 578; *Paeffgen*, in: FS Wolter, S. 153 ff.; *Kudlich*, ZStW 127 (2015), 635 (650).

1980 *Brunhöber*, in: Strafverfassungsrecht, S. 80 f.; *Bäcker*, Kriminalpräventionsrecht, S. 361 ff.

1981 *Frisch*, in: Rechtsgutstheorie, S. 221 f.; *Wohlers*, in: Strafrecht und Gesellschaft, S. 317 ff.

1982 Dazu vertiefend *Brunhöber*, in: Strafverfassungsrecht, S. 65 ff. m. w. N.; *Kuhli/Asholt*, GA 2023, 192 (193 f.).

1983 *Gärditz*, Der Staat 2010 (49), 331 (349 f.).

1984 Hierzu zählen der Verhältnismäßigkeitsgrundsatz, das Bestimmtheits- sowie das Analogieverbot, s. *Wohlers*, in: Strafrecht und Gesellschaft, S. 318 f., der den praktischen Leerlauf dieser Begrenzungsprinzipien beklagt.

Volk in die Lage versetzt wird, sich selbstbestimmt Gesetze zu geben.[1985] Ziel einer demokratischen Verfasstheit ist daher weder die objektive Wahrheit noch die materiale Richtigkeit, sondern ausschließlich, die Umsetzung des politischen Willens in einem verfahrenstreuen Entscheidungsprozess zu gewährleisten.[1986] Die Politik untersteht einem Irrationalitätsprivileg.[1987] Zudem folgt aus Art. 103 II GG ein Parlamentsvorbehalt für die Kriminalisierung von Verhaltensweisen. Der Sinn und Zweck dahinter liegt neben der Vermittlung normativer Orientierungssicherheit in erster Linie in der Verantwortungsallokation für Rechtsinhalte. Strafrecht und für das Strafrecht Relevantes kann demnach und unter Berücksichtigung normenhierarchischer Grundsätze nur sein, was entweder geltendem Verfassungsrecht entspricht oder als Produkt einer demokratischen Legislativentscheidung zustande gekommen ist.[1988] Damit steht ein systemkritisches Rechtsgutsdenken gleich im doppelten Sinne im Konflikt. Erstens widersprechen Strafbegrenzungskriterien, die sich weder aus der Verfassung selbst noch aus einem demokratischen Legislativakt ableiten, dem Wortlaut des Art. 103 II GG. Zweitens verlagern außer- bzw. vorrechtliche Begrenzungskriterien die Entscheidungsgewalt über Strafgesetzgebung von der Legislative auf die Judikative. Entgegen den Vorgaben des Art. 103 II GG würde ein systemkritisches Rechtsgutsdenken das Bundesverfassungsgericht dazu ermächtigen, den Kanon strafrechtlich relevanten Verhaltens festzusetzen. Dies würde die Strafgesetzgebung von einer politischen in eine verfassungsrichterliche Frage umdeuten und neben einem Widerspruch zu Art. 20 II GG dem Grundsatz zuwiderlaufen, wonach Entscheidungsprozesse bei dem Organ anzusiedeln sind, bei dem sie funktional am besten aufgehoben sind.[1989]

Jenseits dieser verfassungsrechtlichen Bedenken unterliegt *Zieschangs* Vorschlag, abstrakte Gefährlichkeitsdelikte mit Verweis auf einen mangelnden Rechtsgutsbezug in das Ordnungswidrigkeitenrecht zu verbringen, auch praktischen Schwierigkeiten. Er verengt bei der Diskussion um die Legitimität eines Straftatbestandes den Blick auf die Frage, ob ein legitimes Rechtsgut geschützt

---

1985 *Brunhöber*, in: Strafverfassungsrecht, S. 66; ähnlich auch *Gärditz*, in: Strafverfassungsrecht, S. 35 ff.; *Gärditz*, Der Staat 2010 (49), 331 (332 f.); *Appel*, KritV 1999, 278 (298 ff.); dies ziehen auch systemkritische Rechtsgutstheoretiker nicht in Zweifel, s. *Jahn/Brodowski*, JZ 2016, 969 (972).

1986 *Gärditz*, Der Staat 2010 (49), 331 (343 ff.).

1987 *Dreier*, Bioethik, S. 43.

1988 *Gärditz*, Der Staat 2010 (49), 331 (338 f.); *Gärditz*, in: Strafverfassungsrecht, S. 27 ff.

1989 *Brunhöber*, in: Strafverfassungsrecht, S. 67.

wird. Fällt die Antwort auf diese Frage bejahend aus, so bereitet ihm die weitere Begrenzung des Bereichs, auf den die strafrechtliche Regulierung Zugriff haben soll, mit theorieimmanenten Begründungen äußerste Schwierigkeiten. Der effektive Rechtsgüterschutz rechtfertigt umgekehrt die umfassende Abschirmung des Rechtsguts gegenüber jeder erdenklichen Form von Angriff mit den Mitteln des Strafrechts.[1990] Bezeichnend hierfür ist *Anastasopoulous* Replik auf *Zaczyks* Kritik an *Zieschang*. Sie verteidigt die Arbeit *Zieschangs* gegen den Vorwurf mangelnder kritischer Potenz mit dem Verweis, dass dieser für die von ihm entwickelten Deliktsstrukturen jeweils einen konkreten Rechtsgutsbezug nachzuweisen vermöge. Für das konkrete Gefährlichkeitsdelikt, das einen Schwerpunkt der Kritik *Zaczyks* bildet, lässt sie den Hinweis *Zieschangs* genügen, wonach diese für Rechtsgüter von besonders hohem Wert reserviert bleiben sollten.[1991] An dieser Stelle entfalten grundrechtsdogmatische Überlegungen zum Legitimationsansatz einen weitaus differenzierteren Blick. Sie sehen die Funktion der Rechtsordnung darin, Freiheit zu gewährleisten, und die Rechtsordnung daher als Mittel, um einen gerechten Ausgleich bei kollidierenden Freiheitssphären herzustellen. Diese Ausgleichsfunktion kommt im Verhältnismäßigkeitsgrundsatz zum Ausdruck.[1992] Eine solche Betrachtungsweise offenbart, worin das legitimationsaufwendige Moment eines abstrakten Gefährlichkeitsdelikts gegenüber einem Verletzungsdelikt liegt. Der Adressat eines Verletzungsdelikts wird in seiner aktuellen Freiheitssphäre beschränkt, damit die Freiheitssphäre des potenziellen Opfers nicht akut verletzt wird. Im Unterschied dazu wird bei einem abstrakten Gefährlichkeitsdelikt die aktuelle Freiheitssphäre des Täters eingeschränkt, um potenzielle Verletzungsrisiken auszuschalten. Die potenzielle Schädigung des Opfers wird gegenüber der gegenwärtigen Beschränkung der Freiheitssphäre des Täters in Anschlag gebracht. Abzuwägen sind folglich ein aktueller und ein denkbarer Freiheitseingriff.[1993] In diesen Abwägungsvorgang hinein ist auch die Deliktsstruktur zu platzieren. Es reicht nicht aus, einen Eingriff in die Freiheitssphäre des Täters einer Legitimationsprüfung zu unterziehen. Zusätzlich muss die Intensität des Eingriffs auch noch gewichtet werden, indem der in Rede stehende Angriffsweg auf die Freiheitsphäre des potenziellen Opfers ausdifferenziert wird.[1994] Zur

---

1990 S. o. E. I. 1. a).

1991 *Anastasopoulou*, Deliktstypen, S. 110.

1992 *Brunhöber*, in: FS Schünemann, S. 14.

1993 *Brunhöber*, in: Grundlagen und Grenzen, S. 31 f.; zustimmend *Hüls*, Grenzen, S. 35.

1994 *Brunhöber*, in: FS Schünemann, S. 12; in Rekurs auf *Schünemann*, in: Mediating Principles, S. 29; *Wohlers*, Deliktstypen, S. 281 ff.

Veranschaulichung seien §§ 266 I, 299 I, II Nr. 2 StGB herangezogen.[1995] Beide Strafnormen greifen in die Freiheitssphäre des Täters ein, indem sie ihm korruptes Verhalten im Wirtschaftsverkehr bei Strafandrohung verbieten. Gleichzeitig schränkt § 266 I StGB dieses Verbot ein, indem er nur korrupte Verhaltensweisen bestraft, die zu einer kausalen Vermögensschädigung führen. Obwohl also beide Strafnormen dem Täter das gleiche Verhalten untersagen, verkürzt § 266 I StGB die Freiheitssphäre des Täters nicht um die folgenlose Pflichtverletzung. Hier liegt also, relativ betrachtet, ein geringerer Freiheitseingriff vor, der andererseits zulasten der Freiheitssphäre des geschützten Geschäftsherrn geht. Dessen Freiheitsphäre wird unter den Schutz des § 299 I, II Nr. 2 StGB gestellt, vor dem generell existenten Risiko einer Pflichtverletzung bzw., mehr noch, vor dem Risiko der Anbahnung einer auf eine Pflichtverletzung gerichteten Unrechtsvereinbarung durch andere geschützt. Der Schutz des § 266 I StGB greift signifikant kürzer. Hiernach wird die korruptionsbedingte Vermögensschädigung strafrechtlich abgesichert. Indem die Deliktsstruktur einbezogen wird, gewinnt der Abwägungsvorgang an entscheidender Tiefe. Erst so kann dazu Stellung bezogen werden, welche Art und Intensität von Freiheitsbeschränkungen der Verbotsadressat bzw. das potenzielle Opfer hinzunehmen haben.[1996]

Mit der Herausarbeitung der Deliktsstruktur ist noch keine Antwort auf die Legitimität oder Illegitimität von Straftatbeständen erbracht. Wie auch der Versuch, Straftatbestände ausschließlich aufgrund der behaupteten Illegitimität des damit geschützten Rechtsguts zu disqualifizieren, zu kurz greift, gibt es, soweit ersichtlich, auch keine Deliktsstrukturen, die *per se* der Kriminalstrafe nicht würdig wären.[1997] Plakativ formuliert, sind Verletzungsdelikte vorstellbar, die einer Verhältnismäßigkeitsprüfung nicht standhalten würden, wie es den gefahrdeliktischen Strukturen so oft unterstellt wird. Außerdem wohnt, wie oben gesehen, den Gefährlichkeitsdelikten eine Entgrenzungstendenz inne, die es im Einzelfall sorgfältig zu adressieren gilt. Dies betrifft, wie am Beispiel der §§ 299 I, II Nr. 2, 265 StGB gesehen, auch konkrete Gefährlichkeitsdelikte.[1998] Sowohl die Zuordnung zu einem Deliktstyp als auch die Verknüpfung mit einem Rechtsgut reichen als monokausale

1995 Eingehend s. o. E. I. 1. b) aa).

1996 *Brunhöber*, in: FS Schünemann, S. 12.

1997 *Hüls*, Grenzen, S. 161; gegen eine pauschale Verwerfung der abstrakten Gefährdungsdelikte auch *Garcia Martín*, GA 2010, 323 (351).

1998 S. o. E. I. 1. b) aa); zur Einordnung der Deliktstypen C. II. 3. b) sowie C. I. 3. c).

Legimitationstopoi nicht aus. Da der Gesetzgeber, bis auf wenige zwingende verfassungsrechtliche Grundprinzipien, bei der Schaffung von Straftatbeständen - wie im Übrigen auch - frei ist, kann die Verfassungswidrigkeit von Straftatbeständen erst als Ergebnis einer Güterabwägung festgestellt werden, im Rahmen derer die Schutzbelange des betroffenen Opfers mit den tangierten Freiheitsbelangen des Täters in Rechnung gestellt werden.[1999] Unterstützend wirkt, das Beeinträchtigungs- bzw. Gefahrenniveau herauszuarbeiten, in das das Rechtsgut infolge der Tatbestandsverwirklichung gebracht wird. Als Gedankenstütze kann folgende Faustformel zurate gezogen werden: Je größer der Grad der Beeinträchtigung des Rechtsguts, desto eher werden Freiheitsbelange des Täters zurückstecken müssen. Umgekehrt wird eine Pönalisierung umso fragwürdiger, je unkritischer sich die Tatbestandsverwirklichung für das betroffene Rechtsgut darstellt.[2000] Bei der Wahl, welcher Deliktsstrukturen er sich bedient, bleibt der Gesetzgeber indessen frei. Der Forderung *Zieschangs*, die Deliktsstruktur des abstrakten Gefährlichkeitsdelikts pauschal aus dem Kriminalstrafrecht zu verbannen, kann hiernach nicht gefolgt werden. Vielmehr sind bei einer Abwägung über die Verfassungsmäßigkeit eines Straftatbestands neben der Deliktsstruktur auch Überlegungen zum Stellenwert der tangierten Interessen zu beachten.[2001]

Zaczyk, der die kritische Potenz der Arbeit *Zieschangs* bemängelt, ist recht zu geben. Ihm zufolge fehlt es der von *Zieschang* vorgeschlagenen Distinktion an einer fundierten Begründung für die Legitimität der einzelnen Deliktstypen. *Zieschang* übergehe das Problem von Unrecht und Schuld mit einer „*scheinbar positivistischen Deliktsstrukturerfassung*".[2002] Nach hiesigem Verständnis kann eine Beschreibung der deliktischen Strukturen, für sich genommen, von vornherein nicht leisten, einen Straftatbestand zu legitimieren. Der große Wert der Arbeit *Zieschangs* liegt indessen in der Offenlegung und Abgrenzung der gefahrdeliktischen Strukturen, derer sich der Gesetzgeber bedient. Wie auch die Bestimmung des Rechtsguts kann die Herausarbeitung der Deliktsstruktur für die Frage nach der Legitimität von Straftatbeständen nur supplementierende, ggf. vorbereitende Arbeit leisten. Die Legitimitätsfrage auf die Zuordnung zu einem Deliktstyp zu reduzieren, verengt dieses holistisch zu bewältigende Vorhaben in unzulässigem Maße. Daneben treten etwa Anforderungen an die

---

1999 *Brunhöber*, in: Grundlagen und Grenzen, S. 31 f.

2000 *Schünemann*, in: Mediating Principles, S. 27.

2001 BVerfG NJW 1989, 2525.

2002 *Zaczyk*, ZStW 113 (2001), 192 (195).

verfassungsrechtlich verbürgte Bestimmtheit eines Straftatbestandes sowie die Beachtung weiterer grundlegender Prinzipien wie des Tatprinzips.

4. Übergreifende Einwände gegen die Trennungsthese

Trotz der aufgezeigten Spannungsfelder ist die Aussonderung des Risiko(-wirtschafts-)strafrechts weder kriminalpolitisch wünschenswert noch die Trennungsthese in ihren bislang vorgetragenen Spielarten zielfördernd. Der Herausbildung einer risiko(-wirtschafts-)strafrechtlichen Dogmatik samt Harmonisierung mit bestehenden strafrechtsdogmatischen Grundprinzipien versperrt sie den Weg und birgt daher die Gefahr, die Aufmerksamkeit der Strafrechtswissenschaft abzulenken, indem sie den Gegenstand der Kritik aus dem Schlaglicht zieht.[2003] Abschließend sollen aus der Zusammenschau ihrer verschiedenen Spielarten drei Einwände grundsätzlicher Art gegen die Trennungsthese formuliert werden: Erstens soll die mehrfach angedeutete Behauptung widerlegt werden, Kriminalstrafe zeichne sich als „schärfstes Schwert" der Rechtsordnung durch eine einzigartige Eingriffshärte aus. Es soll gezeigt werden, dass sich eine solche Alleinstellung der Kriminalstrafe weder aus der Verfassung ableiten lässt noch unter grundrechtsdogmatischer Sichtweise die Kriminalstrafe stets den empfindlichsten Eingriff in die Freiheitssphäre des Normadressaten bewirkt. Nachdem die Behauptung eines quantitativen Spezifikums der Kriminalstrafe widerlegt worden sein wird, soll zweitens die These entkräftet werden, der Kriminalstrafe hafte ein qualitatives Spezifikum an, das sie zu einem singulären Sanktionsmittel mache. Hier wird, wiederum unter Hinzuziehung grundrechtsdogmatischer Kategorien, herausgestellt, dass mit der Kriminalstrafe kein qualitativ singulärer Eingriffscharakter verbunden ist. Schließlich wird drittens ein Unschärfeargument bemüht, das in der Zusammenschau aller Spielarten der Trennungsthese ihre fehlende Operabilität offenlegt.

a) Verfassungsrechtliche Rückkopplung des Ultima-ratio-Gedankens?

Ein erster Einwand richtet sich gegen das Fundament der Trennungsthesen, wenigstens[2004] sofern es Spielarten systemkritischer Rechtsgutsdenker

---

2003 Dazu s. o. E. II. 1. c) cc).

2004 Mit Verweis auf den *Ultima-ratio*-Gedanken rechtfertigt auch *Jakobs* den Geltungsanspruch eines Feindstrafrechts. Mit Blick auf den von der Rechtsordnung dauerhaft abgewendeten Feind müsse der klug verwaltende Rechtsstaat die Option des Feindstrafrechts, dessen primäres Ziel die Gefahrabwendung unter Vernachlässigung rechtsstaatlicher Garantien ist, als *ultima ratio* offenhalten,

betrifft.[2005] Trennungsthesen beruhen auf dem *Ultima-ratio*-Gedanken. Sie bedienen sich seiner Kernaussage, um die Ausdünnung des Kriminalstrafrechts zu begründen. *Hassemers* Analyse des modernen Strafrechts, verbunden mit der geforderten Rückführung des Kriminalstrafrechts auf ein Kernstrafrecht, vermittelt den Eindruck, es gäbe ein von den Entwicklungen des gesellschaftlichen Wandels entkoppeltes Kontinuitätsstrafrecht mit unverrückbarem Bestand.[2006] Zur Begründung eines solchen Kontinuitätsstrafrechts rekurriert *Hassemer* auf den *Ultima-ratio*-Gedanken. Ihm zufolge zeichnet diesen unveränderlichen Bestand an Kontinuitäts- bzw. Kernstrafrecht die besondere Sozialschädlichkeit der kriminalisierten Verhaltensweisen aus. Ihnen sei nur mit dem Kriminalstrafrecht beizukommen – ganz im Gegenteil zu den vom modernen Strafrecht ins Auge gefassten Verhaltensweisen. Die Zielvorgabe müsse vor diesem Hintergrund lauten, das bestehende Kriminalstrafrecht auf seinen Kernbestand zurückzuführen.[2007]

aa) Ultima-ratio-Gedanke als Fundament von Trennungsthesen

Nach tradiertem Verständnis soll der *Ultima-ratio*-Gedanke das Kriminalstrafrecht, d. h. „*das spezifische Übel der kriminalstrafrechtlichen Sanktionsandrohung*",[2008] auf die Fälle absoluter Notwendigkeit beschränken. Unter dem Theoriegebäude der systemkritischen Rechtsgutstheorie stellt der *Ultima-ratio*-Gedanke die Kehrseite der Medaille dar, deren andere Seite das

---

s. o. D. III. 1. a); wie in E. II. 1. c) aa) diskutiert, kann *Jakobs'* Konzept des Feindstrafrechts als normative Kategorie für das Risikowirtschaftsstrafrecht nicht fruchtbar gemacht werden, da es sich als außerhalb der Rechtsordnung angelegter Zwang versteht; erhebliche Zweifel bestehen zudem hinsichtlich der Verfassungsmäßigkeit; es wird daher an dieser Stelle nicht weiter vertieft.

2005 Wohl nicht zutreffend sind die folgenden Überlegungen für die Trennungsthese *Rotschs*. Soweit erkennbar, möchte dieser für Kernstrafrecht und Wirtschaftsstrafrecht keine anderen Rechtsfolgen gelten lassen. Mit Blick auf die Sanktionsnorm scheint *Rotsch* m. a. W. nicht zwischen den verschiedenen Strafrechtsdivisionen zu unterscheiden. Der Gegenstand seiner Trennungsthese konzentriert sich demgegenüber auf die unterschiedlichen dogmatischen Regeln, die für kernstrafrechtliche und wirtschaftsstrafrechtliche Verbotsnormen Anwendung finden sollen; zur Würdigung seiner Trennungsthese s. o. E. II. 2.

2006 S. o. E. II. 1. b).

2007 *Hassemer*, ZRP 1992 (25), 378 (383); *Hassemer*, Produktverantwortung, S. 23; krit. dazu *Gärditz*, JZ 2016, 641 (647); und, diesem zustimmend *Jahn/Brodowski*, JZ 2016, 969 (973).

2008 *Jahn/Brodowski*, JZ 2016, 969 (970).

Rechtsgut bildet. Was kein oder ein illegitimes (d. h. nicht des kriminalstrafrechtlichen Schutzes würdiges) Rechtsgut schütze, dürfe nicht Gegenstand des Kriminalstrafrechts sein, weil Kriminalstrafrecht als Mittel zum Rechtsgüterschutz nur die letzte Bastion, das „schärfste Schwert" der Obrigkeit, sein könne.[2009] Nur wenn andere staatliche Eingriffsmittel nicht die erforderliche Schutzfunktion leisten könnten und/oder alle anderen Abwehr- und Schutzmechanismen ausgeschöpft seien, dürfe auf das Mittel der Kriminalstrafsanktion zurückgegriffen werden. Die Staatsgewalt habe kriminalstrafrechtliche Mittel sparsam und nur bei zweifelsfreiem Bedarf einzusetzen.[2010] Daher gehen *Hassemer*[2011] und *Zieschang*[2012] davon aus, die Verortung des Risikowirtschaftsstrafrechts im Kriminalstrafrecht, jedenfalls sofern es abstrakte Gefährlichkeitsdelikte im hier verstandenen Sinn[2013] betrifft, greife fehl. Kriminalstrafsanktionen stellen ihrer Ansicht nach für Verhaltensweisen, die für ein Rechtsgut nur typischerweise gefährlich werden, nicht die probate Reaktion der Staatsgewalt dar. Unter Gesichtspunkten systemkritischen Rechtsgüterschutzdenkens bedürfe es für legitimes Kriminalstrafrecht (in aller Regel)[2014] eines konkreten Beeinträchtigungszusammenhangs zwischen der Tatbestandsverwirklichung und dem geschützten Rechtsgut der Norm. Fehle dieser, weil abstrakt gefährliches Verhalten sich durch ein auf allgemeinen Erfahrungswerten basierendes Beeinträchtigungsrisiko unter Vernachlässigung konkreter Betrachtungen der Einzelfallumstände auszeichne, so stelle eine derartige Verbotsnorm keinen tauglichen Gegenstand für Kriminalstrafrecht dar. Ohne konkreten Beeinträchtigungszusammenhang, so das Rechtsgutsdogma weiter, weise die inkriminierte Verhaltensweise nicht das spezifische Unrecht auf, das eine Kriminalstrafe als Reaktion rechtfertige.[2015]

2009 *Hassemer/Neumann*, in: NK-StGB, Vor § 1 Rn. 72 (5. Aufl.); *Roxin/Greco*, StrafR AT I, § 2 Rn. 97 m. w. N.

2010 *Roxin/Greco*, StrafR AT I, § 2 Rn. 97 ff. m. w. N.

2011 S. o. E. II. 1. b).

2012 S. o. E. II. 3.

2013 S. o. B. II. 2. b).

2014 *Hassemer* möchte für anerkannte abstrakte Gefährlichkeitsdelikte Ausnahmen gelten lassen, s. *Hassemer*, StV 2006, 321 (326); *Hassemer*, in: Liberal Criminal Theory, S. 199; dazu *Roxin/Greco*, StrafR AT I, § 2 Rn. 70a.

2015 *Hassemer*, ZRP 1992 (25), 378 (383); *Zieschang*, Gefährdungsdelikte, S. 380 ff.; in der Tradition systemkritischen Rechtsgutsdenkens so jüngst wieder *Hamm*, NJW 2016, 1537 (1541 ff.).

Vor diesem Hintergrund postuliert der *Ultima-ratio*-Gedanke ein strafrechtsbegrenzendes Nachrangverhältnis oder auch Subsidiaritätsgebot.[2016] Es bedarf keiner weiteren Erläuterung, dass ein solches Gebot, möchte es verbindliche Wirkung entfalten, eine verfassungsrechtliche Rückkoppelung erfordert. Normentheoretisch gesehen, können sich Begrenzungen für das Strafrecht ausschließlich aus der geltenden Verfassung herleiten.[2017] Zur Rückkoppelung verweisen einschlägige Arbeiten auf das Verhältnismäßigkeitsprinzip.[2018] So hält es auch *Hassemer*, der in seinem Sondervotum zum Inzest-Beschluss des Bundesverfassungsgerichts ausführt, es gäbe unter Geltung *„des ultima ratio-Prinzips sowie des Grundsatzes der Verhältnismäßigkeit als verfassungsrechtliche Schranken strafrechtlicher Eingriffe“*[2019] keine kriminalstrafrechtliche Absicherung von Moralvorstellungen. Bemerkenswert ist, dass *Hassemer* die Darstellung seiner abweichenden Meinung nicht zum Anlass nimmt, klärende Anmerkungen zur Beziehung von *Ultima-ratio*-Gedanke einerseits und Verhältnismäßigkeitsprinzip andererseits bzw. zur verfassungsrechtlichen Rückkopplung von Ersterem zu geben.[2020] Umso mehr bleibt die Frage zurück, ob das Verhältnismäßigkeitsprinzip als verfassungsrechtlicher Anknüpfungspunkt für ein strafbarkeitsbegrenzendes Subsidiaritätsgebot herangezogen werden kann.

bb) Ultima-ratio-Gedanke in der verfassungsgerichtlichen Rechtsprechung

Um diese Frage zu beantworten, wendet sich der Blick zunächst in Richtung verfassungsrechtlicher Rechtsprechung. Aus der Zusammenschau der einschlägigen Entscheidungen des Bundesverfassungsgerichts kann dem *Ultima-ratio*-Gedanken kein selbstständiges, über den Verhältnismäßigkeitsgrundsatz hinausgehendes Spezifikum zugesprochen werden.[2021] Einschlägige Entscheidungen, die den *Ultima-ratio*-Gedanken namentlich nennen, geben

2016 *Gaede*, Steuerbetrug, S. 314 ff.; *Hefendehl*, in: Mediating Principles, S. 51 f.; *Jahn/Brodowski*, JZ 2016, 969; *Jahn/Brodowski*, ZStW 129 (2017), 363; *Neumann/Saliger*, in: NK-StGB, Vor § 1 Rn. 72; *Roxin/Greco*, StrafR AT I, § 2 Rn. 97 ff.; *Schünemann*, in: Mediating Principles, S. 21 ff., jeweils m. w. N.

2017 *Gärditz*, Der Staat 2010 (49), 331 (352 f.); dazu *Neumann*, in: FS Fischer, S. 191 ff.

2018 So z. B. *Böse*, in: Die Rechtsgutstheorie, S. 94 f.; *Greco*, in: Strafrecht und Verfassung, S. 23; *Heinrich*, KriPoZ 2017, 4 (19 f.); *Jahn/Brodowski*, JZ 2016, 969; *Jakobs*, Strafrecht AT, 2/27 f.; *Kaspar*, Präventionsstrafrecht, S. 243 ff.; *Kühl*, in: FS Tiedemann, S. 41; *Roxin/Greco*, StrafR AT I, § 9 Rn. 87 ff.

2019 BVerfG NJW 2008, 1137 (1144 Rn. 1100).

2020 So auch *Gärditz*, JZ 2016, 641 (643).

2021 *Gärditz*, JZ 2016, 641 (642 ff.); a. A. *Landau*, NStZ 2015, 665 (668).

keinen Anlass zur Annahme, das Bundesverfassungsgericht wolle diesem eine strafbarkeitslimitierende Funktion zusprechen.[2022] Es verbleibt in seinen Entscheidungen bei der Grundrechtsdogmatik mit dem Verhältnismäßigkeitsprinzip als zentralem Prüfstein und bestätigt dem Gesetzgeber gleichzeitig eine weite Einschätzungsprärogative bei der Wahl der (kriminal-)strafrechtlich zu schützenden Rechtsgüter.[2023] Die zur verfassungsrechtlichen Verankerung des *Ultima-ratio*-Gedankens herangezogene[2024] Entscheidung zum Schwangerschaftsabbruch[2025] stellt, wie *Gärditz* zeigen konnte, unter Umständen die Möglichkeit einer Strafverpflichtung zum Lebensschutz in den Raum und damit die strafbarkeitslimitierende Idee des *Ultima-ratio*-Gedankens kurzerhand auf den Kopf. Ihm zufolge erschöpft sich die Funktion des *Ultima-ratio*-Gedankens bei genauerer Betrachtung in derjenigen eines rhetorischen Mittels, um die besondere Sozialschädlichkeit des kriminalisierten Verhaltens zu untermalen.[2026] Auch der – von Verfechtern einer verfassungsrechtlichen Verankerung des *Ultima-ratio*-Gedankens mit Hoffnung[2027] erwartete – Beschluss des Bundesverfassungsgerichts zum Rindfleischetikettierungsgesetz schweigt, entgegen den Ankündigungen des Vorsitzenden des Zweiten Senats des Bundesverfassungsgerichts,[2028] über den gesamten Verlauf des Beschlusstextes zu einem solchen Strafbegrenzungsprinzips.[2029]

cc) Ultima-ratio-Gedanke und Verhältnismäßigkeitsprinzip

Eine weitere, in der Literatur häufig ausgebreitete Überlegung deutet den *Ultima-ratio*-Gedanken als eine kriminalstrafrechtsspezifische Form des Verhältnismäßigkeitsprinzips. Mit der gängigen Formel, Kriminalstrafrecht könne legitimerweise nur der letzte Ausweg der Obrigkeit sein, wollen

---

2022 S. die zusammenfassende Auswertung der einschlägigen Entscheidungen bei *Gärditz*, JZ 2016, 641 (642 ff.).

2023 BVerfG NJW 2008, 1137 (1138 ff.); s. a. BVerfG NJW 2009, 2267.

2024 *Landau*, NStZ 2015, 665 (668).

2025 BVerfG NJW 1975, 573 (577 f.).

2026 *Gärditz*, JZ 2016, 641 (642 ff.); in diese Richtung versteht auch *Ambos*, in: FS Merkel, S. 567 ff. den *Ultima-ratio*-Gedanken; a. a. O. ferner auch zum Umfang von verfassungsrechtlich verbürgten Strafverpflichtungen unter Berücksichtigung der Rechtsprechung des Bundesverfassungsgerichts.

2027 So die Selbstdiagnose bei *Jahn/Brodowski*, ZStW 129 (2017), 363 (373 f.); s. a. *Pauly*, StraFo 2016, 491 (496).

2028 So *Jahn/Brodowski*, ZStW 129 (2017), 363 (372 f.).

2029 *Jahn/Brodowski*, ZStW 129 (2017), 363 (373 f.); *Kempf*, AnwlB 2017, 34 (36).

Anhänger des *Ultima-ratio*-Gedankens ein Subsidiaritätsgebot zum Ausdruck bringen. Nur, wenn andere Konfliktbewältigungsmittel, namentlich jene des Zivil- oder Verwaltungsrechts, keine Abhilfe zu leisten imstande seien, solle Platz für das Kriminalstrafrecht sein.[2030] Aus der Anwendung einer Subsidiaritätsformel soll demnach ein gegenüber dem Verhältnismäßigkeitsprinzip eigenständiges, kriminalstrafrechtsspezifisches Kontrollprogramm erwachsen. Exemplarisch hierfür ist der Vorstoß *Jahns* und *Brodowskis*, wonach der *Ultima-ratio*-Gedanke bei der Verhältnismäßigkeitsprüfung insoweit zu einer Akzentverschiebung führe, als andere als kriminalstrafrechtliche Mittel vorzuziehen seien, wenn mit ihnen das Ziel hinreichend (d. h. unter Umständen weniger effektiv) erreicht werden könne.[2031] Sie ordnen auf dieser Grundlage eine Offensichtlichkeitsprüfung an. Wenn die Möglichkeit der Zielerreichung mit anderen als den Mitteln des Kriminalstrafrechts dem Straftatbestand „auf die Stirn geschrieben“ stehe, solle die fragliche Strafvorschrift als verfassungswidrig verworfen werden. Damit sprechen *Jahn/Brodowski* dem *Ultima-ratio*-Gedanken eine eigenständige Bedeutung zu.[2032] *Gärditz* wendet dagegen ein, Vergleichsvorgänge erforderten empirische Einsichten über die Effektivität von Strafandrohungen und korrespondierenden Instrumenten des Zivil- und Verwaltungsrechts, die nicht oder in unzureichendem Maße zur Verfügung stünden. Mehr noch mache die verfassungsrechtlich positivierte Zulässigkeit von Strafrecht eine empirische Rechtfertigung ihrer Sozialwirkung entbehrlich.[2033] *Seher* konnte zeigen, dass die implizit vorausgesetzte Vergleichbarkeit der verschiedenen Sanktionsregime bei genauerem Hinsehen nicht gegeben sein dürfte. Im Kern liegt das an divergierenden Personenkonstellationen, die schwerlich miteinander saldiert werden können. So fehlt es bspw. an handfesten Kriterien, um abzuwägen, wie sich Konfliktbewältigung mittels privatrechtlichen Schadensersatzregimen gegenüber derjenigen via Ordnungswidrigkeitenrecht verhält. In einem Fall steht der Verbotsadressat dem geschädigten Bürger gegenüber, in dem anderen der verletzten Norm.[2034] Angesichts der beschriebenen Unwägbarkeiten bei relationalen Effizienz- und Effektivitätsüberlegungen verschiedener Sanktionsregime streiten unter demokratietheoretischen Gesichtspunkten gute Gründe dafür, Wirksamkeitsfragen

---

2030 *Roxin/Greco*, StrafR AT I, § 2 Rn. 97 ff.

2031 *Jahn/Brodowski*, JZ 2016, 969 (976 ff.).

2032 *Jahn/Brodowski*, JZ 2016, 969 (976 ff.); *Jahn/Brodowski*, ZStW 129 (2017), 363 (379 ff.); s. a. *Brodowski*, Evolution, S. 263 f.

2033 *Gärditz*, JZ 2016, 641 (645 ff.).

2034 *Seher*, in: Mediating Principles, S. 71 ff.

der Einschätzungsprärogative des Gesetzgebers zu überlassen.[2035] Durchgreifend sind schließlich die Bedenken *Brunhöbers,*[2036] die insgesamt die Wesensverwandtschaft von Verhältnismäßigkeitsprinzip und *Ultima-ratio*-Gedanke in Zweifel ziehen. Das Verhältnismäßigkeitsprinzip knüpft nach den Regeln der Grundrechtsdogmatik beim Verhaltensverbot an, indem es fragt, welches Freiheitsrecht des Verbotsadressaten in welcher Art und Weise bzw. wie stark beschränkt wird und ob dieser Eingriff mit dem verfolgten Schutzzweck in Verhältnis steht.[2037] Ein Subsidiaritätsgebot fragt demgegenüber ausschließlich danach, ob das verwendete Mittel, die Strafsanktion, in der Gesamtschau des Sanktionskanons zwingend erforderlich war. Anders gewendet, verengt ein solches Subsidiaritätsgebot den Prüfungsmaßstab auf die Ebene der Sanktionsnorm und vernachlässigt, spiegelbildlich, die Verhaltensnorm.[2038]

dd) Relativität des Kriminalstrafrechts

Gegen die Idee eines kriminalstrafrechtlichen Subsidiaritätsgebots spricht ferner der Umstand, wonach repressiver Schutz im Einzelfall freiheitsschonender als präventive Kontrolle sein kann.[2039] Dass die kriminalstrafrechtliche Sanktion nicht immer der empfindlichste Eingriff für den Betroffenen sein muss, konnte im Verlauf der Untersuchung herausgestellt werden. In den Worten der Grundrechtsdogmatik kann eine aufsichts- oder verwaltungsrechtliche Maßnahme im Einzelfall gegenüber der kriminalstrafrechtlichen Sanktion weniger freiheitsschonend sein, so etwa das aufsichtsrechtliche Berufsverbot gegenüber einer kriminalstrafrechtlich verhängten Geldstrafe.[2040] Zusätzlich dürften, aus einer Makroperspektive betrachtet, punktuelle strafrechtliche Reaktionen auf begangenes Unrecht die Freiheit des Normadressaten regelmäßig weniger gravierend beschneiden als an Prävention und Risikosteuerung ausgerichtete

---

2035 *Brunhöber*, in: FS Prittwitz, S. 70 ff.

2036 Hierzu und im Folgenden *Brunhöber*, in: FS Prittwitz, S. 70 ff.

2037 Ausführlich hierzu s. o. E. I. 1. b) dd).

2038 *Brunhöber*, in: FS Prittwitz, S. 70 ff.; so auch bereits *Seher*, in: Mediating Principles, S. 73 ff.

2039 *Achenbach*, GA 2004, 559 (562); *Gärditz*, JZ 2016, 641 (646); *Haffke*, in: FS Roxin 2001, S. 968; *Kölbel/Kubiciel*, GA 2023, 181; *Kubiciel*, ZStW 129 (2017), 473 (488 f.); *Prittwitz*, ZStW 129 (2017), 390 (396); *Tiedemann*, Tatbestandsfunktionen, S. 145.

2040 Deshalb ist Kriminalstrafrecht auch nicht *sola ratio* im Umgang mit Wirtschaftskriminalität, s. o. D. III. 2. b) cc).

Überwachungsregime.[2041] Schließlich eröffnet die kriminalstrafrechtliche Repression auch die Freiheit, der sanktionsbegründenden Verhaltensweise (nicht) nachzugehen,[2042] eine Freiheit, die dem Adressaten von Überwachungs- und Kontrollregimen nicht vergönnt ist.[2043]

Zur Verdeutlichung sei ein weiteres Mal der Sanktionsapparat des § 54 KWG in Gefolgschaft seiner aufsichtsrechtlichen Begleitmaßnahmen nach §§ 35 ff. KWG in Erinnerung gerufen.[2044] Werden etwa gem. § 3 KWG verbotene oder ohne Erlaubnis nach § 32 KWG betriebene Geschäfte getätigt, sieht das KWG neben der kriminalstrafrechtlichen Verfolgung nach § 54 KWG auch das Einschreiten der Aufsichtsbehörden gem. § 37 KWG vor.[2045] Diese können die sofortige Einstellung des Geschäftsbetriebs und die Abwicklung der betriebenen Geschäfte verfügen. Noch einen Schritt weiter gehen die Sanktionsmöglichkeiten, die § 38 KWG vorsieht. Danach ist die Aufsichtsbehörde befugt, die Liquidation des Verbands anzuordnen, sofern die Erlaubnis nach § 35 KWG erlischt oder entzogen wird.[2046] Die Beendigung der Erlaubnis führt sowohl dazu, dass die Aufsichtsbehörden gem. § 38 KWG nach pflichtgemäßem Ermessen über die Liquidation des Verbands verfügen können, als auch zur Gefahr einer strafrechtlichen Haftung des Geschäftsleiters bei Weiterbetrieb gem. § 54 KWG.[2047] Während eine Sanktionierung nach § 54 KWG das Ergebnis eines Strafverfahrens ist, erlassen die Aufsichtsbehörden die Liquidation gem. 38 KWG im Wege eines Verwaltungsverfahrens. Selbst unter Einbeziehung der Möglichkeit, nach § 30 OWiG für das Vergehen der Leitungsperson auch den Verband in die Haftung zu ziehen, stellt die Liquidation aus Verbandsperspektive den empfindlicheren Eingriff in die wirtschaftliche Betätigungsfreiheit dar. Weder eine Freiheits- bzw. Geldstrafe seines Geschäftsleiters noch eine Verbandsgeldbuße von bis zu EUR 10.000.000,00 dürften ähnlich schwer wiegen wie die Auflösung des Verbands. Aber auch für die Leitungsperson kann eine

---

2041 *Haffke*, in: FS Roxin 2001, S. 968; *Jahn/Brodowski*, JZ 2016, 969 (977); *Kölbel/Kubiciel*, GA 2023, 181 (185 f.); *Kubiciel*, ZStW 129 (2017), 473 (488 f.); *Prittwitz*, ZStW 129 (2017), 390 (396); *Tiedemann*, JZ 1986, 865 (866).

2042 *Frisch*, NStZ 2016, 16 (18); *Gärditz*, Staat und Strafrechtspflege, S. 34; *Prittwitz*, ZStW 129 (2017), 390 (397 f.).

2043 *Appel*, Verfassung und Strafe, S. 407; *Frisch*, NStZ 2016, 16 (23); *Gärditz*, JZ 2016, 641 (646).

2044 Eingehend s. o. C. IV. 5.

2045 *Fischer/Müller*, in: KWG, § 37 Rn. 17.

2046 *Fischer/Müller*, in: KWG, § 38 Rn. 8 ff.

2047 *Fischer/Müller*, in: KWG, § 35 Rn. 57 f.

Geld- oder Freiheitsstrafe nach § 54 KWG unter Umständen weniger einschneidend sein als die Auferlegung eines Tätigkeitsverbots gem. § 36 KWG. Wie gesehen, können aufsichtsrechtliche Maßnahmen unter Umständen das drastischere Übel für das Kollektiv wie auch das Individuum darstellen als die Kriminalstrafe.[2048] Der Verweis auf mildere Sanktionsregime, wie von *Hassemer* vorgeschlagen, konterkariert eine unvoreingenommene Verhältnismäßigkeitsprüfung einzelner Sanktionsmaßnahmen. Im Gegenteil birgt die Einbettung des Risikowirtschaftsstrafrechts in eine umfassende Sicherheitsarchitektur, in der das Kriminalstrafrecht neben weiteren Rechtsmaterien wie dem Polizei-, Verwaltungs-, Ordnungswidrigkeiten-, (Finanz-)Aufsichts- oder Kartellrecht eines von möglichen Zugriffsinstrumentarien darstellt, auch Gefahren. Jenseits der Forderung nach einem Kriminalstrafrecht als *ultima ratio* bildet sich ein Kanon aus Eingriffsinstrumentarien heraus, der mit *de facto* strafender Wirkung an den rechtsstaatlichen Voraussetzungen eines Strafverfahrens unter den schlankeren Voraussetzungen z. B. des Verwaltungsverfahrens vorbei zur Sanktionierung ermächtigt.[2049]

Schließlich nimmt das Strafrecht außerhalb seiner Binnenperspektive im modernen Verwaltungsstaat die Rolle eines – von vielen – Instrumenten zur Konfliktbewältigung ein. Die verfassungsrechtliche Perspektive weist dem Strafrecht die Funktion zu, Normbefolgung zu bewirken und auf diese Weise zur Normstabilisierung beizutragen. Der abstrakt-generellen Normbeachtung dienen neben dem Kriminalstrafrecht etwa pönalisierende Elemente der Zivilrechtspflege, man denke an § 817 BGB oder vertraglich vereinbarte Strafzahlungen.[2050] Auch der hier beschriebene Funktionswandel beschränkt sich keinesfalls auf das Risiko(-wirtschafts-)strafrecht, sondern führt zu tektonischen Bewegungen in der ganzen Rechtsordnung.[2051] Die Relativität des Strafrechts vor Augen, verfängt auch der Gedanke, das Strafrecht wäre nur als Antwort auf die Verletzung elementarer gesellschaftlicher Normen akzeptabel, nicht. Funktion des Kriminalstrafrechts kann vielmehr auch Normstabilisierung in Peripherien der Rechtsordnung sein.[2052] Eindrucksvoll belegt das der hier eingehend analysierte § 333a HGB. Sinn und Zweck erschöpfen sich

---

2048 Dazu auch *Weigend*, in: FS Frisch, S. 23 f.

2049 *Mona*, in: Strafrechtspolitik, S. 154 f.; *Bäcker*, Kriminalpräventionsrecht, S. 384 ff.

2050 *Gärditz*, in: Strafrecht und Gesellschaft, S. 720; *Gärditz*, in: Strafverfassungsrecht, S. 36; *Gärditz*, Staat und Strafrechtspflege, S. 46 f.

2051 *Gärditz*, Staat und Strafrechtspflege, S. 47, der von Prävention als übergreifendem Sanktionszweck spricht.

2052 *Gärditz*, in: Strafverfassungsrecht, S. 36 f.

in der strafrechtlichen Flankierung der Bestimmungen, die Qualitätsstandard bei Abschlussprüfungen von Unternehmen von öffentlichem Interesse gem. § 316a 2 HGB gewährleisten sollen. Dazu stellt die Strafnorm formale Kriterien beim Auswahlprozess des Abschlussprüfers unter kriminalstrafrechtlichen Schutz – bezeichnenderweise engmaschig verknüpft mit einem strukturell und funktional kongruenten Ordnungswidrigkeitentatbestand.[2053] Ähnliches dürfte für § 401 I AktG gelten. Dieser nimmt in seinem Wortlaut explizit Bezug auf die Verpflichtung einer Anzeigepflicht bei Verlusten in Höhe der Hälfte des Grundkapitals, wie sie sich aus § 92 I AktG ergibt. Auch hier weist die Rechtsordnung dem Kriminalstrafrecht eine normstabilisierende Wirkung für Bestimmungen einer moderat bis stark technokratischen Rechtsmaterie zu.[2054] Umgekehrt spielt das Strafrecht zur Bewältigung fundamentaler Diskursfelder in der Gesellschaft, man denke an den Klimawandel,[2055] keine nennenswerte Rolle.[2056] Diesen Gesichtspunkt macht auch *Prittwitz* mit seinem Konzept des Strafrechts als *propria ratio* stark. Im Kern stellt der Gedanke darauf ab, dass es Lebensbereiche gibt, die aufgrund ihrer besonderen Bedeutung für die Lebensgrundlagen vorrangig von außerstrafrechtlichen Mitteln abgesichert müssen. Hier seien Sachverhaltszusammenhänge denkbar, die es infolge der mit ihnen verbundenen Risiken erforderlich machten, bestimmte Verhaltensweisen durch präventive Überwachungsmaßnahmen zu unterbinden. Eingriffsintensivere Mittel des Polizei- oder Verwaltungsrechts hätten hier Vorrang gegenüber dem Strafrecht, da der Eintritt des verbotenen Verhaltens mit unerträglichen Konsequenzen verbunden sei. Umgekehrt sei die strafrechtliche Regulierung aufgrund ihrer freiheitsschonenden Wirkung in anderen Lebensbereichen (so z. B. Akte der Meinungs-, Presse- oder Versammlungsfreiheit) angezeigt, weil diese infolge ihrer hervorgehobenen Bedeutung für freiheitlich-demokratische Gesellschaften einer gewissen Risikoexposition preisgegeben werden müssten.[2057]

ee) Zusammenfassende Würdigung

Neben die Feststellung, dass Risikowirtschaftsstrafrecht nicht die *sola ratio* des Gesetzgebers im Umgang mit Wirtschaftskriminalität ist,[2058] reiht sich

---

2053 Eingehend zu § 333a HGB s. o. C. IV. 3.
2054 Eingehend zu § 401 I HGB s. o. C. IV. 4.
2055 Dazu *Satzger/von Maltitz*, ZStW 133 (2021), 1.
2056 *Gärditz*, in: Strafverfassungsrecht, S. 36 f.
2057 *Prittwitz*, ZStW 129 (2017), 390 (397 f.); *Prittwitz*, in: FS Roxin 2011, S. 23 ff.
2058 Dazu s. o. D. III. 2. b) cc).

die Einsicht ein, dass Risikowirtschaftsstrafrecht, wie Kriminalstrafrecht im Allgemeinen, nicht die *ultima ratio* im Umgang mit Wirtschaftskriminalität zu sein braucht. Ein solches Subsidiaritätsgebot findet weder Rückhalt in der Rechtsprechung des Bundesverfassungsgerichts, noch kann es einen Geltungsanspruch aus dem Verhältnismäßigkeitsprinzip herleiten. Strukturelle Unterschiede zwischen dem Verhältnismäßigkeitsprinzip und dem *Ultima-ratio*-Gedanken versperren einer Integration in den grundrechtsdogmatischen Kontrollkanon bzw. der kriminalstrafrechtsspezifischen Modifikation desselben den Weg. Auch die Vorstellung, Kriminalstrafrecht sei stets das „schärfste Schwert", ist bei genauerer Betrachtung nicht haltbar. Es kann im Einzelfall die freiheitsschonende Regulierungsmethode sein. Schließlich gebührt auch dem Gedanken, Kriminalstrafrecht sichere nur elementare gesellschaftliche Normen des Zusammenlebens ab, kein Zuspruch. Die von der Trennungsthese angeordnete Aussonderung des Risikowirtschaftsstrafrechts kann demnach unter verfassungsrechtlichen Gesichtspunkten nicht mit einem *Ultima-ratio*-Gedanken begründet werden.

Nach dem Gesagten kann der Einwand *Hassemers*, dem Sanktionskatalog eines Interventionsrechts weniger intensive Eingriffsmittel zur Verfügung zu stellen als dem hergebrachten Strafrecht, nicht verfangen.[2059] Wie herausgearbeitet, bestimmt sich die Sanktionshärte nicht ausschließlich danach, ob die Rechtsfolge aus dem Kriminalstrafrecht oder aus außerstrafrechtlichen Normen folgt.[2060] Abgesehen davon, dass *Hassemer* die Art der Sanktionen, die er seinem Interventionsrecht an die Hand geben wollte, im Ungefähren beließ, hat die Untersuchung ergeben, dass mindestens unter einer risikowirtschaftsstrafrechtlichen Logik die Kriminalstrafe nicht ohne Weiteres das empfindlichste Übel darstellt, als das es in der Tradition des *Ultima-ratio*-Gedankens porträtiert wird. Gleiches gilt für die Argumentation *Zieschangs*, der behauptet, mit abstrakten Gefährlichkeitsdelikten werde aufgrund seiner

2059 *Hassemer*, Produktverantwortung, S. 23.

2060 S. a. *Brunhöber*, in: Sicherheitsgesellschaft, S. 209 f.; anders sieht das *Lüderssen*, Abschaffen, S. 11 f., der *Hassemer* eine Rückkehr zum „Klassenstrafrecht" vorwirft, unter dem der einfache Ladendieb Strafe erdulden müsste, während der statushohe Wirtschaftsstraftäter mit den weniger einschneidenden Sanktionsmitteln des Interventionsrechts geahndet werden würde; dazu *Roxin/Greco*, StrafR AT I, § 2 Rn. 73; die formelle Kriminalisierung der ganzen materiellen Kriminalität der oberen Schichten aus Gerechtigkeitserwägungen ist nach *Garcia Martín* das eigentliche Anliegen des Risiko(-wirtschafts-)strafrechts, s. *Garcia Martín*, GA 2010, 323 (329 f.).

Rechtsgutsirrelevanz ein Verhalten pönalisiert, auf das die besondere Härte der Kriminalstrafe nicht die angemessene Antwort sei.[2061] Auch entkräftet die Ablehnung des *Ultima-ratio*-Gedankens die Prämissen der Aussonderung von abstrakten Gefährlichkeitsdelikten des Risikowirtschaftsstrafrechts in das Ordnungswidrigkeitenrecht.

b) Das Spezifikum der Kriminalstrafe?

Ein zweiter Einwand richtet sich gegen die von Vertretern der Trennungsthese stark gemachte Behauptung, der Kriminalstrafe sei ein Spezifikum zu eigen, das sie zu einer materiell singulären Sanktionsform mache. Damit soll begründet werden, dass die Kriminalstrafe ein Sanktionsmittel sei, derer sich der Gesetzgeber nur in besonderen Fällen bedienen dürfe. Die Kriminalstrafrechtskonzeptionen *Hassemers* und *Zieschangs* gehen jeweils unzweideutig von einem solchen Spezifikum der Kriminalstrafe aus; schließlich sprechen sie sich auch mit Blick auf die besondere Invasivität der Kriminalstrafe für eine Aussonderung aus.[2062] Die naheliegende Interpretation, wonach damit eine besondere quantitative Eingriffsqualität in Form einer besonderen Eingriffshärte gemeint ist, wurde behandelt. Nachdem die Behauptung, Kriminalstrafe sei ob ihrer quantitativen Eingriffsintensität als „schärfstes Schwert" der Rechtsordnung stets nur als *ultima ratio* in Stellung zu bringen, sowohl in ihren Prämissen als auch bzgl. ihrer verfassungsrechtlichen Rückkoppelung entkräftet ist, muss sich daher abschließend der Frage zugewendet werden, ob für die Aussonderung des Risikowirtschaftsstrafrechts ein Spezifikum der Kriminalstrafe von qualitativer Natur streitet. Eng verwoben mit dem Diskurs über einen strafbarkeitsbegrenzenden Geltungsanspruch des *Ultima-ratio*-Gedankens ist die Frage nach dem Spezifikum der Kriminalstrafsanktion. Kriminalstrafen sind, so konnte im Gang der Untersuchung erschöpfend belegt werden, weder *sola ratio* noch *ultima ratio* des Risikowirtschaftsstrafrechtsgesetzgebers.[2063] Weder ist der Gesetzgeber daran gebunden, Kriminalstrafe aufgrund ihrer hervorgehobenen Eingriffsintensität erst als letzte Instanz in Stellung zu bringen, noch lässt ein Blick in die Rechtswirklichkeit des Risikowirtschaftsstrafrechts den Rückschluss auf ein solches Vorgehen zu. Auch die Suche nach

---

2061 *Zieschang*, Gefährdungsdelikte, S. 380 ff.; ähnlich schon *Zieschang*, Sanktionensystem, S. 400 ff.

2062 *Hassemer*, Produktverantwortung, S. 23; *Hassemer*, ZRP 1992 (25), 378 (382 f.); *Zieschang*, Gefährdungsdelikte, S. 380 ff.; *Zieschang*, Sanktionensystem, S. 400 ff.

2063 S. o. D. III. 2. b) cc) u. E. II. 4. a).

dem Spezifikum der kriminalstrafrechtlichen Verbotsnormen konnte nicht fruchten. Die Würdigung der Trennungsthese *Zieschangs* hat belegt, dass Kriminalstrafe in der geltenden Rechtsordnung nicht Verhaltensweisen vorbehalten bleibt, die entweder einen qualitativ oder einen quantitativ einzigartigen Unrechtsgehalt aufweisen.[2064] Unbeschadet dessen, muss das Spezifikum der Kriminalstrafe nicht zwingend ihre – relational betrachtet – quantitativ einzigartige Eingriffsintensität sein. Ebenso denkbar kann es in einer besonderen Qualität liegen, wie sie nur der Kriminalstrafe zu eigen ist und die sie von anderen Sanktionsregimen trennscharf unterscheidet.[2065]

aa) Kriminalstrafe als sozialethischer Tadel (Strafrechtswissenschaft)

Als Antwort auf die Frage nach dem Spezifikum der Kriminalstrafe ist in der Strafrechtswissenschaft die Formel geläufig, wonach mit dem zugefügten Übel eine besondere Missbilligung der Rechtsverletzung zum Ausdruck käme.[2066] Mit ihr verknüpft wären demnach die Verhängung eines materiellen Übels in Form einer Freiheits- oder Geldstrafe sowie ein gesellschaftlicher Tadel. Kriminalstrafe hätte auf dieser Grundlage vornehmlich zwei Dimensionen: auf quantitativer Ebene die Übelszufügung und auf qualitativer Ebene das sozialethische Unwerturteil als Antwort auf die Rechtsverletzung.[2067] Einer Konturierung der tradierten Formel von der Kriminalstrafe als sozialethischer Tadel hat *Kühl* zwei Beiträge gewidmet.[2068] Kriminalstrafe sei demnach die sozialethische

---

2064 S. o. E. II. 3. b) ff.

2065 Auch hier muss das in Fn. 2005 Gesagte gelten; *Rotschs* Trennungsthese scheint sich ausschließlich auf Ebene der Verhaltensnorm anzusiedeln und lässt keine divergierenden Rechtsfolgen für die verschiedenen Strafrechtsdivisionen erkennen. *Jakobs'* Feindstrafrecht geht davon aus, dass mit Feindstrafrecht in einer Weise in Täterinterna eingegriffen werde, wie es für das Bürgerstrafrecht unzulässig wäre; Feindstrafrechtsdogmatik samt der Feindrechtstrafe muss daher das gegenüber dem Bürgerstrafrecht deutlich eingriffsintensivere Regulierungsmodell sein, s. o. E. II. 1. a); es ist davon auszugehen, dass auch *Jakobs'* jedenfalls zur Abgrenzung von der Feindrechtsstrafe von einem Spezifikum der Kriminalstrafe ausgeht.

2066 So etwa *Androulakis*, ZStW 108 (1996), 300 (303); *Kindhäuser*, GA 1989, 493; *Kühl*, ZStW 116 (2004), 870; *Kühl*, in: FS Eser, S. 153 ff.; *Seher*, in: Mediating Principles, S. 78 ff.; *Silva Sánchez*, in: FS Prittwitz, S. 193 ff.

2067 *Androulakis*, ZStW 108 (1996), 300 (314); *Eser*, in: FS Lüderssen, S. 202; *Kühl*, ZStW 116 (2004), 870 (876); *Neumann*, in: FS Jakobs, S. 438 ff.; dazu *Meyer*, Strafrechtsgenese, S. 67 ff.; *Geiger*, Rechtsnatur, S. 74 ff.

2068 *Kühl*, ZStW 116 (2004), 870 (876 ff.); *Kühl*, in: FS Eser, S. 149 ff., jeweils mit zahlreichen weiteren Nachweisen aus Strafrechtswissenschaft und Rechtsprechung.

Missbilligung des sanktionierten Verhaltens. Adressat der Missbilligung sei der Täter. Eine erste Besonderheit dieses Tadels erkennt der Autor in dessen Absender. Nicht das einzelne Opfer spreche im Kriminalstrafurteil seine Missbilligung gegenüber dem Täter aus, sondern das Gericht „im Namen des Volkes". Es handele sich folglich um eine Missbilligung, die im öffentlichen Diskurs seitens der Gesellschaft gegenüber dem Täter ausgesprochen werde.[2069] Zweitens folgert *Kühl*, der sozialethischen Missbilligung wohne ein über die (qualifizierte) rechtliche Missbilligung hinausgehendes, außerrechtliches Unwerturteil inne. Die Kriminalstrafsanktion erübrige sich demnach nicht in einer wertneutralen rechtlichen Sanktionierung, sondern bringe darüber hinaus ein sozialethisches Unwerturteil zum Ausdruck. In diesem kommuniziere die Gesellschaft gegenüber dem Täter, dass sie sein Verhalten nicht dulde und ein „Nicht Wieder!"[2070] von ihm fordere.[2071] Eine letzte Besonderheit des sozialethischen Tadels ergebe sich schließlich aus dem Zusammenspiel mit der rechtlichen Sanktionierung. Erst im Zusammenspiel werde der sozialethische Tadel für den Täter spürbar, d. h., die Kriminalstrafe erübrige sich nicht in dem kommunikativen Akt der Missbilligung, sondern erfordere, um Gerechtigkeitsprinzipien zu entsprechen

---

2069 *Kühl*, ZStW 116 (2004), 870 (882 ff.); *Kühl*, in: FS Eser, S. 154 ff.

2070 *Jahn/Brodowski*, ZStW 129 (2017), 363 (377).

2071 *Kühl*, ZStW 116 (2004), 870 (882 ff.); *Kühl*, in: FS Eser, S. 159 ff.; jüngst hat auch *Silva Sánchez*, in: FS Prittwitz, S. 193 ff. für das Spezifikum der Kriminalstrafe auf das besondere Stigma abgestellt, dass ihr anhafte. Die Besonderheit des kriminalstrafrechtlichen Stigmas sei danach das Maß an verwirklichtem Unrecht, das dem Täter vorgeworfen werde. Damit verleiht für *Silva Sánchez* die Verhaltensnorm des Straftatbestandes der Sanktionsnorm ihren besonderen Inhalt. Ein kriminalstrafrechtlicher Vorwurf zeichne sich dadurch aus, dass er kriminalstrafrechtswürdiges Unrecht vorwerfe. Die von *Silva Sánchez* vorgenommene Dreiteilung in einen Kernbestand und die Peripherie der *mala in se* sowie der *mala quia prohibita* als dritte Kategorie stellt indes implizit auf eine qualitative Abgrenzung zwischen Kriminalstrafrecht und Ordnungswidrigkeitenrecht ab, wie unter E. II. 3. b) bb) diskutiert und verworfen wurde. Wer, wie in E. II. 3. b) bb) herausgearbeitet, akzeptiert, dass etwa Kartellrechtstatbestände sozialschädlicheres Verhalten sanktionieren können als Kriminalstrafrecht, kann die besondere Härte der Kriminalstrafsanktion nicht widerspruchsfrei mit einem singulären Grad an Unrecht, welches Kriminalstraftatbeständen zu eigen sein soll, begründen. Da kriminalstrafrechtliche Verhaltensnormen nicht *per se* einen singulären Grad an Unrecht aufweisen, können sie nicht als Beleg für eine besondere Härte der Kriminalsanktion herangezogen werden; eingehend s. u. E. II. 5.

und Wirkmacht zu entfalten, eine spürbare Übelszufügung in Form der rechtlichen Sanktion.[2072]

Mit der Verschränkung qualitativ wirkender sozialethischer Missbilligung und quantitativ wirkender Übelszufügung wenden sich die Ausführungen *Kühls* dagegen, Kriminalstrafe auf einen symbolisch-expressiven Kommunikationsakt zu begrenzen.[2073] Um spürbar Wirkung zu entfalten, benötige das Missbilligungsmoment als Kommunikationsvehikel ein quantitatives Element; andernfalls drohe es, ignoriert zu werden.[2074] Ein Blick in die Rechtswirklichkeit bestätigt, dass diese nach wie vor von der Notwendigkeit eines quantitativen Elements ausgeht, weswegen die Kriminalstrafe als symbolisch-expressiver Kommunikationsvorgang bis auf Weiteres unvereinbar mit den realen Gegebenheiten des Kriminalstrafrechts bleibt.[2075] Problematisch an den Ausführungen *Kühls*, die hier stellvertretend für die herrschende Meinung in der Strafrechtswissenschaft stehen sollen, ist neben der nebulösen Bezugnahme auf außerrechtliche Wertungen die fehlende Präzision und damit Verbindlichkeit des Sozialethischen. Mit Blick auf die demokratische Verfasstheit der Rechtsordnung bleibt unklar, wie Sozial- und Kulturnormen als außerrechtliche Größen verbindliche Vorgaben an den Gesetzgeber adressieren können.[2076] Auch praktisch betrachtet, führt die Bezugnahme auf sozialethische Standards in einer pluralistischen Gesellschaft unmittelbar zur Folgefrage, welche der mannigfaltig vorhandenen Sozialethiken die ausschlaggebende sein soll.[2077] Mit seiner Bezugnahme auf außerrechtliche Wertmaßstäbe entzieht *Kühl* der sozialethischen Missbilligung jede Grundlage, sie dogmatisch anschlussfähig zu machen.

2072 *Kühl*, in: FS Eser, S. 159 ff.; in diese Richtung auch *Seher*, in: Mediating Principles, S. 79 ff.

2073 Allgemein zu expressiven Straftheorien statt vieler *Hörnle*, Straftheorien, S. 31 ff.; *Seher*, in: FS Merkel, S. 498 ff., die ihrerseits die Notwendigkeit der quantitativen Übelszufügung heraustellen, um den sozialethischen Vorwurf kommunizieren zu können: Der sozialethische Vorwurf könne erst hinreichend zum Ausdruck gebracht werden, indem er vermittels einer materiellen Übelszufügung quantifizier- und spürbar gemacht werde; in diese Richtung auch *Frisch*, GA 2019, 537 (548 ff.).

2074 *Androulakis*, ZStW 108 (1996), 300 (315); dazu *Meyer*, Strafrechtsgenese, S. 68 ff.

2075 *Meyer*, Strafrechtsgenese, S. 71 f.

2076 *Appel*, Verfassung und Strafe, S. 485 ff.; *Meyer*, Strafrechtsgenese, S. 78 f.

2077 *Appel*, Verfassung und Strafe, S. 483 ff.; *Meyer*, Strafrechtsgenese, S. 78 f.

bb) Kriminalstrafe als Stigma (Europäischer Gerichtshof für Menschenrechte)

Ein weiterer Anknüpfungspunkt für die Annäherung an ein Spezifikum der Kriminalstrafe könnte in der Rechtsprechung des Europäischen Gerichtshofs für Menschenrechte liegen. Mit den als gefestigte Rechtsprechung geltenden Engel-Kriterien[2078] bestimmt der Europäische Gerichtshof für Menschenrechte, welche nationalstaatlichen Rechtsmaterien seiner Auffassung nach Strafrecht darstellen und als solches den Verfahrensgarantien des Art. 6 EMRK genügen müssen.[2079] Diese Prüfung nimmt er auf Grundlage eines autonomen, d. h. von der nationalstaatlichen Kategorisierung unabhängigen Kriterienkatalogs vor. Neben der Klassifizierung durch die einschlägige nationale Rechtsordnung sollen die Natur der Zuwiderhandlung und die Art und Schwere der drohenden Rechtsfolge den entscheidenden Ausschlag geben. Alle drei Kriterien werden in einer Art Gesamtwürdigung herangezogen, um Rechtsmaterien als Strafrecht im Sinne des Art. 6 EMRK zu identifizieren, wobei jedes Kriterium, für sich genommen, die Anwendbarkeit begründen kann.[2080] Für die deutsche Rechtsordnung gelten die Verfahrensgarantien danach unter anderem für das Kriminalstrafrecht[2081] und, spätestens seit der *Ötztürk*-Entscheidung,[2082] auch für das Recht der Ordnungswidrigkeiten.[2083] Aus jüngerer Zeit ist die *Menarini*-Entscheidung[2084] zu nennen, nach der auch Kartellsanktionsverfahren dem Strafrecht im Sinne des Art. 6 EMRK zugerechnet sein sollen.[2085]

Das Recht der Ordnungswidrigkeiten deutscher Fasson bildete den Gegenstand der *Ötztürk*-Entscheidung.[2086] In der Beurteilung setzte sich das Gericht mit der Auffassung auseinander, dem Recht der Ordnungswidrigkeiten hafte, im Gegensatz zum Kriminalstrafrecht, kein sozialethisches Unwerturteil an.

2078 EGMR EuGRZ 1976, 232.

2079 EGMR EuGRZ 1976, 232 (Rn. 78 ff.); EGMR NJW 1985, 1273; dazu sowie m. w. N. *Gärditz*, in: Völkerrechtsprechung, S. 530 ff.

2080 EGMR EuGRZ 1976, 232 (Rn. 80 ff.); dazu *Gaede*, in: MüKo StPO, Art. 6 EMRK Rn. 40 ff.; *Meyer*, in: SK-StPO, Art. 6 EMRK Rn. 33

2081 *Gaede*, in: MüKo StPO, Art. 6 EMRK Rn. 45 f.

2082 EGMR NJW 1985, 1273.

2083 *Gaede*, in: MüKo StPO, Art. 6 EMRK Rn. 45 ff.; *Lohse/Jakobs*, in: KK-StPO, Art. 6 EMRK Rn. 9 ff.; *Meyer*, in: SK-StPO, Art. 6 EMRK Rn. 37 ff.

2084 EGMR BeckRS 2012, 80668.

2085 Insgesamt zur Kasuistik des sachlichen Anwendungsbereichs *Meyer*, in: SK-StPO, Art. 6 EMRK Rn. 37 ff.

2086 EGMR NJW 1985, 1273.

Dennoch subsumierte er das Ordnungswidrigkeitenrecht unter den sachlichen Schutzbereich des Art. 6 EMRK. Seine Entscheidung stützte er auf einen rechtsvergleichenden Blick, nach dem die in Rede stehenden Verhaltensweisen in anderen Jurisdiktionen in aller Regel mit Kriminalstrafe sanktioniert werden würden. Außerdem sprach er der Geldbuße einen ahndenden und abschreckenden Charakter zu.[2087] Nach den Leitlinien der *Ötztürk*-Entscheidung scheint für den Europäischen Gerichtshof für Menschenrechte der explizite Vorwurf eines sozialethischen Tadels kein konstitutives Merkmal einer Strafsanktion zu sein. Ohne infrage zu stellen bzw. näher darauf einzugehen, ob der Kriminalstrafe der behauptete sozialethische Tadel zu eigen ist, schlussfolgert das Gericht, bei dem Recht der Ordnungswidrigkeiten handele es sich, für die Zwecke des Art. 6 EMRK, um Strafrecht.[2088]

Hiernach scheint das Gericht keine Unterscheidung zwischen der Kriminalstrafe und der Ordnungswidrigkeit anzunehmen. Anders gewendet, spricht das Verdikt der *Ötztürk*-Entscheidung *prima facie* gegen ein Spezifikum der Kriminalstrafe, insb. nicht aufgrund eines ihr anhaftenden sozialethischen Tadels. In der darauffolgenden *Menarini*-Entscheidung ließ das Gericht diesbezüglich eine Kurskorrektur vermuten. Der Gegenstand der Entscheidung war der Frage gewidmet, ob und inwieweit das Kartellbußgeldverfahren dem Schutzbereich des Art. 6 EMRK unterliegt. Das Verdikt fiel positiv bescheidend aus: Mit den Wettbewerbsregeln sei der Schutz gewichtiger Gemeinschaftsgüter betroffen, die auch Gegenstand des Kriminalstrafrechts seien;[2089] für das Kartellbußgeld sei schon aufgrund seiner empfindlichen Höhe von einem Abschreckungscharakter auszugehen.[2090] Trotz des positiven Bescheids hielt der Europäische Gerichtshof für Menschenrechte im Ergebnis die Verhängung einer Kartellgeldbuße durch eine Verwaltungsbehörde für statthaft, da dem Betroffenen der Rechtsweg zu einer unabhängigen, justiziellen Prüfung offenstehe.[2091] Hierbei rekurrierte er implizit auf eine in einer früheren Entscheidung[2092] getroffene Differenzierung zwischen einem Kernbereich des Strafrechts und

2087 EGMR NJW 1985, 1273 (Rn. 46 ff.); dazu *Meyer*, in: SK-StPO, Art. 6 EMRK Rn. 40 ff.
2088 EGMR NJW 1985, 1273 (Rn. 46 ff.); dazu *Meyer*, in: SK-StPO, Art. 6 EMRK Rn. 40 ff.
2089 EGMR BeckRS 2012, 80668 (Rn. 40).
2090 EGMR BeckRS 2012, 80668 (Rn. 41 f.).
2091 EGMR BeckRS 2012, 80668 (Rn. 59 ff.).
2092 EGMR BeckRS 2006, 141700 (Rn. 42).

strafrechtsähnlichen Regelungsmaterien.[2093] Für den strafrechtsähnlichen Bereich sollen die Verfahrensgarantien der EMRK in abgeschwächter Form gelten, wobei das Gericht bis auf wenige Einzelfragen[2094] keine justiziablen Leitlinien geliefert hat, ob und welche Verfahrensgarantien für eine Einschränkung offen sind.[2095]

Der Frage, welche Verfahrensgarantien in welchem Maße eingeschränkt werden können, kann hier nicht weiter nachgegangen werden. Für die Zwecke der Untersuchung ist die von dem Gericht vorgenommene Unterscheidung in einen strafrechtlichen Kernbereich und strafrechtsähnliche Gebiete von Interesse. *Meyer* führt aus, eine Auswertung der einschlägigen Gerichtsentscheidungen gebe gewisse Tendenzen zu erkennen. Danach handele es sich für das Gericht zweifelsfrei um den Kernbereich des Strafrechts, wenn Freiheitsstrafe drohe.[2096] Gleichzeitig verbindet das Gericht in einigen Entscheidungen die Freiheitsstrafe auch mit einem in dieser zum Ausdruck kommenden Stigma.[2097] Eingehende Erläuterungen bleibt es indes schuldig.[2098] Sondervoten ließe sich *Meyer* zufolge zwar eine Ähnlichkeit zum Begriff des sozialethischen Tadels entnehmen.[2099] Bei anderer Gelegenheit führt das Gericht hingegen aus, einer Sanktion fehle es erkennbar an einem Stigma, wenn das pönalisierte Verhalten nicht den traditionellen Kategorien kriminalstrafrechtlichen Verhaltens angehöre und darüber hinaus im betroffenen Nationalstaat nicht vor Strafgerichten, sondern vor Verwaltungsgerichten verhandelt werde.[2100] Insgesamt muss mit *Gärditz* und *Meyer* konstatiert werden, dass das Gericht einerseits dieser Unterteilung richtungsweisende Bedeutung einräumt; dennoch werden keine belastbaren Argumentationslinien für eine prinzipienbasierte Abgrenzung, etwa anhand des Vorliegens eines Stigmas, erkennbar.[2101] Der Rekurs auf

---

2093 *Meyer*, ZDAR 2014, 99 (100).

2094 So etwa für die hier angerissene Frage, ob in Kartellverfahren eine Verwaltungsbehörde den Bußgeldbescheid erlassen darf, s. EGMR BeckRS 2012, 80668; oder für die Frage, ob das Schweigerecht einschränkbar ist, s. EGMR ÖJZ 1998, 32 (Rn. 74).

2095 Dazu *Meyer*, in: SK-StPO, Art. 6 EMRK Rn. 49 ff.

2096 *Meyer*, ZDAR 2014, 99 (100 f.).

2097 So insb. EGMR BeckRS 2006, 141700; EGMR NLMR 2010, 150; EGMR BeckRS 2010, 145739; dazu *Meyer*, ZDAR 2014, 99 (101).

2098 *Meyer*, ZDAR 2014, 99 (101).

2099 *Meyer*, ZDAR 2014, 99 (101).

2100 EGMR NLMR 2010, 150 (Rn. 28).

2101 *Gärditz*, in: Völkerrechtsprechung, S. 530 ff.; *Meyer*, Strafrechtsgenese, S. 61 ff.; *Meyer*, in: SK-StPO, Art. 6 EMRK Rn. 52; *Meyer*, ZDAR 2014, 99 (100).

formell-rechtliche Zuständigkeiten und einen Traditionsbestand an Strafrecht erinnert zudem an Überlegungen, wie sie im Zusammenhang mit den Trennungsthesen *Hassemers* und *Zieschangs* diskutiert und verworfen wurden.[2102] Ein strafrechtlicher Kernbereich kraft der Kategorie von Traditionen erinnert an *Hassemers* Vorstellung eines unverrückbaren Kernstrafrechts. Durchgreifende Einwände hiergegen bestehen, wie oben ausgeführt, auf Basis demokratietheoretischer Erwägungen.[2103] In Auseinandersetzung mit *Zieschangs* Trennungsthese wurde deutlich, dass die Unterteilung in Ordnungswidrigkeiten- und Kriminalstrafrecht größtenteils Ausdruck des – demokratisch legitimierten – politischen Willens und nicht materieller Kriterien, wie bspw. der Deliktsstruktur, ist.[2104] Insgesamt wird die Kasuistik des Europäischen Gerichtshofs für Menschenrechte in dieser Sache nicht von einheitlichen und aussagekräftigen Begründungstopoi getragen, die zur Spezifizierung der Kriminalstrafe zweckdienlich wären. Dies scheint bei genauerer Betrachtung auch nicht der Zielsetzung zu entsprechen. *Gaede* und *Meyer* resümieren jeweils, dass das Kerninteresse des Gerichts ein rein funktionalistisches sei – einzelfallgerechte Sicherung von Verfahrensmindestgarantien; es wolle primär der Gefahr entgegenwirken, dass Mitgliedstaaten vermittels Fehletikettierung die Verfahrensgarantien unterwanderten. Anders gewendet, geht es dem Europäischen Gerichtshof für Menschenrechte nicht um einen materiellen Begriff der Kriminalstrafe, sondern um die Herstellung von Einzelfallgerechtigkeit.[2105]

cc) Kriminalstrafe in der Grundrechtsdogmatik

In der Grundrechtsdogmatik wird das Spezifikum der Kriminalstrafe mit einem besonderen Eingriff in das Allgemeine Persönlichkeitsrecht aus Art. 2 I i. V. m. Art. I 1 GG beschrieben. *Gärditz* möchte in der Kriminalstrafe eine Stigmatisierung des Täters aufgrund des imperativen Vorwurfs, sich schuldhaft strafbar gemacht zu haben, erkennen.[2106] *Jahn/Brodowski* wiederum begründen den besonderen Rechtfertigungsbedarf der Kriminalstrafe gegenüber anderen Sanktionsformen mit dem spezifischen Charakter, der einem Eingriff in das Allgemeine Persönlichkeitsrecht aus Art. 2 I i. V. m. Art. I 1 GG in

2102 S. o. E. II. 1. c) bb) sowie E. II. 3. b).

2103 S. o. E. II. 1. c) bb).

2104 S. o. E. II. 3. b).

2105 *Gaede*, in: MüKo StPO, Art. 6 EMRK Rn. 42; *Meyer*, in: SK-StPO, Art. 6 EMRK Rn. 48 ff.

2106 *Gärditz*, in: Strafverfassungsrecht, S. 28.

Form der Verhängung einer Freiheitsstrafe zu eigen sei.[2107] Für *Brunhöber* hebt sich die Strafbewehrung unter anderen Sanktionsformen hervor, weil sie mit der Aussprache des hoheitlichen Tadels in das Allgemeine Persönlichkeitsrecht aus Art. 2 I i. V. m. Art. I 1 GG eingreife.[2108] Zusammengenommen unternehmen die Überlegungen der Grundrechtsdogmatik den Versuch, das sozialethische Unwerturteil grundrechtsdogmatisch anschlussfähig zu machen. Einer solchen Ansicht zufolge könnte das Spezifikum der Kriminalstrafe darin liegen, dass es in qualitativ einzigartiger Weise in das Allgemeine Persönlichkeitsrecht aus Art. 2 I i. V. m. Art. I 1 GG eingreift. Umfassende Versuche, den Eingriffscharakter des kriminalstrafrechten Vorwurfs grundrechtsdogmatisch zu ergründen, finden sich bei *Appel* und *Lagodny*.

(a) Sozialethischer Tadel als Normrehabilitierungsprogramm (Appel)

Appel greift die Unterscheidung und Verschränkung von quantitativ wirkender Übelszufügung und qualitativ wirkendem Unwerturteil auf.[2109] Ihm zufolge dient Kriminalstrafe primär als Instrument der Normrehabilitierung.[2110] Demnach werde Kriminalstrafe als Antwort auf das Infragestellen der Norm infolge des normverletzenden Verhaltens des Täters ausgesprochen. Sie sei ein Akt der Klarstellung, gerichtet darauf, die defizitäre Einstellung des Täters zur Norm als solche zu markieren und vermittels der Sanktionierung den Geltungsanspruch der Norm klarzustellen.[2111] Die Wertentscheidung, dass die Norm trotz Normbruchs fortbestehen solle, werde durch die Kriminalstrafe mit der Person des Täters verknüpft. Dadurch vollziehe sich ein besonders intensiver Eingriff in das Allgemeine Persönlichkeitsrecht aus Art. 2 I i. V. m. Art. I 1 GG des Täters, indem ihm ein Nachteil zugefügt werde, um das Festhalten an der Norm zu demonstrieren.[2112] Im Vordergrund steht für *Appel* folglich das qualitativ wirkende Unwerturteil, während aus seiner Sicht die quantitativ wirkende Übelszufügung, für sich betrachtet, eine Sanktionsform unter vielen darstellt.[2113] Mit *Appel* lässt sich der Eingriff in das Allgemeine Persönlichkeitsrecht aus Art. 2 I i. V. m. Art. I 1 GG mittels Kriminalstrafe demnach dahin gehend konturieren, dass der Täter für den Normbruch und zum Zweck der

2107 *Jahn/Brodowski*, ZStW 129 (2017), 363 (377 ff.).
2108 *Brunhöber*, in: FS Prittwitz, S. 68.
2109 *Appel*, Verfassung und Strafe, S. 491 ff.
2110 *Appel*, Verfassung und Strafe, S. 492 ff.
2111 *Appel*, Verfassung und Strafe, S. 492 f.
2112 *Appel*, Verfassung und Strafe, S. 493.
2113 *Appel*, Verfassung und Strafe, S. 493 f.

Wiederherstellung der Norm in einem öffentlichen und institutionalisierten Verfahren zur Verantwortung gezogen wird, wobei die Übelszufügung hinter die primär verfolgte Thematisierung seiner Einstellung zur verletzten Norm zurücktritt.[2114]

(b) Allgemeiner staatlicher Vorwurf normwidrigen Verhaltens (Lagodny)

Einen vergleichbaren Zugang zur Konturierung der Kriminalstrafe mit den Mitteln der Grundrechtsdogmatik wählt *Lagodny.* Dieser differenziert strikt nach den besonderen Sanktionsmitteln, die je nach Sanktionsregime unterschiedlich ausfallen, und dem staatlichen Vorwurf verhaltensnormwidrigen Verhaltens, der allen staatlichen Sanktionsregimen gleich sei.[2115] Den staatlichen Vorwurf beschreibt der Autor als das „Zur-Last-Legen" der begangenen Tat. Hierin liege, für sich genommen und ohne dass ein besonderes Sanktionsmittel notwendig hinzutreten müsse, ein qualitativ eigenständiger Eingriff in den Freiheitsbereich des Betroffenen.[2116] Nur bei diesem handelt es sich *Lagodny* zufolge um einen Eingriff in das Allgemeine Persönlichkeitsrecht aus Art. 2 I i. V. m. Art. I 1 GG.[2117] Im Folgenden kristallisiert der Autor aus dem tradierten Allgemeinen Persönlichkeitsrecht aus Art. 2 I i. V. m. Art. I 1 GG als Schutzrecht des Individuums gegenüber seinen Mitbürgern ein Abwehrrecht gegenüber staatlichen Eingriffen heraus. So, wie der Staat einzugreifen habe, wenn das Individuum durch einen Mitbürger in seinem sozialen Ehr- und Achtungsanspruch beeinträchtigt werde, müsse der Staat selbst gleichgelagerte Beeinträchtigungen des sozialen Ehr- und Achtungsanspruchs unterlassen, sofern diese nicht ausnahmsweise verfassungsrechtlich geboten seien. Für den Vorwurf von staatlicher Seite dürften keine anderen Maßstäbe gelten als für den Vorwurf zwischen Privatpersonen. Sofern der Staat gegenüber dem Bürger den Vorwurf erhebe, kriminalstrafrechtliches Unrecht begangen zu haben, greife er in dessen Recht ein, sich für sein vergangenes Verhalten nicht verantworten zu müssen. Der Vorwurf, sozialethisch verwerflich gehandelt zu haben, berühre den sozialen Ehr- und Achtungsanspruch des Betroffenen.[2118] Neben dem kriminalstrafrechtlichen Vorwurf steht *Lagodny* zufolge der ordnungsrechtliche Vorwurf. Auch dieser stelle einen Eingriff in das Allgemeine

2114 *Appel*, Verfassung und Strafe, S. 492 ff.; dazu *Meyer*, Strafrechtsgenese, S. 79 ff.
2115 *Lagodny*, Schranken, S. 96 ff.
2116 *Lagodny*, Schranken, S. 98 ff.
2117 *Lagodny*, Schranken, S. 116 ff.
2118 *Lagodny*, Schranken, S. 119 f.

Persönlichkeitsrecht aus Art. 2 I i. V. m. Art. I 1 GG dar. Zur Begründung führt der Autor an, andernfalls käme für den grundrechtlichen Schutz des Betroffenen vor einem Ordnungsruf, wenn überhaupt, nur noch die Allgemeine Handlungsfreiheit aus Art. 2 I GG in Betracht. In Zusammenschau mit der weitgehenden Entscheidungsfreiheit des Gesetzgebers bei der Unterteilung in Kriminalstrafrecht und Ordnungswidrigkeitenrecht[2119] führe es im Ergebnis dazu, dass der Gesetzgeber vor die Wahl gestellt wäre, nur an die Allgemeine Handlungsfreiheit aus Art. 2 I GG oder an das Allgemeine Persönlichkeitsrecht aus Art. 2 I i. V. m. Art. I 1 GG gebunden zu sein.

(c) Qualitativ singulärer Eingriff in das Allgemeine Persönlichkeitsrecht?

Durch die getrennte Betrachtung besonderer Sanktionsmitteln wie der Freiheits- und Geldstrafe einerseits[2120] und des allgemeinen Vorwurfs normwidrigen Verhaltens andererseits[2121] gelingt *Lagodny* die stringente grundrechts- und strafrechtsdogmatische Ergründung des Sanktionsmittels Strafe. Dieses beruht nicht auf einem, sondern vielmehr auf zwei, konsequent voneinander zu trennenden staatlichen Eingriffen: Ordnungswidrigkeitenrecht und Kriminalstrafrecht teilen sich demnach den staatlichen Vorwurf als Eingriff in das Allgemeine Persönlichkeitsrecht aus Art. 2 I i. V. m. Art. I 1 GG. Darüber hinaus gerät nur die Kriminalstrafe mit der Freiheitstrafe als zweitem Eingriff unter den zusätzlichen Legitimationsdruck des Freiheitsrechts aus Art. 2 II 2 GG, besonders mit Blick auf die Unvertretbarkeit der Freiheitsstrafe. Die Geldbuße als zweiter Eingriff unter dem Recht der Ordnungswidrigkeiten stellt einen Eingriff in die Allgemeine Handlungsfreiheit aus Art. 2 I GG dar, der gegenüber der Geldstrafe im Übrigen keine andere Eingriffsqualität aufweist.[2122] Zu einem ähnlichen Ergebnis kommt auch *Appel.* Zwar möchte er zwischen der Primärsanktion, also dem staatlichen Prozess der Normrehabilitierung mittels eines Eingriffs in das Allgemeine Persönlichkeitsrecht aus Art. 2 I i. V. m. Art. I 1 GG, und der Sekundärsanktion, insb. der Freiheitsstrafe oder Geldbuße, ein Stufenverhältnis erkennen.[2123] Danach sei die Sekundärsanktion *per se* „strafrechtsneutral" und gewinne ihren Strafcharakter nur durch die Verknüpfung mit der Primärsanktion. Indem diese symbolisch miteinander verbunden werden, diene die

2119 Eingehend dazu s. o. E. II. 3. b) ff.
2120 *Lagodny*, Schranken, S. 129 ff.
2121 *Lagodny*, Schranken, S. 96 ff.
2122 *Lagodny*, Schranken, S. 129 ff.
2123 *Appel*, Verfassung und Strafe, S. 494 ff.

Verhängung der Sekundärsanktion materiell dem Ausgleich des unzulässigen Freiheitsgewinns, den der Täter durch Missachtung der gebrochenen Norm erlangt habe.[2124] Dennoch unterscheidet auch *Appel* bei der Strafe zwischen zwei Eingriffen, von denen nur einer in das Allgemeine Persönlichkeitsrecht aus Art. 2 I i. V. m. Art. I 1 GG erfolge. Beide Autoren sind sich schließlich einig, dass es für die Frage nach einem Eingriff in das Allgemeine Persönlichkeitsrecht aus Art. 2 I i. V. m. Art. I 1 GG mit Blick auf den staatlichen Vorwurf normwidrigen Verhaltens (*Lagodny*) bzw. auf den strafrechtlichen Prozess der Normrehabilitierung (*Appel*) keinen Unterschied zwischen dem Kriminalstrafrecht und sonstigem Strafrecht, insb. dem Recht der Ordnungswidrigkeiten, geben kann.[2125] *Appel* stellt richtigerweise heraus, dass der Eingriff in das Freiheitsrecht aus Art. 2 II 2 GG mittels der Freiheitsstrafe kein Spezifikum der Kriminalstrafe sein kann, wie der Vergleich zur Untersuchungshaft oder der Sicherungsverwahrung zeigt.[2126] Mit *Lagodny* ist zudem speziell in Bezug auf *Hassemers* These vom Interventionsrecht einzuräumen, dass ein solches grundrechtsdogmatisch keinen wesentlich anderen Eingriffscharakter ausweisen würde als das Ordnungswidrigkeiten- oder Kriminalstrafrecht. Auch in einem Interventionsrecht *Hassemer'scher* Fasson wäre an die Normverletzung der staatliche Vorwurf normwidrigen Verhaltens und damit ein Eingriff in das Allgemeine Persönlichkeitsrecht aus Art. 2 I i. V. m. Art. I 1 GG geknüpft.[2127]

Auf Grundlage der Grundrechtsdogmatik kann der Kriminalstrafe kein qualitativ singulärer Eingriff in das Allgemeine Persönlichkeitsrecht aus Art. 2 I i. V. m. Art. I 1 GG entnommen werden. Die in der Strafrechtswissenschaft weitverbreitete Formel des sozialethischen Unwerturteils sowie das vom Europäischen Gerichtshof für Menschenrechte zur Bestimmung des strafrechtlichen Kernbereichs herangezogene Stigma finden zwar vermittels der Grundrechtsdogmatik eine justiziable und anschlussfähige Gestalt. In der Sache ergibt die grundrechtsdogmatische Analyse der Kriminalstrafe jedoch, dass sie sich den Eingriff in das Allgemeine Persönlichkeitsrecht aus Art. 2 I i. V. m. Art. I 1 GG mit dem Ordnungsruf teilt. Im Umkehrschluss folgt daraus eine Absage an einen spezifischen Eingriffscharakter der Kriminalstrafe im Sinne einer besonderen sozialethischen Missbilligung bzw. eines besonderen Stigmas. Dass auch bei Bußgeld- bzw. aufsichtsrechtlichen Verfahren besonders

---

2124 *Appel*, Verfassung und Strafe, S. 500 ff.

2125 *Appel*, Verfassung und Strafe, S. 505 ff.; *Lagodny*, Schranken, S. 96 ff., 129 ff.

2126 *Appel*, Verfassung und Strafe, S. 494 f.

2127 *Lagodny*, Schranken, S. 416 ff.

intensiv in das Allgemeine Persönlichkeitsrecht aus Art. 2 I i. V. m. Art. I 1 GG eingegriffen wird, soll abschließend am Beispiel des sog. *Naming and Shaming*, wie es etwa § 57 GWG vorsieht, verdeutlicht werden.[2128] In der Sache handelt es sich beim *Naming and Shaming* um die staatlich angeordnete Rechtspraxis, Verstöße gegen Verhaltenspflichten oder die Verhängung einer Sanktion unter Nennung des normbrüchigen Wirtschaftskriminellen zu nennen.[2129] Sie zielt final auf die öffentliche Missbilligung ab, indem mittels der öffentlichen Bekanntmachung von Rechtsverstößen und Bußgeldern einschließlich der konkreten Benennung des normbrüchigen Wirtschaftskriminellen der staatliche Vorwurf des normwidrigen Verhaltens (*Lagodny*) bzw. das strafrechtliche Normrehabilitierungsprogramm (*Appel*) öffentlich verhandelt wird.[2130] Mit § 57 GWG verfolgt der Gesetzgeber das Ziel, über die finanzielle Sanktionierung hinaus abschreckende Wirkung zu erzielen, indem er auf die Beeinträchtigung der Reputation des normbrüchigen Wirtschaftskriminellen einwirkt.[2131] Im *Naming and Shaming* findet sowohl der von *Lagodny* herausgearbeitete Eingriff in das Recht des Einzelnen, sich nicht in der Öffentlichkeit für sein Verhalten rechtfertigen zu müssen, als auch der von *Appel* beschriebene Prozess der öffentlichen Verhandlung der defizitären Haltung des Täters zur gebrochenen Norm zwecks Wiederherstellung der Norm als spezifisches Sanktionsmittel statt. Er tritt zu dem allgemeinen staatlichen Vorwurf (*Lagodny*) bzw. dem Normrehabilitierungsprozess (*Appel*) hinzu. Der Eingriff in das Allgemeine Persönlichkeitsrecht aus Art. 2 I i. V. m. Art. I 1 GG wird hier vom Gesetzgeber zu einem – in den Worten *Lagodnys* – besonderen Sanktionsmittel[2132] erhoben.

dd) Zusammenfassende Würdigung

Als Spezifikum des Kriminalstrafrechts wird, hierin sind sich Strafrechtswissenschaft, Grundrechtsdogmatik und die Rechtsprechung des Europäischen Gerichtshofs für Menschenrechte einig, vordergründig das Kriterium eines sozialethischen Vorwurfs bzw. Stigmas gehandelt. Mit diesem Kriterium verbindet die Strafrechtswissenschaft eine singulär-spezifische Eigenschaft der Kriminalstrafe, die über die Übelszufügung hinausgeht. Sie soll die

2128 Vergleichbare Regelungen finden sich insb. in den §§ 123 WpHG ff.

2129 *Koch*, Naming and Shaming, S. 13 ff.

2130 *Koch*, Naming and Shaming, S. 66 ff., der in diesem Zusammenhang von einer Prangerwirkung spricht; s. a. *Glos u. a.*, CCZ 2017, 83 (88); *Herzog*, in: GwG, § 57 Rn. 1 ff.; *Müller*, NZWiSt 2017, 87 (98 f.).

2131 *Glos u. a.*, CCZ 2017, 83 (88); *Herzog*, in: GwG, § 57 Rn. 5.

2132 *Lagodny*, Schranken, S. 129 ff.

besondere Ablehnung, die die Rechtsgemeinschaft gegenüber dem Verhalten des Täters empfindet, öffentlich wirksam kommunizieren. Hierbei wird, wie gezeigt werden konnte, z. T. explizit auf außerrechtliche Maßstäbe und Wirkungszusammenhänge Bezug genommen, was den sozialethischen Tadel einer dogmatischen Anschlussfähigkeit entzieht. Auch der Begriff der Strafe bzw. des strafrechtlichen Kernbereichs gem. Art. 6 EMRK kann kein materielles Spezifikum der Kriminalstrafe liefern. Das Stigma, das einigen Strafen nach dem Dafürhalten des Europäischen Gerichtshofs für Menschenrechte anhaften soll, wurde bislang keiner greifbaren Konturierung zugeführt. Hier sind auch zukünftig keine erkenntnisbringenden Entwicklungen zu erwarten, da das Gericht nicht prinzipienbasiert den materiellen Kern der Strafe freilegen möchte, sondern von Erwägungen zu Einzelfallgerechtigkeit und Gewährleistung von Verfahrensgarantien angeleitet ist. Dogmatisch anschlussfähig wird der sozialethische Vorwurf schließlich auf dem Boden der Grundrechtsdogmatik. Diese vermag zu zeigen, dass das Spezifikum der Strafe in ihrem Eingriff in das Allgemeine Persönlichkeitsrecht aus Art. 2 I i. V. m. Art. I 1 GG liegt. Gleichzeitig muss auf dem Boden der Grundrechtsdogmatik eingeräumt werden, dass es sich nicht um ein Spezifikum der Kriminalstrafe handelt. Eingriffe in das Allgemeine Persönlichkeitsrecht aus Art. 2 I i. V. m. Art. I 1 GG ergehen im Zusammenhang mit dem Kriminalstrafrecht wie auch mit dem Ordnungswidrigkeitenrecht. Mehr noch kennt das Ordnungswidrigkeitenrecht im Bereich der Wirtschaftskriminalität mit dem *Naming and Shaming* ein besonderes Sanktionsmittel, das über den allgemeinen sozialethischen Vorwurf hinaus einen weiteren, spezifischen Eingriff in das Allgemeine Persönlichkeitsrecht aus Art. 2 I i. V. m. Art. I 1 GG zum Gegenstand hat. Kriminalstrafe wohnt danach keine besondere Qualität inne, die sie als Sanktionsmittel von anderen Sanktionsregimen trennscharf unterscheidbar machen würde.[2133] Infolgedessen kann das eingangs vorgestellte Argument *Hassemers* und *Zieschangs*, das Risikowirtschaftsstrafrecht aufgrund der besonderen Invasivität der Kriminalstrafe auszusondern, nicht verfangen.

c) Defizitäre Operabilität

Schließlich teilen alle vier Vorschläge den Mangel an Präzision bei der Abgrenzung der zu unterscheidenden Kategorien. *Hassemers* Vorschlag eines Interventionsrechts bleibt in vagen Umschreibungen eines Sanktionsregimes zwischen Straf-, Ordnungswidrigkeiten- und Zivilrecht verhaftet. *Jakobs'*

2133 So im Ergebnis auch *Weigend*, in: FS Frisch, S. 23 f.

Konzept des Feindes leistet mit der fehlenden kognitiven Mindestgarantie der Normkonformität kein handfestes Kriterium und würde, auch seine Justiziabilität hinzugedacht, eine problematische Ausforschung der Täterinterna als (Feind-)Strafbarkeitsvoraussetzungen mit sich bringen. Auch *Zieschangs* Vorschlag, die abstrakten Gefährlichkeitsdelikte pauschal aus dem Kriminalstrafrecht zu verbannen, scheitert an handfesten Abgrenzungskriterien, die eine Zuordnung zum Kriminalstraf- oder Ordnungswidrigkeitenrecht ermöglichen. Die Entscheidung, ein Verhalten mit Strafe zu sanktionieren oder mit Bußgeld zu ahnden, kann zutreffend nur am Einzelfall durchexerziert werden. Zweifelsohne spielt der Deliktstyp der Verhaltensvorschrift dabei eine, jedoch nicht die einzige Rolle. *Rotschs* Divisionalisierungsthese schließlich wartet zwar mit hinreichend konkreten Anknüpfungspunkten für eine Abspaltung des Wirtschafts- vom Kernstrafrecht auf. Diese vermögen jedoch, bei Lichte besehen, nicht zu begründen, dass sich das Risikowirtschaftsstrafrecht tatsächlich einer eigenständigen, vom Kernstrafrecht losgelösten Dogmatik bemächtigt. Die Übertragung der Rechtsfigur der Täterschaft kraft Organisationsherrschaft auf Leitungspersonen in Wirtschaftsverbänden, die im Mittelpunkt der *Rotsch'schen* Argumentation steht, weist eher auf eine kontinuierliche Ausweitung (kriminal-)strafrechtlicher Dogmatik im Wege selbstreferenzieller Weiterentwicklung hin. Durchgreifender ist jedoch der für das Wirtschaftsstrafrecht paradigmatische Definitionsmangel, der von vornherein eine saubere Grenzziehung zwischen Risikowirtschaftsstrafrecht einerseits und Kernstrafrecht andererseits unmöglich macht. Dafür schafft auch der Vorschlag der *Rotsch*-Schülerin *Dobrosz*, das Risikowirtschaftsstrafrecht sachverhalts- und nicht deliktsbezogen zu definieren, keine Abhilfe. Zwar scheint dieser Ansatz im bisherigen Kanon der Definitionsversuche der vielversprechendste zu sein. Jedoch ist es ihm immanent, dass bei der Anwendung ein und derselben Verhaltensvorschrift mit zweierlei Maß gemessen werden würde, je nachdem, ob eine Vorprüfung ergäbe, dass es sich bei dem konkreten Sachverhalt um Wirtschaftsstrafrecht handelte oder nicht. Hier sind Friktionen mit dem Allgemeinen Gleichbehandlungsgrundsatz gem. Art. 3 I GG sowie dem Bestimmtheitsgebot gem. Art. 103 II GG vorbestimmt. Wie am Beispiel von *Zieschangs* Trennungsthese gesehen, unterschätzen Trennungsthesen den Spielraum, der dem Gesetzgeber bei der Entscheidung darüber, mit welchen Mitteln er einen Lebensbereich steuern möchte, nach der verfassungsmäßigen Ordnung zusteht. In Summe leiden sie unter einer durchgreifenden Unschärfe ihres Analysegegenstands und können daher keine handfesten Kriterien zur Ein- und Abgrenzung des Risikowirtschaftsstrafrechts beitragen.

5. Keine Aussonderung des Risikowirtschaftsstrafrechts

Die Aussonderung des Risikowirtschaftsstrafrechts in ein Strafrecht *sui generis* (*Hassmer, Jakobs*), das Ordnungswidrigkeitenrecht (*Zieschang*) oder in eine Teildivision des Kriminalstrafrechts (*Rotsch*) kann zusammengefasst aufgrund mangelnder Operabilität und durchgreifender verfassungsrechtlicher Bedenken nicht überzeugen.

Hinsichtlich der Operabilität kann gegen alle vier diskutierten Spielarten der Trennungsthese ein Unschärfeargument bemüht werden. Die Kategorien, die jeweils gegenübergestellt werden, lassen sich – materiell gesehen[2134] – bestenfalls als Idealtypen aufrechterhalten. Bei genauer Betrachtung liefern sie keine verbindlichen Kriterien, um eine trennscharfe Unterteilung durchzuführen.[2135] Auf dieser Grundlage muss eine Aussonderung des Risikowirtschaftsstrafrechts schon aus praktischen Gründen scheitern.

Darüber hinaus streiten auch verfassungsrechtliche Bedenken gegen die Trennungsthese. *Jakobs'* Feindstrafrecht steht im Konflikt zum allgemeinen Gleichbehandlungsgrundsatz und droht zudem, in unauflösliche Friktionen zur Menschenwürdegarantie aus Art. 1 I 1 GG zu geraten.[2136] Unbeschadet dessen scheint das Feindstrafrecht für *Jakobs* ein außerhalb der Rechtsordnung liegendes Zwangsmittel zu sein. Damit wird es für ein Risikowirtschaftsstrafrecht, das sich innerhalb der verfassungsmäßigen Ordnung ansiedelt, normativ untauglich.[2137] Gegen *Hassemers* und *Zieschangs* Spielarten der Trennungsthese sind über die operativen Bedenken hinaus die Unhaltbarkeit ihrer Prämissen in Stellung zu bringen. Sie beruhen auf einem systemkritischen Rechtsgutsverständnis, flankiert vom *Ultima-ratio*-Gedanken. Eng verwoben mit der Vorstellung von der Kriminalstrafe als dem „schärfsten Schwert" der Rechtsordnung ist die Idee, der Kriminalstrafe wohne auch ein qualitativ singulärer Eingriff inne. Indes konnte die grundrechtsdogmatische Ergründung des *Ultima-ratio*-Gedankens[2138] und des Spezifikums der Kriminalstrafe[2139] offenlegen, dass Kriminalstrafe als Sanktionsmittel weder quantitativ noch qualitativ einzigartig ist. Im Gegenteil findet der *Ultima-ratio*-Gedanke keine verfassungsrechtliche

---

2134 Hiermit soll nicht die formelle Einteilung in Kriminalstrafrecht und Ordnungswidrigkeitenrecht nach § 1 OWiG infrage gestellt werden.

2135 Dazu eingehend s. o. E. II. 4. c).

2136 S. o. E. II. 1. c) aa).

2137 S. o. E. II. 1. c) cc).

2138 S. o. E. II. 4. a).

2139 S. o. E. II. 4. b).

Rückkopplung und kann die Kriminalstrafe im Einzelfall das freiheitsschonendere Eingriffsmittel sein. Besonders im Risikowirtschaftsstrafrecht kann ihr repressiver Charakter dazu führen, dass die nachträgliche Ahndung begangenen Unrechts für den Normadressaten weniger freiheitsbeschneidend ist als die präventive Überwachung ohne vorangegangenen Normbruch. Repressive Sanktionsmittel entfalten den Vorteil, sich bei Rechtstreue ihrem Zugriff enthalten zu können, während präventive Überwachungsmechanismen auch bei Rechtstreue angewendet werden müssen. Somit ist die Kriminalstrafsanktion nicht *per se* das quantitativ eingriffsintensivste Sanktionsmittel. Der Vergleich zum Ordnungswidrigkeitenrecht zeigt, dass der Eingriff in das Allgemeine Persönlichkeitsrecht aus Art. 2 I i. V. m. Art. I 1 GG kein Spezifikum darstellt, das der Kriminalstrafe vorbehalten bliebe. Mehr noch ist ein solcher Eingriff auch besonderes Sanktionsmittel des Ordnungswidrigkeitenrechts, wie das sog. *Naming and Shaming* zeigt. Es kann folglich auch keine qualitativ einzigartige Eingriffsintensität festgestellt werden. Ein – qualitativ oder quantitativ – besonderer Eingriff in das Allgemeine Persönlichkeitsrecht aus Art. 2 I i. V. m. Art. I 1 GG kann auch nicht damit begründet werden, dass der Vorwurf, der bei der Kriminalstrafsanktion zur Last gelegt wird, besonderer Art sei. Dies würde voraussetzen, dass der Gegenstand des Vorwurfs, also die begangene Tat, im Falle der Kriminalstrafsanktion besonders verwerflich sei. Dahinter steht der Versuch, aus der Beschaffenheit der Verhaltensnorm die Beschaffenheit der Sanktionsnorm abzuleiten. Weil die begangene Tat, wie sie die Verhaltensnorm festschreibe, besonders verwerflich sei, sei die Sanktionsnorm, also der kriminalstrafrechtliche Vorwurf, besonders eingriffsintensiv. Hier sei an die Einsicht aus der Untersuchung der Trennungsthese *Zieschangs* erinnert. Gerade im Kontext von Wirtschaftskriminalität können außerstrafrechtliche Sanktionsregime wie das Kartellrecht, Taten ahnden, die sozialschädlicher sind als Teile des Kriminalstrafrechts. Der mit dem Vorwurf kartellrechtswidrigem Handeln verbundene Eingriff in das Allgemeine Persönlichkeitsrecht aus Art. 2 I i. V. m. Art. I 1 GG kann demnach im Einzelfall intensiver sein als etwa der Vorwurf, einen Ladendiebstahl begangen zu haben.[2140] Schließlich steht auch das systemkritische Rechtsgutsverständnis – neben einer operativ untauglichen Verengung des Bewertungsmaßstabes – im Widerspruch zur demokratischen Verfasstheit des Grundgesetzes.[2141] Auch

2140 Zur Abgrenzung von Kriminalstrafrecht und sonstigen repressiven Sanktionsregimen inkl. der Feststellung, dass Kriminalunrecht nicht zwangsläufig am sozialschädlichsten ist, s. o. E. II. 3. b) ff.

2141 S. o. E. II. 3. b) bb).

gegen die Divisionalisierungsthese *Rotschs* müssen durchgreifende Bedenken verfassungsrechtlicher Natur angemeldet werden. Eine solche Aufteilung in Teildivisionen mit jeweils unterschiedlichen strafrechtsdogmatischen Bewertungsregeln führt zu Spannungsverhältnissen mit dem Bestimmtheitsgebot aus Art. 103 II GG und dem allgemeinen Gleichbehandlungsgrundsatz aus Art. 3 I GG. Dem Normadressaten kann nicht zugemutet werden, dass mit einer annäherungsweisen Zuordnung in Risikowirtschaftsstrafrecht und Kernstrafrecht darüber entschieden wird, nach welchen dogmatischen Spielregeln sein Verhalten strafrechtlich bewertet wird.[2142]

2142 S. o. E. II. 2. b) ff.

F. Schlussbetrachtung

Ihren Ausgang nahm die Untersuchung bei der Erkenntnis, dass zwischen der Prominenz sog. abstrakter Gefährdungsdelikte im Wirtschaftsstrafrecht einerseits und einer substanziellen Konturierung, was Begriff und Inhalt der abstrakten Gefährdung betrifft, andererseits eine auffällige Diskrepanz herrscht. Das Etikett des sog. abstrakten Gefährdungsdelikts, so die erste Resonanz, scheint vergeben zu werden, wenn ein Straftatbestand auf den Eintritt einer rechtsgutsspezifischen Verletzung bzw. konkreten Gefährdung verzichtet. Abstrakte Gefährdung ist nach diesem Zugang etwas hauptsächlich Negatives, d. h. die Abwesenheit eines rechtsgutsspezifischen Erfolgs (B. II. 1). Ein kursorischer Blick auf die Ideengeschichte der abstrakten Gefährdung offenbarte eine ausdifferenzierte Meinungslandschaft, die, vereinfacht gesagt, die abstrakte Gefährdung entweder als (vermuteten) rechtsgutsspezifischen Erfolg erfasst oder das Handlungsunrecht durch Anreicherung von Elementen aus Fahrlässigkeits- und Versuchsdogmatik zu begründen sucht. Vor diesem Hintergrund überrascht der genannte Minimalkonsens einer ausschließlich negativen Definition nicht. Dennoch hat er zur Folge, dass die Zuordnung einzelner Straftatbestände zur Kategorie der sog. abstrakten Gefährdungsdelikte bemerkenswert einheitlich erfolgt, wenngleich über den Begriff und den Inhalt der abstrakten Gefährdung unterschiedliche Auffassungen herrschen (B. II. 2 ff.). Mit *Zieschang* ist dieses Spannungsverhältnis aufzulösen, indem die Kategorie der sog. abstrakten Gefährdungsdelikte zugunsten einer ausdifferenzierten Betrachtung gefahrdeliktischer Strukturen aufgegeben wird. Nach „oben hin“ durch Verletzungsdelikte, nach „unten hin“ durch Vorbereitungsdelikte abgegrenzt, umfasst das Spektrum gefahrdeliktischer Strukturen des geltenden Strafrechts abstrakte Gefährlichkeitsdelikte, konkrete Gefährlichkeitsdelikte, potenzielle Gefährdungsdelikte sowie konkrete Gefährdungsdelikte. Zusammenfassen lassen sich diese vier Deliktstypen unter dem Oberbegriff der Gefahrdelikte (B. II. 2. b) ff.).

Als Prototyp des strafrechtlichen Funktionswandels spätestens als Reaktion auf die Finanzmarktkrise in den Blickpunkt von Strafrechtswissenschaft und Öffentlichkeit gerückt, wird das geltende Wirtschaftsstrafrecht quantitativ von Gefahrdelikten dominiert (C.). Noch spezifischer lag der Fokus des Gesetzgebers bei der wirtschaftsstrafrechtlichen Erschließung des StGBs in den vergangenen fünfzig Jahren auf der Implementierung von Straftatbeständen, die Verhaltensweisen im Vorfeld des tradierten Vermögensstrafrechts (§§ 263, 266 StGB) unter Strafe stellen. Da den Gesetzgeber funktionale Aspekte der Überwindung von Beweisschwierigkeiten sowie der Ausschaltung einer Zufallskomponente antrieben, fiel die Wahl bei seinen legislativen Bemühungen bevorzugt auf Deliktsstrukturen, die unter Verzicht auf einen rechtsgutsspezifischen Erfolg das Unrecht der Tat rein aus dem Täterverhalten speisen. Der Befund ist demnach insoweit zu konkretisieren, als dass das geltende Wirtschaftsstrafrecht von Gefährlichkeitsdelikten dominiert wird. Gefährdungsdelikte, im hier verstandenen Sinne Tatbestände, die einerseits auf einen rechtsgutsspezifischen Verletzungserfolg verzichten, andererseits zu ihrer Verwirklichung auf einen Gefährdungserfolg im Sinne einer konkreten Gefährdung bzw. eines konkret gefährlichen Zustands abstellen, spielen für das Wirtschaftsstrafrecht in seiner aktuellen Fassung eine untergeordnete Rolle. Diese Erkenntnisse können vom Kernstrafrecht des StGB auf die wirtschaftsstrafrechtlichen Nebengesetze übertragen werden mit der Einschränkung, dass das Wirtschaftsstrafrecht erst in den letzten fünfzig Jahren substanziell Einzug in das Kernstrafrecht gefunden hat, während es zuvor hauptsächlich im Nebenstrafrecht verortet war. Darin kommt die gesteigerte Aufmerksamkeit der Öffentlichkeit und, dieser folgend, der Kriminalpolitik für dieses Rechtsgebiet zum Ausdruck (D. I. ff.).

Innerhalb der Gefährlichkeitsdelikte des Wirtschaftsstrafrechts scheinen sich konkrete und abstrakte Gefährlichkeitsdelikte die Waagschale zu halten, ohne dass sich eine klare Prävalenz eines der beiden Deliktstypen abzeichnen würde. Leitlinien bei der Bestimmung von Gefahr- bzw. Gefährlichkeitsdelikten lauten wie folgt: Als aufschlussreich hat sich zuallererst der Blick auf den Vollendungszeitpunkt der Tat erwiesen. Fallen Vollendungs- und Beendigungszeitpunkt auseinander, legt das das Vorliegen eines Gefahrdelikts nahe. Innerhalb der Gefahrdelikte bereitet die Unterscheidung zwischen Gefährdungsdelikten einerseits und Gefährlichkeitsdelikten andererseits regelmäßig keine größeren Schwierigkeiten, da ein – kausal verursachter – rechtsgutsspezifischer (Gefährdungs-)Erfolg als Tatbestandsvoraussetzung im Wege einer grammatikalischen Auslegung ersichtlich wird. Als differenziert stellte sich der Zusammenhang zwischen Deliktsstruktur und tatbestandlich verankertem Erheblichkeitsvorbehalt heraus. Verfehlt wäre der Rückschluss, bei Vorliegen eines Erheblichkeits- bzw. Wesentlichkeitsvorbehalts läge *per se* eine Deliktsstruktur vor, die die konkrete Gefährlichkeit des Täterverhaltens mittels einer Gesamtbetrachtung der Tatumstände zum Prüfungsprogramm hätte. Nur eine deliktsspezifische Betrachtung des Erheblichkeits- bzw. Wesentlichkeitsvorbehalts kann Aufschluss darüber geben, wie sich der konkrete Vorbehalt auf den konkreten Tatbestand auswirkt. Tendenzen lassen sich wiederum im Wege einer grammatikalischen Auslegung ermitteln. Sofern der Erheblichkeits- bzw.

Wesentlichkeitsvorbehalt an die Tathandlung anknüpft, deutet das regelmäßig auf ein konkretes Gefährlichkeitsdelikt hin, da in diesem Fall vom Täterverhalten als solchem eine Gefahr für das geschützte Rechtsgut ausgehen muss. Andererseits spricht es für das Vorliegen eines abstrakten Gefährlichkeitsdelikts, sofern die Erheblichkeitsschwelle andere Tatmodalitäten wie bspw. die Tatgegenstände betrifft. In diesen Fällen sichern die Vorbehalte ab, dass den Anforderungen des gesetzgeberisch vertypten Handlungsmusters im entsprechenden Funktionszusammenhang entsprochen wird (insb. C. V. 1)

Unter Wertungsgesichtspunkten wird deutlich, dass der überwiegende Teil der untersuchten Gefahrdelikte funktional entweder als sektorspezifische Falschangabedelikte, die jeweils ein auf die Täuschungshandlung reduziertes Betrugsderivat darstellen, oder als Straftatbestände, die regelmäßig in einem vorverlagerten Sachzusammenhang zum Untreuetatbestand gem. § 266 StGB angesiedelt sind, auftreten. Auch wo diese Wesensverwandtschaft im systematischen Vergleich nicht zutage tritt, werden die untersuchten Delikte in der Regel in Tateinheit mit den §§ 263, 266 StGB verwirklicht. Daneben gab auch die Diskrepanz zwischen quantitativer Dominanz einerseits und geringer bis nicht vorhandener statistischer Relevanz andererseits Anlass, die Ursprünge, Motive, Implikationen und Folgen der Ausbreitung von Gefahrdelikten im Wirtschaftsstrafrecht näher zu untersuchen. Diese Bestandsaufnahme des Wirtschaftsstrafrechts weist in Richtung der strafrechtlichen Ausweitungstendenz und des damit einhergehenden Funktionswandels des Strafrechts hin zu einem Risikostrafrecht, als dessen Fluchtpunkt die Vorverlagerung von Strafbarkeiten mittels Gefahrdelikten identifiziert wurde (C. V. 2).

Risikostrafrecht beruht auf den soziologischen Phänomenen der Risiko- bzw. Sicherheitsgesellschaft, die ihrerseits unterschiedliche Aspekte derselben gesellschaftlichen Entwicklung in den Vordergrund rücken. Die Risiko- bzw. Sicherheitsgesellschaft zeichnet sich durch das ubiquitäre Gebot von Vorbeugung und Risikominimierung aus. So, wie sich das gesellschaftliche Verständnis von Ungewissheit von unkalkulierbaren Gefahren zu prognostizierbaren Risiken gewandelt hat, verändert sich auch das Selbstverständnis der Beziehung zu Schadenspotenzialen. Die Möglichkeit der Schadensrealisierung wird als Kehrseite des Risikos in der Hoffnung auf die mit dem Risiko verbundene Gewinnchance bewusst in Kauf genommen, sodass der Schaden im Falle seiner Realisierung nicht länger als von außen aufoktroyiert, sondern als Produkt des eigenen Handelns gilt. Daraus erklärt sich der gesteigerte gesellschaftliche Anspruch, Schadensrealisierungen zu vermeiden, da unter den gewandelten Vorzeichen eine Schadensrealisierung stets als vom Menschen verursacht subsumiert werden kann (D. II. ff.). Vor dem Hintergrund dieses Befunds konnten durch Bestandsaufnahmen der Strafrechtswissenschaft Mosaiksteine des Risikostrafrechts destilliert werden. Neben den Gefahr- bzw. Gefährlichkeitsdelikten als Fluchtpunkt des Analysegegenstandes zeichnen risikostrafrechtliche Gesetzgebung der Rückgriff auf Kollektivrechtsgüter, die Herabsetzung subjektiver Tatbestandsvoraussetzungen, vornehmlich im Wege der Inkriminierung der Leichtfertigkeit, sowie der Einsatz unbestimmter Tatbestandsmerkmale aus. Außerdem wandeln sich auch die Zurechnungsstrukturen in ihr Gegenteil. Anstelle des individuell verursachten Verhaltens wird der Täter unter den Geltungsbedingungen des Risikostrafrechts auf Grundlage struktureller Wertungsgesichtspunkte für das Verhalten Dritter in Anspruch genommen. Devianz wird als (abstrakte) statistische Größe verstanden und verwaltet. Unter dem gemeinsamen Dach der Risikosteuerung verschwimmen dabei die Grenzen zwischen Strafrecht einerseits und anderen Formen sozialer Kontrolle, wie z. B. angrenzender Rechtsgebiete, andererseits. Dies nimmt auch den privaten Akteur in Anspruch, wodurch Prävention nicht länger allein in den hoheitlichen Aufgabenbereich fällt. Im Kontrast zum Anspruch der umfassenden Schadensvermeidung stehen die begrenzten Ressourcen, die der Strafrechtspflege zur Verfügung stehen. Dies führt zu einem selektiven Vorgehen in der Strafverfolgung, das in alternativen Erledigungsstrukturen ihren Ausdruck findet (D. III ff.).

All diese Charakteristika konnte die Untersuchung im geltenden Wirtschaftsstrafrecht beobachten, sodass die Kategorisierung als Risikowirtschaftsstrafrecht angezeigt ist. Getrieben von dem Bedürfnis, Beweisschwierigkeiten zu überwinden, die im Zusammenhang mit den Kernnormen des Vermögensstrafrechts, d. h. § 263 StGB aber auch § 266 StGB, auftreten, zeichnet sich das Risikowirtschaftsstrafrecht durch sog. materielle Beweiserleichterungen aus. Diese kommen im Verzicht auf Erfolgs- und Vorsatzkomponenten sowie im Rückgriff auf Kollektivschutzgüter und unbestimmte Tatbestandsmerkmale zum Ausdruck und sind erkennbar davon geleitet, den strafrechtlichen Zugriff auf den Täter zu erleichtern (D. III. 2. a) aa) ff.). Dieser Funktion kommen sie gleich im doppelten Sinne nach. Neben dem erwähnten Abschleifen von Tatbestandsvoraussetzungen fungieren sie als sogenannte Aufgreifnormen. Aufgreifnormen dienen Verfolgungsbehörden als Steigbügel, um den Maßnahmenkatalog der StPO zu eröffnen mit dem Fernziel, Anhaltspunkte für klassische Vermögensdelikte zu erlangen. Diskutiert wird dieser Mechanismus für die §§ 264a, 265b StGB sowie für § 299 StGB und § 331 HGB. Es liegt nahe, dass dieser Mechanismus mit weiten Teilen der untersuchten Delikte in Gang gesetzt wird. Dafür sprechen der systematische und rechtstatsächliche Zusammenhang, nach dem die untersuchten Delikte regelmäßig im Vorfeld vollendeter Vermögensverletzungsdelikte stattfinden, sowie die Erledigungspraxis im Umgang mit weiten Teilen dieser Straftatbestände. Die weitere Ergründung dieser Praxis muss mangels ausreichender Erkenntnislage der empirischen Forschung überlassen werden (D. III. 2. a) bb). Eine Ambivalenz war zudem im Zusammenhang mit der Verwendung unbestimmter Tatbestandsmerkmale zu beobachten. Mit ihnen sichert der Gesetzgeber einerseits den Rechtsanwendern Flexibilität im Umgang mit Wirtschaftskriminalität zu, kreiert andererseits Auslegungs- und Anwendungsschwierigkeiten und begünstigt damit Rechtsunsicherheit (D. III. 2. a) aa) (d). Anhand der ungebrochenen Hochkonjunktur des *Compliance*-Phänomens lassen sich gleich drei Aspekte des Risikowirtschaftsstrafrechts erläutern. Erstens überträgt *Criminal Compliance* sowohl präventive als auch repressive Aufgaben des Strafrechts auf private Akteure und trägt auf diesem Wege zur Privatisierung des Strafrechts bei (D. III. 2. b) aa) (b). Zweitens illustriert diese Entwicklung den Verlust der Monopolstellung des Strafrechts, das sich unter den Bedingungen des Risikowirtschaftsstrafrechts in eine globale Sicherheitsarchitektur, bestehend aus staatlicher und privater Strafrechtspflege sowie angrenzender Sanktionsregime des Ordnungswidrigkeiten-, Verwaltungs- und Zivilrechts, einbettet. Dass Strafrecht hiernach die *sola ratio* im Umgang mit Delinquenz darstellen soll, scheint höchstens aus einer strafrechtlichen Binnenperspektive haltbar (D. III. 2. b) cc). Drittens zeigt das Phänomen der *Criminal Compliance*, dass Devianz im Risikowirtschaftsstrafrecht als statistische Größe verarbeitet wird. Zwar fallen mit *Internal Investigations* auch repressive, anlassbezogene Maßnahmen in das Spektrum der *Criminal Compliance*, jedoch konzentrieren sich *Compliance*-Management-Systeme auf kriminalitätsanfällige Strukturen in einem Unternehmen. Nicht konkrete Verstöße bzw. Verdachtsmomente, sondern die abstrakte Möglichkeit von Normverstößen gibt Anlass zu präventiven *Compliance*-Bemühungen (D. III. 2. b) aa) (c). Risikowirtschaftsstrafrechtliche Strafverfolgung greift mit Vorliebe auf alternative Erledigungsstrukturen wie § 257c StPO zurück, um angesichts der geschilderten Komplexität wirtschaftskrimineller Sachverhalte sowie der begrenzten Ressourcen der Strafrechtspflege die Verwaltung der Kriminalität aufrechterhalten zu können (D. III. 2. c) aa). Im Zusammenspiel mit der risikowirtschaftsstrafrechtlichen Aufwertungstendenz verleihen die Informalisierungstechniken den Strafverfolgungsbehörden die Möglichkeit zur Schwerpunktsetzung. Informalisierungstechniken ermächtigen folglich zur Risikosteuerung, indem sie Strafverfolgungsbehörden in die Lage versetzen, ihre Ressourcen dort zu allokieren, wo aufgrund ihrer Risikoprognosen Schwerpunkte zu setzen sind und die formelle Strafverfolgung als angebracht erscheint. In anderen Fällen ermöglichen sie formelle

Entkriminalisierung bei gleichzeitiger Datenerhebung zwecks Risikosteuerung (D. III. 2. c) bb). Schließlich greift Risikowirtschaftsstrafrecht auch auf Zurechnungsmodelle zurück, die die Verantwortlichkeit nicht aus dem eigenen Verhalten, sondern aus Drittverhalten ableiten. Als Beispiele hierfür wurde auf § 130 OWiG sowie die Täterschaft durch Schaffung und Ausnutzung von Rahmenbedingungen zur Auslösung regelhafter Abläufe verwiesen, mit denen die Verantwortlichkeit der Leitungspersonen in Wirtschaftsverbänden begründet wird. Die Verantwortlichkeit wird hier daraus begründet, dass die Leitungspersonen den Bezugsrahmen für die Regelübertretung schaffen und verantworten (D. III. 2. d). Die Mosaiksteine des Risikostrafrechts spiegeln sich zusammengenommen im Risikowirtschaftsstrafrecht wider. Die Untersuchung konnte die in der Strafrechtswissenschaft entspannte These, das Wirtschaftsstrafrecht stelle neben dem Umweltstrafrecht einen Prototyp des strafrechtlichen Funktionswandels, bestätigen und vertiefen (D. IV).

Der beschriebene Funktionswandel hin zu einem Risikowirtschaftsstrafrecht vollzieht sich nicht, ohne Spannungsfelder zu hergebrachten Grundsätzen der Strafrechtsdogmatik zu produzieren. Wie der Gang der Untersuchung belegen konnte, bedeutet Risikowirtschaftsstrafrecht den Umbau des materiellen Strafrechts samt Wechselwirkung zu strafprozessualen Komponenten. Auch dringen risikowirtschaftsstrafrechtliche Logiken originär in die Strafprozessordnung ein und stellen hier bislang gültige Grundsätze infrage. Schließlich muss das Risikowirtschaftsstrafrecht im Gegensatz zur „Allgemeindelinquenz" wie etwa Tötungs-, Körperverletzungs-, Diebstahls- oder Raubdelikten im Kontext der angrenzenden Sanktionsregime gesehen werden, sodass auch hier eine zusätzliche komplexitätsstiftende Dimension Einzug erhält. Die Untersuchung musste sich an dieser Stelle auf die schlaglichtartige Exemplifizierung der zentralen Spannungsfelder eines Risikowirtschaftsstrafrechts zurückziehen. Materiellrechtlich betrachtet, fielen Entgrenzungstendenzen, die Einbeziehung von Bagatellfällen, die Inkriminierung der Leichtfertigkeit, der Einsatz unbestimmter Tatbestandsmerkmale sowie Schwächen hinsichtlich der empirischen Absicherung von Tatsachengrundlagen auf, auf deren Basis Verantwortung strukturell zugeschrieben wird. Augenfällig wurden hier Brüche mit tradierten Wertungen des Vermögensstrafrechts wie der strafrechtlichen Absicherung des Vermögens gegen fahrlässige Schädigungen sowie der Vorverlagerung des Vermögensschutzes durch Strafbarkeiten für vermögensgefährdende Verhaltensweisen, z. T. bis hin zur (versuchten) Anstiftung zu einem Vermögensdelikt. Auch die Einbeziehung äußerlich unauffälliger Alltagshandlungen sowie die Einbeziehung von Bagatellfällen in den Bereich strafrechtlich relevanten Verhaltens durch die Implementierung abstrakter Gefährlichkeitsdelikte beherbergen eine Entgrenzungstendenz. Begleitet werden diese Tendenzen durch risikowirtschaftsstrafrechtliche Zurechnungsregeln, denen nicht selten sowohl eine gesicherte Datenlage als auch ein gefestigter Erkenntnisstand zum Schadenspotenzial der inkriminierten Verhaltensweisen fehlen. Schließlich birgt der Einsatz unbestimmter Tatbestandsmerkmale die Gefahr einer Machtverschiebung von der Legislative auf die Exekutive bzw. Judikative, da ausladend formulierte Tatbestandsmerkmale die Deutungs- und Auslegungshoheit auf den Rechtsanwender verschieben. Diese Entwicklung steht nicht zuletzt auch in Wechselwirkung mit der beschriebenen Aufgreiffunktion von Gefährlichkeitsdelikten (E. I. 1. ff.). Darüber hinaus konnten in Auseinandersetzung mit dem *Topos* des symbolischen Strafrechts kriminalpolitische Ineffizienzen herausgestellt werden. Risikowirtschaftsstrafrechtliche Gesetzgebung neigt zu überpräziser Normierung von Gefährlichkeitsdelikten, die den Phänotyp eines verallgemeinerbaren Verhaltensunrechts inkriminieren und so die strafrechtliche Verfolgung des allgemeinen Verhaltensunrechts vereiteln. Gleichzeitig werden kriminelle Verhaltensweisen in Teilen mit mehreren Strafbestimmungen gleichzeitig strafrechtlich verfolgbar gestellt, sodass es im Ergebnis zu überflüssigen Mehrfachabsicherungen kommt (E. I. 3. c). Während der Schwerpunkt der Untersuchung auf den materiellrechtlichen Aspekten des Risikowirtschaftsstrafrechts lag, lässt sich die strafprozessuale Dimension nicht in Gänze ausblenden. Mit *Internal Investigations* und der Verständigung nach § 257c StPO sind zwei *Topoi* adressiert worden, deren Einzug in die Rechtswirklichkeit des Risikowirtschaftsstrafrechts tradierte Grundsätze wie die Inquisitionsmaxime und den staatlichen Hoheitsbereich bei der Strafverfolgung herausfordern (E. I. 2).

Diesen Spannungsfeldern wollen Stimmen der Literatur entgegentreten, indem sie sog. Trennungsthesen formulieren. Trennungsthesen haben gemein, dass sie eine Aussonderung des Risiko(-wirtschafts-)strafrechts aus dem bestehenden Strafrecht fordern. Die unterschiedlichen Spielarten setzen teilweise, wie die Ansätze *Jakobs'* und *Hassemers*, bei dem Strafrecht insgesamt an und wollen das gültige Strafrecht auf ein schmaleres Kern- bzw. Bürgerstrafrecht zurückführen. Das ausgesonderte Interventions- bzw. Feindstrafrecht soll ihrer Auffassung nach ein eigenes Rechtsgebiet darstellen, wobei hier die Auffassungen über die Sanktionsmöglichkeiten, die dem Interventionsrecht einerseits sowie dem Feindstrafrecht andererseits zur Verfügung stünden, auseinandergehen (E. II. 1 ff.). *Zieschang* möchte die abstrakten Gefährlichkeitsdelikte aus dem Kriminalstrafrecht in das Ordnungswidrigkeitenrecht verbringen, da diese seiner Auffassung nach unvereinbar mit dem Schuldprinzip sind (E. II. 3 ff.). *Rotsch* schließlich geht davon aus, dass die Divisionalisierung des Strafrechts im vollen Gange sei und das geltende Risikowirtschaftsstrafrecht zum aktuellen Zeitpunkt eigenen dogmatischen Regeln folge. Im Unterschied zu den vorgenannten Autoren, so scheint es, will er Wirtschaftsdelinquenz nach anderen dogmatischen Regeln beurteilen, jedoch mit den gleichen Sanktionsfolgen wie das übrige Strafrecht geahndet wissen (E. II. 2 ff.). Trennungsthesen leiden an dem strukturellen Mangel, keine handfesten Kriterien zur Abgrenzung des Wirtschaftsstraf-, Feindstraf-, Interventions- bzw. Ordnungswidrigkeitenrechts einerseits und des Kern-, Kriminal- oder Bürgerstrafrechts andererseits leisten zu können. Sie weisen erhebliche Defizite in ihrer Operabilität auf. Außerdem bestehen gegen sie selbst oder ihre Prämissen verfassungsrechtliche Bedenken, nach denen Trennungsthesen im Ergebnis nicht aufrechterhalten werden können (E. II. 4 ff.). Die Trennungsthese steht insgesamt der Herausbildung einer risiko-(wirtschafts-)strafrechtlichen Dogmatik samt Harmonisierung mit bestehenden strafrechtsdogmatischen Grundpfeilern im Weg. Im Gegenteil geht mit ihr, so zeigt der Vergleich zum Nebenstrafrecht, die Gefahr einher, gesetzgeberische Aktivitäten dadurch aus dem Schlaglicht der Strafrechtswissenschaft zu verfrachten, dass unliebsame dogmatische Konstruktionen unter pauschalem Verweis auf die Gültigkeit einer Sonderdogmatik unreflektiert gerechtfertigt werden würden. Die Auflösung der aufgeworfenen Spannungsfelder liegt nicht darin, die skizzierten Probleme in ein eigenes Rechtsgebiet zu verfrachten. Dies gilt umso mehr, als das Risikowirtschaftsstrafrecht ohnehin ganzheitlich, d. h. unter Einbeziehung der angrenzenden Sanktionsregime des Polizei-, Verwaltungs-, Ordnungswidrigkeiten-, (Finanz-) Aufsichts- oder Kartellrechts, aber auch privatrechtlicher Sanktionsmechanismen wie der *Criminal Compliance*, gedacht werden muss. Da unter den Geltungsbedingungen der globalen Sicherheitsarchitektur die Eingriffsintensität der parallellaufenden Sanktionsregime in einem ökonomisierten Regelungsbereich wie der Wirtschaft auf Basis ihrer tatsächlichen Wirkweisen im Einzelfall und weniger auf Grundlage ihrer Zugehörigkeit zu einem bestimmten Rechtsregime beurteilt werden sollten, verspricht eine Aussonderung in ein eigens geschaffenen Rechtsgebiet keine Lösung für dogmatische Problemfelder.

Abkürzungsverzeichnis

Abkürzungen richten sich nach:
Kirchner, Hildebert, Abkürzungsverzeichnis der Rechtssprache; 2021; 10. Auflage; Berlin; De Gruyter

Entscheidungsverzeichnis

BVerfG Urt. v. 19. März 2013 – 2 BvR 2628/10 = NJW 2013, 1058.

BVerfG Beschl. v. 23. Juni 2010 – 2 BvR 2559/08 = NJW 2010, 3209.

BVerfG Urt. v. 30. Juni 2009 – 2 BvE 2, 5/08, 2 BvR 1010, 1022, 1259/08, 182/09 = NJW 2009, 2267.

BVerfG Beschl. v. 26. Februar 2008 – 2 BvR 392/07 = BVerfGE 120, 224.

BVerfG Beschl. v. 26. Februar 2008 – 2 BvR 392/07 = NJW 2008, 1137.

BVerfG Beschl. v. 18. August 2006 – 2 BvR 822/06 = NJW-RR 2006, 1627.

BVerfG Beschl. v. 27. April 2006 – 2 BvR 131/05 = BKR 2007, 38.

BVerfG Beschl. v. 10. April 1997 – 2 BvL 77/92 = NJW 1997, 2101.

BVerfG Beschl. v. 6. Juni 1989 – 1 BvR 921/85 = NJW 1989, 2525.

BVerfG Beschl. v. 12. Januar 1981 – 1 BvR 116/77 = NJW 1981, 1431.

BVerfG Beschl. v. 21. Juni 1977 – 2 BvR 70/75 = NJW 1977, 1629.

BVerfG Urt. v. 25. Februar 1975 – 1 BvF 1 – 6/74 = NJW 1975, 573.

BVerfG Beschl. v. 16. Juli 1969 – 2 BvL 2/69 = NJW 1969, 1619.

BVerfG Urt. v. 6. Juni 1967 – 2 BvR 375/60 = NJW 1967, 1219.

EGMR Urt. v. 27. September 2011 – 43509/08 = BeckRS 2012, 80668.

EGMR Urt. v. 30. November 2010 – 17604/05 = BeckRS 2010, 145739.

EGMR Urt. v. 12. Mai 2010 – 32435/06 = NLMR 2010, 150.

EGMR Urt. v. 23. November 2006 – 73053/01 = BeckRS 2006, 141700.

EGMR Urt. v. 8. April 2004 – 39339/98 = StV 2004, 1.

EGMR Urt. v. 17. Dezember 1996 – 19187/91 = ÖJZ 1998, 32.

EGMR Urt. v. 21. Februar 1984 – 8544/79 = NJW 1985, 1273.

EGMR Urt. v. 08. Juni 1976 – 5100/71, 5101/71, 5102/71, 5354/72, 5370/72 = EuGRZ 1976, 232.

BGH Beschl. v. 22. August 2018 – 3 StR 449/17 = NStZ-RR 2019, 157.

BGH Beschl. v. 10. Juli 2018 – 1 StR 605/16 = NStZ 2019, 83.

BGH Beschl. v. 12. April 2018 – 5 StR 538/17 = NStZ-RR 2018, 216.

BGH Beschl. v. 10. August 2017 – 3 StR 227/17 = NStZ 2018, 86.

BGH Urt. v. 27. Juli 2017 – 3 StR 490/16 = NStZ 2018, 105.

BGH Beschl. v. 16. Mai 2017 – 1 StR 306/16 = NStZ 2018, 540 = NZWiStR 2018, 106 m. Anm. Gehm.

BGH Urt. v. 12. Oktober 2016 – 5 StR 134/15 = NJW 2017, 578.
BGH Urt. v. 24. März 2016 – 5 StR 498/15 = NStZ-RR 2016, 205.
BGH Urt. v. 22. Dezember 2015 – VI ZR 101/14.
BGH Beschl. v. 23. Juli 2015 – 3 StR 518/14 = NStZ-RR 2015, 341.
BGH Urt. v. 12. Mai 2015 – VI ZR 102/14 = NZG 2015, 1432.
BGH Beschl. v. 29. April 2015 – 1 StR 235/14 2015, 278.
BGH Beschl. v. 5. Februar 2015 – IX ZR 211/13 = WM 2015, 931.
BGH Urt. v. 8. Oktober 2014 – 1 StR 114/14 = NJW 2015, 423.
BGH Urt. v. 24. Juni 2014 – VI ZR 560/13 = NZG 2014, 949.
BGH Beschl. v. 10. April 2014 – 1 StR 649/13 = NStZ 2015, 342.
BGH Beschl. v. 8. April 2014 – 1 StR 126/14 = NStZ-RR 2014, 208.
BGH Beschl. v. 17. Oktober 2013 – 3 StR 167/13 = NStZ 2014, 400.
BGH Beschl. v. 24. September 2013 – 4 StR 324/13 = BeckRS 2013, 18828.
BGH Beschl. v. 21. August 2013 – 1 StR 665/12 = NStZ 2014, 107.
BGH Urt. v. 16. Juli 2013 – VI ZR 442/12 = NZG 2014, 835.
BGH Beschl. v. 22. Januar 2013 – 1 StR 234/12 = wistra 2013, 150.
BGH Beschl. v. 25. Juli 2012 – 2 StR 154/12 = NJW 2012, 3318.
BGH Beschl. v. 16. November 2010 – 1 StR 502/10 = NStZ 2011, 279.
BGH Beschl. v. 30. September 2010 – 5 StR 61/10 = NStZ-RR 2011, 81 = wistra 2011, 67.
BGH Beschl. v. 19. November 2009 – 3 StR 244/09 = NJW 2010, 1680.
BGH Beschl. v. 9. November 2009 – 5 StR 136/09 = NStZ 2010, 327.
BGH Beschl. v. 18. Februar 2009 – 1 StR 731/08 = NJW 2009, 2390.
BGH Urt. v. 30. August 2007 – 3 StR 170/07 = NStZ 2008, 401.
BGH Beschl. v. 17. April 2007 – 5 StR 446/06 = NStZ 2007, 647.
BGH Urt. v. 15. Dezember 2006 – 5 StR 181/06 = NJW 2007, 782.
BGH Urt. v. 18. Oktober 2006 – 2 StR 499/05 = NJW 2006, 1760.
BGH Urt. v. 8. März 2006 – 5 StR 587/05 = NStZ 2006, 625.
BGH Beschl. v. 26. Januar 2006 – 5 StR 334/05 = wistra 2006, 228.
BGH Urt. v. 24. Mai 2005 – IX ZR 123/04 = NJW 2005, 3062.
BGH Urt. v. 12. Mai 2005 – 5 StR 283/04 = NJW 2005, 2242.
BGH Beschl. v. 29. September 2004 – 5 StR 357/04 = wistra 2005, 68.
BGH Urt. v. 16. Juli 2004 – 2 StR 486/03 = NJW 2004, 3129.
BGH Beschl. v. 22. Juni 2004 – 4 StR 428/03 = NJW 2004, 2761.

BGH Urt. v. 13. Mai 2004 – 5 StR 73/03 = NStZ 2004, 559.
BGH Urt. v. 4. Dezember 2003 – 5 StR 308/03 = NStZ-RR 2004, 110.
BGH Beschl. v. 26. August 2003 – 5 StR 145/03 = NJW 2004, 375.
BGH Urt. v. 3. Juli 2003 – 1 StR 453/02 = NStZ 2004, 457.
BGH Urt. v. 18. Juni 2003 – 5 StR 489/02 = NJW 2003, 2996.
BGH Beschl. v. 27. März 2003 – 5 StR 508/02 = NStZ 2003, 539.
BGH Beschl. v. 7. Februar 2002 – 1 StR 412/01 = NStZ 2002, 327.
BGH Urt. v. 22. Juni 2000 – 5 StR 268/99 = NStZ 2000, 596.
BGH Urt. v. 21. Juli 1998 – 5 StR 302/97 = NJW 1998, 3506.
BGH Beschl. v. 19. Dezember 1997 – 2 StR 420/97 = NStZ 1998, 247.
BGH Urt. v. 26. Juli 1994 – 5 StR 98/94 = NJW 1994, 2703.
BGH Urt. v. 28. April 1994 – 4 StR 65/94 = NJW 1994, 2161.
BGH Urt. v. 13. April 1994 – II ZR 16/93 = NJW 1994, 1801.
BGH Beschl. v. 3. Mai 1993 – 5 StR 688/92 = wistra 1993, 224.
BGH Urt. v. 21. Oktober 1991 – II ZR 204/90 = NJW 1992, 241.
BGH Beschl. v. 28. Juni 1990 – 4 StR 297/90 = NJW 1990, 2393.
BGH Urt. v. 8. März 1990 – 2 StR 367/89 = NJW 1990, 1921.
BGH Beschl. v. 21. Februar 1989 – 4 StR 642/88 = NJW 1989, 1868.
BGH Urt. v. 15. September 1988 – 4 StR 352/88 = NJW 1989, 912.
BGH Urt. v. 28. April 1987 – 5 StR 666/86 = NStZ 1989, 33.
BGH Beschl. v. 30. März 1987 – 1 StR 580/86 = wistra 1987, 212.
BGH Urt. v. 17. März 1987 – 1 StR 693/86 = NJW 1987, 2242.
BGH Urt. v. 20. Januar 1987 – 1 StR 456/86 = NJW 1987, 2093.
BGH Beschl. v. 12. März 1985 – 5 StR 617/84 = wistra 1985, 150.
BGH Urt. v. 8. Dezember 1981 – 1 StR 706/81 = NJW 1982, 775.
BGH Urt. v. 22. Januar 1980 – 1 StR 561/79.
BGH Urt. v. 4. April 1979 – 3 StR 488/78 = NJW 1980, 406.
BGH Urt. v. 7. September 1976 – 1 StR 390/76 = NJW 1976, 2271.
BGH Urt. v. 24. April 1975 – 4 StR 120/75 = NJW 1975, 1369.
BGH Urt. v. 30. April 1964 – VII ZR 156/62 = NJW 1964, 1469.
BGH Urt. v. 17. November 1953 – 5 StR 450/13 = NJW 1954, 164.

OLG Dresden Urt. v. 17. Januar 2019 – 8 U 1020/18 = ZIP 2019, 613 = BKR 2019, 411.
LG Hamburg Urt. v. 9. Juli 2014 – 608 KLs 12/11 = AG 2015, 368.
OLG Hamm Beschl. v. 4. Dezember 2012 – III-5 RVs 88/12 = wistra 2014, 156.

OLG Stuttgart Urt. v. 30. Mai 2011 – 1 Ss 851/10 = NStZ-RR 2011, 277.
LAG Hamm Urt. v. 3. März 2009 – 14 Sa 1689/08 = CCZ 2010, 237.
OLG München Urt. v. 19. Dezember 2003 – 21 U 5489/02 = NZG 2004, 230.
OLG Frankfurt a. M. Beschl. v. 19. Juni 2002 – 2 Ws 36/02 = wistra 2003, 196.
OLG Celle Urt. v. 5. Januar 2000 – 3 U 17/99 = NZG 2000, 613.
OLG Düsseldorf Urt. v. 19. November 1999 – 8 U 59/98 = NZG 1999, 901.
BAG Urt. v. 7. September 1995 – 8 AZR 828/93 = NZA 1996, 637.
OLG Hamburg Beschl. v. 3. Januar 1984 – 2 Ws 459/83 = NStZ 1984, 218.
BayObLG Urt. v. 30. Dezember 1981 – 5 St 85/81 = NJW 1982, 2202.
OLG München Beschl. v. 1. Juli 1981 – 2 Ws 668/81 = NJW 1982, 457.
OLG Karlsruhe Urt. v. 16. Oktober 1980 – 3 Ss 202/80 = NJW 1981, 1383.

Literaturverzeichnis

Achenbach, Hans, Kriminalpolitische Tendenzen in den jüngeren Reformen des Besonderen Strafrechts und des Strafprozeßrechts, in: Juristische Schulung (JuS) 1980, S. 81–89.

Achenbach, Hans, das Zweite Gesetz zur Bekämpfung der Wirtschaftskriminalität, in: Neue Juristische Wochenschrift (NJW) 1986, S. 1835–1841.

Achenbach, Hans, Zur Strafbarkeit wegen Subventionsbetruges, wenn der Täter der erlangte Vorteil aus anderen Gründen ohnehin zugestanden hätte, in: Juristische Rundschau (JR) 1988, S. 251–254.

Achenbach, Hans, Diskrepanzen im Recht der ahndenden Sanktionen gegen Unternehmen, in: *Küper, Wilfried/Welp, Jürgen (Hrsg.),* Beiträge zur Rechtswissenschaft. Festschrift für Walter Stree und Johannes Wessels zum 70. Geburtstag; 1993; Heidelberg; C. F. Müller; S. 545–562. (zitiert als: *Achenbach,* in: FS Stree/Wessels)

Achenbach, Hans, Ahndende Sanktionen gegen Unternehmen und die für handelnden Personen im deutschen Recht, in: *Schünemann, Bernd/de Figueiredo Dias, Jorge (Hrsg.),* Bausteine des europäischen Strafrechts. Coimbra-Symposium für Claus Roxin; 1995; Köln; Heymann; S. 283–305. (zitiert als: *Achenbach,* in: Bausteine)

Achenbach, Hans, Pönalisierung von Ausschreibungsabsprachen und Verselbständigung der Unternehmensgeldbuße durch das Korruptionsbekämpfungsgesetz 1997, in: Wirtschaft und Wettbewerb (WuW) 1997, S. 958–964.

Achenbach, Hans, Schwerpunkte der BGH-Rechtsprechung zum Wirtschaftsstrafrecht, in: *Canaris, Claus-Wilhelm u. a. (Hrsg.),* 50 Jahre Bundesgerichtshof, Festgabe aus der Wissenschaft; 2000; München; C.H. Beck; S. 593–620. (zitiert als: *Achenbach,* in: 50 Jahre BGH)

Achenbach, Hans, Zur aktuellen Lage des Wirtschaftsstrafrechts in Deutschland, in: Goltdammer's Archiv für Strafrecht (GA) 2004, S. 559–574.

Achenbach, Hans, Wirtschaftskriminalität und Wirtschaftsstrafrecht – Gedanken zu einer terminologischen Bereinigung, in: *Feltes, Thomas/Pfeiffer, Christian/Steinhilper, Gernot (Hrsg.),* Kriminalpolitik und ihre wissenschaftlichen Grundlagen. Festschrift für Professor Dr. Hans-Dieter Schwind zum 70. Geburtstag; 2006; Heidelberg; C. F. Müller; S. 177–190. (zitiert als: *Achenbach,* in: FS Schwind)

Achenbach, Hans, Das Strafrecht als Mittel der Wirtschaftslenkung, in: Zeitschrift für die gesamte Strafrechtswissenschaft (ZStW) 119 (2007), S. 789–815.

Achenbach, Hans, Ahndung materiell sozialschädlichen Verhaltens durch bloße Geldbuße? Zur Problematik „großer" Wirtschafts-Ordnungswidrigkeiten, in: Goltdammer's Archiv für Strafrecht (GA) 2008, S. 1–17.

Achenbach, Hans, Strafrechtlicher Schutz des Wettbewerbs. Ein Nachweis normativer Fehlregulierung des Marktes, in: Kritische Vierteljahresschrift für Gesetzgebung und Rechtswissenschaft (KritV) 2009, S. 296–302.

Achenbach, Hans, Aus der 2016/2017 veröffentlichten Rechtsprechung zum Wirtschaftsstrafrecht, in: Neue Zeitschrift für Strafrecht (NStZ) 2017, S. 689–693.

Achenbach, Hans/Ransiek, Andreas/Rönnau, Thomas (Hrsg.), Handbuch Wirtschaftsstrafrecht; 5. Auflage; 2019; Heidelberg; C. F. Müller. (zitiert als: *Bearbeiter*, in: ARR-WiStR)

Adam, Dirk H. V., Die Begrenzung der Aufsichtspflichten in der Vorschrift des § 130 OWiG, in: Zeitschrift für Wirtschafts- und Steuerstrafrecht (wistra) 2003, S. 285–292.

Adick, Markus, Zum Begriff der subventionserheblichen Tatsachen (§ 264 VIII StGB), in: HRRS (HRRS) 2011, S. 408–410.

Ahn, Won-Ha, Zur Dogmatik abstrakter Gefährdungsdelikte, 1995; München; Univ. Diss. (zitiert als: *Ahn*, Dogmatik abstrakter Gefährdungsdelikte)

Albrecht, Hans-Jörg/Heine, Günter/Meinberg, Volker, Umweltschutz durch Strafrecht?, in: Zeitschrift für die gesamte Strafrechtswissenschaft (ZStW) 96 (1984), S. 943–998.

Albrecht, Peter-Alexis, Das Strafrecht auf dem Weg vom liberalen Rechtsstaat zum sozialen Interventionsstaat. Entwicklungstendenzen des materiellen Strafrechts., in: Kritische Vierteljahresschrift für Gesetzgebung und Rechtswissenschaft (KritV) 1988, S. 189–209.

Albrecht, Peter-Alexis, Erosionen des rechtsstaatlichen Strafrechts, in: Kritische Vierteljahresschrift für Gesetzgebung und Rechtswissenschaft (KritV) 1993 (76), S. 163–182.

Albrecht, Peter-Alexis, Das Strafrecht im Zugriff populistischer Politik, in: *Kriminalwissenschaften, Institut für (Hrsg.)*, Vom unmöglichen Zustand des Strafrechts; 1995; Frankfurt a. M.; Peter Lang; S. 429–444. (zitiert als: *Albrecht*, in: Unmöglicher Zustand)

Albrecht, Peter-Alexis, „Krieg gegen den Terror" – Konsequenzen für ein rechtsstaatliches Strafrecht, in: Zeitschrift für die gesamte Strafrechtswissenschaft (ZStW) 117 (2005), S. 852–864.

Albrecht, Peter-Alexis, In Treue gegen die Untreue – Rainer Hamm und sein steter Versuch, die Rechtsprechung zur verfassungsrechtlichen Präzisierung des § 266 StGB anzuhalten, in: *Michalke, Regina* u. a. *(Hrsg.)*, Festschrift für Rainer Hamm zum 65. Geburtstag am 24. Februar 2008; 2008; Berlin; De Gruyter; S. 1–20. (zitiert als: *Albrecht,* in: FS Hamm)

Albrecht, Peter-Alexis, Die globale Sicherheitsgesellschaft, in: *Pilgram, Arno u. a. (Hrsg.)*, Einheitliches Recht für die Vielfalt der Kulturen? Strafrecht und Kriminologie in Zeiten transkultureller Gesellschaften und transnationalen Rechts; 2012; Wien/Berlin; LIT; S. 261–274. (zitiert als: *Albrecht,* in: Einheitliches Recht?)

Aliabasi, Navid, Die staatsgefährdende Gewalttat Eine Analyse der §§ 89a, 89b und 91 StGB 2017; Frankfurt a. M.; Lang. (zitiert als: *Aliabasi,* Staatsgefährende Gewalttat)

Altenhain, Karsten, Der Zusammenhang zwischen Grunddelikt und schwerer Folge bei den erfolgsqualifizierten Delikten, in: Goltdammer's Archiv für Strafrecht (GA) 1996, S. 19–35.

Altenhain, Karsten/Dietmeier, Frank/May, Markus, Die Praxis der Absprachen im Strafverfahren, 2013; Baden-Baden; Nomos. (zitiert als: *Altenhain u. a.*, Praxis)

Altenhain, Karsten/Haimerl, Michael, Die gesetzliche Regelung der Verständigung im Strafverfahren – eine verweigerte Reform, in: JuristenZeitung (JZ) 2010, S. 327–337.

Altmeppen, Holger, Gesetz betreffend die Gesellschaften mit beschränkter Haftung – Kommentar, 2023; München; C.H. Beck. (zitiert als: *Altmeppen,* GmbHG)

Altvater, Gerhard, Kann nach der gesetzlichen Regelung der Verständigung im Strafverfahren noch auf die bisherige Rechtsprechung des Bundesgerichtshofs zur Urteilsabsprache zurückgegriffen werden?, in: *Fischer, Thomas/Bernsmann, Klaus (Hrsg.)*, Festschrift für Ruth Rissing-van Saan zum 65. Geburtstag am 25. Januar 2011; 2011; Berlin; De Gruyter; S. 1–34. (zitiert als: *Altvater,* in: FS Rissing-van Saan)

Alwart, Heiner, Strafrechtliche Haftung des Unternehmens – Vom Unternehmenstäter zum Täterunternehmen, in: Zeitschrift für die gesamte Strafrechtswissenschaft (ZStW) 105 (1993), S. 752–773.

Alwart, Heiner, Wirtschaftsstrafrecht im Übergang, in: JuristenZeitung (JZ) 2006, S. 546–548.

Ambos, Kai, Schweizerische Zeitschrift für Strafrecht, in: Schweizerische Zeitschrift für Strafrecht (ZStR) 2006, S. 1–30.

Ambos, Kai, Beweisverwertungsverbote. Grundlagen und Kasuistik, internationale Bezüge, ausgewählte Probleme, 2010; Berlin; Duncker & Humblot. (zitiert als: *Ambos,* Beweisverwertungsverbote)

Ambos, Kai, Strafrecht und Verfassung. Gibt es einen Anspruch auf Strafgesetze, Strafverfolgung, Strafverhängung?, in: *Bublitz, Jan Christoph u. a. (Hrsg.)*, Recht – Philosophie – Literatur. Festschrift für Reinhard Merkel zum 70. Geburtstag; 2020; Berlin; Duncker & Humblot; S. 565–588. (zitiert als: *Ambos*, in: FS Merkel)

Amelung, Knut, Rechtsgüterschutz und Schutz der Gesellschaft. Untersuchungen zum Inhalt und zum Anwendungsbereich eines Strafrechtsprinzips auf dogmengeschichtlicher Grundlage; zugleich ein Beitrag zur Lehre von der „Sozialschädlichkeit" des Verbrechens, 1972; Frankfurt am Main; Athenäum. (zitiert als: *Amelung*, Rechtsgüterschutz)

Amelung, Knut, Strafrechtswissenschaft und Strafgesetzgebung, in: Zeitschrift für die gesamte Strafrechtswissenschaft (ZStW) 92 (1980), S. 19–72.

Amelung, Knut, Auf der Rückseite der Strafnorm. Opfer und Normvertrauen in der strafrechtsdogmatischen Argumentation, in: *Arnold, Jörg u. a. (Hrsg.)*, Menschengerechtes Strafrecht. Festschrift für Albin Eser zum 70. Geburtstag; 2005; München; C.H. Beck; S. 3–24. (zitiert als: *Amelung*, in: FS Eser)

Anastasopoulou, Ioanna, Deliktstypen zum Schutz kollektiver Rechtsgüter, 2005; München; C.H. Beck. (zitiert als: *Anastasopoulou*, Deliktstypen)

Anders, Ralf Peter, Internal Investigations – Arbeitsvertragliche Auskunftspflicht und der nemo-tenetur-Grundsatz, in: Zeitschrift für Wirtschafts- und Steuerstrafrecht (wistra) 2014, S. 329–334.

Anders, Ralf Peter, Legitimationsdefizite des deutschen Wirtschaftsstrafrechts, in: Zeitschrift für die gesamte Strafrechtswissenschaft (ZStW) 130 (2018), S. 374–419.

Andrissek, Tobias R., Vergeltung als Strafzweck. Empirisch-soziologische Begründung und kriminalpolitische Folgerungen, 2017; Tübingen; Mohr Siebeck. (zitiert als: *Andrissek*, Vegeltung)

Androulakis, Ioannis N., Die Globalisierung der Korruptionsbekämpfung. Eine Untersuchung zur Entstehung, zum Inhalt und zu den Auswirkungen des internationalen Korruptionsstrafrechts unter Berücksichtigung der sozialökonomischen Hintergründe, 2007; Baden-Baden; Nomos. (zitiert als: *Androulakis*, Globalisierung)

Androulakis, Nikolaos K., Über den Primat der Strafe, in: Zeitschrift für die gesamte Strafrechtswissenschaft (ZStW) 108 (1996), S. 300–332.

Aponte, Alejandro, Krieg und Feindstrafrecht. Überlegungen zum „effizienten" Feindstrafrecht anhand der Situation in Kolumbien, 2004; Baden-Baden; Nomos. (zitiert als: *Aponte*, Krieg und Feindstrafrecht)

Appel, Ivo, Verfassung und Strafe. Zu den verfassungsrechtlichen Grenzen staatlichen Strafens, 1998; Berlin; Duncker & Humblot. (zitiert als: *Appel*, Verfassung und Strafe)

Appel, Ivo, Rechtsgüterschutz durch Strafrecht? Anmerkungen aus verfassungsrechtlicher Sicht, in: Kritische Vierteljahresschrift für Gesetzgebung und Rechtswissenschaft (KritV) 1999, S. 278–311.

Arbeitskreis für Insolvenzwesen Köln e.V. (Hrsg.), Kölner Schrift zur Insolvenzordnung; 3. Auflage; 2009; Münster; ZAP. (zitiert als: *Bearbeiter*, in: Kölner-InsO)

Arconada Valbuena, Dario/Rennar, Thomas, Betrug: „Property-Cashback-Modelle" im B2C-Gesamtmarkt für Kreditumfinanzierungen, in: Praxis Steuerstrafrecht (PStR) 2021, S. 136–141.

Arens, Stephan, Die Bestimmung der Zahlungsunfähigkeit im Strafrecht, in: Zeitschrift für Wirtschafts- und Steuerstrafrecht (wistra) 2007, S. 450–455.

Arnhold, Peter, Auslegungshilfen zur Bestimmung der Geschäftslagetäuschung im Rahmen der § 331 Nr. 1 HGB, § 400 I Nr. 1 AktG, § 82 II Nr. 2 GmbHG, 1993; München; Herbert Utz Verlag. (zitiert als: *Arnhold*, Auslegungshilfen)

Arzt, Gunther, Der Einfluß von Beweisschwierigkeiten auf das materielle Strafrecht, in: *Justiz, Bundesministerium für* (Hrsg.), Strafrechtliche Probleme der Gegenwart. Referate des 8., von der Vereinigung Österreichischer Richter veranstalteten Fortbildungsseminar aus Strafrecht und Kriminologie; 1980; Ottenstein; Bundesministerium für Justiz; S. 77–104. (zitiert als: *Arzt*, in: Strafrechtliche Probleme der Gegenwart)

Arzt, Gunther u. a. (Hrsg.), Strafrecht. Besonderer Teil; 4. Auflage; 2021; Bielefeld; Verlag Ernst und Werner Gieseking. (zitiert als: *Bearbeiter*, in: AWHH-StrafR BT)

Assmann, Heinz-Dieter/Schütze, Rolf A./Buck-Heeb, Petra (Hrsg.), Handbuch des Kapitalanlagerechts; 5. Auflage; 2020; München; C.H. Beck. (zitiert als: *Bearbeiter*, in: HdB-KapAnR)

Auerbach, Dirk (Hrsg.), Banken- und Wertpapieraufsicht. Handbuch; 2. Auflage; 2023; München; C.H. Beck. (zitiert als: *Bearbeiter*, in: Bankenaufsicht)

Bach, Florian, Kundenbindungsprogramme und Bestechung im geschäftlichen Verkehr nach § 299 II StGB, in: Zeitschrift für Wirtschafts- und Steuerstrafrecht (wistra) 2008, S. 47–50.

Bachmann, Gregor, Die Erklärung zur Unternehmensführung (Corporate Governance Statement), in: Zeitschrift für Wirtschaftsrecht (ZIP) 2010, S. 1517–1526.

Bachmann, Mario/Goeck, Ferdinand, Ein Blick in den Abgrund? – Strafrecht auf dem Prüfstand von Verfassung und Kriminologie, in: *Brunhöber, Beatrice u. a. (Hrsg.)*, Strafrecht und Verfassung. 2. Symposium junger Strafrechtlerinnen und Strafrechtlicher Berlin 2012; 2012; Baden-Baden; Nomos; S. 37–56. (zitiert als: *Bachmann/Goeck*, in: Strafrecht und Verfassung)

Bäcker, Matthias, Kriminalpräventives Strafrecht und polizeiliche Kriminalprävention, in: *Baumeister, Peter/Roth, Wolfgang/Ruthig, Josef (Hrsg.)*, Staat, Verwaltung und Rechtsschutz. Festschrift für Wolf-Rüdiger Schenke zum 70. Geburtstag; 2011; Berlin; Duncker & Humblot; S. 331–354. (zitiert als: *Bäcker*, in: FS Schenke)

Bäcker, Matthias, Kriminalpräventionsrecht. Eine rechtsetzungsorientierte Studie zum Polizeirecht, zum Strafrecht und zum Strafverfahrensrecht 2015; Tübingen; Mohr Siebeck. (zitiert als: *Bäcker*, Kriminalpräventionsrecht)

Bäcker, Matthias/Denninger, Erhard/Graulich, Kurt (Hrsg.), Handbuch des Polizeirechts. Gefahrenabwehr – Strafverfolgung – Rechtsschutz; 7. Auflage; 2021; München; C.H. Beck. (zitiert als: *Bearbeiter*, in: HdB-PolizeiR)

Backes, Otto, Kriminalpolitik ohne Legitimität, in: Kritische Vierteljahresschrift für Gesetzgebung und Rechtswissenschaft (KritV) 1986, S. 315–342.

Backes, Otto, Der Kampf des Strafrechts gegen nicht-organisierte Terroristen. Anmerkungen zum Referentenentwurf eines Gesetzes zur Verfolgung der Vorbereitung von schweren Gewalttaten, in: Strafverteidiger (StV) 2008, S. 654–660.

Baetge, Jörg/Kirsch, Hans-Jürgen/Thiele, Stefan (Hrsg.), Bilanzrecht – Handelsrecht mit Steuerrecht und den Regelungen des IASB; 2020; Bonn; Stollfuß. (zitiert als: *Bearbeiter*, in: BKT-Bilanzrecht)

Balzer, Peter u. a. (Hrsg.), Heymann-Handelsgesetzbuch, Bd. 3, §§ 238 bis 342e; 3. Auflage; 2020; Berlin; De Gruyter. (zitiert als: *Bearbeiter*, in: *Heymann-HGB*)

Baratta, Allesandro, Jenseits der Strafe – Rechtsgüterschutz in der Risikogesellschaft. Zur Neubewertung der Funktionen des Strafrechts, in: *Haft, Fritjof u. a. (Hrsg.)*, Strafgerechtigkeit. Festschrift für Arthur Kaufmann zum 70. Geburtstag; 1993; Heidelberg; C. F. Müller; S. 393–416. (zitiert als: *Baratta*, in: FS Kaufmann)

Baroke, Uta, Grenzenlose Vorverlagerung des Strafrechtsschutzes durch Gefährdungsdelikte?, in: *Sinn, Arndt/Gropp, Walter/Nagy, Ferenc (Hrsg.)*, Grenzen der Vorverlagerung in einem Tatstrafrecht. Eine rechtsvergleichende Analyse am Beispiel des deutschen und ungarischen Strafrechts; 2011; Göttingen; Universtitätsverlag Osnabrück; S. 247–276. (zitiert als: *Baroke*, in: Grenzen)

Bartmann, Gunnar Ch., Der Submissionsbetrug, 1999; Berlin; Zugelassen als Dissertationsschrift. (zitiert als: *Bartmann*, Submissionsbetrug)

Barton, Stephan, Sozial übliche Geschäftstätigkeit und Geldwäsche (§ 261 StGB), in: Strafverteidiger (StV) 1993, S. 156–163.

Barton, Stephan, Der Tatbestand der Abgeordnetenbestechung, in: Neue Juristische Wochenschrift (NJW) 1994, S. 1098–1101.

Başar, Eren, Modernes Strafrecht – vergessene Freiheit?, 2014; Berlin; Logos. (zitiert als: *Başar*, Modernes Strafrecht)

Baumann, Jürgen, Strafrecht und Wirtschaftskriminalität – Eine wegen des E eines 2. WiKG notwendige Erwiderung, in: JuristenZeitung (JZ) 1983, S. 935–939.

Baumann, Jürgen u. a. (Hrsg.), Strafrecht. Allgemeiner Teil; 13. Auflage; 2021; Ernst und Werner Gieseking: Bielefeld. (zitiert als: *Bearbeiter*, in: BWME-StrafR AT)

Baur, Alexander, Tatbestandstypenlehre und ihre Bedeutung für die Fallbearbeitung – Teil 2. Ein Examinatorium für das Referendar- und Assessorexamen, in: Zeitschrift für das juristische Studium (ZJS) 2017, S. 655–666.

Beck, Ulrich, Politik in der Risikogesellschaft. Essays und Analysen, 1991; Frankfurt a. M.; Suhrkamp. (zitiert als: *Beck*, Politik)

Beck, Ulrich, Risikogesellschaft: auf dem Weg in eine andere Moderne, 22. Auflage, 2015; Frankfurt am Main; Suhrkamp. (zitiert als: *Beck*, Risikogesellschaft)

Beck, Wolfgang, Unrechtsbegründung und Vorfeldkriminalisierung. Zum Problem der Unrechtsbegründung im Bereich vorverlegter Strafbarkeit, erörtert unter besonderer Berücksichtigung der Deliktstatbestände des politischen Strafrechts, 1992; Berlin; Duncker & Humblot. (zitiert als: *Beck*, Unrechtsbegründung)

Beckemper, Katharina, Das Rechtsgut „Vertrauen in die Funktionsfähigkeit der Märkte“, in: Zeitschrift für Internationale Strafrechtsdogmatik (ZIS) 2011, S. 318–323.

Becker, Christian/Endert, Volker, Außerbilanzielle Geschäfte, Zweckgesellschaften und Strafrecht, in: Zeitschrift für Unternehmens- und Gesellschaftsrecht (ZGR) 2012, S. 699–729.

Becker, Jörg-Peter u. a. (Hrsg.), Großkommentar zur StPO und zum GVG; 27. Auflage; 2021; Berlin; De Gruyter. (zitiert als: *Bearbeiter*, in: LR-StPO)

Bender, Elias, Normzweck und Deliktstypus der einfachen und schweren Brandstiftung gem. §§ 306, 306a StGB n.F., 2014; Berlin; Duncker & Humblot. (zitiert als: *Bender*, Normzweck und Deliktstypus)

Bender, Elias, Zur Relevanz der Brandforschung für die Dogmatik des Brandstrafrechts am Beispiel der schweren Brandstiftung nach § 306a I StGB, in: *Bock, Stefanie/Harrendorf, Stefan/Ladiges, Manuel (Hrsg.)*, Strafrecht als interdisziplinäre Wissenschaft. 4. Symposium Junger Strafrechtlerinnen und Strafrechtler in Göttingen 2014; 2015; Baden-Baden; Nomos; S. 119–138. (zitiert als: *Bender,* in: Interdisziplinäres Strafrecht)

Bender, Johannes, Sonderstraftatbestände gegen Submissionsabsprachen. Eine Untersuchung deutscher, französischer, italienischer Vorschriften und europäischer Initiativen, 2005; Herbholzheim; Centaurus. (zitiert als: *Bender,* Sonderstraftatbestände)

Benthin, Sabine, Subventionspolitik und Subventionskriminalität – Zur Legitimität und Rationalität des Subventionsbetrugs (§ 264 StGB), in: Kritische Vierteljahresschrift für Gesetzgebung und Rechtswissenschaft (KritV) 2010 (93), S. 288–303.

Benthin, Sabine, Subventionspolitik und Subventionskriminalität: Zur Legitimität und Rationalität des Tatbestandes zum Subventionsbetrug (§ 264 StGB), 2011; Frankfurt; Peter Lang. (zitiert als: *Benthin,* Subventionspolitik und Subventionskriminalität)

Berberich, Jana/Singelnstein, Tobias, Die Informalisierung der strafprozessualen Verfahrenserledigung als Ausdruck einer ambivalenten Rekonfiguration strafrechtlicher Sozialkontrolle, in: Kriminologisches Journal (KrimJ) 2019, S. 192–212.

Bergmann, Marcus, Die Insolvenzverschleppung nach § 15a IV InsO durch eine nur faktischen Geschäftsführer, in: Neue Zeitschrift für Wirtschafts-, Steuer- und Unternehmensstrafrecht (NZWiSt) 2014, S. 81–84.

Bergmann, Marcus/Pfaff, Annabell, Die notwendigen Erweiterungen des Vortatenkatalogs in. § 261 Abs. 1 S. 2 StGB aufgrund von Art. 2 Nr. 1 S. 1 der Richtlinie (EU) 2018/1673, in: *Schröder, Christian/Bergmann, Marcus/Pfaff, Annabell (Hrsg.),* Lösungsvorschläge für das Geldwäschestrafrecht. Die Konsequenzen der Richtlinie (EU) 2018/1673 und Vorschläge zur teleologischen Reduktion; 2020; Halle; Universitätsverlag Halle-Wittenberg; S. 9–42. (zitiert als: *Bergmann/Pfaff,* in: Lösungsvorschläge)

Betram, Klaus/Kessler, Harald/Müller, Stefan (Hrsg.), HGB Bilanz Kommentar; 11. Auflage; 2020; Freiburg; Haufe Group. (zitiert als: *Bearbeiter,* in: Haufe HGB)

Berz, Ulrich, Formelle Tatbestandsverwirklichung und materialer Rechtsgüterschutz, 1986; München; Beck. (zitiert als: *Berz,* Tatbestandsverwirklichung)

Beulke, Werner/Stoffer, Hannah, Bewährung für den Deal? Konsequenzen des BVerfG-Urteils vom 19. März 2013 für die Verständigungspraxis in deutschen Gerichtssälen, in: JuristenZeitung (JZ) 2013, S. 662–673.

Bieneck, Klaus, Strafrechtliche Relevanz der Insolvenzordnung und aktueller Änderungen des Eigenkapitalersatzrechts, in: Strafverteidiger (StV) 1999, S. 43–47.

Binding, Karl, Die Normen und ihre Übertretung I. Normen und Strafgesetze, Neudruck der 4. Auflage, 1965; Leipzig; Scientia Verlag. (zitiert als: *Binding*, Normen I)

Binding, Karl, Die Normen und ihre Übertretung II, 2. Auflage, 1965; Aalen; Scientia. (zitiert als: *Binding*, Normen II)

Bisson, Frank, Die Strafbarkeit des Geschäftsführers oder Liquidators einer GmbH wegen Insolvenzverschleppung, in: GmbH-Rundschau (GmbHR) 2005, S. 843–852.

Bittmann, Folker, Neufassung des § 19 II InsO, in: Zeitschrift für Wirtschafts- und Steuerstrafrecht (wistra) 2009, S. 138–141.

Bittmann, Folker, Strafrechtliche Folgen des MoMiG, in: Neue Zeitschrift für Strafrecht (NStZ) 2009, S. 113–120.

Bittmann, Folker/Molkenbur, Josef, Private Ermittlungen, arbeitsrechtliche Aussagepflicht und strafprozessuale Schweigerecht, in: Zeitschrift für Wirtschafts- und Steuerstrafrecht (wistra) 2009, S. 373–379.

Bittmann, Folker, Risikogeschäfte – Untreue – Bankenkrise, in: Neue Zeitschrift für Strafrecht (NStZ) 2011, S. 361–369.

Bittmann, Folker (Hrsg.), Praxishandbuch Insolvenzstrafrecht; 2. Auflage; 2017; Berlin; de Gruyter. (zitiert als: *Bearbeiter*, in: Bittmann-InsStrafR)

Bloy, René Herbert, Möglichkeiten und Grenzen der Gewährleistung von Sicherheit durch Strafrecht, in: *Momsen, Carsten/Bloy, René Herbert/Rackow, Peter (Hrsg.)*, Fragmentarisches Strafrecht. Beiträge zum Strafrecht, Strafprozeßrecht und zur Strafrechtsvergleichung – Für Manfred Maiwald aus Anlaß seiner Emeritierung, verfaßt von seinen Schülern, Mitarbeitern und Freunden; 2003; Frankfurt; Peter Lang; S. 9–28. (zitiert als: *Bloy*, in: Fragmentarisches Strafrecht)

Bloy, René Herbert, Symbolik im Strafrecht, in: *Freund, Georg u. a. (Hrsg.)*, Grundlagen und Dogmatik des gesamten Strafrechtssystems. Festschrift für Wolfgang Frisch zum 70. Geburtstag; 2013; Berlin; Duncker & Humblot; S. 59–80. (zitiert als: *Bloy*, in: FS Frisch)

Bock, Dennis, Strafrechtliche Aspekte der Compliance-Diskussion – § 130 OWiG als zentrale Norm der Criminal Compliance, in: Zeitschrift für Internationale Strafrechtsdogmatik (ZIS) 2009, S. 68–81.

Bock, Dennis, Strafrechtlich gebotene Unternehmensaufsicht (Criminal Compliance) als Problem der Rechtssicherheit. Zur Legitimation eines neuen wirtschaftsregulierenden Rechtsgebiets, in: Zeitschrift für Wirtschafts- und Steuerstrafrecht (wistra) 2011, S. 201–206.

Bohnert, Joachim, Die Abstraktheit der abstrakten Gefährdungsdelikte, in: Juristische Schulung (JuS) 1984, S. 182–187.

Bommer, Felix u. a., Alternativ-Entwurf Audiovisuelle Dokumentation der Hauptverhandlung, in: Goltdammer's Archiv für Strafrecht (GA) 2019, S. 1–128.

Bongertz, Bastian, IAS-Verordnung: Zur Vereinbarkeit der Verordnung (EG) Nr. 1606/2002 mit den Vorgaben des EU-Vertrags und zu den Auswirkungen dieser Verordnung auf das deutsche Bilanzrecht und Bilanzstrafrecht, 2008; Baden-Baden; Nomos. (zitiert als: *Bongertz*, IAS-Verordnung)

Boos, Karl-Heinz/Fischer, Reinfrid/Schulte-Mattler, Hermann (Hrsg.), Kommentar zu Kreditwesengesetz, VO (EU) Nr. 575/2013 (CRR) und Ausführungsvorschriften; 5. Auflage; 2016; München; C.H. Beck. (zitiert als: *Bearbeiter*, in: KWG)

Borchard, Oliver, Gehalt und Nutzen des § 264a StGB (Kapitalanlagebetrug), 2004; Göttingen; Cuvillier. (zitiert als: *Borchard*, Gehalt und Nutzen)

Bosch, Nikolaus, Organisationsverschulden in Unternehmen, 2002; Baden-Baden; Nomos. (zitiert als: *Bosch*, Organisationsverschulden)

Böse, Martin, Grundrecht und Strafrecht als „Zwangsrecht“, in: *Hefendehl, Roland/von Hirsch, Andrew/Wohlers, Wolfgang (Hrsg.)*, Die Rechtsgutstheorie. Legitimationsbasis des Strafrechts oder dogmatisches Glasperlenspiel?; 2003; Baden-Baden; Nomos; S. 89–95. (zitiert als: *Böse*, in: Die Rechtsgutstheorie)

Böse, Martin, Die gesellschaftsrechtlichen Regeln über die Geschäftsführung als Grenze von Garantenpflichten am Beispiel der strafrechtlichen Produktverantwortung, in: Zeitschrift für Wirtschafts- und Steuerstrafrecht (wistra) 2005, S. 41–46.

Böse, Martin, Das Rechtsgut der Auslandsbestechung (§ 33a StGB), in: Zeitschrift für Internationale Strafrechtsdogmatik (ZIS) 2018, S. 119–128.

Bottke, Wilfried, Das Wirtschaftsstrafrecht in der Bundesrepublik Deutschland – Lösungen und Defizite (1 Teil), in: Zeitschrift für Wirtschafts- und Steuerstrafrecht (wistra) 1991, S. 1–10.

Bottke, Wilfried, Haftung aus Nichtverhütung von Straftaten Untergebener in Wirtschaftsunternehmen de lege lata, 1994; Berlin; Duncker & Humblot. (zitiert als: *Bottke*, Haftung aus Nichtverhütung)

Bottke, Wilfried, Zur Legitimität des Wirtschaftsstrafrechts im engen Sinne und seiner spezifischen Deliktsbeschreibungen, in: *Schünemann, Bernd/González, Carlos Suárez (Hrsg.)*, Bausteine des europäischen Wirtschaftsstrafrechts. Madrid-Symposium für Klaus Tiedemann; 1994; Köln; Heymann; S. 109–124. (zitiert als: *Bottke*, in: Bausteine)

Bottke, Wilfried, Täterschaft und Teilnahme im deutschen Wirtschaftskriminalrecht – de lege lata und de lege ferenda, in: Juristische Schulung (JuS) 2002, S. 320–324.

Brammsen, Joerg/Apel, Simon, Anstiftung oder Täterschaft? „Organisationsherrschaft" in Wirtschaftsunternehmen, in: Zeitschrift für das juristische Studium (ZJS) 2008, S. 256–264.

Brand, Christian, Untreue und Bankrott in der KG und GmbH & Co KG: Zugleich ein Beitrag zum Gesamthandsprinzip, 2010; Berlin; Duncker & Humblot. (zitiert als: *Brand*, Untreue und Bankrott)

Brand, Christian/Wostry, Thomas, Die Strafbarkeit des Vorstandsmitglieds einer AG gem. § 299 I StGB, in: Wettbewerb in Recht und Praxis (WRP) 2008, S. 637–645.

Braum, Stefan, Fortgeschrittenenklausur – Strafrecht: Betrug, Untreue, Bestechlichkeit und Bestechung im geschäftlichen Verkehr, in: Juristische Schulung (JuS) 2004, S. 225–230.

Braun, Stefan, Gründe für das Auftreten von Absprachen im Strafverfahren, in: Anwaltsblatt (AnwB) 2000, S. 222–227.

Brehm, Wolfgang, Zur Dogmatik des abstrakten Gefährdungsdelikts, 1973; Tübingen; Mohr. (zitiert als: *Brehm*, Abstraktes Gefährdungsdelikt)

Brehm, Wolfgang, Die ungefährliche Brandstiftung – BGH, NJW 1975, 1369, in: Juristische Schulung (JuS) 1976, S. 22–25.

Breidenbach, Sarah, Die strafrechtliche Bekämpfung terroristischer Vereinigungen. Analyse und Präzisierung der §§ 129a, 129b StGB, 2009; Hamburg; Kovač. (zitiert als: *Breidenbach*, Bekämpfung)

Brettel, Hauke/Schneider, Hendrik, Wirtschaftsstrafrecht, 2021; Baden-Baden; Nomos. (zitiert als: *Brettel/Schneider*, WiStR)

Breuer, Rüdiger, Empfehlen sich Änderungen des strafrechtlichen Umweltschutzes insbesondere in Verbindung mit dem Verwaltungsrecht?, in: Neue Juristische Wochenschrift (NJW) 1988, S. 2072–2085.

Bringewat, Peter, Grundbegriffe des Strafrechts. Grundlagen – Allgemeine Verbrechenslehre – Aufbauschemata, 2018; Baden-Baden; Nomos. (zitiert als: *Bringewat*, Grundbegriffe)

Bröckers, Kurt, Versicherungsmißbrauch (§ 265 StGB), 1999; Aachen; Shaker. (zitiert als: *Bröckers*, § 265 StGB)

Bröckling, Ulrich, Vorbeugen ist besser … Zur Soziologie der Prävention, in: Behemoth – A Journal on Civilisation (Behemoth) 2008, S. 38–48.

Bröckling, Ulrich, Dispositive der Vorbeugung: Gefahrenabwehr, Resilienz, Precaution, in: *Daase, Christopher/Offermann, Philipp/Rauer, Valentin (Hrsg.)*, Sicherheitskultur: soziale und politische Praktiken der Gefahrenabwehr; 2012; Frankfurt a. M.; Campus Verlag; S. 93–108. (zitiert als: *Bröckling*, in: Sicherheitskultur)

Brodowski, Dominik, Supranationale europäische Verwaltungssanktion. Entwicklungslinien – Dimensionen des Strafrechts – Legitimität, in: *Tiedemann, Klaus u. a. (Hrsg.)*, Die Verfassung modernder Strafrechtspflege. Erinnerung an Joachim Vogel; 2016; Baden-Baden; Nomos; S. 139–180. (zitiert als: *Brodowski*, in: GS Vogel)

Brodowski, Dominik, Die Evolution des Strafrechts. Strafverfassungsrechtliche, europastrafrechtliche und kriminalpolitische Wirkungen auf Strafgesetzgebung, 2023; Baden-Baden; Nomos. (zitiert als: *Brodowski*, Evolution)

Brunhöber, Beatrice, Privatisierung des Ermittlungsverfahrens im Strafprozess, in: Goltdammer's Archiv für Strafrecht (GA) 2010, S. 551–606.

Brunhö*ber, Beatrice*, „Ohne Sicherheit keine Freiheit" oder „Umbau des Rechtsstaats zum Präventionsstaat"?, in: *Brunhöber, Beatrice (Hrsg.)*, Strafrecht im Präventionsstaat; 2014; Stuttgart; Franz Steiner; S. 9–15. (zitiert als: *Brunhöber*, in: Präventionsstaat)

Brunhöber, Beatrice, Von der Unrechtsahndung zur Risikostreuerung durch Strafrecht und ihre Schranken, in: *Hefendehl, Roland/Hörnle, Tatjana/Greco, Luís (Hrsg.)*, Streitbare Strafrechtswissenschaft. Festschrift für Bernd Schünemann zum 70. Geburtstag am 1. November 2014; 2014; Berlin; De Gruyter; S. 3–16. (zitiert als: *Brunhöber*, in: FS Schünemann)

Brunhöber, Beatrice, Die präventive Wende in der Strafrechtsgesetzgebung. Gebotene Akzentverschiebung in der strafrechtswissenschaftlichen Entgegnung, in: *Asholt, Martin u. a. (Hrsg.)*, Grundlagen und Grenzen des Strafens. 3. Symposium Junger Strafrechtlerinnen und Strafrechtler; 2015; Baden-Baden; Nomos; S. 13–34. (zitiert als: *Brunhöber*, in: Grundlagen und Grenzen)

Brunhöber, Beatrice, Funktionswandel des Strafrechts in der Sicherheitsgesellschaft, in: *Puschke, Jens/Singelnstein, Tobias (Hrsg.)*, Der Staat und die Sicherheitsgesellschaft; 2018; Wiesbaden; Springer; S. 193–215. (zitiert als: *Brunhöber*, in: Sicherheitsgesellschaft)

Brunhöber, Beatrice, Grundrechtliche Sonderstellung des Strafrechts?, in: *Bäcker, Matthias/Burchard, Christoph (Hrsg.)*, Strafverfassungsrecht; 2022; Tübingen; Mohr Siebeck; S. 53–82. (zitiert als: *Brunhöber*, in: Strafverfassungsrecht)

Brunhöber, Beatrice, Was ist freiheitlich-demokratische Strafrechtsbegrenzung? Stärkung des Blicks der Kriminalisierungstheorien für die Freiheit der Verbotsadressierten., in: *Brunhöber, Beatrice u. a. (Hrsg.)*, Strafrecht als Risiko. Festschrift für Cornelius Prittwitz zum 70. Geburtstag; 2023; Baden-Baden; Nomos; S. 59–76. (zitiert als: *Brunhöber*, in: FS Prittwitz)

Brüning, Janique/Samson, Erich, Bankenkrise und strafrechtliche Haftung wegen Untreue gem. § 266 StGB, in: Zeitschrift für Wirtschaftsrecht (ZIP) 2009, S. 1089–1094.

Brunkhorst, Hauke, Folter, Würde und repressiver Liberalismus, in: *Uwer, Thomas (Hrsg.)*, „Bitte bewahren Sie Ruhe“ – Leben im Feindrechtsstaat; 2006; Berlin; Vereinigung Berliner Strafverteidiger; S. 103–116. (zitiert als: *Brunkhorst*, in: Feindrechtsstaat)

Bücklers, Maximilian, Bilanzfälschung nach § 331 Nr. 1 HGB, 2002; Aachen; Shaker. (zitiert als: *Bücklers*, Bilanzfälschung)

Bülte, Jens, Vorgesetztenverantwortlichkeit im Strafrecht, 2015; Baden-Baden; Nomos. (zitiert als: *Bülte*, Vorgesetztenverantwortlichkeit)

Bülte, Jens, Ordnungswidrigkeitenrecht, 2020; München; C.H. Beck. (zitiert als: *Bülte*, OWiG)

Bung, Jochen, Feindstrafrecht als Theorie der Normgeltung und der Person, in: HRRS (HRRS) 2006, S. 63–71.

Bung, Jochen, Grundlagenprobleme der Privatisierung von Sanktions- und Präventionsaufgaben, in: Zeitschrift für die gesamte Strafrechtswissenschaft (ZStW) 125 (2013), S. 536–560.

Burchard, Christoph, Strafverfassungsrecht – Vorüberlegungen zu einem Schlüsselbegriff, in: *Tiedemann, Klaus u. a. (Hrsg.)*, Die Verfassung moderner Strafrechtspflege. Erinnerung an Joachim Vogel; 2016; Baden-Baden; Nomos; S. 25–62 (zitiert als: *Burchard*, in: GS Vogel)

Burchard, Christoph, Künstliche Intelligenz als Ende des Strafrechts? Zur algorithmischen Transformation der Gesellschaft, in: *Schuhr, Jan/Joerden, Jan (Hrsg.)*, Jahrbuch für Recht und Ethik / Annual Review of Law and Ethics. Bd. 27 (2019). Themenschwerpunkt: Strafrecht und Rechtsphilosophie – Zugleich Gedächtnisschrift für Joachim Hruschka; 2019; Berlin; Duncker & Humblot; S. 527–556. (zitiert als: *Burchard*, in: GS Hruschka)

Burchard, Christoph, Digital Criminal Compliance, in: *Engelhart, Marc/Kudlich, Hans/Vogel, Benjamin (Hrsg.)*, Digitalisierung, Globalisierung und Risikoprävention. Festschrift für Ulrich Sieber zum 70. Geburtstag; 2021; Berlin; Duncker & Humblot; S. 741–756. (zitiert als: *Burchard*, in: FS Sieber)

Burchard, Christoph, Von der „Strafrechts“ordnung der Prädiktionsgesellschaft zur Strafrechts„ordnung“ des liberalen Rechtsstaats, in: *Forst, Rainer/Günther, Klaus (Hrsg.)*, Normative Ordnungen; 2021; Berlin; Suhrkamp; S. 553–579. (zitiert als: *Burchard*, in: Normative Ordnungen)

Burchard, Christoph, Strafrecht in der Diagnosegesellschaft. Zum Politischen eines durch Gesellschafts- und Zeitdiagnosen orientierten Strafrechts, in: *Brunhöber, Beatrice u. a. (Hrsg.)*, Strafrecht als Risiko. Festschrift für Cornelius Prittwitz zum 70. Geburtstag; 2023; Baden-Baden; Nomos; S. 77–94. (zitiert als: *Burchard*, in: FS Prittwitz)

Bürger, Sebastian, § 299 StGB – eine Straftat gegen den Wettbewerb?, in: Zeitschrift für Wirtschafts- und Steuerstrafrecht (wistra) 2003, S. 130–136.

Burghardt, Boris, Was ist das Problem mit der Prävention im Strafrecht?, in: *Brunhöber, Beatrice (Hrsg.)*, Strafrecht im Präventionsstaat; 2014; Stuttgart; Steiner; S. 61–82. (zitiert als: *Burghardt*, in: Präventionsstaat)

Burghardt, Boris, Informalisierung der Strafjustiz – Begriff, Begründung, Kritik, in: Kriminologisches Journal (KrimJ) 2019, S. 172–191.

Burghardt, Boris, Informalisierung des Rechts, in: *Boulanger, Christian/Rosenstock, Julika/Singelnstein, Tobias (Hrsg.)*, Interdisziplinäre Rechtsforschung. Eine Einführung in die geistes- und sozialwissenschaftliche Befassung mit dem Recht und seiner Praxis; 2019; Wiesbaden; Springer Fachmedien; S. 259–273. (zitiert als: *Burghardt*, in: Interdisziplinäre Rechtsforschung)

Busch, Ralf, Kostenloser Computer für eine Schulfotoaktion – Erlaubtes „Schulsponsoring" oder strafbare Korruption?, in: Neue Juristische Wochenschrift (NJW) 2006, S. 1100–1103.

Busch-Gervasoni, Ulrich, Nach dem Urteil des Bundesverfassungsgerichts zur Verständigung im Strafprozess: Auswirkungen und praktischer Reformbedarf für das Strafverfahren aus staatsanwaltlicher Sicht, in: *Lüderssen, Klaus/Volk, Klaus/Wahle, Eberhard (Hrsg.)*, Festschrift für Wolf Schiller zum 65. Geburtstag am 12. Januar 2014; 2014; Baden-Baden; Nomos; S. 109–126. (zitiert als: *Busch-Gervasoni*, in: FS Schiller)

Bussmann, Kai, Konservative Anmerkungen zur Ausweitung des Strafrechts nach dem Sechsten Strafrechtsreformgesetz, in: Strafverteidiger (StV) 1999, S. 613–622.

Bussmann, Kai, Integrität durch nachhaltiges Compliance Management über Risiken, Werte und Unternehmenskultur, in: CCZ – Corporate Compliance (CCZ) 2016, S. 50–57.

Bussmann, Kai/Salvenmoser, Steffen/Jeker, Marc, Compliance ist im Markt, aber noch nicht im Recht – Ergebnisse einer Unternehmensbefragung, in: CCZ – Corporate Compliance (CCZ) 2016, S. 235–240.

Büttner, Holger, Der neue Überschuldungsbegriff und die Änderung des Insolvenzstrafrechts, in: Zeitschrift für das gesamte Insolvenz- und Sanierungsrecht (ZInsO) 2009, S. 841–857.

Bützler, Volker, Staatsschutz mittels Vorfeldkriminalisierung – Eine Studie zum Hochverrat, Terrorismus und den schweren staatsgefährdenden Gewalttaten, 2017; Baden-Baden; Nomos. (zitiert als: *Bützler*, Staatsschutz)

Callies, Rolf-Peter, Strafzwecke und Strafrecht. 40 Jahre Grundgesetz – Entwicklungstendenzen vom freiheitlichen zum sozial-autoritären Rechtsstaat?, in: Neue Juristische Wochenschrift (NJW) 1989, S. 1338–1343.

Canaris, Claus-Wilhelm/Hommelhoff, Peter (Hrsg.), Staub Handelsgesetzbuch. Großkommentar, Bd. 7/2: §§ 331–342e; 5. Auflage; 2012; Berlin; De Gruyter. (zitiert als: *Bearbeiter*, in: *Staub*-HGB)

Cancio Meliá, Manuel, Feind„strafrecht"?, in: Zeitschrift für die gesamte Strafrechtswissenschaft (ZStW) 117 (2005), S. 267–289.

Caracas, Christian, Verantwortlichkeit in internationalen Konzernstrukturen nach § 130 OWiG: am Beispiel der im Ausland straflosen Bestechung im geschäftlichen Verkehr, 2014; Baden-Baden; Nomos. (zitiert als: *Caracas*, Verantwortlichkeit)

Ceffinato, Tobias, Legitimation und Grenzen der strafrechtlichen Vertreterhaftung nach § 14 StGB, 2012; Berlin; Duncker & Humblot. (zitiert als: *Ceffinato*, Strafrechtliche Vertreterhaftung)

Ceffinato, Tobias, Vollendungsumkehr und Wiedergutmachung, 2017; Tübingen; Mohr Siebeck. (zitiert als: *Ceffinato*, Vollendungsumkehr)

Ceffinato, Tobias, Unternehmerische Handlungsspielräume im Insolvenzstrafrecht – Zu den „Anforderungen einer ordnungsgemäßen Wirtschaft", in: Zeitschrift für Wirtschaftsrecht (ZIP) 2018, S. 453–459.

Cerny, Jochen, § 264a StGB – Kapitalanlagebetrug. Gesetzliche Anlegerschutz mit Lücken, in: Monatsschrift für deutsches Recht (MDR) 1987, S. 271–279.

Chou, Yang-Yi, Zur Legitimität von Vorbereitungsdelikten, 2011; Baden-Baden; Nomos. (zitiert als: *Chou*, Vorbereitungsdelikte)

Conrad, Sebastian, § 298 StGB und der fehlerhafte Vergabewettbewerb, in: Zeitschrift für deutsches und internationales Bau- und Vergaberecht (ZfBR) 2015, S. 132–135.

Cramer, Peter, Der Vollrauschtatbestand als abstraktes Gefährdungsdelikt, 1962; Tübingen; Mohr. (zitiert als: *Cramer*, Vollrauschtatbestand)

Dann, Matthias, Und immer ein Stück weiter – Die Reform des deutschen Korruptionsstrafrechts, in: Neue Juristische Wochenschrift (NJW) 2016, S. 203–206.

Dann, Matthias/Schmidt, Kerstin, Im Würgegriff der SEC? – Mitarbeiterbefragungen und die Selbstbelastungsfreiheit, in: Neue Juristische Wochenschrift (NJW) 2009, S. 1851–1855.

Dannecker, Gerhard/Schröder, Thomas, Neuregelung der Bestechlichkeit und Bestechung im geschäftlichen Verkehr – Entgrenzte Untreue oder wettbewerbskonforme Stärkung des Geschäftsherrenmodells?, in: Zeitschrift für Rechtspolitik (ZRP) 2015, S. 48–51.

Dannecker, Gerhard u. a. (Hrsg.), Insolvenzstrafrecht; 3. Auflage; 2018; Heidelberg; C. F. Müller. (zitiert als: *Bearbeiter*, in: DKHS-Insolvenzstrafrecht)

Daxenberger, Matthias, Kumulationseffekte. Grenzen der Erfolgszurechnung im Umweltstrafrecht, 1997; Baden-Baden; Nomos. (zitiert als: *Daxenberger*, Kumulationseffekte)

Deiters, Mark, Aufklärungspflicht und Verständigung, in: Goltdammer's Archiv für Strafrecht (GA) 2014, S. 701–714.

Demirovic, Alex, Liberale Freiheit und das Sicherheitsdispositiv. Der Beitrag von Michel Foucalt, in: *Purtschert, Patricia/Meyer, Katrin/Winter, Yves (Hrsg.)*, Gouvernementalität und Sicherheit Zeitdiagnostische Beiträge im Anschluss an Foucault; 2015; Bielefeld; transcript; S. 229–250. (zitiert als: *Demirovic*, in: Gouvernementalität)

Denninger, Erhard, Der Präventions-Staat, in: Kriminologisches Journal (KJ) 1988, S. 1–15.

Derleder, Peter/Knops, Kai-Oliver/Bamberger, Heinz Georg (Hrsg.), Deutsches und europäisches Bank- und Kapitalmarktrecht, Bd. 2; 3. Auflage; 2017; Heidelberg; Springer. (zitiert als: *Bearbeiter*, in: Bank- und Kapitalmarktrecht)

Detzner, Madeleine, Rückkehr zum „klassischen Strafrecht" und die Einführung einer Beweislastumkehr, 1998; Frankfurt a. M.; Peter Lang. (zitiert als: *Detzner*, Rückkehr)

Di Fabio, Udo, Sicherheit durch Freiheit, in: Neue Juristische Wochenschrift (NJW) 2008, S. 421–425.

Dierlamm, Alfred, Verletzung der Berichtspflicht gem. § 332 HGB – eine Analyse des gesetzlichen Tatbestandes, in: NStZ (NStZ) 2000, S. 130–133.

Diller, Martin, Der Arbeitnehmer als Informant, Handlanger und Zeuge im Prozess des Arbeitgebers gegen Dritte, in: Der Betrieb (DB) 2004, S. 313–319.

Dobrosz, Natalia, Wirtschaftsstrafrecht und Divisionalisierung. Ein Beitrag zu Begriff und Systematisierung des Wirtschaftsstrafrechts, 2020; Heidelberg; C. F. Mülller. (zitiert als: *Dobrosz*, Divisionalisierung)

Dölling, Dieter, Die Neuregelung der Strafvorschriften gegen Korruption, in: Zeitschrift für die gesamte Strafrechtswissenschaft (ZStW) 112 (2000), S. 334–355.

Dölling, Dieter u. a. (Hrsg.), Gesamtes Strafrecht: StGB – StPO – Nebengesetze. Handkommentar; 5. Auflage; 2022; Baden-Baden; Nomos. (zitiert als: *Bearbeiter*, in: HK-GS)

Dreier, Horst, Bioethik zwischen gesellschaftlicher Pluralität und staatlicher Neutralität, 2010; Münster; WWU Münster. (zitiert als: *Dreier*, Bioethik)

Dreier, Thomas/Schulze, Gernot (Hrsg.), Urheberrechtsgesetz, Verwertungsgesellschaftengesetz, Kunsturhebergesetz – Kommentar; 7. Auflage; 2022; München; C.H. Beck. (zitiert als: *Bearbeiter*, in: *Dreier/Schulze*-UrhG)

Drescher, Ingo/Fleischer, Holger/Schmidt, Karsten (Hrsg.), Münchener Kommentar zum Handelsgesetzbuch, Bd. 4: §§ 238–342e HGB; 4. Auflage; 2020; München; C.H. Beck. (zitiert als: *Bearbeiter*, in: MüKo HGB)

Duttge, Gunnar, Vorbereitung eines Computerbetruges: Auf dem Weg zu einem „grenzenlosen" Strafrecht, in: *Heinrich, Bernd u. a. (Hrsg.)*, Festschrift für Ulrich Weber zum 70. Geburtstag. 18. September 2004; 2004; Bielefeld; Gieseking; S. 285–310. (zitiert als: *Duttge*, in: FS Weber)

Dzida, Boris, Big Data am Arbeitsplatz, in: Neue Zeitschrift für Arbeitsrecht (NZA) 2017, S. 541–546.

Eberle, Lutz, Der Subventionsbetrug nach Paragraph 264 StGB. Ausgewählte Probleme einer verfehlten Reform, 1983; Göttingen; Schwartz. (zitiert als: *Eberle*, Subentionsbetrug)

Ehrenberg, Marc A., Die Verschwiegenheit der Angehörigen rechtsberatender, steuerberatender und wirtschaftsprüfender Berufe, 2012; Baden-Baden; Nomos. (zitiert als: *Ehrenberg*, Verschwiegenheit)

Ehrhardt, Anne, Unternehmensdelinquenz und Unternehmensstrafe. Sanktionen gegen juristische Personen nach deutschem und US-amerikanischem Recht, 2021; Berlin; Duncker & Humblot. (zitiert als: *Ehrhardt*, Unternehmensdelinquenz)

Eicker, Andreas, Die Prozedualisierung des Strafrechts. Zur Entstehung, Bedeutung und Zukunft eines Paradigmenwechsels, 2010; Bern; Stämpfli. (zitiert als: *Eicker*, Prozeduralisierung)

Eisenberg, Ulrich, Beweisrecht der StPO. Spezialkommentar, 2017; München; C.H. Beck. (zitiert als: *Eisenberg*, Beweisrecht)

Eisolt, Dirk, Strafbare unrichtige Darstellung (§ 331 HGB) im Fall der sofortigen Vereinnahmung von Mietgarantiegebühren – Erläuterung des Beschlusses des KG Berlin vom 11. Februar 2010, in: Unternehmenssteuern und Bilanzen (StuB) 2010, S. 533–539.

Engelhart, Marc, Sanktionierung von Unternehmen und Compliance Eine rechtsvergleichende Analyse des Straf- und Ordnungswidrigkeitenrechts in Deutschland und den USA, 2012; Berlin; Duncker & Humblot. (zitiert als: *Engelhart*, Sanktionierung von Unternehmen)

Engelhart, Marc, Mitwirkung von Führungspersonen an der Tat und individuelle Organisationsverantwortlichkeit, in: *Engelhart, Marc/Kudlich, Hans/Vogel, Benjamin (Hrsg.)*, Digitalisierung, Globalisierung und Risikoprävention. Festschrift für Ulrich Sieber zum 70. Geburtstag; 2021; Berlin; Duncker & Humblot; S. 97–120. (zitiert als: *Engelhart*, in: FS Sieber)

Engelstätter, Tobias, Prävention durch Intervention – Terrorismusbekämpfung im Vorfeld der Rechtsgutsverletzung, in: *Fischer, Thomas/Hilgendorf, Eric*

(Hrsg.), Gefahr; 2020; Baden-Baden; Nomos; S. 181–198. (zitiert als: *Engelstätter*, in: Gefahr)

Engemann, Uta Inse, Die Regelung des Versicherungsmißbrauchs (§ 265 StGB) nach dem 6. Strafrechtsreformgesetz, 2001; Berlin; Mensch-und-Buch. (zitiert als: *Engemann*, Regelung des Versicherungsmißbrauchs)

Engländer, Armin, Revitalisierung der materiellen Rechtsgutslehre durch das Verfassungsrecht?, in: Zeitschrift für die gesamte Strafrechtswissenschaft (ZStW) 127 (2015), S. 616–634.

Engländer, Armin, Personale Rechtsgutslehre und normativer Individualismus, in: *Saliger, Frank u. a. (Hrsg.)*, Rechtsstaatliches Strafrecht. Festschrift für Ulfried Neumann zum 70. Geburtstag; 2017; Heidelberg; C. F. Müller; S. 547–560. (zitiert als: *Engländer*, in: FS Neumann)

Engländer, Armin/Zimmermann, Till, Whistleblowing als strafbarer Verrat von Geschäfts- und Betriebsgeheimnissen? Zur Bedeutung des juristisch-ökonomischen Vermögensbegriffs für den Schutz illegaler Geheimnisse bei § 17 UWG, in: Neue Zeitschrift für Wirtschafts-, Steuer- und Unternehmensstrafrecht (NZWiSt) 2012, S. 328–333.

Erb, Hilmar, Parteiverrat. Rechtsgut und Einwilligung im Tatbestand des § 356 StGB, 2005; München; Beck. (zitiert als: *Erb*, Parteiverrat)

Erb, Volker/Schäfer, Jürgen (Hrsg.), Münchener Kommentar zum StGB; 4. Auflage; 2022; München; C.H. Beck. (zitiert als: *Bearbeiter*, in: MüKo StGB)

Erdmann, Sven, Die Krisenbegriffe der Insolvenzstraftatbestände (§§ 283 ff. StGB), 2007; Berlin; Duncker & Humblot. (zitiert als: *Erdmann*, Krisenbegriffe der Insolvenzstraftatbestände)

Eschenfelder, Eike Dirk, Accounting Compliance – Haftungsrisiken und Organisationsanforderungen bei der Rechnungslegung in Kapitalgesellschaften, in: Betriebsberater (BB) 2014, S. 685–689.

Eser, Albin, Welches Strafrecht braucht und verträgt der Mensch? Einige Gedanken zu vernachlässigten Grundfragen, in: *Prittwitz, Cornelius u. a. (Hrsg.)*, Festschrift für Klaus Lüderssen zum 70. Geburtstag am 2. Mai 2002; 2002; Baden-Baden; Nomos; S. 195–194. (zitiert als: *Eser*, in: FS Lüderssen)

Esser, Robert u. a. (Hrsg.), Wirtschaftsstrafrecht. Kommentar mit Steuerstrafrecht und Verfahrensrecht; 2017; Köln; Dr. Otto Schmidt. (zitiert als: *Bearbeiter*, in: ERST-WiStR)

Evers, Adalbert, Risiko und Individualisierung. Was in Ulrich Becks „Risikogesellschaft“ unbegriffen bleibt, in: Kommune (Kommune) 1989, S. 33–49.

Evers, Adalbert/Nowotny, Helga, Über den Umgang mit Unsicherheit. Die Entdeckung der Gestaltbarkeit von Gesellschaft, 1987; Frankfurt a. M.; Suhrkamp. (zitiert als: *Evers/Nowotny*, Unsicherheit)

Fateh-Moghadam, Bijan, Criminal Compliance ernst genommen – zur Garantenstellung des Compliance-Beauftragten, in: *Steinberg, Georg/Valerius, Brian/Popp, Andreas (Hrsg.)*, Das Wirtschaftsstrafrecht des StGB. Analysen zur aktuellen höchstrichterlichen Rechtsprechung; 2011; Baden-Baden; Nomos; S. 25–48. (zitiert als: *Fateh-Moghadam*, in: Wirtschaftsstrafrecht des StGB)

Fateh-Moghadam, Bijan, Innovationsverantwortung im Strafrecht. Zwischen *strict liability*, Fahrlässigkeit und erlaubtem Risiko – Zugleich ein Beitrag zur Digitalisierung des Strafrecht, in: Zeitschrift für die gesamte Strafrechtswissenschaft (ZStW) 131 (2019), S. 863–887.

Fezer, Gerhard, Inquisitionsprozess ohne Ende? Zur Struktur des neuen Verständigungsgesetzes, in: Neue Zeitschrift für Strafrecht (NStZ) 2010, S. 177–185.

Fezer, Gerhard, Vom (noch) verfassungsgemäßen Gesetz über den defizitären Vollzug zum verfassungswidrigen Zustand, in: HRRS (HRRS) 2013, S. 117–119.

Fiolka, Gerhard, Das Rechtsgut. Strafgesetz versus Kriminalpolitik. Dargestellt am Beispiel des Allgemeinen Teils des schweizerischen Strafgesetzbuches, des Strassenverkehrsgesetzes (SVG) und des Betäubungsmittelgesetzes (BetmG), 2006; Basel; Helbing & Lichtenhahn. (zitiert als: *Fiolka*, Rechtsgut)

Fischer, Thomas, Das Verhältnis der Bekenntnisbeschimpfung (§ 130 StGB) zur Volksverhetzung (§ 130 StGB), in: Goltdammer's Archiv für Strafrecht (GA) 1989, S. 445–468.

Fischer, Thomas, Absprache-Regelung: Problemlösung oder Problem?, in: Strafverteidiger Forum (StraFo) 2009, S. 177–188.

Fischer, Thomas, Gefährliche Sachen, in: *Fischer, Thomas/Hilgendorf, Eric (Hrsg.)*, Gefahr; 2020; Baden-Baden; Nomos; S. 127–144. (zitiert als: *Fischer*, in: Gefahr)

Fischer, Thomas, Strafgesetzbuch mit Nebengesetzen, 2023; 70. Aufl.; München; C.H. Beck. (zitiert als: *Fischer*, StGB)

Fleischer, Holger, Die persönliche Haftung der Organmitglieder für kapitalmarktbezogene Falschinformationen – Bestandsaufnahme und Perspektiven, in: Zeitschrift für Bank- und Kapitalmarktrecht (BKR) 2003, S. 608–616.

Floeth, Michael, Zum tatsächlichen Zusammenhang zwischen Buchführungsdelikt und Eintritt der Strafbarkeitsbedingung – Anm. zu BGH, Beschl. v. 12. Februar 2014 – 1 StR 336/13, in: EWiR – Entscheidungen zum Wirtschaftsrecht (EWiR) 2015, S. 55–56.

Foffani, Luigi, Joachim Vogel und das moderne Wirtschaftsstrafrecht. Vorschein eines neuen regulativen Strafrechtsmodells?, in: *Tiedemann, Klaus u. a. (Hrsg.)*, Die Verfassung moderner Strafrechtspflege. Erinnerung an

Joachim Vogel; 2016; Baden-Baden; Nomos; S. 373–378. (zitiert als: *Foffani,* in: GS Vogel)

Fomferek, André, Der Begriff der unlauteren Bevorzugung im Wettbewerb im Rahmen des 3 299 I Nr. 1, II Nr. 1 StGB, in: Zeitschrift für Wirtschafts- und Steuerstrafrecht (wistra) 2017, S. 174–179.

Foucalt, Michel, Die Geburt der Biopolitik. Geschichte der Gouvernementalität II, 2006; Frankfurt a. M.; Suhrkamp. (zitiert als: *Foucalt,* Biopolitik)

Foucalt, Michel, Überwachen und Strafen. Die Geburt des Gefängnisses, 2008; Frankfurt a. M.; Suhrkamp. (zitiert als: *Foucalt,* Überwachen und Strafen)

Frehsee, Detlev, Die Strafe auf dem Prüfstand. Verunsicherungen des Strafrechts angesichts gesellschafterlicher Modernisierungsprozesse, in: Strafverteidiger (StV) 1996, S. 222–230.

Frehsee, Detlev, „Die Strafe auf dem Prüfstand" – Verunsicherungen des Strafrechts angesichts gesellschaftlicher Modernisierungsprozesse, in: *Schild, Wolfgang (Hrsg.),* Der Rechtsstaat verschwindet. Strafrechtliche Kontrolle im gesellschaftlichen Wandel von der Moderne zur Postmoderne; 2003; Berlin; Duncker & Humblot; S. 253–274. (zitiert als: *Frehsee,* in: Rechtsstaat)

Frehsee, Detlev, Fehlfunktionen des Strafrechts und der Verfall rechtsstaatlichen Freiheitsschutzes, in: *Schild, Wolfgang (Hrsg.),* Der Rechtsstaat verschwindet. Strafrechtliche Kontrolle im gesellschaftlichen Wandel von der Moderne zur Postmoderne; 2003; Berlin; Duncker & Humblot; S. 275–303. (zitiert als: *Frehsee,* in: Rechtsstaat)

Frisch, Wolfgang, Geglückte und folgenlose Strafrechtsdogmatik, in: *Eser, Albin/Hassemer, Winfried/Burkhardt, Björn (Hrsg.),* Die deutsche Strafrechtswissenschaft vor der Jahrtausendwende; 2000; Berlin; Duncker & Humblot; S. 159–198. (zitiert als: *Frisch,* in: Jahrtausendwende)

Frisch, Wolfgang, Rechtsgut, Recht, Deliktsstruktur und Zurechnung im Rahmen der Legitimation staatlichen Strafens, in: *Hefendehl, Roland/von Hirsch, Andrew/Wohlers, Wolfgang (Hrsg.),* Die Rechtsgutstheorie. Legitimationsbasis des Strafrechts oder dogmatisches Glasperlenspiel?; 2003; Baden-Baden; Nomos; S. 215–238. (zitiert als: *Frisch,* in: Rechtsgutstheorie)

Frisch, Wolfgang, Konzepte der Strafe und Entwicklungen des Strafrechts in Europa, in: Goltdammer's Archiv für Strafrecht (GA) 2009, S. 385–405.

Frisch, Wolfgang, Voraussetzungen und Grenzen staatlichen Strafens, in: Neue Zeitschrift für Strafrecht (NStZ) 2016, S. 16–25.

Frisch, Wolfgang, Zum Begrüdungshintergrund von Übel und Tadel in der Theorie der Strafe, in: Goltdammer's Archiv für Strafrecht (GA) 2019, S. 537–553.

Frister, Helmut, Strafrecht Allgemeiner Teil, 2023; 10. Aufl., München; C.H. Beck. (zitiert als: *Frister, Helmut,* StrafR AT)

Fritz, Hans-Joachim/Nolden, Dagmar, Unterrichtungspflichten und Einsichtsrechte des Arbeitnehmers im Rahmen von unternehmensinternen Untersuchungen, in: CCZ – Corporate Compliance (CCZ) 2010, S. 170–177.

Frytatzki, Christian, Die Beurteilung des Vorliegens von Insolvenzgründen – Entwurf eines neuen Standards des Instituts der Wirtschaftsprüfer (IDW ES 11), in: Neue Zeitschrift für Insolvenz- und Sanierungsrecht (NZI) 2014, S. 840–846.

Fuhr, Thomas, Die Äußerung im Strafgesetzbuch, 2001; Berlin; Duncker & Humblot. (zitiert als: *Fuhr*, Äußerung)

Gaede, Karsten, Kraft und Schwäche der systemimmanenten Legitimationsfunktion der Rechtsgutstheorie am Beispiel des Subventionsbetruges, in: *Hefendehl, Roland/von Hirsch, Andrew/Wohlers, Wolfgang (Hrsg.)*, Die Rechtsgutstheorie. Legitimationsbasis des Strafrechts oder dogmatisches Glasperlenspiel?; 2003; Baden-Baden; Nomos; S. 183–194. (zitiert als: *Gaede*, in: Die Rechtsgutstheorie)

Gaede, Karsten, Die Zukunft der europäisierten Wirtschaftskorruption gemäß § 299 StGB – Eine Evaluation des Referentenentwurfs des BMJV vom 13.6.2014, in: Neue Zeitschrift für Wirtschafts-, Steuer- und Unternehmensstrafrecht (NZWiSt) 2014, S. 281–290.

Gaede, Karsten, Der Steuerbetrug. Eine Untersuchung zur Systematisierung der europäisierten Deliktsfamilie des Betruges und zur legitimen Reichweite des notwendig normgeprägten Betrugsunrechts der Steuerhinterziehung – zugleich ein Beitrag zum Verhältnis von Strafrecht und Verfassungsrecht, 2016; Baden-Baden; Nomos. (zitiert als: *Gaede*, Steuerbetrug)

Gaede, Karsten/Leydecker, Philipp, Subventionsbetrug mit Hilfe der Kurzarbeit im Schatten der globalen Finanzmarktkrise, in: Neue Juristische Wochenschrift (NJW) 2009, S. 3542–3547.

Gallas, Wilhelm, Beiträge zur Verbrechenslehre, 1968; Berlin; De Gruyter. (zitiert als: *Gallas*, Beiträge zur Verbrechenslehre)

Gallas, Wilhelm, Abstrakte und konkrete Gefährdung, in: *Lüttger, Hans/Blei, Hermann/Hanau, Peter (Hrsg.)*, Festschrift für Ernst Heinitz zum 70. Geburtstag am 1. Januar 1972; 1972; Berlin; De Gruyter; S. 171–184. (zitiert als: *Gallas*, in: FS Heinitz)

Gans, Christian/Quick, Reiner, Inventurvereinfachungen: Vor- oder nachverlegte Inventur, permanente Inventur, in: Deutsches Steuerrecht (DStR) 1995, S. 306–312.

Garcia Martín, Luis, Über die notwendige Modernisierung des Strafrechts in der deutschen und spanischen Doktrin, in: Goltdammer's Archiv für Strafrecht (GA) 2010, S. 323–352.

Gärditz, Klaus, EGMR vom 8.6.1976 – Engel. Zum Anwendungsbereich strafrechtlicher Garantien des Art. 6 EMRK, in: *Menzel, Jörg/Pierlings, Tobias/Hoffmann, Jeannine (Hrsg.)*, Völkerrechtsprechung. Ausgewählte Entscheidungen zum Völkerrecht in Retrospektive; 2005; Tübingen; Mohr Siebeck; S. 530–533. (zitiert als: *Gärditz*, in: Völkerrechtsprechung)

Gärditz, Klaus, Strafbegründung und Demokratieprinzip, in: Der Staat (Der Staat) 2010 (49), S. 331–367.

Gärditz, Klaus, Staat und Strafrechtspflege. Braucht die Verfassungstheorie einen Begriff von Strafe?, 2015; Paderborn; Ferdinand Schöningh. (zitiert als: *Gärditz*, Staat und Strafrechtspflege)

Gärditz, Klaus, Demokratizität des Strafrechts und Ultima Ratio-Grundsatz, in: JuristenZeitung (JZ) 2016, S. 641–650.

Gärditz, Klaus, Das Strafrechtsdenken von Günther Jakobs aus der Sicht der Staats und Verfassungstheorie, in: *Kindhäuser, Urs u. a. (Hrsg.)*, Strafrecht und Gesellschaft. Ein kritischer Kommentar zum Werk von Günther Jakobs; 2019; Tübingen; Mohr Siebeck; S. 709–736. (zitiert als: *Gärditz*, in: Strafrecht und Gesellschaft)

Gärditz, Klaus, Demokratische Sonderstellung des Strafrechts?, in: *Bäcker, Matthias/Burchard, Christoph (Hrsg.)*, Strafverfassungsrecht; 2022; Tübingen; Mohr Siebeck; S. 15–52. (zitiert als: *Gärditz*, in: Strafverfassungsrecht)

Geerds, Detlev, Wirtschaftsstrafrecht und Vermögensschutz, 1990; Lübeck; Schmidt-Römhild. (zitiert als: *Geerds*, Wirtschaftsstrafrecht und Vermögensschutz)

Geiger, Thomas, Die Rechtsnatur der Sanktion. Grundrechtseingriff und die ihn legitimierenden Zwecke als Charakteristika d. Rechtsnatur. Zur erforderlichen Differenzierung in einen formellen und einen materiellen Strafbegriff, veranschaulicht am Beispiel d. §§ 56 ff, 2006; Berlin; Duncker & Humblot. (zitiert als: *Geiger*, Rechtsnatur)

Geismar, Anne-Gwendolin, Der Tatbestand der Aufsichtspflichtverletzung bei der Ahndung von Wirtschaftsdelikten. Eine Untersuchung zu § 130 OWiG unter Berücksichtigung des Kartellordnungswidrigkeitenrechts, 2012; Baden-Baden; Nomos. (zitiert als: *Geismar*, Aufsichtspflichtverletzung)

Geppert, Klaus, Die schwere Brandstiftung (§ 306 StGB), in: Jura (Jura) 1989, S. 417–426.

Geppert, Klaus, Versicherungsmißbrauch (§ 265 StGB neue Fassung), in: Juristische Ausbildung (Jura) 1998, S. 382–386.

Gercke, Björn/Wollschläger, Sebastian, Das Wettbewerbserfordernis i.S.d. § 299 StGB – zugleich Besprechung der „Allianz-Arena-Entscheidung“ des

BGH vom 9. August 2006 (1 StR 50/06), in: Zeitschrift für Wirtschafts- und Steuerstrafrecht (wistra) 2008, S. 5–10.

Gerst, Hans-Joachim, Unternehmensinteresse und Beschuldigtenrechte bei Internal Investigations – Problemskizze und praktische Lösungswege, in: CCZ – Corporate Compliance (CCZ) 2012, S. 1–5.

Gierhake, Katrin, Zur geplanten Einführung neuer Straftatbeständewegen der Vorbereitung terroristischer Straftaten, in: Zeitschrift für Internationale Strafrechtsdogmatik (ZIS) 2008, S. 397–405.

Gierhake, Katrin, Der Zusammenhand von Freiheit, Sicherheit und Strafe und Recht. Eine Untersuchung zu den Grundlagen und Kriterien legitimer Terrorismusprävention, 2013; Berlin; Duncker & Humblot. (zitiert als: *Gierhake*, Terrorismusprävention)

Gimbernat Ordeig, Enrique, Rechtsgüter und Gefühle, in: Goltdammer's Archiv für Strafrecht (GA) 2011, S. 284–294.

Girkens, Hans-Peter/Moosmayer, Klaus, Die Bestrafung wettbewerbsbeschränkender Absprachen nach dem Gesetz zur Bekämpfung der Korruption, in: Zeitschrift für deutsches und internationales Bau- und Vergaberecht (ZfBR) 1998, S. 223–224.

Gless, Sabine, Predictive Policing und operative Verbrechensbekämpfung, in: *Herzog, Felix/Schlothauer, Reinhold/Wohlers, Wolfgang (Hrsg.)*, Rechtsstaatlicher Strafprozess und Bürgerrechte. Gedächtnisschrift für Edda Weßlau; 2016; Berlin; Duncker & Humblot; S. 165–180. (zitiert als: *Gless*, in: FS Geßlau)

Glos, Alexander/Hildner, Alicia/Glasow, Falko, Der Regierungsentwurf zur Umsetzung der Vierten EU-Geldwäscherichtlinie – Ausweitung der geldwäscherechtlichen Pflichten außerhalb des Finanzsektors, in: CCZ – Corporate Compliance (CCZ) 2017, S. 83–89.

Goeckenjan, Ingke, Die neuen Strafvorschriften nach dem sog. Trennbankengesetz (§ 54a KWG und § 142 VAG), in: Zeitschrift für Wirtschafts- und Steuerstrafrecht (wistra) 2014, S. 201–206.

Goette, Wulf/Habersack, Jürgen (Hrsg.), Münchener Kommentar zum Aktiengesetz, Bd. 6: § 329–410, WpÜG, Österreichisches Übernahmerecht; 5. Auflage; 2021; München; C.H. Beck. (zitiert als: *Bearbeiter*, in: MüKo AktG)

Gogger, Martin/Fuhst, Christian (Hrsg.), Insolvenzgläubiger-Handbuch; 4. Auflage; 2020; München; C.H. Beck. (zitiert als: *Bearbeiter*, in: InsGläubiger-HdB)

Göhler, Erich, Das neue Gesetz über Ordnungswidrigkeiten, in: JuristenZeitung (JZ) 1968, S. 583–591.

Goldschmidt, James, Das Verwaltungsstrafrecht. Eine Untersuchung der Grenzgebiete zwischen Strafrecht und Verwaltungsrecht auf rechtsgeschichtlicher und rechtsvergleichender Grundlage, 1902; Berlin; Heymann. (zitiert als: *Goldschmidt*, Verwaltungsstrafrecht)

Göpfert, Burkard/Merten, Frank/Siegrist, Carolin, Mitarbeiter als „Wissensträger" – Ein Beitrag zur aktuellen Compliance-Diskussion, in: Neue Juristische Wochenschrift (NJW) 2008, S. 1703–1709.

Göppinger, Hans/Bock, Michael (Hrsg.), Kriminologie; 6. Auflage; 2008; München; C.H. Beck. (zitiert als: *Bearbeiter*, in: *Göppinger*-Kriminologie)

Gössel, Karl Heinz, Über den unaufhebbaren Gegensatz zwischen Wahrheitsermittlungspflicht (§ 244 Abs. 2 StPO) und verfahrensverkürzenden Abreden (§ 257c StPO) im Strafprozess. Auch: Über mögliche Gründe einer unzulänglichen verfassungsgerichtlichen Argumentation, in: *Fahl, Christian u. a. (Hrsg.)*, Ein menschengerechtes Strafrecht als Lebensaufgabe. Festschrift für Werner Beulke zum 70. Geburtstag; 2015; Heidelberg; C. F. Müller; S. 737–746. (zitiert als: *Gössel*, in: FS Beulke)

Gottwald, Peter/Haas, Ulrich (Hrsg.), Insolvenzrechts-Handbuch; 6. Auflage; 2020; München; C.H. Beck. (zitiert als: *Bearbeiter*, in: InsR-HdB)

Graf, Jürgen Peter/Jäger, Markus/Wittig, Petra (Hrsg.), Wirtschafts- und Steuerstrafrecht; 2. Auflage; 2017; München; C.H. Beck. (zitiert als: *Bearbeiter*, in: GJW-WiStR)

Graf, Jürgen Peter (Hrsg.), Beck'sche Online-Kommentare Strafprozessordnung; 47. Auflage; 2023; München; C.H. Beck. (zitiert als: *Bearbeiter*, in: BeckOK StPO)

Graf, Jürgen Peter (Hrsg.), Beck'sche Online-Kommentare zum Gesetz der Ordnungswidrigkeiten; 38. Auflage; 2023; München; C.H. Beck. (zitiert als: *Bearbeiter*, in: BeckOK OWiG)

Graf, Walther, Neue Strafbarkeitsrisiken für den Wirtschaftsprüfer durch das KonTraG, in: Betriebsberater (BB) 2001, S. 562–566.

Gratopp, Julia, Bilanzdelikte nach § 331 Nr. 1, Nr. 1a HGB, 2010; Münster; LIT. (zitiert als: *Gratopp*, Bilanzdelikte)

Graul, Eva, Abstrakte Gefährdungsdelikte und Präsumtionen im Strafrecht, 1991; Berlin; Duncker & Humblot. (zitiert als: *Graul*, Präsumtionen)

Greco, Luís, Über das sogenannte Feindstrafrecht, in: Goltdammer's Archiv für Strafrecht (GA) 2006, S. 96–113.

Greco, Luís, Lebendiges und Totes in Feuerbachs Straftheorie. Ein Beitrag zur gegenwärtigen strafrechtlichen Grundlagendiskussion, 2009; Berlin; Duncker & Humblot. (zitiert als: *Greco*, Lebendiges und Totes)

Greco, Luís, Feindstrafrecht, 2010; Baden-Baden; Nomos. (zitiert als: *Greco*, Feindstrafrecht)

Greco, Luís, Gibt es Kriterien zur Postulierung eines kollektiven Rechtsguts?, in: *Heinrich, Manfred u. a. (Hrsg.)*, Strafrecht als Scientia Universalis. Festschrift für Claus Roxin zum 80. Geburtstag am 15. Mai 2011; 2011; Berlin; De Gruyter; S. 199–214. (zitiert als: *Greco*, in: FS Roxin 2011)

Greco, Luís, Verfassungskonformes oder legitimes Strafrecht? Zu den Grenzen einer verfassungsrechtlichen Orientierung der Strafrechtswissenschaft, in: *Brunhöber, Beatrice u. a. (Hrsg.)*, Strafrecht und Verfassung. 2. Symposium Junger Strafrechtlerinnen und Strafrechtler; 2013; Baden-Baden; Nomos; S. 13–36. (zitiert als: *Greco*, in: Strafrecht und Verfassung)

Greco, Luís, „Fortgeleiteter Schmerz" – Überlegungen zum Verhältnis von Prozessabsprache, Wahrheitsermittlung und Prozessstruktur, in: Goltdammer's Archiv für Strafrecht (GA) 2016, S. 1–15.

Greco, Luís, Von den mala in se zur poena in se. Reflexionen auf Grundlage der „alten" Diskussion über das sog. Verwaltungsstrafrecht, in: *Kretschmer, Bernhard/Zabel, Benno (Hrsg.)*, Studien zur Geschichte des Wirtschaftsstrafrechts. Methoden – Analysen – Kritik; 2018; Baden-Baden; Nomos; S. 175–214. (zitiert als: *Greco*, in: Studien)

Greco, Luís/Caracas, Christian, Internal investigations und Selbstbelastungsfreiheit, in: Neue Zeitschrift für Strafrecht (NStZ) 2015, S. 7–15.

Greeve, Gina, Zur Strafbarkeit wettbewerbsbeschränkender Absprachen nach dem neuen § 298 StGB und zu weiteren Änderungen nach dem Gesetz zur Bekämpfung der Korruption, in: Zeitschrift für deutsches und internationales Vergaberecht (ZVgR) 1998, S. 463–474.

Greeve, Gina, Täterschaft bei wettbewerbsbeschränkenden Absprachen. BGH. Beschl. v. 25. Juli 2012 – 2 StR 154/12, in: Neue Zeitschrift für Wirtschafts-, Steuer- und Unternehmensstrafrecht (NZWiSt) 2013, S. 139–143.

Grimm, Detlef, Rechtsanwaltliche Begleitung von Mitarbeiterbefragungen bei unternehmensinternen Ermittlungen und Kostenübernahme, in: Neue Zeitschrift für Arbeitsrecht (NZA) 2019, S. 1534–1539.

Grimm, Dieter, Die Zukunft der Verfassung, 1994; Frankfurt a. M.; Suhrkamp. (zitiert als: *Grimm*, Die Zukunft der Verfassung)

Groenemeyer, Axel, Wege der Sicherheitsgesellschaft, in: *Groenemeyer, Axel (Hrsg.)*, Wege der Sicherheitsgesellschaft. Gesellschaftliche Transformationen der Konstruktion und Regulierung innerer Unsicherheiten; 2010; Wiesbaden; Springler; S. 7–19. (zitiert als: *Groenemeyer*, in: Wege der Sicherheitsgesellschaft)

Gropp, Walter, Tatstrafrecht und Verbrechenssystem und die Vorverlagerung der Strafbarkeit, in: *Sinn, Arndt/Gropp, Walter/Ferenc, Nagy (Hrsg.)*, Grenzen der Vorverlagerung in einem Tatstrafrecht. Eine rechtsvergleichende Analyse am Beispiel des deutschen und ungarischen Strafrechts; 2011; Göttingen; Universitätsverlag Osnabrück; S. 99–120. (zitiert als: *Gropp*, in: Grenzen)

Großmann, Sven, Liberales Strafrecht in der komplexen Gesellschaft. Über die Grenzen strafrechtlicher Verantwortung, 2016; Baden-Baden; Nomos. (zitiert als: *Großmann*, Liberales Strafrecht)

Grottel, Bernd u. a. (Hrsg.), Beck'scher Bilanz-Kommentar; 13. Auflage; 2022; München; C.H. Beck. (zitiert als: *Bearbeiter*, in: BeBiKo)

Grützner, Thomas, Die Sanktionierung von Submissionsabsprachen. Eine Untersuchung der bestehenden Möglichkeiten einer Bekämpfung von Submissionsabsprachen unter besonderer Berücksichtigung des 298 StGB., 2002; Frankfurt am Main; Peter Lang. (zitiert als: *Grützner*, Submissionsabsprachen)

Grützner, Thomas, Das Gesetz zur Bekämpfung der Korruption 2015 – Wesentliche Inhalte und Änderungen der Rechtslage, in: Zeitschrift für Wirtschaftsrecht (ZIP) 2016, S. 253–255.

Grützner, Thomas/Helms, Corinna/Momsen, Carsten, § 299 StGB – Neue und ungelöste Probleme nach Schaffung des Geschäftsherrenmodells, in: Zeitschrift für Internationale Strafrechtsdogmatik (ZIS) 2018, S. 299–316.

Günter, Tobias, Die Bedeutung von Criminal-Compliance-Maßnahmen für die strafrechtliche und ordnungswidrigkeitenrechtliche Ahndung, 2019; Berlin; Duncker & Humblot. (zitiert als: *Günter*, Ahndung)

Günther, Klaus, Die Person der personalen Rechtsgutslehre, in: *Neumann, Ulfried/Prittwitz, Cornelius (Hrsg.)*, „Personale Rechtsgutslehre" und „Opferorientierung im Strafrecht"; 2007; Frankfurt a. M.; Peter Lang; S. 15–40. (zitiert als: *Günther*, in: „Personale Rechtsgutslehre")

Gürtler, Franz/Seitz, Helmut (Hrsg.), Gesetz über Ordnungswidrigkeiten; 18. Auflage; 2021; München; C.H. Beck. (zitiert als: *Bearbeiter*, in: *Göhler*-OWiG)

Häberle, Peter/Erbs, Georg/Kohlhaas, Max (Hrsg.), Strafrechtliche Nebengesetze; 6. Auflage; 2021; München; C.H. Beck. (zitiert als: *Bearbeiter*, in: StrafR Nebengesetze)

Habermas, Jürgen, Die Neue Unübersichtlichkeit, 5. Auflage, 1991; Frankfurt a. M.; Suhrkamp. (zitiert als: *Habermas*, Unübersichtlichkeit)

Habersack, Mathias/Casper, Matthias/Löbbe, Marc (Hrsg.), Gesetz betreffend die Gesellschaften mit beschränkter Haftung, Bd. 3, §§ 53 bis 88 (sowie

EGGmbHG); 3. Auflage; 2021; Tübingen; Mohr Siebeck. (zitiert als: *Bearbeiter*, in: GK-GmbHG)

Hachmeister, Dirk u. a. (Hrsg.), Bilanzrecht Kommentar; 3. Auflage; 2022; Köln; Dr. Otto Schmidt Verlag. (zitiert als: *Bearbeiter*, in: HKMS-Bilanzrecht)

Hack, Christoph, Probleme des Tatbestands Subventionsbetrug, § 264 StGB, unter dem Blickwinkel allgemeiner strafrechtlicher Lehren, 1981; Berlin; Duncker & Humblot. (zitiert als: *Hack*, Probleme des Subventionsbetrugs)

Haffke, Bernhard, Die Legitimation des staatlichen Strafrechts zwischen Effizienz, Freiheitsverbürgung und Symbolik, in: *Schünemann, Bernd u. a. (Hrsg.)*, Festschrift für Claus Roxin zum 70. Geburtstag am 15. Mai 2001; 2001; Berlin; De Gruyter; S. 955–976. (zitiert als: *Haffke*, in: FS Roxin 2001)

Haffke, Bernhard, Vom Rechtsstaat zum Sicherheitsstaat?, in: Kritische Justiz (KJ) 2005, S. 17–35.

Haft, Fritjof/Schwoerer, Max, Bestechung im internationalen Geschäftsverkehr, in: *Heinrich, Bernd (Hrsg.)*, Festschrift für Ulrich Weber zum 70. Geburtstag am 18. September 2004; 2004; Bielefeld; Gieseking; S. 367–384. (zitiert als: *Haft/Schwoerer*, in: FS Weber)

Hagedorn, Niklas, Bilanzstrafrecht im Lichte bilanzrechtlicher Reformen, 2009; Berlin; Berliner Wissenschafts Verlag. (zitiert als: *Hagedorn*, Bilanzstrafrecht)

Hagemeier, Andrea, Zur Unmöglichkeit der Erfüllung der Pflichten zur Buchführung und Bilanzaufstellung nach § 283 Abs. 1 Nrn. 5 und 7b StGB – zugleich Entscheidungsbesprechung BGH v. 20.10.2011 – 1 StR 354/11, in: Neue Zeitschrift für Wirtschafts-, Steuer- und Unternehmensstrafrecht (NZWiSt) 2012, S. 105–110.

Halla-Heißen, Isabell, Subventionsbetrug bei Agrarexporten – Gemeinschaftsrechtliche Vorgaben zum Schutz der finanziellen Interessen der EG und deren Umsetzung durch § 264 StGB im Bereich der Ausfuhrerstattung, 2004; Witten; Mendel. (zitiert als: *Halla-Heißen*, Subventionsbetrug bei Agrarexporten)

Hamm, Rainer, Absprachen im Strafverfahren?, in: Zeitschrift für Rechtspolitik (ZRP) 1990, S. 337–342.

Hamm, Rainer, Begrenzung des Wirtschaftsstrafrechts durch die Grundsätze der ultima ratio, der Bestimmtheit der Tatbestände, des Schuldgrundsatzes, der Akzessorietät und der Subsidiarität, in: *Kempf, Eberhard/Lüderssen, Klaus/Volk, Klaus (Hrsg.)*, Die Handlungsfreiheit des Unternehmers – Wirtschaftliche Perspektiven, strafrechtliche und ethische Schranken; 2009; Berlin; De Gruyter; S. 44–52. (zitiert als: *Hamm*, in: Die Handlungsfreiheit)

Hamm, Rainer, Richten mit und über Strafrecht, in: Neue Juristische Wochenschrift (NJW) 2016, S. 1537–1542.

Hamm, Rainer/Richter, Thomas, Symbolisches und hypertrophes Strafrecht im Entwurf eines „Trennbankengesetzes", in: Zeitschrift für Wirtschafts- und Bankrecht (WM) 2013, S. 865–870.

Hannich, Rolf, Die Zuständigkeitsregelungen für die Strafverfolgung von Proliferation – Staatsschutz oder Wirtschaftsstraftat?, in: *Griesbaum, Rainer (Hrsg.),* Strafrecht und Justizgewährung. Festschrift für Kay Nehm zum 65. Geburtstag; 2006; Berlin; BWV; S. 139–150. (zitiert als: *Hannich,* in: FS Nehm)

Hannich, Rolf (Hrsg.), Karlsruher Kommentar zur Strafprozessordnung. Mit GVG, EGGVG und EMRK; 9. Auflage; 2023; München; C.H. Beck. (zitiert als: *Bearbeiter,* in: KK-StPO)

Hart-Hönig, Kai, Verteidigung von Unternehmen und Organmitgliedern unter dem Compliance-Regime – Zur Möglichkeit autonomer Verteidigung bei Internal Investigations, in: *Lüderssen, Klaus/Volk, Klaus/Wahle, Eberhard (Hrsg.),* Festschrift für Wolf Schiller zum 65. Geburtstag am 12. Januar 2014; 2014; Baden-Baden; Nomos; S. 281–315. (zitiert als: *Hart-Hönig,* in: FS Schiller)

Häsemeyer, Ludwig, Insolvenzrecht, 2007; Köln; Heymann. (zitiert als: *Häsemeyer,* Insolvenzrecht)

Hassemer, Winfried, Theorie und Soziologie des Verbrechens. Ansätze zu einer praxisorientierten Rechtsgutslehre, 1973; Frankfurt am Main; Athenäum Verl. (zitiert als: *Hassemer,* Theorie und Soziologie)

Hassemer, Winfried, Über die Berücksichtigung von Folgen bei der Auslegung der Strafgesetze, in: *Horn, Norbert/Luig, Klaus/Söllner, Alfred (Hrsg.),* Europäisches Rechtsdenken in Geschichte und Gegenwart. Band 1; 1982; München; C.H. Beck; S. 493–524. (zitiert als: *Hassemer,* in: FS Coing I)

Hassemer, Winfried, Grundlinien einer personalen Rechtsgutslehre, in: *Scholler, Heinrich/Philipps, Lothar (Hrsg.),* Jenseits des Funktionalismus. Arthur Kaufmann zum 65. Geburtstag; 1989; Heidelberg; Decker u. Müller; S. 85–94. (zitiert als: *Hassemer,* in: Jenseits)

Hassemer, Winfried, Symbolisches Strafrecht und Rechtsgüterschutz, in: Neue Zeitschrift für Strafrecht (NStZ) 1989, S. 553–559.

Hassemer, Winfried, Umweltschutz durch Strafrecht, in: Neue Kriminalpolitik (NK) 1989, S. 46–49.

Hassemer, Winfried, Das Schicksal der Bürgerrechte im „effizienten" Strafrecht, in: Strafverteidiger (StV) 1990, S. 328–331.

Hassemer, Winfried, Einführung in die Grundlagen des Strafrechts, 2. Auflage, 1990; München; C.H. Beck. (zitiert als: *Hassemer,* Einführung)

Hassemer, Winfried, Rechtsprechungsübersicht. Kreditbetrug - Urkundenbegriff, in: Juristische Schulung (JuS) 1990, S. 850–851.

Hassemer, Winfried, Kennzeichen und Krisen des modernen Strafrechts, in: Zeitschrift für Rechtspolitik (ZRP) 1992 (25), S. 378–383.

Hassemer, Winfried, Perspektiven einer neuen Kriminalpolitik, in: Strafverteidiger (StV) 1995, S. 483–490.

Hassemer, Winfried, Produktverantwortung im modernen Strafrecht, 1996; Heidelberg; C. F. Müller. (zitiert als: *Hassemer*, Produktverantwortung)

Hassemer, Winfried, Warum und zu welchem Ende strafen wir?, in: Zeitschrift für Rechtspolitik (ZRP) 1997, S. 316–321.

Hassemer, Winfried, Strafen im Rechtsstaat, 1999; Baden-Baden; Nomos. (zitiert als: *Hassemer*, Strafen)

Hassemer, Winfried, Das Symbolische am symbolischen Strafrecht, in: *Schünemann, Bernd u. a. (Hrsg.)*, Festschrift für Claus Roxin zum 70. Geburtstag am 15. Mai 2001; 2001; Berlin/New York; Walter de Gruyter; S. 1001–1020. (zitiert als: *Hassemer*, in: FS Roxin 2001)

Hassemer, Winfried, Welche Zukunft hat das Strafrecht?, in: *Duttge, Gunnar u. a. (Hrsg.)*, Gedächtnisschrift für Ellen Schlüchter; 2002; Köln; Heymann; S. 133–161. (zitiert als: *Hassemer*, in: GS Schlüchter)

Hassemer, Winfried, Darf des Straftaten geben, die ein strafrechtliches Rechtsgut nicht in Mitleidenschaft ziehen?, in: *Hefendehl, Roland/von Hirsch, Andrew/Wohlers, Wolfgang (Hrsg.)*, Die Rechtsgutstheorie. Legitimationsbasis des Strafrechts oder dogmatisches Glasperlenspiel?; 2003; Baden-Baden; Nomos; S. 57–64. (zitiert als: *Hassemer*, in: Die Rechtsgutstheorie)

Hassemer, Winfried, Sicherheit durch Strafrecht. Eröffnungsvortrag Strafverteidigung 24.3.2006, Frankfurt/M., Paulskirche, in: Strafverteidiger (StV) 2006, S. 321–332.

Hassemer, Winfried, Strafrecht, Prävention, Vergeltung, in: Zeitschrift für Internationale Strafrechtsdogmatik (ZIS) 2006, S. 266–273.

Hassemer, Winfried, Strafrecht. Sein Selbstverständnis, seine Welt, 2008; Berlin; BWV. (zitiert als: *Hassemer*, Selbstverständnis)

Hassemer, Winfried, Warum Strafe sein muss. Ein Plädoyer, 2009; Berlin; Ullstein. (zitiert als: *Hassemer*, Plädoyer)

Hassemer, Winfried, The Harm Principle and the Protection of "Legal Goods" (*Rechtsgüterschutz*): a German Perspective, in: *Simester, A. P./du Bois-Pedain, Antje/Neumann, Ulfrid (Hrsg.)*, Liberal Criminal Theory. Essays for Andreas von Hirsch; 2014; Oxford; Bloomsbury; S. 187–204. (zitiert als: *Hassemer*, in: Liberal Criminal Theory)

Häublein, Martin/Hoffmann-Theinert, Roland (Hrsg.), Beck'sche Online-Kommentare HGB; 39. Auflage; 2023; München; C.H. Beck. (zitiert als: *Bearbeiter*, in: BeckOK HGB)

Hauck, Pierre, Über Sinn und Widersinn der von GRECO unterbreiteten Vorschläge zur Änderung der Korruptionstatbestände in §§ 108e, 299 und 331 ff. StGB, in: Zeitschrift für Wirtschafts- und Steuerstrafrecht (wistra) 2010, S. 255–258.

Hauck, Pierre, Betrug und Untreue als konkrete Gefährdungsdelikte de lege lata und de lege ferenda, in: Zeitschrift für Internationale Strafrechtsdogmatik (ZIS) 2011, S. 919–930.

Hawickhorst, Katrin, § 129a StGB – ein feindstrafrechtlicher Irrweg zur Terrorismusbekämpfung. Kritische Analyse einer prozessualen Schlüsselnorm im materiellen Recht, 2011; Berlin; Duncker & Humblot. (zitiert als: *Hawickhorst*, § 129a StGB)

Heckenberger, Wolfgang, Wesentliche Elemente und Implementierung eines effektiven kartellrechtlichen Compliance Programms – unter besonderer Berücksichtigung der kartellrechtlichen Leitlinien des US-amerikanischen Justizministeriums, in: *Engelhart, Marc/Kudlich, Hans/Vogel, Benjamin (Hrsg.)*, Digitalisierung, Globalisierung und Risikoprävention. Festschrift für Ulrich Sieber zum 70. Geburtstag; 2021; Berlin; Duncker & Humblot; S. 421–438. (zitiert als: *Heckenberger*, in: FS Sieber)

Hecker, Andreas/Glozbach, Pierre, Offene Fragen zur Anwendung des gegenwärtigen Überschuldungsbegriffs, in: Betriebsberater (BB) 2009, S. 1544–1548.

Hefendehl, Roland, Die Popularklage als Alternative zum Strafrecht bei Delikten gegen die Gemeinschaft, in: Goltdammer's Archiv für Strafrecht (GA) 1997, S. 119–134.

Hefendehl, Roland, Kann und soll der Allgemeine Teil bzw. das Verfassungsrecht mißglückte Regelungen des Besonderen Teils retten? Die „Geldwäsche" durch den Strafverteidiger, in: *Schünemann, Bernd u. a. (Hrsg.)*, Festschrift für Claus Roxin zum 70. Geburtstag am 15. Mai 2001; 2001; Berlin; De Gruyter; S. 145–169. (zitiert als: *Hefendehl*, in: FS Roxin 2001)

Hefendehl, Roland, Die Materialisierung von Rechtsgut und Deliktsstruktur, in: Goltdammer's Archiv für Strafrecht (GA) 2002, S. 21–28.

Hefendehl, Roland, Kollektive Rechtsgüter im Strafrecht, 2002; Köln; Heymann. (zitiert als: *Hefendehl*, Kollektive Rechtsgüter)

Hefendehl, Roland, Strafvorschriften zum Schutz der finanziellen Interessen der Europäischen Union – Gestalten, korrigieren oder verweigern?, in: *Prittwitz, Cornelius u. a. (Hrsg.)*, Festschrift für Klaus Lüderssen zum 70. Geburtstag am 2. Mai 2002; 2002; Baden-Baden; Nomos; S. 411–424. (zitiert als: *Hefendehl*, in: FS Lüderssen)

Hefendehl, Roland, Organisierte Kriminalität als Begründung für ein Feind- oder Täterstrafrecht?, in: Strafverteidiger (StV) 2005, S. 156–161.

Hefendehl, Roland, Äpfel und Birnen oder Steine statt Steine: Die technische Prävention und das Strafrecht, in: *von Hirsch, Andrew/Seelmann, Kurt/Wohlers, Wolfgang (Hrsg.)*, Mediating Principles. Begrenzungsprinzipien bei der Strafbegründung; 2006; Baden-Baden; Nomos; S. 48–53. (zitiert als: *Hefendehl*, in: Mediating Principles)

Hefendehl, Roland, Außerstrafrechtliche und strafrechtliche Instrumentarien zur Eindämmung der Wirtschaftskriminalität, in: Zeitschrift für die gesamte Strafrechtswissenschaft (ZStW) 119 (2007), S. 816–847.

Hefendehl, Roland, Der fragmentarische Charakter des Strafrechts, in: Juristische Arbeitsblätter (JA) 2011, S. 401–406.

Hefendehl, Roland, Vielleicht hat die Linke doch recht … Ist Bernd Schünemann also ein Linker?, in: *Hefendehl, Roland/Hörnle, Tatjana/Greco, Luís (Hrsg.)*, Streitbare Strafrechtswissenschaft. Festschrift für Bernd Schünemann zum 70. Geburtstag am 1. November 2014; 2014; Berlin; De Gruyter; S. 745–760. (zitiert als: *Hefendehl*, in: FS Schünemann)

Hefendehl, Roland, Der ungebremste Höhenflug des Whistleblowers, in: Neue Kriminalpolitik (NK) 2015, S. 359–374.

Hefendehl, Roland, Ordnungswidrigkeiten: Legitimation und Grenzen. Ein vergleichender Blick auf Deutschland und Chile, in: Zeitschrift für Internationale Strafrechtsdogmatik (ZIS) 2016, S. 636–645.

Hefendehl, Roland, Schein und Sein – Die Informationsdelikte im Kapitalmarktstrafrecht, in: Zeitschrift für Wirtschafts- und Steuerstrafrecht (wistra) 2019, S. 1–8.

Heger, Martin, Die Europäisierung des deutschen Umweltstrafrechts, 2009; Tübingen; Mohr Siebeck. (zitiert als: *Heger*, Europäisierung)

Heile, Moritz, Societas delinquere non potest: Mit dem Latein am Ende? Ein Beitrag zur (Nicht-)Strafbarkeit von Unternehmen, in: Journal der Wirtschaftsstrafrechtliche Vereinigung e. V. (WiJ) 2014, S. 228–242.

Heine, Günter, Verwaltungsakzessorietät des Umweltstrafrechts Rechtsvergleichende Funktionsanalysen – unbestimmte Rechtsbegriffe – Reichweite von Genehmigungen, in: Neue Juristische Wochenschrift (NJW) 1990, S. 2425–2434.

Heinrich, Bernd, Der Amtsträgerbegriff im Strafrecht, 2001; Berlin; Duncker & Humblot. (zitiert als: *Heinrich*, Der Amtsträgerbegriff)

Heinrich, Bernd, Zum heutigen Zustand der Kriminalpolitik in Deutschland, in: Kriminalpolitische Zeitschrift (KriPoZ) 2017, S. 4–20.

Heinrich, Bernd, Strafrecht Allgemeiner Teil, 2022; 7. Aufl.; Stuttgart; Kohlhammer. (zitiert als: *Heinrich*, StrafR AT)

Heinrich, Jens, Insolvenzstrafrecht im Überblick – Ein „Starterkit" für die Praxis, in: Neue Zeitschrift für Wirtschafts-, Steuer- und Unternehmensstrafrecht (NZWiSt) 2020, S. 346–368.

Heinrich, Manfred, Strafrecht als Rechtsgüterschutz – ein Auslaufmodell? Zur Unverbindlichkeit der Rechtsgutsdogmas, in: *Heinrich, Manfred u. a. (Hrsg.)*, Strafrecht als Scientia Universalis. Festschrift für Claus Roxin zum 80. Geburtstag am 15. Mai 2011; 2011; Berlin; De Gruyter; S. 131–154. (zitiert als: *Heinrich*, in: FS Roxin 2011)

Heinz, Wolfgang, Begriffliche und strukturelle Besonderheiten des Wirtschaftsstrafrechts – Eine Übersicht über die Entwicklung des Wirtschaftsstrafrechts in der Bundesrepublik Deutschland, in: *Gropp, Walter (Hrsg.)*, Wirtschaftskriminalität und Wirtschaftsstrafrecht in einem Europa auf dem Weg zu Demokratie und Privatisierung; 1998; Leipzig; Leipziger Universitätsverlag; S. 13–50. (zitiert als: *Heinz*, in: Wirtschaftskriminalität und Wirtschaftsstrafrecht)

Hellmann, Uwe, Wirtschaftsstrafrecht, 2018; 5. Aufl.; Stuttgart; W. Kohlhammer. (zitiert als: *Hellmann*, WiStR)

Helmrich, Jan, Straftaten von Mitarbeitern zum Nachteil des „eigenen" Unternehmens als Anknüpfungstaten für eine Verbandsgeldbuße?, in: Zeitschrift für Wirtschafts- und Steuerstrafrecht (wistra) 2010, S. 331–335.

Henckel, Hans, Der Gefahrbegriff im Strafrecht, 1930; Breslau; Schletter. (zitiert als: *Henckel*, Gefahrbegriff)

Hennrichs, Joachim/Bode, Christoph, Zweifelsfragen zur Bedeutung und Reichweite des Verbots bestimmter Nichtprüfungsleistungen durch den Abschlussprüfer gem. Art. 5 AP-VO, in: Neue Zeitschrift für Gesellschaftsrecht (NZG) 2016, S. 1281–1286.

Henssler, Martin/Strohn, Lutz (Hrsg.), Gesellschaftsrecht; 5. Auflage; 2021; München; C.H. Beck. (zitiert als: *Bearbeiter*, in: HS-GesR)

Henssler, Martin (Hrsg.), beck-online.GROSSKOMMENTAR HGB; 2022; München; C.H. Beck. (zitiert als: *Bearbeiter*, in: BeckOGK HGB)

Henssler, Martin/Spindler, Gerald/Stilz, Eberhard (Hrsg.), beck-online.GROSSKOMMENTAR AktG; 2023; München; C.H. Beck. (zitiert als: *Bearbeiter*, in: BeckOGK AktG)

Herzog, Felix, Gesellschaftliche Unsicherheit und strafrechtliche Daseinsvorsorge: Studien zur Vorverlegung des Strafrechtsschutzes in der

Gefährdungsbereich, 1991; Heidelberg; Decker. (zitiert als: *Herzog*, Gesellschaftliche Unsicherheit)

Herzog, Felix, Gentechnologie – Forschungskontrolle durch Strafrecht?, in: Zeitschrift für die gesamte Strafrechtswissenschaft (ZStW) 105 (1993), S. 727–751.

Herzog, Felix (Hrsg.), GwG – Geldwäschegesetz. Kommentar; 5. Auflage; 2023; München; C.H. Beck. (zitiert als: *Bearbeiter*, in: GwG)

Hettinger, Michael, Die Absprache im Strafverfahren als rechtsstaatliches Problem, in: JuristenZeitung (JZ) 2011, S. 292–301.

Hettinger, Michael/Wielant, Martin, Die Aussetzung – ein allgemeines Gefährdungsdelikt?, in: *Putzke, Holm u. a. (Hrsg.)*, Strafrecht zwischen System und Telos. Festschrift für Rolf Dietrich Herzberg zum siebzigsten Geburtstag; 2008; Tübingen; Mohr Siebeck; S. 649–668. (zitiert als: *Hettinger/Wielant*, in: FS Herzberg)

Heuking, Christian, Strafbarkeitsrisiken beim Submissionsbetrug – Strafbarkeit vertikaler Kartellabsprachen für Auftragnehmer und Auftraggeber, in: Betriebsberater (BB) 2013, S. 1155–1160.

Heuking, Christian/von *Coelln, Sibylle*, Die Neuregelung des § 299 StGB – Das Geschäftsherrenmodell als Mittel zur Bekämpfung der Korruption?, in: Betriebsberater (BB) 2016, S. 323–332.

Heun, Werner, Staatliche Risikosteuerung und Verfassung, in: Zeitschrift für rechtswissenschaftliche Forschung (RW) 2011, S. 376–397.

Hilgendorf, Eric, Strafrechtliche Produzentenhaftung in der „Risikogesellschaft", 1993; Berlin; Duncker & Humblot. (zitiert als: *Hilgendorf*, Produzentenhaftung)

Hilgendorf, Eric, Die neuen Medien und das Strafrecht, in: Zeitschrift für die gesamte Strafrechtswissenschaft (ZStW) 113 (2001), S. 650–680.

Hilgendorf, Eric/Frank, Thomas/Valerius, Brian, Die deutsche Strafrechtsentwicklung 1975–2000. Reformen im Besonderen Teil und neue Herausforderungen, in: *Vormbaum, Thomas/Welp, Jürgen (Hrsg.)*, Das Strafgesetzbuch, Supplementband 2: 130 Jahre Strafgesetzgebung – Eine Bilanz; 2004; Berlin; Wissenschaftsverlag Berlin; S. 258–380. (zitiert als: *Hilgendorf u. a.*, in: StGB)

Hilgendorf, Eric, Punitivität und Rechtsgutslehre. Skeptische Anmerkungen zu einigen Leitbegriffen der heutigen Strafrechtstheorie, in: Neue Zeitschrift für Kriminalpolitik (NK) 2010, S. 125–130.

Hilgendorf, Eric/Kudlich, Hans/Valerius, Brian (Hrsg.), Handbuch des Strafrechts, Bd. 5; 2020; Heidelberg; C. F. Müller. (zitiert als: *Bearbeiter*, in: HdB-StrafR)

Hille, Annika, Die Kooperation von Unternehmen mit deutschen Strafverfolgungsbehörden. Internal Investigations, Mitarbeiterinterviews und nemtenetur-Grundsatz, 2020; Berlin; Duncker & Humblot. (zitiert als: *Hille*, Kooperation)

Hillenkamp, Thomas, Beweisnot und materielles Recht, in: *Broda, Christian (Hrsg.)*, Festschrift für Rudolf Wassermann zum sechzigsten Geburtstag; 1985; Darmstadt; Luchterhand; S. 861–864. (zitiert als: *Hillenkamp*, in: FS Wassermann)

Hillenkamp, Thomas, Impossibilium nulla obligatio – oder doch? Anmerkungen zu § 283 I Nr. 5 und 7 StGB, in: *Sieber, Ulrich/Abanto Vásquez, Manuel A. (Hrsg.)*, Strafrecht und Wirtschaftsstrafrecht: Dogmatik, Rechtsvergleich, Rechtstatsachen. Festschrift für Klaus Tiedemann zum 70. Geburtstag; 2008; Köln; Heymann; S. 949–968. (zitiert als: *Hillenkamp*, in: FS Tiedemann)

Hiltenkamp-Wisgalle, Ursula, Die Bankrottdelikte, 1987; Bochum; Dr. N. Brockmeyer. (zitiert als: *Hiltenkamp-Wisgalle*, Bankrottdelikte)

Hinderer, Patrick Alf, Insolvenzstrafrecht und EU-Niederlassungsfreiheit am Beispiel der englischen private company limited by shares, 2010; Herbolzheim; Centaurus Verlag & Media. (zitiert als: *Hinderer*, Insolvenzstrafrecht)

Hirsch, Hans Joachim, Gefahr und Gefährlichkeit, in: *Haft, Fritjof u. a. (Hrsg.)*, Strafgerechtigkeit. Festschrift für Arthur Kaufmann zum 70. Geburtstag; 1993; Heidelberg; C. F. Müller; S. 545–564. (zitiert als: *Hirsch*, in: FS Kaufmann)

Hirsch, Hans Joachim, Konkrete und abstrakte „Gefährdungsdelikte“, in: *Kohlmann, Günter (Hrsg.)*, Strafrechtliche Probleme; 1999; Berlin; Duncker & Humblot; S. 623–636. (zitiert als: *Hirsch*, in: Strafrechliche Probleme)

Hirsch, Hans Joachim, Tatstrafrecht – ein hinreichend beachtetes Grundprinzip?, in: *Prittwitz, Cornelius u. a. (Hrsg.)*, Festschrift für Klaus Lüderssen zum 70. Geburtstag am 2. Mai 2002; 2002; Baden-Baden; Nomos; S. 253–268. (zitiert als: *Hirsch*, in: FS Lüderssen)

Hirsch, Hans Joachim, Systematik und Grenzen der Gefahrdelikte, in: *Sieber, Ulrich u. a. (Hrsg.)*, Strafrecht und Wirtschaftsstrafrecht: Dogmatik, Rechtsvergleich, Rechtstatsachen. Festschrift für Klaus Tiedemann zum 70. Geburtstag; 2008; Köln; Heymann; S. 145–164. (zitiert als: *Hirsch*, in: FS Tiedemann)

Hirsch, Hans Joachim, Die aktuelle Diskussion über den Rechtsgutsbegriff, in: *Lilie, Hans (Hrsg.)*, Strafrechtliche Probleme. Band 2; 2009; Berlin; Duncker & Humblot; S. 125–142. (zitiert als: *Hirsch*, in: Strafrechtliche Probleme II)

Hirsch, Hans Joachim, Moderne Strafgesetzgebung und die Grenzen des Kriminalstrafrechts, in: *Lilie, Hans (Hrsg.)*, Strafrechtliche Probleme. Band 2; 2009; Berlin; Duncker & Humblot; S. 21–40. (zitiert als: *Hirsch*, in: Strafrechtliche Probleme II)

Hirsch, Hans Joachim, Tatstrafrecht – ein hinreichend beachtetes Grundprinzip?, in: *Lilie, Hans (Hrsg.)*, Strafrechtliche Probleme. Band 2; 2009; Berlin; Duncker & Humblot; S. 3–20. (zitiert als: *Hirsch*, in: Strafrechtliche Probleme II)

Hirsch, Hans Joachim, Zum gegenwärtigen Stand der Strafrechtsdogmatik in Deutschland, in: *Lilie, Hans (Hrsg.)*, Strafrechtliche Probleme. Band 2; 2009; Berlin; Duncker & Humblot; S. 108–124. (zitiert als: *Hirsch*, in: Strafrechtliche Probleme II)

Hirte, Heribert, Abschied vom Quotenschaden: Erweiterte Haftung des GmbH-Geschäftsführers gegenüber Neugläubigern wegen Konkursverschleppung, in: Neue Juristische Wochenschrift (NJW) 1995, S. 1202–1203.

Hirte, Heribert/Knof, Béla/Mock, Sebastian, Das Gesetz zur weiteren Erleichterung der Sanierung von Unternehmen (Teil I), in: Der Betrieb (DB) 2011, S. 632–643.

Hirte, Heribert/Mülbert, Peter O./Roth, Markus (Hrsg.), Aktiengesetz, Bd. 4/2 – §§ 92–94; 5. Auflage; 2015; Berlin; De Gruyter. (zitiert als: *Bearbeiter*, in: GK-AktG)

Hochmayr, Gudrun, Strafbarer Besitz von Gegenständen. Zur Reichweite der Strafdrohungen für den (bloßen) Besitz von Waffen, Suchtmitteln, Kinderpornographie, etc., 2005; Wien; MANZ. (zitiert als: *Hochmayr*, Strafbarer Besitz)

Hoffmann, Volker H./Knierim, Thomas C., Falsche Berichterstattung des Abschlussprüfers, in: Betriebsberater (BB) 2002, S. 2275–2277.

Hoffmann-Holland, Klaus (Hrsg.), Strafrecht Besonderer Teil; 2015; Tübingen; Mohr Siebeck. (zitiert als: *Bearbeiter*, in: *Hoffmann-Holland*-StGB)

Hohmann, Olaf, Das Rechtsgut der Umweltdelikte. Grenzen des strafrechtlichen Umweltschutzes, 1991; Frankfurt; Lang. (zitiert als: *Hohmann*, Umweltdelikte)

Hohmann, Olaf, Von den Konsequenzen einer personalen Rechtsgutsbestimmung im Umweltstrafrecht, in: Goltdammer's Archiv für Strafrecht (GA) 1992, S. 76–87.

Hohmann, Olaf, Gedanken zur Akzessorietät des Strafrechts, in: Zeitschrift für Internationale Strafrechtsdogmatik (ZIS) 2007, S. 38–48.

Hohn, Kristian, Die Zulässigkeit materieller Beweiserleichterungen im Strafrecht. Eine Untersuchung über Erscheinungsformen und Grenzen der

Lösung beweisrechtlicher Probleme im materiellen Strafrecht, 2000; Frankfurt a. M.; Peter Lang. (zitiert als: *Hohn,* Zulässigkeit materieller Beweiserleichterungen)

Holle, Philipp Maximilian, Legalitätskontrolle im Kapitalgesellschafts- und Konzernrecht, 2014; Tübingen; Mohr Siebeck. (zitiert als: *Holle,* Legalitätskontrolle)

Hölters, Wolfgang/Weber, Markus (Hrsg.), Aktiengesetz – Kommentar; 4. Auflage; 2022; München; Verlag Vahlen. (zitiert als: *Bearbeiter,* in: *Hölters*-AktG)

Höltkemeier, Kai, Sponsoring als Straftat. Die Bestechungsdelikte auf dem Prüfstand, 2005; Berlin; Duncker & Humblot. (zitiert als: *Höltkemeier,* Sponsoring)

Holzhäuser, Michael/Blome, Max-Niklas, Berücksichtigung von Compliance-Bemühungen bei der Bemessung von Kartellgeldbußen – Richtungswechsel durch das „Gesetz zur Stärkung der Integrität in der Wirtschaft"?, in: Betriebsberater (BB) 2020, S. 1232–1237.

Honig, Richard, Die Einwilligung des Verletzten, 1919; Mannheim; Bensheimer. (zitiert als: *Honig,* Die Einwilligung des Verletzten)

Hopt, Klaus J./Wiedemann, Herbert (Hrsg.), Aktiengesetz. Großkommentar, Bd. 9: §§ 161 und 162; §§ 311–410; EGAktG; Art. 103m EGInsO; 4. Auflage; 1997; Berlin; De Gruyter. (zitiert als: *Bearbeiter,* in: GroßKomm AktG)

Horn, Eckhard, Konkrete Gefährdungsdelikte, 1973; Köln; Schmidt. (zitiert als: *Horn,* Konkrete Gefährdungsdelikte)

Hörnle, Tatjana, Die wichtigsten Änderungen des Besonderen Teils des StGB durch das 6 Gesetz zur Reform des Strafrechts, in: Juristische Ausbildung (Jura) 1998, S. 169–182.

Hörnle, Tatjana, Tatproportional Strafzumessung, 1999; Berlin; Duncker & Humblot. (zitiert als: *Hörnle,* Strafzumessung)

Hörnle, Tatjana, Der Schutz von Gefühlen im StGB, in: *Hefendehl, Roland/von Hirsch, Andrew/Wohlers, Wolfgang (Hrsg.),* Die Rechtsgutstheorie. Legitimationsbasis des Strafrechts oder dogmatisches Glasperlenspiel?; 2003; Baden-Baden; Nomos; S. 268–279. (zitiert als: *Hörnle,* in: Die Rechtsgutstheorie)

Hörnle, Tatjana, Grob anstößiges Verhalten. Strafrechtlicher Schutz von Moral, Gefühlen und Tabus, 2005; Frankfurt a. M.; Vittorio Klostermann. (zitiert als: *Hörnle,* Verhalten)

Hörnle, Tatjana, Deskriptive und normative Dimensionen des Begriff „Feindstrafrecht", in: Goltdammer's Archiv für Strafrecht (GA) 2006, S. 80–95.

Hörnle, Tatjana, Straftheorien, 2. Auflage, 2017; Tübingen; Mohr Siebeck. (zitiert als: *Hörnle,* Straftheorien)

Hörnle, Tatjana, Zwecke und Rechtfertigung staatlicher Strafe, in: *Saliger, Frank (Hrsg.)*, Rechtsstaatliches Strafrecht. Festschrift für Ulfried Neumann zum 70. Geburtstag; 2017; Heidelberg; C. F. Müller; S. 593–606. (zitiert als: *Hörnle*, in: FS Neumann)

Hotz, Dominik, Kartelle im Lichte des Strafrechts, in: Juristische Schulung (JuS) 2017, S. 922–929.

Hoven, Elisa, Aktuelle rechtspolitische Entwicklungen im Korruptionsstrafrecht – Bemerkungen zu den neuen Strafvorschriften über Mandatsträgerbestechung und Bestechung im geschäftlichen Verkehr, in: Neue Zeitschrift für Strafrecht (NStZ) 2015, S. 553–560.

Hoyer, Andreas, Die Eignungsdelikte, 1987; Berlin; Duncker & Humblot. (zitiert als: *Hoyer*, Eignungsdelikte)

Hoyer, Andreas, Zum Begriff der „abstrakten Gefahr", in: Juristische Arbeitsblätter (JA) 1990, S. 183–188.

Hoyer, Andreas, Die strafrechtliche Verantwortlichkeit innerhalb von Weisungsverhältnissen. Sonderregeln für Amts- und Wehrdelikte und ihre Übertragbarkeit auf privatrechtliche Organisationen, 1998; München; C.H. Beck. (zitiert als: *Hoyer*, Weisungsverhältnisse)

Hoyer, Andreas, Erlaubtes Risiko und technologische Entwicklung, in: Zeitschrift für die gesamte Strafrechtswissenschaft (ZStW) 121 (2009), S. 860–881.

Hsu, Tze-Tien, Die Bewertung des Geständnisses in der Strafzumessung und in der Beweisaufnahme als Sonderproblem der Urteilsabsprache, 2007; Tübingen; Diss. (zitiert als: *Hsu*, Bewertung)

Huber, Peter M./Voßkuhle, Andreas (Hrsg.), Grundgesetz. Kommentar; 7. Auflage; 2018; München; C.H. Beck. (zitiert als: *Bearbeiter*, in: MKS-GG)

Hüls, Silke, Grenzen des Wirtschaftsstrafrechts? Die Ausdehnung strafrechtlicher Normen und die Schwierigkeiten ihrer Begrenzung, 2019; Tübingen; Mohr Siebeck. (zitiert als: *Hüls*, Grenzen)

Hülsmann, Christoph, Stärkung der Abschlussprüfung durch das Bilanzrechtsreformgesetz. Neue Bestimmungen zur Trennung von Beratung und Prüfung, in: Deutsches Steuerrecht (DStR) 2005, S. 166–172.

Hümbs-Krusche, Margret/Krusche, Matthias, Die Effektivität gesetzgeberischer Initiativen im Umweltstrafrecht, in: Zeitschrift für Rechtspolitik (ZRP) 1984, S. 61–66.

Hungerhoff, Henric, Vorfeldstrafbarkeit und Verfassung. Eine Untersuchung von § 89a StGB unter verfassungsrechtlichen Gesichtspunkten., 2013; Baden-Baden; Nomos. (zitiert als: *Hungerhoff*, Vorfeldstrafbarkeit und Verfassung)

Huster, Stefan/Rudolph, Karsten (Hrsg.), Vom Rechtsstaat zum Präventionsstaat, 2008; Frankfurt a. M.; Suhrkamp. (zitiert als: *Huster/Rudolph (Hrsg.)*, Präventionsstaat)

Idler, Martin, Zweckverfehlung und Vermögensschaden bei Subventionsvergabe, in: Juristische Schulung (JuS) 2007, S. 904–908.

Ignor, Alexander, Rechtsstaatliche Standards für interne Erhebungen in Unternehmen. Die „Thesen zum Unternehmensanwalt im Strafrecht" des Strafrechtsausschusses der Bundesrechtsanwaltskammer, in: CCZ – Corporate Compliance (CCZ) 2011, S. 143–146.

Jacobi, Christoph, Der Straftatbestand des Kapitalanlagebetrugs (§ 264a StGB): Eine Analyse seiner Leistungsfähigkeit unter besonderer Berücksichtigung seines Schutzzwecks und der wirtschaftswissenschaftlichen Kapitalmarktforschung, 1999; Baden-Baden; Nomos. (zitiert als: *Jacobi*, Kapitalanlagebetrug)

Jäger, Herbert, Strafgesetzgebung und Rechtsgüterschutz bei Sittlichkeitsdelikten. Eine kriminalsoziologische Untersuchung, 1957; Stuttgart; Enke. (zitiert als: *Jäger*, Strafgesetzgebung)

Jahn, Matthias, Das partizipatorische Ermittlungsverfahren im deutschen Strafprozess: Theoretische Grundlagen und praktische Ausgestaltung, in: Zeitschrift für die gesamte Strafrechtswissenschaft (ZStW) 115 (2003), S. 815–844.

Jahn, Matthias, Doping zwischen Selbstgefährdung, Sittenwidrigkeit und staatlicher Schutzpflicht – Materiell-strafrechtliche Fragen an einen Straftatbestand zur Bekämpfung des eigenverantwortlichen Dopings, in: Zeitschrift für Internationale Strafrechtsdogmatik (ZIS) 2006, S. 57–62.

Jahn, Matthias, Die Strafbarkeit des Besitzes nicht geringer Mengen von Dopingmitteln. Ein Lehrstück zum Verhältnis von Rechtsgut und Tatbestandsstruktur, in: Goltdammer's Archiv für Strafrecht (GA) 2007, S. 579–589.

Jahn, Matthias, Ermittlungen in Sachen Siemens/SEC: Legitimer Baustein des globalisierten Wirtschaftsstrafverfahrens oder rechtswidriges Parallelverfahren zur Strafprozeßordnung? – Eine Problemskizze, in: Strafverteidiger (StV) 2009, S. 41–46.

Jahn, Matthias, Entwicklungen und Tendenzen zwei Jahre nach Inkrafttreten des Verständigungsgesetzes, in: Strafverteidiger (StV) 2011, S. 497–505.

Jahn, Matthias, Moralunternehmergewinne und Gewissheitsverluste. Der Beitrag strafprozessualer Verständigung zum Kapitalmarktstrafrecht der Finanzmarktkrise, in: JuristenZeitung (JZ) 2011, S. 340–347.

Jahn, Matthias, § 128 – Strafprozess, in: *Kube, Hanno/Mellinghoff, Rudolf (Hrsg.)*, Leitgedanken des Rechts. Festschrift für Paul Kirchhof Band II; 2013; Heidelberg; C. F. Müller; S. 1391–1403. (zitiert als: *Jahn*, in: FS Kirchhof II)

Jahn, Matthias, Die strafrechtliche Aufarbeitung der Finanzmarktkrise, in: Zeitschrift für Wirtschafts- und Steuerstrafrecht (wistra) 2013, S. 41–43.

Jahn, Matthias/Bendrick, Barbara-Luise, Wie es wurde, was es ist. Die Ursprünge der Verfahrensabsprachen im deutschen Strafverfahren vor dem Jahr 1982, in: *Kretschmer, Bernhard/Zabel, Benno (Hrsg.)*, Studien zur Geschichte des Wirtschaftsstrafrechts. Methoden – Analysen – Kritik; 2018; Baden-Baden; Nomos; S. 215–234. (zitiert als: *Jahn/Bendrick*, in: Studien)

Jahn, Matthias/Brodowski, Dominik, Krise und Neuaufbau eines strafverfassungsrechtlichen Ultima-Ratio-Prinzips, in: JuristenZeitung (JZ) 2016, S. 969–980.

Jahn, Matthias/Brodowski, Dominik, Das Ultima Ratio-Prinzip als strafverfassungsrechtliche Vorgabe zur Frage der Entbehrlichkeit von Straftatbeständen, in: Zeitschrift für die gesamte Strafrechtswissenschaft (ZStW) 129 (2017), S. 363–381.

Jahn, Matthias/Müller, Martin, Das Gesetz zur Regelung der Verständigung im Strafverfahren – Legitimation und Reglementierung der Absprachenpraxis, in: Neue Juristische Wochenschrift (NJW) 2009, S. 2625–2631.

Jahn, Matthias/Schmitt-Leonardy, Charlotte/Schoop, Christian, Das Unternehmensstrafrecht und seine Alternativen, 2016; Baden-Baden; Nomos. (zitiert als: *Jahn u a.*, Unternehmensstrafrecht)

Jakobs, Günther, Kriminalisierung im Vorfeld einer Rechtsgutsverletzung, in: Zeitschrift für die gesamte Strafrechtswissenschaft (ZStW) 97 (1985), S. 751–785.

Jakobs, Günther, Strafrecht Allgemeiner Teil. Die Grundlagen und die Zurechnungslehre, 1991; Berlin; de Gruyter. (zitiert als: *Jakobs*, Strafrecht AT)

Jakobs, Günther, Das Strafrecht zwischen Funktionalismus und „alteuropäischem" Prinzipiendenken, in: Zeitschrift für die gesamte Strafrechtswissenschaft (ZStW) 107 (1995), S. 843–876.

Jakobs, Günther, Kommentar, in: *Eser, Albin/Hassemer, Winfried/Burkhardt, Björn (Hrsg.)*, Die Deutsche Strafrechtswissenschaft vor der Jahrtausendwende. Rückbesinnung und Ausblick; 1999; München; C.H. Beck; S. 47–56. (zitiert als: *Jakobs*, in: Jahrtausendwende)

Jakobs, Günther, Bürgerstrafrecht und Feindstrafrecht, in: HRRS (HRRS) 2004, S. 88–95.

Jakobs, Günther, Individuum und Person. Strafrechtliche Zurechnung und die Ergebnisse moderner Hirnforschung, in: Zeitschrift für die gesamte Strafrechtswissenschaft (ZStW) 117 (2005), S. 247–266.

Jakobs, Günther, Terroristen als Personen im Recht?, in: Zeitschrift für die gesamte Strafrechtswissenschaft (ZStW) 117 (2005), S. 839–851.

Jakobs, Günther, Feindstrafrecht? Eine Untersuchung zu den Bedingungen von Rechtlichkeit, in: HRRS (HRRS) 2006, S. 289–297.

Jakobs, Günther, Sozialschaden? – Bemerkungen zu einem strafrechtstheoretischen Fundamentalproblem, in: *Böse, Martin/Sternberg-Lieben, Detlev (Hrsg.),* Grundlagen des Straf- und Strafverfahrensrechts. Festschrift für Knut Amelung zum 70. Geburtstag; 2009; Berlin; Duncker & Humblot; S. 37–49. (zitiert als: *Jakobs,* in: FS Amelung)

Jakobs, Günther, Zur Theorie des Feindstrafrechts, in: *Rosenau, Henning/Kim, Sangyun (Hrsg.),* Straftheorie und Strafgerechtigkeit. Deutsch-Japanischer Strafrechtsdialog; 2010; Frankfurt am Main; Peter Lang; S. 167–182. (zitiert als: *Jakobs,* in: Straftheorie und Strafgerechtigkeit)

Jakobs, Günther, Rechtsgüterschutz? Zur Legitimation des Strafrechts, 2012; Paderborn; Ferdinand Schöningh. (zitiert als: *Jakobs,* Rechtsgüterschutz?)

Jansen, Scarlett, Die Auswirkungen von Verfahrensfehlern auf die Strafbarkeit bei Ausschreibungsabsprachen, in: Zeitschrift für Wirtschafts- und Steuerstrafrecht (wistra) 2017, S. 214–218.

Jaques, Henning, Die Bestechungstatbestände unter besonderer Berücksichtigung des Verhältnisses der 331 ff. StGB zu 12 UWG, 1996; Frankfurt a. M.; Peter Lang. (zitiert als: *Jaques,* Bestechungstatbestände)

Jarass, Hans D./Kment, Martin (Hrsg.), Grundgesetz für die Bundesrepublik Deutschland; 17. Auflage; 2022; München; C.H. Beck. (zitiert als: *Bearbeiter,* in: *Jarass/Pieroth*-GG)

Jareborg, Nils, Criminalisation as ultima ratio, in: *Arnold, Jörg u. a. (Hrsg.),* Menschengerechtes Strafrecht. Festschrift für Albin Eser zum 70. Geburtstag; 2005; München; C.H. Beck; S. 1341–1354. (zitiert als: *Jareborg,* in: FS Eser)

Jasch, Michael, Alltägliche Feinde. Die Expansion der Ausschließung mit den Mitteln des Rechts, in: *Uwer, Thomas (Hrsg.),* „Bitte bewahren Sie Ruhe" – Leben im Feindrechtsstaat; 2006; Berlin; Vereinigung Berliner Strafverteidiger; S. 267–280. (zitiert als: *Jasch,* in: Feindrechtsstaat)

Jerouschek, Günter, Jenseits von Gut und Böse. Das Geständnis und seine Bedeutung im Strafrecht, in: Zeitschrift für die gesamte Strafrechtswissenschaft (ZStW) 102 (1990), S. 793–819.

Jescheck, Hans-Heinrich/Weigend, Thomas, Lehrbuch des Strafrechts. Allgemeiner Teil, 2013; Berlin; Duncker & Humblot. (zitiert als: *Jescheck/Weigend*, StrafR AT)

Joecks, Wolfgang, Anleger- und Verbraucherschutz durch das 2. WiKG, in: Zeitschrift für Wirtschafts- und Steuerstrafrecht (wistra) 1986, S. 142–150.

John, David, Compliance und Wirtschaftsstrafrecht aus rechtstheoretischer Perspektive, in: Zeitschrift für Wirtschaftsstrafrecht und Haftung im Unternehmen (ZWH) 2015, S. 380–385.

Joost, Detlev/Strohn, Lutz (Hrsg.), Handelsgesetzbuch, Bd. 1: §§ 1–342e; 4. Auflage; 2020; München; C.H. Beck / Franz Vahlen. (zitiert als: *Bearbeiter*, in: EBJS-HGB)

Jung, Heike, Die Bekämpfung der Wirtschaftskriminalität als Prüfstein des Strafrechtssystems, 1979; Berlin; De Gruyter. (zitiert als: *Jung*, Prüfstein)

Just, Clemens/Steudner, Anna, Schadensersatzpflicht des Abschlussprüfers einer Emissionsgesellschaft gegenüber Kapitalanleger wegen Verletzung der Berichtspflicht – Anmerkung zu OLG Dresden v. 17. Januar 2019 – 8 U 1020/18, in: EWiR – Entscheidungen zum Wirtschaftsrecht (EWiR) 2019, S. 363–364.

Kaiser, Leonard, Grenzen der strafrechtlichen Vorverlagerung, 2016; Hamburg; Dr. Kovač. (zitiert als: *Kaiser*, Grenzen)

Kämpfer, Simone, Risikosteuerung im Wirtschaftsstrafrecht, in: *Fischer, Thomas/Hilgendorf, Eric (Hrsg.)*, Gefahr; 2020; Baden-Baden; Nomos; S. 161–180. (zitiert als: *Kämpfer*, in: Gefahr)

Karami, Pedram, Das Unrechtsbewusstsein von Wirtschafts- und Unternehmensstraftätern im Lichte der aktuellen Compliance-Diskussion, 2019; Berlin; Duncker & Humblot. (zitiert als: *Karami*, Unrechtsbewusstsein)

Kareklas, Stephanos E., Die Lehre vom Rechtsgut und das Umweltstrafrecht, 1990; Univ. Diss., Tübingen. (zitiert als: *Kareklas*, Rechtsgut und das Umweltstrafrecht)

Kasiske, Peter, Bestandsgefährdung systemrelevanter Kreditinstitute als eigener Straftatbestand?, in: Zeitschrift für Rechtspolitik (ZRP) 2011, S. 137–140.

Kasiske, Peter, Wirtschaftsordnung durch Wirtschaftsstrafrecht, in: *Koch, Arnd u. a. (Hrsg.)*, 50 Jahre Juristische Fakultät Augsburg; 2021; Tübingen; Mohr Siebeck; S. 273–288. (zitiert als: *Kasiske*, in: FS Uni Augsburg)

Kaspar, Johannes, Strafprozessuale Verwertbarkeit nach rechtswidriger privater Beweisbeschaffung – Zugleich ein Beitrag zur Systematisierung der Beweisverbotslehre, in: Goltdammer's Archiv für Strafrecht (GA) 2013, S. 206–225.

Kaspar, Johannes, Verhältnismäßigkeit und Grundrechtsschutz im Präventionsstrafrecht, 2014; Baden-Baden; Nomos. (zitiert als: *Kaspar*, Präventionsstrafrecht)

Kaspar, Johannes, Redundante Tatbestände, in: Zeitschrift für die gesamte Strafrechtswissenschaft (ZStW) 129 (2017), S. 401–414.

Kaspar, Johannes, Strafrecht – Allgemeiner Teil, 2023; 4. Aufl.; Baden-Baden; Nomos. (zitiert als: *Kaspar*, StrafR AT)

Kasper, Bernd, Die Erheblichkeitsschwelle im Bereich des Umweltstrafrechts, insbesondere bei § 324 StGB. Bagatellekiminalität im Umweltstrafrecht, 1997; Frankfurt a. M.; Lang. (zitiert als: *Kasper*, Erheblichkeitsschwelle)

Kaufmann, Arthur, Unrecht und Schuld beim Delikt der Volltrunkenheit, in: JuristenZeitung (JZ) 1963, S. 425–433.

Kaufmann, Franz-Xaver, Normen und Institutionen als Mittel zur Bewältigung von Unsicherheit: Die Sicht der Soziologie, in: *Bayerische-Rückversicherungs-AG (Hrsg.)*, Gesellschaft und Sicherheit; 1987; Karlsruhe; Verlag Versicherungswirtschaft; S. 37–48. (zitiert als: *Kaufmann*, in: Gesellschaft und Unsicherheit)

Kempf, Eberhard, Ultima ratio? Ultima ratio!, in: Anwaltsblatt (AnwlB) 2017, S. 34–36.

Kiethe, Kurt, Strafrechtlicher Anlegerschutz durch § 400 I Nr. 1 AktG – Zugleich Besprechung von LG München I, Urt. v. 8. April 2003 – 4 KLs 305 Js 52373/00 (EM.TV), in: Neue Zeitschrift für Strafrecht (NStZ) 2004, S. 73–77.

Kim, Jae-Yoon, Umweltstrafrecht in der Risikogesellschaft. Ein Beitrag zum Umgang mit abstrakten Gefährdungsdelikte, 2004; Göttingen; Cullivier. (zitiert als: *Kim*, Umweltstrafrecht)

Kindhäuser, Urs, Gefährdung als Straftat. Rechtstheoretische Untersuchungen zur Dogmatik der abstrakten und konkreten Gefährdungsdelikte, 1989; Frankfurt a. M.; Klostermann. (zitiert als: *Kindhäuser*, Gefährdung als Straftat)

Kindhäuser, Urs, Personalität, Schuld und Vergeltung. Zur rechtsethischen Legitimation und Begrenzung der Kriminalstrafe, in: Goltdammer's Archiv für Strafrecht (GA) 1989, S. 493–507.

Kindhäuser, Urs, Schwere Brandstiftung bei Inbrandsetzen eines nicht zum zeitweisen Aufenthalt von Menschen dienenden Teils eines Gebäudes?, in: Strafverteidiger (StV) 1990, S. 161–163.

Kindhäuser, Urs, Strafe, Strafrechtsgut und Rechtsgüterschutz, in: *Lüderssen, Klaus/Nestler-Tremel, Cornelius/Weigend, Ewa (Hrsg.)*, Modernes Strafrecht und Ultima-ratio-Prinzip; 1990; Frankfurt a. M.; Peter Lang; S. 29–37. (zitiert als: *Kindhäuser*, in: Modernes Strafrecht)

Kindhäuser, Urs, Zur Auslegung des Merkmals „vorteilhaft" in § 264 I Nr. 1 StGB, in: JuristenZeitung (JZ) 1991, S. 492–496.

Kindhäuser, Urs, Sicherheitsstrafrecht – Gefahren des Strafrechts in der Risikogesellschaft, in: Universitas (Universitas) 1992, S. 227 ff.

Kindhäuser, Urs, Erlaubtes Risiko und Sorgfaltswidrigkeit Zur Struktur strafrechtlicher Fahrlässigkeitshaftung, in: Goltdammer's Archiv für Strafrecht (GA) 1994, S. 197–223.

Kindhäuser, Urs, Zur Legitimität der abstrakten Gefährdungsdelikte im Wirtschaftsstrafrecht, in: *Schünemann, Bernd/González, Carlos Suárez (Hrsg.)*, Bausteine des europäischen Wirtschaftsstrafrechts. Madrid-Symposium für Klaus Tiedemann; 1994; Köln; Heymann; S. 125–134. (zitiert als: *Kindhäuser,* in: Bausteine)

Kindhäuser, Urs, Rechtsgüterschutz durch Gefährdungsdelikte, in: *Amelung, Knut/Günther, Hans-Ludwig/Kühne, Hans-Heiner (Hrsg.)*, Festschrift für Volker Krey zum 70. Geburtstag am 9. Juli 2010; 2010; Stuttgart; W. Kohlhammer; S. 249–268. (zitiert als: *Kindhäuser,* in: FS Krey)

Kindhäuser, Urs, Zum sog. „unerlaubten" Risiko, in: *Bloy, René Herbert u. a. (Hrsg.)*, Gerechte Strafe und legitimes Strafrecht. Festschrift für Manfred Maiwald zum 75. Geburtstag; 2010; Berlin; Duncker & Humblot; S. 397–416. (zitiert als: *Kindhäuser,* in: FS Kindhäuser)

Kindhäuser, Urs, Voraussetzungen strafbarer Korruption im Staat, Wirtschaft und Gesellschaft, in: Zeitschrift für Internationale Strafrechtsdogmatik (ZIS) 2011, S. 461–469.

Kindhäuser, Urs, Straf-Recht und ultima-ratio-Prinzip, in: Zeitschrift für die gesamte Strafrechtswissenschaft (ZStW) 129 (2017), S. 382–389.

Kindhäuser, Urs/Böse, Martin, Strafrecht Besonderer Teil II. Straftaten gegen Vermögensrechte, 2023; 12. Aufl.; Baden-Baden; Nomos. (zitiert als: *Kindhäuser/Böse,* StrafR BT II)

Kindhäuser, Urs/Hilgendorf, Eric, Strafgesetzbuch: Lehr- und Praxiskommentar, 2022; 9. Aufl.; Baden-Baden; Nomos. (zitiert als: *Kindhäuser/Hilgendorf,* LPK-StGB)

Kindhäuser, Urs/Nikolaus, Sonja, Der Tatbestand des Betrugs (§ 263 StGB), in: Juristische Schulung (JuS) 2006, S. 293–298.

Kindhäuser, Urs/Zimmermann, Till, Strafrecht Allgemeiner Teil, 2022; 10. Aufl.; Baden-Baden; Nomos. (zitiert als: *Kindhäuser/Zimmermann,* StrafR AT)

Kindhäuser, Urs u. a. (Hrsg.), Nomos Kommentar zum Strafgesetzbuch; 6. Auflage; 2023; Baden-Baden; Nomos. (zitiert als: *Bearbeiter,* in: NK-StGB)

Kindhäuser, Urs/Neumann, Ulrich/Paeffgen, Hans-Ullrich (Hrsg.), Nomos Kommentar zum Strafgesetzbuch; 5. Auflage; 2017; Baden-Baden; Nomos. (zitiert als: *Bearbeiter*, in: NK-StGB)

Kirsch, Hanno (Hrsg.), BilR – eKommentar; 2021; Bonn; Stollfuß. (zitiert als: *Bearbeiter*, in: eBilR)

Klasen, Evelyn/Schaefer, Sandra, Whistleblower, Zeuge und „Beschuldigter" – Informationsweitergabe im Spannungsfeld grundrechtlicher Positionen, in: Betriebsberater (BB) 2012, S. 641–647.

Klein, Gabriele, Internationale Rechnungslegung und Konzernabschluss. Entwicklung eines Sollkonzepts für den zukünftigen Standardsetzungsprozess, 2003; Wiesbaden; Deutscher Universitäts-Verlag. (zitiert als: *Klein*, Internationale Rechnungslegung)

Kleine-Cosack, Eva, Kausalitätsprobleme im Umweltstrafrecht. Die strafrechtliche Relevanz der Schwierigkeiten naturwissenschaftlicher Kausalfeststellung im Umweltbereich, 1988; Berlin; Schmidt. (zitiert als: *Kleine-Cosack*, Kausalitätsprobleme)

Klengel, Jürgen Detlef W./Mückenberger, Ole, Internal Investigations – typische Rechts- und Praxisprobleme unternehmensinterner Ermittlungen, in: CCZ – Corporate Compliance (CCZ) 2009, S. 81–87.

Klesczewski, Diethelm, Ordnungswidrigkeitenrecht, 2023; München; Vahlen. (zitiert als: *Klesczewski*, OWiG)

Klöhn, Lars/Schmolke, Klaus Ulrich, Unternehmensreputation (Corporate Reputation). Ökonomische Erkenntnisse und ihre Bedeutung im Gesellschafts- und Kapitalmarktrecht, in: Neue Zeitschrift für Gesellschaftsrecht (NZG) 2015, S. 689–697.

Klose, Bernhard, Zivil- und strafrechtliche Risiken des Unternehmers in der wirtschaftlichen Krise eines Unternehmens – Teil 2, in: Neue Zeitschrift für Wirtschafts-, Steuer- und Unternehmensstrafrecht (NZWiSt) 2020, S. 59–63.

Knauer, Christoph, Die Entscheidung des BVerfG zur strafprozessualen Verständigung (Urteil vom 19.3.2013 – 2 BvR 2628/10 – 2 BvR 2883/10, 2 BvR 2155/11, NStZ 2013, 295) – Paukenschlag oder Papiertiger?, in: Neue Zeitschrift für Strafrecht (NStZ) 2013, S. 433–436.

Knauer, Christoph/Buhlmann, Erik, Unternehmensinterne (Vor-)Ermittlungen – was bleibt von nemo-tenetur und fair-trail? Grenzen der strafprozessualen Verwertbarkeit unternehmensinterner Ermittlungen, in: Anwaltsblatt (AnwBl) 2010, S. 387 – 393.

Knauer, Christoph/Lickleder, Andreas, Die obergerichtliche Rechtsprechung zu Verfahrensabsprachen nach der gesetzlichen Regelung – ein kritischer Überblick, in: Neue Zeitschrift für Strafrecht (NStZ) 2012, S. 366–379.

Knauer, Christoph/Kudlich, Hans/Schneider, Harmut (Hrsg.), Münchener Kommentar zur Strafprozessordnung; 2018; München; C.H. Beck. (zitiert als: *Bearbeiter*, in: MüKo-StPO)

Knauth, Alfons, Kapitalanlagebetrug und Börsendelikte im zweiten Gesetz zur Bekämpfung der Wirtschaftskriminalität, in: Neue Juristische Wochenschrift (NJW) 1987, S. 28–33.

Knierim, Thomas, Das Verhältnis von strafrechtlichen und internen Ermittlungen, in: Strafverteidiger (StV) 2009, S. 324–331.

Koch, Arnd, Wider ein Feindstrafrecht, Juristische Kritik am Hexereiverfahren, 2012; Berlin; Erich Schmidt. (zitiert als: *Koch,* Wider ein Feindstrafrecht)

Koch, Jens, Compliance-Pflichten im Unternehmensverbund?, in: Zeitschrift für Wirtschafts- und Bankrecht (WM) 2009, S. 1013–1020.

Koch, Philipp, Naming and shaming im Kapitalmarktrecht. Die Veröffentlichung von Verstößen als repressive Sanktion, 2019; Baden-Baden; Nomos. (zitiert als: *Koch,* Naming and Shaming)

Koenig, Christian/Müller, Eva-Maria, Der strafrechtliche Subventionstatbestand des § 264 VII StGB am Beispiel langfristiger staatlicher Ausfuhrgewährleistungen (sog. Hermes-Deckungen), in: Neue Zeitschrift für Strafrecht (NStZ) 2005, S. 607–614.

Koepsel, Anne K., Bestechlichkeit und Bestechung im geschäftlichen Verkehr (§ 299 StGB). Eine Fallanalyse zur Ermittlung von Anwendungsbereich und Grenzen der Norm, 2006; Osnabrück; Vandenhoeck & Ruprecht. (zitiert als: *Koepsel,* § 299 StGB)

Kohlmann, Günter/Ostermann, Martin, Die Verletzung der Aufsichtspflicht in Betrieben und Unternehmen – Pläne für eine verfassungswidrige Reform, in: Zeitschrift für Wirtschafts- und Steuerstrafrecht (wistra) 1990, S. 121–131.

Kölbel, Ralf, Criminal Compliance – ein Missverständnis des Strafrechts?, in: Zeitschrift für die gesamte Strafrechtswissenschaft (ZStW) 125 (2013), S. 499–535.

Kölbel, Ralf, Corporate Crime, Unternehmenssanktionen und kriminelle Verbandsattitüde, in: *Hefendehl, Roland/Hörnle, Tatjana/Greco, Luís (Hrsg.)*, Streitbare Strafrechtswissenschaft. Festschrift für Bernd Schünemann zum 70. Geburtstag am 1. November 2014; 2014; Berlin; De Gruyter; S. 775–786. (zitiert als: *Kölbel,* in: FS Schünemann)

Kölbel, Ralf, Zu Herausforderungen für das regulatorische Strafrecht, in: *Tiedemann, Klaus u. a. (Hrsg.)*, Die Verfassung moderner Strafrechtspflege. Erinnerung an Joachim Vogel; 2016; Baden-Baden; Nomos; S. 379–400. (zitiert als: *Kölbel,* in: GS Vogel)

Kölbel, Ralf/Herold, Nico, Wirtschaftskontrolle durch Whistleblowing? Empirische Befunde zu Entscheidungsprozessen von Hinweisgebern, in: Neue Kriminalpolitik (NK) 2015, S. 375–387.

Kölbel, Ralf/Kubiciel, Michael, Die Rolle der Strafrechtswissenschaft in der Strafgesetzgebung, in: Goltdammer's Archiv für Strafrecht (GA) 2023, S. 181–192.

Köllner, Rolf/Cyrus, Vera, Aktuelle strafrechtliche Fragen in Krise und Insolvenz – Januar bis Mai 2017, in: Neue Zeitschrift für Insolvenz- und Sanierungsrecht (NZI) 2017, S. 521–524.

König, Peter, Neues Strafrecht gegen die Korruption, in: Juristische Rundschau (JR) 1998, S. 397–404.

Koops, Christian/Opper, Florian, Die Mitarbeiterbefragung gem. § 17 I Nr. 5 lit. c VerSanG-E – Das Ende der „unbedingten Auskunftspflicht" des Arbeitnehmers?, in: Bertriebs Berater (BB) 2020, S. 1589–1595.

Körber, Torsten/Schweitzer, Heike/Zimmer, Daniel (Hrsg.), Wettbewerbsrecht. Band 2. GWB. Kommentar zum Deutschen Kartellrecht; 6. Auflage; 2020; München; C.H. Beck. (zitiert als: *Bearbeiter*, in: *Immenga/Mestmäcker*-Wettbewerbsrecht)

Koriath, Heinz, Zum Streit um die Gefährdungsdelikte, in: Goltdammer's Archiv für Strafrecht (GA) 2001, S. 51–74.

Korte, Matthias, Bekämpfung der Korruption und Schutz des freien Wettbewerbs mit den Mitteln des Strafrechts, in: Neue Zeitschrift für Strafrecht (NStZ) 1997, S. 513–519.

Kottek, Petr, Unternehmensinterne Compliance-Ermittlungen – Arbeitsrechtliche Vernehmungen (Interviews), Einführung ins Strafverfahren und deren strafprozessuale Verwertbarkeit, in: Zeitschrift für Wirtschafts- und Steuerstrafrecht (wistra) 2017, S. 9–17.

Kraatz, Erik, Wirtschaftsstrafrecht, 2017; 2. Aufl.; München; C.H. Beck. (zitiert als: *Kraatz*, WiStR)

Kraatz, Erik, Ordnungswidrigkeitenrecht, 2020; Baden-Baden; Nomos. (zitiert als: *Kraatz*, OWiG)

Krack, Ralf, Die Tätige Reue im Wirtschaftsstrafrecht, in: Neue Zeitschrift für Strafrecht (NStZ) 2001, S. 505–511.

Krack, Ralf, Die Kleiderordnung als Schutzobjekt des § 299 StGB?, in: *Joecks, Wolfgang u. a. (Hrsg.)*, Recht – Wirtschaft – Strafe. Festschrift für Erich Samson zum 70. Geburtstag; 2010; Heidelberg; C. F. Müller; S. 355–376. (zitiert als: *Krack*, in: FS Samson)

Krahl, Matthias, Die Rechtsprechung des Bundesverfassungsgerichts und des Bundesgerichtshofs zum Bestimmtheitsgrundsatz im Strafrecht (Art. 103

Abs. 2 GG), 1986; Frankfurt a. M.; Peter Lang. (zitiert als: *Krahl*, Bestimmtheitsgrundsatz)

Krämer, Katharina, Zur Schutzrichtung des Tatbestandes der unrichtigen Darstellung (§ 331 HGB) – unter Einbeziehung der internationalen Rechnungslegungsstandards, in: Neue Zeitschrift für Wirtschafts-, Steuer- und Unternehmensstrafrecht (NZWiSt) 2013 (8), S. 286–294.

Krasmann, Susanne, Verschwörung oder Begegnung. Plädoyer für eine Fortsetzung des Programms der Partisanenwissenschaft mit etwas anderen Mitteln, in: *Menzel, Birgit/Ratzke, Kerstin (Hrsg.)*, Grenzenlose Konstruktivität? Standortbestimmung und Zukunftsperspektiven konstruktivistischer Theorien abweichenden Verhaltens; 2003; Opladen; Leske + Budrich; S. 49–64. (zitiert als: *Krasmann*, in: Grenzenlose Konstruktivität?)

Kratzsch, Dietrich, Verhaltenssteuerung und Organisation im Strafrecht. Ansätze zur Reform des strafrechtlichen Unrechtsbegriffs und der Regeln der Gesetzesanwendung, 1985; Berlin; Duncker & Humblot. (zitiert als: *Kratzsch*, Verhaltenssteuerung)

Kratzsch, Dietrich, Prinzipien der Konkretisierung von abstrakten Gefährdungsdelikten – BGHSt 38, 309, in: Juristische Schulung (JuS) 1994, S. 372–381.

Krause, Daniel M., Ordnungsgemäßes Wirtschaften und Erlaubtes Risiko. Grund- und Einzelfragen des Bankrotts (§ 283 StGB) – zugleich ein Beitrag zur Dogmatik des Konkursstrafrechts, 1995; Berlin; Duncker & Humblot. (zitiert als: *Krause*, Ordnungsgemäßes Wirtschaften)

Krause, Daniel M., Zur Berücksichtigung „beiseitegeschaffter" Vermögenswerte bei der Feststellung der Zahlungsunfähigkeit im Rahmen des § 283 II StGB, in: Neue Zeitschrift für Strafrecht (NStZ) 1999, S. 161–165.

Krause, Daniel M., Strafrechtliche Haftung des Aufsichtsrates, in: Neue Zeitschrift für Strafrecht (NStZ) 2011, S. 57–65.

Krekeler, Wilhelm, Strafbarkeit des Abschlussprüfers – Vortrag anlässlich der Veranstaltung der AGen Strafrecht und Steuerrecht des DAV in Frankfurt, März 1999, in: Strafverteidiger Forum (StraFo) 1999, S. 217–222.

Kremer, Stefan Hubertus, Absprachen zwischen Gericht und Verfahrensbeteiligten im Strafprozeß, 1994; Univ. Diss., Bonn. (zitiert als: *Kremer*, Absprachen)

Krets, Jérome, Strafrechtliche Erfassung des Versicherungsmißbrauchs und des Versicherungsbetrugs nach dem sechsten Strafrechtsreformgesetz, 2001; Heidelberg; C. F. Müller. (zitiert als: *Krets*, Strafrechtliche Erfassung)

Kretschmer, Joachim, Die Bekämpfung von Korruption mit dem OWiG, in: *Geisler, Claudius u. a. (Hrsg.)*, Festschrift für Klaus Geppert zum

70. Geburtstag am 10. März 2011; 2011; Berlin; De Gruyter; S. 287–310. (zitiert als: *Kretschmer,* in: FS Geppert)

Krey, Volker, Keine Strafe ohne Gesetz. Einführung in die Dogmengeschichte des Satzes „nullum crimen, nulla poena sine lege“, 1983; Berlin; De Gruyter. (zitiert als: *Krey,* Keine Strafe)

Krey, Volker, Finanzmarktkrise und deutsches Strafrecht – Verantwortlichkeit von Bankvorständen für hochspekulativen Handel mit Asset Backed Securities (durch Vermögenswerte besicherte Wertpapiere) auf der Basis der US Subprime Mortgages (minderwertige US-Hypotheken), in: *Heinrich, Manfred u. a. (Hrsg.),* Strafrecht als Scientia Universalis. Festschrift für Claus Roxin zum 80. Geburtstag am 15. Mai 2011; 2011; Berlin; De Gruyter; S. 1073–1086. (zitiert als: *Krey,* in: FS Roxin 2011)

Krey, Volker/Nuys, Marcel, Der Täter hinter dem Täter – oder die Liebe der Strafrechtler zum Glasperlenspiel, in: *Böse, Martin/Sternberg-Lieben, Detlev (Hrsg.),* Grundlagen des Straf- und Strafverfahrensrechts. Festschrift für Knut Amelung zum 70. Geburtstag; 2009; Berlin; Duncker & Humblot; S. 203–224. (zitiert als: *Krey/Nuys,* in: FS Amelung)

Krüger, Matthias, Die Entmaterialisierungstendenz beim Rechtsgutsbegriffs, 2000; Berlin; Duncker & Humblot. (zitiert als: *Krüger,* Entmaterialisierungstendenz)

Kruse, Björn, Compliance und Rechtsstaat. Zur Freiheit von Selbstbelastung bei Internal Investigations 2014; Frankfurt a. M.; Peter Lang. (zitiert als: *Kruse,* Compliance)

Kubiciel, Michael, Die Finanzmarktkrise zwischen Wirtschaftsstrafrecht und politischem Strafrecht, in: Zeitschrift für Internationale Strafrechtsdogmatik (ZIS) 2013, S. 53–60.

Kubiciel, Michael, Die Wissenschaft vom Besonderen Teil des Strafrechts. Ihre Aufgaben, ihre Methoden, 2013; Frankfurt a. M.; Klostermann. (zitiert als: *Kubiciel,* Wissenschaft)

Kubiciel, Michael, Bestechung und Bestechlichkeit im geschäftlichen Verkehr – Zu einer wettbewerbsorientierten Umsetzung des sog. Geschäftsherrenmodells in § 299 StGB, in: Zeitschrift für Internationale Strafrechtsdogmatik (ZIS) 2014, S. 667–673.

Kubiciel, Michael, Zwischen Effektivität und Legitimität – Zum Handlungsspielraum des Gesetzgebers nach der „Deal“-Entscheidung, in: HRRS (HRRS) 2014, S. 204–209.

Kubiciel, Michael, Unentbehrliches Wirtschaftsstrafrecht, entbehrliche Tatbestände, in: Zeitschrift für die gesamte Strafrechtswissenschaft (ZStW) 129 (2017), S. 473–491.

Kubiciel, Michael, Kriminalpolitik und Strafrechtswissenschaft, in: Juristen-Zeitung (JZ) 2018, S. 171–179.

Kubiciel, Michael, Kriminalpolitik und Strafrechtswissenschaft, in: *Zabel, Benno (Hrsg.)*, Strafrechtspolitik. Über den Zusammenhang von Strafgesetzgebung, Strafrechtswissenschaft und Strafgerechtigkeit; 2018; Baden-Baden; Nomos; S. 99–132. (zitiert als: *Kubiciel*, in: Strafrechtspolitik)

Kubiciel, Michael, Neues Unternehmenssanktionenrecht ante portas. Auswirkungen auf Unternehmen und Rechtsanwaltschaft, 2020; Baden-Baden; Nomos. (zitiert als: *Kubiciel*, Unternehmenssanktionenrecht)

Kubiciel, Michael, Strafrechtliche Metatheorien, in: *Koch, Arnd u. a. (Hrsg.)*, 50 Jahre Juristische Fakultät Augsburg; 2021; Tübingen; Mohr Siebeck; S. 183–202. (zitiert als: *Kubiciel*, in: FS Uni Augsburg)

Kubiciel, Michael/Weigend, Thomas, Maßstäbe wissenschaftlicher Strafgesetzgebungskritik, in: Kriminalpolitische Zeitschrift (KriPoZ) 2019, S. 35–40.

Kudlich, Hans, Das 6. Gesetz zur Reform des Strafrechts, in: Juristische Schulung (JuS) 1998, S. 468–473.

Kudlich, Hans, Fixierung der StA auf ihre Zustimmung zur Verständigung, in: Neue Zeitschrift für Strafrecht (NStZ) 2013, S. 119–120.

Kudlich, Hans, Die Relevanz der Rechtsgutstheorie im modernen Verfassungsstaat, in: Zeitschrift für die gesamte Strafrechtswissenschaft (ZStW) 127 (2015), S. 635–653.

Kudlich, Hans, Zur Zukunft der Verständigung im Strafprozess, in: Zeitschrift für Rechtspolitik (ZRP) 2021, S. 81–87.

Kudlich, Hans /Oğlakcıoğlu, Mustafa Temmuz, Wirtschaftsstrafrecht, 2020; 3. Aufl.; Heidelberg; C. F. Müller. (zitiert als: *Kudlich/Oğlakcıoğlu*, WiStR)

Kühl, Kristian, Die ethisch-moralischen Grundlagen des Strafrechts: Eine Vergewisserung an Hand des „Lehrbuchs des Strafrechts. Allgemeiner Teil“ von Hans-Heinrich Jescheck, in: Zeitschrift für die gesamte Strafrechtswissenschaft (ZStW) 116 (2004), S. 870–890.

Kühl, Kristian, Zum Missbilligungscharakter der Strafe, in: *Arnold, Jörg u. a. (Hrsg.)*, Menschengerechtes Strafrecht. Festschrift für Albin Eser zum 70. Geburtstag; 2005; München; C.H. Beck; S. 149–162. (zitiert als: *Kühl*, in: FS Eser)

Kühl, Kristian, Fragmentarisches und subsidiäres Strafrecht, in: *Sieber, Ulrich u. a. (Hrsg.)*, Strafrecht und Wirtschaftsstrafrecht: Dogmatik, Rechtsvergleich, Rechtstatsachen. Festschrift für Klaus Tiedemann zum 70. Geburtstag; 2008; Köln; Heymann; S. 29–46. (zitiert als: *Kühl*, in: FS Tiedemann)

Kuhlen, Lothar, Der Handlungserfolg der strafbaren Gewässerverunreinigung (§ 324 StGB), in: Goltdammer's Archiv für Strafrecht (GA) 1986, S. 389–408.

Kuhlen, Lothar, Rezension von Urs Kindhäuser: Gefährdung als Straftat, in: Goltdammer's Archiv für Strafrecht (GA) 1990, S. 477–480.

Kuhlen, Lothar, Umweltstrafrecht – auf der Suche nach einer neuen Dogmatik, in: Zeitschrift für die gesamte Strafrechtswissenschaft (ZStW) 105 (1993), S. 697–726.

Kuhlen, Lothar, Zum Strafrecht der Risikogesellschaft, in: Goltdammer's Archiv für Strafrecht (GA) 1994, S. 347–367.

Kuhlen, Lothar, Anmerkungen zu § 298 StGB, in: *Dölling, Dieter (Hrsg.),* Jus humanum – Grundlagen des Rechts und Strafrecht. Festschrift für Ernst-Joachim Lampe zum 70. Geburtstag; 2003; Berlin; Duncker & Humblot; S. 743–757. (zitiert als: *Kuhlen,* in: FS Lampe)

Kuhlen, Lothar, Rechtsgüter und neuartige Deliktstypen, in: *von Hirsch, Andrew/Seelmann, Kurt/Wohlers, Wolfgang (Hrsg.),* Mediating Principles – Begrenzungsprinzipien bei der Strafbegründung; 2006; Baden-Baden; Nomos; S. 148–156. (zitiert als: *Kuhlen,* in: Mediating Principles)

Kuhlen, Lothar, Strafrechtliche Haftung von Führungskräfte, in: *Maschmann, Frank (Hrsg.),* Corporate Compliance und Arbeitsrecht; 2009; Baden-Baden; Nomos; S. 11–30. (zitiert als: *Kuhlen,* in: Corporate Compliance)

Kuhlen, Lothar, Grundfragen von Compliance und Strafrecht, in: *Kuhlen, Lothar (Hrsg.),* Compliance und Strafrecht; 2013; Heidelberg; C. F. Müller; S. 1–26. (zitiert als: *Kuhlen,* in: Compliance)

Kuhli, Milan/Asholt, Martin, Welchen gesetzgeberischen Einfluss hat die Strafrechtswissenschaft?, in: Goltdammer's Archiv für Strafrecht (GA) 2023, S. 192–204.

Kuhn, Sascha, Strafbarkeit wegen Kreditbetrugs auch zu Lasten ausländischer Kreditgeber. Anmerkung zu BGH Urt. v. 8. Oktober 2014 – 1 StR 114/14, in: EWiR – Entscheidungen zum Wirtschaftsrecht (EWiR) 2015, S. 145–146.

Kühnberger, Manfred, Verlustanzeigebilanz – zu Recht kaum beachteter Schutz für Eigentümer?, in: Der Betrieb (DB) 2000, S. 2077–2085.

Kunkel, Carsten, Straftatbestand des Kreditbetrugs gem. § 265b StGB zulasten ausländischer Kreditgeber durch Gewährung von Genusrechtekapital. Anmerkung zu BGH Urt. v. 8. Oktober 2014 – 1 StR 114/14, in: juris Praxis-Report Strafrecht (jurisPR-StrafR 1/2015 Anm. 2).

Kunz, Karl-Ludwig, Strafrechtsmodelle und Gesellschaftsstruktur, in: Kriminologisches Journal (KJ) 2010, S. 9–23.

Küper, Wilfried, Gefährdung als Erfolgsqualifikation?, in: Neue Juristische Wochenschrift (NJW) 1976, S. 543–546.

Küper, Wilfried, Die dämonische Macht des „Katzenkönigs" oder – Probleme des Verbotsirrtums und Putativnotstandes an den Grenzen strafrechtlicher

Begriffe – Zum Urteil des BGH vom 15.9.1988, in: JuristenZeitung (JZ) 1989, S. 617–628.

Küting, Karlheinz u. a. (Hrsg.), Handbuch der Rechnungslegung – Einzelabschluss. Kommentar zur Bilanzierung und Prüfung, Bd. 1; 33. Auflage; 2021; Stuttgart; Schäffer-Poeschel. (zitiert als: *Bearbeiter*, in: HdB-Bilanzrecht)

Lackner, Karl, Das konkrete Gefährdungsdelikt im Verkehrsstrafrecht. Vortrag gehalten vor der Berliner Juristischen Gesellschaft am 13. Mai 1966, 1967; Berlin; de Gruyter. (zitiert als: *Lackner*, Verkehrsstrafrecht)

Lackner, Karl/Kühl, Kristian/Heger, Martin (Hrsg.), Strafgesetzbuch – Kommentar; 30. Auflage; 2023; München; C.H. Beck. (zitiert als: *Bearbeiter*, in: LKH-StGB)

Lagodny, Otto, Strafrecht vor den Schranken der Grundrechte. Die Ermächtigung zum strafrechtlichen Vorwurf im Lichte der Grundrechtsdogmatik dargestellt am Beispiel der Vorfeldkriminalisierung, 1996; Tübingen; Mohr. (zitiert als: *Lagodny*, Schranken)

Lagodny, Otto, Das materielle Strafrecht als Prüfstein der Verfassungsdogmatik, in: *Hefendehl, Roland/von Hirsch, Andrew/Wohlers, Wolfgang (Hrsg.)*, Die Rechtsgutstheorie. Legitimationsbasis des Strafrechts oder dogmatisches Glasperlenspiel?; 2003; Baden-Baden; Nomos; S. 83–88. (zitiert als: *Lagodny*, in: Die Rechtsgutstheorie)

Lampe, Ernst-Joachim, Die strafrechtliche Bewertung des „Anzapfens" nach § 240 StGB und § 12 UWG, in: *Küper, Wilfried (Hrsg.)*, Beiträge zur Rechtswissenschaft. Festschrift für Walter Stree und Johannes Wessels zum 70. Geburtstag; 1993; Heidelberg; C. F. Müller; S. 449–466. (zitiert als: *Lampe*, in: FS Stree/Wessels)

Lampe, Ernst-Joachim, Der neue Tatbestand der Geldwäsche (§ 261 StGB), in: JuristenZeitung (JZ) 1994, S. 123–132.

Lampe, Ernst-Joachim, Tätersysteme: Spuren und Strukturen, in: Zeitschrift für die gesamte Strafrechtswissenschaft (ZStW) 119 (2007), S. 471–518.

Lampe, Ernst-Joachim, Überindividuelle Rechtsgüter, Institutionen und Interessen, in: *Sieber, Ulrich u. a. (Hrsg.)*, Strafrecht und Wirtschaftsstrafrecht: Dogmatik, Rechtsvergleich, Rechtstatsachen. Festschrift für Klaus Tiedemann zum 70. Geburtstag; 2008; Köln; Heymann; S. 79–104. (zitiert als: *Lampe*, in: FS Tiedemann)

Landau, Herbert, Die Pflicht des Staates zum Erhalt einer funktionstüchtigen Strafrechtspflege, in: Neue Zeitschrift für Strafrecht (NStZ) 2007, S. 121–129.

Landau, Herbert, Strafrecht nach Lissabon, in: Neue Zeitschrift für Strafrecht (NStZ) 2011, S. 537–546.

Landau, Herbert, Das Urteil des Zweiten Senats des BVerfG zu den Absprachen im Strafprozess vom 19. März 2013, in: Neue Zeitschrift für Strafrecht (NStZ) 2014, S. 425–431.

Landau, Herbert, Die jüngere Rechtsprechung des Bundesverfassungsgerichts zu Strafrecht und Strafverfahrensrecht, in: Neue Zeitschrift für Strafrecht (NStZ) 2015, S. 665–671.

Lanfermann, Georg/Maul, Silja, Sanktionierung von Verstößen gegen prüfungsbezogene Aufsichtsratspflichten nach dem AReG-RegE, in: Betriebsberater (BB) 2016, S. 363–367.

Laufhütter, Heinrich Wilhelm/Rissing-van Saan, Ruth/Tiedemann, Klaus (Hrsg.), Leipziger Kommentar Strafgesetzbuch, Bd. 1: Einleitung, §§ 1–18; 12. Auflage; 2007; Berlin; De Gruyter. (zitiert als: *Bearbeiter*, in: LK-StGB)

Legnaro, Aldo, Konturen der Sicherheitsgesellschaft. Eine polemisch-futurologische Skizze, in: Leviathan (Leviathan) 1997, S. 271–284.

Legnaro, Aldo, Sicherheit als hegemoniales Narrativ, in: *Belina, Bernd u. a. (Hrsg.)*, Kritische Kriminologie und Sicherheit, Staat und Gouvernementalität; 2012; München; Juventa; S. 47–56. (zitiert als: *Legnaro*, in: Sicherheit)

Legnaro, Aldo, Prävention als Steuerungsprinzip der späten Moderne, in: *Brunhöber, Beatrice (Hrsg.)*, Strafrecht im Präventionsstaat; 2014; Stuttgart; Steiner; S. 19–40. (zitiert als: *Legnaro*, in: Präventionsstaat)

Leipold, Klaus, Die gesetzliche Regelung der Verständigung im Strafverfahren, NJW-Spezial (NJW-Spezial), S. 520–521.

Leipold, Klaus/Tsambikakis, Michael/Zöller, Mark (Hrsg.), Anwaltskommentar StGB; 3. Auflage; 2020; Heidelberg; C. F. Müller. (zitiert als: *Bearbeiter*, in: LTZ-StGB)

Leitmeier, Lorenz, § 257c Abs. 1 S. 2 i. V. m. § 244 Abs. 2 StPO?!, in: HRRS (HRRS) 2013, S. 362–366.

Leitner, Werner, Unternehmensinterne Ermittlungen im Konzern, in: *Lüderssen, Klaus/Volk, Klaus/Wahle, Eberhard (Hrsg.)*, Festschrift für Wolf Schiller zum 65. Geburtstag am 12. Januar 2014; 2014; Baden-Baden; Nomos; S. 430–448. (zitiert als: *Leitner*, in: FS Schiller)

Leitner, Werner/Rosenau, Henning (Hrsg.), Wirtschafts- und Steuerstrafrecht; 2. Auflage; 2022; Baden-Baden; Nomos. (zitiert als: *Bearbeiter*, in: LS-WiStR)

Lemke, Thomas, Eine Kritik der politischen Vernunft. Foucalts Analyse der modernen Gouvernementalität, 1997; Berlin; Argument-Verlag. (zitiert als: *Lemke*, Kritik)

Lenger, Norman/Nachtsheim, Thomas, Insolvenzeröffnungsgründe – Praxisrelevante Aspekte des neuen IDW ES 11, in: Neue Zeitschrift für Insolvenz- und Sanierungsrecht (NZI) 2014, S. 992–995.

Lenz, Hansrudi, Haftung und Strafbarkeit des Abschlussprüfers im FISG-RegE, in: Betriebsberater (BB) 2021, S. 683–687.

Liesching, Patrick, Die Brandstiftungsdelikte des §§ 306 bis 306c StGB nach dem Sechsten Gesetz zur Reform des Strafrechts, 2002; Berlin; Duncker & Humblot. (zitiert als: *Liesching*, Brandstiftungsdelikte)

Lindemann, Michael, Voraussetzungen und Grenzen legitimen Wirtschaftsstrafrechts: eine Untersuchung zu den materiell- und prozessrechtlichen Problemen der strafrechtlichen Aufarbeitung von Wirtschaftskriminalität, 2012; Tübingen; Mohr Siebeck. (zitiert als: *Lindemann*, Voraussetzungen und Grenzen)

Lindenberg, Stefan, Brandstiftungsdelikte – §§ 306 ff. StGB. Reformdiskussion und Gesetzgebung seit 1870, 2004; Berlin; BWV. (zitiert als: *Lindenberg*, Brandstiftungsdelikte)

Loewenheim, Ulrich (Hrsg.), Handbuch des Urheberrechts; 3. Auflage; 2021; München; C.H. Beck. (zitiert als: *Bearbeiter*, in: HdB UrhR)

Loos, Fritz, Zum „Rechtsgut" der Bestechungsdelikte, in: *Stratenwerth, Günter u. a. (Hrsg.)*, Festschrift für Hans Welzel zum 70. Geburtstag am 25. März 1974; 1974; Berlin; De Gruyter; S. 879–896. (zitiert als: *Loos*, in: FS Welzel)

Lösler, Thomas, Das moderne Verständnis von Compliance im Finanzmarktrecht, in: Neue Zeitschrift für Gesellschaftsrecht (NZG) 2005, S. 104–108.

Löwer, Steffen, Die strafrechtliche Aufarbeitung der Wirtschafts- und Finanzkrise. Eine Analyse der Rolle des Strafrechts vor und zu Zeiten der Krise anhand der zentralen Norm des § 266 StGB, 2017; Berlin; Duncker & Humblot. (zitiert als: *Löwer*, Strafrechtliche Aufarbeitung)

Lüderssen, Klaus, Die strafrechtsgestaltende Kraft des Beweisrechts, in: Zeitschrift für die gesamte Strafrechtswissenschaft (ZStW) 85 (1973), S. 288–319.

Lüderssen, Klaus, Das Merkmal „vorteilhaft" in § 264 I 1 StGB – Zugleich eine Rezension der Entscheidung des BGH vom 20. Januar 1987, in: Zeitschrift für Wirtschafts- und Steuerstrafrecht (wistra) 1988, S. 43–48.

Lüderssen, Klaus, Abschaffen des Strafens?, 1995; Frankfurt a. M.; Suhrkamp. (zitiert als: *Lüderssen*, Abschaffen)

Lüderssen, Klaus, Ein Prokrustes Bett für ungleiche Zwillinge: Angestelltenbestechung und Submissionsabsprache, vereinigt in einem neuen Abschnitt des Strafgesetzbuchs: „Straftaten gegen den Wettbewerb", in: Betriebsberater (BB) 1996, S. 2525–2530.

Lüderssen, Klaus, Die Symbiose von Markt und Staat – auseinanderdividiert durch Strafrecht?, in: Strafverteidiger (StV) 1997, S. 318–323.

Lüderssen, Klaus, Finanzmarktkrise, Risikomanagement und Strafrecht, in: Strafverteidiger (StV) 2009, S. 486–494.

Lüderssen, Klaus, Soziale Marktwirtschaft, Finanzmarktkrise und Wirtschaftsstrafrecht, in: *Kempf, Eberhard/Lüderssen, Klaus/Volk, Klaus (Hrsg.)*, Die Handlungsfreiheit des Unternehmers – Wirtschaftliche Perspektiven, strafrechtliche und ethische Schranken; 2009; Berlin; De Gruyter; S. 21–28. (zitiert als: *Lüderssen*, in: Handlungsfreiheit)

Lüderssen, Klaus, Finanzmarktkrise, Risikomanagement und Strafrecht, in: *Kempf, Eberhard/Lüderssen, Klaus/Volk, Klaus (Hrsg.)*, Die Finanzkrise, das Wirtschaftsstrafrecht und die Moral; 2010; Berlin; De Gruyter; S. 211–237. (zitiert als: *Lüderssen*, in: Moral)

Luhmann, Niklas, Soziologie des Risikos, 1991; Berlin; de Gruyter. (zitiert als: *Luhmann*, Soziologie des Risikos)

Lührs, Wolfgang, Subventionen, Subventionsvergabepraxis und Strafverfolgung – rechtliche und tatsächliche Probleme in den Neuen Bundesländern, in: Zeitschrift für Wirtschafts- und Steuerstrafrecht (wistra) 1999, S. 89–97.

Lützeler, Martin/Müller-Satori, Patrick, Die Befragung des Arbeitnehmers – Auskunftspflicht oder Zeugnisverweigerungsrecht?, in: CCZ – Corporate Compliance (CCZ) 2011, S. 19–25.

Maas, Heiko, Wann darf der Staat strafen?, in: Neue Zeitschrift für Strafrecht (NStZ) 2015, S. 305–309.

Mansdörfer, Marco, Zur Theorie des Wirtschaftsstrafrechts. Zugleich eine Untersuchung zu funktionalen Steuerungs- und Verantwortlichkeitsstrukturen bei ökonomischem Handeln, 2011; Heidelberg; C. F. Müller. (zitiert als: *Mansdörfer*, Theorie)

Mansdörfer, Marco, Die Aussagepflicht der Mitarbeiter bei wertebasierten unternehmensinternen Ermittlungen, in: jM (jM) 2014, S. 167–173.

Marotzke, Wolfgang, Das insolvenzrechtliche Eröffnungsverfahren neuer Prägung (Teil 1), in: Der Betrieb (DB) 2012, S. 560–567.

Martens, Klaus-Peter, Die Anzeigepflicht des Verlustes des Garantiekapitals nach dem AktG und dem GmbHG, in: Zeitschrift für Unternehmens- und Gesellschaftsrecht (ZGR) 1972, S. 254–288.

Martin, Jörg, Strafbarkeit grenzüberschreitender Umweltbeeinträchtigungen, 1989; Freiburg i. Br.; Max Planck Institut für Ausländisches und Internationales Strafrecht. (zitiert als: *Martin*, Umweltbeeinträchtigungen)

Marx, Michael, Zur Definition des Begriffs „Rechtsgut". Prolegomena einer materialen Verbrechenslehre, 1972; Köln; Heymann. (zitiert als: *Marx*, Zur Definition)

Marxen, Dorothea, Strafbarkeitseinschränkung bei abstrakten Gefährdungsdelikten, 1991; Münster; Lit. (zitiert als: *Marxen*, Strafbarkeitseinschränkung)

Matt, Holger/Saliger, Frank, Straflosigkeit der versuchten Untreue – Über die Richtigkeit dieser Entscheidung des Gesetzgebers und dogmatische Konsequenzen, in: *Kriminalwissenschaften, Institut für (Hrsg.)*, Irrwege der Strafgesetzgebung; 1999; Frankfurt a. M.; Peter Lang; S. 217–240. (zitiert als: *Matt/Saliger*, in: Irrwege)

Matt, Holger/Renzikowski, Joachim (Hrsg.), Strafgesetzbuch Kommentar; 2. Auflage; 2020; Franz Vahlen; München. (zitiert als: *Bearbeiter*, in: *Matt/Renzikowski*-StGB)

Mattes, Heinz, Untersuchungen zur Lehre von den Ordnungswidrigkeiten. 2 Halbbd: Geltendes Recht und Kritik, 1982; Berlin; Duncker & Humblot. (zitiert als: *Mattes,* Untersuchungen)

Matzen, Klaus, Der Begriff der drohenden und eingetretenen Zahlungsunfähigkeit im Konkursstrafrecht, 1993; Baden Baden; Nomos. (zitiert als: *Matzen,* Drohende und eingetretene Zahlungsunfähigkeit)

Maume, Philipp, Know-How-Schutz – Abschied vom Geheimhaltungswillen?, in: Wettbewerb in Recht und Praxis (WRP) 2008, S. 1275–1280.

Maurach, Reinhart/Schröder, Christian/Maiwald, Manfred, Strafrecht Besonderer Teil. Teilband II. Straftaten gegen Gemeinschaftswerte, 2012; 10. Aufl.; Heidelberg; C. F. Müller. (zitiert als: *Maurach u. a.*, StrafR BT II)

Maurach, Reinhart u. a., Strafrecht Besonderer Teil. Teilband I. Straftaten gegen Persönlichkeits- und Vermögenswerte, 2019; 11. Aufl.; Heidelberg; C. F. Müller. (zitiert als: *Maurach, Reinhart u. a.*, StrafR BT I)

Maurach, Reinhart/Zipf, Heinz/Jäger, Christian, Strafrecht Allgemeiner Teil. Teilband 1: Grundlagen des Strafrechts und Aufbau der Straftat, 2022; 9. Aufl.; Heidelberg; C. F. Müller. (zitiert als: *Maurach u. a.*, StrafR AT I)

May, Stefan, Sicherheit – Prävention – neue Risiken, in: Vorgänge 178: Vom Rechtsstaat zur Sicherheitsgesellschaft (vorgänge) 2007, S. 92–109.

Mayk, Leonie, Tatbestandsprobleme des § 89a StGB. Struktur und Reichweite der Vorbereitung einer schweren staatsgefährdenden Gewalttat, 2018; Hamburg; Kovač. (zitiert als: *Mayk,* Tatbestandsprobleme)

Meier, Bernd-Dieter, Kriminologie, 2021; 6. Aufl.; München; C.H. Beck. (zitiert als: *Meier,* Kriminologie)

Meine, Hans-Gerd, Der Vorteilsausgleich beim Subventionsbetrug, in: Zeitschrift für Wirtschafts- und Steuerstrafrecht (wistra) 1988, S. 13–16.

Meinecke, Donata, Die Gesetzgebungssystematik der Versuchsstrafbarkeit von Verbrechen und Vergehen im StGB, 2000; Frankfurt a. M.; Lang. (zitiert als: *Meinecke,* Versuchsstrafbarkeit)

Mengel, Anja/Ullrich, Thilo, Arbeitsrechtliche Aspekte unternehmensinterner Investigations, in: Neue Zeitschrift für Arbeitsrecht (NZA) 2006, S. 240–246.

Merkel, Reinhard, Feindstrafrecht. Zur kritischen Rekonstruktion eines produktiven Störenfrieds in der Begriffswelt des Strafrecht, in: *Kindhäuser, Urs u. a. (Hrsg.)*, Strafrecht und Gesellschaft. Ein kritischer Kommentar zum Werk von Günther Jakobs; 2019; Tübingen; Mohr Siebeck; S. 327–355. (zitiert als: *Merkel*, in: Strafrecht und Gesellschaft)

Merkt, Hanno/Probst, Arno/Fink, Christian (Hrsg.), Rechnungslegung nach HGB und IFRS. Themensystematischer Kommentar mit synoptischen Darstellungen.; 2017; Stuttgart; Schäffer Poeschel. (zitiert als: *Bearbeiter*, in: Rechnungslegung Kommentar)

Mertens, Hans-Joachim, Anwendbarkeit von § 92 I AktG im Vergleichsverfahren?, in: Die Aktiengesellschaft (AG) 1983, S. 173–178.

Meyer, André, Abschlussprüferhaftung gegenüber Kapitalanlegern für unrichtige Bestätigungsvermerke in Prospekten – zugleich Besprechung von OLG Dresden, Urt. v. 17. Januar 2019 – Az. 8 U 1020/18, in: Zeitschrift für Bank- und Kapitalmarktrecht (BKR) 2019, S. 372–376.

Meyer, Andreas, Die Gefährlichkeitsdelikte. Ein Beitrag zur Dogmatik der „abstrakten Gefährdungsdelikte“ unter besonderer Berücksichtigung des Verfassungsrechts, 1992; Heidelberg; LIT. (zitiert als: *Meyer*, Gefährlichkeitsdelikte)

Meyer, Frank, Strafrechtsgenese in Internationalen Organisationen. Eine Untersuchung der Strukturen und Legitimationsvoraussetzungen strafrechtlicher Normbildungsprozesse in Mehrebenensystemen, 2012; Baden-Baden; Nomos. (zitiert als: *Meyer*, Strafrechtsgenese)

Meyer, Frank, Die faktische Kraft des Normativen – Das BVerfG und die Verständigung im Strafverfahren, in: Neue Juristische Wochenschrift (NJW) 2013, S. 1850–1853.

Meyer, Frank, Zur Strafrechtsähnlichkeit des Kartellrechts und ihrer Bedeutung im Gefüge europäischen Rechts, in: Zeitschrift für deutsches und amerikanisches Recht (ZDAR) 2014, S. 99–104.

Meyer-Goßner, Lutz, Zum Vorschlag der Bundesrechtsanwaltskammer für eine gesetzliche Regelung der Urteilsabsprache im Strafverfahren, in: Strafverteidiger (StV) 2006, S. 485–490.

Michalski, Lutz (Hrsg.), Kommentar zum Gesetz betreffend die GmbH, Bd. 2: §§ 35–85 GmbHG, §§ 1–4 EGGmbHG; 4. Auflage; 2023; München; C.H. Beck. (zitiert als: *Bearbeiter*, in: *Michalski*-GmbHG)

Mitsch, Wolfgang, Straflose Provokation strafbarer Taten, 1986; Lübeck; Schmidt-Römhild. (zitiert als: *Mitsch*, Provokation)

Mitsch, Wolfgang, Die Vermögensdelikte im Strafgesetzbuch nach dem 6. Strafrechtsreformgesetz, in: Zeitschrift für die gesamte Strafrechtswissenschaft (ZStW) 111 (1999), S. 65–122.

Mitsch, Wolfgang, Recht der Ordnungswidrigkeiten, 2005; Berlin; Springer. (zitiert als: *Mitsch*, OWiG)

Mitsch, Wolfgang, Strafprozessuale Beweisverbote im Spannungsfeld zwischen Jurisprudenz und realer Gefahr, in: Neue Juristische Wochenschrift (NJW) 2008, S. 2295–2301.

Mitsch, Wolfgang, Strafrecht Besonderer Teil 2, 3. Auflage, 2015; Heidelberg; Spinger. (zitiert als: *Mitsch*, StrafR BT 2)

Mitsch, Wolfgang, Das erlaubte Risiko im Strafrecht, in: Juristische Schulung (JuS) 2018, S. 1161–1168.

Mitsch, Wolfgang (Hrsg.), Karlsruher Kommentar zum Gesetz über Ordnungswidrigkeiten; 5. Auflage; 2018; München; C.H. Beck. (zitiert als: *Bearbeiter*, in: KK-OWiG)

Mitsch, Wolfgang, Bemerkungen zu § 219a StGB in seiner neuen Fassung, in: Kriminalpolitische Zeitschrift (KriPoZ) 2019, S. 214–220.

Mitsch, Wolfgang, Maßstäbe für wissenschaftliche Strafbegrenzungskritik. „Traditionelle" Maßstäbe, in: Kriminalpolitische Zeitschrift (KriPoZ) 2019, S. 29–34.

Moeller, Uriel, Definition und Grenzen der Vorverlagerung von Strafbarkeit. Diskussionsstand, Rechtsgeschichte und kausalitätstheoretische Bezüge, 2018; Göttingen; V&R unipress. (zitiert als: *Moeller*, Vorverlagerung)

Mölders, Simone, Bestechung und Bestechlichkeit im internationalen geschäftlichen Verkehr. Zur Anwendbarkeit des § 299 StGB auf Sachverhalte mit Auslandsbezug, 2009; Frankfurt a. M.; Peter Lang. (zitiert als: *Mölders*, Bestechung und Bestechlichkeit)

Möller, Mirko, Neue Erscheinungsformen von Rabattwerbung und „Rabatte" zu Lasten Dritter – Die wundersame Entledigung unliebsamer Belastungen, in: Gewerblicher Rechtsschutz und Urheberrecht (GRUR) 2006, S. 292–299.

Momsen, Carsten, Internal Investigations zwischen arbeitsrechtlicher Mitwirkungspflicht und strafprozessualer Selbstbelastungsfreiheit, in: Zeitschrift für Internationale Strafrechtsdogmatik (ZIS) 2011, S. 508–517.

Momsen, Carsten/Grützner, Thomas (Hrsg.), Wirtschafts- und Steuerstrafrecht: Handbuch für die Unternehmens- und Anwaltspraxis; 2. Auflage; 2020; München; C.H. Beck. (zitiert als: *Bearbeiter*, in: *Momsen/Grützner*-WiStR)

Mona, Martino, Hybrides Präventionsrecht und Determinismus, in: *Zabel, Benno (Hrsg.)*, Strafrechtspolitik. Über den Zusammenhang von Strafgesetzgebung, Strafrechtswissenschaft und Strafgerechtigkeit; 2018; Baden-Baden; Nomos; S. 153–180. (zitiert als: *Mona*, in: Strafrechtspolitik)

Montenbruck, Axel, Deutsche Straftheorie I–V. Ein Lehrbruch in vier Teilen, 4. Auflage, 2020; Berlin; Freie Universität Berlin. (zitiert als: *Montenbruck*, Deutsche Straftheorie)

Moosmayer, Klaus, Anmerkung zu Biletzki: Strafrechtlicher Gläubigerschutz bei fehlerhafter Buchführung durch den GmbH-Geschäftsführer, in: Neue Zeitschrift für Strafrecht (NStZ) 2000, S. 295–296.

Moosmeyer, Klaus, Einfluß der Insolvenzordnung 1999 auf das Insolvenzstrafrecht, 1997; Pfaffenweiler; Centaurus.

Morguet, Geraldine Louisa, Feindstrafrecht. eine kritische Analyse, 2009; Berlin; Duncker & Humblot.(zitiert als: *Morguet*, Feindstrafrecht)

Müller, Eckhart u. a. (Hrsg.), Münchener Anwalts Handbuch Strafverteidigung; 3. Auflage; 2022; München; C.H. Beck. (zitiert als: *Bearbeiter*, in: MAH StrafV)

Müller, Martin, Probleme um eine gesetzliche Regelung der Absprachen im Strafverfahren, 2008; Köln; Heymann. (zitiert als: *Müller*, Probleme)

Müller, Nadja, Der Architekt als Täter des § 298 StGB bei privaten Bauprojekten. Teil 1, in: Neue Zeitschrift für Wirtschafts-, Steuer- und Unternehmensstrafrecht (NZWiSt) 2014, S. 218–224.

Müller, Nadja, Transparenz auf allen Ebenen – Zur Umsetzung der Vierten Geldwäscherichtlinie – Teil 1, in: Neue Zeitschrift für Wirtschafts-, Steuer- und Unternehmensstrafrecht (NZWiSt) 2017, S. 87–99.

Müller-Dietz, Heinz, Instrumentelle vs. sozialethische Funktionen des Strafrechts – am Beispiel der Pönalisierung von Verhaltensweisen, in: *Scholler, Heinrich/Philipps, Lothar (Hrsg.)*, Jenseits des Funktionalismus. Arthur Kaufmann zum 65. Geburtstag; 1989; Heidelberg; Decker u. Müller; S. 95–108. (zitiert als: *Müller-Dietz*, in: Jenseits)

Müller-Emmert, Adolf/Maier, Bernhard, Das erste Gesetz zur Bekämpfung der Wirtschaftskriminalität, in: Neue Juristische Wochenschrift (NJW) 1976, S. 1657–1664.

Müller-Gugenberger, Christian/Gruhl, Jens/Hadamitzky, Anke (Hrsg.), Wirtschaftsstrafrecht – Handbuch des Wirtschaftsstraf- und ordnungswidrigkeitenrechts; 7. Auflage; 2021; Köln; Dr. Otto Schmidt. (zitiert als: *Bearbeiter*, in: MGH-WiStR)

Müller-Jacobson, Anke, zu den Möglichkeiten einer einschränkenden Auslegung des § 331 Nr. 1 HGB, in: *Jung, Heike/Luxenburger, Bernd/Wahle, Eberhard (Hrsg.)*, Festschrift für Egon Müller; 2008; Baden-Baden; Nomos; S. 511–518. (zitiert als: *Müller-Jacobson*, in: FS Müller)

Müller-Tuckfeld, Jens Christian, Traktat für die Abschaffung des Umweltstrafrechts, in: *Kriminalwissenschaften, Institut für (Hrsg.)*, Vom unmöglichen

Zustand des Strafrechts; 1995; Frankfurt a. M.; Lang; S. 461–482. (zitiert als: *Müller-Tuckfeld*, in: Unmöglicher Zustand)

Muñoz Conde, Francisco, Täterschaft und Teilnahme im neuen spanischen Strafgesetzbuch von 1995, in: *Schünemann, Bernd u. a. (Hrsg.)*, Festschrift für Claus Roxin zum 70. Geburtstag am 15. Mai 2001; 2001; Berlin/ New York; Walter de Gruyter; S. 609–624. (zitiert als: *Muñoz Conde*, in: FS Roxin 2001)

Muñoz Conde, Francisco, Über das „Feindstrafrecht", 2007; Münster; LIT. (zitiert als: *Muñoz Conde*, Über das „Feindstrafrecht")

Murmann, Uwe, Reform ohne Wiederkehr? – Die gesetzliche Regelung der Absprachen im Strafverfahren, in: Zeitschrift für Internationale Strafrechtsdogmatik (ZIS) 2009, S. 526–538.

Müssig, Bernd, Schutz abstrakter Rechtsgüter und abstrakter Rechtsgüterschutz. Zu den materiellen Konstitutionskriterien sog. Universalrechtsgüter und deren normentheoretischem Fundament – am Beispiel der Rechtsgutsbestimmung für die §§ 129, 129a und 324 StGB, 1994; Frankfurt am Main; Lang. (zitiert als: *Müssig*, Schutz abstrakter Rechtsgüter)

Müssig, Bernd, Rechtsgüterschutz durch Strafrecht?, in: *Barton, Stephan u. a. (Hrsg.)*, Festschrift für Thomas Fischer; 2018; München; C.H. Beck; S. 171–182. (zitiert als: *Müssig*, in: FS Fischer)

Nack, Armin, Mittelbare Täterschaft durch Ausnutzung regelhafter Abläufe, in: Goltdammer's Archiv für Strafrecht (GA) 2006, S. 342–345.

Natale, Wolfgang/Bader, Simone, Der Begriff der Zahlungsunfähigkeit in Strafrecht, in: Zeitschrift für Wirtschafts- und Steuerstrafrecht (wistra) 2008, S. 413–416.

Naucke, Wolfgang, Tendenzen in der Strafrechtsentwicklung, 1975; Karlsruhe; Müller. (zitiert als: *Naucke*, Tendenzen)

Naucke, Wolfgang, Über die Zerbrechlichkeit des rechtsstaatlichen Strafrechts, in: Kritische Vierteljahresschrift für Gesetzgebung und Rechtswissenschaft (KritV) 1990, S. 135–162.

Naucke, Wolfgang, Schwerpunktverlagerung im Strafrecht, in: Kritische Vierteljahresschrift für Gesetzgebung und Rechtswissenschaft (KritV) 1993, S. 135–162.

Naucke, Wolfgang, Konturen eines nach-präventiven Strafrechts, in: Kritische Vierteljahresschrift für Gesetzgebung und Rechtswissenschaft (KritV) 1999, S. 336–354.

Naucke, Wolfgang, Wolfang Naucke, in: *Hilgendorf, Eric (Hrsg.)*, Die deutschsprachige Strafrechtswissenschaft in Selbstdarstellungen; 2010; Berlin; De Gruyter; S. 415–445. (zitiert als: *Naucke*, in: Selbstdarstellungen)

Nepomuck, Lutz, Einsatz von Sales Agents im internationalen Geschäftsverkehr: Typische Begleitdelikte der Korruption, in: Neue Zeitschrift für Wirtschafts-, Steuer- und Unternehmensstrafrecht (NZWiSt) 2016, S. 409–417.

Nerlich, Jörg/Römermann, Volker (Hrsg.), Insolvenzordnung – Kommentar; 47. Auflage; 2023; München; C.H. Beck. (zitiert als: *Bearbeiter*, in: NR-InsO)

Nestler, Nina, Bank- und Kapitalmarktstrafrecht, 2017; Heidelberg; Springer. (zitiert als: *Nestler*, Bank- und Kapitalmarktstrafrecht)

Nestoruk, Igor B., Strafrechtliche Aspekte des unlauteren Wettbewerbs. Strafrecht und Schutz der Wirtschaftsordnung, 2003; Heidelberg; C. F. Müller. (zitiert als: *Nestoruk*, Strafrechtliche Aspekte)

Neubacher, Frank, An den Grenzen des Strafrechts – Stalking, Graffiti, Weisungsverstöße, in: Zeitschrift für die gesamte Strafrechtswissenschaft (ZStW) 118 (2006), S. 855–877.

Neubacher, Frank, Kriminologie, 4. Auflage, 2020; Baden-Baden; Nomos. (zitiert als: *Neubacher*, Kriminologie)

Neufang, Sebastian, Digital Compliance – Wie digitale Technologien Compliance-Verstöße vorhersehen, in: Zeitschrift für Internationale Rechnungslegung (IRZ) 2017, S. 249–254.

Neumann, Ulfrid, Kratzsch, Dietrich, Verhaltenssteuerung und Organisation im Strafrecht, in: Goltdammer's Archiv für Strafrecht (GA) 1987, S. 278–280.

Neumann, Ulfrid, Feindstrafrecht, in: *Uwer, Thomas (Hrsg.)*, „Bitte bewahren Sie Ruhe" – Leben im Feindrechtsstaat; 2006; Berlin; Vereinigung Berliner Strafverteidiger; S. 299–314. (zitiert als: *Neumann,* in: Feindrechtsstaat)

Neumann, Ulfrid, Institutionen, Zweck und Funktion staatlicher Strafe, in: *Pawlik, Michael/Zaczyk, Rainer (Hrsg.)*, Festschrift für Günther Jakobs. Zum 70. Geburtstag am 26. Juli 2007; 2007; Köln; Heymann; S. 435–450. (zitiert als: *Neumann,* in: FS Jakobs)

Neumann, Ulfried, „Alternativen: keine" – Zur neueren Kritik an der personalen Rechtsgutslehre, in: *Neumann, Ulfried/Prittwitz, Cornelius (Hrsg.)*, „Personale Rechtsgutslehre" und „Opferorientierung im Strafrecht"; 2007; Frankfurt a. M.; Peter Lang; S. 85–96. (zitiert als: *Neumann,* in: „Personale Rechtsgutslehre")

Neumann, Ulfried, Dezisition statt Argumentation? Zur (post)modernen Kritik der Rechtsgutslehre, in: *Barton, Stephan u. a. (Hrsg.)*, Festschrift für Thomas Fischer; 2018; München; C.H. Beck; S. 183–198. (zitiert als: *Neumann,* in: FS Fischer)

Neumann, Ulfried, Ergänzung, „extensive Interpretation" oder Erweiterung der personalen Rechtsgutslehre, in: *Brunhöber, Beatrice u. a. (Hrsg.)*, Strafrecht als Risiko. Festschrift für Cornelius Prittwitz zum 70. Geburtstag; 2023; Baden-Baden; Nomos; S. 157–174. (zitiert als: *Neumann,* in: FS Prittwitz)

Niemann, Walter, Grundsätze ordnungsgemäßer Durchführung von Abschlussprüfungen um Umbruch?, in: Deutsches Steuerrecht (DStR) 2003, S. 1454–1460.

Niemöller, Martin, Absprachen im Strafprozeß, in: Strafverteidiger (StV) 1990, S. 34–38.

Niewerth, Carsten, Die strafrechtliche Verantwortlichkeit des Wirtschaftsprüfers, 2004; Herbolzheim; Centaurus-Verlag. (zitiert als: *Niewerth*, Strafrechtliche Verantwortlichkeit)

Nötzel, Manfred/Klauck, Dominik, Die Absprache im Ermittlungsverfahren. Ein „kleiner Deal"?, in: Neue Zeitschrift für Strafrecht (NStZ) 2021, S. 577–582.

Oetker, Friedrich, Rechtsgüterschutz und Strafe, in: Zeitschrift für die gesamte Strafrechtswissenschaft (ZStW) 17 (1897), S. 493–589.

Ogiermann, Eva Maria/Weber, Johannes, Insolvenzstrafrecht in Deutschland – status quo und Perspektiven, in: Zeitschrift für Wirtschafts- und Steuerstrafrecht (wistra) 2011, S. 206–213.

Ohly, Ansgar, Das neue Geschäftsgeheimnisgesetz im Überblick, in: Gewerblicher Rechtsschutz und Urheberrecht (GRUR) 2019, S. 441–451.

Olbrich, Michael/Furhmann, Kathrin, DAX 30-Geschäftsberichte im Lichte von § 244 HGB und § 400 AktG, in: Die Aktiengesellschaft (AG) 2011, S. 326–331.

Ostendorf, Heribert, Grundzüge des konkreten Gefährdungsdelikts, in: Juristische Schulung (JuS) 1982, S. 426–433.

Ostendorf, Heribert, Präventionsmodell Ladendiebstahl. Doppelter Wertersatz, in: Zeitschrift für Rechtspolitik (ZRP) 1995, S. 18–23.

Otto, Harro, Konzeption und Grundsätze des Wirtschaftsstrafrechts (einschließlich Verbraucherschutz). Dogmatischer Teil I, in: Zeitschrift für die gesamte Strafrechtswissenschaft (ZStW) 96 (1984), S. 339–375.

Otto, Harro, Strafrechtliche Aspekte der Anlageberatung, in: Zeitschrift für Wirtschafts- und Bankrecht (WM) 1988, S. 729–740.

Otto, Harro, Wettbewerbsbeschränkende Absprachen bei Ausschreibungen, § 298 StGB, in: Zeitschrift für Wirtschafts- und Steuerstrafrecht (wistra) 1999, S. 41–46.

Otto, Harro, Der Corpus Juris der strafrechtlichen Regelungen zum Schutz der finanziellen Interessen der Europäischen Union. Anmerkungen zum materiellrechtlichen Teil, in: Jura (Jura) 2000, S. 98–106.

Otto, Harro, Ethik, rechtlicher Rahmen und strafrechtliche Sanktionen beim unternehmerischen Handeln, in: *Amelung, Knut/Günther, Hans-Ludwig/Kühne, Hans-Heiner (Hrsg.)*, Festschrift für Volker Krey zum 70. Geburtstag am 9. Juli 2010; 2010; Stuttgart; W. Kohlhammer; S. 375–406. (zitiert als: *Otto*, in: FS Krey)

Paeffgen, Hans-Ullrich, Das „Rechtsgut" – ein obsoleter Begriff?, in: *Zöller, Mark u. a. (Hrsg.)*, Gesamte Strafrechtswissenschaft in internationaler Dimension. Festschrift für Jürgen Wolter zum 70. Geburtstag am 7. September 2013; 2013; Berlin; Duncker & Humblot; S. 125–166. (zitiert als: *Paeffgen*, in: FS Wolter)

Papamoschou, Marsha/Bung, Jochen, § 265 StGB: Eine legislative Entgleisung, in: *Kriminalwissenschaften, Institut für (Hrsg.)*, Irrwege der Strafgesetzgebung; 1999; Frankfurt a. M.; Peter Lang; S. 241–270. (zitiert als: *Papamoschou/Bung*, in: Irrwege)

Park, Tido, Vermögensstrafe und „modernes" Strafrecht. Eine verfassungsrechtliche, strafrechtsdogmatische und kriminalpolitische Untersuchung zu § 43a StGB 1997; Berlin; Duncker & Humblot. (zitiert als: *Park*, Vermögensstrafe)

Park, Tido, Börsenstrafrechtliche Risiken für Vorstandsmitglieder von börsennotierten Aktiengesellschaften, in: Betriebsberater (BB) 2001, S. 2069–2076.

Park, Tido, Schwerpunktbereich – Einführung in das Kapitalmarktstrafrecht, in: Juristische Schulung (JuS) 2007, S. 621–626.

Park, Tido, Der strafbare Bilanzed gem. § 331 Nr. 3a HGB, in: *Jung, Heike/Luxenburger, Bernd/Wahle, Eberhard (Hrsg.)*, Festschrift für Egon Müller; 2008; Baden-Baden; Nomos; S. 531–550. (zitiert als: *Park*, in: FS Müller)

Park, Tido (Hrsg.), Handkommentar Kapitalmarktstrafrecht – Straftaten, Ordnungswidrigkeiten, Compliance; 5. Auflage; 2019; Baden Baden; Nomos. (zitiert als: *Bearbeiter*, in: HK-KapMarktStrafR)

Pasewaldt, David, Zehn Jahre Strafbarkeit wettbewerbsbeschränkender Absprachen bei Ausschreibung gemäß § 298 StGB, in: Zeitschrift für Internationale Strafrechtsdogmatik (ZIS) 2008, S. 84–91.

Passarge, Malte, Aktuelle Entwicklungen in der Gesetzgebung zur Korruptionsbekämpfung, in: Deutsches Steuerrecht (DStR) 2016, S. 482–487.

Pauly, Jürgen, Rügemöglichkeiten von Verfassungsverstössen in der Revision, in: Strafverteidiger Forum (StraFo) 2016, S. 491–497.

Pawlik, Michael, Das unerlaubte Verhalten beim Betrug, 1999; Köln; Heymann. (zitiert als: *Pawlik*, Unerlaubtes Verhalten)

Pawlik, Michael, Person, Subjekt, Bürger. Zur Legitimation von Strafe, 2004; Berlin; Duncker & Humblot. (zitiert als: *Pawlik*, Person, Subjekt, Bürger)

Pawlik, Michael, Der Terrorist und sein Recht. Zur rechtstheoretischen Einordnung des modernen Terrorismus, 2008; München; C.H. Beck. (zitiert als: *Pawlik*, Terrorist)

Pawlik, Michael, Das Unrecht des Bürgers. Grundlinien der Allgemeinen Verbrechenslehre, 2012; Tübingen; Mohr Siebeck. (zitiert als: *Pawlik*, Unrecht)

Peemöller, Volker H. u. a., Bilanzskandale. Delikte und Gegenmaßnahmen, 3. Auflage, 2020; Berlin; Erich Schmidt Verlag. (zitiert als: *Peemöller u. a.*, Bilanzskandale)

Petermann, Stefan, Konzernweite Compliance-Maßnahmen und die angezogenen unternehmensstrafrechtlichen „Daumenschrauben“, in: *Eisele, Jörg/Koch, Jens/Theile, Hans (Hrsg.)*, Der Sanktionsdurchgriff im Unternehmensverbund; 2014; Tübingen; Mohr Siebeck; S. 99–116. (zitiert als: *Petermann,* in: Sanktionsdurchgriff)

Petermann, Stefan, Die Bedeutung von Compliance-Maßnahmen für die Sanktionsbegründung und -bemessung im Vertragskonzern, 2015; Baden-Baden; Nomos. (zitiert als: *Petermann,* Bedeutung)

Peters, Kristina, Symbolisches Strafrecht?, in: Juristische Rundschau (JR) 2020, S. 414–420.

Peukert, Matthias/Altenburg, Johannes, Bestimmung tauglicher Anknüpfungsnormen für Unternehmensgeldbußen, in: Betriebsberater (BB) 2015, S. 2822 – 2827.

Pfaffendorf, Rüdiger, Zum Erfordernis der Unrechtsvereinbarung in § 299 StGB, in: Neue Zeitschrift für Wirtschafts-, Steuer- und Unternehmensstrafrecht (NZWiSt) 2016, S. 8–15.

Pfeiffer, Joachim, Verunreinigung der Luft nach § 325 StGB: Probleme eines strafrechtlichen Unrechtstatbestandes, 1992; Herzogenrath; Shaker. (zitiert als: *Pfeiffer,* Verunreinigung)

Pickerill, Carl, Das Ende der Patronatserklärung?, in: Neue Zeitschrift für Gesellschaftsrecht (NZG) 2018, S. 609–621.

Pieth, Mark, Co-Regulierung im Wirtschaftsstrafrecht, in: *Herzog, Felix/Neumann, Ulfrid (Hrsg.)*, Festschrift für Winfried Hassemer zum 70. Geburtstag am 17. Februar 2010; 2010; Heidelberg; C. F. Müller; S. 891–898. (zitiert als: *Pieth,* in: FS Hassemer)

Pils, Michael Johannes, Die rechtsgeschichtliche Entwicklung der Brandstiftung. Ein Beitrag zum Umgang mit Gefahren, 2010; LIT; Berlin. (zitiert als: *Pils,* Rechtsgeschichtliche Entwicklung)

Pintaske, Patrick M., Anknüpfungspunkte für eine Vorverlagerung im deutschen Strafgesetzbuch – Eine Bestandsaufnahme, in: *Sinn, Arndt/Gropp, Walter/Nagy, Ferenc (Hrsg.)*, Grenzen der Vorverlagerung in einem Tatstrafrecht. Eine rechtsvergleichende Analyse am Beispiel des deutschen und ungarischen Strafrechts; 2011; Göttingen; Universitätsverlag Osnabrück; S. 277–308. (zitiert als: *Pintaske,* in: Grenzen)

Polaino Navarrete, Miguel/Polaino-Orts, Miguel, Das Hindernisdelikt – Zur Legitimation der Vorverlagerung des Strafrechtsschutzes, in: *Hellmann,*

Uwe/Schröder, Christian (Hrsg.), Festschrift für Hans Achenbach; 2011; Heidelberg; C. F. Müller; S. 329–340. (zitiert als: *Polaino Navarrete/Polaino-Orts*, in: FS Achenbach)

Poll, Jens, Die Verantwortlichkeit des Abschlussprüfers nach § 323 HGB, in: Deutsche Zeitschrift für Wirtschafts- und Insolvenzrecht (DZWir) 1995, S. 95–101.

Popp, Andreas, Gläubigerschädigung, 2014; Tübingen; Mohr Siebeck. (zitiert als: *Popp*, Gläubigerschädigung)

Pöschke, Moritz, Deliktische Haftung eines Abschlussprüfers gegenüber Kapitalanlegern für unrichtigen Bestätigungsvermerk zum Lagebericht einer emittierenden Gesellschaft, in: Deutsches Steuerrecht (DStR) 2019, S. 1278–1280.

Pragal, Oliver, Die Korruption innerhalb des privaten Sektors und ihre strafrechtliche Kontrolle durch § 299 StGB, 2006; Baden-Baden; Nomos. (zitiert als: *Pragal*, § 299 StGB)

Prantl, Heribert, Der Terrorist als Gesetzgeber. Wie man mit Angst Politik macht, 2008; München; Droemer. (zitiert als: *Prantl*, Terrorist)

Prinz, Ulrich/Winkeljohann, Norbert (Hrsg.), Beck'sches Handbuch der GmbH; 6. Auflage; 2021; München; C.H. Beck. (zitiert als: *Bearbeiter*, in: HdB-GmbH)

Prittwitz, Cornelius, Funktionalisierung des Strafrechts, in: Strafverteidiger (StV) 1991, S. 435–441.

Prittwitz, Cornelius, Strafrecht und Risiko: Untersuchungen zur Krise von Strafrecht und Kriminalpolitik in der Risikogesellschaft, 1993; Frankfurt am Main; Klostermann. (zitiert als: *Prittwitz*, Strafrecht und Risiko)

Prittwitz, Cornelius, Risiken des Risikostrafrechts, in: *Frehsee, Detlev/Löschper, Gabi/Smaus, Gerlinda (Hrsg.)*, Konstruktion der Wirklichkeit durch Kriminalität und Strafe; 1997; Baden-Baden; Nomos; S. 47–66. (zitiert als: *Prittwitz*, in: Konstruktion)

Prittwitz, Cornelius, Nachgeholte Prolegomena zu einem künftigen Corpus Juris Criminalis für Europa, in: Zeitschrift für die gesamte Strafrechtswissenschaft (ZStW) 114 (2001), S. 774–799.

Prittwitz, Cornelius, Risikogesellschaft und Strafrecht, in: *Neumann, Ulfrid/Prittwitz, Cornelius (Hrsg.)*, Kritik und Rechtfertigung des Strafrechts; 2005; Frankfurt a. M.; Peter Lang; S. 131–174. (zitiert als: *Prittwitz*, in: Kritik und Rechtfertigung)

Prittwitz, Cornelius, Personale Rechtsgutslehre und die „Opfer von morgen", in: *Neumann, Ulfried/Prittwitz, Cornelius (Hrsg.)*, „Personale Rechtsgutslehre" und „Opferorientierung im Strafrecht"; 2007; Frankfurt a. M.; Peter Lang; S. 97–112. (zitiert als: *Prittwitz*, in: „Personale Rechtsgutslehren")

Prittwitz, Cornelius, Begrenzung des Wirtschaftsstrafrechts durch die Rechtsgutslehre, sowie die Grundsätze der ultima ratio, der Bestimmtheit der Tatbestände, des Schuldgrundsatzes, der Akzessorietät und der Subsidiarität, in: *Kempf, Eberhard/Lüderssen, Klaus/Volk, Klaus (Hrsg.)*, Die Handlungsfreiheit des Unternehmers – Wirtschaftliche Perspektiven, strafrechtliche und ethische Schranken; 2009; Berlin; De Gruyter; S. 53–60. (zitiert als: *Prittwitz*, in: Handlungsfreiheit)

Prittwitz, Cornelius, Strafrecht als propria ratio, in: *Heinrich, Bernd (Hrsg.)*, Strafrecht als Scientia Universalis. Festschrift für Claus Roxin zum 80. Geburtstag am 15. Mai 2011; 2011; Berlin; De Gruyter; S. 23–38. (zitiert als: *Prittwitz*, in: FS Roxin 2011)

Prittwitz, Cornelius, Das Strafrecht: Ultima ratio, propria ratio oder schlicht strafrechtliche Prohibition?, in: Zeitschrift für die gesamte Strafrechtswissenschaft (ZStW) 129 (2017), S. 390–400.

Puppe, Ingeborg, Die Norm des Vollrauschtatbestandes, in: Goltdammer's Archiv für Strafrecht (GA) 1974, S. 98–115.

Puschke, Jens, Grund und Grenzen des Gefährdungsstrafrechts am Beispiel der Vorbereitungsdelikte, in: *Hefendehl, Roland (Hrsg.)*, Grenzenlose Vorverlagerung des Strafrechts?; 2010; S. 9–40. (zitiert als: *Puschke*, in: Grenzenlose Vorverlagerung)

Puschke, Jens, Der Ausbau des Terrorismusstrafrechts und die Rechtsprechung des Bundesgerichtshofs. Kritische Betrachtung des Gesetzes zur Änderung der Verfolgung der Vorbereitung von schweren staatsgefährdenden Gewalttaten, in: Strafverteidiger (StV) 2015, S. 457–464.

Puschke, Jens, Legitimation, Grenzen und Dogmatik von Vorbereitungstatbeständen, 2017; Tübingen; Mohr Siebeck. (zitiert als: *Puschke*, Vorbereitungstatbestände)

Pütter, Norbert, Prävention – Spielarten und Abgründe einer populären Überzeugung, in: Bürgerrechte & Polizei (Bürgerrechte & Polizei) 2007, S. 3–15.

Pütz, Willy, Der Gefahrbegriff im Strafrecht, 1936; Emstetten; Lechte. (zitiert als: *Pütz*, Gefahrbegriff)

Quick, Reiner, Geheimhaltungspflicht des Abschlussprüfers: Strafrechtliche Konsequenzen bei Verletzung, in: Betriebsberater (BB) 2004, S. 1490–1494.

Rabe, Patricia, Das Verständigungsurteil des Bundesverfassungsgerichts und die Notwendigkeit von Reformen im Strafprozess, 2017; Tübingen; Mohr Siebeck. (zitiert als: *Rabe*, Verständigungsurteil)

Rabl, Kurt, Der Gefährdungsvorsatz, 1933; Breslau-Neukirchen; Schletter. (zitiert als: *Rabl*, Gefährdungsvorsatz)

Rackow, Peter, Strafrechtliche Terrorismusbekämpfung durch Pönalisierung von Vorbereitungshandlungen, in: *Bloy, René Herbert u. a. (Hrsg.),* Gerechte Strafe und legitimes Strafrecht. Festschrift für Manfred Maiwald zum 75. Geburtstag; 2010; Berlin; Duncker & Humblot; S. 615–642. (zitiert als: *Rackow,* in: FS Maiwald)

Radde, Leon, Von Mauerschützen und Schreibtischtätern – Die mittelbare Täterschaft kraft Organisationsherrschaft und ihre Anwendung auf Wirtschaftsunternehmen de lege lata, in: Jura (Jura) 2018, S. 1210–1224.

Radtke, Henning, Die Dogmatik der Brandstiftungsdelikte. Zugleich ein Beitrag zur Lehre von den gemeingefährlichen Delikten, 1998; Berlin; Duncker & Humblot. (zitiert als: *Radtke,* Brandstiftungsdelikte)

Radtke, Henning, Die strafrechtliche Organ- und Vertreterhaftung (§ 14 StGB) vor der Neuausrichtung?, in: Juristische Rundschau (JR) 2010, S. 233–238.

Radtke, Henning, Gefährlichkeit und Gefahr bei den Straßenverkehrsdelikten, in: *Geisler, Claudius u. a. (Hrsg.),* Festschrift für Klaus Geppert zum 70. Geburtstag am 10. März 2011; 2011; Berlin; De Gruyter; S. 461–478. (zitiert als: *Radtke,* in: FS Geppert)

Radtke, Henning, Strafbarer Verbraucherbankrott? Die Anwendbarkeit des Insolvenzstrafrechts auf die Verbraucherinsolvenz, in: *Hellmann, Uwe/Schröder, Christian (Hrsg.),* Festschrift für Hans Achenbach; 2011; Heidelberg; C. F. Müller; S. 341–358. (zitiert als: *Radtke,* in: FS Achenbach)

Radtke, Henning/Steinsiek, Mark, Bekämpfung des internationalen Terrorismus durch Kriminalisierung von Vorbereitungshandlungen? – Zum Entwurf eines Gesetzes zur Verfolgung der Vorbereitung von schweren Gewalttaten (Referentenentwurf des BMJ vom 21.4.2008), in: Zeitschrift für Internationale Strafrechtsdogmatik (ZIS) 2008, S. 383–396.

Radtke, Henning/Steinsiek, Mark, Terrorismusbekämpfung durch Vorfeldkriminalisierung? – Das Gesetz zur Verfolgung der Vorbereitung schwerer staatsgefährdender Gewalttaten, in: Juristische Rundschau (JR) 2010, S. 107–109.

Rahmlow, Matthias, Die Auslegung von Äußerungen im Strafrecht. Ein Beitrag zur Konkretisierung der Lehre von der objektiven Zurechnung bei der Tathandlung „Äußerung", 2006; Berlin; Duncker & Humblot. (zitiert als: *Rahmlow,* Auslegung)

Ranft, Ottfried, Die Rechtsprechung zum sog. Subventionsbetrug (§ 264 StGB) – Eine kritische Bestandsaufnahme, in: Neue Juristische Wochenschrift (NJW) 1986, S. 3163–3173.

Ransiek, Andreas, Unternehmensstrafrecht: Strafrecht, Verfassungsrecht, Regelungsalternativen, 1996; Heidelberg; C. F. Müller. (zitiert als: *Ransiek,* Unternehmensstrafrecht)

Ransiek, Andreas, Strafrecht im Unternehmen und Konzern, in: Zeitschrift für Gesellschaftsrecht (ZGR) 1999, S. 613–658.

Ransiek, Andreas/Hüls, Silke, Strafrecht zur Regulierung der Wirtschaft, in: Zeitschrift für Unternehmens- und Gesellschaftsrecht (ZGR) 2009, S. 157–189.

Rathgeber, Christian, Criminal Compliance. Kriminalpräventive Organisations- und Aufsichtspflichten am Beispiel der Wirtschaftskorruption, 2012; Baden-Baden; Nomos. (zitiert als: *Rathgeber,* Criminal Compliance)

Rau, Ingo/Sleiman, Bou, Subventionsbetrug im Zusammenhang mit Corona-Soforthilfen für Kleinstunternehmen und Soloselbständige, in: Neue Zeitschrift für Wirtschafts-, Steuer- und Unternehmensstrafrecht (NZWiSt) 2020, S. 373–377.

Reck, Reinhard, Insolvenzstraftaten und deren Vermeidung, 1999; Herne; Verlag für die Rechts- und Anwaltspraxis. (zitiert als: *Reck,* Insolvenzstraftaten)

Reck, Reinhard, Grundlagen der unrichtigen Darstellung von Sachverhalten im Jahresabschluß, in: Unternehmenssteuern und Bilanzen (StuB) 2000, S. 234–237.

Reck, Reinhard, Die strafrechtlichen Folgen einer unterlassenen, unrichtigen oder verspäteten Bilanzaufstellung für einen GmbH-Geschäftsführer, in: GmbH-Rundschau (GmbHR) 2001, S. 424–428.

Reichelt, Silvia, Untreue und Bankrott: zum Problem einer strafrechtlichen „Doppelhaftung" des Geschäftsführers der GmbH in der Insolvenz, 2011; Frankfurt a. M.; Lang. (zitiert als: *Reichelt,* Untreue und Bankrott)

Reichert, Jochem/Ott, Nicolas, Non Compliance in der AG – Vorstandspflichten im Zusammenhang mit der Vermeidung, Aufklärung und Sanktionierung von Rechtsverstößen, in: Zeitschrift für Wirtschaftsrecht (ZIP) 2009, S. 2176–2180.

Rengier, Rudolf, Strafrechtslehrertagung 1985, in: JuristenZeitung (JZ) 1985, S. 936–938.

Rengier, Rudolf, Überlegungen zu den Rechtsgütern und Deliktstypen im Umweltstrafrecht, in: *Schulz, Lorenz (Hrsg.),* Ökologie und Recht; 1991; Köln; Heymann; S. 33–53. (zitiert als: *Rengier,* in: Ökologie)

Rengier, Rudolf, Korkengelder und andere Maßnahmen zur Verkaufsförderung im Lichte des Wettbewerbs(straf)rechts, in: *Sieber, Ulrich u. a. (Hrsg.),* Strafrecht und Wirtschaftsstrafrecht: Dogmatik, Rechtsvergleich,

Rechtstatsachen. Festschrift für Klaus Tiedemann zum 70. Geburtstag; 2008; Köln; Heymann; S. 837–850. (zitiert als: *Rengier,* in: FS Tiedemann)

Rengier, Rudolf, Strafrecht Allgemeiner Teil, 2021; 13. Aufl.; München; C.H. Beck. (zitiert als: *Rengier,* StrafR AT)

Rengier, Rudolf, Strafrecht Besonderer Teil I, 2022; 24. Aufl.; München; C.H. Beck. (zitiert als: *Rengier,* StrafR BT I)

Rengier, Rudolf, Strafrecht Besonderer Teil II. Delikte gegen die Person und die Allgemeinheit, 2022; 23. Aufl.; München; C.H. Beck. (zitiert als: *Rengier,* StrafR BT II)

Reschke, Dennis Philipp, Untreue, Bankrott und Insolvenzverschleppung im eingetragenen Verein, 2014; Berlin; Duncker & Humblot. (zitiert als: *Reschke,* Untreue, Bankrott und Insolvenzverschleppung)

Ressmann, Thomas, Die insolvenzrechtlichen Krisenbegriffe und bestrittene Verbindlichkeiten, 2014; Berlin; Duncker & Humblot. (zitiert als: *Ressmann,* Insolvenzstafrechtliche Krisenbegriffe)

Reus, Katharina, Das Recht in der Risikogesellschaft. Der Beitrag des Strafrechts zum Schutz vor modernen Produktgefahren, 2010; Berlin; Duncker Humblot GmbH. (zitiert als: *Reus,* Recht)

Rex, Christine, Der Strafgrund der Brandstiftung. Ein rechtsvergleichende Untersuchung zum deutschen, österreichischen, schweizerischen und französischen Strafrecht, 2008; Göttingen; Cullivier. (zitiert als: *Rex,* Strafgrund)

Rheinländer, Markus, Bestechung und Bestechlichkeit im geschäftlichen Verkehr, § 299 StGB – Gedanken zur Bestimmung der Grenzen des Anwendungsbereichs der Norm, in: Journal der Wirtschaftsstrafrechtliche Vereinigung e. V. (WiJ) 2014, S. 143–150.

Richter, Hans, Überflüssiges (schädliches?) Bestrafen des wirtschaftlichen Scheiterns, in: Zeitschrift für Wirtschafts- und Steuerstrafrecht (wistra) 2017, S. 329–335.

Rieble, Volker, Schuldrechtliche Zeugenpflicht von Mitarbeitern, in: Zeitschrift für Wirtschaftsrecht (ZIP) 2003, S. 1273–1283.

Rieble, Volker/Klebeck, Ulf, Strafrechtliche Risiken der Betriebsratsarbeit, in: Neue Zeitschrift für Arbeitsrecht (NZA) 2006, S. 758–769.

Rissing-van Saan, Ruth u. a. (Hrsg.), Leipziger Kommentar Strafgesetzbuch, Bd. 16: §§ 298–302 StGB; 13. Auflage; 2023; Berlin; De Gruyter. (zitiert als: *Bearbeiter,* in: LK-StGB)

Rödiger, Katja, Strafverfolgung von Unternehmen, Internal Investigations und strafrechtliche Verwertbarkeit von „Mitarbeitergeständnissen" Untersuchung am Beispiel der Siemens-Korruptionsaffäre, 2012; Peter Lang; Frankfurt a. M. (zitiert als: *Rödiger,* Strafverfolgung)

Rogall, Klaus, Dogmatische und kriminalpolitische Probleme der Aufsichtspflichtverletzung in Betrieben und Unternehmen (§ 130 OWiG), in: Zeitschrift für die gesamte Strafrechtswissenschaft (ZStW) 98 (1986), S. 573–623.

Rönnau, Thomas, Der neue Straftatbestand des Versicherungsmißbrauchs – eine wenig geglückte Gesetzesregelung, in: Juristische Rundschau (JR) 1998, S. 441–446.

Rönnau, Thomas, Rechtsprechungsüberblick zum Insolvenzstrafrecht, in: Neue Zeitschrift für Strafrecht (NStZ) 2003, S. 525–532.

Rönnau, Thomas, Untreue als Wirtschaftsdelikt, in: Zeitschrift für die gesamte Strafrechtswissenschaft (ZStW) 119 (2007), S. 887–926.

Rönnau, Thomas, Alte und neue Probleme bei § 299 StGB, in: Strafverteidiger (StV) 2009, S. 302–308.

Rönnau, Thomas, Globale Finanzkrise – Quellen möglicher Strafbarkeitsrisiken, in: *Schünemann, Bernd (Hrsg.)*, Die sogenannte Finanzkrise – Systemversagen oder global organisierte Kriminalität?; 2010; Berlin; BWV; S. 43–62. (zitiert als: *Rönnau*, in: Finanzkrise)

Rönnau, Thomas, Grundwissen – Strafrecht: Erfolgs- und Tätigkeitsdelikte, in: Juristische Schulung (JuS) 2010, S. 961–963.

Rönnau, Thomas, Haftung für unterlassene Aufsicht nach § 130 OWiG und strafrechtlicher (Drittempfänger-)Verfall gemäß § 73 Abs. 3 StGB – zwei bedeutsame Bedrohungsszenarien für Unternehmen, in: Zeitschrift für Gesellschaftsrecht (ZGR) 2016, S. 277–304.

Rönnau, Thomas/Golombek, Tine, Die Aufnahme des „Geschäftsherrenmodells“ in den Tatbestand des § 299 – ein Systembruch im deutschen StGB, in: Zeitschrift für Rechtspolitik (ZRP) 2007, S. 193–195.

Rönnau, Thomas/Wegner, Carsten, Reform des Rechts der Verbandssanktionen – europäische und internationale Vorgaben, in: Zeitschrift für Rechtspolitik (ZRP) 2014, S. 158–163.

Röske, Markus/Böhme, Frank, Der vermeintliche Betriebsinhaber als tauglicher Täter i. S. d. § 299 StGB, in: Zeitschrift für Wirtschafts- und Steuerstrafrecht (wistra) 2011, S. 445–447.

Rotsch, Thomas, Individuelle Haftung in Großunternehmen. Plädoyer für den Rückzug des Umweltstrafrechts, 1998; Baden-Baden; Nomos. (zitiert als: *Rotsch*, Individuelle Haftung)

Rotsch, Thomas, Der ökonomische Täterbegriff. Zugleich ein Beitrag zu Differenzierung, Diversifizierung und Divisionalisierung der Strafrechtsdogmatik, in: Zeitschrift für Internationale Strafrechtsdogmatik (ZIS) 2007, S. 260–265.

Rotsch, Thomas, Zur Hypertrophie des Rechts. Plädoyer für eine Annährung von Wissenschaft und Praxis, in: Zeitschrift für Internationale Strafrechtsdogmatik (ZIS) 2008, S. 1–8.

Rotsch, Thomas, Compliance und Strafrecht – Konsequenzen einer Neuentdeckung, in: *Joecks, Wolfgang/Bachmann, Mario (Hrsg.)*, Recht – Wirtschaft – Strafe: Festschrift für Erich Samson zum 70. Geburtstag; 2010; Heidelberg; C. F. Müller; S. 141–150. (zitiert als: *Rotsch*, in: FS Samson)

Rotsch, Thomas, Compliance und Strafrecht – Fragen, Bedeutung, Perspektiven, Vorbemerkungen zu einer Theorie der sog. „Criminal Compliance", in: Zeitschrift für die gesamte Strafrechtswissenschaft (ZStW) 125 (2013), S. 481–498.

Rotsch, Thomas, Criminal Compliance in Theorie und Praxis des Wirtschaftsstrafrechts, in: *Rotsch, Thomas (Hrsg.)*, Criminal Compliance vor den Aufgaben der Zukunft; 2013; Baden-Baden; Nomos; S. 3–18. (zitiert als: *Rotsch*, in: Zukunft)

Rotsch, Thomas, Mythologie und Logos des § 298 StGB, in: Zeitschrift für Internationale Strafrechtsdogmatik (ZIS) 2014, S. 579–593.

Rotsch, Thomas (Hrsg.), Criminal Compliance. Handbuch; 2015; Baden-Baden; Nomos. (zitiert als: *Bearbeiter*, in: Criminal Compliance)

Roxin, Claus, Straftaten im Rahmen organisatorischer Machtapparate, in: Goltdammer's Archiv für Strafrecht (GA) 1963, S. 193–207.

Roxin, Claus, Strafrechtliche Grundlagenprobleme, 1973; Berlin; De Gruyter. (zitiert als: *Roxin*, Strafrechtliche Grundlagenprobleme)

Roxin, Claus, Strafrecht Allgemeiner Teil Grundlagen. Der Aufbau der Verbrechenslehre, 1997; 3. Aufl.; München; C.H. Beck. (zitiert als: *Roxin*, StrafR AT)

Roxin, Claus, Täterschaft und Tatherrschaft, 7. Auflage, 2000; Berlin; de Gruyter. (zitiert als: *Roxin*, Täterschaft und Tatherrschaft)

Roxin, Claus, Schlussbericht, in: *Neumann, Ulfried/Prittwitz, Cornelius (Hrsg.)*, Kritik und Rechtfertigung des Strafrechts; 2005; Frankfurt a. M.; Peter Lang; S. 175–193. (zitiert als: *Roxin*, in: Kritik und Rechtfertigung)

Roxin, Claus, Organisationssteuerung als Erscheinungsform mittelbarer Täterschaft, in: *Amelung, Knut/Günther, Hans-Ludwig/Kühne, Hans-Heiner (Hrsg.)*, Festschrift für Volker Krey. Zum 70. Geburtstag am 9. Juli 2010; 2010; Stuttgart; Kohlhammer; S. 449–464. (zitiert als: *Roxin*, in: FS Krey)

Roxin, Claus, Zur neueren Entwicklung der Rechtsgutsdebatte, in: *Neumann, Ulfried/Herzog, Felix (Hrsg.)*, Festschrift für Winfried Hassemer zum 70. Geburtstag am 17. Februar 2010; 2010; Heidelberg; C. F. Müller; S. 573–598. (zitiert als: *Roxin*, in: FS Hassemer)

Roxin, Claus, Zur neuesten Diskussion über die Organisationsherrschaft, in: Goltdammer's Archiv für Strafrecht (GA) 2012, S. 395–416.

Roxin, Claus, Der gesetzgebungskritische Rechtsgutsbegriff auf dem Prüfstand, in: Goltdammer's Archiv für Strafrecht (GA) 2013, S. 433–453.

Roxin, Claus/Greco, Luís, Strafrecht, Allgemeiner Teil. Band 1, Grundlagen. Der Aufbau der Verbrechenslehre, 2020; 5. Aufl.; München; C.H. Beck. (zitiert als: *Roxin/Greco*, StrafR AT I)

Roxin, Claus/Schünemann, Bernd, Strafverfahrensrecht. Ein Studienbuch, 2022; 30. Aufl.; München; C.H. Beck. (zitiert als: *Roxin/Schünemann*, Strafverfahrensrecht)

Roxin, Imme, Probleme und Strategien der Compliance-Begleitung in Unternehmen, in: Strafverteidiger (StV) 2012, S. 116–122.

Roxin, Imme, Vorteile und Nachteile eines Compliance-Management-Systems im Unternehmen – Bilanz und Ausblick, in: *Rotsch, Thomas (Hrsg.)*, Criminal Compliance – Status quo und Status futurus; 2021; Baden-Baden; Nomos; S. 351–366. (zitiert als: *Roxin*, in: Criminal Compliance)

Rübenstahl, Markus, Internal Investigations (Unternehmensinterne Ermittlungen) – status quo Teil 1: Interviews in Internal Investigations und deren prozessuale Verwertbarkeit, in: Wirtschaftsstrafrechtliches Journal (WiJ) 2012, S. 17–33.

Rudkowski, Lena, „Predictive policing" am Arbeitsplatz, in: Neue Zeitschrift für Arbeitsrecht (NZA) 2019, S. 72–77.

Rudolphi, Hans-Joachim, Die verschiedenen Aspekte des Rechtsgutsbegriffs, in: *Barth, Eberhard (Hrsg.)*, Festschrift für Richard M. Honig. Zum 80. Geburtstag, 3. Januar 1970; 1970; Göttingen; Schwartz; S. 151–168. (zitiert als: *Rudolphi*, in: FS Honig)

Rudolphi, Hans-Joachim, Inhalt und Funktion des Handlungsunwerts im Rahmen der personalen Unrechtslehre, in: *Schroeder, Friedrich-Christian/Zipf, Heinz (Hrsg.)*, Festschrift für Reinhart Maurach zum 70. Geburtstag; 1972; Karlsruhe; C. F. Müller; S. 51–74. (zitiert als: *Rudolphi*, in: FS Maurach)

Ruldophi, Hans-Joachim, Straftaten gegen das werdende Leben, in: Zeitschrift für die gesamte Strafrechtswissenschaft (ZStW) 83 (1971), S. 105–139.

Rzepka, Dorothea, Der neue Straftatbestand des Versicherungsmißbrauchs (§ 265 StGB) – Auf dem Weg zum lückenlosen Strafrecht?, in: *Kriminalwissenschaften, Institut für (Hrsg.)*, Irrwege der Strafgesetzgebung; 1999; Frankfurt a. M.; Peter Lang; S. 271–284. (zitiert als: *Rzepka*, in: Irrwege)

Saal, Martin, Das Vortäuschen einer Straftat (§ 145s StGB) als abstraktes Gefährdungsdelikt, 1997; Berlin; Duncker & Humblot. (zitiert als: *Saal*, Vortäuschen)

Saliger, Frank, Feindstrafrecht: Kritisches oder totalitäres Strafrechtskonzept?, in: JuristenZeitung (JZ) 2006, S. 756–762.

Saliger, Frank, Der Untreuetatbestand auf dem Prüfstand der Verfassung, in: Neue Juristische Wochenschrift (NJW) 2010, S. 3195–3198.

Saliger, Frank, Grundfragen von Criminal Compliance, in: Rechtswissenschaft (RW) 2013, S. 263–291.

Saliger, Frank, Das Unrecht der Korruption, in: *Albrecht, Peter-Alexis u. a. (Hrsg.)*, Festschrift für Walter Kargl zum 70. Geburtstag; 2015; Berlin; BWV; S. 493–506. (zitiert als: *Saliger*, in: FS Kargl)

Saliger, Frank, Über das kommunikative Moment in neueren, insbesondere expressiven Straftheorien – Einige kritische Anmerkungen, in: *Saliger, Frank (Hrsg.)*, Rechtsstaatliches Strafrecht. Festschrift für Ulfried Neumann zum 70. Geburtstag; 2017; Heidelberg; C. F. Müller; S. 689–700. (zitiert als: *Saliger*, in: FS Neumann)

Saliger, Frank/Grüner-Blatt, Isabelle, Anmerkung zum Urteil des BGH vom 8. Oktober 2014 (1 StR 114/14) – zum Schutzumfang des Straftatbestands des Kreditbetrugs nach § 265b StGB, in: Zeitschrift für Wirtschafts- und Bankrecht (WM) 2015, S. 131–133.

Samson, Erich, Kausalitäts- und Zurechnungsprobleme im Umweltstrafrecht, in: Zeitschrift für die gesamte Strafrechtswissenschaft (ZStW) 99 (1987), S. 617–636.

Samson, Erich/Langrock, Marc, Bekämpfung von Wirtschaftskriminalität im und durch Unternehmen, in: Der Betrieb (DB) 2007, S. 1684–1689.

Sannwald, Detlef, Rechtsgut und Subventionsbegriff (§ 264 StGB), 1982; Berlin; Duncker & Humblot. (zitiert als: *Sannwald*, § 264 StGB)

Sarhan, Amr, Unternehmensinterne Privatermittlungen im Spannungsfeld zur strafprozessualen Aussagefreiheit, in: Zeitschrift für Wirtschafts- und Steuerstrafrecht (wistra) 2015, S. 449–455.

Satzger, Helmut, Die Anwendung des deutschen Strafrechts auf grenzüberschreitende Gefährdungsdelikte, in: Neue Zeitschrift für Strafrecht (NStZ) 1998, S. 112–117.

Satzger, Helmut/von Maltitz, Nicolai, Das Klimastrafrecht – ein Rechtsbegriff der Zukunft, in: Zeitschrift für die gesamte Strafrechtswissenschaft (ZStW) 133 (2021), S. 1–34.

Satzger, Helmut/Schluckebier, Wilhelm/Widmaier, Gunter (Hrsg.), Strafgesetzbuch: Kommentar; 5. Auflage; 2021; Hürth; Carl Heymanns. (zitiert als: *Bearbeiter*, in: SSW-StGB)

Sauer, Dirk, Das Strafrecht und die Feinde der offenen Gesellschaft, in: Neue Juristische Wochenschrift (NJW) 2005, S. 1703–1705.

Schäfer, Helmut, Die Entwicklung der Rechtsprechung zum Konkursstrafrecht, in: Zeitschrift für Wirtschafts- und Steuerstrafrecht (wistra) 1990, S. 81–89.

Schaffstein, Friedrich, Der Täter hinter dem Täter bei vermeidbarem Verbotsirrtum und verminderter Schuldfähigkeit des Tatmittlers – Zugleich eine Besprechung von BGH – 4 StR 352/88, in: Neue Zeitschrift für Strafrecht (NStZ) 1989, S. 153–158.

Schall, Hero, Umweltschutz durch Strafrecht: Anspruch und Wirklichkeit, in: Neue Juristische Wochenschrift (NJW) 1990, S. 1263–1273.

Schaller, Hans, Strafvorschriften zur Korruptionsbekämpfung, in: Verwaltungsrundschau (VR) 2005, S. 118–122.

Scharnberg, Josephine, Illegale Internal Investigations: Strafrechtliche Grenzen unternehmensinterner Ermittlungen, 2015; Frankfurt a. M.; Peter Lang. (zitiert als: *Scharnberg,* Illegale Internal Investigations)

Schenkel, Bénédict, Eigene Vermögensverwaltung als erlaubnispflichtiges Bankgeschäft, in: Verbraucher und Recht (VuR) 2020, S. 330–335.

Schiemann, Anja, Jens Puschek: Legitimation, Grenzen und Dogmatik von Vorbereitungstatbeständen, in: Kriminalpolitische Zeitschrift (KriPoZ) 2018, S. 134–136.

Schilha, Ralph, Neue Anforderungsprofil, mehr Aufgaben und erweiterte Haftung für den Aufsichtsrat nach Inkrafttreten der Abschlussprüferreform, in: Zeitschrift für Wirtschaftsrecht (ZIP) 2016, S. 1316–1329.

Schlepper, Christina, Strafgesetzgebung in der Spätmoderne Eine empirische Analyse legislativer Punitivität, 2014; Wiesbaden; Springer Fachmedien. (zitiert als: *Schlepper,* Strafgesetzgebung in der Spätmoderne)

Schlüchter, Ellen, Zweites Gesetz zur Bekämpfung der Wirtschaftskriminalität. Kommentar mit einer kriminologischen Einführung, 1987; Heidelberg; C. F. Müller. (zitiert als: *Schlüchter,* Zweites Gesetz)

Schlüchter, Ellen/Baum, Gabriele (Hrsg.), Bochumer Erläuterungen zum 6. Strafrechtsreformgesetz; 1998; Thüngersheim; EuWi. (zitiert als: *Bearbeiter,* in: Bochumer Erläuterungen)

Schmidhäuser, Eberhard, Der Unrechtstatbestand, in: *Bockelmann, Paul/Kaufmann, Arthur/Klug, Ulrich (Hrsg.),* Festschrift für Karl Engisch zum 70. Geburtstag; 1969; Frankfurt am Main; Klostermann; S. 433–456. (zitiert als: *Schmidhäuser,* in: FS Engisch)

Schmidhäuser, Eberhard, Strafrecht Allgemeiner Teil. Studienbuch, 2. Auflage, 1984; Tübingen; Mohr. (zitiert als: *Schmidhäuser,* Strafrecht AT)

Schmidt, Andreas/Schöne, Thomas, Das neue Umweltstrafrecht, in: Neue Juristische Wochenschrift (NJW) 1994, S. 2514–2519.

Schmidt, Eberhard, Probleme des Wirtschaftsstrafrechts, in: SüdJZ (SüdJZ) 1948, S. 225–236.

Schmidt, Jürgen, Untersuchung zur Dogmatik und zum Abstraktionsgrad abstrakter Gefährdungsdelikte. Zugleich ein Beitrag zur Rechtsgutslehre, 1999; Marburg; Elwert. (zitiert als: *Schmidt*, Untersuchung)

Schmidt, Karsten, Der Einzelunternehmer – Herausforderungen des Handels- und Wirtschaftsrechts, in: Juristische Schulung (JuS) 2017, S. 809–816.

Schmidt, Karsten/Lutter, Marcus (Hrsg.), Aktiengesetz. Kommentar; 4. Auflage; 2020; Köln; Dr. Otto Schmidt KG. (zitiert als: *Bearbeiter*, in: SL-AktG)

Schmidt, Karsten (Hrsg.), Beck'sche Kurzkommentare – Insolvenzordnung; 20. Auflage; 2023; München; C.H. Beck. (zitiert als: *Bearbeiter*, in: *Schmidt*-InsO)

Schmidt-Hieber, Werner, Verfolgung von Subventionserschleichungen nach Einführung des § 264 StGB, in: Neue Juristische Wochenschrift (NJW) 1980, S. 322–327.

Schmidt-Hieber, Werner, Vereinbarungen im Strafverfahren, in: Neue Juristische Wochenschrift (NJW) 1982, S. 1017–1020.

Schmidt-Lademann, Walther, Zum neuen Straftatbestand „Kapitalanlagebetrug" (§ 264a StGB), in: Zeitschrift für Wirtschafts- und Bankrecht (WM) 1986, S. 1241–1243.

Schmitt-Leonardy, Charlotte, Verständigung als gelungene Strategie im Umgang mit Informalisierungstendenzen im Strafverfahren?, in: Kriminologisches Journal (KrimJ) 2019, S. 213–232.

Schmitz, Roland, die Neufassung des § 19 II InsO durch das FMStG und seine Bedeutung für strafrechtliche „Altfälle", in: Zeitschrift für Wirtschafts- und Steuerstrafrecht (wistra) 2009, S. 369–373.

Schneider, Björn, Der normativ-subjektive Fehlerbegriff im Bilanzrecht nach HGB und IAS/IFRS, in: Zeitschrift für Wirtschaftsrecht (ZIP) 2020, S. 400–408.

Schneider, Hans Joachim, Wirtschaftskriminalität in kriminologischer und strafrechtlicher Sicht, in: JuristenZeitung (JZ) 1972, S. 461–467.

Schneider, Hartmut, Das Inbrandsetzen gemischt genutzter Gebäude – BGH-Urteil vom 20.6.1986 – 1 StR 270/86, in: Jura (Jura) 1988, S. 460–469.

Schneider, Hendrik, Wirtschaftskriminalität, Wirtschaftsstrafrecht und Wirtschaftskriminologie – Über die Erstarrung der deutschen Kriminologie zwischen atypischem Moralunternehmertum und Bedarfswissenschaft, in: *Kempf, Eberhard/Lüderssen, Klaus (Hrsg.)*, Die Handlungsfreiheit des Unternehmers. Wirtschaftliche Perspektiven, strafrechtliche und ethische Schranken; 2009; Berlin; De Gruyter; S. 61–78. (zitiert als: *Schneider*, in: Handlungsfreiheit)

Schönke, Adolf/Schröder, Horst (Hrsg.), Strafgesetzbuch – Kommentar; 30. Auflage; 2019; München; C.H. Beck. (zitiert als: *Bearbeiter*, in: SS-StGB)

Schork, Alexander u. a. (Hrsg.), Bankstrafrecht; 2013; München; C.H. Beck. (zitiert als: *Bearbeiter*, in: BankStrafR)

Schrader, Peter/Thoms, Tina/Mahler, Maike, Auskunft durch den Arbeitnehmer: Was darf er? Was muss er?, in: Neue Zeitschrift für Arbeitsrecht (NZA) 2018, S. 965–974.

Schredelseker, Klaus, Der Nutzen von Bilanzinformationen für Kapitalanlageentscheidungen, in: *Groß, Gerhard (Hrsg.)*, Der Wirtschaftsprüfer im Schnittpunkt nationaler und internationaler Entwicklungen: Festschrift zum 60. Geburtstag von Prof. Dr. Klaus v. Wysocki; 1985; Düsseldorf; IDW Verlag; S. 129–142. (zitiert als: *Schredelseker*, in: FS v. Wysocki)

Schröder, Christian, Aktienhandel und Strafrecht. Börseneinführung und Handel von Aktien und Optionsrechten auf Aktien aus strafrechtlicher Sicht, 1994; Köln; Heymann. (zitiert als: *Schröder*, Aktienhandel und Strafrecht)

Schröder, Christian, Die Einführung des Euro und der graue Kapitalmarkt, in: Neue Zeitschrift für Strafrecht (NStZ) 1998, S. 552–555.

Schröder, Christian, Handbuch Kapitalmarktstrafrecht, 2020; Hürth; Carl Heymanns. (zitiert als: *Schröder*, HdB-KapMarktStrafR)

Schröder, Horst, Abstrakt-konkrete Gefährdungsdelikte?, in: JuristenZeitung (JZ) 1967, S. 522–525.

Schröder, Horst, Die Unternehmensdelikte, in: *Bachof, Otto (Hrsg.)*, Tübinger Festschrift für Eduard Kern; 1968; Tübingen; Mohr Siebeck; S. 457–468. (zitiert als: *Schröder*, in: FS Kern)

Schröder, Horst, Die Gefährdungsdelikte im Strafrecht, in: Zeitschrift für die gesamte Strafrechtswissenschaft (ZStW) 81 (1969), S. 5–28.

Schröder, Regine, Versicherungsmißbrauch, 2000; Sinzheim; Pro-Universitate-Verl. (zitiert als: *Schröder*, Versicherungsmißbrauch)

Schroeder, Friedrich Christian, Der Täter hinter dem Täter. Ein Beitrag zur Lehre von der mittelbaren Täterschaft, 1965; Berlin; Duncker & Humblot. (zitiert als: *Schroeder*, Täter hinter dem Täter)

Schroeder, Friedrich-Christian, Urteilsanmerkung (Versicherungsbetrug), in: Juristische Rundschau (JR) 1975, S. 71–74.

Schroeder, Friedrich Christian, Die Gefährdungsdelikte, in: Zeitschrift für die gesamte Strafrechtswissenschaft (Beiheft ZStW) 94 (1982), S. 1–28.

Schubarth, Martin, Das Verhältnis von Strafrechtswissenschaft und Gesetzgebung im Wirtschaftsstrafrecht, in: Zeitschrift für die gesamte Strafrechtswissenschaft (ZStW) 92 (1980), S. 80–106.

Schuhr, Jan, Die Nachfahren der culpa im Wirtschaftsstrafrecht, in: Zeitschrift für die gesamte Strafrechtswissenschaft (ZStW) 131 (2019), S. 985–1008.

Schulenberg, Johanna, Dogmatische Zusammenhänge von Rechtsgut, Deliktsstruktur und objektiver Zurechnung, in: *Hefendehl, Roland/von Hirsch, Andrew/Wohlers, Wolfgang (Hrsg.)*, Die Rechtsgutstheorie. Legitimationsbasis des Strafrechts oder dogmatisches Glasperlenspiel; 2003; Baden-Baden; Nomos; S. 244–254. (zitiert als: *Schulenberg*, in: Die Rechtsgutstheorie)

Schultze, Michaela, Die Betrugsnatur des Subventionsbetrugs: zur Auslegung des Merkmals „vorteilhaft" in § 264 I Nr. 1 StGB, 2005; Baden-Baden; Nomos. (zitiert als: *Schultze*, Betrugsnatur)

Schulze-Osterloh, Joachim, Objektiver und subjektiver Fehlerbegriff im Handelsrecht (ZHR), 2015, S. 9–43.

Schünemann, Bernd, Moderne Tendenzen in der Dogmatik der Fahrlässigkeits- und Gefährdungsdelikte, in: Juristische Arbeitsblätter (JA) 1975, S. 787–798.

Schünemann, Bernd, Reflexionen über die Zukunft des deutschen Strafverfahrens, in: *Gamm, Otto-Friedrich (Hrsg.)*, Strafrecht, Unternehmensrecht, Anwaltsrecht. Festschrift für Gerd Pfeiffer zum Abschied aus dem Amt als Präsident des Bundesgerichtshofes; 1988; Köln; Heymann; S. 265–280. (zitiert als: *Schünemann*, in: FS Pfeiffer)

Schünemann, Bernd, Die informellen Absprachen als Überlebenskrise des deutschen Strafverfahrens, in: *Fezer, Gerhard u. a. (Hrsg.)*, Festschrift für Jürgen Baumann zum 70. Geburtstag, 22. Juni 1992; 1992; Bielefeld; Gieseking; S. 361–382. (zitiert als: *Schünemann*, in: FS Baumann)

Schünemann, Bernd, Kritische Anmerkungen zur geistigen Situation der deutschen Strafrechtswissenschaft, in: Goltdammer's Archiv für Strafrecht (GA) 1995, S. 201–229.

Schünemann, Bernd, Unternehmenskriminalität, in: *Canaris, Claus-Wilhelm u. a. (Hrsg.)*, 50 Jahre Bundesgerichtshof Band IV: Strafrecht, Strafprozeßrecht; 2000; München; C.H. Beck; S. 621–646. (zitiert als: *Schünemann*, in: Festgabe BGH)

Schünemann, Bernd, Vom Unterschichts- zum Oberschichtsstrafrecht. Ein Paradigmawechsel im moralischen Anspruch?, in: *Kühne, Hans-Heiner/Miyazawa, Kôichi (Hrsg.)*, Alte Strafrechtsstrukturen und neue gesellschaftliche Herausforderungen in Japan und Deutschland. Verhandlungen des dritten deutsch-japanischen Strafrechtskolloquiums in Trier 1997; 2000; Berlin; Duncker & Humblot; S. 16–37. (zitiert als: *Schünemann*, in: Alte Strukturen)

Schünemann, Bernd, Die deutsche Strafrechtswissenschaft nach der Jahrtausendwende, in: Goltdammer's Archiv für Strafrecht (GA) 2001, S. 205–225.

Schünemann, Bernd, Unzulänglichkeiten des Fahrlässigkeitsdelikts in der modernen Industriegesellschaft – Eine Bestandsaufnahme, in: *Graul, Eva/Wolf, Gerhard (Hrsg.)*, Gedächtnisschrift für Dieter Meurer; 2002; Berlin; De Gruyter; S. 37–63. (zitiert als: *Schünemann*, in: GS Meurer)

Schünemann, Bernd, Wohin treibt der deutsche Strafprozess?, in: Zeitschrift für die gesamte Strafrechtswissenschaft (ZStW) 114 (2002), S. 1–62.

Schünemann, Bernd, Das Rechtsgüterschutzprinzip als Fluchtpunkt der verfassungsrechtlichen Grenzen der Straftatbestände und ihrer Interpretation, in: *Hefendehl, Roland/von Hirsch, Andrew/Wohlers, Wolfgang (Hrsg.)*, Die Rechtsgutstheorie. Legitimationsbasis des Strafrechts oder dogmatisches Glasperlenspiel?; 2003; Baden-Baden; Nomos; S. 133–154. (zitiert als: *Schünemann*, in: Die Rechtsgutstheorie)

Schünemann, Bernd, Feindstrafrecht ist kein Strafrecht!, in: *Griesbaum, Rainer/Schnarr, Karl Heinz (Hrsg.)*, Strafrecht und Justizgewährung. Festschrift für Kay Nehm zum 65. Geburtstag; 2006; Berlin; BWV; S. 219–229. (zitiert als: *Schünemann*, in: FS Nehm)

Schünemann, Bernd, Rechtsgüterschutz, ultima ratio und Viktimodogmatik – von den unverrückbaren Grenzen des Strafrechts in einem liberalen Rechtsstaat, in: *von Hirsch, Andrew/Seelmann, Kurt/Wohlers, Wolfgang (Hrsg.)*, Mediating Principles. Begrenzungsprinzipien bei der Strafbegründung; 2006; Baden-Baden; Nomos; S. 18–35. (zitiert als: *Schünemann*, in: Mediating Principles)

Schünemann, Bernd, Strafrechtliche Sanktionen gegen Wirtschaftsunternehmen?, in: *Sieber, Ulrich u. a. (Hrsg.)*, Strafrecht und Wirtschaftsstrafrecht: Dogmatik, Rechtsvergleich, Rechtstatsachen. Festschrift für Klaus Tiedemann zum 70. Geburtstag; 2008; Köln; Heymann; S. 429–448. (zitiert als: *Schünemann*, in: FS Tiedemann)

Schünemann, Bernd, Ein deutsches Requiem auf den Strafprozess des liberalen Rechtsstaats, in: Zeitschrift für Rechtspolitik (ZRP) 2009, S. 104–107.

Schünemann, Bernd, Die sog. Finanzkrise – Systemversagen oder global organisierte Kriminalität?, in: *Schünemann, Bernd (Hrsg.)*, Die sogenannte Finanzkrise – Systemversagen oder global organisierte Kriminalität?; 2010; Berlin; BWV; S. 71–106. (zitiert als: *Schünemann*, in: Finanzkrise)

Schünemann, Bernd, Grenzen der Bestrafung privater Korruption im Rechtsstaat, in: *Hellmann, Uwe/Schröder, Christian (Hrsg.)*, Festschrift für Hans Achenbach; 2011; Heidelberg; C. F. Müller; S. 509–526. (zitiert als: *Schünemann*, in: FS Achenbach)

Schünemann, Bernd, Wider verbreitete Irrlehren zum Untreuetatbestand, in: Zeitschrift für Internationale Strafrechtsdogmatik (ZIS) 2012, S. 183–194.

Schünemann, Bernd, Die großen wirtschaftsstrafrechtlichen Fragen der Zeit – Eine Vorschau auf die Zürcher Strafrechtslehrertagung, in: Goltdammer's Archiv für Strafrecht (GA) 2013, S. 193–206.

Schünemann, Bernd, Die Urteilsabsprachen im Strafprozess – ewige Wiederkunft des Gleichen?, in: *Zöller, Mark u. a. (Hrsg.)*, Gesamte Strafrechtswissenschaft in internationaler Dimension. Festschrift für Jürgen Wolter zum 70. Geburtstag am 7. September 2013; 2013; Berlin; Duncker & Humblot; S. 1107–1130. (zitiert als: *Schünemann*, in: FS Wolter)

Schünemann, Bernd, Keine Unmittelbarkeit des Vermögensschadens, ausbleibender Gewinn als Nachteil – liegt der Untreue ein anderer Begriff des Vermögensschadens zugrunde als dem Betrug?, in: *Freund, Georg u. a. (Hrsg.)*, Grundlagen und Dogmatik des gesamten Strafrechtssystems. Festschrift für Wolfgang Frisch zum 70. Geburtstag; 2013; Berlin; Duncker & Humblot; S. 837–856. (zitiert als: *Schünemann*, in: FS Frisch)

Schünemann, Bernd, Der Gesetzesentwurf zur Bekämpfung der Korruption – überflüssige Etappe auf dem Niedergang der Strafrechtskultur, in: Zeitschrift für Rechtspolitik (ZRP) 2015, S. 68–71.

Schünemann, Bernd, Macht die Regelung und Verfolgung von Finanzkriminalität vor den heutigen gesamtwirtschaftlichen Hintergründen einen Sinn?, in: *Jahn, Matthias u. a. (Hrsg.)*, Unbestimmtes Wirtschaftsstrafrecht und gesamtwirtschaftliche Perspektiven 2017; Berlin; De Gruyter; S. 66–85. (zitiert als: *Schünemann*, in: Unbestimmtes Wirtschaftsstrafrecht)

Schüppen, Matthias, Systematik und Auslegung des Bilanzstrafrechts, 1993; Köln; Schmidt. (zitiert als: *Schüppen*, Bilanzstrafrecht)

Schürnbrand, Jan, Rechtsfolgen von Verstößen gegen die EU-Verordnung zu Abschlussprüfung, in: Die Aktiengesellschaft (AG) 2016, S. 70–78.

Schürrle, Thomas/Olbers, Lucie Anne Mary, Praktische Hinweise zu Rechtsfragen bei eigenen Untersuchungen im Unternehmen, in: CCZ – Corporate Compliance (CCZ) 2010, S. 178–183.

Seelmann, Kurt, Atypische Zurechnungsstrukturen im Umweltsstrafrecht, in: Neue Juristische Wochenschrift (NJW) 1990, S. 1257–1262.

Seelmann, Kurt, Risikostrafrecht. Die „Risikogesellschaft" und ihre „symbolische Gesetzgebung" im Umwelt- und Betäubungsmittelstrafrecht, in: Kritische Vierteljahresschrift für Gesetzgebung und Rechtswissenschaft (KritV) 1992, S. 452–471.

Seher, Gerhard, Kann Strafrecht „subsidiär" sein? Aporien eines „unbestrittenen" Rechtsgrundsatzes, in: *von Hirsch, Andrew/Seelmann, Kurt/Wohlers, Wolfgang (Hrsg.)*, Mediating Principles. Begrenzungsprinzipien bei der

Strafbegründung; 2006; Baden-Baden; Nomos; S. 70–82. (zitiert als: *Seher*, in: Mediating Principles)

Seher, Gerhard, Wert und Grenzen der expressiven Theorie der Strafe. Zugleich eine Skizze über Begriff und Zweck staatlicher Strafe, in: *Bublitz, Jan Christoph u. a. (Hrsg.)*, Recht – Philosophie – Literatur. Festschrift für Reinhard Merkel zum 70. Geburtstag; 2020; Berlin; Duncker & Humblot; S. 493–510. (zitiert als: *Seher*, in: FS Merkel)

Seibt, Christoph H./Cziupka, Johannes, Rechtspflichten und Best Practices für Vorstands- und Aufsichtsratshandeln bei der Kapitalmarktrecht-Compliance, in: Aktiengesellschaft (AG) 2015, S. 93–109.

Sickor, Jens Andreas, Das Geständnis, 2014; Tübingen; Mohr Siebeck. (zitiert als: *Sickor*, Geständnis)

Sieber, Ulrich, Compliance-Programme im Unternehmensstrafrecht – Ein neues Konzept zur Kontrolle von Wirtschaftskriminalität, in: *Sieber, Ulrich u. a. (Hrsg.)*, Strafrecht und Wirtschaftsstrafrecht. Dogmatik, Rechtsvergleich, Rechtstatsachen. Festschrift für Klaus Tiedemann zum 70. Geburtstag; 2008; Köln; Heymann; S. 461–496. (zitiert als: *Sieber*, in: FS Tiedemann)

Sieber, Ulrich, Legitimation und Grenzen von Gefährdungsdelikten im Vorfeld von terroristischer Gewalt – Eine Analyse der Vorfeldtatbestände im „Entwurf eines Gesetzes zur Verfolgung der Vorbereitung von schweren staatsgefährdenden Gewalttaten“, in: Neue Zeitschrift für Strafrecht (NStZ) 2009, S. 353–364.

Sieber, Ulrich, Der Paradigmenwechsel vom Strafrecht zum Sicherheitsrecht. Zur neuen Sicherheitsarchitektur der globalen Risikogesellschaft, in: *Tiedemann, Klaus u. a. (Hrsg.)*, Die Verfassung moderner Strafrechtspflege. Erinnerung an Joachim Vogel; 2016; Baden-Baden; Nomos; S. 349–372. (zitiert als: *Sieber*, in: GS Vogel)

Silva Sánchez, Jesús-María, Die Expansion des Strafrechts Kriminalpolitik in postindustriellen Gesellschaften, 2003; Frankfurt a. M.; Klostermann. (zitiert als: *Silva Sánchez*, Expansion)

Silva Sánchez, Jesús-María, Zur sogenannten teleologischen Auslegung, in: *Pawlik, Michael/Zaczyk, Rainer (Hrsg.)*, Festschrift für Günther Jakobs. Zum 70. Geburtstag am 26. Juli 2007; 2007; Köln; Heymann; S. 645–662. (zitiert als: *Silva Sánchez*, in: FS Jakobs)

Silva Sánchez, Jesús-María, Tadel als public policy? Der strafrechtliche Vorwurf und die Arten von Straftaten, in: *Brunhöber, Beatrice u. a. (Hrsg.)*, Strafrecht als Risiko. Festschrift für Cornelius Prittwitz zum 70. Geburtstag; 2023; Baden-Baden; Nomos; S. 193–206. (zitiert als: *Silva Sánchez*, in: FS Prittwitz)

Simonis, Matthias, Vergaberechtliche Compliance – Die Folgen von Rechtsverstößen bei der Vergabe öffentlicher Aufträge, in: Corporate Compliance (CCZ) 2016, S. 70–77.

Sina, Peter, Die Dogmengeschichte des strafrechtlichen Begriffs „Rechtsgut", 1962; Basel; Helbing & Lichtenhahn. (zitiert als: *Sina*, Dogmengeschichte)

Singelnstein, Tobias, Jeder ist verdächtig, in: Vorgänge 178: Vom Rechtsstaat zur Sicherheitsgesellschaft (vorgänge) 2007, S. 118–126.

Singelnstein, Tobias, Logik der Prävention – Eine kriminologische Perspektive auf das Strafrecht und andere Formen sozialer Kontrolle, in: *Brunhöber, Beatrice (Hrsg.)*, Strafrecht im Präventionsstaat; 2014; Stuttgart; Steiner; S. 41–60. (zitiert als: *Singelnstein*, in: Präventionsstaat)

Singelnstein, Tobias, Big Data und Strafverfolgung, in: *Hoffmann-Riem, Wolfgang (Hrsg.)*, Big Data – Regulative Herausforderungen; 2018; Baden-Baden; Nomos; S. 179–186. (zitiert als: *Singelnstein*, in: Big Data)

Singelnstein, Tobias, Predictive Policing: Algorithmenbasierte Straftatprognosen zur vorausschauenden Kriminalintervention, in: Neue Zeitschrift für Strafrecht (NStZ) 2018, S. 1–9.

Singelnstein, Tobias, Preventive Turn – Wie Gefahr und Risiko zum zentralen Gegenstand von Strafrecht und sozialer Kontrolle werden, in: *Fischer, Thomas/Hilgendorf, Eric (Hrsg.)*, Gefahr; 2020; Baden-Baden; Nomos; S. 95–112. (zitiert als: *Singelnstein*, in: Gefahr)

Singelnstein, Tobias/Puschke, Jens, Compliance und Whistleblowing. Neuere Formen sozialer Kontrolle in Unternehmen und Gesellschaft, in: Neue Kriminalpolitik (NK) 2015, S. 339–345.

Singelnstein, Tobias/Stolle, Peer, Von der sozialen Integration zur Sicherheit durch Kontrolle und Ausschluss. Zum grundlegenden Wandel sozialer Kontrolle und seinen gesellschaftlichen Grundlagen, in: *Zurawski (Hrsg.)*, Surveillance Studies. Perspektiven eines Forschungsfeldes; 2007; Opladen; Verlag Barbara Budrich; S. 47–66. (zitiert als: *Singelnstein/Stolle*, in: Surveillance Studies)

Singelnstein, Tobias/Stolle, Peer, Die Sicherheitsgesellschaft. Soziale Kontrolle im 21. Jahrhundert, 3. Auflage, 2012; Wiesbaden; VS Verlag für Sozialwissenschaften. (zitiert als: *Singelnstein/Stolle*, Sicherheitsgesellschaft)

Sinn, Arndt, Moderne Verbrechensverfolgung – auf dem Weg zu einem Feindstrafrecht?, in: Zeitschrift für Internationale Strafrechtsdogmatik (ZIS) 2006, S. 107–117.

Sinn, Arndt, Vorverlagerung der Strafbarkeit – Begriff, Ursachen und Regelungstechniken. Eine rechtsvergleichende Analyse am Beispiel des deutschen und ungarischen Strafrechts, in: *Sinn, Arndt/Gropp, Walter/Ferenc, Nagy*

(Hrsg.), Grenzen der Vorverlagerung in einem Tatstrafrecht; 2011; Göttingen; Universitätsverlag Osnabrück; S. 13–40. (zitiert als: *Sinn*, in: Grenzen)

Sinn, Arndt, Vorverlagerung der Strafbarkeit am Beispiel der Organisierten Kriminalität und des Terrorismus, in: *Sinn, Arndt/Zöller, Mark (Hrsg.)*, Neujustierung des Strafrechts durch Terrorismus und Organisierte Kriminalität. 2. Deutsch-Taiwanesische Strafrechtsforum Triert/Osnabrück 2012; 2013; Heidelberg; C. F. Müller; S. 147–166. (zitiert als: *Sinn*, in: Neujustierung)

Sinn, Arndt/Moeller, Uriel, Anmerkung zu BGH, Urt. v. 8.5.2014 - 3 StR 243/13 (Zur Bestimmtheit des § 89a StGB), in: Zeitschrift für das Juristische Studium (ZJS) 2015, S. 232–238.

Sonnenberg, Sebastian, Verletzung der Aufsichtspflicht in Betrieben und Unternehmen (§ 130 OWiG) unter besonderer Berücksichtigung der Notwendigkeit und Ausgestaltung eines kriminalpräventiven Compliance-Systems, 2014; Hamburg; Dr. Kovac. (zitiert als: *Sonnenberg*, Aufsichtspflicht)

Spatscheck, Rainer/Wulf, Martin, Straftatbestände der Bilanzfälschung nach dem HGB - ein Überblick, in: Deutsches Steuerrecht (DStR) 2003, S. 173–180.

Spindler, Gerald, Finanzkrise und Gesetzgeber - Das Finanzmarktstabilisierungsgesetz, in: Deutsches Steuerrecht (DStR) 2008, S. 2268–2276.

Spindler, Tobias, Legitimer Institutionen- und Regelschutz durch Strafrecht in der sozialen Marktwirtschaft, 2017; Berlin; wvb. (zitiert als: *Spindler*, Regel- und Institutionenschutz)

Stächelin, Gregor, Interdependenzen zwischen Rechtsgutstheorie und den Angriffswegen auf die dadurch bestimmten Güter, in: *Lüderssen, Klaus (Hrsg.)*, Aufgeklärte Kriminalpolitik oder Kampf gegen das Böse?; 1998; Baden-Baden; Nomos; S. 239–262. (zitiert als: *Stächelin*, in: Aufgeklärte Kriminalpolitik)

Stächelin, Gregor, Strafgesetzgebung im Verfassungsstaat. Normative und empirische materielle und prozedurale Aspekte der Legitimation unter Berücksichtigung neuerer Strafgesetzgebungspraxis, 1998; Berlin; Duncker & Humblot. (zitiert als: *Stächelin*, Strafgesetzgebung)

Stackmann, Nikolaus, Böses Erwachen - die gesetzliche Haftung für fehlgeschlagene Kapitalanlagen, in: Neue Juristische Wochenschrift (NJW) 2013, S. 1985–1989.

Stahlschmidt, Michael, Die Straftatbestände im HGB, in: Der Steuerberater (StB) 2003, S. 63–69.

Stahlschmidt, Michael, Schlafende Tatbestände des HGB, in: Unternehmenssteuern und Bilanzen (StuB) 2003, S. 107–118.

Steinberg, Georg, Liberale Potentiale des strafrechtliche Rechtsgutskonzepts – Überlegungen zur „Inzest-Entscheidung“ des BVerfG vom 26.02.2008 – 2 BvR 392/07, in: *Steinberg, Georg (Hrsg.),* Recht und Macht. Zur Theorie und Praxis von Strafe. Festschrift für Hinrich Rüping zum 65. Geburtstag; 2009; München; Herbert Utz; S. 91–108. (zitiert als: *Steinberg,* in: FS Rüping)

Steinsiek, Mark, Terrorabwehr durch Strafrecht? Verfassungsrechtliche und strafrechtssystematische Grenzen der Vorfeldkriminalisierung, 2012; Baden-Baden; Nomos. (zitiert als: *Steinsiek,* Terrorabwehr)

Sternberg-Lieben, Detlev, Die objektiven Schranken der Einwilligung im Strafrecht, 1997; Tübingen; Mohr Siebeck. (zitiert als: *Sternberg-Lieben,* Einwilligung im Strafrecht)

Sternberg-Lieben, Detlev, Rechtsgut, Verhältnismäßigkeit und die Freiheit des Strafgesetzgebers, in: *Hefendehl, Roland/von Hirsch, Andrew/Wohlers, Wolfgang (Hrsg.),* Die Rechtsgutstheorie. Legitimationsbasis des Strafrechts oder dogmatisches Glasperlenspiel?; 2003; Baden-Baden; Nomos; S. 65–82. (zitiert als: *Sternberg-Lieben,* in: Die Rechtsgutstheorie)

Stockburger, Jochen, Unternehmenskrise und Organstrafbarkeit wegen Insolvenzstraftaten. Eine Untersuchung zu aktuellen Problemen der Bestimmung der strafrechtlichen Krisenmerkmale und der Strafhaftung von AG-Vorständen, GmbH- und UG-Geschäftsführern wegen Insolvenzstraftaten., 2011; Freiburg; Centaurus Verlag & Media UG. (zitiert als: *Stockburger,* Unternehmenskrise)

Stoffers, Kristian, Die Schwierigkeiten der EU-Finanzinteressen durch das deutsche Straf- und Ordnungswidrigkeitenrecht, in: Europäische Zeitschrift für Wirtschaftsrecht (EuZW) 1994, S. 304–309.

Stracke, Dorothée, Zur Übertragbarkeit des zivilrechtlichen Überschuldungsbegriffs in das Strafrecht, 2007; Berlin; De Gruyter. (zitiert als: *Stracke,* Übertragbarkeit)

Stratenwerth, Günter, Strafrechtliche Unternehmenshaftung?, in: *Geppert, Klaus/Bohnert, Joachim/Rengier, Rudolf (Hrsg.),* Festschrift für Rudolf Schmitt zum 70. Geburtstag; 1992; Tübingen; Mohr Siebeck; S. 295–309. (zitiert als: *Stratenwerth,* in: FS Schmitt)

Stratenwerth, Günter, Zukunftssicherung mit den Mitteln des Strafrechts?, in: Zeitschrift für die gesamte Strafrechtswissenschaft (ZStW) 105 (1993), S. 679–696.

Stratenwerth, Günter, Zum Begriff des „Rechtsgutes“, in: *Eser, Albin (Hrsg.),* Festschrift für Theodor Lenckner zum 70. Geburtstag; 1998; München; C.H. Beck; S. 377–391. (zitiert als: *Stratenwerth,* in: FS Lenckner)

Stratenwerth, Günter, Tötung und Körperverletzung mit Einwilligung des Betroffenen, in: *Böse, Martin/Sternberg-Lieben, Detlev (Hrsg.)*, Grundlagen des Straf- und Strafverfahrensrechts. Festschrift für Knut Amelung zum 70. Geburtstag; 2009; Berlin; Duncker & Humblot; S. 356–363. (zitiert als: *Stratenwerth*, in: FS Amelung)

Stratenwerth, Günter/Kuhlen, Lothar, Strafrecht Allgemeiner Teil. Die Straftat, 2011; 6. Aufl.; München; Vahlen. (zitiert als: *Stratenwerth/Kuhlen*, StrafR AT)

Streng, Franz, Vom Zweckstrafrecht zum Feindstrafrecht?, in: *Uwer, Thomas (Hrsg.)*, „Bitte bewahren Sie Ruhe" – Leben im Feindrechtsstaat; 2006; Berlin; Vereinigung Berliner Strafverteidiger; S. 227–248. (zitiert als: *Streng*, in: Feindrechtsstaat)

Stuckenberg, Carl-Friedrich, Grundrechtsdogmatik statt Rechtsgutslehre. Bemerkungen zum Verhältnis von Strafe und Staat, in: Goltdammer's Archiv für Strafrecht (GA) 2011, S. 653–661.

Stuckenberg, Carl-Friedrich, Gründe für die Abschaffung des § 153a StPO, in: *Herzog, Felix/Schlothauer, Reinhold/Wohlers, Wolfgang (Hrsg.)*, Rechtsstaatlicher Strafprozess und Bürgerrechte. Gedächtnisschrift für Edda Weßlau; 2016; Berlin; Duncker & Humblot; S. 369–388. (zitiert als: *Stuckenberg*, in: FS Weßlau)

Stuckenberg, Carl-Friedrich, Rechtsgüterschutz als Grundvoraussetzung von Strafbarkeit?, in: Zeitschrift für die gesamte Strafrechtswissenschaft (ZStW) 129 (2017), S. 349–362.

Stürner, Rolf/Eidenmüller, Horst/Schoppmeyer, Heinrich (Hrsg.), Münchener Kommentar zur Insolvenzordnung, Bd. 1; 4. Auflage; 2019; München; C.H. Beck. (zitiert als: *Bearbeiter*, in: MüKo InsO)

Süß, Frank, Vom Umgang mit dem Bestimmtheitsgebot, in: *Kriminalwissenschaften, Institut für (Hrsg.)*, Vom unmöglichen Zustand des Strafrechts; 1995; Frankfurt a. M.; Peter Lang; S. 207–226. (zitiert als: *Süß*, in: Unmöglicher Zustand)

Sutherland, Edwin H., White collar crime. the uncut version, 1983; New Haven; Yale University Press. (zitiert als: *Sutherland*, White collar crime)

Szebrowski, Nickel, Kick-Back, 2005; Köln; Carl Heymanns. (zitiert als: *Szebrowski*, Kick-Back)

Szesny, André-M./Kuthe, Thorsten (Hrsg.), Kapitalmarkt Compliance; 2. Auflage; 2018; Heidelberg; C. F. Müller. (zitiert als: *Bearbeiter*, in: KapMarkt-Compliance)

Techmeier, Ingo, Zur strafrechtlichen Immunisierung bei Wirtschaftsstrafsachen, in: *Prittwitz, Cornelius/Böllinger, Lorenz/Jasch, Michael (Hrsg.)*,

Kriminalität der Mächtigen; 2008; Baden-Baden; Nomos; S. 61–82. (zitiert als: *Techmeier*, in: Kriminalität der Mächtigen)

Terhorst, Bruno, Informelle Absprachen im Strafprozeß, in: Deutsche Richterzeitung (DRiZ) 1988, S. 296–298.

Theile, Hans, Die Bedrohung prozessualer Freiheit durch materielles Wirtschaftsstrafrecht am Beispiel der §§ 264a, 265b StGB, in: Zeitschrift für Wirtschafts- und Steuerstrafrecht (wistra) 2004, S. 121–126.

Theile, Hans, Internal Investigations und Selbstbelastung – Zum Verantwortungstransfer bei Akkumulation privater und staatlicher Ermittlungen, in: Strafverteidiger (StV) 2011, S. 381–386.

Theile, Hans, Rationale Gesetzgebung im Wirtschaftsstrafrecht, in: Zeitschrift für Wirtschafts- und Steuerstrafrecht (wistra) 2012, S. 285–291.

Theile, Hans, Wahrheit, Konsens und § 257c StPO, in: Neue Zeitschrift für Strafrecht (NStZ) 2012, S. 666–671.

Theile, Hans/Mundt, Ole, Strafbarkeitsrisiken bei horizontalen Absprachen, in: Neue Zeitschrift für Baurecht und Vergaberecht (NZBau) 2011, S. 715–720.

Tiedemann, Klaus, Tatbestandsfunktionen im Nebenstrafrecht. Untersuchungen zu einem rechtsstaatlichen Tatbestandsbegriff, entwickelt am Problem des Wirtschaftsstrafrechts, 1969; Tübingen; Mohr Siebeck. (zitiert als: *Tiedemann,* Tatbestandsfunktionen)

Tiedemann, Klaus, Welche strafrechtlichen Mittel empfehlen sich für eine wirksamere Bekämpfung der Wirtschaftskriminalität? Gutachten C zum 49. Deutschen Juristentag, 1972; München; C.H. Beck. (zitiert als: *Tiedemann,* Gutachten 49. DJT)

Tiedemann, Klaus, Subventionskriminalität in der Bundesrepublik. Erscheinungsformen, Ursachen, Folgerungen, 1974; Reinbek bei Hamburg; Rororo-Studium. (zitiert als: *Tiedemann,* Subventionskriminalität)

Tiedemann, Klaus, Die Neuordnung des Umweltstrafrechts. Gutachtliche Stellungnahme zu dem Entwurf eines sechzehnten Strafrechtsänderungsgesetzes (Gesetz zur Bekämpfung der Umweltkriminalität), 1980; Berlin; De Gruyter. (zitiert als: *Tiedemann,* Neuordnung des Umweltstrafrechts)

Tiedemann, Klaus, Handhabung und Kritik des neuen Wirtschaftsstrafrechts. – Versuch einer Zwischenbilanz, in: *Hanack, Ernst-Walter/Rieß, Peter/Wendisch, Günter (Hrsg.)*, Festschrift für Hanns Dünnebier zum 75. Geburtstag am 12. Juni 1982; 1982; Berlin; De Gruyter; S. 519–540. (zitiert als: *Tiedemann,* in: FS Dünnebier)

Tiedemann, Klaus, Insolvenzstraftaten aus der Sicht der Kreditwirtschaft, in: Zeitschrift für Wirtschaftsrecht (ZIP) 1983, S. 513–522.

Tiedemann, Klaus, Die Bekämpfung der Wirtschaftskriminalität durch den Gesetzgeber, in: JuristenZeitung (JZ) 1986, S. 865–912.

Tiedemann, Klaus, Wirtschaftsstrafrecht – Einführung und Übersicht, in: Juristische Schulung (JuS) 1989, S. 689–698.

Tiedemann, Klaus, Der Strafschutz der Finanzinteressen der Europäischen Gemeinschaft, in: Neue Juristische Wochenschrift (NJW) 1990, S. 2226–2233.

Tiedemann, Klaus, Strafrecht in der Marktwirtschaft, in: *Küper, Wilfried/Welp, Jürgen (Hrsg.)*, Beiträge zur Rechtswissenschaft. Festschrift für Walter Stree und Johannes Wessels zum 70. Geburtstag; 1993; Heidelberg; C. F. Müller; S. 527–544. (zitiert als: *Tiedemann*, in: FS Stree/Wessels)

Tiedemann, Klaus, Die Regelung von Täterschaft und Teilnahme im europäischen Strafrecht – Stand, Harmonisierungstendenzen und Modellvorschlage, in: *Eser, Albin (Hrsg.)*, Festschrift für Haruo Nishihara zum 70. Geburtstag; 1998; Baden-Baden; Nomos; S. 496–511. (zitiert als: *Tiedemann*, in: FS Nishihara)

Tiedemann, Klaus, Wettbewerb als Rechtsgut des Strafrechts, in: *Britz, Guido (Hrsg.)*, Grundfragen staatlichen Strafens: Festschrift für Heinz Müller-Dietz zum 70. Geburtstag; 2001; München; C.H. Beck; S. 905–918. (zitiert als: *Tiedemann*, in: FS Müller-Dietz)

Tiedemann, Klaus, GmbH-Strafrecht Kommentar. §§ 82–85 GmbHG und ergänzende Vorschriften, 2002; Köln; Dr. Otto Schmidt. (zitiert als: *Tiedemann*, GmbH-StrafR)

Tiedemann, Klaus/Engelhart, Marc, Wirtschaftsstrafrecht, 2017; 5. Aufl.; München; Franz Vahlen. (zitiert als: *Tiedemann/Engelhart*, Wirtschaftsstrafrecht)

Tiedemann, Klaus/Kindhäuser, Urs, Umweltstrafrecht – Bewährung oder Reform?, in: Neue Zeitschrift für Strafrecht (NStZ) 1988, S. 337–346.

Többens, Hans W., Die Bekämpfung der Wirtschaftskriminalität durch die Troika der §§ 9, 130 und 30 des Gesetzes über Ordnungswidrigkeiten, in: Neue Zeitschrift für Strafrecht (NStZ) 1999, S. 1–8.

Többens, Hans W., Wirtschaftsspionage und Konkurrenzspähung in Deutschland, in: Neue Zeitschrift für Strafrecht (NStZ) 2000, S. 505–512.

Tödtmann, Ulrich/von Erdmann, Charlotte, Keine Pflicht zur Selbstbelastung für den Arbeitnehmer? Auswirkungen des Verbandssanktionengesetzes und die übersehene Rechtsprechung des BAG, in: Neue Zeitschrift für Arbeitsrecht (NZA) 2020, S. 1577–1583.

Trendelenburg, Cornelius, Ultima ratio? Subsidiaritätswissenschaftliche Antworten am Beispiel der Strafbarkeit von Insiderhandel und

Firmenbestattungen, 2011; Frankfurt a. M.; Peter Lang. (zitiert als: *Trendelenburg,* Ultima Ratio?)

Triantafyllou, Anastassios, Das Delikt der gefährlichen Körperverletzung (§ 223a StGB) als Gefährdungsdelikt: zugleich ein Beitrag zur Dogmatik der Gefährdungsdelikte, 1996; Frankfurt am Main; Lang. (zitiert als: *Triantafyllou,* Gefährliche Körperverletzung)

Trüg, Gerson, Die Verteidigung von Unternehmen, in: Neue Zeitschrift für Wirtschafts-, Steuer- und Unternehmensstrafrecht (NZWiSt) 2022, S. 106–117.

Trüg, Gerson/Habetha, Jörg, § 283 VI StGB und der „tatsächliche Zusammenhang", in: Zeitschrift für Wirtschafts- und Steuerstrafrecht (wistra) 2007, S. 365–371.

Tsambikakis, Michael, Aktuelles zum Insolvenzstrafrecht bei GmbH und GmbH & Co., in: GmbH-Rundschau (GmbHR) 2005, S. 838–843.

Tsambikakis, Michael, Die Zukunft der strafprozessualen Verständigung, in: Zeitschrift für Wirtschaftsstrafrecht und Haftung im Unternehmen (ZWH) 2013, S. 209–212.

Uhlenbruck, Wilhelm, Die Pflichten des Geschäftsführers einer GmbH oder GmbH & co KG in der Krise des Unternehmens, in: Betriebsberater (BB) 1985, S. 1277–1284.

Uhlenbruck, Wilhelm, Die Durchsetzung von Gläubigeransprüchen gegen eine vermögenslose GmbH und deren Organe nach geltendem und neuem Insolvenzrecht, in: Zeitschrift für Wirtschaftsrecht (ZIP) 1996, S. 1641–1651.

Ulbricht, Julia, Bestechung und Bestechlichkeit im geschäftlichen Verkehr: § 299 StGB, 2007; Hamburg; Kovač. (zitiert als: *Ulbricht,* § 299 StGB)

Vasilikou, Thea, Der lautere Wettbewerb als Rechtsgut des § 299 StGB, in: *Schulz, Lorenz/Reinhart, Michael/Sahan, Oliver (Hrsg.),* Festschrift für Imme Roxin zum 75. Geburtstag am 15. Mai 2012; 2012; Heidelberg; C. F. Müller; S. 359–374. (zitiert als: *Vasilikou,* in: FS Roxin 2012)

Veit, Klaus-Rüdiger/Grünberg, Tobias, Wesen und Funktion der obligatorischen Verlustanzeige, in: Der Betrieb (DB) 2006, S. 2644–2647.

Vergho, Raphael, Der Maßstab der Verbrauchererwartung im Verbraucherschutzstrafrecht, 2009; Herbolzheim; Centaurus. (zitiert als: *Vergho,* Verbraucherschutzstrafrecht)

Vest, Hans, Zur Beweisfunktion des materiellen Strafrechts im Bereich des objektiven und subjektiven Tatbestandes, in: Zeitschrift für die gesamte Strafrechtswissenschaft (ZStW) 103 (1991), S. 584–620.

Vigano, Franceso, Menschenrecht und Strafrecht. Ein Plädoyer für eine Neuorientierung, in: *Fahl, Christian u. a. (Hrsg.)*, Ein menschengerechtes Strafrecht als Lebensaufgabe. Festschrift für Werner Beulke zum 70. Geburtstag; 2015; Heidelberg; C. F. Müller; S. 55–68. (zitiert als: *Vigano*, in: FS Beulke)

Vogel, Joachim, Strafrechtsgüter und Rechtsgüterschutz durch Strafrecht im Spiegel der Rechtsprechung des Bundesverfassungsgerichts, in: Strafverteidiger (StV) 1996, S. 110–115.

Vogel, Joachim, Wirtschaftskorruption und Strafrecht – Ein Beitrag zu Regelungsmodellen im Wirtschaftsstrafrecht, in: *Heinrich, Bernd (Hrsg.)*, Festschrift für Ulrich Weber zum 70. Geburtstag am 18. September 2004; 2004; Bielefeld; Gieseking; S. 395–412. (zitiert als: *Vogel*, in: FS Weber)

Vogel, Joachim, Wertpapierhandelsstrafrecht – Vorschein eines neuen Strafrechtsmodells?, in: *Pawlik, Michael/Zaczyk, Rainer (Hrsg.)*, Festschrift für Günther Jakobs. Zum 70. Geburtstag am 26. Juli 2007; 2007; Köln; Heymann; S. 731–746. (zitiert als: *Vogel*, in: FS Jakobs)

Volk, Klaus, Reformüberlegungen zur Strafbarkeit der fahrlässigen Körperverletzung im Straßenverkehr, in: Goltdammer's Archiv für Strafrecht (GA) 1976, S. 161–181.

Volk, Klaus, Wahrheit und materielles Recht im Strafprozeß, 1980; Konstanz; Univ.-Verlag. (zitiert als: *Volk*, Wahrheit)

Volk, Klaus, Strafrecht und Wirtschaftskriminalität. Kriminalpolitische Probleme und dogmatiscshe Schwierigkeiten, in: JuristenZeitung (JZ) 1982, S. 85–92.

Volk, Klaus, Die Merkmale der Korruption und die Fehler ihrer Bekämpfung, in: *Gössel, Karl Heinz/Triffterer, Otto (Hrsg.)*; 1999; Heidelberg; C. F. Müller; S. 325–352. (zitiert als: *Volk*, in: GS Zipf)

Volz, Manfred, Unrecht und Schuld abstrakter Gefährdungsdelikte, 1968; Göttingen; Univ. Diss. (zitiert als: *Volz*, Unrecht und Schuld)

von Dewitz, Clivia, NS-Gedankengut und Strafrecht. Die §§ 86, 86a StGB und § 130 StGB zwischen Abwehr neonazistischer Gefahren und symbolischem Strafrecht, 2006; Berlin; Duncker & Humblot. (zitiert als: *von Dewitz*, NS-Gedankengut)

von Heintschel-Heinegg, Bernd (Hrsg.), Beck'sche Onlinekommentare StGB; 57. Auflage; 2023; München; C.H. Beck. (zitiert als: *Bearbeiter*, in: BeckOK StGB)

von Hirsch, Andrew, Extending the Harm Principle: "Remote" Harms and Fair Imputation, in: *Simester, A. P./Smith, A. T. H. (Hrsg.)*, Harm and Culpability; 1996; Oxford; Clarendon; S. 259–276. (zitiert als: *von Hirsch*, in: Harm and Culpability) *von Hirsch, Andrew,* Der Rechtsgutbegriff und das „Harm Principle", in: Goltdammer's Archiv für Strafrecht (GA) 2002, S. 2–14.

von Hirsch, Andrew/Wohlers, Wolfgang, Rechtsgutstheorie und Deliktsstruktur – zu den Kriterien fairer Zurechnung, in: *Hefendehl, Roland/von Hirsch, Andrew/Wohlers, Wolfgang (Hrsg.),* Die Rechtsgutstheorie. Legitimationsbasis des Strafrechts oder dogmatisches Glasperlenspiel?; 2003; Baden-Baden; Nomos; S. 196–214. (zitiert als: *von Hirsch/Wohlers,* in: Die Rechtsgutstheorie)

von Rintelen, Askan, Überindividuelle Rechtsgüter im Vorfeld des Betruges? Eine Untersuchung zu §§ 265 und 265b StGB, 1993; Univ. Diss., Bonn. (zitiert als: *von Rintelen,* Überindividuelle Rechtsgüter?)

von Tippelskirch, Maria, Schutz des Wettbewerbs vor Korruption – Überlegungen zu Rechtsgut und Auslegung von § 299 StGB, in: Goltdammer's Archiv für Strafrecht (GA) 2012, S. 574–588.

von Ungern-Sternberg, Antje, Grundrechtliche Sonderstellung des Strafrechts? Kommentar zum Beitrag von Beatrice Brunhöber, in: *Bäcker, Matthias/Burchard, Christoph (Hrsg.),* Strafverfassungsrecht; 2022; Tübingen; Mohr Siebeck; S. 83–92. (zitiert als: *von Ungern-Sternberg,* in: Strafverfassungsrecht)

Vormbaum, Thomas, Probleme der Korruption im geschäftlichen Verkehr. Zur Auslegung des § 299 StGB, in: *Hoyer, Andreas u. a. (Hrsg.),* Festschrift für Friedrich-Christian Schroeder zum 70. Geburtstag; 2006; Heidelberg; C. F. Müller; S. 649–662. (zitiert als: *Vormbaum,* in: FS Schroeder)

Vormbaum, Thomas, Aktuelles zur Lage des Strafrechts, in: *Vormbaum, Thomas (Hrsg.),* Beiträge zum Strafrecht und zur Strafrechtspolitik; 2011; Berlin; Lit; S. 57–78. (zitiert als: *Vormbaum,* in: Beiträge)

Vormbaum, Thomas/Asholt, Martin, Kritik des Feindstrafrechts, 2009; Münster; LIT. (zitiert als: *Vormbaum/Asholt,* Kritik)

Voß, Monika, Symbolische Gesetzgebung. Fragen zur Rationalität von Strafgesetzgebungsakten, 1989; Ebelsbach; Gremer. (zitiert als: *Voß,* Symbolische Gesetzgebung)

Wabnitz, Heinz-Bernd/Janovsky, Thomas/Schmitt, Lothar (Hrsg.), Handbuch des Wirtschafts- und Steuerstrafrechts; 5. Auflage; 2020; München; C.H. Beck. (zitiert als: *Bearbeiter,* in: WJS-WiStR)

Wachter, Thomas, Aktiengesetz. Kommentar, 2022; Köln; RWS Verlag. (zitiert als: *Wachter,* AktG)

Wagner, Jens, „Internal Investigations" und ihre Verankerung im Recht der AG, in: CCZ – Corporate Compliance (CCZ) 2009, S. 8–17.

Wagner, Markus, Die Akzessorietät des Wirtschaftsstrafrechts. Zugleich ein Beitrag zu Begriff und Wesen des Wirtschaftsstrafrechts, 2016; Heidelberg; C. F. Müller. (zitiert als: *Wagner*, Akzessorietät)

Walter, Tonio, § 298 StGB und die Lehre von den Deliktstypen, in: Goltdammer's Archiv für Strafrecht (GA) 2001, S. 131–141.

Walter, Tonio, Angestelltenbestechung, internationales Strafrecht und Steuerstrafrecht – Entgegnung auf Randt, BB 2000, 1006, in: Zeitschrift für Wirtschafts- und Steuerstrafrecht (wistra) 2001, S. 321–327.

Walter, Tonio, Submissionsbetrug, in: JuristenZeitung (JZ) 2002, S. 254–256.

Walter, Tonio, Sanktionen im Wirtschaftsstrafrecht, in: Juristische Arbeitsblätter (JA) 2011, S. 481–486.

Walter, Tonio, Grundlagen einer empirisch begründeten Vergeltungstheorie, in: *Kaspar, Johannes/Walter, Tonio (Hrsg.)*, Strafen „im Namen des Volkes?" Zur rechtlichen und kriminalpolitischen Relevanz empirisch feststellbarer Strafbedürfnisse der Bevölkerung; 2019; Baden-Baden; Nomos; S. 49–60. (zitiert als: *Walter*, in: Strafen)

Walther, Felix, Bestechlichkeit und Bestechung im geschäftlichen Verkehr. Internationale Vorgaben und deutsches Strafrecht, 2011; Freiburg; Centaurus. (zitiert als: *Walther*, Bestechlichkeit und Bestechung)

Walther, Felix, Anmerkungen zur geplanten Neufassung von § 299 StGB, in: Neue Zeitschrift für Wirtschafts-, Steuer- und Unternehmensstrafrecht (NZWiSt) 2015, S. 255–258.

Walther, Susanne, Was soll „Strafe"?, in: Zeitschrift für die gesamte Strafrechtswissenschaft (ZStW) 111 (1999), S. 123–143.

Warneke, Nikolai/Thienhaus, Sara, Strafrechtlicher Schutz und strafrechtliche Grenzen bei der Verhandlung von Finanzierungsverträgen, in: Zeitschrift für Wirtschafts- und Bankrecht (WM) 2015, S. 1929–1934.

Wassmann, Hans Jörg, Strafrechtliche Risiken bei Subventionen. Kommentar zu § 264 StGB mit Rechtsprechungsanhang, 1995; Stuttgart; Boorberg. (zitiert als: *Wassmann*, Strafrechtliche Risiken)

Waßmer, Martin, Untreue bei Risikogeschäften, 1997; Heidelberg; C. F. Müller. (zitiert als: *Waßmer*, Untreue bei Risikogeschäften)

Waßmer, Martin, Defizite und Neuerungen im Bilanzstrafrecht des HGB, in: Zeitschrift für Internationale Strafrechtsdogmatik (ZIS) 2011, S. 648–659.

Wastl, Ulrich, Zwischenruf Privatisierung staatsanwaltschaftlicher Ermittlungen, in: Zeitschrift für Rechtspolitik (ZRP) 2011, S. 57–58.

Wastl, Ulrich/Litzka, Philippe/Pusch, Martin, SEC-Ermittlungen in Deutschland – Eine Umgehung rechtsstaatlicher Mindeststandards!, in: Neue Zeitschrift für Strafrecht (NStZ) 2009, S. 68–74.

Weber, Max, Wirtschaft und Gesellschaft. Grundriß der verstehenden Soziologie, 2002; Tübingen; Mohr Siebeck. (zitiert als: *Weber*, Wirtschaft und Gesellschaft)

Weber, Ulrich, Das Zweite Gesetz zur Bekämpfung der Wirtschaftskriminalität (2. WiKG). Teil 1: Vermögens und Fälschungsdelikte (außer Computerkriminalität), in: Neue Zeitschrift für Strafrecht (NStZ) 1986, S. 481–488.

Wegner, Carsten, Aktuelle Entwicklungen im Insolvenzstrafrecht – Zugleich Besprechung von BGH, Beschl. v. 29. Oktober 2008 – 5 StR 166/08 = BGH HRRS 2008 Nr. 1119, in: HRRS (HRRS) 2009, S. 32–37.

Wegner, Carsten, Die bilanzstrafrechtlichen Tatbestände der §§ 331, 332 HGB sind als sogenannte echte Blankettvorschriften restriktiv auszulegen, in: Gesellschafts- und Wirtschaftsstrafrecht (GWR) 2010, S. 149–150.

Wegner, Carsten, Strafbarer Subventionsbetrug und zivilrechtlicher Schaden – Anmerkungen zu BGH, Urt. v. 16. Juli 2013 – VI ZR 442/12, in: Gesellschafts- und Wirtschaftsstrafrecht (GWR) 2013, S. 377.

Weichbrodt, Korinna, Das Konsensprinzip strafprozessualer Absprachen Zugleich ein Beitrag zur Reformdiskussion unter besonderer Berücksichtigung der italienischen Regelung einvernehmlicher Verfahrensbeendigung, 2011; Berlin; Duncker & Humblot. (zitiert als: *Weichbrodt*, Konsensprinzip)

Weigend, Thomas, Abgesprochene Gerechtigkeit. Effizienz durch Kooperation im Strafverfahren?, in: JuristenZeitung (JZ) 1990, S. 774–782.

Weigend, Thomas, Bewältigung von Beweisschwierigkeiten durch Ausdehnung des materiellen Strafrechts?, in: *Schmoller, Kurt (Hrsg.)*, Festschrift für Otto Triffterer zum 65. Geburtstag; 1996; Wien; Springer; S. 695–713. (zitiert als: *Weigend*, in: FS Triffterer)

Weigend, Thomas, Verständigung in der Strafprozessordnung – auf dem Weg zu einem neuen Verfahrensmodell?, in: *Bloy, René Herbert u. a. (Hrsg.)*, Gerechte Strafe und legitimes Strafrecht. Festschrift für Manfred Maiwald zum 75. Geburtstag; 2010; Berlin; Duncker & Humblot; S. 829–848. (zitiert als: *Weigend*, in: FS Maiwald)

Weigend, Thomas, Wohin bewegt sich das Strafrecht? Probleme und Entwicklungstendenzen im 21. Jahrhundert, in: *Freund, Georg u. a. (Hrsg.)*, Grundlagen und Dogmatik des gesamten Strafrechtssystems. Festschrift für Wolfgang Frisch zum 70. Geburtstag; 2013; Berlin; Duncker & Humblot; S. 17–30. (zitiert als: *Weigend*, in: FS Frisch)

Weigend, Thomas, Verdachts-Strafen? Bemerkungen zu § 153a StPO, in: *Fischer, Thomas/Hoven, Elisa (Hrsg.),* Verdacht; 2016; Baden-Baden; Nomos; S. 77–86. (zitiert als: *Weigend,* in: Verdacht)

Weinert, Nicole, Vorbreitungsdelikte und tätige Reue. Eine Untersuchung zur Notwendigkeit der Einführung tätiger Reue am Beispiel des Versicherungsmissbrauchs, 2005; Hamburg; Kovač. (zitiert als: *Weinert,* Vorbereitungsdelikte)

Weißer, Bettina, Über den Umgang des Strafrechts mit terroristischen Bedrohungslagen, in: Zeitschrift für die gesamte Strafrechtswissenschaft (ZStW) 121 (2009), S. 131–161.

Welzel, Hans, Das deutsche Strafrecht. Eine systematische Darstellung, 1969; Berlin; De Gruyter. (zitiert als: *Welzel,* StrafR)

Wendrich, Lisa, Anlegervertrauen in die Funktionsfähigkeit der Kapitalmärkte als geschütztes Rechtsgut des Kapitalmarktstrafrechts, in: Zeitschrift für das juristische Studium (ZJS) 2013, S. 238–248.

Wessels, Johannes/Beulke, Werner/Satzger, Helmut, Strafrecht Allgemeiner Teil, 2022; 52. Aufl.; Heidelberg; C. F. Müller. (zitiert als: *Wessels u. a.,* StrafR AT)

Wessels, Johannes/Hillenkamp, Thomas/Schuhr, Jan, Strafrecht Besonderer Teil 2: Straftaten gegen Vermögenswerte, 2022; 4. Aufl.; Heidelberg; C. F. Müller. (zitiert als: *Wessels u. a.,* StrafR BT II)

Wessing, Jürgen, Braucht Deutschland ein Unternehmensstrafrecht?, in: Zeitschrift für Wirtschaftsstrafrecht und Haftung im Unternehmen (ZWH) 2012, S. 301–305.

Weyand, Raimund/Diversy, Judith, Insolvenzdelikte: Unternehmenszusammenbruch und Strafrecht, 2016; Berlin; Erich Schmidt Verlag. (zitiert als: *Weyand/Diversy,* Insolvenzdelikte)

Wiesmann, Peter, Die Strafbarkeit gemäß § 298 StGB bei der Vergabe von Bauleistungen und die Implementierung eines Straftatbestands verbotener Submissionsabsprachen in ein Strafgesetz der Europäischen Union, 2006; Bonn; Zugelassen als Dissertation. (zitiert als: *Wiesmann,* Vergabe von Bauleistungen)

Wilhelm, Endrik, Strafbares Verhalten und objektive Strafbarkeitsbedingung bei § 283b I Nr. 3b StGB, in: Neue Zeitschrift für Strafrecht (NStZ) 2003, S. 511–515.

Wilkens, Robert, Internal Investigations. Rechte und Pflichten bei der unternehmensinternen Aufklärung von Compliance-Verstößen, 2020; Baden-Baden; Nomos. (zitiert als: *Wilkens,* Internal Investigations)

Winkeler, Thilo, Strafbarkeit inhaltlich unrichtiger Bestätigungsvermerke, 2000; Baden-Baden; Nomos. (zitiert als: *Winkeler*, Unrichtige Bestätigungsvermerke)

Wirth, Stefan, Zur Notwendigkeit des strafrechtlichen Schutzes des Privatversicherungswesens durch Sondernormen. Zugleich ein Beitrag zur Auslegung der 265 und 263 Abs. 3 S. 2 Nr. 5 StGB, 2011; Berlin; Duncker & Humblot. (zitiert als: *Wirth*, Schutz des Privatversicherungswesens)

Wisskirchen, Gerlind/Glaser, Julia, Unternehmensinterne Untersuchungen – Eine praktische Anleitung, in: Der Betrieb (DB) 2011, S. 1392–1395.

Witt, Thorsten/Freudenberg, Philipp, Der Entwurf der Richtlinie über den Schutz von Geschäftsgeheimnissen im Spiegel zentraler deutscher Verbotstatbestände, in: Wettbewerb in Recht und Praxis (WRP) 2014, S. 375–382.

Wittig, Petra, Rechtsgutstheorie, „Harm Principle" und die Abgrenzung von Verantwortungsbereichen, in: *Hefendehl, Roland/von Hirsch, Andrew/Wohlers, Wolfgang (Hrsg.)*, Die Rechtsgutstheorie. Legitimationsbasis des Strafrechts oder dogmatisches Glasperlenspiel?; 2003; Baden-Baden; Nomos; S. 239–243. (zitiert als: *Wittig*, in: Rechtsgutstheorie)

Wittig, Petra, Wirtschaftsstrafrecht, 2020; 5. Aufl.; München; Beck. (zitiert als: *Wittig*, WiStR)

Wohlers, Wolfgang, Deliktstypen des Präventionsstrafrechts – zur Dogmatik „moderner" Gefährdungsdelikte, 2000; Berlin; Duncker & Humblot. (zitiert als: *Wohlers*, Deliktstypen)

Wohlers, Wolfgang, Rechtsgutstheorie und Deliktsstruktur, in: Goltdammer's Archiv für Strafrecht (GA) 2002, S. 15–20.

Wohlers, Wolfgang, Verhaltensdelikte: Standard-, Ausnahme- oder Unfall der Strafrechtsdogmatik?, in: *Böse, Martin/Sternberg-Lieben, Detlev (Hrsg.)*, Grundlagen des Straf- und Strafverfahrensrechts. Festschrift für Knut Amelung zum 70. Geburtstag; 2009; Berlin; Duncker & Humblot; S. 129–155. (zitiert als: *Wohlers*, in: FS Amelung)

Wohlers, Wolfgang, Das Strafverfahren in den Zeiten der „Eilkrankheit", in: Neue Juristische Wochenschrift (NJW) 2010, S. 2470–2475.

Wohlers, Wolfgang, Die Güterschutzlehre Birnbaums und ihre Bedeutung für die heutige Rechtsgutstheorie, in: Goltdammer's Archiv für Strafrecht (GA) 2012, S. 600–606.

Wohlers, Wolfgang, Jens Puschke, Legitimation, Grenzen und Dogmatik von Vorbereitungstatbeständen, Tübingen 2017, in: Goltdammer's Archiv für Strafrecht (GA) 2018, S. 650–653.

Wohlers, Wolfgang, Günther Jakobs und die Rechtsgutslehre, in: *Kindhäuser, Urs u. a. (Hrsg.)*, Strafrecht und Gesellschaft. Ein kritischer Kommentar zum Werk von Günther Jakobs; 2019; Tübingen; Mohr Siebeck; S. 307–326. (zitiert als: *Wohlers,* in: Strafrecht und Gesellschaft)

Wohlers, Wolfgang, Karl Binding und die Rechtsgutstheorie, in: *Kubiciel, Michael u. a. (Hrsg.),* „Eine gewaltige Erscheinung des positiven Rechts“ Karl Bindings Normen- und Strafrechtstheorie; 2020; Tübingen; Mohr Siebeck; S. 143–165. (zitiert als: *Wohlers,* in: Binding)

Wolf, Erik, Die Stellung der Verwaltungsdelikte im Strafrechtssystem, in: *Hegler, August (Hrsg.),* Festgabe für Reinhard von Frank zum 70. Geburtstag. Band II; 1930; Tübingen; Mohr Siebeck; S. 516–585. (zitiert als: *Wolf,* in: FS Frank)

Wolf, Sebastian, Ein hybrides Regelungsmodell zur strafrechtlichen Bekämpfung von Wirtschaftskorruption? Zur ausstehenden Reform von § 299 StGB, in: CCZ – Corporate Compliance (CCZ) 2014, S. 29–34.

Wolf, Thomas, Bilanzmanipulationen: Wann ist die Übersicht erschwert?, in: Unternehmenssteuern und Bilanzen (StuB) 2009, S. 909–914.

Wolf, Thomas, Mythos Fortführungsprognose – Welche Rolle spielt die Ertragsfähigkeit, in: Deutsches Steuerrecht (DStR) 2009, S. 2682–2685.

Wolf, Thomas/Lupp, Monika, Die Aufstellungsfrist der (Liquidations-)Eröffnungsbilanz, in: Zeitschrift für Wirtschafts- und Steuerstrafrecht (wistra) 2008, S. 250–254.

Wolff, Carsten, Die Neuregelung des Versicherungsmißbrauchs (§ 265, § 263 Abs. 3 Satz 2 Nr. 5 StGB), 2000; Frankfurt a. M.; Peter Lang. (zitiert als: *Wolff,* Neuregelung des Versicherungsmißbrauchs)

Wollschläger, Sebastian, Der Täterkreis des § 299 I StGB und Umsatzprämien im Stufenwettbewerb, 2009; Heidelberg; C. F. Müller. (zitiert als: *Wollschläger,* Täterkreis)

Wolter, Jürgen, Objektive und personale Zurechnung von Verhalten, Gefahr und Verletzung in einem funktionalen Straftatsystem, 1981; Berlin; Duncker & Humblot. (zitiert als: *Wolter,* Zurechnung)

Wolter, Jürgen, Verfassungsrecht im Strafprozeß- und Strafrechtssystem – Zugleich ein Beitrag zur Verfassungsmäßigkeit der Norm und zum rechtsfreien Raum „vor dem Tatbestand“, in: Neue Zeitschrift für Strafrecht (NStZ) 1993, S. 1–10.

Wolter, Jürgen u. a. (Hrsg.), Systematischer Kommentar zum Strafgesetzbuch; 9. Auflage; 2019; Köln; Heymann. (zitiert als: *Bearbeiter,* in: SK-StGB)

Wolter, Jürgen (Hrsg.), Systematischer Kommentar zur Strafprozessordnung; 6. Auflage; 2021; Köln; Carl Heymann. (zitiert als: *Bearbeiter,* in: SK-StPO)

Wolters, Gereon, Das sechste Gesetz zur Reform des Strafrechts, in: JuristenZeitung (JZ) 1998, S. 397–400.

Wolters, Gereon, Die Änderungen des Strafgesetzbuchs durch das Gesetz zur Bekämpfung der Korruption, in: Juristische Schulung (JuS) 1998, S. 1100–1106.

Wolters, Gereon, Das Unternehmensdelikt, 2001; Baden-Baden; Nomos. (zitiert als: *Wolters*, Unternehmensdelikt)

Worms, Alexander, § 264a StGB – ein wirksames Remedium gegen den Anlageschwindel (1. Teil), in: Zeitschrift für Wirtschafts- und Steuerstrafrecht (wistra) 1987, S. 242–248.

Wunderlich, Claudia, Die Akzessorietät des § 298 StGB zum Gesetz gegen Wettbewerbsbeschränkungen (GWB), 2009; Freiburg; Centaurus. (zitiert als: *Wunderlich*, Akzessorietät)

Würtenberger, Thomas, Über Freiheit und Sicherheit, in: *Stratenwerth, Günter u. a. (Hrsg.)*, Festschrift für Hans Welzel zum 70. Geburtstag am 25. März 1974; 1974; De Gruyter; Berlin; S. 23–30. (zitiert als: *Würtenberger*, in: FS Welzel)

Wytibul, Tim, Interne Ermittlungen auf Aufforderung von US-Behörden – Ein Erfahrungsbericht, in: Betriebsberater (BB) 2009, S. 606–611.

Yang, Meng, Die Strafbarkeit der Vorbereitungshandlung des Delikts nach dem deutschen und chinesischen StGB, 2009; Frankfurt a. M.; Lang. (zitiert als: *Yang*, Vorbereitungshandlung)

Zabel, Benno, Die Grenzen des Tabuschutzes im Strafrecht. Zur Vereinbarkeit von § 173 Abs. 2 S. 2 StGB mit dem Grundgesetz – zugleich Besprechung des Beschlusses des BVerfG v. 26.2.2008, in: Juristische Rundschau (JR) 2008, S. 453–457.

Zabel, Benno, Kriminologische Aspekte des modernen Rechtsgüterschutzes. Überlegungen zum Verhältnis von konfliktangemessener Sozialkontrolle und effektiver Freiheitsgewährleistung am Beispiel der Inzestbestrafung, in: Monatsschrift für Kriminologie und Strafrechtsrechtsreform (MSchrKrim) 2009, S. 395–412.

Zabel, Benno, Kulturen der Kontrolle: Zum Risiko- und Konfliktmanagement des modernen Rechtsstaates, in: Kritische Vierteljahresschrift für Gesetzgebung und Rechtswissenschaft (KritV) 2011, S. 18–37.

Zabel, Benno, Rechtssicherheit und Prävention – Über ein Dilemma des modernen Strafrechts, in: *Schuhr, Jan (Hrsg.)*, Rechtssicherheit durch Rechtswissenschaft; 2014; Tübingen; Mohr Siebeck; S. 219–242. (zitiert als: *Zabel*, in: Rechtssicherheit)

Zabel, Benno, Die Ordnung des Strafrechts. Zum Funktionswandel von Normen, Zurechnung und Verfahren, 2017; Tübingen; Mohr Siebeck. (zitiert als: *Zabel*, Ordnung)

Zabel, Benno, Von der Tat zum Konflikt? Zum Funktionswandel des Schuldstrafrechts, in: *Saliger, Frank (Hrsg.)*, Rechtsstaatliches Strafrecht. Festschrift für Ulfried Neumann zum 70. Geburtstag; 2017; Heidelberg; C. F. Müller; S. 733–747. (zitiert als: *Zabel*, in: FS Neumann)

Zaczyk, Rainer, Das Unrecht der versuchten Tat, 1989; Berlin; Duncker & Humblot. (zitiert als: *Zaczyk*, Unrecht)

Zaczyk, Rainer, Buchbesprechung: *Zieschang, Frank*: Die Gefährdungsdelikt. Berlin, Duncker & Humblot. 1998. 435 S. (Kölner Kriminalwissenschaftliche Schriften, Bd. 27), in: Zeitschrift für die gesamte Strafrechtswissenschaft (ZStW) 113 (2001), S. 192–199.

Zerbes, Ingeborg, Unternehmensinterne Untersuchungen, in: Zeitschrift für die gesamte Strafrechtswissenschaft (ZStW) 125 (2013), S. 551–572.

Zerbes, Ingeborg, Globales Wirtschaftshandeln als Gegenstand des Straf- und Strafverfahrensrecht. Eine Bestandsaufnahme, in: *Jeßberger, Florian/Kaleck, Wolfgang/Singelnstein, Tobias (Hrsg.)*, Wirtschaftsvölkerstrafrecht; 2015; Baden-Baden; Nomos; S. 205–240. (zitiert als: *Zerbes*, in: Wirtschaftsvölkerstrafrecht)

Zieschang, Frank, Das Sanktionensystem in der Reform des französischen Strafrechts im Vergleich mit dem deutschen Strafrecht, 1992; Duncker & Humblot; Berlin. (zitiert als: *Zieschang*, Sanktionensystem)

Zieschang, Frank, Die Gefährdungsdelikte, 1998; Berlin; Duncker & Humblot. (zitiert als: *Zieschang*, Gefährdungsdelikte)

Zieschang, Frank, Gibt es einen Täter hinter dem Täter?, in: *Dannecker, Gerhard (Hrsg.)*, Festschrift für Harro Otto. Zum 70. Geburtstag am 1. April 2007; 2007; Köln; Heymann; S. 505–525. (zitiert als: *Zieschang*, in: FS Otto)

Zieschang, Frank, Der Kapitalanlagebetrug gemäß § 264a StGB – eine überflüssige Vorschrift?, in: Goltdammer's Archiv für Strafrecht (GA) 2012, S. 607–616.

Zieschang, Frank, Strafrecht Allgemeiner Teil, 2020; Stuttgart u.a.; 6. Aufl.; Boorberg. (zitiert als: *Zieschang*, StrafR AT)

Zimmermann, Susanne Annette, Strafbarkeitsrisiken durch Compliance Auswirkungen von Compliance-Regelungen auf das Wirtschaftsstrafrecht, 2014; Berlin; Duncker & Humblot. (zitiert als: *Zimmermann*, Strafbarkeitsrisiken)

Zimmermann, Till, Das Unrecht der Korruption. Eine strafrechtliche Theorie, 2018; Baden-Baden; Nomos. (zitiert als: *Zimmermann*, Unrecht)

Zipf, Heinz, Kriminalpolitik. Eine Einführung in die Grundlagen, 1973; Karlsruhe; C. F. Müller. (zitiert als: *Zipf*, Kriminalpolitik)

Zöller, Mark, Abschied vom Wettbewerbsmodell bei der Bekämpfung der Wirtschaftskorruption? – Überlegungen zur Reform des § 299 StGB, in: Goltdammer's Archiv für Strafrecht (GA) 2009, S. 137–149.

Zöller, Mark, Abschied vom Wettbewerbsmodell bei der Verfolgung der Wirtschaftskorruption Überlegungen zur Reform des § 299 StGB, in: Goltdammer's Archiv für Strafrecht (GA) 2009, S. 137–149.

Zöller, Mark, Terrorismusstrafrecht. Ein Handbuch, 2009; Heidelberg; C. F. Müller. (zitiert als: *Zöller*, Terrorismusstrafrecht)

Zöllner, Wolfgang/Noack, Ulrich (Hrsg.), Kölner Kommentar zum AktG; 3. Auflage; 2012; Köln; Carl Heymann. (zitiert als: *Bearbeiter*, in: KK-AktG)

Zopfs, Jan, Erfordert der Schutz des Versicherers den strafrechtlichen Tatbestands des Versicherungsmißbrauchs (§ 265 StGB)?, in: Versicherungsrecht (VersR) 1999, S. 265–273.

Zweigle, Thiemo, Gesetzgeber im Konflikt zwischen Rechtsstaatlichkeit und Terrorismusbekämpfung Eine Untersuchung zu § 89a Abs. 2a StGB, 2020; Baden-Baden; Nomos. (zitiert als: *Zweigle*, Gesetzgeber im Konflikt)

www.ingramcontent.com/pod-product-compliance
Ingram Content Group UK Ltd.
Pitfield, Milton Keynes, MK11 3LW, UK
UKHW021826290926
8980IPUK00004B/287

9 783631 920978